50년을 이어오는 **윤영수 목사 일기문**

나는 지금도 행복하다

국제사이버신학대학원 입학식(2010. 3. 2.)

국제사이버신학대학원 오프라인 세미나(2011. 5. 14.)

광주고등학교 졸업 40주년 행사(2012. 10. 13.)

국제사이버신학대학원 목사안수식(2013. 4. 20.)

세계기독군인회 남아공 세계대회(2014. 12. 1.)

MSO 신년수련회(2015. 1. 9.)

878대대장 취임예배(2015. 12. 20.)

육사 졸업 40주년 행사(2016. 4. 22.)

6포병여단 목사취임감사예배(2016. 8. 7.)

동아시아 대만 MCF 대회 (2016. 10. 17.)

낙원교회 설립 45주년 축하예배(2017. 2. 27.)

새얼신우회 월례예배(2017. 10. 24.)

제주 믿음교회 설립예배(2018. 10. 3.)

세화1리 노인회 야유회(2019. 5. 27.)

마을 주민 초청행사(2019. 8. 15.)

믿음교회 설립 3주년 행사(2021. 10. 13.)

북극성신우회 축복성회(2023. 1. 27.)

2022년 MEO 행사(2022. 6. 21.)

32회 6·25 상기 구국성회(2023. 6. 21.)

육사 입교 50주년 행사(2023. 10. 6.)

주한 외국군 장교 인터랙션(FMF-K)(2023. 10. 22.)

50년을 이어오는 **윤영수 목사 일기문**

나는 지금도 행복하다

50년을 이어오는 윤영수 목사 일기문

나는 지금도 행복하다

초판 발행일 2024년 9월 6일

지은이 윤영수
펴낸이 임만호
펴낸곳 창조문예사
등 록 제16-2770호(2002. 7. 23)
주 소 서울 강남구 선릉로112길 36(삼성동) 창조빌딩 3F(우 : 06097)
전 화 02) 544-3468~9
F A X 02) 511-3920
E-mail holybooks@naver.com

책임편집 김종욱
디자인 이선애
제 작 임성암
관 리 양영주

ISBN 979-11-91797-54-1 03810
정 가 20,000원

※ 잘못된 책은 바꾸어 드립니다.

50년을 이어오는 **윤영수 목사 일기문**

나는 지금도 행복하다

윤영수 지음

윤영수 장군 일기문

나는 행복한 군인이었다

창조문예사

 머리말

    2008년 1월 31일 『나는 행복한 군인이었다』라는 책을 발간한 지가 벌써 17년이 지났다.
    그 책의 마지막에 이렇게 끝을 낸다.
    "10년 후에 또다시 민간인으로서의 나의 삶을 일기를 통하여 발표하고자 한다. 나의 인생은 나의 일기와 함께 계속될 것이다. 힘차게 이어질 것이다. 행복한 내 인생의 동반자가 될 것이다."
    그리고 바쁘게 살다 보니 어언 17년이 흘렀다. 10년 후에 다시 글을 낸다는 자신과의 약속을 지키려고 노력하였지만 너무 늦은 감이 있다.
    지나온 날들을 읽으면서 일부를 발췌하여 다시 한번 책을 낸다. 그동안 찍어 두었던 사진도 붙였다.
    지난 17년 동안 두 아이들은 결혼하여 외손녀 하나, 손자 셋을 두고 나에게 커다란 기쁨을 주고 있다. 외손녀와 손자들도 이제는 바쁘다고 같이 놀아 달라고 졸라 대지도 않는다.
    그동안 어머님, 장인 어르신, 큰누나, 매형, 가까운 친척, 그리고 교회 식구들 두 분이 하늘나라로 가셨다. 동기생, 동창생, 친한 친구, 후배, 전우들도 몇이 세상을 떠나면서 이제는 때가 되면 세상을 떠나는 것이 자연스러운 현상이라고 깨닫게 되었다.
    그래도 나는 일기를 읽으면서 내 주위에 있는 사람들이 얼마나 소중한 사람들이라는 것을 깊이 깨닫는다. 비록 목사로서 수차례 전도를 해도 절대적으로 부정하는 사람들을 대하면서도 그들도 모두 소중한 분들이라는 것을 깨달으며 할 수 있는 한 모두에게 잘해 주려고 노력한다.

그리고 그러한 마음을 일기에 기록해 둔다.

일기는 이제 나의 소중한 친구가 되었다. 마음만 먹으면 언제라도 들춰 볼 수 있고 하루에 한 쪽씩 똑같은 분량이지만 그래도 그날의 일기는 그날 하루의 분위기를 모두 살아나게 한다.

36년간 군복을 입고 틀에 박힌 생활을 하다가 전역을 하고 나서 어떻게 사회에 적응하며 살아갈까 걱정도 하였으나 17년이 지난 지금 돌이켜 보니 괜한 걱정이었다고 생각된다. 다양하게 살아가는 것이 좋았던 것 같다.

윤영수 장군 비전스쿨, 조은시스템 주한미군 사업본부장, 합참 연구관, 예비군 안보강의 강사, 신학대학원 수료, 낙원교회(군 교회) 담임, 제주 표선면에 교회 및 펜션 신축, 제주 믿음교회 담임, 소망펜션 운영 등 많은 일을 하였고 지금도 하고 있다. 그래도 바쁘게 살아왔기 때문에 많은 일을 하였다고 생각한다. 지금도 새벽 4시에 일어나서 성경을 읽고 새벽예배를 드리고, 아내와 같이 테니스를 하고, 뛰고 땀을 흠뻑 흘리고 나서 샤워를 하고 하루 일과를 시작하고 있다. 마라톤도 하고 축구도 한다.
 지난 17년의 일기를 한 장씩 읽으면서 그래도 후회 없이 잘 살아왔다고 생각된다.

 『나는 지금도 행복하다』라는 제목을 달았다.
 36년의 군 생활이 행복했었다.
 그리고 전역 후 17년도 행복했다.
 일기를 읽다 보면 나의 모든 삶이 행복했다는 것을 알 수 있다. 힘들 때도 있고, 마음이 아플 때도 있고, 내가 계획했던 대로 이루어지지 않았다 하더라도 지나고 보니 모두 행복한 시간이었다.
 이것은 나만 그런 것은 아닐 것이라고 본다.
 사실 누구나 행복하게 살아가고 있는 것이다. 살아 있는 자체가 행복이다. 지금 내가 가지고 있는 것 또는 내가 누리고 있는 것이 부족해서, 또는 앞으로 다가올 미래에 대한 꿈이 없어서, 또는 나이가 들고 신체적 기능이 줄면서 행복한 삶을 살 수 없다면 우리 모두는 불행하게 살 수밖에 없다.
 여기에서 나에게 답을 주시는 분이 한 분 있다. 바로 하나님이시다. 하나님께서 나를 이 세상에 보내셨고, 내가 살아갈 길을 주셨고, 나를 끝까지 사랑하시며 책임져 주시다가 언젠가는 하나님 나라로 데려갈 것을 믿는다면 내가 어떻게 살더라도 행복하게 살아갈 길을 주신다는 것을 믿게 되었다.

그런 면에서 나의 일기는 행복하게 살아가는 조그만 참고서가 될 것이라고 믿는다. 살아가는 방법이 다르고 길이 다를지라도 누구나 행복하게 살아갈 수 있다는 것을 보여 줬으면 하는 바람이다.

그리고 일기는 지난날들을 다시 찾아가 볼 수도 있고, 내가 행복하게 살아가고 있다는 것을 알 수 있게 해 준다.

그래서 앞으로도 나는 계속 일기를 써 갈 것이다.

10년 후에 다시 한번 책을 내고자 한다.

지난 17년 동안 나와 같이 지냈던 부모, 형제, 자녀들, 친척들, 성도들, 동기 및 동창생들, ICS 동문들, 노회 목사들, MSO 임역원들, 이웃들 모두에게 감사하는 마음을 전한다.

언제나 나를 지켜 주시고 여기까지 인도해 주신 하나님께 감사드린다.

2023년 12월
윤영수 목사

추천사 1

한결같은 삶, 아름다운 사역

임관빈 | 육사 32기 동기

　저는 이 책의 저자이며 목사님이신 윤영수 장군과는 50년 지기 친구이며 평생을 위국 헌신, 군인 본분의 길을 걸은 전우입니다.
　사관생도 시절부터 군 생활을 하는 내내 윤영수 장군이 누구보다 성실하고 책임감 강한 모습을 보았지만, 첫번째 저서가 나왔을 때 생도 시절부터 하루도 거르지 않고 일기를 써 온 모습에는 감동을 하지 않을 수 없었습니다.
　저는 정성이라는 말을 참 좋아합니다. 왜냐하면 우리 모두가 어머니의 정성으로 세상에 나오고 잘 자랄 수 있었던 것처럼 세상의 좋은 것은 모두 정성의 산물이기 때문입니다. 세상의 모든 것을 좋게 만드는 진정한 정성에는 세 가지 요소가 있습니다. 첫째는 진정성입니다. 그 마음에 거짓이 없고 정성을 기울이는 대상에 대한 사랑이 바탕에 있습니다. 둘째는 최선을 다하는 것입니다. 자기가 인간적으로 기울일 수 있는 모든 노력을 다해야 정성을 들였다고 할 수 있습니다. 셋째는 한결같음입니다. 정성을 정성답게 만드는 최고의 요소는 바로 한결같음이기 때문입니다. 우리가 무엇이든 일시적으로 잘하기는 쉽습니다. 그러나 세월이 흘러도 변함없이 한결같기는 쉽지 않습니다. 그래서 사람의 마음을 움직이는 최고의 무기는 한결같음입니다.
　그런데 윤영수 장군의 일기를 보면 자신의 삶을 정성을 다해 살아온 모습이 보입니다. 나라를 사랑하고 가족을 사랑하고, 그리고 이 책의 중심 주제가 된 하나님에 대한 사랑과 하나님이 맡겨 주신 역할에 대한 진정성이 곳곳에 스며 있고, 이 모든 것을 위해 최선을 다했고, 무엇보다 이런 것들을 한결같이 이루어 갑니다. 윤영수 장군은 그렇게 하나님이 주신 사명을 아름답게 이루었습니다.
　윤영수 장군에게 다시 한번 깊은 존경을 드리며, 저서 출간을 진심으로 축하드립니다. 저는 많은 사람들이, 특히 하나님을 믿는 모든 크리스천들이 이 책을 통해 진실로 하나님을 사랑하고 하나님의 뜻을 이루는 삶이 어떤 것인지를 배우기를 큰 소리로 권해 드리고 싶습니다.

추천사 2

윤영수 목사님의 삶을 보며
윤문호 | 목사

윤영수 목사님에게는 남들에게는 없는 능력이 있는 것 같습니다. 명령하는 것은 아니지만 부탁을 거절하지 못하게 하는 능력. 본인이 말하는 것은 상대방이 들어줄 거라는 확신을 가지고 말하고 있음을 느낍니다. 그래서 저도 지금 이 글을 쓰고 있습니다.

제가 윤영수 목사님을 알게 된 ICS에서 함께 신대원 시절을 보낸 2010년부터 제주도 믿음교회 사역까지,

… 눈코 뜰 새 없이 하루를 바쁘게 보냈다. 오늘도 그렇고 어제, 그제도 그랬다. 앞으로도 수년, 10년 이상 그렇게 살아갈 것 같다. 난 평생 그렇게 살아가도록 하나님께서 인도하시는 것 같다. …

본인이 고백하신 것처럼 바쁘게 사셨습니다.
전역하시고 목사 안수를 받으신 후에 제주도에 내려가셔서 사시고 계시지만,

… 어제 계획 세웠던 대로 오늘 하루를 보냈다. 내가 계획을 세운 날은 반드시 그렇게 살아감을 알 수 있다. 인생 계획, 10년 이상 장기 계획, 3~5년의 중기 계획, 2년 이내의 단기 계획, 금년도 계획,

월간 계획, 주간 계획도 대부분 내가 계획을 세운 대로 살아간다. 방향을 정하고 살아가는 사람과 그냥 해가 뜨면 일어나고 밤이 오면 잠자는 사람과는 천지 차이가 난다. 우리는 무한한 능력을 가졌기 때문이다. …

이런 믿음을 가지고 서울을 옆 동네 정도로 생각하시고

… 나의 장병을 상대로 한 간증 계획도 꼭 이루어질 것이다. 1년에 수만 명의 장병들에게 복음을 전할 것이다. 그리고 광주고 21회 동창들의 복음화, 우리 회사의 복음화 …

…의 열정으로 살아온 이야기들이 이 책에 펼쳐져 있습니다. 일기 형식의 특성상 아주 생생하고 솔직하게 기록되어 있어 마치 기록 영화를 보고 있는 것처럼 느껴집니다. 벌써부터 3권을 기다리며, 하나님을 향하여 묵묵히 나아가는 한 사람의 삶의 모습이 있는 이 책을 모든 분들에게 추천드립니다.

축하의 글 1

『나는 지금도 행복하다』에 대한 축하의 글
신동택 | 목사, 육사 32기 동기

존경하는 나의 친구, 동역자 윤영수 목사(예비역 장군),

육군사관학교와 군 생활을 통하여 국가관, 군인관, 그리고 인생관으로 우정을 맺은 나의 친구, 집념과 신념의 군인, 강인하지만 겸손한 사람, 그리고 이제는 제2의 삶을 목회자로서 함께 동역하며, 하나님 나라 확장의 비전을 이어 가는 윤 목사의 두 번째 일기문 출간에 즈음하여 축하의 글을 쓰게 된 것을 큰 기쁨으로 생각합니다.

과연 우리의 주변에서 그렇게 오랜 시간(약 50년)을 거쳐 자신의 삶에 대한 이야기를 계속하여 일기 형식으로 쓰는 사람이 얼마나 있을까? 더욱이 그것을 하나의 묶음으로 연이어 두 번째 작품으로 만들고, 새롭게 태어나게 하는 것은 결코 쉬운 일이 아닐 것입니다.

특히, 자신의 지금까지의 군 생활과 목회의 삶이 하나님의 크신 은혜 가운데서 진행되었음을 나타내며, 그분께 모든 영광을 돌리는 겸허한 신앙의 소유자인 나의 친구에게 한없는 축하와 격려와 박수를 보냅니다.

지난 50여 년을 돌아보면, 함께 근무했던 최전방의 초급장교 시절, 함께한 청와대 근무 시절, 각각 고향의 부모님들을 교차 방문했던 시간들, 30기계화사단과 수도기계화사단에서 각각 여단장 지휘관 근무 시, 부대 교회에서 새벽기도로 근무를 시작, 부대의 안전과 건승을 위하여 함께 기도했던 지난날들…….

군 생활 후반부에서, 친구 목사와의 근무 인연은 미국 동부 지역 Florida와 Virginia에서도 각각 특별한 경험과 추억으로 연결된 것 같습니다.

긴 시간의 흐름에 따라, 이제는 우리 한반도에 남겨진 아름다운 자연의 보물섬, Jeju Island에서 함께 목회자로서 동역하게 하시는 하나님의 크신 은혜에 감사와 찬양을 높이 올려 드립니다.

지난 오랜 군 생활과 제2의 삶(목회자)에서 내가 만난 동역자, 윤 목사는 '진정한 용기 있는 군인'이었음은 물론, 이제는 '신실한 하나님의 종'으로서, 교회 공동체와 이웃들에게 예수 그리스도의 사랑과 포용의 마음을 행동으로 실천하는 믿음의 사람임을 확신합니다.

이제 제2의 인생의 삶, 목회자의 삶을 이어 가는 나의 친구 앞길에 전능하신 하나님의 크신 은총과 계획하심이 이 땅에 사는 날까지 항상 함께하시길 기도합니다.

교회의 목회자로서, 예비역 장성으로서, 그리고 사랑하는 가정의 가장으로서, 이웃에 하나님 나라 확장을 은혜롭게 이어 가는 신실한 주님의 종이 되기를 바랍니다.

하나님은 그분의 영원한 시간(kairos 시간) 계획에 따라 우리를 현재의 이곳으로 오게 하셨으며, 우리 삶의 모든 환경과 여건을 주관하십니다.

인생의 험한 폭풍우 속에서 그분은 내재하시는 영(indwelling spirit)으로서 오늘도 우리의 삶에 함께하십니다.

 친구 목사의 두 번째 일기문 출간을 진심으로 축하하며, 이번 일기문을 통하여 많은 사람들이 새로운 인생의 도전을 받고, 그들이 목표하는 삶에 큰 용기와 활력을 얻게 되길 바랍니다.

      In His amazing grace(주님의 놀라운 은혜 안에서)
      신동택 목사, 2023년 12월, 아름다운 섬 Jeju에서…

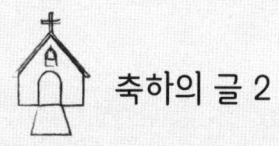 축하의 글 2

일기는 그의 가장 중요한 업적이다
정승윤 | 작가

그와 나는 고등학교 동기이고 또 지근거리에서 살며 노후를 서로 염려하고 있는 처지이다. 그런 질긴 인연으로 그가 나에게 자신의 일기 출간에 대한 격려사 몇 줄을 부탁했다.

내가 알기로 그는 대한민국에서 가장 끈질긴 사나이 중 하나이다. 육사 입학식 날부터 지금까지 줄곧 그는 거의 매일 거르지 않고 일기를 써 오고 있다. 대체 이 추동력은 어디에서 비롯된 것이며 지금과 같은 AI 이미지 시대에 그의 일기는 어떤 의미를 지닐 수 있을까 궁금한 생각이 들었다. 나는 그의 일기를 읽으면서 몇 가지 추론을 해 보았다.

첫째는 습관의 힘이다. 그는 생도 시절부터 오랜 군 생활을 거쳐 장성에 이르기까지 규칙적인 생활이 몸에 배었다. 지금도 아침 일찍 일어나 부인과 함께 운동과 새벽예배를 거르지 않는다. 친구들과 함께 여행을 가서도 혼자 진지하게 일기를 쓰고 있는 그의 모습을 본 적이 있다.

두 번째 그는 기록의 힘을 믿고 있다. 사실 우리는 과거의 집적물이라고 해도 과언은 아니다. 지금, 여기가 물론 중요하다고 하지만 어쩔 수 없이 과거는 우리의 정체성을 형성한다. 그러나 놀랍게도 우리 대부분은 과거를 잊고 산다. 우리가 기억하는 과거는 지극히 일부분이며 그마저 왜곡돼 있을 가능성마저 있다. 그는 그 과거를 빠짐없이 기록해 놓았고 언제라도 생생하게 소환해 낼 수 있다. 점점 자아를 유실해 가는 나이에 접어들어 일기는 그의 자아 형성의 굳건한 토대가 될 것이며 남은 미래를 위한 밑거름이 될 것이다.

셋째는 그는 자신의 후손들과 주변의 인연들을 위하여 일기를 쓰고 있는지 모른다. 살면서 하나둘씩 우리는 주변인들을 망각의 강 너머로 떠나보낸다. 아무리 가까웠던 사람도 몇 가지 인상으로만 남아 있다가 그마저 곧 희미해지고 우리마저 떠나면 모든 것은 사라져 버린다. 일기에 남아 있는 그의 육성은 우리의 상상보다는 훨씬 오래 우리 주변에 머물 것이며, 훨씬 멀리 그의 후손들에게 이어질 것이다.

마지막으로 그는 그의 일기에 우리의 귀에는 들리지 않는 영적 대화를 담고 싶었을 것이다. 하나님을 향한 내적인 부르짖음, 기도를 통한 그분과의 끊임없는 대화를 일기 위에 쏟아붓고 싶었을 것이다.

많은 요인들이 그로 하여금 보통 사람들이 감내하기 힘든 긴 세월 동안 일기를 쓸 수 있게 한 힘이 되었을 것이다. 그의 일기는 그의 개인사이며 가족사이기도 하고 어쩌면 장강으로 흘러드는 물줄기처럼 도도한 현대사의 한 흐름이 될 것이다.

그의 일기는 평범한 한 인간이 땀으로 일군 농토이기도 하고 우공愚公이 옮겨 놓은 산이기도 하며 거대한 나무가 숨어 있는 한 톨의 씨앗이기도 하다.

나는 그의 일기를 읽다가 나도 모르게 두툼한 노트 한 권을 책상 위에 올려놓았다. 그리고 실로 오랜만에 펜을 들어 뭔가를 긁적이고 있었다. 나도 일기를 써 보고 싶은 것이다. 그의 일기가 마침내 내 마음에 도착하여 한 톨의 씨앗이 되어 준 것이다.
  그의 일기 출간을 축하드리며 일기야말로 그의 모든 축복과 행운의 근원이므로 끝까지 일기 쓰기를 멈추지 마시기를 두 손 모아 기도드린다.

차례

머리말	윤영수	4
추천사	임관빈-한결같은 삶, 아름다운 사역	8
	윤문호-윤영수 목사님의 삶을 보며	10
축하의 글 1	신동택-『나는 지금도 행복하다』에 대한 축하의 글	12
축하의 글 2	정승윤-일기는 그의 가장 중요한 업적이다	15

제1부 | 제2의 인생 시작(2008. 2. 2.~2012. 12. 31.)

2008년 • 27

특별새벽기도회 ● 출판 준비 ● 영국·프랑스·네덜란드 여행 ● 프랑스 여행 ● 비전스쿨 준비 ● 합참 사후검토회의, 출판기념회 ● 국방부장관 방문 ● 박성화 대령과 식사 ● 모친 방문 ● 비전스쿨 홍보물 작성 ● 비전스쿨 개원 ● 비전스쿨 학생 육사 방문 ● PTPI 세계대회 발표 준비 ● Legion of Merit 훈장 수상 ● PTPI 이집트 세계대회 참석 ● 추도예배 ● PTPI 보고 ● 예비 신랑 유태 군 부모님 첫 대면 ● 캠프 험프리 방문 ● Joeun System 첫 근무 ● 행복한 가정 ● 국군의 방송 녹화 ● 계획 수립 ● 기도 ● 교육목장 학생 지도 ● 재원이의 선물 ● 2008년 회고

2009년 • 50

일기장 분실 ● 새 일기장 기록 ● 지애 엄마 일본 여행 ● 고넬료목장 회의 ● 직장의 갈등 ● 회장님 현지 방문 ● 회사를 위한 기도 ● 회사 종무식

2010년 • 57

새해맞이 등산 ● 새해를 위한 기도 ● 기업경영윤리 인식 ● 본부장 근무 자세 ● 아들 재원이에 대한 기대 ● 국제사이버신학대학원 원서 제출 ● 주한미군 보호 책임 ● 김연아 선수 금메달 ● 신학대학원 첫 수업 ● 신학대학원 두 번째 수업 ● 자연의 신비 ● 하나님 사역 준비 ● 사람을 낚는 어부 ● 행복한 직장 ● 지애 딸 순산 ● 장성중학교 동창회 참석 ● 김인규 동기생 선발 ● 포병학교 초빙강의 ● 모친 93회 생일 잔치 ● 2010 MEO-P

행사 ● 하나님의 능력 ● 모친 방문 기도 ● 교회 생활의 기쁨 ● 박○○ 지역대장 해고 ● 늘 지켜 주시는 하나님 ● UFG 연습 선임관찰자 임명 ● 선임관찰자 임무 수행 ● UFG 사후검토회의 ● UFG 연습 종료 ● 전도폭발훈련 실습 ● 회사 손익분석회의 ● 4지역대 방문 ● 신입 직원 교육 ● 마라톤 풀코스 도전(1차) ● 사탄, 마귀의 방해 ● G20 정상회의 ● 목회 다짐 ● 믿음의 가정(김장환 목사) ● 세얼신우회 예배 ● 신학대학원 2학기 수료 ● 회사 바자회 개최 ● 부산지대 방문 ● 일본 출장 · 일본 요요기 공원 구경

2011년 · 92

일본 방문 후 귀국 ● 고교 '벗들마당' 참가 ● 아들 재원이의 아픔 ● 공평하신 하나님 ● 재원이를 위한 기도 ● 육사신우회 수련회 참석 ● 설날 현장 지도 ● 자녀들을 위한 기도 ● 멋있는 하루 ● 교통사고 후 진료 ● 최상재 동기생 출판기념회 ● 시간 관리 ● 어머님의 기쁨 ● 목회자의 일 ● 심야예배 ● 채영이 사진 사건 ● 제안서 작업 ● 교육목장 설교(지구촌교회) · Warrior Base 순찰 ● 김승남 회장님 오찬사 ● 딸, 사위 사돈과 식사 ● 아파트 잡초 제거 ● 제주도 건축 구상(최초) ● MSO의 비전 ● 채영이를 위한 기도 ● 아들 재원이 결혼식 1 ● 아들 재원이 결혼식 2 ● 재원이를 위한 기도 ● 고속도로 교통사고(3중 추돌) ● 채소 첫 수확 ● 신학대학원 총학생회장 선임 ● Goodbye Joeun System ● 2011년 회고

2012년 · 119

원우회 임원 편성 ● 이집트 · 이스라엘 · 요르단 성지순례 ● 이집트 순례 ● 이스라엘 순례 ● 요르단 순례 ● 성지순례 종료 ● 합참 정책위원 근무 시작 ● 채영이에게 바란다 ● 제주도 방문 ● 신동택 목사와 산책 ● 내가 가는 길 ● 목회자의 길 ● 풍성회, 고향 장성 여행 ● TOEIC 시험 ● 아파트 노인회 여행 안내 ● ICS 봄 소풍(서오릉) ● 관리소장 회의 ● 명○○ 검사 식사 초대 ● 아들 재원이의 도움 ● 어머님 사랑 ● 합참정책연구소 연구사업 ● 아내를 위한 헌신 ● 터키 성지순례 ● 갑바도기아 순례 ● 소아시아 일곱 교회 순례 ● 에베소(누가의 묘) · 버가모 순례 ● 빌립보 교회 순례 ● 그리스 순례 ● 그리스 아테네 방문 ● 터키 · 그리스 여행 회고 ● 광주고 졸업 40주년 행사 ● 신학대학원 수료 준비 ● MEAK 조찬기도회 ● 목회자의 길 ● 2시간 반 취침 ● 끝까지 달린다 ● 2차 풀코스 마라톤 ● 박근혜 대통령 당선 ● 성우회 안보교육 강사 지원 ● 2012년 회고

제2부 | 제 878대대 낙원교회 담임목사
(2013. 1. 1. ~ 2017. 12. 31.)

2013년 • 157

신년도 계획 ● ICS 신년감사예배 ● 기도로 하나님과 대화 ● 이삭방송 장성 출장 ● 육사신우회 수련회 ● 열심히 살아가는 삶 ● ICS 미국 졸업식 ● 낙원교회 첫 설교 ● 낙원교회 두 번째 설교 ● 이삭방송 부산·대구 출장 ● 목양실 준비 ● 목사안수식 ● 낙원교회 목양실 준비 ● 낙원교회 숙영 ● 채영이 낙원교회 구경 ● 새얼신우회 예배 ● 이삭방송 개시 ● 낙원교회 120명 참석 ● 2013 MEO-P 행사 ● 참가국 브리핑 ● 부산 지역 안보강의 ● 고창 지역 안보강의 ● 풍성회 모임 기도 ● 대구 지역 안보강의 ● 합참의장과 오찬 ● 이삭방송 호소문 ● 5형제 고향 장성 만남 ● 목사의 눈물 ● 어머니 사모곡 ● 건강검진 ● 61회 생일 파티 ● 신병 면담 ● 군단 성직자 집체교육 ● 이삭방송 프로그램 개선 ● 풀코스 마라톤 참가 ● 안보강사 성과분석회의 ● 낙원교회 리모델링 ● 낙원교회 헌당예배 ● 교회 참석 호소 ● 2013년 회고

2014년 • 189

신년감사예배 ● Y&K Law Firm 고문 취임 ● Joeun System 설교 요청 ● 사랑의 온차 ● 제주도 건축 구상 ● 정진성 변호사(고교 동창) 소천 ● 고교 벗들마당(일기 낭독) ● 호주·뉴질랜드 여행 출발 ● 시드니 관광 ● 뉴질랜드 밀포드 크루즈 ● 김대원 동기생 방문 ● 호주·뉴질랜드 여행 종료 ● 다양하고 힘찬 삶 ● 한국관광대학 초빙강의 ● ICS 조찬기도회 ● 박공순 이삭방송 PD ● 이삭방송 1주년 감사예배 ● 어머님 방문 기도 ● 안보강의 실습(부산·울산) ● 설교의 욕심 ● 신동택 목사 설교 ● 담양 안보강의, 고향 장성 방문 ● 누나와 동행(대구) ● 문인수 목사 설교 ● 손자들을 찾아서 ● 재원이와 테니스 ● 장인 구순잔치 영상 제작 ● 장인 구순잔치 ● 새얼신우회 예배 ● 처가 선산 방문(김제) ● 조영래 장군 딸(혜묵) 결혼 ● AMCF 세계대회 발표 준비 ● 처가 식구 제주 여행 ● 군종병 축복 ● 사랑하는 모친 ● 남아공 도착(AMCF 세계대회) ● 세계대회 개회식 ● 남아공 로빈 아일랜드 관광 ● 6포병여단 성직자 총회 ● 내일 또다시 태양이 뜬다 ● 성탄절 선물 구입 ● 채영이와 놀이

2015년 • 227

MSO 시무식(외국인 선교사 묘지 참배) ● 이삭방송 후원 ● MSO 임원수련회 발표 ● 육사 신우회 축복성회 ● 간부 성경 공부 ● 〈국제시장〉 영화 관람 ● 천수 형님 장례식 ● 예비

군 안보강사 워크샵 발표 ● 밤하늘의 별들이… ● 용인 민속촌 구경 ● 손자·손녀 사랑 ● 손을 들고 반가워하시는 어머님 ● 내가 전하는 세 가지(안보강의) ● 온차 초소 방문 ● 영수 화이팅! ● 대중교회 심령대부흥회 강사 ● 부흥회 2일 차 ● 양을 먹이라 ● 전재권 동기생 딸 결혼식 주례 ● 2015 MEO-P 행사 ● Case Study Training ● 지옥은 무섭다 ● 목포 안보강의 ● 가정 모임 ● 장병 사생관 교육 ● 일기, 구보, 새벽기도 ● 새얼신우회 제주 수련회 ● 일본 동아시아 인터랙션 참석 ● Jim Greshel 씨 소천 ● 아들을 부르시는 어머님 ● 쓰지 않고 기도하다 ● 낙원교회를 지키다 ● 재원이와 골프 ● 6포병여단장 이취임식 ● 신봉동으로 이사 ● "왜 이렇게 늦었니?" ● 사랑의 온차 나누기 ● 행복의 비결

2016년 · 260

2016년 각오 ● MSO 기도회 ● 육사신우회 기도회 ● Joeun System 마지막 설교 ● 낙원교회 가는 길 ● 채영이에게 바람 ● 어머님 소천, 장례식 준비 ● 어머님 발인예배, 고향 장성 안치 ● 어머님 추모 ● 지애 엄마 사랑 ● 낙원교회 설립 44주년 예배 ● 지애 엄마 LA 출발 ● 지애 엄마 그리움 ● Mobile MEO-P 보고 ● 필리핀 출장(동남아시아 역대회) ● 박재현 목사 브리핑 ● MCF 설립·성장 보고 ● 제주도 방문 ● 대변 혈액 누출 ● 육사 졸업 40주년 행사, 일기 전시 ● 장성중학교 졸업 48주년 행사 ● 대대 야외 훈련 예배 ● 군선교연합회(MEAK) 조찬기도회 참석 ● 마라톤 준비 ● 고교 동창 벗들마당(일기 낭독) ● 2016 MEO-P 행사 ● 방글라데시 장교 예배 참석 ● 2016 MEO-P 결과 보고 ● 양국종 아들 결혼 ● 염 간사 수고 ● Pray & Plan ● 629대 방문 ● 북극성신우회 회보 기고 ● 하나님 은사 ● 연순이 동생 식구 방문 ● 북극성신우회 설교 ● 새얼신우회 제주 수련회 ● 동성교회 예배 참석 ● 원주 상지대학교 강의(기업윤리) ● 상지대학교 수업 2일째 ● 고교 신우회 ● 풀코스 마라톤 연습 ● 대만 동아시아대회 참석 ● 대만 간증 발표 ● 대만 투어(금문도) ● 수원 안보강의(600명) ● ICS 세미나 ● 박근혜 대통령 탄핵 ● 교회 숙소에서의 감사 ● 무릎 관절 수술 경고 ● 성탄절 예배(120명) ● 아침 달리기 감사

2017년 · 305

탄핵 반대 집회 참석 ● ICS 동문 모임 ● LA 지애 식구 방문 여행 ● 샌디에고 Zoo 방문 ● 아침 감사의 기도 ● 부당한 탄핵 ● 헌법재판소 탄핵 결정 ● 무릎 치료 진단 ● 나라를 위한 기도 ● 남해 안보강의 ● 목사안수식 특송 ● 백마기드온교회 방문 ● 바비큐 파티(광춘, 국종, 주천, 승복) ● 석가탄신일 회고 ● 문재인 대통령 당선 ● 경주 여행 ● 2017 MEO-P 행사 ● Case Study(사례 연구) ● 지애, 채영이 미국 환송 ● 53-B 전우회 모임 ● 연세대 최고 경영자 과정(AMP) 모임 ● 새얼신우회 제부도 수련회 ● 2함대사

방문 ● 세 손자 축복기도 ● 관악산 물놀이 ● 몽골 MCF 대회 참석(20주년) ● 몽골 MCF 대회 발표 ● 몽골을 위한 기도 ● 신동택 목사 설교 ● 설교문 없이 설교 ● 강호성 장군 장모상 ● 성남 한마음실버벨요양원 설교 ● 하나님께 영광 돌리는 삶 ● ICS 동문회장 ● 2018 MEO-P 구상 ● 20km 달리기 ● 지애 엄마 낙원교회 마지막 예배 ● 인도차이나반도 방문 계획 ● 청운교회 방문 ● 지애 엄마 미국 출발 ● 새얼신우회 송년예배 ● 낙원교회 회고 ● 이철영 목사 환송예배 ● Goodbye 낙원교회

제3부 | 제주 믿음교회 담임목사(2018. 1. 1.~2023. 12. 31.)

2018년 • 343

2018년 계획 ● ICS 신년감사예배 ● Mobile MEO-P 출발 준비 ● 지애 엄마 생각 ● 미국 LA 도착 ● 미국 LA Hearst Castle 방문 ● LA 김윤길 장로 댁 방문 ● 미국 Monterey 방문 ● Goodbye LA ● 미얀마 방문 ● 미얀마 2일 차 ● 미얀마 4일 차 ● 미얀마 5일 차 ● 캄보디아 방문 1일 차 ● 캄보디아 3일 차 ● 캄보디아 여행 종료 ● 교회 건축의 문제 ● 제주도 공사 개시 ● 안만국 목사 방문 ● 2018년 목표 ● 고재영 귀농귀촌회장 도움 ● 제주도 안보강의 ● 조성준 전우 소천 ● 조성준 전우 장례식 ● 공사 준비 ● 공사 희소식 ● 윤성숙 목사 방문 ● 기초 콘크리트 작업 ● 낙원교회 설교 ● 목조 공사 개시 ● 대구 매형 소천 ● 지붕 공사 ● 현장소장 김대중 사장 ● 2018 MEO-P 시작 ● Dream 제주 ● 행복한 건축 ● 행복한 하루 ● 신축 건물 이사 ● 성전 건축의 축복 ● 교회 반주기 구입 ● 믿음교회 첫 예배 ● 아름다운 우리 집 ● 건축 준공검사 ● 지역 주민 초청행사 ● 교회 장식 ● 처갓집 회고 ● 믿음교회 헌당예배 전야제 ● 믿음교회 헌당예배 ● 손님 환송 ● 첫 주일예배 ● 26사단 군목수련회 ● 동네 산책 ● 딸 사돈 내외 방문 ● 풍성회 방문 ● 육지 출장 ● 추수감사예배 ● 교회 및 펜션 홍보 ● 주민초청행사 준비 ● 새얼신우회 예배(33명) ● 세화리 전도 계획 ● 2018년 회고

2019년 • 389

소장 진급(꿈) ● 다경이 아빠 설득 ● 이정순 여사 위문, 기도 ● CCTV 설치 ● 귀농귀촌 성도 예배 ● 부모님 추도예배 ● 큰기쁨교회 설립예배 설교 ● Combined Church ● 문재인 정권 규탄 집회 ● 동기생 초청행사 ● 굿바이 친구들 ● 현숙한 여인 ● 다양한 과업 ● 제직회의 ● 새벽예배 변화 ● 행운권 준비, 발표 ● 친구 희태 방문 ● 이정순 여사 예배 참석 ● 사랑받는 사람 ● MSO 참석 환영 ● 노도중대(육사 12중대) 제주 모임

● 2019 MEO-P 행사 ● 에덴동산 ● 지애, 채영이 귀국 ● 새얼신우회 제주 수련회 ● 풀장 설치 ● 강문언 장로 방문 ● 주민초청잔치 ● 제주 안보강의 ● 세화리를 위한 기도 ● 사랑스러운 채영이 ● 축구 시합 ● 교회 홍보 ● 경인서노회 연합수련회 ● 양병모 목사 일행 투숙 ● 심재구 손녀를 위한 기도 ● 화목회 회원 방문 ● 귀농귀촌회 기도 ● 축구팀 초청행사 ● 나훈아 쇼 구경 ● 연간 계획 수립 ● 십자가 탑 설치 ● 신동택 목사 초청 식사 ● 2019년 회고

2020년 • 421

귤 선물 ● 백석교단 총회 참석 ● 주일학교 학생 서울 나들이 ● 아름다운 냇동산 ● 친구를 위한 기도 ● 조카 기원이 방문 ● 호박죽 나눔 ● 미용학원 등록 ● 비료 살포 ● 미용학원 수료 ● 잔디밭 모래 살포 ● 한라산 백록담 등산 ● 전도의 꿈 ● 냇동산의 희망 ● 좋은 친구 ● 행복한 시간 ● 결혼 40주년 ● 부모님 공경 ● 48년 만에 만난 친구 ● 빛나는 아침 ● 심순전 마을장 ● 새얼 목사회(새목회) 제주 모임 ● 동기생 전도의 꿈 ● 신동택 목사 ● 아내 설득 ● 온라인 새벽예배 ● 아름다운 에덴동산 ● 에어비앤비 슈퍼호스트 ● 송상초등학교 방문 ● 분개한 8·15 광복절 ● 강현욱 친구 방문 ● 사랑하는 당신에게 꼭 하고 싶은 이야기 ● 전도 열망 ● 믿음교회 설립 2주년 선물 준비 ● 설립 2주년 예배 ● 김용윤 동기생 초청 ● 전도의 결실 ● 아가페 커플 환영 ● 제주도의 명소 ● 과거와 현재의 만남 ● 행복한 욕심 ● 훌쩍 지난 40년 ● 2020년 회고

2021년 • 449

2021년 첫 예배 ● 눈 덮인 제주도 ● 살아 있는 소망펜션 ● 자녀 축복 기도 ● 베푸는 사랑 ● 냇동산 둘레길 ● 떠나는 자를 붙잡지 말자 ● 심장 CT 촬영 ● 소춘자 집사 방문 ● 심형보 씨 전도 ● 강필문 어르신 전도 ● 어린이 학교 ● 한라산 등반(조영현 회장) ● 고향 친구 식사 ● 정규환 고교 동창 ● 기독교의 사랑 ● 회개하는 마음 ● 파도치는 삶 ● 7가지 채소 ● 신태복 목사 안수 ● 남산 산책(노도중대) ● 대구 누나 소천 ● 철인 같은 지애 엄마 ● 바비큐 파티 ● 정승윤 작가 ● 장자권교회 ● 주한 외국군 장교 초청 행사(FMC-K) ● 아이스크림 전도 ● 강호성 장군 ● 남국진 목사 초청 ● 감사텔 공사 ● 새벽예배 참가 ● 지애 엄마 장흥 여행 ● Left Wing Position ● 노도중대 문경 모임 ● 최진학 친구 방문 ● 이상규 목사 ● 21km 달리기 ● 새목회 모임

2022년 • 476

코로나 고난의 길 ● 장인 회복 기도 ● 장인 마지막 바둑 ● 김형석 교수 강의 ● 둘이서 걷기 ● 동기생 안전 기도 ● 교육훈련국장 5년 ● 광주 형제 모임 ● 성찬식, 제직회의

● 아내의 부모 사랑 ● 새얼 구국동지회 기도 ● 입교 50주년 기념 책자 ● 20대 대통령 선거 ● 윤석열 대통령 당선 ● 홍광표 동기 위문 ● 장인 어르신 소천 ● 장인 장례 2일 차 ● 장인 장례 3일 차 ● 장인 천국 입성 ● 아버님 회고 ● 새로운 출발, 전도 ● 새얼 구국동지회 총회 참석 ● 국립묘지 참배 ● 2022 MEO-P 행사 ● 수요예배 ● 권영재 회장 선물 ● 정의롭고 공의로운 나라 ● 홍광표 동기생 소천 ● 동기생 사랑 ● 스위스·이탈리아 여행 ● 스위스 루체른 시 관광 ● 스위스 체르마트 관광 ● 베네치아 방문 ● 피렌체 방문 ● 로마 시내 관광 ● 티볼리 분수 구경 ● 바람을 멈추는 기도 ● 노인회 관광 ● 육사 입교 50주년 행사 ● 50주년 행사 소감 ● 믿음교회 설립 4주년 행사 ● 주한 외국군 초청행사(FMC-K) 인도 ● 서귀포교회 예배 ● 소망펜션 만찬 ● 김우태, 이병욱 목사님 방문 ● 김용환 장로 부부 초청 ● 제주도 5년 회고 ● 강○○ 친구를 위한 기도 ● 송명숙 권사 방문 ● 노도중대 제주 모임 ● 노도중대원 축복기도 ● 육사 입교 50주년 기념집 발간 ● 2022년 회고

2023년 • 519

50주년기념책자 발간 보고 ● 유복순 집사 발인예배 ● 화랑목회자 모임 ● 김진옥 장로 가족 방문 ● 육사신우회 축복성회 ● 제주21(광주고 21회 제주 친구) 남도 여행 ● 부모님 추모예배 ● 마을 전도 여행 ● 우리의 눈물을 닦아 주시는 하나님 ● 이정순 집사 소천 ● 추자도 여행 ● 채영이 친구 ● 빗속에서 달리기 ● 이삭방송 10주년 기념예배 ● 정동혜 선교사 방문 ● 노도중대 가평 모임 ● 송미로 권사 가정 초청행사 ● 경향쉼터교회 전도대회 ● 예배의 기쁨 ● 2023 MEO-P 행사 ● 사랑하는 지애 엄마 ● 노인회 강의 ●『나는 행복한 군인이었다』속편 발간 준비 ● 믿음교회, 소망펜션 ● 새얼신우회 찬양 ● 빛의 자녀들처럼 행하자 ● 다경이 할아버지 예배 참석 ● 구례 생명의빛교회 양성훈련 3일 차 ● 정석현 목사 설교 ● 2023 FMF-K 온라인 강의 ● 믿음교회 5주년 행사 ● 펜션 손님 전도 ● 진용삼 전우(53-B) 위문 ● 지애 엄마 회복을 위한 기도 ● FMF-K 2일 차 행사(설교) ● 연합수련회 ● 바람소리합창단 공연 ● 화목회 여주 모임 ● 귤 따기 봉사 ● 도정택 장로 방문 ● 서복전시관 야외예배 ● 협재 비양펜션 ● 험난한 길 ● 자랑스러운 소망펜션 ● 2023년 회고

제1부

제2의 인생 시작

2008. 2. 2.~2012. 12. 31.

2017년 11월 30일 국방부장관에게 전역 신고를 하면서 36년간의 군 생활을 마무리하였다. 처음에 무슨 일을 할까 하고 많이 생각도 하고 아는 분들을 찾아서 상담도 하였다. 쉽게 제2의 직장을 구하기가 쉽지 않았다. 그래서 내가 항상 꿈꾸어 왔던 〈윤영수 장군 비전스쿨〉을 시작하였다. 초등학교, 중학교 학생들을 모집하여 방과 후 시간을 이용하여 4시간 동안 학교 공부 준비, 영어 회화, 인성 교육, 운동을 한 시간씩 하면서 아이들에게 건전한 인생관과 좋은 습관을 심어 주고자 하였다.

그러나 전역 6개월 후에 조은시스템 김승남 회장께서 나에게 주한미군 경비를 담당하는 사업본부장으로 일할 것을 제안하여 받아들임으로써 비전스쿨은 중단할 수밖에 없었다. 지금도 비전스쿨을 계속하지 못한 것이 가장 마음에 걸린다.

주한미군 사업본부장으로 3년 동안 일하면서 민간인 직장을 이해하고, 노조와의 협상이 어렵다는 것을 체험하였다. 900명의 직원들이 전국에 산재한 주한미군 기지의 출입 및 경비를 완벽하게 함으로써 주한미군을 보호한다는 자부심이 모든 어려움을 극복하게 하였다. 그러나 3년 후 재계약에서 상대 회사가 터무니없이 저가로 계약을 함으로써 재계약에 실패하였다.

이어서 3년 동안 합참 연구관으로 연구 업무를 하고 예비군 안보강의까지 겸하면서 1년에 3만 명의 예비군에게 안보강의를 하는 중책을 수행하였다.

2010년부터 3년 동안 국제사이버신학대학원에서 on-line으로 야간에 신학 공부를 시작하였으며 2013년 4월 20일에 목사 안수를 받는 중요한 기간이 되기도 하였다. 나의 신앙이 성장하는 기회도 되었다.

전역 후 6년간은 새로운 사회생활에 적응하는 소중한 기간이었으며, 특히 목사가 되기 위한 준비 기간이기도 하였다.

무척 바쁘게 살면서 많은 일을 하였다. 바쁜 가운데 행복한 시간이었다.

2008년

✂ 2008년 2월 2일(토, 맑음) • 특별새벽기도회

수지 영락교회에서 〈기적〉이라는 주제로 1주일간 특별새벽기도회가 있었다.

성도들이 교회를 가득 채우고 전 교인(주일학교 포함)이 참석하였다. 나도 1주일간 참석하면서 많은 은혜를 받았다. 〈요셉의 꿈〉을 주제로 말씀을 전하는데 요셉은 형들의 모함과 핍박에도 하나님께서 항상 자기를 지켜 주시고 위로해 주신다는 것을 믿었기 때문에 두려워하지 않았고 요셉의 믿음대로 하나님께서는 이스라엘 민족을 구원하도록 인도하셨다.

우리에게도 하나님께서 항상 함께하시며 위로해 주신다는 꿈과 소망이 있어야 한다. 내가 살아온 길을 보면서, 요즘 일기를 정리하면서 나는 더욱 확신을 갖게 되었다. 그래서 요즘 나의 삶은 어느 때보다도 더욱 힘이 솟고 흥분하기까지 한다. 3월 14일 출판기념회도 나의 계획대로 이루어질 것이며 이때 하나님께서 나에게 주신 은혜를 전하고 싶다. 나를 사랑하고, 내가 사랑했던 모든 사람들을 초청하고 싶다. 나를 통하여 살아 계신 하나님을 증거하고 싶다. 멋있고 행복한 군인의 모습을 보여 주고 싶다. 오늘은 오전 4시간 동안 지구촌교회 담임목사님으로부터 〈목장교회 cell 생활〉에 대한 강의가 있었다. 1,500명이 참석하여 진지하게 듣는다. 앞으로 지구촌교회에서 내가 어떻게 할 것인가의 방향을 알려 주었다. 점심시간에는 예비역 군인들의 모임이 있었다. 앞으로 신앙 성장과 친교의 목적으로 모이자고 제의하였고 모두가 박수로 찬성하고 나를 목자로 뽑아 주었다.

✈ 2008년 2월 4일(월, 맑음) • 출판 준비

아침에 체육관에 가서 땀을 흠뻑 흘렸다. 어제는 가슴 통증(chest pain)이 조금 있었으나 오늘은 전혀 느끼지 못한다.

아침저녁으로 땀을 흘리고 나면 몸의 컨디션도 좋고 밤에 잠도 잘 온다. 살길을 찾아야 할 것 같다. 점점 더 규칙적으로 살아가도록 하자. 요즘 잠을 훨씬 깊이 잔다. 특히 마음에 부담이 없을 때 더 곤한 잠을 자게 되고 새벽에 부산 떠는 일을 남기지 않도록 하고, 가장 편안한 마음으로 잠자리에 들도록 하자. 자기 몸은 자기만 알고 조절하여야 할 것이다.

오후에는 출판사에 가서 2부 교정 결과를 제출하고 마무리 작업을 토의하였다. 임은경 편집실장이 나의 글에 대하여 "책을 내기를 잘 했다"라고 좋게 평가한다. 듣기 좋으라고 하는 말만은 아니고, 어제 우리 식구들 앞에서 지애 엄마가 나의 일기를 읽어 주었을 때도 반응은 대체로 좋았다. 이제 마지막 한 번 더 수정 작업을 하면 더욱 좋아질 것 같다. 기대가 크다. 날이 갈수록 꿈도 부푼다. 나의 책이 많은 사람들에게 읽히고 서점 서가대에도 올라갈 것이다.

분명 나의 결심이 옳은 것 같다. 남들이 하지 않는 일을 내가 하고 있고, 이것은 분명히 다른 사람들에게 여러 가지 도움을 줄 수 있을 것이란 생각이 든다. 일기와 사진이 잘 구성되면 흥미 있는 책이 될 것 같다. 이 모든 것을 허락하신 하나님께 감사드린다.

✈ 2008년 2월 6일(수, 맑음) • 영국 · 프랑스 · 네덜란드 여행

어젯밤 2시 반에 눈이 뜨이며 가슴의 통증으로 뒤척이다가 눈을 떠 보니 5시 10분 전이다. 그냥 지애 엄마와 함께 집에서 예배를 드릴까 생각하였으나 내 몸은 이미 옷을 갈아입고 있었다. 끝내 혼자서 예배에 참석하였다. 오늘 말씀이 너무 은혜로워서 감사의 눈물을 많이 흘렸다. 이제 내가 결심하고 하나님께 약속하였던 것처럼 무슨 일이 있어도 새벽예배는 참석하도록 하자. 꼭 아침에 운동을 하며 땀을 흘리도록 하자. 영육을 강건케 해 주는 나의 일과를 지켜 나가자.

출발 5분 전까지 밀린 일을 하다가 09:40에 지애 엄마와 함께 집을 나섰다. 가벼운 여행길이다. 너무나 쉽게 유럽 여행을 떠나는 것이다. 일기와 금전 문제로 여행을 취소할까 많이 망설였으나 결국 이렇게 떠나게 된 것이 모두 하나님의 계획임을 믿는다.

영국 런던, 불란서 파리, 네덜란드 암스테르담에서 유럽의 정취를 느낄 것이다. 모처럼 단둘이 즐거운 여행을 할 것이다. 지애 엄마가 내심 무척 좋아한다. 이번엔 마음 상하지 않도록 많이 배려해 주자.

14:40에 인천을 출발하여 중국 상공을 지나, 중동, 유럽으로 날아간다. 현지 시간 17:30, 암스테르담에 도착. 20:30에 런던 히드로 공항 도착. 다시 지하철을 1시간 타고 Covent Goode 역에 도착하여 바로 민박집에 전화하니 주민이 나와서 안내한다.

✈ 2008년 2월 12일(화, 맑음) • 프랑스 여행

어제는 무척 곤하게 잠을 잤다. 잠자리도 편하고 독방을 쓰다 보니 조용하였다. 민박집에서 식사까지 따뜻하게 준비하여 주고, 점심때는 김밥까지 싸 준다. 저녁식사는 돼지고기 수육을 아주 맛있게 요리하여 밥을 2그릇이나 먹었다. 배낭여행객들에게 입소문이 퍼져 25명 이상 가득 메우고 있다. 베푸는 만큼 돌아오는 것이다.

가벼운 몸과 마음으로 2일 차 관광길에 나섰다. 지하철 이용은 이제 쉽게 할 수 있게 되어 마음만 먹으면 어디든지 갈 수 있게 되었다. 맨 처음으로 간 곳이 몽마르뜨 언덕이다. 나지막한 언덕이었지만 과거 시내에서 가장 높고 정상 위에 지어진 성당은 웅장하며 언덕 위에서 파리 시내를 한눈에 내려다볼 수 있었다. 모두 걸어 다닐 정도로 아주 넓은 곳

프랑스 개선문

은 아니지만 과거 시내가 관광지로 변하여 1년 900만 관광객을 끌어들이고 있다.

지하철을 이용하여 개선문에 도착한 후 도보로 사이요 궁 → 기메 박물관 → 개선문 → 샹젤리제 거리 → 꽁꼬르드 광장 → 휘트니 공원 → 알렉산드로 3세 다리 → 군사박물관 순으로 둘러보았다. 어느 곳 하나 감탄하지 않는 곳이 없다.

프랑스인들에 대하여 다시 평가하게 된다. 위대한 민족이다. 이 가운데서 나폴레옹이 탄생하였고 유럽 전역을 지배하게 되었다. 특히 거대한 에펠탑을 설계한 비전, 개선문과 샹젤리제 거리의 웅장함, 튈르리 거리의 화려함, 튈르리 공원을 조성한 넓은 마음, 파리를 석조 건물로 도시화한 프랑스 정부의 위대한 사고들은 내가 배우고 본받고 싶은 것들이다. 그래서 여행은 우리 사람들의 마음을 한없이 넓혀 주는 것 같다. 여행은 가능한 한 많이 할수록 좋다. 가능한 한 젊을 때 많이 하자. 별도의 돈을 마련하자.

✄ 2008년 2월 20일(수, 맑음) • 비전스쿨 준비

집에서 지애 엄마와 함께 새벽예배를 드린 후 헬스장에서 운동, 러닝머신에서 3.5km를 뛰고 나니 땀이 비 오듯 쏟아진다. 운동을 마치고 나면 기분은 이루 말할 수 없이 시원하다. 나의 건강은 앞으로도 계속될 것이다. 이제 날이 조금 풀리면 운동장에 나가서 30분을 뛰고 철봉, push up, 쪼그려 뛰기를 한 후 다시 헬스장에서 weight training을 할 것이다.

유별나게 강한 체력을 지키며 살아가고 있다. 이 건강한 몸으로 할 일이 많다. Vision School에서 내가 뛰며 어린아이들을 가르칠 것이다. 축구, 배구, 배드민턴, 등산 등을 통하여 체력을 연마하고 그들에게 위인전을 통하여 vision을 심어 주고 가장 좋은 습관(일기 쓰기, 독서, 영어, 운동, 기도)을 심어 줄 것이다. 그리고 토요일에는 단체 운동, 등산, 여행, 박물관 구경 및 해외여행까지 실시하여 그들의 시야를 넓혀 주고 싶다.

그리고 공부하는 방법을 가르쳐 줄 것이다. 나의 Vision School Program의 계획을 곧 착수하여 3월 말부터 시작할 계획이다. 뜻이 있는 곳에 길이 있다.

하나님께 간절히 기도하며 도움을 청하자. 언젠가는 우리 국가의 큰 교육 system이 될 것이다. 쉬운 과정이 아니다. 모두 헤쳐 나가며 이루어 내는 것이다.

✄ 2008년 3월 14일(금, 맑음) • 합참 사후검토회의, 출판기념회

드디어 대망의 하루가 밝았다. 어제 3시간 정도 잠을 잔 후에 차를 몰고 합참 사무실로 향하였다. 거뜬히 샤워하고 나니 다시 몸이 회복되고 컨디션도 좋아졌다. 분명히 나의 기도대로 하나님께서 2가지 큰일을 모두 성공리에 마칠 수 있도록 도와주신 것을 믿기 때문에 두려워하지는 않았다.

09:30에 시작하기로 한 AAR은 의장님께서 장관 회의에 참석하여 회의가 지연되는 바람에 10:10에 시작하여 90분 회의를 50분 회의로 마쳐야만 했다. 국방부, 합참 업무가 이런 데서 단적으로 뭔가 잘못되어 있다는 것을 보여 주고 있는 것이다.

그래도 AAR을 성공적으로 마쳤다. 내가 하고 싶은 이야기는 다 하였고, 합참도 전 간부들이 잘 했다고 생각할 것을 믿는다. 지금까지의 AAR과는 전혀 다른 양상이었기 때문이다. 내 군 생활의 경험을 모두 이용하여 최고의 산물을 낼 수 있었다고 자신 있게 말할 수 있다.

오후에 16:00까지 출판기념회 준비를 마무리하여 국방회관으로 이동하여 최종 준비를 하였다. 부관 이현 중위와 당번 임지원 병장이 많이 도와주었다.

2008년 출판 책자

19:00부터 한두 사람씩 나타나더니 20:00에는 거의 좌석의 2/3 정도 (140명) 찼고 20:15에는 거의 모든 인원이 자리를 채웠다. 기념예배에 이어서 손다순 소령(정훈, 여군) 사회로 신동택 대령의 작가 소개, 기일혜 선생님의 서평, 리택형 장군님과 권해조 장군님의 축사, 왕승원 병장의 축가, 영상 소개, 그리고 나의 인사말 순으로 계획된 시간보다 40분 늦게 기념식이 종료되고, 만찬을 시작하였다. 모든 행사는 잘 진행되었다. 220명 이상이 참석하였고 내가 초청한 꼭 만나고 싶은 사람들은 대부분 참석하였다. 부모님과 가족들도 좋아하신다.

내 평생 최대의 행사였던 것 같다. 다음에도 이만한 사람들이 모여 나를 축하해 주기는 어려울 것 같다. 기쁜 날이었다. 하늘을 날 듯이 기뻤다. 그리고 책을 발간하고 출판기념회 갖기를 정말 잘 했다. 나는 행복한 군인이었다. 그리고 이 많은 사람들이 기대하는 대로 계속 행복하게 살아갈 것이다.

✈ 2008년 3월 20일(목, 맑음) • 국방부장관 방문

MSO 기도회, 장관님 방문 행사가 있었다.

주요 일간지에 내가 출판한 『나는 행복한 군인이었다』 책자 소개 등 매우 굵직한 사건이 많이 일어났던 하루였다. 요즘 내 신상에 큰일이 많이 일어나고 있다. 지난주 출판기념회도 내 평생에 가장 기억할 만한 날이 될 것이며 합참사후검토회의 주관도 쉽게 일어날 수 있는 일은 아니다. 또한 나의 책이 모든 서점에 배부되어 판매대에 올랐었고, 인터넷에서도 구입할 수가 있다.

전역 후에 더 이름을 내고 있는 것 같다. 이상희 장관님께서도 나의 책에 관심을 보이시고 내용도 무척 좋게 평가되어서 기분이 날아갈 것 같다.

장관님께 "한미 관계를 위하여 일할 수 있는 기회가 주어진다면 양국의 주요 현안을 위해 일해 보고 싶고, 어떠한 일을 하는지 한번 열심히 일해 보겠습니다"라고 말씀드렸더니 귀담아들으신다.

나와는 가까운 인연을 맺었고 오랫동안 이어 오고 있다. 한때는 서운한 마음도 있었지만 그럴 수밖에 없었다고 이해한다. 그냥 나에게는 좋은 사단장님이었다는 기억만 갖기로 했다.

요즘 내 이름이 오르내림으로 인해서 행여 내가 하나님을 뒤로하고 말씀과 기도에 소홀하여지지 않는지 조용히 반성해 본다. 분명 나의 길을 인도해 주시는 하나님이시다. 또한 앞으로도 내가 기도하는 것들을 모두 허락해 주실 것을 믿는다. 내가 받는 모든 것도 하나님의 영광을 위하여 주신 것임을 잊지 말자.

✂ 2008년 3월 22일(토, 맑음 → 흐림 → 비)・박성화 대령과 식사

아침 6km 구보. 30분 동안 뛰는 것이 조금은 지루하게 느껴지지만 그래도 아직은 내가 젊다는 것을 보여 주는 것 같아서 기분이 좋다. 템파에서 뛰던 그 희열을 되찾아 보자.

점심 식사는 박성화 대령(육사 31기)과 함께 〈밀 마을〉에서 칼국수를 먹었다. 같은 아파트에서 살면서 가끔 만나 이야기도 나누고 세상 살아가는 이야기도 나누고 싶다. 이제 다음 주부터 또다시 집에 칩거하며 살아갈 텐데 아무리 이 일 저 일 많아서 바쁘다 할지라도 사람들을 만나고 싶은 마음이 가득할 것 같다.

지난 한 달간은 합참에 나가서 많은 군인들과 상대하며 시간 가는 줄 모르게 보냈다. 이제 누구와 상대하며 살아가야 할지 모르겠다. 외딴 섬마을에 살아가는 고독함이 가득할 수도 있다. 그러나 내 주위에 내가 만나고 싶은 사람들도 많이 있다. 우선 시간을 내어 내가 찾아다니면서 만나도록 하자. 당장 만나 보면 생각했던 것처럼 아기자기한 시간을 갖지 못하는 아쉬움도 있다. 세상 사는 것이 허무함에 쉽게 이를 수 있다는 것이다. 그래서 하나님의 사랑을 나눌 수 있는 만남이 좋은 것 같다. 항상 감사와 기쁨으로 만났다가 헤어질 수 있고 내 마음속에 샘솟는 기쁨을 주기 때문이다.

오후 5시 40분부터 10분간 〈토요일 생방송 이상엽입니다〉 프로에 출연하여 『나는 행복한 군인이었다』라는 책에 대하여 인터뷰를 하였다. 나의 목소리가 세상에 퍼져 나가는 것이다. 이 모든 영광을 허락해 주신 하나님께 감사한다. 돌아오는 길에 요양원에 계시는 어머님을 찾았더니 벌써 잠이 들어 있었다. 40분 동안 이런저런 이야기를 나누었다.

✈ 2008년 4월 26일(토, 비 → 맑음) • 모친 방문

새벽기도 및 운동. 비가 제법 왔지만, 옷을 갈아입고 나가서 비를 맞고 뛰고 있는데 지애 엄마와 지애도 합류한다. 지애는 아빠와 같이 비를 맞으며 뛰는데 꼭 아빠 살아가는 길을 걸어가고 있다고 생각하였다.

부디 나의 좋은 점을 많이 닮아 가고 특히 하나님을 완전히 믿고 인도하심을 따라 살아가기를 기원한다.

모친 방문에 이어서 신촌에서 고시를 준비하고 있는 아들 재원이를 방문하였다. 갑자기 가니 어머님께서 깜짝 놀라며 반가워하신다. 비록 뻥튀기 과자와 모찌떡 2봉지를 사 갔지만 그래도 큰 선물이 된다. 물건보다 우리의 부모를 생각하는 마음이 더 중요한 것이다.

그리고 타이레놀 약과 노인연금 84,000원을 전달하니 무척 기뻐하신다. 그리고 5월 초에 형님 식구들이 조카 태원이네 집에 모두 모여서 어머님 생신 파티를 하려 하니 무척 좋아하시는 것 같다. 어머님이 살아 계신다는 것만 해도 자식들에게는 큰 힘이 되는 것이다. 부디 오래 사시면서 자식들이 잘사는 것을 많이 보시기 바란다.

재원이와 같이 식사를 하며 기도하고, 테니스도 잠깐 하였다. 고시생이 시험 2개월을 남기고 운동을 한다고 의아하게 생각할 수도 있지만 재원이는 무척 여유가 있다. 그리고 자신감에 차 있다. 꼭 잘될 것을 믿고 남은 2개월 더욱 간절히 기도하고자 한다.

17:00에 중앙교회에서 육사 32기 기독신우회 창립예배를 드렸다. 회장인 내가 사회를 보고 신용백 목사님이 말씀을 전하고 육사 동문회장

(김을권 장로)님께서 격려사를 해 주셨다. 드디어 이제부터 우리 32기 기독신우회가 가동하였다. 힘차게 나아갈 것이다.

✻ 2008년 4월 30일(수, 맑음) • 비전스쿨 홍보물 작성

새벽 3시에 일어나 1시간 동안 Vision School 홍보물을 완성하였다. 한번 마음먹으면 반드시 실천하는 것이 나의 최대의 장점이다. 그래서 내가 지금까지 올 수 있었다. 그리고 이 장점을 사는 날 마지막까지 밀고 나가자. 이것이 나의 젊음과 패기를 지켜 나가는 길이기도 하다.

오늘 출판사를 방문하여 나의 Vision School에 대하여 임 장로님께 소개하고 인쇄를 의뢰하였다. 반응이 좋기는 하지만 과연 학부형들이 얼마나 호감을 갖고 자녀들을 보낼지는 확신하지 못하는 눈치다.

모든 일을 처음부터 100% 확신을 가지고 시작할 수는 없다. 계속 만들어 가는 것이다. 나의 의지가 필요하다. 내가 얼마나 학부형들을 설득시키고, 아이들에게 얼마나 흥미 있게 이끌어 가며, 얼마나 아이들이 변화하여 부모님들에게 신뢰를 주느냐 하는 것이다.

그리고 나에게 걸리는 것은 과연 이러한 Vision School에 대하여 아이들 주위에서 부정적으로 생각하며 나쁘게 평가를 하지 않을까 하는 것이다. 주변 사람들에게 장군 출신으로서 어린아이들 과외를 한다고 소문이 나지 않을까 하는 것이다. 이 정도는 감수하여야 한다. 나의 꿈은 더 멀리 있다. 이 나라의 어린 학생들에게 서구 사회와 같이 공부에서 벗어나 마음껏 뛰어놀고, 무한한 꿈을 가지고 살아가도록 만드는 것이다. 꿈이 있는 사람은 사소한 일에 흔들리지 않는다. 그리고 어려움을 감수하는 것이다.

윤영수 장군 비전스쿨 팜플렛

✖ **2008년 6월 3일(화, 맑음 → 비) • 비전스쿨 개원**

Vision School 개원 2일째.

어제 2명에서 오늘 5명으로 늘었다. 오늘 바둑 학원을 하시는 어떤 학부형 한 분이 홍보물을 간직하여 두었다가 나를 찾아와서 나의 설명을 듣고 두 딸을 모두 여기 Vision School로 보내기로 결정하였다.

아침에 나의 간절한 기도를 듣고 하나님께서 인도하여 주셨음을 믿는다. 조석희, 유해선, 차동주, 김찬홍, 피은진, 전수빈(따라온 친구) 6명을 모아서 다시 한번 Vision School에 대하여 설명 후 1시간 자습, 1시간 회화 및 링컨 대통령에 대한 독서 및 토의, 운동 1시간 수업을 모두 마쳤다.

아이들이 처음 시작한 것에 비하여 매우 잘 적응하며 쉽게 따르는 것을 느낄 수 있었다. 아직 공부를 어떻게 지도할 것인가에 대하여 결심을 하지 않았지만 내가 공부하는 방식대로 자습서와 문제집을 준비하고 학생들 스스로 교과서 공부, 자습서 공부 및 문제점 풀이 식으로 체계적으로 공부를 하도록 유도하고자 한다. 그리고 분명히 성적이 오를 수 있도록 학생들에게 동기부여를 하도록 하자.

비가 와서 오후에 축구를 하지 못하고 배드민턴장에서 배드민턴, 배구를 가르쳤다. 모두가 무척 쾌활하고 즐거워한다. 나의 꿈이 실현되어 가고 있다. Vision School이 빛을 보게 되었다.

✖ **2008년 6월 6일(금, 맑음) • 비전스쿨 학생 육사 방문**

약속했던 대로 오늘 Vision School 학생들과 함께 육군사관학교를 방문하였다. Vision School 학생 6명(6학년 5명, 3학년 1명)과 친구 2명, 모두 합쳐 8명은 차 2대에 나누어 들뜬 기분으로 육사로 향하였다. 바지는 청바지, 상의는 jean으로 sporty하게 옷을 입고 소풍객답게 배낭을 메고 축구공, 배구공, 배드민턴 준비를 하였으며, 식사, 음료까지 준비하였다.

내가 꼭 소풍을 가는 기분이며, 4일 만에 Vision School 학생들과 친해지고, 나를 선생님으로 생각하며 56세 어른과 13세 아이들이 어울릴 수 있었다는 것이 가슴 뿌듯하게 느껴진다.

식사를 화랑천에서 김밥으로 때우고, 육사탑, 박물관을 구경 후에 연병장에 가서 2팀으로 나누어 축구 시합을 하였다. 전차 위에서 사진도 찍어 주었다.

얼마 전까지 현역 준장으로 야전에서, 미중부사에서 근무를 했던 내가 이제는 민간인 신분으로 돌아와서 아이들을 가르치고 있다는 것이 너무 경이로운 일로 여겨진다. 이렇게 다양하게 변화할 수 있는 모든 여건을 허락해 주신 하나님께 감사드린다. 축구 시합을 할 때는 나도 천진난만한 아이들로 같이 쉽게 변할 수 있는 것은 하나님께서 나에게 특별히 어린아이와 같은 순박한 마음을 주셨기 때문이다. 하나님께서 어떻게 이 Vision School을 인도해 주실지 모르지만 내가 기도하는 대로 하나님께서 변화시켜 주실 것을 믿는다. 고교 동창 김홍균(초등학교 교감선생님)을 찾아서 아이들의 학생 지도에 대하여 조언을 들었다. 나의 Vision School 방향과 학습지도 방향을 전해 주었다.

✄ 2008년 8월 7일(목, 맑음) • PTPI 세계대회 발표 준비

계획에 없었는데 어제 이어 오전에 PTPI(People to People International) 세계대회 발표 내용과 세계 총재와의 대담 내용 초안을 완성하여 오후 3시에 한국 PTPI 회장님께 보고드렸다. 모든 내용에 만족스러워하시며 나의 손을 꼭 잡을 때 오늘 이렇게 보고하기를 잘 하였다고 생각한다. 때로 나에게 필요한 지혜를 주시며 길을 인도해 주시는 하나님께 감사드리지 않을 수 없다.

백○○ 장군(좋은시스템 사장)과 30분 동안 이야기를 나누고 난 후에 내가 9월쯤엔 〈Joeun Safe 1〉회사의 직원(본부장)으로 일할 수 있을 것이라는 확신이 든다. 이번 세계여행을 마치고 오면 결심을 하고 내가 회장님을 위하여 일할 수 있는 기회가 정식으로 올 것 같다.

책을 읽고 나서 더욱 존경스러운 마음을 갖게 되었는데 이러한 분을 위하여 일할 때 충성스럽게 일할 수 있을 것 같다. 하나님께서 주시는 좋은 기회인 것이다. 지금부터 주님을 섬기듯 최선을 다하여 일하도록 하자. 나의 기도가 이제야 이루어진다는 생각도 든다. 재미있을 것 같고 보람도 있을 것 같다. 그리고 계속 영어 실력을 발휘하고 한·미 관계 증진에도 기여할 수 있을 것이다.

오는 길에 모친을 방문하여 1시간 동안 같이 지냈다. 몸이 더욱 쇠약하여지셨다. 오래 살지 못하실 것 같다며 딸 지애의 결혼을 위하여 20만 원을 준비하시겠단다. 눈물겹다. 어머님께 기도문을 써 드렸다.

✖ 2008년 8월 27일(수, 맑음) • Legion of Merit 훈장 수상

04:00에 일찍 일어났으나 새벽예배에는 참석하지 못하였다. PTPI 보고서를 준비하다 보니 금방 04:45이 되고 지애 엄마를 깨워서 부랴부랴 가려고 하였으나 늦었다며 안 간다고 하기에 나 혼자 가려고 하다가 그만두고 말았다. 그야말로 세상일을 우선하며 살아가고 있다. 새벽예배, 운동, 영어, 일기는 무슨 일이 있더라도 지키겠다고 약속하였는데 너무 쉽게 깨어져 버리는 것 같아서 마음이 아프다. 앞으로도 이를 방해하는 것들이 많이 있을 텐데 꼭 실천해 보자.

오늘 모든 보고서를 완성하고 내일 회장님께 드리도록 참고철을 ring binder로 만들어 모두 완료하였다. 나의 계획대로 하나하나 이루어지는 것을 보면서 이것은 분명히 하나님께서 모두 도와주고 계심을 믿고 있다.

심지어 연합사에서 훈장수여식을 하는데 여기에까지 모든 시간을 맞추어 주셨다.

17:30부터 을지훈련 Victory Party 겸 훈장수여식이 있었는데 나도 오늘 Legion of Merit 훈장을 수여받았다. 미중부사 협조단장 유공으로 추천하여 1년 만에 나온 것이다. 끝까지 찾아서 수여하는 미군들에게 감사한다.

❈ 2008년 9월 6일(토, 맑음) • PTPI 이집트 세계대회 참석

PTPI 세계대회로 김승남 한국 회장님을 모시고 이집트 회의에 참석하고 있다.

아침 5시에는 자동으로 눈이 뜨여 사무총장에게 수면 방해가 되지 않도록 회장실에 들어가서 성경을 읽고 기도를 하였다. 그래도 최소한 성경 말씀 3장과 잠언을 읽고 기도를 30분 정도 하고 나면 나의 기본적인 신앙의 책임을 다하는 것 같아서 마음이 편하다.

오늘은 주로 회의, 시상식, 발표 및 토의, chapter별 발표로 호텔 내에서 시간을 보냈다. 발표 및 회의는 평화와 갈등(Peace and Conflict)에 대한 주제였는데 중동, 아프리카 지역의 평화를 위한 방안에 중점을 두었다. 그래도 PTPI가 세상 사람들의 이해를 통하여 평화를 추구하는 세계 봉사단체라는 정신을 구현하기 위하여 많이 노력하는 것을 알 수 있었다.

그런데 작년에 미중부사에서 협조단장을 하며 브리핑 때 이해하지 못하여 고통스러웠던 시간이 다시 재현되어서 과연 언제까지 영어 공부를 하여야 하는지 답답한 마음이 들기도 한다. 그러나 분명히 영어 청취력을 위해 한번 끝까지 노력해 보고 싶다.

이제 일자리가 잡히면 꼭 실천할 것이다. 적어도 10월부터는 하루에 1~2시간은 영어 청취를 위해 꼭 시간을 사용하고 싶고, 이제 그동안 중단되었던 운동도 빠짐없이 하며, 새벽예배도 철저히 지키고, 수요예배에도 꼭 나가고 싶다. 이 모든 것을 허락해 주시도록 하나님께 간절히 기도드린다.

14:00에 chapter별 발표 시간에 내가 맨 처음 13분간 발표를 하였다. 처음 시작이 조금 어수선하였으나 목표했던 성과는 달성하였다.

이집트 피라미드와 스핑크스

✤ 2008년 9월 14일(일, 맑음) • 추도예배

이 짧은 지면에 오늘 일어났던 일을 모두 기록하기에는 너무나 좁다. 세상에 이렇게 시간을 알차게 보내는 사람이 있는지가 궁금하다.

아침 제사를 드린 후 나의 제안으로 추석 추도예배를 드리기로 하였다. 모친, 형님 식구 모두 그리고 지애 엄마, 내가 함께하여 찬양을 드린 후에 성경 말씀을 읽고 중추절 가정예배 내용을 읽은 후에 내가 감사의 기도를 드렸다.

서툰 점도 있었지만 이번에 처음 추도예배를 드리고, 앞으로도 이러한 제사를 드리자고 제의하여 모두가 수긍하였으며 모친께서도 좋아하시고 내가 그동안 적어 둔 기도문을 낭독하시는 것을 보면서 모두 박수를 보냈다. 갑자기 온 집안이 화기애애하며 기쁨으로 변하는 것은 바로 성령님께서 여기에 임하셨기 때문이라고 믿는다.

아버님 산소에서도 모두 절을 한 후 나는 묵도기도를 드리고 내가 대표기도도 드렸다. 작은누나 아들 우현이 처가 옆에서 들리는 목소리로 "아멘" 기도하는 것을 듣고 나의 입이 크게 벌어지며 기쁨으로 가득 찼다. 이제부터 나의 기도가 하나씩 결실을 맺어 가고 있다고 생각하며 앞으로는 우리 식구들이 모두 모이면 항상 가족예배를 드릴 수 있다는 자신감을 가지게 되었다. 우리 지애, 재원이에게도 꼭 이 길을 따르도록 전하고 우리 집안 모두가 하나님께 찬양과 경배 드리기를 더욱 간절히 기도할 것이다. 언젠가 나의 기도를 하나님께서 들어주심을 믿는다.

저자 생가: 전남 장성군 장성읍 영천동

모친께서는 6년 만에 우리 집을 찾고 동네분들을 많이 만나서 너무 기뻐하시며 이번에 여기에 오기를 잘 했다고 생각하신다.

✈ 2008년 9월 30일(화, 맑음) • PTPI 보고

　09:30에 김승남 회장님께 가서 PTPI 관련 보고를 하는데 이번에 PTPI 현황관 설치, PTPI 발전 계획 구상, 몽골 챕터 sisterhood 결성, Zikas 방문 계획, 송년회 및 주한미군 격려 party 등에 대하여 보고드렸다. 항상 나의 보고에 만족스럽게 생각하신다. 보고가 끝나고 나의 직장 문제에 관하여 백○○ 사장을 불러서 향후 방향을 주셨다.

　미 8군 담당자를 만나서 주한미군 경비지원본부장을 나로 교체할 계획을 통보하여 주고 빠른 시간 내에 교체할 뜻을 전하라고 하셨다. 회장님으로부터는 구체적인 계획을 처음 들었다. 매우 심사숙고를 많이 하셨고 나의 신뢰가 높다는 것을 알 수 있었다. 다음 주까지 결정이 되면 아마 10월 중에는 새 일을 할 수 있을 것 같다. 나를 신뢰하며 추천해 주는 백○○ 사장이 고맙다.

　김 회장님과 백 사장을 위해서, 그리고 회사의 이익을 위하여 헌신적으로 일할 것과 PTPI를 본격적으로 발전시켜 나갈 것을 다짐하였다.

　저녁에 국군중앙교회에서 동기기독신우회 예배에 13명(가족 포함 20명)이 참석하고 31기 안만국 목사님이 말씀을 전했는데 모두들 은혜를 많이 받았다. 내가 말씀을 전할 목사님을 잘 선택한 것 같다. 2001년에 동기신우회 성지순례여행, 내년 1월에 수련회, 그리고 신병세례봉사활동을 제안하였다.

✈ 2008년 10월 5일(일, 맑음) • 예비 신랑 유태 군 부모님 첫 대면

　어젯밤엔 지애 엄마가 밤늦게까지 괜히 마음을 상하게 하고 싶은 말을 하다가 밤늦게 잠이 들었다. 그러나 05:30에 일어나 성경 말씀을 읽고, 내 서재에서 무릎을 꿇고 2시간을 기도하였다. 그래도 나의 마음을 위로해 주시고 그래서 힘을 얻고 나가서 운동하고 기분을 모두 전환하였다.

　지애가 아버지를 위로라도 하는 듯 우리 지구촌교회에 와서 예배를 드렸다. 그리고 말씀에 은혜를 많이 받았다.

　주일학교 학생들을 가르치며 더욱 새로운 힘을 얻고, 또한 교사(목자)들과 율동을 하고 회의를 하면서 나중에 기분이 최고에 달했다. 나를 필요로 하는 곳이 있고 그래도 하나님을 위해 일할 수 있다는 것이 나에게 큰 위로가 되는 것이다.

　오후 2시간 동안 PTPI 현황판 제작 초안을 완성하였다. 기분이 무척 좋아서 어젯밤 일을 모두 잊고 지애 엄마에게 자랑까지 하였다. 나의 마음이 아직도 순박하고 어린아이와 같이 쉽게 변할 수 있다는 것이 바로 하나님께서 나를 사랑해 주신다는 것이다. 저녁에는 지애 예비 신랑 백유태 군의 부모님과 첫 대면을 하는 날이다. 분당 한식당에서 융숭하게 대접을 받았다. 부친 교수와 모친께서 매우 점잖고 교양도 있었다. 그리고 우리 지애를 좋아하시는 것 같다. 특히 나에게 식사기도를 부탁하여 기분이 좋았다.

✖ 2008년 10월 17일(금, 맑음) • 캠프 험프리 방문

　새벽기도, 운동 후에 오늘은 평택 캠프 험프리를 방문하였다. 백○○ 사장이 정영도 지역대장에게 기지 경비에 대한 브리핑을 듣고 배우라고 시간을 마련하여 주었다. 어제 전화를 받고 이제 드디어 주한미군 경비사업 Project Manager로 근무할 수 있게 된다는 자신감을 갖게 하고, 앞으로 내가 일할 곳을 미리 찾아본다는 생각에 기쁨이 매우 컸다.

Safe 1 회사 김승남 회장

　오랜만에 미군 base(camp)에 들어오니 이상하게 정을 느끼며 고향을 찾은 기분이 든다. 정영도 지역대장(3사 8기)이 경비 업무에 대하여 상세하게 설명해 주며 점심 식사도 사 주었다. 그렇게 어려운 업무가 아니라는 생각이 들지만 고용인들을 어떻게 의욕적으로 일하게 할 것인가, 그리고 미군들에게 어떻게 만족스럽게 용역을 제공할 것인가가 나의 큰 과제임을 느끼게 한다.

주한미군 경비를 책임지는 당사자로서 근무할 수 있다는 것이 나에게 크게 자부심을 갖게 하고 이것이 한미 동맹, 한미 우호에 기여할 수 있는 길이라는 것을 생각하며 어떠한 일보다도 더 보람을 느끼게 할 것 같다.

저녁에 백 사장으로부터 월요일 08:40까지 회의실로 나오라는 것과 회장께서 공식적으로 나의 근무를 공포할 것을 통보하였다. 기쁜 소식이다. 7개월 동안 회장님을 도와드린 결실이다. 하나님께 감사를 드린다.

✈ 2008년 10월 20일(월, 맑음) • Joeun System 첫 근무

오늘은 들뜬 마음으로 하루 종일 보냈다. 드디어 〈Joeun System〉의 직원으로 일하기 시작한 날이기 때문이다. 09:00에 회장님 주관으로 회의가 있었는데 나도 여기에 참석하였다. 회장님께서 전격적으로 주한미군사업부 Project Manager를 나로 교체한다고 선포하고 내일부터 일을 개시하라고 지시하셨다.

그리고 나에게 어떻게 일할 것인가 몇 가지 지침을 주셨다.

10분 동안의 짧은 회의였지만 분위기는 무척 무거웠고 나는 김○○ 본부장(PM)에게 미안한 마음이 들어 꼭 죄인이 된 기분이었다. 사실 사회에 첫발을 디디는 날이기도 하였다. 그렇게 애타게 직장을 찾아다녔는데 전역 11개월 만에 뜻을 이룬 것이다. 가장 좋은 직장을 얻었다고 생각된다. 일단 미군들과 같이 일을 하고, 전국에 있는 모든 미군 camp가 나의 일자리가 되었고 900명의 경비대원(security guard)을 지휘하며 나의 leadership을 백분 발휘할 기회가 왔다. 회장, 사장에게 신임을 얻고, 미군에게 가장 신뢰할 수 있는 PM이 되고, 900명의 직원들의 생계를 책임지는 중책을 수행한다. 지혜와 겸손과 덕양을 갖추고, 성실과 노력을 겸비하자.

✕ 2008년 11월 2일(일, 맑음) • 행복한 가정

아침에 일어나니 06:00이다. 처음으로 이렇게 곤하게 잔 것 같다. 하나님께서는 우리가 계획한 이상으로 우리 몸을 돌보며 지켜 주신다. 하나님 손이 거치지 않는 나의 삶은 없다고 생각한다.

1시간 동안 뛰고, 축구를 하고 철봉을 하는데 몸의 컨디션이 최상이었다. 집안 대청소 후에 지애와 함께 걸어서 예배 참석. 지애 결혼 문제, 앞으로의 신앙생활에 대하여 조언을 하니 긍정적으로 받아들이며 고개를 끄덕인다. 주일은 가장 기다려지는 날이다. 하나님께서 우리 가정에 주신 축복을 생각할 때마다 하늘을 나는 기쁨이 샘솟는다.

'영원한 행복'에 대하여 이동원 담임목사님께서 말씀하셨던 것처럼 최고의 권위를 가지신 하나님 관계를 회복하는 것이 최고의 행복이다. 지애와 예배 후에 커피 한잔 마시고, 학생 목장에서 아이들을 가르치고, 목자들에게 점심 식사를 대접한 것, 그리고 재원이가 집에 와서 기분 좋게 보낸 잠깐의 시간, 그리고 저녁에 있을 목장 모임은 진정 오늘 목사님의 말씀을 실천하는 것이다. 이러한 행복의 길을 분명 나는 다른 사람에게 전해 주어야 한다. 사명감을 가지고 나아가야 한다.

✕ 2008년 11월 7일(금, 흐림) • 국군의 방송 녹화

눈코 뜰 새 없이 하루를 바쁘게 보냈다. 오늘도 그렇고 어제, 그제도 그랬다. 앞으로도 수년, 10년 이상 그렇게 살아갈 것 같다. 난 평생 그렇게 살아가도록 하나님께서 인도하시는 것 같다.

오늘도 새벽기도로 시작하여, CCK(주한미군 계약처) 방문, Hicks 면담, 신체검사, 리택형 장군 방문 및 점심 식사, 국군의 방송 녹화 촬영, 저녁에 AMP 6반 모임을 가졌다. 집을 5시에 나섰다가 밤 10시에 귀가하였다. 아직도 쌓인 일이 많지만 그냥 잠자리에 들어갔다. 가정예배를 드리지 못한 것, 오늘 일기를 쓰지 못한 것이 숙제이지만 최소한의 잠을 자야 되기에 그냥 잠자리로 들어간다. 눕자마자 그대로 자 버린다. 이렇게 바쁘게 열심히 살다가 잡념 없이 꿈나라로 가는 것이 행복하게 사는 것이라는 것을 이제는 알게 되었다.

오늘 오후 2시부터 1시간 동안 국군의 방송 studio에서 녹화를 하였다. 꼭 한번 해 보고 싶었는데 오늘 드디어 기회가 온 것이다. 6명의 카메라맨이 지켜보는데 내가 보기에 가장 예쁜 방송인(MC) 박선화 씨와 1시간 동안 인터뷰를 하였다는 것이 꿈만 같다. 1주 후에 30분 분량의 방송을 4회에 걸쳐서 방송한다고 한다. 내가 일기장을 읽는 장면을 3번에 걸쳐서 NG 촬영을 한 것 빼고 처음부터 끝까지 촬영하고 끝마쳤다. 끝내고 나니 조금 아쉬움도 있고 더 잘 할 수 있었다는 후회도 있었는데 그냥 이것이 처음 출연자의 자연스러운 모습이 아닐까 하고 위안하였다. 어떻게 방송이 될지 궁금하다. 또 하나 큰 것을 기다리면서 다음 주 2박 3일면 여행을 떠난다.

✕ 2008년 11월 9일(일, 맑음) • 계획 수립

어제 계획 세웠던 대로 오늘 하루를 보냈다. 내가 계획을 세운 날은 반드시 그렇게 살아감을 알 수 있다. 인생 계획, 10년 이상 장기 계획, 3~5년의 중기 계획, 2년 이내의 단기 계획, 금년도 계획, 월간 계획, 주간 계획도 대부분 내가 계획을 세운 대로 살아간다.

방향을 정하고 살아가는 사람과 그냥 해가 뜨면 일어나고 밤이 오면 잠자는 사람과는 천지 차이가 난다. 우리는 무한한 능력을 가졌기 때문이다.

물론 예상치 않은 일이 일어날 수도 있다. 그때는 또다시 계획을 수정하는 것이다. 지금까지 36년간 군 생활을 하면서 무척 차원 높은 계획생활을 하면서 살아왔다고 자부한다.

이제 사회인으로 돌아와 더욱더 계획이 필요하다. 매일 아침이면 하루의 계획을 세우고, 매주 금요일엔 주간 계획을 세우고, 매월 마지막 날엔 다음 달 계획을 세우자. 그리고 매년 마지막 주는 특별히 시간을 내어 내년도의 계획을 세우고, 그리고 매년 20년 이후의 장기 계획, 5~10년간의 중기 계획, 5년 이내의 단기 계획도 점검하도록 하자.

여기에 나의 비전을 심어야 한다. 그리고 이 비전은 분명히 하나님께 영광을 돌려야 한다. 그리고 이 비전을 위하여 나는 끊임없이 기도하는 것이다.

지혜와 명철함을 하나님께 구하자. 분명 나의 삶은 하나님께서 주신 최고의 삶이 될 것이다.

오늘의 예배, 교육목장, 모친 식사는 기쁨의 연속이었다. 이것은 분명 하나님의 은혜다. 내 힘이 부치면 하나님께 기도하자. 불안해하지 말자. 틈이 나는 대로 기도하자. 나의 기도가 그칠 때 사탄은 틈새 공략을 하는 것이다. 내일부터 2박 3일의 장기 여행을 꿈꾸며 잠자리에 든다.

✖ 2008년 11월 23일(일, 맑음) • 기도

역시 오늘 주일은 유쾌하고 흐뭇한 마음으로 보낼 수 있었다. 재원이가 어제 차를 달라 하여 아침에 많이 후회하기도 하였지만, 하나님께 오늘 나에게 평안한 마음을 주시고 아이들로 인하여 마음이 상하지 않도록 도와주시옵소서 하며 기도하였더니 정확히 나의 기도대로 하나님께서 모든 것을 바꾸어 주셨다.

지애 친구 유태와 지애에게 지애 엄마가 정성 들여 준비한 저녁 식사를 들고 엄마에게 무척 고마워하고 장인 댁에 가서 인사를 하니 처제, 처남 식구들이 따뜻하게 맞아 준다. 그리고 모두들 유태에게 후한 점수를 준다.

지애는 마냥 기뻐하고, 어제까지 상했던 기분은 말끔히 씻어 버리고 부모에게 감사한 마음을 잊지 않는다.

재원이도 어제 아버지 차를 타도록 허락하였으니 또 기분이 좋을 것이고 아버지와 막힌 벽이 많이 무너질 것이라는 생각이 든다.

자식을 이해하고, 믿고 사랑하는 것이 부모의 전부라고 생각하자. 너무나 복잡하게 생각하지 말자. 그래서 오늘 주일은 모든 구름이 환하게 걷혔다. 주일학교 학생들을 가르치고 고넬료목장 모임을 은혜롭게 마쳤다. 처제 식구들과 손을 잡고 감사의 기도를 드렸다. 하나님 감사 감사합니다.

✖ 2008년 11월 30일(일, 맑음) • 교육목장 학생 지도

주일날 아침에 일어나면 한없이 기분이 좋고 하루를 보낼 생각을 하면 희망이 넘친다. 특히 나는 청소하는 것도 말할 수 없이 기쁜 마음으로 기다리니 주일날 하는 일이야 무엇이 재미없겠는가?

오늘도 어김없이 그렇게 보냈다. CP TANGO와 성남골프장, K-16초소를 순시하며 대원들을 격려할 생각이 문득 떠올라서 계획에 추가하였다.

그리고 교육목장 목자(초등 2마을)들의 야유회 모임에도 갈까 말까 망설이다가 1시간 동안 참석하여 가장 나이 많은 내가 분위기를 살리기 위하여 노력하였다.

오늘 교육목장 모임 시간에 정○○ 학생이 얼마나 태도가 불순하고 선생님 말씀에 부정적으로 대하는지 실망도 크고 나무라고도 싶었지만 꾹 참고 달랬다. 그래도 마지막에 서로 손을 잡고 기도할 때 순순히 응해 준 것이 오히려 고마울 지경이었다. 비록 이렇게 태도가 나쁘다 할지라도 우리 학생들에게 소망이 있다. 분명히 하나님께서는 이 학생들의 부모님과 선생님의 기도도 언젠가는 변화될 것을 믿기 때문이다.

아직도 내가 할 일이 많다. 오늘도 교회에 참석하지 못한 학생들을 심방하고 승일이와 유진이(비전스쿨 학생)도 부모님께서 교회에 보내도록 심방을 하여야 한다. 이제부터 하나님께서 나에게 주신 시간, 물질, 믿음을 통하여 세상 사람들에게 복음을 전하여야 한다.

✄ 2008년 12월 25일(목, 맑음) • 재원이의 선물

4시간을 자고 일어났지만 전혀 피곤함을 느끼지 않는다. 새벽형 인간의 특징이 아닐까 한다. 혼자서 새벽예배에 참석하여 경건하게 성탄절 새벽기도를 드렸다. 시간 가는 줄 모르고 40분간을 기도드린 것이다. 기도를 많이 하고 나면 마음속에 풍성함을 느끼는 것은 하나님의 은혜라 생각이 든다.

예배 후 06:30에 용인지대와 수원지대를 방문하였다. 본부장으로서 최소한의 책임이라고 느꼈기 때문이다. 앞으로 주 2회는 지역대 또는 지대를 방문하여 근무자들을 격려하고 실상을 자세히 파악하도록 할 것이다.

간부 및 대원들이 성탄절 새벽에 방문하여 조그만 선물을 전달함에 무척 고맙게 생각하고 나에게는 남을 배려하는 마음에 기분이 흡족함을 느낀다. 조그만 사랑의 실천이라고 할까?

성탄절 예배를 드리는데 지애, 재원이가 없으니 허전하고 왠지 내가 아이들에게 믿음을 최우선으로 전하지 못했음을 회개하게 한다. 가장 중요한 것을 너무나 소홀히 가르쳤다. 그러나 이제부터 나의 기도는 더욱 간절하고 또한 틈이 나는 대로 훈계하고자 한다. 분명히 하나님께서는 나의 기도를 들어주실 것을 믿기 때문이다.

그런데 밤늦게 재원이가 집을 찾았는데 식구들 모두의 선물(옷)을 사왔고, 지애까지 합류하여 가장 행복한 시간을 가졌다. 기도를 드렸다. 하나님은 어떻게든 나의 기도를 들어주신다.

✄ 2008년 12월 31일(수, 맑음) • 2008년 회고

한 해가 너무 빨리 지나가 버렸다.

그러나 눈코 뜰 새 없이 바삐 보내며 많은 일을 해냈다. 3월에 책 발간 및 출판기념회, 그리고 합참 Key Resolve 연습 사후검토회의 주관, 합참 논문 제출(컴퓨터 작전의 법적 고찰), 비전스쿨 학생 지도(10명), PTPI 지원 및 이집트 카이로 출장, MSO 지원 및 영국 출장, 신앙 간증 10회, 군부대 강의 10회, 새얼신우회 회장 및 주일학교 교사, 조은시스템 입사(10월) 등 크게 10가지의 큰일을 해냈다. 상상하기 어려울 정도로 많은 일을 했으며 내 평생 중 가장 바쁘게 보낸 한 해였던 것 같다.

그리고 재원이가 사법시험에 최종 합격하면서 나와 우리 가정의 가치를 한 단계 상승시키고 우리 딸 지애가 배우자감을 결정하고 결혼을 결정하면서 내가 간절히 기도했던 것 모두 이루어졌다.

요즘 새벽에 눈을 뜨면서부터 희망이 벅차오른다. 하루를 보내며 피곤함을 잊고 지칠 줄 모른다.

모든 것이 완벽하지는 않다. 언제나 불안함은 남는다. 그래서 우리는 쉬지 않고 기도하는 것이다.

특히 금년도에 새얼기독신우회 회장을 연임하고 내년 1월부터 월 2회씩 6포병여단 간증을 한다. 사례비 없이 장병들에게 간증하고 오히려 책을 선물하고 간식을 제공할 것이다.

내가 소망했던 것 반드시 이루어 주시는 하나님이시다. 작년에는 미국에서 멋있게 한 해를 보냈고, 올해는 한국에서 소망을 이루었다. 이제 또다시 내년을 계획한다. 더 멋있는 한 해가 될 것이다.

2009년

✖ 2009년 11월 9일(월, 맑음) • 일기장 분실

　38년의 일기 기록 중 가장 슬픈 날이다.

　지난 토요일 저녁에 없어진 일기장(2009년)을 끝내 찾지 못하고 이제는 포기해야 할 때가 되었다. 지난 토요일 606대대에 간증을 가면서 가방 속에 일기장을 넣었고 이동 중에 며칠 밀린 일기를 쓰고자 했는데 쓰지도 못하고 팔걸이 위에 올려놓았던 것이 마지막 기억이다. 사실 일기를 잃어버린 것을 알게 된 것은 한참 뒤인 어제 주일 저녁 잠자리에 들기 전이었다. 일기를 챙기려고 했더니 보이지 않는다. 혹시나 하는 두려움이 일어나기 시작했고 밤 11시에 다시 주차장에 있는 차량에 가서 최종적으로 일기가 없다는 것을 알게 된 후 나에게 엄청난 심적 고통이 시작된 것이다. 수첩을 잃어버린 것에 대해서는 다시 만들면 된다고 편하게 마음먹었으나 지난 일기는 영영 찾을 수 없다는 생각을 하니 밤에 잠이 오지 않았다. 10개월 7일간의 일기 한 권을 영영 찾을 수 없고 내 삶의 긴 공백 기간이 생기는 것이다.

　38년 일기 중 이렇게 일기장이 없어 일기를 쓰지 못한 경우는 없었다. 내가 나이가 들어서 이제 기억상실증이 시작되는 시기일까? 이제는 이 일기장으로 인하여 자책하거나 무작정 마음 아파하지는 말자. 세상 살아가면서 가장 소중한 시간에 일기를 기록하는 습관을 다시 갖자.

　이번에 나의 일기를 새롭게 쓰는 기회로 삼자. 변화를 갖자.

✂ 2009년 11월 11일(수, 맑음) • 새 일기장 기록

오늘은 무척 특별한 날이다. 새 일기장을 양재동에서 구입하였다. 특히 나의 일기 기록 이후 가장 특별한 날이기도 하다. 금년도 일기책을 지난 토요일 잃어버리고 오늘 새 일기장을 구입하였다. 양지사에 문의하여 문구사 여기저기를 수소문한 끝에 여기 양재동 〈한빛문구사〉에서 겨우 올해(2009년) 일기장을 구입하게 된 것이다. 나를 위하여 일기장이 준비되어 있었나 보다.

지난 일요일 저녁에는 거의 뜬눈으로 지새우며 잃어버린 나의 일기장을 어떻게 찾을 것인가 궁리하였다. 끝내 나오지 않았다. 아까 내가 어디엔가 차를 내리면서 그냥 놓고 간 것이라고 생각하지만 그래도 쉽게 믿어지지가 않는다.

세상 살다 보면 이런 일도 있을 수 있다고 받아들여야 한다. 38년 동안 일기를 한 번도 잃어버린 적이 없었는데……. 지나고 나서 많은 생각을 하였다.

이제 나이가 들면서 이런 일이 일어날 수 있다는 것을 인정하고 이에 대한 대비를 하여야 한다. 매사에 더 신중하고 특히 일을 마무리 지을 때는 항상 집중하는 습관을 들여야 한다. 그리고 메모하는 습관을 들이자.

어쩌면 이번 일기 분실 사건도 나에게 전화위복의 기회가 될 수도 있다. 더 큰 사고를 막을 수도 있다. 그리고 다행히 금년도 감사 노트를 기록하였기 때문에 다시 정리를 할 수도 있다. 그리고 공백에는 하나님과 관련하여 시와 수필을 기록할 수도 있다. 더 멋있는 일기가 될 수도 있다. 항상 긍정적으로 살아가자. 이것이 지금까지 내가 터득해 온 가장 지혜로운 방법이기도 하다.

✂ 2009년 11월 13일(금, 비 / 흐림) • 지애 엄마 일본 여행

다시 정상적으로 일기를 쓴다. 지난날의 과실을 생각하며 슬퍼하고 있는 것은 나답지 못한 행동이다.

분명 나에게 새로운 길이 있다. 12개월의 일기를 다시 쓸 수도 있다. 어떻게든 잃어버린 날들을 기록해 나갈 것이다. 전혀 기억이 나지 않는다면 하나님 말씀을 기록하든가 아니면 하나님을 향한 염원을 기록하자. 시를 쓸 수도 있다. 새로운 일기의 장이 열릴 것이다. 지애 엄마와 하직 인사를 나누고 기도를 한 후 교회로 향했다. 지애 엄마는 오늘부터 월요일까지 3박 4일 동안 일본 여행을 떠난다. 그래도 지애 엄마에게 모처럼 즐거운 시간을 주는 것 같아서 기분이 좋다.
　지역대장들로부터 지휘보고를 받으며 지역대 관리를 위하여 최선을 다해 줄 것을 신신당부하였다. 정성을 들인 만큼 반드시 결과는 좋아진다는 것을 믿기 때문이다.
　김○○ 이사와 함께 마지막 회의를 하였다. 나의 마음을 무척 아프게 했던 친구가 떠나서 오히려 홀가분하다. 지금부터 새로운 친구가 될 것 같다. 부디 무인경비사업본부를 발전시키길 바란다.

✄ 2009년 11월 29일(일, 흐림) • 고넬료목장 회의

　새벽기도, 주일예배, 교육목장 예배, 고넬료목장까지 계속되었다. 여기 지구촌교회에 와서 나의 믿음 생활도 매우 활발하고, 목자의 역할을 하면서 성경 공부도 많이 진척하였다.
　교회 생활은 내가 직접 봉사 활동에 참가함으로써 더 많은 은혜를 받고 나의 삶도 더욱 큰 안목과 기쁨을 얻는 것이다.
　교육목장 예배 시간도 아이들로부터 시달림을 받기는 하지만 이제 한 달 후면 헤어지는 7명의 4학년 10반 학생들과 정이 많이 들었다.
　내가 아이들이 보고 싶고 아이들도 선생님을 좋아하는 것 같다.
　오늘은 특별히 7명이 모두 참석하며 각자 집에서 가져온 음식을 나누며 조그만 파티까지 하였으니 정말 기쁨이 충만한 날이었다.
　남는 기간 아이들에게 더 잘해 주고 특히 앞으로 신앙생활 잘 하도록 깊이 인식시켜 주자.

고넬료목장은 17시부터 19시까지 보릿골에서 가졌다. 정인균, 이규환, 신일순, 양인묵 장군님, 14기 소화영 신임 목장식구까지 모였다. 너무나 적게 나올 것 같았는데 또 하나님께서 채워 주신다.

그래도 내가 이러한 모임을 인도하도록 모든 것을 허락해 주신 하나님께 감사드린다. 지애 엄마도 적극 참여하여 줘서 고맙다. 하나님, 제가 관리하는 모든 학생 및 목장식구들에게 은총과 축복을 내려 주시옵소서.

지구촌교회 교육목장 어린양들

✈ 2009년 12월 6일(일, 맑음) • 직장의 갈등

어젯밤 00:30에 잠자리에 들었다가 06:00에 기상. 한 번도 깨지 않아서 피로가 모두 풀렸다. 하루 6시간 이상을 꼭 자야 된다. 그리고 이제 좀 더 여유 있게 시간을 보내고 싶다.

내가 할 수 있는 역량을 초과하기 때문에 계속 시간에 쫓기며 살고 있다. 주한미군사업본부장으로 일하기에는 일의 양이 너무나 많고 참모다운 참모 한 명 없이 이 일을 하기에는 중과부적이다. 참모 1명을 추가해 줄 것을 회장님께 건의하였지만, 인건비를 줄여야 한다며 단호하게 거절하셨다. 참모 1명을 교체할까 생각도 하였지만 쉽지는 않은 것 같다.

뭔가 중대 결심을 할 때가 온 것 같다. 참모 1명을 보충해서 받거나 아니면 만약에 합참에서 나를 고용하겠다고 한다면 회장님께 나의 결심을 알려 주고 Joeun을 떠나는 것이다.

둘째 방안은 이럴 때 회장님께 2가지 방안을 제시하고 택하시게 하는 것이다. 그리고 나의 요구 조건을 받아들일 의지가 없다면 과감하게 떠나야 한다.

✈ 2009년 12월 14일(월, 맑음) • 회장님 현지 방문

07:30에 〈변화와 혁신〉 초청강의를 들었다. 1시간 동안 날아가듯 빨리 진행하는 내용이 감명 깊었다. 교육은 누구에게나 필요하다. 특히 나와 같이 사회생활을 새롭게 시작하는 사람들에겐 많은 체험이 필요한데 교육을 통한 방법이나 독서가 좋다고 생각한다. 그동안 2년 동안 내가 너무나 소홀하였던 것 같다. 준비 과정이 부족하였고 현재 주한미군사업본부의 순조롭지 못한 근무가 불필요한 시간을 너무 많이 보내게 하였다. 이제는 새롭게 시작해야 한다.

그리고 이제 나의 자리도 많이 튼튼해졌다. 내가 고집 피우며 나갈 만도 하다.

오늘 회장님을 모시고 Mr. Hicks와 Mr. Choi를 방문하여 1시간 동안 대화를 나누었다. 예상했던 대로 회사가 앞으로 나갈 방향과 본부장 역할의 중요성을 강조하였다. 회장님께 나의 역할을 말할 수 있는 좋은 기회였다.

앞으로 미군 관계자들과 대화할 수 있는 기회를 많이 만들자. 이제부터 우리 사업본부가 나가야 할 방향과 앞으로 미 측으로부터 높은 신뢰를 얻고 재계약을 이룰 수 있도록 추진해 나가자. 희망이 있다. 뭔가 변화가 올 것이다.

우선 직원을 한 명 새로 받아들여서 나의 참모를 한 명 키워 나가자. 뜻이 있는 곳에 길이 있다. 그러나 적을 만들지 말자. 모두 나의 편으로 만들어 가자. 미운 사람을 위해 더 많이 기도하자.

✄ 2009년 12월 17일(목, 맑음 / 온도 급강하) • 회사를 위한 기도

영하 10도의 추운 날씨가 계속되고 있다. 직원들이 이 추위에 야외에서 근무할 것을 생각하면 측은한 마음이 든다. 더군다나 근무 간 취침을 하면 바로 해고를 시키기 때문에 저녁 12시간 동안 근무하며 추위와 졸음과 싸워서 이겨 나가야 하니 근무 성격상 어려운 근무지다.

900명의 직원들을 돌볼 책임이 있는 내가 모든 지역대장, 지대장, 부장 및 대원들을 어떻게 대하고 직원들로부터 신뢰를 얻고 믿고 따르도록 만들어야 하는데 쉬운 일이 아닌 것 같다. 특히 노조는 나를 적대시하고 심지어 나의 참모가 노조와 한편이 되어서 나의 활동에 사사건건 시비를 걸고 있으니 백분 능력 발휘를 할 수가 없다. 내가 미 측과는 친하지만 직원들에게는 엄하고 권위적이며, 미 측 입장에서 일을 처리한다며 비난하기도 한다.

그렇다면 회장님이나 백 사장님과 나에게 요구하는 대로 내가 현장에 가능한 한 나가지 말고, 나간다면 직원들 격려만 하고 문제가 있다면 지역대장을 통하여 개선토록 하라고 하는데 그렇게 할 때 과연 미 측에서 요구하는 대로 service의 질을 향상시킬 수가 있을까?

정말 하나님께 기도하자. 그리고 응답을 받자. 분명한 것은 모두를 사랑하고, 용서하고, 화평을 찾고, 나를 낮추어야 한다. 그리고 나를 싫어하는 자를 위해 기도하고, 나를 미워하는 자들을 위하여 축복을 비는 것이다. 분명히 하나님의 말씀대로 한다. 내 뜻과 마음을 죽이고 온전히 하나님의 말씀에 따르자. 분명히 하나님께서 인도해 주실 것을 믿는다.

어머님을 뵙고 점심 식사를 같이 하였다. 전보다 건강이 많이 좋아지셨다. 나의 기도대로 하나씩 이루어 주심을 믿는다.

✄ 2009년 12월 31일(목, 흐림) • 회사 종무식

다사다난한 한 해였다. 지금까지 57세를 살면서 가장 바쁜 한 해였다고 말할 수 있다. 그리고 어느 해 못지않게 어려움도 많이 있었다. 주한미군사업본부 본부장을 하면서 가장 큰 시련을 겪은 해이기도 하였다. 특히 4지역대장 해고로 인한 불편함, 김○○ 이사, 이○○ 이사의 무례한 행동, 정당하지 못한 방법으로 회사의 운영을 방해하는 노동조합 간부들의 활동 때문이었다. 그러나 이것은 나에게 분명히 큰 도움을 주었다. 모든 것이 옳은 길로 가도록 변화시키는 하나님의 과정이었다. 회장님께서 무엇이 옳은지 그른지를 알게 하였고 회사의 최약점을 노출시키는 과정이었다.

분명히 하나님 보시기에 옳은 조직이 성공할 수 있다. 분명히 우리 회사는 점차 나아지고 있다. 이제는 내가 소신껏 일할 수 있는 환경으로 많이 변하였다. 내가 사회생활을 본격적으로 시작하면서 반드시 거쳐야 할 과정들 일찍이 겪는 것이다.

오늘 14:00에 종무식을 하고 부본부장, 김○○ 전무, 장 과장, 박은정 씨에게 노고를 치하하고 내년도 잘 하자고 다짐을 하며 악수를 나누었다. 부본부장 모습이 별로 흔쾌한 모습은 아니다. 그러나 나는 이제 한두 사람에 의하여 쉽게 마음이 상하고 쉽게 좌절하지는 않을 것이다. 900명의 직원에 대한 사랑, 회장님과 사장님에 대한 신뢰의 보답, 주한미군에게 security 제공 등 얼마든지 노력과 정성을 다할 수 있는 일이다.

오는 길에 손다순 소령(정훈) 득남을 축하하였다. 백 서방, 지애와 함께 집에서 식사를 하고 송구영신예배에 참석하였다. 하늘을 날 듯이 기분이 좋다.

2010년

✄ 2010년 1월 1일(금, 흐림 / 눈) • 새해맞이 등산

새로운 한 해가 시작되었다. 이렇게 한 해가 빨리 지나가 버리고 나도 모르게 이렇게 새해가 와 있을 줄은 정말 생각지 못했다. 시간이 빨리 지나가고 있다는 것을 새삼 느끼게 한다.

그래서 나는 시간을 더 유익하고 값지게 살아야 한다. 작년에도 주한 미군사업본부 일, 교회 일, 간증 등으로 눈코 뜰 새 없이 바빴다. 그리고 회사 일에는 사실 나의 주업임에도 불구하고 나의 정성을 다했다고는 말할 수 없다. 하루 8시간의 업무 시간 중 1/2도 전념하지 못했다. 물론 일과 이후 시간에도 일을 하고 밤낮없이 현장에도 돌아다녔지만 내 마음대로 체계적으로 업무를 더 발전시키지는 못했다. 그리고 내가 일할 수 있는 여건을 만들어 주지도 못했다. 내 아래 있는 직원은 매사에 시비를 걸고 누군가 사사건건 흠을 냈고, 나를 따르는 아래 직원들 해고를 시키고, 떠나가야 할 직원으로 회사에서 감싸 주고, 많은 사람들이 나를 반목하고 있는 힘든 한 해였다.

그래도 상황은 서서히 개선되어 가고 있다. 분명히 하나님께서는 내가 넘기지 못할 고통을 주지 않으실 것을 믿으며, 더 큰 영광을 위하여 고통을 주시는 것이다.

새해를 맞이하였다. 수지에 사는 동기 4명과 함께 소실봉에 가서

수지 동기생(풍성회) 일출 등산

함성을 지르며 새해를 맞았다.

화통하게 웃기도 하며 새해를 시작하였다. 지애 엄마와 함께 새해 예배에 참석하면서 샘솟듯 솟아나는 기쁨과 소망으로 한 해를 시작하였다. 새로 이사한 아파트 내부에서 구경도 하고 사우나장에서 실컷 땀도 냈다.

❈ 2010년 1월 3일(일, 맑음) • 새해를 위한 기도

어젯밤에 침체되었던 우리 가정의 분위기는 오늘 주일에 예배를 드리며 서서히 호전되더니 저녁에 마지막으로 가정예배를 드리면서 가장 정상적인 가정 분위기로 돌아왔다.

하나님께서는 우리 가정을 그냥 내팽개치지 않으신다는 것을 나는 믿고 있다. 어려움을 주신다면 그것은 우리에게 변화를 위한 계기를 마련하는 것이다.

기도하는 가정은 망하지 않으며, 기도하는 가정은 절대로 쓰러지지 않는다는 것, 그리고 가장이 회개하며 무릎 꿇고 눈물 흘리며 기도할 때 아이들은(자식들은) 살아난다고 하였다.

이동원 목사님의 말씀대로 나부터 신체적, 정신적(지혜), 사회적, 영적으로 성장하는 한 해가 되도록 하자.

그리고 우리 자녀들에게 영향력을 미치고 나아가서 우리 부모·형제들과 직장 식구들에게 변화를 가져오자. 비록 연휴를 계획대로 잘 보내지는 않았지만 그래도 최선을 다했다. 그리고 2010년도의 계획을 수립하였다. 바쁜 가운데에서도 여유를 찾자. 대망의 새해를 시작한다.

❈ 2010년 1월 9일(토, 흐림) • 기업경영윤리 인식

무척 당황스럽고, 울분이 솟아나기도 하고, 회사를 그만둘까 하는 마음이 교차하며 하루를 보냈다. 어제 4지역대장 교체를 무효화시킨 후 결단을 할까도 생각하였지만, 오늘 프레지던트호텔에서 회장님께서 주관하는 workshop에 참석하여 마음을 진정시키고 정리하였다. 그러나 회의 시간에 백○○ 사장, 조○○ 고문, 이○○ 사장, 김○○ 전무, 이○○ 상무, 김○○ 전무를 눈여겨보았으나 시선을 다른 데로 돌린다. 한번 뚫어져라 쳐다보고 싶었다.

회장님께서 시작부터 주한미군사업본부 이야기를 꺼내고 오늘 회의의 주요 의제가 되어 버렸다. 내가 어제 회사를 그만둘까 하는 의사를 보였기 때문에 상당히 의식을 하고 있는 것 같았다. 나도 나가서 현재 내가 지역대 방문하는 문제, 노사문제, 화합 문제에 대해서 나의 의견을 피력하였다. 기업 경영의 윤리에 대하여 강조하지 못한 것, 본부장 역할의 중요성 및 참모들 보좌의 올바른 방향에 대하여 역설하지 못한 것이 아쉬웠다. 하나님 뜻이라고 생각한다. 너무나 주관적인 표현이나 무례한 언행은 삼가도록 하자. 그리고 앞으로의 방향을 정하고 하나님께 도움을 구하며, 길을 달라고 하자. 배짱과 담대함이 생기고 내가 어떻게 해야 할 것인가 더 명확해지는지 알게 한다.

김인규 동기생에게 사과 전화를 하였다. 백 서방, 지애와 함께 저녁 식사를 하였다.

✖ 2010년 1월 13일(수, 맑음 / 영하 17도) • 본부장 근무 자세

무척 복잡하고 바쁜 하루였다. 그리고 그 가운데서도 중심을 잃지 않고 나의 입지를 굳건히 하는 하루였다.

08:30에 회장님이 주관하여 tea time을 가졌다. 지난 토요일의 workshop의 연장선이라고 볼 수 있다.

오늘도 우리 주한미군사업본부부터 서두로 시작한다. 본부장 교체를 위하여, 또는 해고를 위하여 미 측에 의견을 타진해 본 결과 본부장을 해고시킨다면 우리 회사와 계약을 파기하겠다고 답변을 한 것 같다. 누구와 이야기를 하였는지 모르지만 하여튼 정상적인 회사 운영은 아니다.

나에게 더 힘을 실어 주는 계기가 되기도 하고 이제부터는 내가 더 소신껏 지휘할 수 있는 여건을 마련한 것이다.

그러나 절대 목을 굳게 세우며 힘을 발휘하지는 않는다. 회장님을 상급 지휘관을 섬기듯이 의도에 따라 일하되, 이제는 주한미군과 직원들을 위하여 조용하면서도 지혜롭게, 그리고 모든 신뢰를 주고 나를 믿고 충성스럽게 일하도록 만들어 가고자 한다.

재원이와 점심 식사를 하는데 얼굴이 밝지 않은 것을 보니 지난 시험을 잘 본 것 같지는 않다. 어떻든 하나님께서는 좋은 방향으로 인도해 주실 것을 믿는다.

✂ 2010년 1월 28일(목, 흐림) • 아들 재원이에 대한 기대

지애 엄마가 새벽기도에 참석하기 위하여 작전을 수립하여 성공적으로 완수하였다. 영락교회에 앉았다가 목사님이 시작하시는 것을 보고 나는 빠져나와서 MSO 기도회로 향하였다. 오늘의 새벽기도가 지애 엄마에게 더 많은 은혜를 주었으리라 믿는다.

그리고 언젠가는 지애 엄마의 믿음도 더 간절하여질 것을 믿는다. 그리고 지애 엄마의 기도를 모두 들어주실 것도 믿는다. "하나님을 바라라." "하나님께 부르짖어라." 금주는 좋은 일이 많이 일어나는 주였다. 재원이의 연수원 2차 시험 성적이 1,000명 중에 74등이고, 장인어른의 폐암 의심이 깨끗이 지나간 것이다. 모두 기도의 결과라는 것을 믿는다.

그리고 나와 지애 엄마, 그리고 많은 사람들의 간절한 기도를 하나님께서는 외면하지 않으신 것이다. 나의 기도는 계속될 것이다.

우리 지애의 믿음 생활, 그리고 주한미군사업본부의 건전한 회사로의 변화도 꼭 이루어질 것이다. 우리 식구들의 복음화도 언젠가는 이루어진다. 집도 적당한 시기에 팔리고 성복동 좋은 집에서 살도록 도와주실 것이다.

무엇보다도 나의 장병을 상대로 한 간증 계획도 꼭 이루어질 것이다. 1년에 수만 명의 장병들에게 복음을 전할 것이다.

그리고 광주고 21회 동창들의 복음화, 우리 회사의 복음화도 반드시 이루어진다. 재원이는 검사 또는 판사로서 우리 가정에 기쁨이 되고 하나님께 영광을 돌릴 것이다. 나에겐 큰 소망이 있다. 나는 이러한 일이 하나씩 이루어지는 것을 볼 날을 기다리며 기쁨으로 살아간다.

✖ 2010년 2월 5일(금, 맑음) • 국제사이버신학대학원 원서 제출

오늘은 무척 중요한 날이다. 드디어 국제사이버신학대학원에 원서를 제출한 것이다. 1주 전에 극동방송 광고를 통해서 알게 되었고 1주간 준비하여 모든 서류를 준비한 후 on-line으로 등록을 한 것이다.

하나님께서 방송을 통하여 나에게 들려주시고 결심하도록 인도해 주신 것이다. 모든 것이 순조롭게 준비되었다. 합격할 수 있을 것 같다. 앞으로 3년간 신학 공부를 하고 목사가 될 수도 있다.

내가 계속 관심을 가지고 찾아왔는데 이번에 사이버로 강의를 하는 국제사이버신학대학원에 들어가게 될 것 같다.

어려움도 많이 있을 것이고, 심지어 손가락질할지도 모른다. 지애 엄마와 지애, 재원이가 반대할 수도 있다.

그러나 지금은 변함없다. 꼭 공부를 해 보고 싶다. 하나님께서 모든 것 허락해 주시고 인도해 주실 것도 믿는다. 기도를 많이 할 것이다. 나에게 소망을 주신 하나님이시다. 필요한 시기, 물질, 여건을 모두 허락해 주실 것이다.

하나님의 복음을 전하기 위해 쓰임받기를 원한다.

Mr. Hicks와 회의를 하는데 좀 억울하게 원망을 받았다.

✖ 2010년 2월 19일(금, 흐림) • 주한미군 보호 책임

지휘보고를 받으며 4지역대장에게 간단히 훈계를 하고 나의 의도를 분명히 밝혔다. 특히 지역대장이 소신껏 할 것을 강조하였다. 250명의 직원들을 관리하는 것은 그 자체만으로도 엄청난 책임을 지고 있는 것이다. 그것도 직원들과 함께 주한미군을 지켜 주는 것은 예비역 군인으로서 이보다 더 이상 값진 직업도 없을 것 같다. 이제는 나도 많이 의식화되었다. 우리에게 security를 맡기고 있는 Mr. Hicks, Mr. Choi, 넬슨, 멕키니, 맥코이, 알드리스, 부루어, 스튜어트, 우베르티 사령관, Miyers 참모장, 크라우츠 등 모든 미군들이 나에게 정말 소중한 사람들이다. 이들과의 약속 및 계약을 나는 이행하는 것이다.

3월 8일부터 18일까지 Key Resolve 및 Foal Eagle 2010 연습을 하는데 이번에 아무런 사고가 없도록 한다. 나와 회사의 운명도 걸려 있지만 Mr. Hicks와 Mr. Choi의 운명도 우리에게 달려 있다. 이번엔 아무런 사고가 없도록 special plan을 작성할 것이다. 나는 10일간은 12시간 이상 현장에서 감독할 것이다. 그리고 머지않아 사고 예방 교재를 낸다. 시범식 교육을 하고 훈련 계획을 수립할 것이다.

✄ 2010년 2월 26일(금, 맑음) • 김연아 선수 금메달

오늘은 김연아가 동계올림픽에서 세계기록을 세우며 금메달을 따는 세계 속의 한국의 날이었다. 2차 시합을 하는데 2일 전 1차에서는 일본의 아사다 마오 바로 뒤에 play를 하여 4.8점 차로 세계 1위를 차지하였고, 오늘 2차전에서는 아사다 마오보다 먼저 play를 하여 무결점 50점대를 받음으로써 총점 228.52 세계 피겨 사상 최고의 점수를 얻었다. 그리고 뒤이어서 일본의 아사다 마오 선수가 play를 하여 130점대 총점 200점대를 얻음으로써 결국 승패가 판가름 나게 된 것이다.

나는 어머님과 식사를 하러 갔다가 허리에 너무 통증이 심하다고 하시어 병원에 가서 진찰을 받으면서 SBS 생방송을 시청하게 되었는데 시작하기 전 손을 모으고 눈을 감고 간절히 기도를 드렸다. "하나님, 김연아 선수에게 자신감을 주시고 꼭 우승하여 국민들에게 용기를 주시고, 하나님을 믿는 나라 대한민국이 우뚝 솟아나게 도와주시옵소서" 하면서 간절히 기도드렸다.

역시 김연아 선수는 자신감 있게 처음부터 끝까지 완벽하게 보여 주었다. 모두 끝났을 때 김연아 선수는 손을 입에 대고 눈물을 흘렸으며, 나도 함께 눈물이 나왔다. "하나님 감사합니다" 기도드렸다.

어머님께 기도문을 써 드렸다. 그대로 내가 이렇게 어머님을 도와드릴 수 있는 여건이 되어서 감사한다.

지역대장, 지대장에게 근무를 잘 해 줄 것을 호소하는 메일을 보냈다. 이제 우리 주한미군사업본부는 한 단계 upgrade된다.

✄ 2010년 3월 2일(화, 흐림) • 신학대학원 첫 수업

내 인생에 엄청난 변화가 있는 하루였다. 드디어 국제사이버신학대학원의 첫 강의를 청취하였다. 누구의 도움 없이 나 혼자 입학원서 및 논문을 제출하고, 『나는 행복한 군인이었다』 책을 팔아서 입학금 및 수업료 230만 원을 등록하고, 수강신청을 하고 오늘 드디어 수업을 청취하였다.

수업은 신성종 교수님의 '공관복음'에 대한 강의 3시간이지만 2시간만을 청취하였다. 마태, 마가, 누가복음에 관한 설명이었는데 모든 것이 새로웠다. 신학 석사과정을 밟고 있다는 것이 스스로 자찬할 수 있을 정도로 놀랍고도 자랑스러웠다. 강의 시간 21:00부터 22:20까지 무척 피곤한 시간이다. 졸립기도 하였으나 그대로 충분히 소화할 수 있을 것 같았다.

이제 요령이 생기고 또 하루 일과를 잘 이용한다면 업무에 지장 없이 해낼 수 있을 것 같다. 자신감이 생긴다. 목표가 분명하고 하나님 보시기에 좋은 일이라면 나는 분명히 해낼 수 있다. 매일 하루하루가 새롭고 나는 희열에 가득 찬 하루하루를 맞을 수 있을 것이다.

기도가 많이 필요하다.

신학대학원 입학식

주한미군사업본부도 병행하여 발전시켜 나간다. 운명을 같이한다. 그리고 나의 전도는 이제 본격적으로 시작된다. 하루하루의 시간 계획이 상상을 초월할 정도로 바쁘고 알차게 하루하루 보낼 것이다. 3년 후 어느 교회에서든 담임을 하며 영혼을 구원한다고 생각하면 기쁘기 한량없다.

✈ 2010년 3월 3일(수, 흐림) • 신학대학원 두 번째 수업

국제사이버신학대학원 강의 이틀째다. 바쁜 가운데서도 틈을 내어 계속 강의를 듣는다. 어제는 강의를 들을 시간이 없어서 퇴근하지 않고 강의를 듣다가 사무실에서 잤다. 한번 마음먹으면 반드시 실천하는 나의 습관대로 신대원 강의를 절대 놓치지는 않을 것이다.

다행히 모든 강의 내용이 새로워서 전혀 지루함을 느끼지 않는다.

지금까지는 전혀 강의를 들어 보지 못한 새로운 학습에 빨려 들어간다.

3년 후에는 반드시 모든 수업을 마치고 목사 안수를 받으며 어디에선가 목회할 것이다. 군 목사를 담임하여 장병들을 대상으로 본격적으로 군 선교 활동을 할 수도 있고, 또는 어느 교회에서 협동목사로 일하거나, 또는 여건이 된다면 개척할 수도 있을 것이다. 앞으로 하나님께 간절히 기도하자. 그리고 중보기도를 요청하자. 언젠가는 모든 사람들에게 공개할 것이다. 당당히 신학대학원 학생임을 알리고 기도를 부탁할 것이다.

Mr. Hicks와 만나서 당면 과제를 논의하였다. 이제는 나의 입장을 많이 고려해 준다. 고마울 때가 많다. 더 친절하게 대해 주고, 항상 겸손함을 잃지 말자.

저녁에 지애 엄마와 함께 수요기도회 참석하였다. 한마디 불평 없이 따라 주는 지애 엄마가 사랑스럽다.

✈ 2010년 3월 10일(수, 눈) • 자연의 신비

눈이 제법 많이 내렸다.

3월 중순이면 한참 꽃 소식이 들려올 때인데 올해는 이상기후가 계속

된다. 오늘 내린 눈은 유난히 아름다웠다. 특히 나무 위에 내린 눈은 수북이 쌓이고 처져 있어서 산수화에 나오는 그림 같았다. CP TANGO를 방문하고 오는 길에 차에서 내려 몇 카트 찍었다. 단 한 장의 사진이 언젠가 나의 일기와 함께 아름다운 추억으로 변할 때가 올 것이다. 그리고 아직도 이렇게 자연의 신비함과 아름다움을 찾는 순박함이 남아 있다는 것이 다행스럽다.

어제도 귀가하지 않고 일과 후의 시간을 이용하여 신대원 수강을 하였다. 새벽예배와 수요예배에도 참석하지 않았다. 수강 내용을 예배 시간으로 대체한다고 생각하였다. 그러나 처음부터 바쁜 시간을 감안하여 신대원을 시작하였기 때문에 모든 예배는 참석하는 것을 원칙으로 하여야 한다. 모든 예배에 참석하는 것이 더욱 마음에 편한 것 같다. 그만큼 기도 시간이 많아지기 때문이다.

오늘도 수강 4시간, 전도폭발훈련 암기 1시간 등 내 삶에 큰 변화가 일어나고 있다. 그것도 나의 직장에 조금도 지장이 없이 이렇게 위대한(great) 계획을 추진하고 있으니 언젠가는 좋은 결과가 일어날 것을 믿는다.

가끔 피곤함을 느낀다. 이제는 피로를 회복하고 지애 엄마의 여가 시간을 마련하는 것이 큰 과제다. 더 알뜰하게 시간을 보내자. 더 다양하게 시간 계획을 세워 지애 엄마에게도 지루하거나 단조로운 삶이 되지 않도록 도와주자.

✵ 2010년 3월 14일(일, 흐림) • 하나님 사역 준비

오늘도 역시 바쁜 주일이었다.

어제저녁에 신대원 강의를 청취하고 일기를 써 뒀기 때문에 그래도 모든 일을 해낼 수 있었다. 그런데 힘이 들어야 할 것 같은데도 오히려 하루 종일 기분이 좋고 피곤함도 없었다.

특히 교육목장 예배 시간에 우리 반 학생들과 보내는 시간은 행복하였다. 이것이 바로 천국이라는 생각이 들었다.

그리고 오늘 전도폭발훈련 시간에 은혜와 믿음 part를 암송하였기 때문에 부담이 없었다. 서서히 전도자로서의 소양을 갖추어 가고 있다. 전도폭발훈련에 참여하기를 잘 했다고 생각된다. 신대원이 부담되어 다음으로 미룰까 생각도 하였지만, 분명히 하나님께서 다 이루어 주실 줄 믿고 과감히 시행코자 하였다.

앞으로 어떻게 하나님께서 쓰실지는 모른다. 신대원을 졸업하면서 나의 삶의 방향이 완전히 바뀔지도 모른다는 생각이 든다.

교육목장과 전도폭발훈련 사이에 2시간의 공백 시간을 이용하여 마음먹은 대로 CP TANGO를 30분 동안 위문 및 격려하였다. 근무 분위기가 많이 개선되고 모두가 잘 해 보자는 분위기가 이루어졌다. 좋은 성과를 거둘 것이라는 확신이 든다.

저녁엔 지애 집에 들러서 차 한잔하고자 하였으나 지애가 Classic 음악회에 참석하여 불발. 저녁에는 재원이가 와서 차 한잔하면서 장래 문제에 대해서 진지하게 대화를 나누었다.

✖ 2010년 3월 28일(일, 맑음) • 사람을 낚는 어부

특별한 주일이었다.

PTPI 일정 및 중국 대표가 참석하여 Gaden Hotel 조찬에(07:30~08:30) 참석한 것을 제외하고는 하루 종일 말씀, 기도, 교육으로 하루를 보내고 끝나는 시간 21:00에는 전도폭발 실습까지 하였다.

그래도 피곤치 않으며 잘 이겨 낼 수 있도록 도와주시는 하나님께 감사드린다.

이렇게 집중적으로 기도, 봉사 및 교육을 받은 적은 지금까지 없었다.

비록 안수집사, 장로 직분까지 받았다고는 하나 지금 생각해 보니 너무나 형식적이었다. 과연 그동안 내가 얻은 결실은 무엇이었는가?

5남매의 형제 중 3명은 아직까지도 결신하지 못하였지 않는가? 내가 그들을 위하여 옳게 전도해 본 적이 있었던가? 전도할 준비가 되어 있었던가? 나의 사무실 직원들을 한 명이라도 전도하였던가? 너무나 결실을 맺지 못했다. 결실을 맺지 못한 나를 하나님께서는 책망하셨다. 하나님께서 나에게 다시 한번 이러한 기회를 주심에 감사드린다. 신대원 교육, 전도폭발훈련, 목자교육 등을 통하여 사람을 낚는 어부가 되도록 하자. 더 많이 회개하며 하나님께 도움을 구하자. 잠이 조금 부족하더라도 더 많은 시간을 내자. 나이 70에 수백만 명을 전도한 뮬러 목사님을 생각하자. 나는 아직도 늦지 않았다.

✖ 2010년 4월 16일(금, 맑음) • 행복한 직장

사무실에서 곤히 잠을 잤다. 이렇게 사무실에서 밤늦게까지 일을 하다가 편안히 잠을 잘 수 있다는 것이 행복하다. 2007년 12월부터 2008년 10월까지 10개월 동안 일자리를 찾아다녔기 때문에 고정된 일자리가 있다는 것이 얼마나 행복하다는 것을 체험하였다. 지금 일자리는 모든 면에서 나에게 만족을 주는 일자리이다. 미군들과 함께 영어를 하며 일하고, 직원 900명을 관장하는 책임감이 있고, 전국에 산재된 주한미군부대를 모두 찾아다니며 어느 때나 여행을 할 수 있으며 내 돈은 한 푼도 들지 않는다. 형제들을 찾아볼 수 있는 기회도 아무 때나 가질 수 있다.

그리고 노조와 함께 일하며 실상을 배울 수도 있었고 내 뜻대로 조직이 운영되지 않는 어려움 속에서도 헤쳐 나갈 수 있는 사회생활 경험을 전수할 수 있었다.

김승남 회장님 밑에서 많은 것을 배울 수도 있었고 외국에도 가끔 갈 수 있는 기회가 있다. 봉급도 월 400만 원이면 다른 동기생들에 비하여 많은 편이다.

차가 있어서 어디로도 갈 수 있다. 이러한 좋은 직장을 갖게 해 주신 것은 선교 사업을 하며 신학 공부를 할 수 있는 기회를 주시고자 하는 하나님의 은혜인 줄 믿는다. 하나님 감사합니다. 대하는 모든 사람들에게 감사와 기쁨으로 대하게 하옵소서.

✼ 2010년 4월 22일(목, 맑음) • 지애 딸 순산

신대원 수강이 밀려 있어 오늘은 MSO 기도회에 참석하지 못했다. 요즘 신대원 입학 이후 MSO에 가끔 빠지는 사례가 있다. 시간을 빼기가 가장 쉽기 때문이다. 그러나 하루 시간을 다른 날로 조정하여 기왕이면 성실하게 참석하도록 하자. 이제 금년 MEO도 준비하여야 하는데 시늉만 내지 않도록 하자.

드디어 오늘 기쁜 소식이 전해졌다. 어제부터 산고의 진통이 시작하던 딸 지애가 오늘 아침에 병원에 입원하였다가 15:09에 출산을 한 것이다. 계획된 시간보다 빨리 나왔다. 당장 달려가서 보고 싶었지만, 계획된 중간고사 준비를 위하여 사무실 숙식을 계획하였기 때문에 내일로 미뤘다.

드디어 나의 새로운 후손이 세상에 태어났다. 이제 할아버지가 된 것이다. 우리 딸 지애도 이제 엄마가 되었고 인생의 큰 변화가 시작된 것이다.

부디 건강하게 자라기를 바란다. 엄마 뱃속에 있다가 세상에 나왔으니 얼마나 어려움이 많을까? 이제부터 스스로 이겨 나가는 법을 배워 나가야 한다. 병도 있고, 아픔도 있을 것이며 때로는 배고픔도 있을 것이다. 우리 손녀딸(가명 백하은)이 꼭 하나님 말씀으로 양육되기를 기도한다. 부모가 딸을 위하여 기도하며 영의 양식을 많이 먹이길 바란다. 훌륭한 손녀가 되기를 끊임없이 기도할 것이다. 할아버지가 늘 좋아하고, 잘 따르는 귀엽고 사랑스러운 손녀가 되기를 바란다.

✼ 2010년 4월 24일(토, 맑음) • 장성중학교 동창회 참석

오늘은 고향 장성에서 중학교 동창회가 있는 날이다. 그리고 목자들 등산이 있는 날이기도 하였다. 어디로 갈까 망설이다가 1년에 1번 있는 동창회에 가서 친구들을 만나 보는 것이 좋을 것 같아서 고향으로 가기로 하였다.

40년 전 3년을 같이 지냈던 중학교 동창들과 고리를 끊기가 아쉽기 때문이다. 그리고 언젠가는 이들을 대상으로 전도를 하겠다는 꿈이 있기 때문에 더욱 그렇다. 죽전 정류장에서 합류하여 장성으로 내려가는데 3시간 동안 무척 흥겨운 시간이었다. 오랜만에 만나서 반갑고, 계속 노래를 부르며 가는데 흥을 돋우고 또한 무엇보다도 봄기운이 흠뻑 오르는 산야를 달리는 차량으로 보는 모습이 너무나 아름다웠기 때문이다.

그래서 시절을 따라 차를 달리며 여행을 할 필요가 있다. 여행은 우리에게 활력소가 된다. 비록 동창들과 자주 만나지는 않았지만 어린 시절 같은 학교에서 3년을 지냈다는 그것만으로 하나가 될 수 있는 것이다. 양복 대신 가벼운 옷차림으로 친구들과 어울려 대화하며 하루 시간을 가졌다면 더 좋았을 텐데…….

장성에 도착하니 정진필 회장, 김영일 전 회장을 포함하여 40여 명의 고향 친구들이 반갑게 맞아 준다. 백양관광호텔에서 모이는데 작년 야외에서 모이는 것만큼은 덜 다채로웠다. 시골 냄새도 덜 난다.

그런데 점심 식사를 마치자마자 KTX를 타고 올라와야 했다. 17:30에 전도폭발훈련 약속을 했기 때문이다. 친구들에게 하나님을 믿으라고 하지 못함이 아쉬웠다. 다음 기회로 미룬다.

✕ 2010년 5월 12일(수, 맑음) • 김인규 동기생 선발

모처럼 KMCF/KVMCF 조찬기도회에 참석하였다. 과거 MCF 총무를 할 때는 현역들이 많이 참석하도록 각 부대 MCF 회장들에게 애타게 전화를 하였는데 전역 후로는 거의 참석하지 않았다. 전에 보던 예비역 MCF 회원들이 여전히 참석하고 있었다. 가능한 한, 한 달에 1번씩 갖는 이 예배에 참석하여 MCF의 발전을 위하여 기도하도록 하자.

오늘 드디어 4지역대장 선발을 하였다. 동기생 김인규 대령과 유영범 소령(예비역) 2명을 두고 심의를 하는데 갑자기 이○○ 사장, 김○○ 부사장, 박○○ 부회장까지 위원으로 들어온다. 이○○ 부본부장이 휴가를 가면서 대응책으로 부탁했나 보다. 내가 추천하는 김인규 씨를 절대로 안 된다고 온 세상에 소문을 퍼뜨렸다. 오늘 두 사람을 비교해 보니 뭐로 보나 김인규 동기생이 훨씬 더 낫다. 심의에 들어가기 전에 답답하여 김인규와 손을 모아 기도를 드렸다. 담대하게 심의위원들의 마음을 변화시켜 달라고 기도하였다. 점수를 적어 내고 어렵다고 생각하며 김인규 동기생에게 식사를 하면서 포기하라는 식으로 말을 하는데 갑자기 전화가 와서 가 보니 김인규가 선발되었단다. 분명 하나님께서 도와주신 것이다.

✄ 2010년 5월 18일(화, 비) • 포병학교 초빙강의

오늘도 대단한 일을 하였다. 4시 반에 일어나 신대원 수강을 하고 장성 상무대로 향하였다. 오늘 포병학교 교육이 있다. 가는 길에 수원, 평택, 군산을 경유하여 직원들을 격려하였다.

비가 부슬부슬 내리는데 혼자서 차를 몰고 장성 상무대를 가는데 외로움은 전혀 느끼지 못하고, 세상의 아름다움에 흠뻑 젖는다.

그리고 내가 조르다시피 하여 포병학교 OBC 과정 소위 장교들에게 〈나는 행복한 군인이었다〉라는 강의를 하게 된 것이다.

500명의 초근반장교(육사 66기, 학군 48기, 3사 45기)들에게 나의 군 생활을 통한 군 생활 방향을 제시하고 장교로서의 자부심과 공부, 소망을 심어 주려 하였다. 그리고 암암리에 하나님을 전하기로 하였다.

벌써 포병학교에서만 4번째 강의다. 많은 포병 초급 간부들에게 적지 않은 영향을 미쳤다고 생각한다.

역시 나는 멋있게 군대 생활을 하였고 마치고 나서도 나의 군 생활은 계속 이어지고 있다. 아마 소장, 중장으로 전역하였다면 지금보다 더 여건이 좋지는 않았을 것 같다. 특히 복음을 전하기 위해서는 지금의 여건이 훨씬 좋다. 앞으로 3년 후에 누구에겐가, 어디엔가 복음을 전하기 위하여 당당히 교단에 설 수 있다는 희망이 있다. 오늘 과정은 이를 준비하기 위함이다.

수원, 평택, 군산 직원들이 반갑게 맞아 준다. 동생 영덕이와 점심 식사를 하며 기도하였다. 난 멋있게 살아간다.

✖ 2010년 6월 5일(토, 맑음) • 모친 93회 생일 잔치

모친을 모시고 왔다. 2주 후 모친의 93세 생일인데 그때 바빠서 이번 주말에 앞당겨 생일 파티를 하기로 하였다. 1시간 40분 동안 차를 타고 오는데도 전혀 멀미하지 않으신다. 오랜만의 외출 때문일까? 꼭 우리가 사는 좋은 집도 보여 드리고, 채영이(손녀딸)도 보여 주고 안겨 드리고 싶었다.

역시 그대로 되었다. 이 집은 어머님 덕분에 구하였으니 감사하는 마음도 가득하다. 우리 살고 죽는 것 모든 하나님 손에 달려 있음을 믿는다. 예수님을 믿음으로 하나님께서 우리에게 천국 영생을 주셨으니 앞날에 대한 두려움은 없다. 오직 예수님께 순종하며 복된 삶을 사는 것이다. 그리고 이 사실을 세상 사람들에게 전하는 것이다.

어머님과 함께 둘러앉아 생일 파티를 하였다. 모처럼 어머님께서 입에 맞는 음식을 보니 많이 드신다. 케이크를 자르며 happy birthday 생일 축하 노래를 불렀다. 그리고 아이를 안고 사진을 찍었다. 모든 것을 이루어 주신 하나님께 감사드린다. 조카 기원이가 모친과 채영이에게 5만 원씩 선물을 한다. 조카들을 내가 자주 만나고 식사도 하며 주님을 전하기로 하자.

✖ 2010년 6월 26일(토, 흐림) • 2010 MEO-P 행사

어제 집에 가지 않고 여기 영산수련원(오산리)에서 하루 머무르기를 잘했다. 참가국의 MCF 현황을 들을 수 있었고, 나름대로 MCF 설립 및 발전을 위한 계획을 발표하는 것을 들을 수 있었다. 아프리카 위주의 국가들이라 영어를 충분히 이해할 수는 없었다. 교육을 진행하는 김무웅 장로님, 그리고 모든 program을 진행하고 있는 김진옥 집사님, 배윤규 장로님, 염 간사, 그리고 이필섭 장로님(세계기독군인회장), 자원봉사자들의 지원 활동에 많은 감명을 받았다. 어려움도 많이 있겠지만 전혀 싫은 기색 없이 며칠간을 머무르며 일하시는 모습을 보고 있자니 내가 너무나 관심과 정성이 부족함을 알고 조금 더 많이 봉사할 것을 다짐하였다. 행여 나를 높이고 나를 드러내려고 하지 말고 오직 예수님만이 이 행사의 주인이셔야 한다. MCF가 없거나 미약한 나라에 MCF를 설립하고 각국의 군인들에게 복음을 전하는 길이라면 우리는 망설여서는 안 된다.

고넬료목장, 교육목장, 고교 신우회 및 직장 신우회를 부흥시키도록 기도하고 또한 정성을 다 바쳐서 모든 모임에 힘쓰고, 예수님을 전하고 그 말씀대로 이루어 가도록 해야 한다. 어느 것 하나 소홀히 하지 않도록 하자. 자신이 없으면 그만두어야 한다.

10:00부터 17:00경 3차 off-line 강의. 강사님들이 현장에서 off-line으로 강의하는 모습에 깊은 감명을 받았다. 반드시 졸업하도록 하자.

✖ 2010년 6월 29일(화, 맑음) • 하나님의 능력

오늘은 회사 일을 한 것이 별로 없이 사무실에서 헬라어 강의를 듣고, Mr. Choi를 만나서 30분 동안 이야기를 나누고 용인지대를 방문하였다.

너무나 회사 업무에 소홀한 것 같아서 마음이 걸린다.

그런데 한 가지 이상한 것은 오히려 지금이 아무런 사고도 없이 조용하며 안정되어 있다는 것이다. 그리고 회사 일로 인하여 골치 아픈 것이 없이 조용히 지나고 있다는 것이다.

모든 일이 나의 생각을 초월하여 이루어지고 있다는 것을 체험하고 있다.

그리고 여기에는 분명 하나님의 능력이 미치며 작용하고 있다는 것을 나는 믿고 있다. 나의 기도대로 하나씩 이루어 주신다는 것을 믿는다.

"먼저 그의 나라와 그의 의를 구하라 그리하면 이 모든 것을 너희에게 더하시리라" 하셨다. 오직 예수님만을 위한 나의 삶이 되고 절대로 내가 나의 삶의 주체가 되는 것이 아니요 오직 예수님이 나의 주체가 되신다는 것이다. 모든 것 주님께 맡기고 오직 감사하며 또 주님께 영광을 돌리며 감사와 기쁨으로 살아갈 뿐이다. 그래서 기쁨으로 가득 채워진다.

✂ 2010년 6월 30일(수, 흐림) • 모친 방문 기도

아침 출근길에 어머님을 찾아뵈었다. 아직도 잠자리에 누워 계시다가 내가 살며시 건드렸더니 나를 보고 깜짝 놀라시며 일어나신다. 내가 어릴 때 어머님 장사하시러 갔다가 돌아오실 때를 기다리던 때와 반대가 되었다. 정자에 앉아서 눈이 빠지게 기다리던 때가 있었다. 눈물겹도록 보고 싶었던 어머님이시다. 그래서 어머님이 오래 살아 계신 것만 해도 나에겐 기쁨이다. 어머님 손을 마주 잡고 기도를 드리고 찬양을 하였다. 어머님도 좋아하신다. 기도대로 부디 세상 사는 날 동안 아픔 없이 천국 소망 속에 사시다가 하늘나라에 가셔서 천국 영생의 복락을 누리시길 기도한다.

항상 부족한 나에게도 하나님께서 얼마나 많은 것을 주시는지 요즘 새삼 느낀다. 주한미군사업본부장도 우연히 나에게 주어진 직장이 아니고 하나님께서 나를 위하여 예비해 주신 것임을 안다.

7월에는 내가 바라는 대로 을지포커스렌즈(UFL) 연습 간 선임관찰자로 일하게 해 주실 것 같다. 회장님과 백 사장님도 쾌히 승낙하셨다. 이제 7, 8월은 재계약 준비, PC 숙달 그리고 신대원 과목 독서, 후반 업무 추진 방향을 설정할 것이다.

배남재 부친 상가에 들르고 저녁에는 박병청 딸 결혼식 피로연에 참석하였다. 동기생들이 모두 반가워한다. 채영이가 집에 왔다. 채영이를 보는 기쁨으로 집으로 달려왔다.

✂ 2010년 7월 11일(일, 흐림) • 교회 생활의 기쁨

지애 엄마는 제주도에 가고 하루 종일 혼자 보냈다. 대부분의 시간을 교회에서 보내고 마지막은 고넬료목장을 인도하고 저녁 식사를 같이 하였다.

많은 사람들은 이해하지 못한다. 주일은 모처럼 얻는 휴일인데 왜 교회에서 많은 시간을 보내느냐고. 운동도 하고 등산도 하고 친구들과 만나고 친척들과도 같이 식사도 하면서 보내면 더 좋지 않으냐고.

그런데 사실은 교회에서 보내는 시간이 어떠한 시간보다도 나에게 기쁨을 준다. 특히 목사님의 은혜로운 말씀에 많은 은혜와 감동을 받고, 교육목장에서 우리 반 학생들 8명과 보내는 1시간도 나에게 큰 기쁨을 주고, 천진난만한 아이들에게 예수님을 전할 때 그때도 하나님의 주신 사명을 다하는 것 같아서 은혜로운 시간이 된다. 여름 캠프 강습 2시간은 전도사님, 목사님들의 짜임새 있는 교육 준비와 실시에 시간 가는 줄 모르고 보냈다. 교육 목자들과 함께하는 시간은 천국의 시민들과 함께하는 시간이다. 기쁨의 시간이다.

저녁에 고넬료목장 시간을 갖는데 오늘은 남자 5명, 여자 2명이 참석하였다. 항상 준비는 하나 선배들 앞에서 말씀을 전하고 인도할 때는 긴장이 된다.

그리고 이제는 이 목장도 변화가 와야 한다고 생각하여 금년 말까지만 내가 목자를 하고 다른 분에게 인계하기로 하였다. 나는 성복동 예비역 군인들을 대상으로 교회로 인도하고 목장을 만들 생각이다. 목장의 발전을 위하여 어떠한 변화가 있어야 한다. 절대 퇴보하지는 않도록 하자.

✈ 2010년 7월 16일(금, 흐림 → 비) • 박○○ 지역대장 해고

조용한 가운데 엄청난 일이 벌어진 하루였다.

오늘 드디어 2지역대장 박○○ 대령(예비역)이 해고되고 정○○ 대령(예비역)이 CP TANGO 지대장에서 영전하였다.

지난 금요일에 미 측으로부터 공식 통보를 받고 1주일 만에 조사를 거쳐 보직 교체를 한 것이다. 오늘 정○○ 대령을 Mr. Oxendine과 Mr. Choi에게 소개하고 같이 식사를 하면서 앞으로 근무 방향을 일러 주었다. 전 박 대령보다는 여러모로 잘 할 것을 믿는다.

지난 18개월 동안 나를 무척 불편하게 하고, 대하기가 거북스럽고 전화를 하고 나면 가끔 기분이 상하며, 사무실도 자주 찾아보기가 싫었다. 작년에 나에게 무례하게 대했던 기억이 계속 남아 있었고, 언젠가는 이러한 결과를 초래할 것이라는 것을 예측하였으며 이번 교체 후에도 박 대령에게 별로 미안한 마음이나 앞으로 살아갈 것을 걱정하지는 않는다. 다만 한 가지 바람이 있다면 이번 사건을 계기로 스스로의 문제점을 깨닫고 새 삶을 살아가기를 바라는 것이다. 그리고 나는 이를 위하여 기도하고, 나 스스로 항상 뒤돌아보며 살아가고자 한다.

저녁에 오끼네 집(Beerhouse)에서 중학교 동창 모임을 가졌다. 30여 명이 참석하여 허물없이 얘기를 나누며 2시간을 보냈다. 귀한 친구들이다. 이제는 내가 저들을 위하여 하나님의 말씀을 전하고 영생을 얻도록 돕고 싶다. 그래서 이 모임의 의미가 있고 꾸준히 접촉을 유지할 것이다.

✂ 2010년 7월 21일(수, 맑음) • 늘 지켜 주시는 하나님

정말 어마어마한 능력을 발휘하는 하루였다. 04:20에 일어나서 새벽기도 후에 1지역대 Stanley, CRC를 방문하고 Casey Gate들을 방문한 후에 지역대장 및 지대장과 식사 및 교육을 하였다. 그리고 Mr. Mecoy와 잠깐 면담 후에 노조 사무실을 방문 및 격려하고 오는 길에 모친을 방문하였다. 그리고 17:00에 사무실로 돌아와서 업무를 처리하고 헬스장에서 저녁 운동 후에 오늘은 귀가하지 않고 사무실에서 일기 정리 및 독서를 한 후에 잠자리에 들었다. 잠자리에 들기 전에 하루를 돌아보며 감사의 기도를 드렸다. 그리고 하루 종일 운전을 하다가 졸려서 3번이나 도로 옆에 차를 세우고 잠을 자는데 3번 모두 깊은 잠에 빠져들었다가 깨어났다. 어제 평택에 갔다 오다가 오후에 너무나 졸려서 운전하며 잠을 자다가 뒤에 오는 차가 크락션을 울려서 깬 적이 2번이나 있었다. 언제나 나를 지켜 주시는 하나님이 계신다. 실제로 체험하면서 살아가고 있다. 나에게 이렇게 많은 일을 할 수 있도록 능력을 주시고 또 내 능력이 부족할 때 직접 나를 도와주시는 하나님께 감사드리면서 앞으로 온전히 하나님의 영광을 위하여 남은 삶을 살고자 한다.

어머님께서는 내가 갈 때는 감기 기운으로 무척 힘이 없으시다가 나와 함께 기도하고 찬양을 하고 나니 새 힘이 솟으시고 얼굴 모습도 다시 회복되었다. 어머님과 가까이에서 지내면서 자주 만날 수 있다는 것이 행복하다.

✈ 2010년 8월 11일(수, 맑음) • UFG 연습 선임관찰자 임명

역시 힘차게 하루를 보냈다. 이루 헤아릴 수 없는 많은 일을 하면서도 전혀 피곤치 않고 무한한 힘이 솟는다.

비록 아침 08:00에 1지역대장 박 대령으로부터 사고 소식을 접수하기는 하였지만 그래도 인명 피해가 없는 것을 다행으로 생각하며 감사할 수 있었다.

오늘도 선임관찰자 임무 수행을 위하여 한미연합사 CBS Room에서 하루를 보냈다. 다시 군으로 돌아온 기분이다. 동기생 정승조 장군이 연합사 부사령관, 김상기 장군이 3군 사령관, 박정이 장군이 1군 사령관을 하고, 나머지는 후배들이 현역 3성, 2성, 1성 장군을 달고 이번 UFG 연습에 임하고 있다.

선임관찰자는 한 · 미 4성, 3성, 2성, 1성 장군들과 30명 이상이 뒷좌석에 앉아서 관찰 준비를 하고 있다. 나는 여기에 너무 익숙하여 쉽게 적응할 수 있지만 놀라는 분도 많을 것 같다. 화력 분야에서 내가 관찰할 분야도 많고 그동안 내가 느꼈던 점들을 제시함으로써 군의 발전에 기여할 수 있을 것 같다. 이번 선임관찰자 임명을 수용하기를 잘 했다. 기본 임무는 내가 자리에 앉아 있다 할지라도 큰 변화는 없을 것이다. 하나님께서 특별히 나에게 주신 기회라고 믿는다. 그 대신 더 많이 움직이고 연락을 많이 하면 된다. 모든 것이 더 좋아지도록 만들자.

사무실에 들러 업무를 처리하고 22:30에 귀가하였다. 지애 엄마는 태균이 처남 병문안을 가고 없다. 처남을 위해서 기도한다.

✂ 2010년 8월 16일(월, 맑음) • 선임관찰자 임무 수행

드디어 오늘부터 을지포커스렌즈(UFG) 연습이 시작되었다. 지난주에 이어서 연습이 끝날 때까지 3주간은 선임관찰자 임무를 겸직하는 것이다. 아마 선임관찰자 제의를 내가 거절하였다면 후회를 많이 하였을 것 같다.

UFG 연습을 전반적으로 이해하고 화력 분야에 있어서는 내가 연합사를 전반적으로 관찰하고 보고서를 제출하여 앞으로 발전시킬 방향을 제시하는 것은 중대한 임무를 수행하는 것이다.

때로는 사람은 살면서 모험을 걸고 도전하여야 한다. 너무나 무사안일하게만 살면 흥미도 없고 기대감도 없는 것이다.

관찰 분야가 제한될 것도 예상하지만 1주일을 보고 나면 대 화력전 분야의 문제점을 찾아낼 수 있으리라고 본다.

가슴에는 장군 표시가 있는 출입증을 달고 차량에 성판을 붙이고 돌아다니면 다시 사단장으로 복귀한 기분이다. 전속부관(보좌관)도 있다. 이럴 줄은 전혀 몰랐는데. 이제 남달리 효과적인 보고서를 써서 뭔가 기여를 하자. 그리고 경비 업무도 올해가 가장 잘 했다고 평가받자.

Stars & Stripes 신문기자가 어색하도록 만들자. 앞으로 1년 후 우리 회사의 운명이 궁금하다. 그러나 하나님께서는 나의 기도를 들어주실 것을 믿는다.

✂ 2010년 8월 21일(토, 맑음) • UFG 사후검토회의

아침 바쁜 시간에 새벽기도 및 운동까지 하였다. 운동을 하지 않고 저녁때 할까 하였으나 부랴부랴 옷을 갈아입고 뛰쳐나갔다. 5km를 뛰고 나니 땀이 비 오듯 한다. 뛰면서 영어 녹음방송을 들으니 영어 공부도 계속된다. 영어, 새벽기도, 운동, 일기는 앞으로도 변함없이 이어 가고자 한다. 나의 자랑이다. 그 결과로 많은 혜택을 받았다. 신앙생활은 점점 더 빛을 더해 가고 있고, 영어 공부로 나의 직장을 얻었다. 일기는 책을 발간하였으며, 운동, 구보는 나에게 건강에 자신감을 주었다. 그리고 이 4가지는 나의 평생을 두고 귀중한 자산이 될 것이다. 하나님께서 나에게 준 선물이라고 생각하고 잘 지켜 나가자.

09:00부터 11:20까지 제1부 UFG 연습 사후검토회의(AAR)가 있었다. 다른 것은 모두 좋았으나 우리 한 측 지휘관들의 답변은 준비된 자료를 모두 읽어서 보는 사람들에게 조금 실망을 주었다. 3성, 4성 또는 2성 장군답게 소신껏 연습 결과 느낀 바를 발표하였다면 좋았을 텐데…….

우리는 미군들로부터 많은 것을 배우고 있다. 어디에서도 경험할 수 없는 귀한 교육이다. 돈으로 하면 수억이 될 것이다. 내가 이런 분야에서 연구소를 운영하였다면 빛을 보았을 것이다. 그래도 이번 연습 선임관찰자로 군을 위해 일할 수 있었다는 것이 무엇보다도 자랑스럽다.

✼ 2010년 8월 26일(목, 맑음) • UFG 연습 종료

MSO 기도회 참석 대신에 새벽예배에 참석 후 CP TANGO를 찾아서 마지막 자료를 모았다. 금주는 CP TANGO 화력처에서 많이 관찰하였다. 1, 3군까지 한 번씩 방문하였으나 길게 관찰하기는 어려웠다.

공격 작전 시에는 표적 추천으로부터 ATO 작성까지 한 측이 독자적으로 운용하도록 하고 이를 위하여 전시작전권(전작권) 이전을 준비하여야 한다. 특히 인원 편성, 교육, C4I System, 훈련 경험 등 쉽지는 않다. 한·미 동맹을 유지하기 위하여 한미군사연합작전이 필수적이며, 이를 위하여 우리는 이들을 필수적으로 구비하여야 한다. 한없이 미 측에만 의존할 수는 없다.

오전에 모든 상황이 종료되고 결과보고서도 완성하였다. 나는 어제 저녁에 3개 항을 준비하고 오늘 1개를 마무리하여 오전에 끝낼 수 있었다. 나의 계획은 반드시 이루어 낸다. 나는 그렇게 살아왔다. 심지어 중부사 협력단장으로 미국에서 1년간 근무하며 누가 보는 사람도 없어서 편히 근무할 수 있었지만 그래도 『이라크, 아프간 대 테러전』 책자를 발간하였다. 누가 뭐라 해도 나 스스로 만족할 수 있는 것이다.

오후에 회사를 찾을까 집으로 갈까 망설이다가 그대로 회사로 가서 훈련종료보고를 하고 복귀를 신고하였다. 내가 기도했던 대로 무사히 경비 업무도 제공하였고 나는 선임관찰자 임무도 수행하였다. 오늘은 기분 좋게 퇴근하여 집에서 장인과 바둑을 두었다.

✄ 2010년 9월 18일(토, 맑음) • 전도폭발훈련 실습

조용히 토요일을 집에서 보냈다. 서울에 나가지 않으니 아무래도 시간이 많다. 목자기도회, 집 안 청소, ICS 수강, 전도폭발훈련을 하고 채영이를 업고 돌봤다. 집 안 청소를 하고 집에서 채영이를 돌봐 주니 지애 엄마가 무척 좋아한다. 느낌으로 알 수 있다.

적어도 1주일에 하루는 여유 있는 시간을 갖고 지애 엄마가 좋아하는 일을 하면서 보내야 한다. 저녁때 ICS 수강 및 이동원 목사님 지난주 설교 말씀을 듣고 있으니 지애 엄마는 또다시 화가 나서 문을 닫고 들어가서 열어 주지 않는다. 하나님 일을 하는 데 방해하지 말아 달라고 쏘아붙였지만, 가정에 화평을 가져오는 것도 하나님께서 가장에게 주신 사명이라는 생각이 든다.

그것이 결국 지애 엄마를 끌어들여 선교 사업을 손잡고 할 수 있는 길이기 때문이다.

원하는 대로 TV도 보고 차도 한잔 마시면서 그냥 세상 이야기, 가정 이야기를 나누는 것도 가정생활에 필수 과정이라고 생각을 해야 한다. 분명 이것은 나의 부족함이다.

오늘 최정숙이라는 여자분에게 전도폭발훈련 1차 실습을 하였다. 처음에는 굳은 표정으로 우리를 맞아 주었으나 우리가 떠나올 때는

신학대학원 수강

무척 얼굴이 밝아지고 우리에게 더 놀다 가라고 한다. 팀장 왕은순 씨와 김영애 씨(선교사)와의 훈련은 성공적이었다.

채영이를 3시간 정도 보는데 업기도 하고, 껴안기도 하고, 보행기에 태워서 바깥에도 나갔다. 채영이가 날마다 더 사랑스러워진다.

✂ 2010년 9월 27일(월, 맑음) • 회사 손익분석회의

긴 연휴가 끝나고 정상적인 업무가 시작되었다. 지애 엄마와 새벽예배에 참석하는데 아무 말 없이 따른다. 따르는 지애 엄마가 대견스럽고 사랑스럽다. 그래서 하나님께서는 우리 지애 엄마가 원하는 것들을 많이 이루어 주시는 것 같다.

어제는 장인, 장모님이 구원에 대한 확신이 없는 듯이 얘기를 하니 지애 엄마가 나서서 이해시키려고 노력한다. 언젠가는 나와 동행하며 복음을 전하는 일에 여생을 바쳐야 할 텐데 나를 더 신뢰하고 주님을 더욱 확신하도록 도와주자.

오늘 아침에 8월 손익분석회의가 있었다. 주한미군사업본부는 목표를 초과 달성하고 작년도에 비하여 수익이 1억이 초과 달성되었다.

그리고 주한미군 평가 6개 항목 all 'A'를 맞았다. 기분이 무척 좋았다. 하나님께 감사의 기도를 드렸다.

이것은 나의 능력이라기보다는 주님의 도우심이었음을 나는 믿는다. 나를 미워하는 사람들을 고개 숙이게 하고, 회장님이 더욱 나를 신뢰하게 하고, 백 사장님이 나를 간섭하는 것이 잘못된 것임을 깨닫게 한다. 이제 내년도 재계약을 준비할 때다. 내가 주도적으로 준비하고 부정적이고 방해되는 사람들을 제외할 수 있는 좋은 기회다.

더욱 겸손히 내 일을 수행해 나가며, 더 간절히 하나님의 도움을 구하도록 하자. 간증 거리가 되도록 하자.

지하철을 타고 퇴근을 하며 1시간 20분의 시간을 유익하게 사용한다.

✄ 2010년 10월 5일(화, 맑음) • 4지역대 방문

새벽기도, 운동(10km), 부산지대 방문, 자갈치시장에서 식사, 귀가, ICS 수강을 하며 하루를 바쁘게 보냈다. 05:00에 일어나 포항 청룡회관 로비에 내려가서 성경을 읽고 기도를 한 후에 주변 도로를 따라 10km를 뛴 후에 일기까지 썼다(2일분). 그리고 뛰면서 영어 녹음까지 들었으니 일기, 성경, 영어, 운동까지 모두 이루었다.

사람의 집념은 돌을 뚫고 산을 옮길 수 있다는 생각이 든다. 2시간 (포항 → 부산)을 운전하여 부산에 도착하니 최상임 지대장이 반갑게 맞아 준다. 전국 여러 곳을 다녀도 그렇게 맞아 주는 사람들이 있다는 것은 행복한 것이다. 점심은 자갈치시장에서 회를 실컷 먹었다. 그리고 건어물시장에서 한치 말린 것을 3개 사서 김인규, 최상임 그리고 내가 하나씩 가졌다. 차마 나만 오징어를 비싸게 사 올 수 없었다. 부산에서 KTX를 타고 가라고 권하였으나 김인규 지역대장이 혼자 심심할 것 같아서 동대구까지 같이 차로 올라온 후에 동대구에서 KTX를 탔다. 어제부터 오늘까지 많은 시간을 함께하며 김인규 동기생에 대하여 많은 것을 알 수 있었다.

이번 여행의 결과는 모든 것이 만족스러웠다. 나의 방문 및 격려가 충분히 여행비 30만 원 이상의 가치가 있었다고 생각한다. Mr. Breuer, 맥케리, 몬드 씨 방문 및 대화는 유익하였다. 나의 본업에 충실하고 있다. 이제는 기도하는 것이다. 가장 큰 무기가 있다.

✄ 2010년 10월 6일(수, 맑음) • 신입 직원 교육

지난 금요일부터 자리를 비우고 4일 만에 회사에 나오니 조금 서먹서먹하다. 4지역대를 한 바퀴 도는 것은 필수 업무라 생각하며, 최소한 내가 계획하는 일은 반드시 실천하고자 한다.

회장님실에 찾아가서 방문 결과와 Newsletter를 보고하였다. 항상 편안하게 맞아 주시고 대해 주셔서 사무실을 찾는 것에 대하여 큰 부담을 느끼지는 않는다. 좋은 점이다. 부하들과 허물없이 이야기할 수 있어야 한다. 통상 군인들이 여기에 익숙지 못하고 나도 처음에 많은 갈등을 갖고 스트레스를 받게 되었다.

나이 먹은 사람을 내 뜻대로 가르쳐서 쓰기는 어렵다. 앞으로 부하직원들은 잘 설득시켜서 내가 바라는 방향으로 끌고 가는 것이다. 만약 그렇지 못한다면 이것은 나의 책임이 더 크다.

신입 직원 21명을 대상으로 회사를 소개하였다. 다양한 사람들이 모이고 처음엔 얼굴 표정들이 굳은 사람들이 많아서 나도 말이 막힐 때도 있었다. 하지만 나중에는 오랫동안 근무한 직원들처럼 회사에 대한 자긍심을 심어 주고 건전한 근무 방향을 제의하고 나면 직원들의 얼굴이 펴지고 나도 웃는 낯으로 교육을 마친다. 이렇게 교육을 받은 직원들은 현장에서 만나면 더욱 반갑고 근무도 잘 하고 있다.

여러 가지 밀린 일들이 많아서 마음이 편치 못하다. 어머님도 찾아뵙지 못하고 내일로 미뤘다. 밤 8시 45분까지 밀린 일과 ICS 강의를 듣고 퇴근하니 9시 40분에 집에 도착한다. 잠자는 채영이가 반갑게 맞아 준다. 그냥 사랑스럽고 예쁘다.

✖ 2010년 10월 23일(토, 맑음) • 마라톤 풀코스 도전(1차)

드디어 중요한 날이 다가왔다.

마라톤 Full Course에 도전하는 날이다. 3개월 전에 Full Course를 참가할 것을 결정하고 지금까지 준비해 왔다. 언젠가는 꼭 이날이 올 것으로 생각했었다. 오늘을 계획하고 주간 단위로 단계적인 훈련을 해 온 것이다. 15, 20, 25, 30, 35km까지 뛰었다. 3시간 30분까지는 마지막으로 뛰었다. 그러나 3시간 30분을 넘어 뛰어 보기는 오늘이 처음이고 지난 토요일에도 3시간 이후 30분은 수차례 걷다가 뛰었다. 오늘은 반드시 stop하지 않고 뛰기로 다짐하였다.

신대방역 하천 길을 따라서 10km를 4회 왕복하는데 120여 명이 참가하고 Full Course는 20여 명이었다.

드디어 징 소리와 함께 출발하였다. 10km까지는 의도적으로 속도를 늦춰서 여유 있게 뛰고 20km까지는 크게 힘들지 않게 뛰었다. 20km 2시간 2분, 4시간 이내 finish는 어렵다고 생각하였다.

1차 풀코스 마라톤 도전

20km부터 다리와 아래 근육이 아파져 오기 시작하더니 25km 이후부터 35km까지는 뛰기 힘들 정도로 다리 근육이 아프고 한 발 한 발 내딛기가 힘들었다. 5km 전방(37km)에 도달하니 이제 얼마 안 남았다는 희망이 생겨서 오히려 자신감이 생긴다. 42.195km 4시간 26분 36초 goal in. 드디어 해냈다.

몇 사람의 진행요원들이 박수를 치며 반갑게 맞아 준다. 최고의 희열을 맛보았다. 나는 오늘 대단한 일을 해낸 것이다. 한 번도 쉬지 않고 끝까지 뛰었다. 마지막 7~8km는 두 손을 꽉 쥐며 하나님의 도움을 구하였다. 주 전도사님과 목자님들, 가족의 응원은 나에게 마지막 힘을 주었다. 하나님 감사합니다.

✂ 2010년 11월 1일(월, 맑음) • 사탄, 마귀의 방해

집에서 지애 엄마와 함께 새벽예배 및 기도를 드린 후 지애 엄마와 함께 벽산요양원으로 갔다. 지애 엄마랑 같이 가서 기분이 좋다. 비록 자주 찾아가지는 못하지만 지애 엄마의 부모님에 대한 정성은 남다르다.

어머님께서 반가이 맞아 주신다. 그런데 어머님 손을 잡고 소리 높여 기도하고자 했더니 오늘은 기도를 하지 않으시겠다고 하신다. 아무래도 산소 일을 해야 하기 때문에 하나님과 함께할 수 없다는 것이다. 너무나 갑작스러운 변화에 어이가 없었다. 분명 사탄과 마귀가 어머님께 들어가서 나를 방해하는 것이라고 생각하였다. 심지어 내가 앞으로 어머님께 오지 않아도 좋다고 말한다. 이제 어머님이 자식과 정을 떼기 위하여 마지막으로 변하는 것일까?

더 따뜻하게 대접하자. 그냥 좋든 싫든 손을 꼭 잡고 기도하였다. 어머님 살아 계시는 동안 더욱더 열심히 기도드리기로 마음먹었다. 사탄과 마귀는 절대로 나의 전도를 그냥 두지는 않을 것이다. 기도와 말씀으로 사탄 마귀의 공격을 이겨 내는 것이다.

오늘도 회사의 Newsletter 작성, 직원 모자 제작 검토, ICS 수강, mail 발송 등 바쁘게 하루를 보냈다.

✂ 2010년 11월 11일(목, 맑음) • G20 정상회의

G20 정상회의가 오늘부터 내일까지 서울에서 열린다. 대한민국이 세상에 우뚝 서는 날이다. 우리 국민이 자랑스러워할 일이다. 대한민국 역사를 통하여 이보다 더 영광스러운 날도 없었다. 60년 전 폐허가 된 이 땅 위에 국민들의 피땀으로 다시 이 나라를 세운 것이다. 훌륭한 지도자가 있었고, 국민들의 노력이 있었다. 우수한 민족이다. 그런데 여기까지 오기는 분명히 하나님의 도우심이 있었다. 기적이라고 말할 수밖에 없으며 그 기적은 인간의 능력을 변화시켰다.

그리고 우리 대한민국은 이제 영적인, 지적인 변화가 있어야 한다. 온전히 하나님의 말씀으로 새롭게 태어나야 한다. 아무리 물질적으로 번영하는 사회가 된다 할지라도 영적, 지적으로 성숙되지 않는다면 이 나라는 소돔과 고모라처럼 타락의 세상으로 갈 수밖에 없다. 나는 앞으로 여생을 이 나라가 영적으로 강건한 나라가 되도록 몸과 마음을 다하여 일하며 살고 싶다. 하나님의 충성스러운 종이 되고 싶다.

어머님을 방문하여 부디 하나님을 믿고 구원을 받도록 다시 한번 말씀드렸다.

✖ 2010년 11월 16일(화, 흐림) • 목회 다짐

거의 하루 종일 종교개혁사 report를 작성하였다. 전체의 1/2을 마칠 수 있었다. report를 쓰다 보니 종교개혁의 배경을 많이 이해할 수 있었다. 왜 기말시험 또는 report를 작성하는지 이해가 간다.

이제 2학기가 곧 끝난다. 1/3이 끝나는 것이다. 나는 지금 엄청난 일을 하고 있는 것이다. 목회 준비를 하는 것에 지애 엄마와 지애는 지레 겁을 먹고 만류를 하고 있다. 지애 엄마는 이제 기정사실화하고 마음의 준비를 하고 있는 것 같다. 분명 하나님께서 인도해 주실 것을 믿는다.

그리고 나의 후반부 인생은 가장 귀한 또는 힘든 길을 갈 수 있다. 세상 사람들이 놀라기도 할 것이다. 남의 눈을 의식하기보다는 하나님을 바라보아야 한다. 하나님의 도구로 사용하시겠다면 망설임 없이 가는 것이다. 그동안 나의 삶을 통하여 나는 많이 준비를 해 왔다. 말씀을 준비하고 책을 읽고 설교 말씀을 전하며 심방과 전도를 하는 것이다. 이제는 이것이 나의 주업이 될 것이다. 세상일을 떠나 하나님 일에 전념하는 것이다. 그리고 나의 전도 사업은 나의 평생을 이어 가는 것이다.

혹시 이로 인하여 나에게 어려움이나 방해가 따른다면 과감히 대응해 나가는 것이다. 순교를 당하는 마음으로 나가고 싶다. 삶의 목표가 바뀐다. 지금부터 준비하자.

✖ 2010년 11월 22일(월, 맑음) • 믿음의 가정(김장환 목사)

오늘부터 교회에서는 추수감사절 특별새벽기도를 하고 있다. 〈믿음의 명문 가정 건설〉이라는 주제로 김장환 목사님과 그 두 아들 김요셉, 김요한 목사님, 100세 되신 방기일 목사님과 그 아들, 그리고 이동원 목사님으로 이어진다.

오늘은 김장환 목사님의 말씀을 들었는데 현재 극동방송 사장이시며 침례교단의 거목이시다. 미군부대 하우스 보이로 일하다가 미군의 도움으로 미국 여행길에 올라 유학을 하고 나중에 신학을 공부하여 미국 여자와 결혼을 하여 2남 1녀를 두었으며 세계적으로 유명한 설교자로 변한다.

오늘도 김 목사님의 말씀을 듣기 위하여 04:30에 온 주차장에 차가 가득 메운다. 하나님께서는 한 사람을 어떻게 쓰시는 줄 보여 주셨다. 목사님은 '믿음의 가정'을 이룩하기 위하여 어떻게 할 것인가를 예화를 섞어 가면서 재미있게 1시간 동안 말씀을 하셨다. 그 아들들이 더 설교를 잘한다 하니 기대가 된다. 이번 6일간의 설교를 통하여 지애 엄마와 함께 믿음의 가정을 이룩하는 데 좋은 model을 삼고자 한다. 특히 방기일 목사님이 100세에 말씀을 하시는 것을 보면서 내가 40년은 설교를 할 수 있다는 희망을 안겨 줄 것 같아서 기대된다.

오늘은 하루 종일 〈종교개혁과 칼빈〉이라는 과목의 report를 완성하였다.

✄ 2010년 11월 23일(화, 맑음) • 새얼신우회 예배

오늘 새벽예배는 김요셉 목사님의 설교로 이어진다. 김장환 목사님의 장남으로 원천교회 담임목사님이시며 초등학교, 중학교 교장이시기도 하다.

1시간 동안 말씀을 전하며 쉴 새 없이 웃음을 잃지 않게 하고 아버지 김장환 목사님과 미국인 부인 모친, 그리고 동생 김요한 목사님과의 관계를 통하여 많은 간증을 하신다. 특별한 설교 말씀이었다. 〈그 아버지에 그 아들〉이란 제목으로 훌륭한 한 아버지의 믿음을 본받아 아들의 믿음이 확고하도록 말씀 안에서 자녀들을 양육한 것을 강조하셨다.

자녀들 믿음이 나올 때마다 많은 회개를 한다. 그리고 모든 것은 나의 잘못이고 부족함이었음을 안다. 그러나 나에겐 희망이 있다. 나는 항상 기도할 수 있고, 하나님께서 도와주실 수 있으며, 내가 자녀들에게 본을 보이고, 앞으로 자녀들에게 대화를 통하여, 자녀들의 삶을 통하여 가르쳐 줄 수 있다는 것을 믿기 때문이다.

'기도할 수 있는데 왜 걱정하십니까?'라고 생각하며 새 힘을 얻는다. 그리고 내가 끊임없이 기도해야 함을 깨닫는다.

저녁에는 새얼신우회 예배가 있었다. 오늘은 총동원주일로 40여 명이 참석하였다. 은혜로운 예배였고 내가 기도를 드렸다.

하루 종일 「역대기」에 대한 report를 작성하였다. 이번 주말까지는 대학원 report 쓰는 기간으로 하였다.

✲ 2010년 12월 4일(토, 흐림) • 신학대학원 2학기 수료

새벽 04:00 눈이 뜨여서 그냥 일어날까 하다가 너무 피곤하여 억지로 다시 잠자리에 들어가서 06:00에 일어났더니 머리가 무척 맑고 개운하였다. 나에게 잠이 필요하다. 잠이 보약이다.

그 대신 목장예배 종강에는 가지 못했다. 아쉬웠다. 분명히 이동원 목사님께서 목자의 사명을 강조하였을 텐데…….

육사신우회 조찬기도회에 참석하였다. 34기 김덕수 목사님이 말씀을 전하는데 10년의 목사 경력으로 말씀을 잘 전했다. 이제는 설교 말씀에 관심이 점점 더 많이 간다. 나의 초상화가 되는 것 같다. 목사가 말씀을 잘 전하는 것은 군인이 전쟁터에서 싸워 이기고 전술을 터득하는 것과 같다. 사업자가 돈을 잘 버는 것이다. 나의 초점은 어떻게 하나님 말씀을 청중에게 잘 전하느냐 하는 것이다. 기도회 후에 사무실에 가서 11:00부터 21:00까지 거의 쉬지 않고 그동안 밀렸던 수강을 하였다. 칼빈과 개혁, 종교개혁사, 역사서, 조직신학을 10시간 들었지만, 전혀 지루하지 않고 모두 새롭고 흥미롭고 은혜로웠다.

벌써 2학기를 마친다. 어려운 여건에서도 하나씩 마쳐 가고 있다. 특히 금주까지 6개 과목 report를 모두 제출한 것이 너무 기뻤다. 분명 하나님께서는 모든 여건을 허락하시고 도와주실 것을 믿는다.

다음 학기에서는 더욱 여유 있게 효과적으로 공부하도록 하자.

✄ 2010년 12월 16일(목, 흐림) • 회사 바자회 개최

　드디어 오늘 회사에서 바자회를 하였다. 짧은 기간에 준비하여 제한된 인원으로 계획하고 실시하는 것이 어려움이 있었지만 그래도 밀고 나갔다.
　모든 것이 잘 진행되었다. 지애 엄마와 함께 가서 어제 shopping한 물건들을 진열하고 모두 가격을 매겼다. 정락호 지역대장 가족도 같이 참석하여 하루 종일 도와주었다. 하나님께서는 필요할 때마다 사람을 붙여 주신다.
　그리고 그동안 수거했던 옷가지와 책, 회장님 조각품, 술, 주석잔도 모두 진열하여 그럴듯하게 보였다. 그리고 실제로는 기증한 물건들이 큰 도움이 되었다. 김종필 전무가 기부한 어린이 동화책은 아무도 사가는 사람이 없어서 지애 엄마가 채영이를 위해서 모두 가져왔는데 돈으로 치면 100만 원이 넘는다 한다. 우리에게 가장 큰 선물이 되었다.
　그리고 회사 직원들은 거의 모두가 바자회에 한 번씩은 들리고 조그만 것이라도 하나씩 구입하였으니 소기의 목적도 달성하였다. 회장님이 50만 원을 성금하였다. 모든 것을 마치고 집으로 올 땐 지애 엄마와 함께 환희의 박수를 쳤다. 나의 기도대로 성대하게 행사를 마쳤다. 기독신우회의 첫 무대였는데 성공적이었다. 60~70만 원의 이익금도 생겼으니 불우이웃돕기성금으로도 쓰일 것 같다.
　이제 다음 주 목요일 성탄절예배를 준비하여 가능한 많은 인원이 참석하여 예배를 드리며 예수님 탄생을 기뻐하도록 하자. 기쁨의 소식을 전하자.

✄ 2010년 12월 20일(월, 맑음) • 부산지대 방문

　2지역대를 방문하고 김인규 지역대장 집에서 하룻밤 묵었다. 편안하게 잠을 자고 새벽 5시에 일어나 1시간 성경을 읽고 기도를 드렸다. 그리고 연말성과분석회의 자료를 작성하였다.

아침 식사는 김인규 가족이 준비하였는데 야채 위주로 준비한 특별 메뉴였다.

외아들이 있는데 올해 나이 30살인데도 아직도 학부에서 러시아어를 전공하며 공부하고 있고 아직 진로가 확실히 결정되지 않아서 걱정이 되나 보다.

누구에게나 말 못 할 고민은 있다. 그래서 우리는 하나님을 찾아야 한다.

다음에 서울에 올라오면 꼭 우리 집에서 묵도록 요청하고 상호 방문을 약속하였다. 나와는 각별한 동기생이 된 것이다. 좋은 친구가 될 것이다. 다음에는 꼭 지애 엄마와 함께 대구에 내려와서 같이 지내도록 하고 바로 업무를 마치면 하루쯤 대구 주변을 돌아보고 싶다.

김인규 지역대장과 함께 차로 2지역대의 부산지대를 방문하였다. 모두들 반갑게 맞아 준다. 부산은 완전히 봄 날씨다. 햇볕마저 따스하게 느껴진다.

Mr. Brewer씨를 만나서 재계약 정보를 입수하고, Mrs. 에버랜버드(여자)를 소개받아 부산 Pier-8 지대에서 만나 보았다. 일본 오끼나와 기지에서 근무하였는데 몇 가지 정보를 입수하였다. CP Zama에서 근무한 여자 한 분을 소개받았다. 막혔던 실마리가 풀려 나가고 있는 기쁜 소식이었다. 하나님께서 나의 간절한 기도를 들어주신다.

✂ 2010년 12월 29일(수, 흐림) • 일본 출장

오늘 드디어 일본 출장을 출발하였다. 이번 여행을 하면서 많은 것을 느끼게 한다.

첫째, 나의 기도를 하나님께서 반드시 들어주신다는 것이다. 아침 구보를 마치고 나면 항상 하늘을 향해 두손 모아 기도한다. "하나님, 한 해에 적어도 한 번은 해외여행을 하면서 하나님께서 창조하신 세상을 구경하기를 원합니다." 그런데 올해는 못 간다고 생각하였는데 마지막 금년이 끝나기 전에 이루어진 것이다.

둘째, 우리의 마음이 있는 곳에 길이 있다는 것이다. 일본 출장을 위하여 수차례 회장님께 말씀을 드리고 미 측과 몇 개월간 협조를 하였다. 그런데 일본 측의 미군 및 경비 책임자와 연락·접촉이 되지 않아서 끝내 무산이 되는가 싶었는데 심지어 연락되지 않는다 하여도 가기로 결심을 하고 나니 마지막에 극적으로 미군 헌병대장과 연락이 된 것이다.

셋째, 어떤 일이든 인간적인 최선의 노력이 필요하다는 것이다. 분명히 옳다고 생각하고 계획을 하였다면 끝가지 밀고 나가야만 한다. 끝이 흐지부지해서는 결실을 맺을 수 없다는 것이다. 세상일이 절대로 나의 계획대로 순탄하지만은 않고 모든 사람들이 항상 내 편에만 있는 것은 아니다. 때로는 반대를 무릅쓰고라도 거센 파도를 넘으며 앞으로, 목표를 향해서 나가야만 한다. 지애 엄마까지도 처음에는 금번 여행에 대하여 탐탁스럽게 생각하지 않았으나 결국 일본행 비행기를 탔을 때는 완전히 마음이 바뀌었다.

다행히 동경 날씨는 영상 10도의 따뜻한 날씨였다. 신주꾸 New City에 여장을 풀고 일단 지애가 짜 준 계획대로 나갔다. 메이지 신궁과 요요기 공원은 일본 동경 시내에서 원시림을 보존하며 휴식 공간을 제공하고 있었다. 시부야의 야간 모습은 우리 명동 시내보다 더욱 활기가 넘쳤다. 일본 전통 초밥집에서 식사는 1시간 20분 동안 기다리다가 입장하였는데 주문 미숙으로 너무 비싸게 먹었다.

✄ 2010년 12월 31일(금, 맑음) · 일본 요요기 공원 구경

5시에 일어나 1시간 동안 회장실에서 성경을 읽고 무릎을 꿇고 간절히 기도를 드렸다. 비록 똑같은 내용의 기도였지만 더욱 간절히 기도하였다.

분명히 재원이가 검사가 되고 그래서 하나님께 영광을 돌리게 하며, 지애, 백 서방, 채영이가 온전히 하나님을 섬기며 정성을 다하여 예배에 참석하고, 주한미군사업본부가 날로 발전하고 내년도에 계약이 이루어지는 것이다. 여기에다가 내가 맡은 하나님의 사역을 잘 감당하도록 하고, 또한 우리 부모 형제들을 모두 주님께로 인도하는 것이다. 내년도엔 신학대학원 2개 학기를 추가하여 수료함으로써 점점 목회자의 길을 준비하여 나가고, 전도폭발훈련 3단계까지 완성하여 본격적으로 전도하여 내 주변에 있는 사람들(부모, 형제, 조카, 손자, 손녀, 동창, 직원 등)에게 복음을 전하는 것이다.

일본 요요기 공원

이 모든 것에 대하여 하나님께 죽도록 충성하며 하나님 일을 최우선으로 하는 것이다. 그리고 분명히 하나님께서는 나의 기도를 들어주실 것을 믿는다.

식사 후에 JR Line을 이용하여 새로운 곳을 찾았다. 일본의 전통문화를 엿볼 수 있다 하여 일본을 더 많이 배우는 마음으로 동경을 찾았다.

정말 상상외로 많은 사람들이 모여들어 일본인들의 사고방식을 조금은 배울 수 있어서 좋았다. 오후에는 동경 교외 내 수산시장의 좁은 골목길을 따라 인산인해를 이룬 어시장을 구경하였다. 일본에서도 스시는 무척 비싸서 1개에 2,000원을 하는 정도다. 요요기 공원 길을 걸어오는데 믿기지 않을 정도로 자연림을 그대로 보존하고 있는 동경 시내의 구경거리였다. 일본 화폐는 동이 나서 저녁 식사는 제대로 못 하고 제과점에서 샐러드빵을 500엔어치 사다가 저녁을 때웠다. 그런데 저녁예배를 드리며 지애 엄마의 오늘 나의 행동에 대한 원망에 대꾸를 하면서 언성을 높였다. 그러나 그것도 유익한 시간이었다.

지애 엄마는 나를 흉보지 않고 나도 지애 엄마와 가족들을 원망하지 않기로 하였다.

2011년

✄ 2011년 1월 1일(토, 맑음) • 일본 방문 후 귀국

새해가 밝았다.

새해 아침을 동경에서 맞았다. 어제 지애 엄마와 진지하게 이야기를 나눈 것이 다투었다기보다는 새해의 방향을 제시하였다고 보인다.

지애 엄마를 분명히 더 사랑하고 배려해 주어야 한다. 내가 더 우월한 위치에 있기 때문에 분명히 내가 더 배려해 주어야 한다.

소박한 여자다. 조그만 것에도 행복할 줄 안다. 아이들과 손녀에 대한 사랑하는 마음이 남달리 크다. 나밖에 큰소리칠 사람이 없다고 생각한다. 모든 요구는 애교로 받아 주자. 더 넓게 수용하는 마음을 갖자.

꽉 짜인 시간대로 호텔 → 하네다 공항 → 김포공항 → 집으로 이동하였다. 동경에 비하여 날씨가 무척 춥고 집에는 눈도 많이 와 있다. 일본과 한국의 국민성이 날씨의 영향을 많이 받는 것 같다. 한국 사람이 독한 것은 독한 날씨 때문인가 보다. 100엔짜리 선물을 가득히 사서 들어왔다. 하나씩 나누어 줄 것을 생각하니 기쁘다.

처가에 가서 채영이 노는 모습을 보고 한바탕 웃었다. 우리 집에 큰 기쁨이다. 모든 문제는 채영이로 인하여 해결이 될 것 같다. 장인과 새해 바둑, 나의 실력이 자꾸만 준 것 같아 좀 더 넓은 생각이 필요하다.

나의 삶도 그렇게 새해가 밝았다. 뭔가 좋은 일이 많이 일어날 것 같은 예감이 든다. 가슴 벅찬 기분을 갖는다. 모든 것이 그렇다. 하나님께서 주시는 축복이다.

✤ 2011년 1월 8일(토, 흐림) • 고교 '벗들마당' 참가

어젯밤 MSO 수련회에 참석하였다가 밤 11시 20분에 도착하여 5시간을 자고 지구촌교회 새벽예배에 참석하였다. 이번 주 새해특별새벽기도회에 지애 엄마와 함께 하루도 빠짐없이 1주일을 참석하였다.

지애 엄마의 정성도 대단하다. 특히 재원이를 위한 엄마의 갈급함이 모든 피로를 잊게 하고 아무런 대꾸 없이 새벽예배에 참석하게 한다. 신앙과 믿음 생활도 정성이다.

MSO 기도모임에 요즘 모두 참석하지 못함이 아쉽다. ICS 수강 및 과제 제출로 인하여 수차례 참석하지 못한 것이다. 이필섭, 이준 장로님과 70을 대부분 넘어선 원로 선배님들께서 세계 군 복음화를 위하여 위대한 mission을 이루어 가고 있다. 모두 하나님께서 큰 상을 주실 것을 믿는다. 나도 언젠가는 때가 되면 MSO를 위해 더 많은 봉사를 할 때가 올 것이라 기대한다.

4시 반에 개포초등학교에서 고등학교 동창 문학의 밤에 부랴부랴 달려간다. 4회 발표에 참석하여 나는 일기를 발표한다. 1부에 3편, 2부에 2편을 발표하였다. 1~2편 더 하지 못함이 아쉬웠지만 김홍균 교장 선생님의 눈치 때문에 아쉽게 끝냈다. 어느 시인의 말대로 아주 이상하고 특별한 모임이다. 어린이의 재롱 잔치와도 같다. 그러나 시, 수필(일기), 음악, 색소폰 발표가 우리 동창들의 마음을 40년 전의 순수한 시간으로 돌려보낸다. 다른 것보다도 일기문을 통하여 하나님을 당당히 소개할 수 있음에 자랑스럽다. 그리고 나의 성장한 모습에 나 스스로 감동을 받는다.

분명히 일기는 나의 반려자가 되면서 나를 지켜 주었다. 그리고 앞으로의 삶에 더욱 자신감이 가득하다. 이제 사라져 가는 화롯불이 아니라 계속 불이 번져 나가는 아궁이의 장작더미와도 같다. 온돌을 따갑게 데우는 불이 될 것이다. 이 불을 지켜 주시는 하나님은 이를 약속하신다.

✂ 2011년 1월 13일(목, 흐림) • 아들 재원이의 아픔

드디어 올 것이 왔다.

오전에 사무실에 지애 엄마의 전화가 걸려 왔고 곧장 재원이가 검사로 선발되지 않았다고 통보를 받았다고 한다.

나는 솔직히 지애 엄마가 다시 "여보 실망했지? 사실은 선발되었어!" 라고 말하기를 은근히 기다렸다. 그러나 이번에는 그렇지 않았다.

내가 진급에서 선발되지 않았을 때 오는 충격보다 오히려 더 컸다.

그래도 잘 될 줄 알고 무척 기대하였는데 아마 법무부 내에서도 많은 격론 후에 최종 결정을 내렸나 보다.

마음이 많이 아팠다. 꼭 검사로 나가서 일해 보기를 원했는데…….

우리나라 법조계의 풍조가 그러하니까 판검사가 그만큼 인정받는 사회라는 것이다.

검사로 나가면 잘 할 수 있을 것으로 생각했는데, 한 번쯤은 법무부에서 기회를 주어야 했다. 너무나 개인의 재능을 무시하고 가능성을 보지 않았다. 이러한 검찰 세계에서 일하는 것이 별로 호의적인 생각은 들지 않는다.

명 검사에게 전화했더니 이미 알고 있고 안타깝다고 한다. 그동안 많이 도와주었는데 고맙기도 하다.

일찍 귀가하여 지애 집에서 채영이와 3시간을 같이 보냈다. 모든 식구가 별로 기분이 밝지 않다. 너무나 기대가 컸기 때문이다. 아픈 마음을 안고 잠자리에 들어갔다. 마음이 너무 쓰라려서 깊은 잠이 오지도 않을 것 같다. 나의 기우이기를 바란다.

✂ 2011년 1월 17일(월, 맑음) • 공평하신 하나님

재원이가 검사에 나가지 못함이 그렇게 마음이 아프다가 이제는 서서히 그 아픔이 씻기고 있다. 분명히 하나님께서 필요한 곳으로 인도해 주실 것을 믿기 때문이다. 그리고 아픈 마음으로 언젠가는 깨끗이 씻어지고 가장 좋은 길로 인도해 주셨다고 말할 때가 올 것이다.

오늘은 재원이가 세종 Law Firm(법인) 파트너와 만날 약속이 있다고 하여 하루 종일 기다리며 보냈다.

17:00까지 아무 연락이 없어서 내가 전화를 하였더니 내일 17:00에 인터뷰 약속을 하였다 한다. 뭔가 비전이 있다고 생각하였다. 가능성이 높다는 생각이 든다. 또다시 지애 엄마, 지애와 함께 희망으로 가득 차고 기쁨으로 기다리게 되었다.

우리 가정에 엄청난 시련과 변화가 기다리고 있을 줄은 몰랐다. 가장 큰 기쁨을 전해 줄 재원이로 인하여 이렇게 온 식구가 실망하고 가슴 아파하고 안타까워할 줄은 전혀 몰랐다. 공평하신 하나님이시다. 우리 사람의 생각으로 평가할 수 없는 하나님이시다.

분명히 나의 기도를 하나님께서는 흘리시지는 않으실 것이다. 만약에 재원이가 세종로펌에 선발되지 않는다 하면 이것도 하나님의 계획이요, 만약에 선발된다면 이것도 사람의 계획이 아닌 하나님의 뜻이다. 조용히 하나님께 두 손 모아 간절히 기도할 뿐이다. "재원이를 변호사로 키워서 하나님 영광을 위하여 써 주시옵소서. 부족하다면 더욱 단련시키면서 변화시켜 주시옵소서. 아버지로서 간절히 기도하며 돕겠습니다. 하나님 도와주십시오. 저의 기도를 들어주시옵소서. 예수님의 이름으로 간절히 기도드렸습니다."

✖ 2011년 1월 18일(화, 맑음) • 재원이를 위한 기도

오늘도 하루 종일 재원이 인터뷰를 위하여 기도하며 보냈다. 17:00에 인터뷰하는데 중간중간에 기도하고 17:00에는 30분간 정말 간절히 기도드렸다. 하나님께 도움을 청했다. 명○○ 검사가 세종로펌에서 근무하여 도움을 청할 수도 있었지만, 그냥 하나님께 매달리기로 하였다. 18:00 현재까지는 재원이에게 아무런 연락이 없어 무척 불안한 느낌이 든다. 계속 인터뷰를 하여 오늘 최종 선발 결정을 할지, 아니면 이미 선발되지 않아 어디에선가 마음 아파하며 시름에 젖어 있지 않을까? 아비, 어미의 마음을 자식들은 잘 모른다. 또다시 하나님께 기도드린다. "하나님, 우리 재원이를 용서하여 주옵소서. 그리고 아버지 어머니도 용서하여 주옵소서. 먼저 하나님을 찾도록 다 하지 못하였습니다. 그러나 한 번만 더 용서하여 주시고 기회를 주십시오. 정말 크게 회개하고 오직 하나님의 말씀대로 살아가도록 기도하고 인도하겠습니다. 저를 용서해 주신 것처럼, 우리 재원이도 용서해 주옵소서. 하나님 아버지, 너무나 많은 식구들이 마음 아파합니다. 모든 식구에게 하나님의 도와주심을 전하게 하옵소서. 나의 공으로 돌리지 아니하고 하나님의 공으로 돌리겠습니다. 그러나 하나님 내 원대로 마옵시고, 하나님 뜻대로 하옵소서. 어떠한 길을 주시든 재원이가 하나님께 더 가까이 나오도록 도와주시고, 앞으로의 삶에 진정 변화가 오게 하옵소서. 그리고 어떠한 결과가 나온다 하더라도 재원이에게 용기를 주시고, 온 식구들에게도 힘을 주옵소서. 지애 엄마의 마음을 위로해 주옵소서. 세상 생각으로 슬퍼하기보다는 장차 다가올 영광을 바라보며 기쁨으로 받아들이게 하옵소서. 감사하오며, 예수님의 이름으로 기도드렸습니다. 아멘."

✖ 2011년 1월 28일(금, 맑음) • 육사신우회 수련회 참석

출근하여 지역대장으로부터 지휘 보고를 받고 본사 직원들에게 몇 가지 지시를 한 후 고등학교 동창 서현종 치과원장에게로 향했다. 종화 아빠(처남)를 서현종 원장에게 소개해 주었다. 나의 이를 보더니 너무 깨끗하다 하며, 처남의 이는 상대적으로 너무나 상태가 좋지 아니하여 크게 치료를 하여야 한다고 한다. 나보다 젊은 처남의 이는 거의 노인의 이에 버금가고 아마 틀니를 하여야 할 것 같다고 한다. 나는 앞으로 100세까지 살 것 같다고 한다.

그동안 이를 잘 관리해 온 보람이 있다. 나는 한 번 좋다고 생각하는 것은 평생 rule을 만들어 지켜 나가는 장점이 있다.

12:30에 광림수도원에 도착하였다. 오늘, 내일 육사총동문 수련회 및 축복성회가 있기 때문이다. 동기생 5명(용환, 태복, 일재, 김충일 목사)이 참석하여 33기, 31기와 함께 행사를 도와주었다. 모든 행사는 순조로우면서 은혜롭게 진행되었다. 선후배 믿음의 동료들을 만나서 행복한 시간이었다.

그리고 앞으로 이들과 어울려 하나님을 찾고 하나님 이름 안에서 모일 때 분명히 우리 육사신우회를 하나님께서 인도하여 주시고 우리 선후배 회원들을 축복하여 주실 것을 믿는다.

여기에서도 특별히 힘쓰는 사람들이 있다. 나는 과연 내가 맡은 직분을 위하여 얼마나 헌신적으로 봉사하며 일하고 있는가? 할 수 있는 한 더 해야 한다. 죽도록 충성하도록 하자. 나에게 많은 것을 주신 하나님은 결국 하나님을 위하여 나를 도구로 쓰기 위함일 것이다.

나는 여기저기에서 이렇게 믿음의 친구와 후배들과 어울리며 살아가는 것이 가장 행복한 삶을 살고 있는 것이다.

✤ 2011년 2월 3일(목, 맑음) • 설날 현장 지도

즐거운 설날이다. 05:00 새벽예배 후에 CP TANGO 지역을 방문하여 직원들을 격려하였다.

설날 가족과 다니지 못하고 근무하는 직원들이 측은하게도 생각되지만, 또 돌아다니며 만나서 얘기를 해 보면 잘 수용하고 있다.

그러나 몇 가지 실망한 것은 한 직원은 3개월 동안 이발을 하지 않았고, 한 직원은 자리를 비우고 식사를 하러 갔으며, 한 직원은 2시간을 초과하여 14시간 근무를 하고 있고, 어느 초소는 강조했던 Newsletter를 배부하지도 않고 또한 그냥 배부된 것을 전파하지도 않고 철해 둔 곳도 있었다. 지대장 한 사람의 역할이 얼마나 중요한가를 알 수 있다.

설날 아침에 하나씩 지적한 것이 조금 걸리기도 하였지만, 한편으로는 누군가 회사의 기강을 위하여 올바로 지적하고 시정하는 사람도 있어야 한다고 생각하였다. 우리 주한미군사업본부를 위하여 다음에는 꼭 근무 자세를 바꾸어야 할 직원이 몇 명 있다. 이렇게 바꾸어 가는 것이 나에게 주어진 사명이라고 생각하였다.

오후에는 처가에 가서 설날 모임을 가졌다. 내가 주도하여 설날 추모예배를 드리며 식구들에게 하나님 말씀을 전했다. 충분히 기도하고 단단히 각오하고 임하였기에 사탄의 방해를 막을 수 있었다. 장인께서 단단히 중심을 잡고 있다. 앞으로 나에게 처가 및 친가의 가정 사역의 큰 책임이 있다. 한 사람의 의인이 온 가족을 구원할 수 있는 것이다. 질서가 잡힌다. 다음 주에는 친가에 가서 예배를 드리며 하나님을 전하고자 한다.

✺ 2011년 2월 15일(화, 흐림) • 자녀들을 위한 기도

지애 엄마와 새벽예배에 참석하여 목사님으로부터 우리 가정에 주시는 말씀을 들었다. 출애굽기 10장 1~11절 말씀의 메뚜기 재앙을 통하여 얻은 교훈으로 ① 구원을 자녀들에게 가르쳐야 한다. ② 우리가 하나님 만난 것을 자녀들에게 전해 주어야 한다. ③ 타협하지 않는 신앙을 지켜야 한다는 것인데, 우리가 우리 자녀들을 키우면서 먼저 하나님을 주장하지 않은 것에 대한 회개를 많이 한다. 성경 말씀대로 이루어져 가는 것을 알 수 있다. 그렇다면 어떻게 자녀들의 신앙을 회복시킬 수 있단 말인가?

우리의 모든 잘못을 하나님 앞에서 인정하고 회개하며 하나님의 도움을 청해야 한다. 기도하는 자녀들은 절대 땅에 떨어지지 않는다는 간증을 믿고 절대 포기하지 않고 계속 기도하는 것이다.

분명히 하나님께서는 길을 주시고 변화시켜 주실 것을 믿는다.

점심시간에는 복지원에 계시는 모친을 방문하여 얘기를 나누고 기도를 하고 돌아왔다.

어머님 심정을 충분히 이해할 수 있다. 살아 계시는 동안 자주 찾아와서 얘기를 들어주고, 또 예배를 드리는 것이다.

저녁에는 고등학교 동창 기독신우회 예배가 있었다. 오늘은 문길주 회장을 포함하여 동창 7명, 가족 3명이 참석하여 1년 반 동안 가장 많은 인원이 모인 것이다. 금년 말에는 회원 20명을 목표로 기도하자.

✄ 2011년 2월 27일(일, 비) • 멋있는 하루

봄비가 부슬부슬 내리고 있다. 1시간 동안 방에서 성경을 읽고 기도를 마치고 나서 오늘 마음먹은 대로 15km를 달리기 위하여 나가려고 하니 비가 내리고 있다. 망설이다가 옷을 갈아입고 15km를 달리기 시작하였다. 다시 나의 마라톤은 시작된 것이다. 나의 의지는 때로 눈을 녹이고, 뜨거운 태양을 가르며, 비를 두려워하지 않는 것이다.

15km를 달려오는 동안 우산을 받치고 걷는 사람 5~6명 본 것 외에는 아무도 달리는 사람이 없었다. 나의 삶이 색다른 것이다.

그러나 지애 엄마와 아이들, 그리고 직원들이 나의 생각과 같을 수가 없는 것이다. 내가 이것을 인정하고 나와 다른 사람들 속에서 내가 살아가는 법을 터득해야 한다.

그대로 15km를 달리고, 달리면서 영어를 들으며, 매일 일기를 쓰고 새벽예배를 드리는 나를 스스로 칭찬하며 이러한 특징을 주신 하나님께 무한 감사드리는 것이다.

주일예배 시에 이동원 목사님으로부터 많은 은혜를 받고, 교육목장 시에는 6명의 아이를 돌보며 전도폭발훈련 개강을 통하여 전도의 깊은 사명을 깨달으며 하루를 보낸다.

19시 넘어서 귀가하니 우리 손녀딸 채영이가 나를 반갑게 맞아 준다. 채영이가 엄마, 할머니 나 3사람 중에서 나에게 달려오는 모습이 우습기 짝이 없다. 채영이가 할머니와 목욕하는 사이에 지애가 피아노를 치며 복음송을 몇 곡 불렀다. 지애 가정에 대한 소망의 빛이 비치는 것이라고 본다. 이제는 모든 모임을 예배 중심, 하나님 중심으로 모여야 할 것 같다.

✣ 2011년 3월 8일(화, 맑음) • 교통사고 후 진료

어제 교통사고의 여파가 오늘까지 계속된다. 어젯밤 잠을 잘 잤지만 그래도 충격 때문인지 머리가 맑지는 못했다. 걱정했던 수면 곤란 및 머리 통증 증상은 없어서 다행이었다.

4시에 일어나 ICS 수강을 1시간 반 동안 하고 나서 피로가 일찍부터 시작되었다가 오히려 오후부터는 더욱 정신이 맑아진다. 피로 탓인가 보다. 그래서 육신의 고통도 우리의 마음먹기에 따라 좌우되는 것 같다.

모처럼 지구병원에서 진찰을 받는데 이번처럼 교통사고를 당하여 피해자로서 진료를 받을 줄은 꿈에도 생각하지 않았다.

내가 바쁜 가운데서도 건강하게 살아가는 한 가지만 하여도 내가 얼마나 감사와 기쁨으로 살아야 하는지 경험하는 좋은 기회가 되었다. 절대 슬퍼하거나 고민할 이유가 나에겐 없다. 자녀, 가족, 형제, 회사 직원, 교회 성도, 친구들 모두가 나에겐 어려움을 주기보다는 나에게 이들을 통하여 살아 계신 하나님을 증거할 수 있다는 것을 생각하며 누구로 인하여도 실망을 하지는 말자.

부족하거나 못마땅하다면 고쳐 나가도록 노력하고 또한 이를 위하여 우리의 연약함을 하나님께 고하고 도움을 구하여야 한다.

어제의 침체된 분위기가 오늘 다시 바뀌게 되었다. 나의 마음먹기에 달려 있고 나의 마음을 주관하시는 하나님께 내가 얼마나 의지하며 살아가느냐 하는 것이 중요하다.

Mr. Hicks 씨로부터 2월의 월간평가를 받았는데 all A였다. 항상 기적과 같은 일이 일어나고 있다. 7개월간 거의 all A다. 내가 노력한 이상의 결과다.

✣ 2011년 3월 12일(토, 흐림) • 최상재 동기생 출판기념회

새벽 4시 반에 일어나 ICS 수강을 하고 06:00에 목자교육 참석, 그리고 09:00에 100주년기념관에서 거행된 ICS 입학 및 개강예배에 참석하였다.

경기남부지역 대표로 임명되어 참석해야 하는 책임감 때문에 참석하였지만 이로 인하여 7시간을 보내니 시간이 아까운 생각도 든다. 2시간이면 제안서를 거의 완성할 수 있고, ICS 강의를 여유 있게 들을 수 있을 텐데······.

최상재 동기생 출판기념회까지 참석하고 집에 도착하니 21:00가 다 되었다. 지애 엄마는 하루 종일 채영이를 돌보느라 집에만 있었으니 얼마나 힘들었을까? 지애와 백 서방이 부산 해운대로 여행을 떠나고 채영이를 돌보기가 힘들 텐데 전혀 싫어하는 기색도 없이 자녀들을 위한 희생정신이 대단하다.

나에게 화풀이 겸 짜증을 낼 때도 가끔 있지만 한없이 착하다. 거기에다가 친정 부모님 생각을 유별나게 많이도 한다.

가끔 나에게 원망해도 내가 잘 받아들이자. 오히려 내가 시간을 내어 같이 보내는 아량과 배려하는 마음을 갖자. 앞으로 목회를 하기 위한 투자라고 생각한다. 때로는 마음에 들지 않는 일이 있어도 그냥 넘기자.

최상재 대령 출판기념회는 성대하게 베풀어졌다. 3년 전 나의 출판기념회가 얼마나 성공적이었는지 새삼 느끼기도 하였다. 간암 투병을 하면서, 생과 사의 기로에서 이러한 책(『걸어온 길, 걸어갈 길』)을 펴낸 최 대령에게 존경하는 마음을 보낸다. 모든 사람은 나보다 우수한 점을 많이 가지고 있다는 사실을 인정해야 한다.

최상재 동기생 출판기념회

✄ 2011년 3월 14일(월, 흐림) • 시간 관리

요즘 들어 인생이 시간과의 싸움이라는 생각이 든다. 특히 많은 일을 해야 하는 나에겐 더욱 그런 것 같다.

하루 24시간으로는 내가 해야 할 일의 2/3밖에 못 하기 때문에 항상 시간에 쫓기며 살아가고 있는 것이다. 그렇다고 시간을 더 만들어 낼 수 없다면 시간 관리를 잘 하는 수밖에 없다. 일의 우선순위를 정하고 일을 선택하여야 한다. 하루에 가능한 시간만큼만 일하는 것이다. 시간이 부족하면 마지막으로 잠을 자는 시간까지 사용하여 항상 피곤한 상태로 살아가야 한다. 그리고 필요한 휴식을 취할 수도 없고, 가정생활을 정상으로 하기 위한 시간을 내지 못하고 가족으로부터 불평을 자아내고 있는 것이다.

이제부터 연간, 월간, 주간, 일일 시간 계획을 세우고 좀 더 여유 있게 살아가도록 하자. 시간으로 스트레스를 받지 말아야 한다. 시간에 쫓기며 굳은 표정으로 살기보다는 시간을 점령하며 희망과 용기로 도전하여야 한다. 적어도 하루에 30분은 시간을 내어 누군가와 차를 마시며 업무로부터 완전히 벗어난 삶을 이야기하는 시간을 갖자. 적어도 하루 30분은 시간을 내어 지애 엄마와 함께 이야기를 나누자. 지애 엄마가 아예 나와 지내는 시간을 포기하게 만들지는 말자. 그리고 아무리 바빠도 피곤을 느끼면 책상에 엎드려서 잠깐의 수면을 취하자. 보고 싶은 사람과 전화하거나 메일을 보내는 시간을 갖자. 인생은 고역이 아니라 아름다움이다.

✈ 2011년 3월 15일(화, 맑음) • 어머님의 기쁨

점심때 신우회(기독교 신자) 여직원들과 함께 식사하였다. 지난 목요일 신우회 기도회에 여직원들이 모두 불참하여 이들을 격려하기 위한 식사였다. 이상하게도 신우회 또는 전도를 위하여 쓰는 비용은 아깝지가 않다. 이를 위하여 하나님께서 나에게 필요한 물질을 허락하신 것이라고 믿기 때문이다. 한 영혼이라도 더 구하며, 앞으로 그들이 하나님 말씀 안에서 살아가도록 하고, 한 영혼이라도 더 구원할 수 있다면, 나에게 기쁨이요, 하나님 아버지께는 최고의 기쁨과 영광이 되실 줄 믿기 때문이다.

점심시간에 어머님을 뵈었다. 누워 계시다가 내가 살짝 손을 건드리니 깜짝 놀라며 반가워서 일어나신다. 항상 하는 것처럼 망고주스와 호박엿을 선물로 드리고 찬송, 기도, 말씀 읽기를 한다. 옆에 계신 할머니는 미리 찬송과 성경을 준비하신다. 20분 정도 있다가 떠나올 때는 무척 아쉬워하신다. 그래도 어머님과 가까이 근무하기 때문에 4~5일에 한 번씩은 찾아뵐 수 있어서 무척 다행이다. 그리고 어머님을 이렇게 모실 수 있는 모든 여건을 허락하신 하나님께 감사드린다.

어머님께 가장 큰 낙은 나를 보는 것, 용돈을 받아서 자식들에게 나누어 주는 것, 그리고 망고주스와 호박엿을 먹는 것일 것이다. 제일 큰 낙은 자식이 찾아가서 얘기를 나누는 것이다. 내가 좀 더 시간을 내자.

오늘 고교 신우회 모임에 남자 6명, 여자 3명이 참석하였다. 비록 적은 숫자이지만 우리 고등학교 동창들을 위하여 계속 기도한다. "하나님 아버지! 우리 동창들을 사랑하셔서 꼭 하나님 앞으로 나오도록 도와주시고, 천국에서 다시 만나 영원히 복락을 누리며 살게 하옵소서. 아멘."

✕ 2011년 3월 19일(토, 맑음) • 목회자의 일

목자교육, ICS 수강(설교 실습, 목회 특강), 전도훈련 및 육사동기회 참석으로 하루를 알차게 보냈다. 그리고 낮에는 채영이를 돌보며 등에 업고 잠까지 재웠다. 천사와 같은 채영이는 우리 모든 식구에게 큰 기쁨을 준다. 예수님께서 우리를 사랑하는 마음이 이와 같을 것이다.

오늘 류응렬 교수님의 설교 실습 2시간은 정말 새로운 지식이었다. 목회자가 설교를 할 때 꼭 갖추어야 할 3가지를 설명한다. 설교자는 성경 말씀을 명확히 이해하여야 하며, 설교자가 높은 인격을 구비하여야 하고, 또한 설교자는 영혼을 구하기 위한 정열이 있어야 성도들을 감동시킬 수가 있다는 것이다. 내가 앞으로 목회자로서 꼭 마음에 새겨 두고 적용하여야 할 것이고, 그리고 모든 예배 및 기도 모임에서 내가 회원과 성도들에게 이렇게 꼭 적용하여야 할 것이며, 더욱 나아가서는 나의 삶을 통하여 명심해 두어야 할 내용이었다. 요즘 신학을 공부하면서 새로운 삶을 살아가고 있다는 것을 알 수 있다. 하나님께서 주시는 길이라고 믿는다.

오늘 오후 11시부터 2시간 동안 오종옥씨를 만나서 전도를 했다. 그런데 본인이 성경을 너무 많이 알고 하나님과 예수님을 너무 잘 안다고 생각하였기 때문에 온전하게 복음을 전하고 결신을 하기에는 어려움이 많았다. 좋은 경험이었다. 전도를 위한 더 많은 노력과 더 많은 기도가 있어야 한다는 것을 실감하였다. 저녁에 육사에서 육사동기회 모임이 있었다. 오늘은 나에게 특별한 날이었다. 장기자랑 시간에 내가 지원하여 일기를 읽었다. 6~7분에 12편의 story를 읽었는데 모두들 나의 낭독에 귀를 기울였고 반응이 좋았다. 그리고 나의 일기에 경청한 동기 2명에게 상을 주었다. 일기로 인하여 많은 결실을 맺는다.

✕ 2011년 4월 1일(금, 맑음) • 심야예배

나는 저녁에 잠자리에 들면서 일을 마감하지 않으면 깊이 잠을 자지 못하는 습관이 있다. 어제도 밤 10:30에 잠자리에 들었다가 새벽 03:30에 일어났다. 어제 다 하지 못한 업무 처리(weekly report 작성, 두발 강조 지시, 제안서 작성)로 깊이 잠자리에 들지 못하고 새벽에는 눈이 뜨이고 나서 더 이상 잠이 오지 않는다.

귀가하여 채영이를 2시간 보았다. 채영이를 등에 업고 밖에 나가서 1시간을 거니는데 채영이가 무척 좋아한다. 이제 점점 세상에 눈이 뜨여 가는 것이다. 21:00에 심야예배에 참석하여 눈물을 많이 흘리며 기도하였다. 나의 삶의 방식이 점점 바뀌어 가고 있음을 느낀다. 오늘도 감사한다. '하나님 아버지, 저에게 이렇게 많은 능력을 주시고 많은 일을 할 수 있도록 건강과 여건을 허락하여 주심에 감사드립니다. 아멘.'

✕ 2011년 4월 25일(월, 맑음) • 채영이 사진 사건

토요일 25km 달리기 후유증은 오늘 거의 복구가 되고 다시 정상적으로 뛰게 되었다. 앞으로 몸에 대하여 너무나 과신하지 말고 지나치게 무리하며 운동하지 말 것을 경고한다고 생각하도록 하자.

08:00 월간손익분석회의 시에 대란이 벌어졌다. 회의에 들어가기 전에 잠깐 기도를 드렸다. 회의록에 포함된 채영이 사진 2장에 대하여 회의에 유익하도록 하는 것과 담대하게 소신껏 발표할 수 있도록 용기를 갖는 것이었다. 나는 이것이 회사에 도움을 줄 수 있다고 생각하였기 때문이다.

나의 차례가 되어서 발표를 모두 하고 "다음에는 제가 재미있는 사진을 보여 드리겠습니다"라고 말한 후에 "다음"이라고 말했는데 그 사진이 나오지 않았다. 삭제한 것이다.

회장님이 "그 사진을 보여라"라고 말하자 감추었던 사진을 내놓았다. 채영이가 'Safe 1' 기를 들고 흔드는 모습과 왼손을 올리고 경례를 하는 모습이었다.

회장님께서 "왜 그 사진을 제거하였느냐?" 뭔가 "변화를 가져오고, 창의적인 생각을 갖도록 노력해야 한다" 하시면서 이○○ 사장, 김○○ 전무를 크게 질타하셨다. 회의가 끝나고 회장님과 조 고문님이 회의장을 떠난 후 "김○○ 전무, 크게 일을 하시오"라고 크게 한마디 외쳤다. 모든 인원들이 경영지원본부장답게 일을 하시고, 그리고 이○○ 사장님은 사장님답게 하라고 호통을 쳤다. 이 회사에서 미운 오리 새끼가 될 것 같다. 그러나 항상 불의에 머리 숙이지 말고 옳은 길을 택하는 모습을 회사원들에게 보여 주자. 회사가 참신한 아이디어를 갖도록 유도하자.

✜ 2011년 5월 25일(수, 맑음) • 제안서 작업

오늘도 하루 종일 제안서 작업을 하며 보냈다. 이제 거의 완성되어 가고 있다. 내가 보기에는 좋은 제안서가 될 것 같다.

그리고 분명히 잘 될 것이라고 생각된다. 이주석 씨(예비역 대위)가 열심히 지원하고 있다. 근래에 내가 가장 열심히 일하는 사람을 본 것 같다.

다음에 꼭 교육담당관으로 쓰고 싶은데 우리 회사에서는 예측할 수가 없다. 이주석 씨에게 교회에 나가도록 전도하였더니 쉽게 받아들인다. 오늘 점심시간에 예수님을 영접하겠다고 결신하기까지 하였다.

전도폭발훈련의 결과라고 생각된다.

전도자의 자세가 얼마나 중요한 것을 깨닫게 하였다. 내가 세상 사람의 본이 되어야 한다. 나를 보고 하나님을 믿는 사람들이 많을 수 있다. 인간적으로 존경과 신뢰를 받아야 한다. 그러나 여러 가지 부족하다.

우선 모든 사람들은 나의 전도 대상자라고 생각하고 따뜻하게 대하도록 하자. 부족해도 겸손히 섬기자. 아무리 잘못해도 용서하자. 그리고 베풀 수 있는 한 많이 베풀자. 누구를 만나던 내가 어떻게 그 사람들에게 예수님을 전할까를 생각하자.

✄ 2011년 6월 12일(일, 맑음) • 교육목장 설교(지구촌교회)

평생에 몇 번 찾아오지 않을 만한 인상 깊은 날이었다.

오늘 교육목장에서 내가 전도사님을 대신하여 말씀을 전한 것이다. 다음에 기회가 되면 설교실습과제를 위하여 말씀을 전할 기회를 갖고 싶다는 나의 부탁을 새겨듣고 있다가 주우규 전도사님이 나에게 기회를 주셨다. 10일 동안에 준비하여 오늘 드디어 말씀을 전했다. 오늘은 특별히 학부형들을 초청하는 날이었으며, 전도사님들이 나를 믿고 기도를 많이 하였다. 연습도 꽤 많이 했지만 그래도 학부형님까지 오셨으니 부담스럽기도 하였다.

그러나 항상 호기는 위기에서 오는 법이라고 믿고 다시 한번 기도하고 나서 준비한 대로 차근차근 전하고 나니 어려움은 없었다. 학부형 100여 명과 학생 200여 명, 목사님 및 전도사님들 30여 명이 모두 시선을 집중하였다. 시간도 18분이 소요되어 좋았다.

나의 필요를 위해서 하나님께서 기회를 주셨고, 준비하도록 도와주셨고, helper(양동일 전도사님)를 보내 주셨다.

모든 이들이 은혜를 많이 받았다고 칭찬을 했다. 모든 영광을 하나님께 돌린다("두려워 말라 내가 너와 함께 함이니라", 사 41:10). 하나님이 함께하시면 불가능이 없다. 이번 말씀 내용을 분석한 후에 차후 설교를 위한 자료로 삼자.

✄ 2011년 6월 25일(토, 비) • Warrior Base 순찰

어젯밤에 Warrior Base를 순찰하면서 놀랄 수밖에 없었다. 상상을 초월하였다. 아무리 사람이 다니지 않는 전방 부대라 하지만 문을 모두 열어 놓고 guard는 잠을 자고 있고, 부관은 별도의 방에 가서 PC로 공부를 하고 있었으니 완전히 무방비 상태였다. 그리고 여기 GOP 지역에 있으며 위험한 곳이기도 하다.

너무나 어이가 없었다. 여기까지 오기에는 지역대장과 지대장의 영향력이 미치지 못할 것이라고 생각하고 관리가 소홀하였던 것이다.

그냥 지나칠 수 없는 사고다. 반드시 부장과 대원들에게 사유서를 쓰게 하고, 지역대장과 선임부장을 인사위원회(징계)에 회부하여 상응한 벌을 줘야 한다고 생각하였다. 때로는 일벌백계가 필요하다. 만약에 미군에게 관찰되었다면 회사는 아마 경고를 받고 재계약이 불가능할지도 모른다. 나의 책임감도 느낀다. 너무나 내가 그동안 현장 방문에 소홀하였다. 기도에 앞서서 내가 할 일이 있다. 더욱 현장 관계에 힘쓰고 직원들의 관리자들이 소홀하지 않도록 하자.

이런 기회를 주신 것도 하나님께 감사드린다. 앞으로 본부장이 취약한 시간에 현장을 점검하자.

✄ 2011년 6월 27일(월, 흐림) • 김승남 회장님 오찬사

또다시 희망찬 한 주가 시작되었다. 어느 한 주도 나에게 많은 것을 남기지 않는 때는 없었다. 적어도 하나님께 매일 기도하며 시작한 하루는 많은 결실을 주고 이것이 한 주가 모이면 한 바구니에 차게 되며, 한 달, 1년이 되면 풍성한 수확을 얻게 되는 것이다.

그래서 기도하는 민족은 망하지 않으며, 기도하는 가정과 자녀들은 쓰러지지 않는다고 한 것이다. 오늘도 회장님을 모시고 MEO-P 환송 오찬에 가서 예배를 드리고 회장님께서 오찬사를 하셨다. 회장님께 영광의 시간이었다. 누군가를 위하여 베풀거나 하는 자에게 하나님께서 주시는 축복과 은총인 것이다.

　나도 옆에서 큰일을 해낸 것 같다. 마지막엔 회장님 통역까지 했다.

　내가 많은 시험을 받는다고 생각이 든다. 회장님과의 사이에서 직원들이 언짢게 할 때도 있다. 궁휼히 여기자. 나를 미워하는 자를 위해 기도하고, 나를 저주하는 자를 위하여 축복을 빌자.

　인내하고, 화평을 구하고, 그리고 끝까지 기도하자. 기도하는 나에게 하나님께서 끝까지 좋은 길로 인도하여 주실 것을 믿는다. 걱정이나 염려는 하지 말자. 모든 것 내 힘으로 이루려 하지 말고 하나님께 맡기도록 하자.

✂ 2011년 7월 16일(토, 흐림) • 딸, 사위 사돈과 식사

　새벽기도 시간에 많은 은혜를 받았다. 혼탁한 사회에서 깨끗하게 살아가기 위해서는 깨어 있어야 하며, 헛된 세상이 아닌 복음을 사랑해야 한다는 것이다. 한 사람의 설교자가 얼마나 사람들을 감동시키며, 세상을 변화시킬 수 있다는 것을 실감케 한다.

　그리고 나도 저렇게 사람들을 변화시킬 수 있는 목회자가 된다는 소망이 나를 기쁨에 넘치게 하고 새로운 삶을 살아갈 준비를 하게 하는 것이다. 이러한 목회자의 삶을 위하여 이제 준비하는 것이다. 나의 삶의 방향은 오직 복음을 전하는 것으로 지향되어야 한다.

　오늘은 20km를 뛰었다. 며칠간 속이 불편하여 컨디션이 좋은 상태는 아니었지만 큰마음 먹고 20km를 출발한 것이다. 날씨가 후덥지근한 데다가 가끔 따가운 햇빛이 비치기도 하여 힘도 들었다. 10km를 뛰고 반환하는데 마지막 5km는 꼭 마라톤 때 뛰는 기분으로 뛰었다. 과연 내가 어떻게 작년에 Full Course를 뛰었는지 의심할 정도였다. 마지막 1km를 걷고 싶었지만 다음을 위하여 끝까지 뛰었다. 드디어 해냈다. 컨디션이 좋지 않은 상태에서 큰일을 했다. 속도 편하고 하루 종일 자부심을 느끼며 보냈다. 아버님이 바둑을 원했으나 거절하였다. 그리고 집에 와서 제안서를 준비하였다. 바둑을 두며 이기고 지며 느끼는 좌절감을 피할 수 있었다. 저녁에는 지애 생일 파티를 사돈 내외가 준비하여 분당 율동공원 한정식집에서 가졌다. 지애가 속이 상해 있었는데 기분이 좋아졌다. 백 서방과 잘 어울리며 사는 길은 하나님께 의지하며 하나님 말씀 안에서 찬양하며, 기도하며, 성경 말씀을 읽는 것이라고 생각한다.

✄ 2011년 7월 23일(토, 맑음) • 아파트 잡초 제거

모처럼 토요일에 지애 엄마와 같이 시간을 보냈다. 제안서 제출 완료, 신대원 방학, 전반기 업무 종결 등 무척 마음도 편안하고 업무에 대한 부담도 없다. 재계약 결정까지 아직도 한 달 이상이 남았으니 별로 긴장되지는 않는다. 그리고 꼭 잘 될 것이라는 생각도 든다. 최선을 다했고, 나머지는 하나님께서 도와주실 것을 믿으며 담대하게 기다린다.

1주 전에 공고한 대로 오늘 아파트 지역 잡초 제거를 위한 청소 모임을 가졌다. 생각보다는 적게 4명이 참석하였지만 그래도 희망을 갖는다. 적은 인원으로 시작하여 한 명씩 늘려 가고 나중에는 아파트 모든 식구들이 토요일 아침에 청소를 하며 대화를 나누고 나중에 아파트 공동 문화를 이룩해 갈 수 있는 것이다. 다음에는 직접 전화를 해서 많이 참석하도록 종용하도록 하자.

모처럼 채영이를 유모차에 태우고 산책을 하였다. 채영이가 얌전히 있고, 놀이터에서 그네, 시소, 말타기 등을 하였다. 예쁜 사진도 찍어 주었다. 행복한 한나절이다. 지애와 백 서방이 나에게 주는 큰 선물이다.

채영이를 위하여 간절히 기도한다. 지애 가정의 믿음의 씨앗이 되어 주기를 바란다. 저녁에 지애 엄마와 함께 〈고지전〉 영화를 보았다.

6·25 후 비극상을 보여 주며 고지에서 벌어지는 남과 북의 애틋한 정을 보여 주기도 한다. 그러나 역시 한국 영화의 단조로움을 극복하지는 못한다. 그리고 영화에서 욕설이 너무 많다.

✄ 2011년 8월 3일(수, 맑음 → 흐림 → 비) • 제주도 건축 구상(최초)

오늘은 오랜만에 KMCF 월례조찬기도회에 참석하였다. 이제는 서서히 KMCF 활동, 군목 및 군 후원 목사 활동, 군선교연합회(MEAK) 활동에 관심을 갖고 싶다. 내년 신학대학원을 수료하고, 목사 안수를 받고 나서의 활동을 준비해야 한다.

하나님 말씀을 전해야 하는 중요한 일을 하게 된다. 나의 새로운 인생이 시작된다고 해도 지나친 말이 아니다. 어찌 보면 지금까지의 삶은 이를 위한 준비 작업이었다고 해도 맞을 것 같다.

목회를 하면서 신앙 활동 이외의 다른 직업을 갖고 싶지 않다. 주한미군사업본부장 일도 사실 내년 말엔 정리를 하고 싶었다. 회장님께서 허락한다면 회사의 고문이나 회사의 사목으로 일하고 싶다. 목회 활동을 위한 일부 지원을 받고 싶다.

이번에 우리 회사가 재계약이 되지 않는다면 조금 빨리 목회 준비를 하며 1년 반 동안만 다른 일을 하는 것이다. 중요한 결단을 내려야 할 때다. 그리고 분명히 앞날은 하나님께서 인도해 주실 것을 믿는다. 과연 어디에서 목회를 해야 할지 언제부터 시작해야 할지 어디에서 살아야 할지, 현재 살고 있는 집은 어떻게 처리하고, 가정경제를 어떻게 해야 할지, 그리고 제주도에 집을 지을 것인지 등 중요한 결정 사항들이 기다리고 있다.

지애 엄마와 밤 11시까지 이런저런 얘기를 나누었다. 한번은 집을 지어 보고 싶고, 내가 관계했던 사람들에게 제주도 숙소에서 지낼 수 있는 편의를 제공하고 또한 방문객 모두에게 전도의 기회를 갖고 싶다. 또한 제주도 집을 수련회 장소로 제공하고 싶은 마음도 있다. 이제 모든 것은 하나님을 위한 삶이자 사역이 될 것이다.

✥ 2011년 8월 11일(목, 맑음) • MSO의 비전

MSO 기도회에 참석하였다.

나이 드신 분들이 새벽 5시 40분에 모여서 세계 군 선교를 위하여 기도하는 모습이 무척 아름답다. 특히 이필섭 AMCF 회장님과 MSO 이준 위원장님이 모범을 보이니 나이 드신 분들이 말없이 따르고 있다. 훌륭하신 분들이다. 내가 보기에 가장 멋있고, 아름답게 살아가시는 분들이다. 따라서 나도 언젠가는 이 대열에 몸담고 세계 군 선교를 위하여 일할 때가 올 것을 믿는다. 나의 신학 공부도 이를 위한 뒷받침이 될 것이며 나의 앞으로의 여생은 온통 하나님의 일을 하고 싶다.

아이들도 언젠가는 변할 것을 믿고 너무나 걱정하지 말자. 나의 기도는 절대 헛되지 않을 것이다.

CCK에서 마지막 회의를 하였다. 지난 실수 때의 절망에서 벗어나 비전을 가지고 다시 준비하는 나의 모습이 성경 말씀대로 꼭 이루어지고 있다는 생각이 든다.

오늘 본격적으로 나의 손으로 제안서 준비를 하며 더욱 자신감을 얻게 된다. 예산 감축을 위하여 인원 감축, 차량 축소, 유니폼 비용 축소 등 모두 새로 시작하였다. 적정 수준에 오르니 기분이 좋다. 반드시 승리할 것이라고 믿는다.

✥ 2011년 8월 21일(일, 맑음 – 청명한 날씨) • 채영이를 위한 기도

주일 아침을 맞으며 희망이 가득하다. 오늘도 가장 즐겁고 은혜로운 하루가 될 것을 믿으며 기쁨으로 맞이한다. 채영이를 이쁘게 꾸며서 교회로 향한다. 머리에 핀을 꽂으니 이제는 여자 티가 많이 난다. 내 옆에 앉혀서 가는데 이렇게 사랑스러울 수가 없다. 외증조 할아버지와 할머니께서도 채영이만 보면 모든 시름이 사라지고 마냥 좋아하신다.

우리 채영이는 유별나게 주위로부터 많은 사랑을 받고 커 가는 아이다. 우리와 함께 지내며 매일 저녁 잠들기 전에 지애 엄마와 함께 기도를 드리고 새벽 첫 시간에 채영이 머리에 손을 얹고 기도한다. 부디 우리 채영이가 하나님 말씀으로 그의 영혼이 양육되며 일찍부터 하나님을 알기를 원한다.

그래서 "하나님 아버지, 우리 채영이에게 지혜와 믿음과 총명함과 이쁨을 주셔서 채영이가 하나님을 경외하게 하시고, 우리 채영이가 하나님께 크게 영광을 돌리며, 많은 사람들에게 유익을 주고, 우리 식구들 모두에게 기쁨을 주는 아이가 되게 도와주시옵소서. 우리 채영이의 삶을 주관하여 주시옵소서" 하고 기도드린다.

나의 정성이 반드시 하나님께 전달되고 응답받을 줄 믿는다.

서진이의 예단을 구경시키고자 처가 식구들 모두를 초청하여 저녁 식사를 하고, 결혼식 선물비 20만 원씩을 드리고, 장인, 장모님께는 잠옷도 드렸다. 그리고 장인어른과 바둑 4판, 2 대 2 비겼지만, 밤 10시가 넘었고 어이없는 실수에 자책한다. 가족과 어울리지도 못하게 하였다. 다시 한번 굳게 다짐하였다. 이것은 하나님 보시기에 옳지 않다. 내일 장인께 말씀드려 바둑을 둘 수 없다고 말씀드리자. 그리고 이제 같이 어울려서 산책, 등산, 찬양, 예배 그리고 대화의 시간을 갖도록 하자. 이번엔 반드시 실천하자. 남자에겐 결단력이 필요하다. 그리고 하나님께 기도하자.

✄ 2011년 9월 24일(토, 맑음) • 아들 재원이 결혼식 1

드디어 재원이 결혼식 날이다. 18:00라 여유 있는 시간이었지만 금방 지나가 버리고 지애 엄마와 함께 겨우 17:30에 도착하였다. 재원이와 서진이는 미리 와서 드레싱룸에서 사진을 찍고 있었다.

서진이가 무척 예뻐 보이고, 재원이는 늠름해 보인다. 둘이서 오늘까지 결혼 준비를 하느라고 고생이 많았을 것이다. 거기에다가 나와 충돌이 수차례 있었으니 마음고생도 컸을 것이다.

재원이 하자는 대로 처음부터 시작했다면 더 기분 좋게 결혼 준비를 할 수 있었을 텐데……. 항상 내가 옳지만은 않다는 것을 교훈으로 삼자. 이제는 재원이의 의견을 최대한 존중해 주자. 어엿한 세종로펌의 변호사가 아닌가? 사회적 신분을 충분히 갖춘 아들이 아닌가? 마냥 어린아이, 철없는 아이, 부모 의견과 너무나 다른 아이라고 단정 짓지는 말자.

결혼식장은 금방 하객으로 가득 찬다. 이준 장관님, 김석재 장군님, 군 선후배, 육사 동기, AMP 동료, 고교 동창, 중학 동창, 회사 직원(Joeun System), 지애 엄마 친구(아가페, 창덕여고)들이 주를 이룬다. 그리고 재원이 선배 및 친구들, 법조인들이 많이 참석하였다. 촛불 등화, 신랑 입장, 신부 입장, 성혼선언문, 주례사, 그리고 양가 부모님 하객 대표 인사 순으로 이어진다. 법조인 친구들과 어울려 신랑이 신부 앞에서 노래하며 춤추는 모습이 무척 인상적이었다. 마지막으로 폐백을 드렸다. 성대한 결혼식이었다. 조성재 목사님의 기도가 highlight였다. 재원이, 서진이가 부디 하나님을 주인으로 섬기며 행복하게 살기를 간절히 기도한다.

✂ 2011년 9월 25일(일, 맑음) • 아들 재원이 결혼식 2

어제 큰 행사를 성공적으로 마쳤다. 날씨도 좋았고, 손님도 많았고, 행사도 성대하였다.

조성재 목사님의 기도가 결혼식의 highlight였다. 만약 기도가 없었다면 하나님과 전혀 관계없는 결혼식이 되고 말았을 것이다.

지애 결혼식 때도 그랬었다. 무척 마음이 아팠었다. 그래도 이번에는 하나님께 간절한 기도가 있었고, 모든 하객들이 재원이와 서진이를 위하여 기도하였다. 그리고 내가 대표로 인사 말씀을 올리면서 하나님께 감사의 말씀을 올렸다.

결혼식 내용은 매우 흥미가 있었고, 모든 참석한 사람들이 시종 관심을 가지고 지켜보았다. 이와 같이 모든 사람들이 결혼식에 주의를 기울이고, 신랑 신부를 알고, 두 사람의 모습도 많이 기억할 것 같다.

오늘은 조용히 교회에서 보냈다. 아파트 관리실 김희수 기전반장을 대상으로 복음을 전하고 주님 영접까지 하였다. 그러나 마음 한구석에 깊이 남아 있는 아쉬움이 있다면 재원이와 서진이가 주일예배를 같이 드리지 못하는 것이다.

마음속에 깊은 눈물이 흐른다. 애통하는 자는 복이 있다고 하였다. 그래서 나는 기도를 하는 것이다. 어느 때보다 더 많은 눈물을 흘릴 것이다. 간절한 마음으로 기도하고 인내하며 지켜볼 것이다.

✈ 2011년 10월 3일(월, 맑음) • 재원이를 위한 기도

오늘은 더없이 즐거운 날이다. 개천절 휴일에다가 나의 생일 파티를 하고, 재원이와 서진이가 신혼여행을 마치고 집에 인사하러 오는 날이다.

새벽기도, 운동(10km), 영어 청취 그리고 아파트 양지바른 곳에서 채영이를 재우고 나서 1시간 이상 일기를 쓰고 있다. 6일 밀린 일기를 쓰고 있는 것이다. 얼마나 바쁘게 살아가고 있다는 것은 나의 일기가 그 척도가 된다.

하늘은 더없이 높고 아파트 주변은 무척 깨끗하다. 어제 4명이 아파트 주변 청소를 한 것이 더욱 아파트에 애착을 갖게 한다.

채영이가 울어서 지애 엄마가 밖에 나가서 봐 주기로 하여 일기장을 들고 밖으로 나와서 채영이가 유모차에서 새근새근 잠자는 사이에 그동안 밀린 일기를 쓰고 있다. 행복한 시간이었다. 조영래 장군 따님(혜묵)이 커피를 사다 주었다.

12:00에 나의 59회 생일 파티와 재원이 신혼여행 후 인사차 방문에 따른 파티를 하기로 하였다. 이제는 재원이가 더욱 대견스럽고, 앞으로 잘 살아갈 것이라는 것, 그리고 나의 바라는 대로 하나님을 잘 믿고 살아갈 것도 믿는다.

이준 장군님(장관님) 말씀대로 우리 가문을 빛낼 아들이 되기를 바란다. 조그만 책 『결혼을 시켜야 하는 11가지 이유』를 선물로 주고자 한다.

그리고 나의 기도는 끊임없이 이어질 것이다. 내가 바라는 것을 하나님께서 이루어 주시기를 기도한다. 부디 하나님 말씀에 순종하며 하나님 중심으로 살아 다오. 온 식구를 대표하여 기도할 것이다.

✂ 2011년 10월 7일(금, 맑음) • 고속도로 교통사고(3중 추돌)

내 일생에 고이 간직하며 교훈으로 삼아야 할 날이다.

2011년 10월 7일 꼭 기억할 것이다. 복지원 어머님을 찾아뵙고 귀가하면서 경부고속도로 만남의 광장 주변 하행 2차선에서 순간적으로 꾸벅 졸았던 시간에 앞차 3대가 급정거를 하였으며, 여기에 내 차가 전혀 제동을 걸지 않은 상태에서 앞차 3대를 연쇄 충돌하면서 경부고속도로 하행선 진행이 30분 이상 정체되었다. 119 앰뷸런스가 와서 앞차 운전수를 구급대에 눕혀서 이동하고 앞차 Santafe는 폐차 지경에 이르고 내 차도 앞부분이 충격으로 많이 찌그러지면서 폐차 지경이다. 다행히 나는 핸들에서 airbag이 튀어나오며 얼굴, 목 부분, 허리는 아무런 흠이 없고, 가슴 명치 부분이 핸들에 부딪히며 약간 충격이 있어서 통증이 있고, 오른쪽 무릎 부분도 차체에 부딪히면서 통증이 있었다.

내 차는 KT Rent 차여서 다행히 자신 및 타인, 대인, 대물 보험이 들어 있어서 모든 처리를 LIZ보험회사에서 처리한다. 나에겐 최소의 피해였다. 서초경찰서에서 간단히 조서를 쓰고 택시를 타고 귀가하였다. 가슴 부분이 아무래도 걱정이 되어 분당서울대학병원 응급실에서 X-ray를 촬영하였더니 이상이 없었다. 02:30에 귀가하여 잠자리에 들었다. 내 앞차에서 목을 다친 사람과 다른 분들도 모두 무사하고 손해보험 처리로 잘 처리되기를 기도하였다. 내가 너무 무모하게 과중한 업무를 하며 내 몸이 이겨 내지 못하게 피곤하였다.

다시 한번 하나님께서 경고를 해 주셨다. 이제 내가 이렇게 운전하여 시간에 쫓기며 피곤이 쌓이지 않도록 다시 깊이 깨닫게 하였다.

✖ 2011년 11월 6일(일, 흐림 / 비) • 채소 첫 수확

새벽에 서재에서 성경, 암송, 일기를 읽은 후 무릎을 꿇고 기도를 드리는 것은 나에게 수년간의 고정된 일과가 되었고, 또 다른 기쁨의 시간이 된다. 조용한 곳에서 혼자 무릎을 꿇고 기도할 수 있다는 것, 그리고 이것을 좋아하는 것, 이것이 하나님을 찾는 마음이고 또한 하나님과 진지하게 대화하는 시간이 되기도 한다.

새벽기도 후에 자원봉사 청소를 나가려고 하는데 갑자기 소나기가 쏟아져서 취소되었다. 그래도 조영래 장군님과 다른 한 분이 호미를 들고 나오셔서 감사하였다.

청소 대신 오늘은 김장 배추 수확을 하였다. 7월에 모종을 하고 3개월 만에 수확을 하는 것이다. 우리 배추가 가장 빨리 수확을 한다.

땅은 절대 거짓이 없다. 씨앗을 뿌리면 어김없이 싹이 나고, 주인이 손을 대고 가꾸는 만큼 잘 자란다. 그런데 배추는 예상치 않게 벌레가 생기고 잎이 마르는 병이 왔다. 이것은 나의 노력과는 무관하였다. 다시 농약을 사서 잎에 뿌렸더니 병충해가 사라지고 무럭무럭 자라서 배추의 속이 가득 차게 되었다. 그런데 수확 시기가 지나니 잎이 노랗게 변하며, 속이 썩기도 하였다. 모든 작물은 수확의 시기가 있는 것이다. 자연의 순리가 있다. 이것은 하나님께서 이루어 가는 것이다. 이 순리를 거역하며 거슬러 올라갈 수는 없는 것이다.

오늘도 주일예배, 교육목장, 전폭 실습 및 교육을 마쳤다. 주일은 하루 종일 교회에서 교육, 말씀, 찬양, 실습을 하며 지낸다. 나의 제2부 인생을 위한 교육 및 훈련 과정이다.

✖ 2011년 11월 20일(일, 맑음) • 신학대학원 총학생회장 선임

아침기도를 마치고 10km 구보를 하였다. 벌써 얼음이 얼기 시작하였다. 기도를 하면서 ICS 총학생회장으로서 귀한 학생들을 위하여 헌신적으로 봉사할 것과 하나님의 종들을 위해 일할 수 있도록 도와주시기를 간절히 기도하였다.

지애 엄마는 내가 감투 쓰는 것을 좋아한다고 핀잔을 주나 이것은 감투가 아니라 완전한 봉사의 직분이다.

남들이 하는 것보다 내가 더 많은 일을 해낼 수 있다면 할 수 있는 것이다. 또다시 내일의 새로운 한 페이지를 남기는 것이다.

신학대학원 원우회 임원 특송

신학대학원 총학생회장을 맡았다는 것은 어찌 보면 대단히 명예스럽기도 한 것이다. 동료 학우들이 추천하였고, 나의 의사와는 관계없이 결정하였기 때문이다. 1년간 회장직을 마쳤을 때는 최대의 보람을 느끼도록 새로운 헌신을 하는 것이다. 주의 종들을 돕는다면 분명 이것은 귀한 일이다.

저녁에 분당교회 본당에서 마을장, 목자들을 위한 행사(First Class)가 있었다. 본당에 300여 명의 마을장, 목자가 참석하였다. 지구촌교회가 대단하다는 것을 실감하였다. 이동원 목사님과 교회의 사역자들이 존경스럽다. 나에게 새로운 비전을 주는 행사였다.

✂ 2011년 11월 30일(수, 흐림 / 비) • Goodbye Joeun System

오늘은 특별한 날이었다.

나의 34개월 주한미군사업본부장 업무를 끝내는 날이기 때문이다. 지난 5월부터 재계약 준비를 하여 왔다. 제안서 제출 4회, BIDS Protest, 기각 Phase-in, Phase-out 1개월, 드디어 오늘 00:00부로 인계를 하였다. 역시 예상했던 대로 완전한 인수인계는 이루어지지 않았다. 주로 미군 현역에게 인계하고, 일부만 G4S 회사에서 인수하였다.

우리 1,300억 제안서, G4S 1,250억 제안, 5년간 50억 차이로 계약 수주를 하였다. 앞으로 많은 어려움이 있을 것이라는 예측을 한다. 이번에 미군의 불합리한 계약 절차와 오판 과정도 경험하였다.

마지막엔 내가 충성스럽다고 생각하였던 지역대장, 지대장이 일순간에 돌아서는 것을 보면서 약간의 서운함도 느꼈다. 이것이 생존경쟁의 냉혹한 현실인 것이다. 그러나 나는 최선을 다하여 주한미군과 우리 직원들을 보호하기 위하여 힘썼다. 특히 본사 직원 4명은 나와 적지 않은 갈등이 있었다. 그래도 끝까지 사랑하는 것밖에 없다. 그리고 고맙게 생각한다.

✈ 2011년 12월 31일(토, 맑음) · 2011년 회고

드디어 금년 한 해의 마지막 날이다. 순식간에 다가온 것 같지만 많은 일이 일어났다. 다행히 모두 일기에 기록되어 있기 때문에 언젠가는 뒤돌아볼 수 있다.

또 한 권의 일기가 끝난다. 기쁜 날이다. 이제 40년째의 일기가 시작된다. 大事가 이루어지고 있는 것이다.

금년 한 해도 하나님께서는 많은 것을 이루어 주셨다. 재원이가 결혼을 하고, 나는 3년의 직장 생활을 성공적으로 마쳤다. 신대원 2년을 마치고 전폭훈련 4단계를 수료하였다. 교회 및 선교 활동을 위한 많은 봉사도 하였고, 금년에는 아파트 입주자 대표 및 ICS 학생회장까지 임명해 주셨다.

건강도 허락해 주시고, 어머님도 돌봐 드렸다. 필요한 물질도 주셨다.

이 많은 것을 허락해 주신 하나님께 감사드린다. 다 이루지 못한 것, 아쉬운 것들은 또다시 내년의 항해로 시작되며 다시 기도하며 시작한다.

나는 영적으로 부유한 자다. 하나님의 백성으로 살아가는 부자다. 행운아다. 행복한 자다. 아이들에 대한 아쉬움이 크지만 절대로 낙망하지 않는다. 하나님께 더 기도하기 위한 숙제라고 생각한다. 형님께 긴 글을 쓰며 가정의 행복을 간구한다. 아듀 2011, 웰컴 2012!

2012년

✤ 2012년 1월 3일(화) • 원우회 임원 편성

2일째 특별새벽기도회에 참석하였다. 지애 엄마가 말없이 참석하고 있다. 앞으로 목회를 하는데 지애 엄마의 역할이 클 것이라고 믿으며 부디 나와 동행하기를 기도한다.

하루 종일 책상에서 보냈다. 어떤 때는 채영이가 방에 들어오지 못하도록 문을 잠그기도 했다. 지애가 보면 섭섭해할지도 모른다. 우리 채영이가 우리 집에 있다는 것은 큰 행복이다. 모든 사람으로부터 마음껏 사랑을 받으며 성장하는 우리 채영이는 앞으로 많은 축복을 받을 것을 믿는다.

부디 우리 채영이가 하나님의 사랑을 많이 받아 자라서 하나님께 큰 영광을 돌리며 많은 사람에게 유익을 주고, 우리 식구들에게 큰 기쁨이 되는 손녀딸이 되기를 기원한다.

오늘 ICS 학생의 임원 편성을 마무리하고 목요일에 첫 모임을 갖기로 하였다. 일단 학생회장으로 일할 것을 결심한 이상 분명히 발전이 있어야 한다. 국제사이버신학대학원(ICS)이 발전할 수 있도록 도와주자. 학생들이 자부심을 갖고 공부할 수 있도록 하고 앞으로 목회를 할 수 있도록 적극 지원하자.

그리고 장학금을 많이 줄 수 있도록 기부금을 확보하자. 학생 수첩을 만들어 조기에 배부하도록 하자. 할 일이 많다. 임원 및 학교 측과 상의하여 학교 및 원우의 발전의 기초를 쌓도록 하자. 내일은 2012년 계획을 세우도록 하자.

도약의 2012년이 될 것을 믿는다.

신학대학원 수료, 전폭훈련 수료, 새로운 직장 생활에 적응하며 매일매일 감사와 기쁨과 소망 중에 살고 싶다.

✂ 2012년 1월 10일(화, 맑음) • 이집트 · 이스라엘 · 요르단 성지순례

어제 ICS에서 주관하는 성지순례가 시작되었다.

도하에서 비행기로 이동하여 2시간 후에 이집트 룩소르 공항에 도착하였다. 비행기에서 내다보는 이집트 사막은 전혀 생명체라고는 찾아볼 수 없는 황량한 광야였다.

룩소르 공항은 시골 공항답게 단출하고도 조용하였다. 룩소르 〈카르낙 신전〉에 도착하였다. 사진에서만 보던 돌기둥들이 눈앞에 펼쳐지는데 입이 쫙 벌어지고 닫힐 줄 몰랐다. 20~30m 되는 돌들로 이루어진 돌 신전들, 한쪽에 만들어진 호수 등등 장엄하고 치밀하고 꼼꼼하게 만들어졌다. 때로는 나일강이 범람하여 이 신전을 상당히 메우면 다시 쓸어낸다고 한다.

이어서 〈왕의 계곡〉을 방문하였다. 5명의 이집트 왕 '람세스'들이 죽기 전에 자기 무덤을 땅속에 만들었다가 죽고 나면 장사한다. 왕들은 모두 자기들이 죽어도 그들은 영원히 살 수 있다고 믿었으며, 이를 위하여 호화롭게 굴속에 묘를 만들었던 것이다. 마지막 우연히 발견된 투탕카멘 왕의 유물들(금 투구, 금관)은 이집트 국립박물관에 보관하고 있다.

저녁 무렵에 룩소르 시내에 있는 〈룩소르 Temple〉을 방문하여 또다시 감동을 받았다.

카르낙 신전보다도 더욱 웅장하고 야간 조명으로 황금색으로 빛나는 광경은 내가 지금까지 구경한 어떤 것보다도 기

이집트 카르낙 신전

억에 남을 것 같다. 저녁을 한국 식당에서 한식을 먹고 일행들이 자신을 소개하는 시간을 가졌다. 내가 주관하였다. 이러한 지혜를 주신 하나님께 감사드린다.

22:10에 룩소르 역에서 침대 열차를 타고 카이로로 이동하였다.

✣ 2012년 1월 11일(수, 맑음) • 이집트 순례

08:30에 카이로 역에 도착하였다. 피곤한 데다가 밤에 침대 열차에서 잠을 제대로 자지 못하여 일행 중 몇 분은 몸에 탈이 나지 않을까 염려했는데 모두가 이상 없고 얼굴도 밝아 보였다. 식사를 하고 가자 지구에 있는 피라미드와 스핑크스를 견학하였다. 3년 만에 다시 왔지만 그 웅장함에 또다시 놀랄 수밖에 없었다.

피라미드는 분명히 우리 역사의 7대 불가사의 중 하나이다. 감히 어떻게 저 피라미드를 만들 생각을 하였으며 또한 당시 기술로서 어떻게 이렇게 거대한 산을 만들 수 있었을까? 위대한 인간의 승리며 이집트 민족의 우수함을 보여 준 것이다.

2번이나 이러한 구경을 할 수 있다는 것이 감사하고 놀라운 일이다.

오는 길에 향유 원료 가게에 들렀다. 지애 엄마, 지애에게 선물을 하고 싶은 마음도 있었으나 그냥 참았다. 이어서 카이로 시내에 있는 Old Cairo를 찾았다. 콥트 교회와 유대인 회당을 방문하였다. 로마 점령 시에 기독교 신앙이 전파되고 지금까지 그 신앙이 이어 오는 것이 콥트 교회다. 이러한 기독교 신앙이 이집트를 장악하였다면 분명히 이집트도 축복받은 땅이 되었을 텐데, 이집트는 바로 왕들이 이어 내려온 태양신 사상 위에 600년을 이슬람이 점령하면서 이슬람 국가로 변하였다.

사회주의국가, 30년 이상의 독재, 이슬람 사상은 결국 이집트를 몰락케 하였다. 불행하게 되었다. 저녁때 국립박물관을 찾았다. 변함없이 장엄하다. 투탕카멘의 무덤에서 발견한 황금 투구는 절정을 이루었다. 저녁에는 나일강 크루즈 후에 일찍 잠자리에 들었다.

✹ 2012년 1월 16일(월, 맑음) • 이스라엘 순례

호텔에서 일찍 일어나 갈릴리 해안을 따라서 4km 구보를 하였다. 땀이 제법 많이 흐른다. 갈릴리 해변에서 이른 새벽에 뛰는 것이다. 30분간 성경을 읽고 20분간 무릎을 꿇고 간절히 기도도 드렸다. 갈릴리 해변가에서 기도를 할 수 있도록 인도해 주신 하나님께 감사의 기도를 드렸다.

버스가 출발하여 헬몬 산, 골란 고원 방향으로 향하였다. 시리아와 근접한 곳이라 지뢰지대 표시가 있다. 중동전쟁 때 골란 고원을 점령한 땅이다.

갈릴리 호수 주변에 있는 가이샤라 빌립보, 텔란, 바니야스 폭포, 8복 교회, 가버나움 성전, 베드로 집터 위 교회, 오병이어 교회, 베드로 수위권 교회를 모두 둘러보았다. 공통점은 모든 곳이 물이 많고, 땅이 비옥하며, 농지가 한없이 넓다는 것이다.

여기를 보면서 여호와께서 이스라엘 민족을 애굽에서 인도하여 젖과 꿀이 흐르는 가나안 땅, 바로 이스라엘 땅으로 인도하셨다는 것을 실감할 수 있었다. 그리고 하나님은 이스라엘 민족을 사용하신다는 것이다.

그리고 그것은 이스라엘 민족에게만 제한되는 것이 아니다. 하나님을 받아들이고 순종하는 민족은 지금도 축복하고 계신다는 것이다.

미국, 영국, 호주 그리고 우리 한국이 그렇다. 하나님은 또한 직접 이 세상에 오셔서 평화를 주시고 예수님께서 십자가에 죽으심으로, 그리고 부활하심으로 우리의 죄를 용서받고 우리가 천국에 갈 수 있도록 해 주셨다는 것을 믿을 때 우리에게 천국 영생을 선물로 주셨다는 것을 믿는다.

✹ 2012년 1월 17일(화, 맑음) • 요르단 순례

요르단 성지순례 시작.

어젯밤에 오면서 얍복 강을 건너고, 오늘은 아르논 골짜기를 지나서 카락 성, 모세의 샘(아윤 무사), 페트라를 찾았다. 아르논 골짜기의 수직 1,000m 계곡과 카락 성의 5세기에 축성된 십자군의 어마어마한 성터,

그리고 상상을 초월하는 페트라 계곡은 한마디로 경이로웠다. 정말 놀라웠다.

카락 성은 십자군 병사들이 2만 명이 거주하였으며, 산성에 7계단의 터널과 방을 구축하여 도저히 적이 접근할 수 없는 난공불락의 성이었다. 그런데 그 십자군이 수많은 아랍인과 유대인들을 학살하며 기독교에 대한 씻을 수 없는 죄악을 남겼다. 예수님의 사랑과는 전혀 무관하였다. 현대인들이 우리 기독교에 대한 부정적인 생각을 하게 하였으며, 지금도 그러한 기독교인들의 잔혹성이 남아 있다고 생각하는 것이다. 앞으로 내가 살아가야 할 방향을 제시해 주기도 한다. 모든 일에 있어서 예수님의 사랑을 실천하며 화평을 이루어야 한다. 우리 자녀와 지애 엄마와 형제, 그리고 내 주위의 모든 사람에게도 마찬가지다.

요르단 페트라 성

페트라 성은 경이로움 그 자체였다. 이것은 하나님의 자연을 창조하심에 대한 순응으로 받아들일 수밖에 없다. 앞으로 사진과 동영상을 보며 나의 놀라움은 그치지 않을 것 같다. 요르단 왕국의 대표 관광지라고 볼 수 있다. 오는 길에 차에서 가정 소개를 하였다. 나는 우리 아이들이 성실하게 신앙생활을 하도록 도와달라고 아픈 마음을 말하며 기도를 부탁하였다. 나의 기도는 어떤 방법으로든 이루어질 것을 믿고 소망을 갖는다.

✖ 2012년 1월 18일(수, 맑음) • 성지순례 종료

성지순례 마지막 날이다.

성경 읽기와 기도 후에 8km 구보, 기분 좋은 하루다. 오늘은 요르단 마지막 여행으로 느보 산 모세기념교회와 마다바 '성경 지도' 교회를 찾았다. 역시 놀랍다. 모세가 광야를 지나 가나안 땅으로 들어가기 전에 느보 산에 올라서 사해, 여리고, 예루살렘, 헤브론을 바라보며 여호와의 언약대로 가나안으로 입성할 것을 지시한다. 그러나 모세는 느보 산 주변에 묻힌다. 아무런 표시를 하지 않았기 때문에 아무도 모세의 무덤을 아는 사람은 없다. 그 무덤은 후세에 인간들의 개인 숭상을 우려하여 아무에게도 알려지지 않았다. 단지 소문으로 알려질 뿐이다. 마지막으로 마라바에 있는 '성경 지도' 교회를 방문하였다. 4세기 비잔틴 시대에 모자이크로 교회 바닥에 이집트, 이스라엘, 암몬 및 아르몬, 소아시아를 배경으로 성경의 유명한 지역을 지도에 표기하였다. 지금 우리가 보아도 쉽게 이해할 수 있도록 선명하게 지도를 만들었다. 그리고 여기 마라바 고을은 모자이크의 유명한 도시로 변한 것이다. 역사는 이렇게 흥미롭게 변해 가고 있다. 단지 변함없는 것은 예수님에 대한 사랑이다. 모든 순례 여행을 마치고 암만 공항으로 이동하였다. 암만, 카라스, 도하 공항을 거쳐서 인천공항에 16:30 도착하였다.

집에 오는 길에 버스 창에 비치는 우리나라 풍경이 새삼 아름답다는 것을 느낀다. 지애 엄마, 지애, 채영이가 반갑게 맞아 준다. 내가 그렇게 보고 싶었던 우리 채영이는 감기와 배탈로 핼쑥해 보였다. 나의 기도가 계속되지 않아서일까?

✤ 2012년 2월 1일(수, 맑음) • 합참 정책위원 근무 시작

오늘 합참 정책위원(연구관)으로 정식으로 출근을 하였다. 새벽기도는 참석하지 못했다. 어제 ICS 원우들에게 보내는 기도 제목을 쓰다 보니 밤 12시가 넘었다. 비록 피곤하기는 하였지만, 나의 cafe 글이 많은 원우들에게 힘을 주고 기도를 요청하는 것이다. 지금 원우들을 끌고 갈 수 있는 leader가 필요하다. 건전한 생각, 높은 신앙심과 믿음, 원우들로부터 신뢰, 학교 및 KAICAM과의 협상력이 필요하다. 나에게 이 중책을 준 것은 하나님께서 이때 나를 쓰고자 함일 것이다.

앞으로 1년간 우리 학교와 원우들을 위하여 헌신적으로 일하도록 하

자. 하나님의 종들을 섬기는 마음으로 헌신적으로 일하자.

버스, 기차, 도보로 1시간 안에 합참에 도착하였다. 별로 어려움이 없다. 앞으로 1~2년 나의 주 활동 공간이 될 것이라고 믿는다. 국방회관 헬스장에서 구보를 하는데 3km에 땀에 흠뻑 젖는다. 모든 시설이 만점이고 사용료도 월 2.5만 원. Joeun 회사 근처보다 5만 원은 절약하고 사우나, 목욕 등을 포함하여 최고의 수준이다. 하나님께 감사의 기도가 절로 나온다. 08:00에 사무실 도착 1번이다. 제대로 5명의 장군들과 이야기도 나눌 틈이 없이 ICS(국제사이버신학대학원)로 향했다. 동료 위원들에게 미안하였다. ICS에서 내일 만나는 CAICAM 회장 송용필 목사님과 어떤 방향으로 대담을 할 것인가를 논의하였다. 아무래도 KAICAM에서 잘못하고 있는 것 같다. 강신중 회장과 의견이 달라서 약간 언성이 높았다. 너무나 나의 고집을 피우는 것 같아서 미안하였다. 저녁에는 정승조 합참의장이 만찬을 베풀었다. 수요예배에 나가지 못함을 회개하고, 음주를 하지 않았음을 자랑한다.

✺ 2012년 2월 5일(일, 맑음) • 채영이에게 바란다

5시에 눈이 뜨인다. 난 6시간 이상은 자지 못한다. 일찍 자는 수밖에 없다. 아무래도 채영이 때문에 온 식구가 늦게 자는 경우가 많다. 우리 사랑스러운 채영이가 우리 집뿐만 아니라 처가 식구들 모두에게 영향을 미치고 있다. 우리 채영이가 우리 모든 식구에게 관심거리이고 많은 사랑을 받고 있는 것이다. 귀엽고 사랑스럽고 매력적이다. 웃는 모습도 예쁘고 우는 모습마저도 예쁘다. 장인께서는 우리 채영이를 보고 싶어서 안달이시다.

오늘은 지애 엄마와 다투고 주일예배에 가지 않겠다 하여 나 혼자 가면서 채영이를 데리고 갔다. 잘 따라왔다. 예배드릴 때는 전과 달리 끝까지 얌전하게 앉아 있었다. 모르는 사람, 특히 젊은 남자들을 보면 무척 쑥스러워하고 눈치를 살피며 조용하다.

생각보다는 수줍음이 많고 내성적이다. 우리 식구와 친하게 된 사람들 앞에서는 깔깔 웃어 대고 무척 활발하다. 아마 나와 지애의 성격을 많이 닮은 것 같다. 예배 마지막 시간에는 잠을 자서 예배에는 전혀 지장이 없었다. 다음에는 교육목장에 데리고 갔다. 예상을 초월한 것이다. 목자님들이 모두 이뻐하고 햄 소시지를 주니 얌전히 먹는다. 아이들 찬양 시간엔 신기한 듯 구경한다. 좋아한다. 우리 채영이가 커서 꼭 주일학교에 다니고 율동 leader가 되길 바란다.

부디 우리 채영이로 인하여 지애 가정이 온전한 믿음의 가정이 되길 간절히 기도한다. 분명히 하나님께서는 응답해 주실 것을 믿는다. 끊임없이 쉬지 않고 기도할 것이다. 채영이를 위하여 새벽에 일어나서 기도하고 저녁에 자기 전에 기도할 것이다.

예배 후에 돌아오며 지애 엄마가 화가 많이 풀리고 계면쩍어한다. 어느 한쪽이 화가 나면 참는 것이다. 10km 구보를 하고 오니 세상이 밝고 즐겁다.

✄ 2012년 2월 16일(목, 맑음) • 제주도 방문

드디어 오늘 제주를 찾았다. 지애가 오산 비행장까지 차를 태워다 주었다. 공군 수송기를 타고 제주도에 무료로 갈 수 있다는 것이 큰 특혜다. 비행기를 타는 것은 나에게 큰 즐거움이다. 제주도도 좋고 국제 여행도 좋다. 지애 엄마와의 약속을 지키게 되어 흐뭇하였다. 무엇보다도 제주도 우리 땅에 가 보고 싶었다. 과연 몇 년 내에 제주도에 우리 집을 지을 수 있을지 없을지 아직도 미결 사항이지만 그래도 꿈을 가지고 사는 것은 즐거운 일이다.

제주공항에 12:50에 도착 600번 리무진버스를 타고 서귀포로 향했다. 육지에 비하여 푸른색이 많다. 그리고 꽤 쌀쌀한 날씨다. 오리탕 식사를 한 후에 표선면 세화리 우리 땅을 찾았다. 잡초가 마르고 인기척이 없어서 쓸쓸함을 느꼈지만 그래도 우리를 반겨 주는 듯했다.

주위를 둘러보며 경작할 사람들을 찾았지만 찾지 못하고 성산 일출봉으로 향하였다. 어디에 내놔도 뒤지지 않을 만큼 아름다운 경관이었다. 제주도 곳곳에 있는 명승 지역을 돌아보며 평생 은혜를 입은 사람과 어울려서 제주도에서 며칠간씩 지낼 수 있는 service를 제공할 수 있다면 과감하게 우리 집을 짓고 시행에 옮겨야 한다. 좀 더 기도하며 시간을 갖자.

✤ 2012년 2월 17일(금, 맑음) • 신동택 목사와 산책

방이 조금 온도가 낮은 것 같았지만 곤하게 잠을 자고 06:00에 일어나서 신 목사 부부와 함께 새벽예배를 드렸다. 하나님과 함께하는 시간이라면 언제 어디라도 좋다. 예배 후에 올레길을 산책하였다. 올레길을 걷는 사람들이 별로 없다. 그리고 서귀포에 눈이 내릴 정도로 온도가 낮다. 전에 한번 가 본 적이 있는 한일우호협회센터(전 팔레스호텔)를 산책하면서 여기에 완전히 매료당했다. 수목을 아름답게 가꾸고, 한눈에 서귀포항과 아름다운 마을이 내려다보이고, 연못, 조각품, 잔디, 정원, coffee shop 등이 내가 너무 좋아하는 style의 휴식 공간이었다. 신 목사는 말씀을 준비하며 꼭 여기를 산책한다고 하였다.

내가 만약 제주도에 산다면 여기를 꼭 산책 코스로 삼고 손님들을 안내하고 싶다. 눈으로 여기를 항상 흠모하며 살아갈 것 같다.

그리고 우리 땅에 이와 견줄 수 있는 아름다운 정원을 가진 집도 한번 지어 보고 싶다. 내가 신세를 지고 은혜를 입고, 도움을 받았던 모든 사람에게 제주도에 숙박할 수 있는 공간을 제공해 주고 싶다. 아무런 이익 없이 서비스를 제공하는 것이다. 남들이 하지 못하는 일을 한번 해 보고 싶다. 그리고 저기 어딘가에 하나님께서 베풀어 주신 은혜의 축복을 전하며 집을 찾는 사람들에게 하나님을 전하고 싶다. 이제는 결정해야 할 때다. 내년도 우리 집을 팔 수 있을 때 결정한다. 지애 엄마가 그렇게 하고 싶은데 한번 일을 벌여 보자. 노후 즐거움도 될 것이다.

✽ 2012년 3월 24일(토, 맑음) • 내가 가는 길

새벽기도 및 목자교육에 참석하였다. 어젯밤 11시 10분까지 심야예배를 드리고 12시에 잠자리에 들었지만 그래도 새벽예배에 참석하였다.

이해하지 못하는 사람들이 많다. 심지어 하나님을 믿는 사람들마저도 이해하지 못한다. 어느 누구도 강요하지 않는다. 나 스스로가 가는 것이다. 내가 지금까지 살아오면서 고집스럽게 왔던 길은 대부분 옳았다. 때로는 후회한 적도 있었다. 그러나 적어도 하나님 일만큼은 그렇지 않았다. 절대 후회하지 않았다.

내가 가는 길은 고난의 길일지도 모른다. 전폭훈련, 목자교육, ICS 신대원 수강, 군 선교 활동 등 너무나 바쁘게 살아가고 있다. 이것은 절대 나의 명예가 아니라 오직 하나님께 영광을 돌리기 위함이다. 내년 3월 목사 안수를 받고, 그전에 군 교회 목회를 시작한다면 나의 생활 style은 바뀔 것이다. 앞으로 1년 동안 육체적인 고통은 계속될 것이며 바쁘게 살아갈 것이다. 분명히 하나님께서 길을 주실 것이다. 이겨 낼 것이다. 지금의 고난은 나중의 영광을 위함이다. ICS 서울역 모임은 성공적이었다. 우리 학교는 발전한다. 원우회장의 희생이 뒤따라야 한다.

모친을 방문하니 무척 반가워하신다. 오늘도 30분도 채 못되어 일어나야 했다. 안타깝다. 난 나중에 나이가 들어도 내가 도움을 주고 싶다. 지애 엄마가 동행하여 고마웠다. 채영이가 더 사랑스럽다.

✽ 2012년 4월 7일(토, 맑음) • 목회자의 길

부활절특별새벽기도 6일째. 마지막 날이다. 목요일 MSO 기도회에 참석하면서 하루 빠지고 모두 참석하였다. 바쁜 가운데 이 모든 일을 해낼 수 있는 것은 모두 하나님의 인도하심임을 믿는다. 일기 쓸 시간이 없을 정도로 바쁘게 살아가는데 나의 계획된 일은 하나하나 이루어지는 것이다. 초인적인 능력을 발휘하고 있는 것이다.

오늘 새벽기도 시간에 오랜만에 하염없이 눈물을 흘렸다. 소나기 기도로 작은 교회에 모든 성도들이 나누어서 참석하였다. 120여 개 교회에 나누어 간 것이다.

그런데 어느 조그만 교회 사모님께서 목사님에게 보낸 메일을 읽는데 그 내용이 애절하여 눈물이 흐르는 것이다. 내가 가야 할 길이기에 더욱 그렇다. 이제 1년 후면 목회를 시작하려고 한다. 어느 교회든 성도들을 섬겨야 한다. 눈물 흐를 일이 많이 있을 것이다. 우리 지애 엄마는 여기에 대하여 어떻게 생각하고 있을까? 하나님께서 또한 그렇게 인도하여 주실 것을 믿는다.

지애 엄마와 내가 오늘도 전폭훈련을 하였다. 어느 요양병원에서 두 분을 만나 열심히 복음을 전했지만 끝내 어느 아줌마는 주님 영접을 거부한다. 그리고 어떤 분은 바쁘다고 가 버려 허탈하였다. 나의 암기 사항도 한계가 있다. 여기서 중단한다면 나의 전도폭발 5단계 훈련도 실효를 거두지 못할 것 같다. 다시 처음부터 시작하자. 백 서방에게도 교회에 나갈 것을 권하였다. 어떤 결과가 올지 의문이다.

✖ 2012년 4월 11일(수, 비 → 흐림 → 맑음) • 풍성회, 고향 장성 여행

지애 엄마와 함께 새벽기도. 오늘 여행을 떠나는데도 순순히 참석하는 모습이 사랑스럽다. 나의 의도를 따라서 살아가려고 하는 모습이다. 때로는 부딪히는 문제들도 있지만 큰 것을 위하여 지혜롭게 대처하도록 하자.

06:20에 총선 투표를 하며 부디 새누리당이 과반석 이상을 차지하도록 기도하였다. 우리 국민이 지혜롭게 결정할 것을 믿는다. 06:30에 수지에 거주하는 육사 동기들(풍성회)과 가족들 10명이 고향 장성을 방문하기 위하여 rent-car를 몰고 즐거운 마음으로 출발하였다. 이남호 회장이 꼭 필요할 때 기도를 부탁하여 기분이 좋다. 그리고 좋은 여행이 될 것이라는 것을 믿는다.

노래 부르며, 농담을 하며, 즐겁고 들뜬 기분으로 여행은 계속된다.

장성 백양사에 도착하여 고색창연한 절 주변을 구경한다. 특별히 아름다운 곳이다. 백양사 산채비빔밥으로 점심을 하고, 내일 계획된 고향 장성을 오늘 구경하였다. 오늘 저녁 경환이가 내일 출근으로 이탈하기 때문이다. 친구들 5명과 그 가족을 포함하여 오동촌마을 방울샘, 고경명 씨 문중 산과 동네 한 바퀴를 돌았다. 아름다운 마을이다. 유서 깊은 마을이다. 나의 생가도 둘러보았다.

서삼 축령산을 산책하며 장성에 대한 자랑스러움이 더욱 커진다. 이렇게 좋은 자연 휴양림이 있었다. 성산읍에 있는 한국의 집(공태준, 김영이 초등학교 동창이 운영하는 한정식 식당)에서 굴비 정식을 하고 모두들 상무대로 향하며 경환이를 서울로 보냈다. 섭섭하다. 상무대 방문객 숙소에서 여장을 풀고 총선 결과 TV 시청, 새누리당이 승리하였다. 과반수를 넘을 것으로 예측된다. 너무나 기분이 좋았다.

✄ 2012년 4월 29일(일, 맑음) • TOEIC 시험

정말 꽉 짜인 일정으로 한순간도 여유 없이 보낸 하루였다. 5시간을 자고 4시 반에 일어나니 2시간 동안 TOEIC 시험 준비, 1시간 반 동안 자원봉사, 청소 및 차 마시기, 그리고 TOEIC 시험을 보았다(분당 별곡중학교, 10:00).

교육목장 후반부 아이들을 가르치며 전폭훈련과 경향쉼터교회 간증까지 모두 마쳤다. 장인 어르신 말씀대로 너무나 바쁘게 살아가는 것 같다.

지애 엄마와 산책을 하고 채영이와 놀이터 구경을 하였다. 친한 분들과 식사(이택형 장군, 한광수 제독)도 한번 하고 싶은데 도저히 시간을 내지 못한다.

이렇게 살다 보면 죽을 때까지 휴식의 즐거움을 갖지 못할 것 같다.

이제부터 나의 life style을 바꾸어야 한다. 휴식과 수면은 낭비가 아니라 나의 삶의 활력소가 되며 나의 에너지를 증폭시켜 줄 수 있다.

그래도 오늘 모든 일정은 성공적으로 마쳤다. TOEIC 시험은 비록 reading part에서 10문제를 풀지 못했지만, 그런대로 괜찮았다. 600점은 넘을 수 있다고 생각한다.

경향쉼터교회에서 간증도 잘 마쳤다. 오랜만에 간증을 하였지만 1시간 동안에 400여 명 성도의 시선을 한군데로 모으며 박수를 받고 마쳤다.

이제 신학 공부 후 군에서 목회를 한다는 나의 계획이 내 간증에 상당히 큰 shocking 사건이 되었다. 오직 하나님의 영광을 위한 삶이 되도록 살겠다. 나는 간증대로 나의 삶의 초점을 하나님께 맞추는 것이다. 오늘 모든 일정을 순조롭게 마친 것은 기적과 같다. 분명 하나님의 도우심이 었다. 정말 아무것도 자랑할 수 없었던 나, 수줍고, 내성적이고 욕심도 많았다. 나를 하나님은 많이 사용하신다. 더 많이 쓰임받기를 바란다.

✼ 2012년 5월 14일(월, 비) • 아파트 노인회 여행 안내

비가 부슬부슬 내리고 있다. 완연한 봄비다. 단비다. 시절을 좇아 비를 주시는 하나님이시다.

어제 조성대 집사님 아들에게 복음을 전할 때 나의 마음이 뜨거워짐을 느꼈다. 그리고 이때 가장 자신 있게 복음을 전하는 시간이었다.

성령님이 임하시고 나의 마음을 감동시키셨다. 앞으로 내가 복음을 전하고 목회를 할 때 나의 마음에 이렇게 뜨거워지도록 간절히 기도하자.

나의 모든 짐을 예수님께 맡긴다. 나는 오직 예수그리스도만 믿는 것이다.

새벽기도 후에 중보기도실에서 중보기도를 드렸다. 그래도 남을 위하여, 교회를 위하여, MSO, MEAK, ICS, 새얼신우회, 육사신우회, 교육목장, 고넬료목장, Joeun System을 위하여 기도할 수 있다는 것이 감사할 일이다. 나를 사용하시는 하나님께 감사드린다.

노인회에서 주관하는 아산 현충사 온양온천 관광을 떠났다. 입주자 대표 시작 후 처음으로 야외 나들이를 나간 것이다. 금년 봄에는 동별 노래자랑대회를 하자고 약속했는데 동장과 관리소장의 방해로 손도 대지 못했다.

그래도 노인경로잔치 겸 주민 나들이를 한 것이다. 비가 촉촉이 오는데도 여행길은 즐거웠다. 아산 현충사는 지애 엄마와 결혼 후 신혼여행을 왔던 곳인데 감회가 새로웠다. 내가 본 조경 중에 대한민국에서는 최고인 것 같다. 제주도에 집을 짓는다면 이 모양 따라서 잔디밭 언덕, 소나무를 심고 돌도 놓는다. 대나무와 귤나무도 심는다. 기대가 크다.

✄ 2012년 5월 19일(토, 맑음) • ICS 봄 소풍(서오릉)

드디어 ICS 봄 소풍 날이다. 두 달 전부터 계획해 왔고, 어제까지도 행사를 위하여 부대와 협조하였다. 6년 만에 다시 부대를 간다. 사단장 1년을 하면서 정열을 다 바쳤다. 한 달 단위로 행사는 계속되었다. 소장 진급을 못 하고, 전역 지원을 했다가 그것도 안 되고, 타의에 의하여 2년간 근무를 연장하고 왔던 곳이 60사단이다.

나의 침체된 기분과 실의는 서오릉과 권율 부대에서 다시 회복하기 시작했다. 동기생 2명이 부사단장으로 받쳐 주고, 나는 누구 한 사람 나의 근무에 주의를 기울이지는 않았지만, 최선을 다하였다. 어머님도 관사에 다시 모셨다. 미국 근무도 여기에서 연장되었다. 나의 가는 길을 예비하시는 하나님을 찾았다. 윤광한 목사님이 안 나올 때는 내가 새벽 예배 말씀도 전하고 중·고등학생 예배로 시작하였다.

내가 고집하여 ICS 소풍을 계획하였고, 그것도 가장 바쁜 일정 속에서 행사를 갖게 되었다. 50여 명의 원우와 가족들이 참석하였다. 버스로 삼송역에서 10명 수송, 주임원사(김봉수 원사)가 반갑게 맞아 준다. 예배 → 서오릉 산책 → 회관 점심 → 역사관 견학, 운동 → OX퀴즈게임 순으로 모두 끝났다. 소나무밭에 텐트, 잔디운동장 준비, 음료수 선물 등 완벽한 준비였다. 바로 나의 소감을 cafe에 올렸다. 때로는 나도 모르게 글을 잘 올린다. 모두가 만족스러워한다. 성공적인 행사였다. 처음이자 마지막 60사단 행사를 모두 좋아했다. 하길 잘 했다. 퇴근길에 사무실에서 제안서를 작성하였다.

ICS 봄소풍(60사단)

✂ 2012년 5월 31일(목, 맑음) • 관리소장 회의

오랜만에 MSO/MCF 기도회에 참석하였다. 50여 명 이상이 참석하여 방을 가득 메웠다. 일찍부터 여기에 참여하였고, 준장 때는 2년간이나 MCF 총무를 하였다. 가장 바쁜 직책에 있으면서 MCF 기도회 체제를 발전시켰다.

MSO/MCF 통합기도회를 분리하여 MCF 활동을 강화하였다. 항상 MSO의 모임에 보조 역할밖에 하지 못하여 내가 주장하여 분리시킨 것이다. 그때 일부에서는 반대하는 인원도 있었지만 끝내 분리한 것이다.

그리고 MCF 기도회의 기반을 많이 다지는 계기가 되었다.

이번 MEO Program에서는 1주일간 참석하여 세계 군 선교의 일익을 담당하고자 한다.

하나님 일은 바쁜 가운데서도 망설이지 말자. 하나님 일을 우선

MSO/MCF 조찬기도회

으로 하며 살다가 세상일은 하나님께서 도와주실 때 그것으로 만족하자. 지금까지 그것이 맞는다는 것을 보여 주셨다.

2주 만에 모친을 방문하였다. 나만 기다리고 앉아 계시는 어머님이시다. 40분 동안이나마 어머님을 기쁘게 하여 드렸다.

16:00에 입주자대표회의. 끝내 관리소장을 해임하고 회계감사를 결정하였다. 정○○, 하○○ 동장은 계속 관리소장을 지원한다. 정의롭게 밀고 나간다.

✄ 2012년 6월 1일(금, 맑음) • 명○○ 검사 식사 초대

저녁에 명○○ 검사를 만났다. 한 달 전에 약속한 대로 부부 동반 저녁 식사를 같이 하였다. 미 8군 Hartell House에서 stake와 lobster 혼합하여 주문하였다. 항상 나에게 관심을 가져 주는 명 검사에게 모처럼 식사를 대접하였다.

그만큼 나에게는 귀한 손님이었다. 아들 재원이에게 많은 관심을 가져 주었고, 현재는 명 검사가 대표로 있는 세종로펌에서 재원이가 근무하고 있다. 명 검사에게 고등학교 동창으로, 아들 회사 상관(중역)으로, 또한 지위를 고려하여 높이는 마음으로 충분히 식사 자리를 마련할 수 있다.

일부러 주한미군 식사 Hartell House를 선정하였다. 외부인들이 쉽게 접근할 수 없고 오리지널 미국 스테이크와 바닷가재 양식을 대접하기 위해서다. 나와는 고등학교 1학년 때 한 반이었다. 너무나 공부를 잘해서 말 상대가 되지도 않았다. 그리고 계속 검사로서 탄탄대로를 걸어왔으니 비록 동창이라 하지만 서로 만나기도 어려웠다.

무척 소탈하고 친근하다는 것을 느꼈다. 좋은 친구로 사귀고 싶다. 그리고 마지막으로 생각한 것은 명 검사에게 복음을 전하는 것이었다. 불교 신자라고 한다. 지성인이므로 더욱더 주님을 전하고 싶다. 새로운 삶을 소개해 주고 싶다.

✼ 2012년 6월 25일(월, 맑음) • 아들 재원이의 도움

태풍이 지나가고 고요한 날이 밝듯, 전과 다른 마음으로 하루를 맞는다.

기말시험, APT 소장 교체, MEO 완료, ICS 수련회, 세미나 종료, 군인 고넬료목장 모임까지 끝내고 나니 오히려 허탈감 같은 것을 느끼기도 한다. 오늘은 괜스레 힘이 빠지는 것 같기도 하다. 그래서 우리 사람은 어느 정도의 긴장이 필요한 것 같다. 새벽에 일어나 새벽기도와 운동 대신에 오늘 법원에 제출할 소명서를 작성하였다.

어제 재원이가 6페이지의 소명서를 작성하였다. 아버지를 위하여 일부러 바쁜 시간을 내서 도와주는 것이 기특하다. 때로는 미운 마음도 모두 씻어지고, 이제는 재원이도 점점 더 부모를 이해하며 우리에게 가까이 다가올 것을 믿는다. 그리고 분명히 온 가족이 하나님 전에 나가서 경배드릴 것을 믿는다. 나의 간절한 기도를 하나님께서 들어주실 것을 믿기 때문이다. 손쉽게 준비하여 오늘 수원지방법원에 소명서를 제출하였다. 수요일에 문○○, 정○○, 허○○과 함께 조사를 받는다. 결국 법정에까지 서게 되었다. 분명히 옳고 그른 것은 밝혀지고, 아파트 주민들에게 사실이 알려져야 한다. 아파트에 똑같은 일이 재발되지 않도록 교훈을 삼아야 한다. 7월 초에 한 번 주민회의를 개최하여 그 경과 보고를 드릴 것이다. 그리고 8월 말에 나의 업무를 종료하고, 자원봉사 책임자로 일할 것이다. MEO 강평에 참석하였다. 영어를 더 공부해야 한다는 교훈을 얻었다. 그러나 항상 겸손하자. 낮은 데로 임하자.

✼ 2012년 7월 19일(목, 비 / 태풍) • 어머님 사랑

MSO 기도회, 모친 방문, 지애 제주 복귀 pick up으로 바쁘게 하루를 보냈다. 어제까지 과제 작성의 흐름을 정하고 자신감을 얻게 되었다. 좋은 작품이 될 것이라는 확신을 하게 되었다. 군에도 기여할 것이다.

2번째까지 8월에 완성하고, 나는 Joeun이나 대항군 사령관으로 떠날

지도 모른다. 부디 이루어지기를 희망한다. 아니면 군 복음화를 위해서 하나님께서 일찍부터 쓰실 것이라는 소망이 넘친다.

나를 항상 좋은 길로 인도해 주시는 하나님이시다.

비가 세차게 몰아치고 태풍이 부는 아침에 박백만 중령과 함께 차를 몰고 MSO 기도회에 참석하였다. MSO는 활발하게 이루어진다. 나의 역할은 커질 것이다. 오전에 모친을 방문하였다. 무척 반가워하신다. 가끔 딴 얘기도 하신다. 그래도 어머님을 뵙는 것이 큰 기쁨이다. 살아 계신 것만 해도 나에게 기쁨이다. 비록 거동은 불편하시지만 나를 보는 기쁨이 가장 큰 어머님이신데 더 자주 오지 못함이 아쉽다.

점심 후에 김포공항으로 간다. 3박 4일의 여행을 마치고 귀가하는 지애, 백 서방, 채영, 지애 엄마를 pick up 하기 위해서다. 나로 인하여 식구들이 즐거워한다면 큰 행복이다. 채영이를 보니 온 시름이 다 사라지고 너무나 좋다. 사랑스러운 우리 채영이, 귀염둥이 우리 채영이 부디 나의 기도대로 예수님 잘 믿는 지혜롭고 이쁘고 사랑스러운 외손녀딸이 되어 다오.

✤ 2012년 7월 27일(금, 맑음) • 합참정책연구소 연구 사업

한마디로 기분이 좋은 날이다. 하루, 이틀 사이에 이렇게 우리의 기분이 쉽게 바뀔 수 있다는 것을 증명한다. 여기서 흔들리지 않고 계속 감사의 기쁨 속에서 살 수 있다면 바로 하나님 말씀대로 살아가는 행복한 사람이다. 축복받은 사람이다.

새벽기도에 은혜를 받고 바로 연희동 모친께 가서 40분 동안 같이 지냈다. 갈 때와 올 때 어머님의 얼굴빛이 변한다. 떠나올 때는 그래도 나로 인하여 자랑스러워서 하시며 의기양양해 하신다. 그래도 내가 어머님을 마지막까지 위로해 드릴 수 있다는 것이 감사하다.

다시 Joeun으로 가서 문준환 부장, 이종욱 부장과 함께 제안서 수정 작업을 마치고 회장님으로부터 희망적인 소식을 들었다. 직원들 월급을

2~3만 원만 줄이자는 것이었다. 3년에 3~5억을 낮추는 것인데 만약 우리가 낙찰을 볼 수만 있다면 그렇게 가야 한다. 우리가 하는 것이 다른 회사보다는 직원들에게 더 낫다는 것을 알 수 있다.

오후에는 사무실에서 합참 연구 작업을 하였다. 오늘 드디어 초안을 거의 완성하였다. 내일부터 백 서방이 도와준다면 계획대로 7월 말까지 제1과제의 부담이 사라진다. 나의 보고서에 자신감이 생기고 분명히 군을 도울 수 있다고 본다. 제2과제는 8월까지 마무리한다. 설령 대한군사령관, 주한미군사업본부가 결정되더라도 어려움이 없다. 심야기도에 눈물을 많이 흘렸다.

✂ 2012년 9월 18일(화, 맑음) • 아내를 위한 헌신

어젯밤에는 우리 집 guest room에서 잤다. 5시간밖에 자지 않았지만 컨디션이 좋다. 그런데 지애 엄마에게 너무나 미안하다. 저렇게도 나와 시간을 갖고 싶어 하는데 어제는 하루 종일 집에 있으면서도 30분도 같이 시간을 갖지 않았다. 그리고 잠도 따로 잤다. 오늘은 다림질을 한다. 바쁜 가운데서도 가정에 소홀하지 말자. 오늘 저녁엔 5시 반에 퇴근하여 7시 반~8시까지 식사를 하고 밤 8시~9시 산책, 9시~9시 30분 TV 뉴스 시청, 9시 30분~10시까지 채영이와 놀기, 그리고 10시에 잠자리에 든다. 오늘은 최소한 2시간 이상은 지애 엄마와 시간을 갖는다. 이것은 절대 낭비가 아니다. 지애 엄마는 나에게 가장 소중한 사람이다. 세상에 누구와도 비교할 수가 없다. 예수님 다음에 윤숙 씨다.

과연 나는 지애 엄마를 얼마나 생각하면서 배려해 주었는가? 0점이다. 정말 내 위주로만 살아왔다. 이제 육십이다. 그런데 지애 엄마에게 지금 소망을 주지 못한다면 언제 줄 것인가? 지금이라도 시간을 낸다. 적어도 하루 1시간 이상은 같이 산책하며 대화의 시간을 갖는다. 그리고 Yes, Yes 하며 답해 준다. 영화도 적어도 한 달에 2번을 보자. 등산도 한 달에 1번은 한다. 테니스도 한 달에 2번, Golf는 두 달에 1번, 지애 엄마의 행복이 바로 나의 행복이다. 그리고 나의 진정한 동역자가 될 것이다. 자식들에게 우리의 행복을 맡길 수는 없다. 과연 지애 엄마에게 내가 뭘 잘해 주었는가? 오늘부터 시작한다. 바쁜 가운데 시작한다.

하나님께서 필요한 시간을 주실 것이다.

✖ 2012년 10월 3일(수, 맑음) • 터키 성지순례

드디어 이스탄불 여행이 시작되었다. 4시 30분에 공항에 도착하여 20명(김종일 원우 부부 포함)이 이스탄불 탐방을 시작하였다. 박인숙 전도사와 현지 guide의 안내를 받아 불편함 없이 하루 종일 돌아다녔다. 어젯밤 12시간을 비행기에서 보내며 제대로 잠을 자지 못하여 피곤하기는 하였지만 새로운 여행지에서 모든 피곤함이 씻어진다.

보스포러스 정기선에 탑승하여 이스탄불 해안을 둘러보았다. 유럽과 아시아를 잇는 해변을 돌면서 바다와 산이 잘 어우러진 아름다움을 구경할 수 있었다. 이스탄불이 유럽과 아시아 동서를 연결하는 입지적 요건으로 인하여 역사를 거치며 중요한 나라로 제국들의 점령지가 되었다. 바빌로니아, 애굽, 로마, 오스만투르크, 칭기즈칸이 모두 이 땅을 밟았다. 도로와 시내 곳곳에 남아 있는 성지들이 그 모습을 보여 주었다.

블루모스크와 성소피아교회는 예수님 탄생 이후 지금까지의 역사를 보여 주는 2개의 중요한 건물로 남아 있었다. 예수님 탄생 이후 다소에서 탄생한 바울을 통하여 터키와 그리스는 예수님 말씀이 전파되고, 로마가 기독교를 국교로 만들고, 로마제국이 터키를 점령하며 기독교의 꽃을 피우는 성지인 성소피아교회를 건축하여 1,000년을 유지하였다. 그러다가 이슬람 회교 세력인 오스만투르크 족이 여기를 점령하고 회교국으로 변하여 지금에 이르고 있으며 성소피아교회와 블루모스크(성소피아교회를 본따서 지은 회교 성전)가 그 역사를 보여 주고 있다. 톱카프 궁전과 박물관(옷, 보석, 종교), 500년의 역사를 가진 동서 교역 중심지인 그랜드 바자르를 구경하였다.

국제사이버신학대학원에 와서 이렇게 성지 답사를 하도록 도와주신 하나님께 감사드린다. 보이는 것 모두가 역사의 현장이며, 특히 성경을 이해하는 데 많은 도움을 준다.

그랜드 호텔에서 여장을 풀고 일찍 잠자리에 들었다.

✈ 2012년 10월 4일(목, 맑음) • 갑바도기아 순례

이틀째 여행이 시작되었다.

오늘은 03:00에 일어나 일기를 쓰고 05:00에 네브쉐이르 공항으로 이동하였다. 조그만 공항이다. 갑바도기아 지역의 파샤바 계곡, 우치사르, 괴레메 동굴교회, 데린구유 지하초대교회를 순서대로 돌아보았다. 한마디로 경이로움의 극치였다.

자연적 현상으로 파샤바 계곡은 바위가 버섯 모양으로 침하되어 장관을 이루었다. 2천 년 전에 초대교회 기독교인들이 공동생활을 하다가 로마의 박해를 피하여 지하에서 살아가면서 예수님 복음대로 살기를 원했다. 지하에 2만 5천명의 기독교인들이 살았다는 것이 믿어지지 않았다. 순수한 복음의 믿음으로 예수님이 십자가에 못 박혀 죽으심을 믿고, 예수님의 부활을 믿었던 그들은 끝까지 그 믿음을 지키며 살다가 세상을 떠났고, 그 복음을 지금 우리에게까지 전해 주었다. 그리고 괴레메 동굴교회는 지역 일대의 특이한 바위(응회암+현무암), 버섯 모양의 바위에 굴을 뚫고 들어가서 공동 거주하면서 예수님께 예배를 드렸다. 바위 속에 예배당을 만들고, 거기에 컬러로

갑바도기아 괴레메 동굴교회

성화를 그렸다는 것이 또한 믿기지 않았다.

여기 갑바도기아 지역을 찾는 관광객들이 끊이지 않고 있으며 앞으로 계속될 것이다. 하나님께서는 세상에 생명의 말씀 복음을 전하기 위하여 예수님을 보내시고, 그 뒤 제자들을 통하여 복음을 전하셨다. 로마가 기독교를 국교로 만들게 하였다. 그 예수님은 다시 재림하신다 하셨다. 이 세상의 모든 민족에게 복음이 전해지는 날 다시 이 땅에 오시고 세상을 심판하실 것이다.

호텔에서 여장을 풀고 일찍 잠자리에 들었다.

✂ 2012년 10월 6일(토, 맑음) • 소아시아 일곱 교회 순례

어젯밤도 곤히 자고(5시간) 일찍 일어났다. 컨디션이 최고다. 화장실에 가서 말씀을 읽고, QT를 하고, 기도를 드렸다. 그리고 일기를 쓴 후 6km 구보 후 땀을 흠뻑 흘리고 하루 일과를 시작하였다. 이성원 원우와도 많이 가까워졌다.

오늘은 사도 바울이 방문했던 7개 소아시아 교회를 찾았다. 빌라델비아, 사데, 라오디게아, 그리고 폴리캅순교기념교회를 찾았다. 사데 교회가 특히 인상적이었다. 당시(로마 시대, 1세기) 가장 경제가 발전했던 사데 지역에 어마어마한 아데미 신전을 짓고 풍성한 신을 경배했던 곳이다. 그 안에 유대교회당이 잘 보존되고, 사도 바울은 여기에서 예수님을 전했을 것으로 추측하고 있다. 2,000년 전, 또는 그 이전에 휘황찬란하게 발전했던 당대를 뒤돌아보며, 특히 경제가 발전하며 사회가 타락하고 우상이 가득했던 시대에 예수님의 복음을 전했던 바울과 그의 제자들과 순교했던 그들을 생각하면서 하나님께서 나에게 주신 사

빌라델비아 교회 유적

명을 생각한다. 세상 땅끝까지 복음을 전하는 것이다.

초대교회를 생각하며 목숨을 내걸고 예수님을 전했던 초대교회 성도님을 따르기를 원한다. 하나님께서 예수님을 보내셔서 우리를 구원해 주셨듯이 이제는 이 시대의 죽은 영혼들을 우리가 구원하는 것이다.

일행과도 많이 친해졌다. 내가 틈틈이 찬양을 하고 재미있게 분위기를 만들며, 행여 세상적인 생각으로 그들에게 실망을 주지 않도록 기도한다.

원우들을 위해 봉사한다. 일행을 위해 봉사한다. 지금 와서 생각하니 잘 왔다는 생각이 든다. 주님께서 나를 인도해 주심일 줄 믿는다. 하나님께 조용히 감사의 기도를 드린다.

✖ 2012년 10월 7일(일, 맑음) • 에베소(누가의 묘) · 버가모 순례

여행 5일째다. 오늘도 새벽에 말씀을 읽고, 기도하고, 일기를 쓰며 하루를 계획하였다. 그리고 5시에 이성원 씨와 함께 구보 및 운동을 한다. 이성원 씨도 나를 따라서 매일 운동을 하기로 마음먹었다. 기특하다. 10km를 뛰는데 4km를 뛰고 포기하였다. 그러나 앞으로 계속 운동을 할 것이라고 한다. 좋은 제자 한 사람을 두었다.

06:30에 주일예배를 드렸다. 은혜로운 시간이었다. 여행자 몇 명이 같이 찬양하는데 너무나 은혜로웠다. 오늘은 누가의 묘, 에베소, 그리고 버가모를 찾았다. 누가의 묘는 길가에 외롭게 있었는데 고증학적으로 인정하고 있다 한다.

에베소는 나의 경이로움에 극치를 이루게 한다. 2,000년 전에 이룩한 에베소 도시의 중심부다. 로마 시대의 고도로 발달된 문화를 보여 주고 있다. 신전, 도서관, 공중목욕탕, 화장실, 공연장까지 있다. 무엇보다도 군데군데 있는 신전, 특히 아데미 신전에서는 하나님 보시기에 우상을 섬기는 당대 사람들을 하나님께서 비통하게 여기셨을 것이다. 그리고 인간들을 구원하기 위하여 아들을 이 세상에 보내시고 하나님을 전하고 십자가에 죽게 하심으로 우리의 죄를 용서받게 하시며, 예수님을 믿는

자들에게 그들의 영혼을 구원하게 하실 수밖에 없었다. 그리고 그의 제자들을 세상에 보내서 주님을 알게 하시고, 특히 바울을 변화시켜 세상에 복음을 전하게 하셨다.

바울이 이 에베소에 2년이나 머물며 얼마나 주님 전도에 몸과 마음을 바쳤는지 알 수 있었다. 세상은 다시 우리를 필요로 한다. 우리는 바울이 되어야 한다. 마지막 버가모도 대단하였다. 여기에도 바울의 발이 닿았다. 그리고 세상을 변화시켰다.

✈ 2012년 10월 9일(화, 맑음) • 빌립보 교회 순례

여행 7일째. 오늘 빌립보에 들어왔다. 빌립보는 교회라기보다는 헬라 시대가 문을 연 곳이고 로마 시대 활동이 컸던 곳이다. 엄청나게 큰 광장이 대리석으로 덮여 있고, 원형극장, 아고라(시장), 놀이터, 관공서, 바울이 갇혔던 감옥, 500년경에 세워진 교회, 루디아기념교회 등 볼 것이 너무나 많은 곳이었다. 에베소가 커다란 로마 도시였다면 빌립보는 헬라 문화의 중심에 있다고 볼 수 있다. 원형극장에서 다 같이 찬양을 하였다. 바울 감옥 앞에서 손을 묶는 시늉을 하며 사진도 찍었다. 2,000년 이상의 시간이 지나면서도 그대로 보존되어 있는 유적지를 둘러보며 역사를 거슬러 올라가게 한다. 그리고 성경의 바울 행적을 그대로 느끼게 한다. 이번 여행의 하이라이트는 빌립보 지역이었다.

바울이 이 도시에서 예수님을 전했던 곳이다. 그 성경 말씀은 지금도 변함없이 전해지고 있다. 이제는 나에게까지 그 사명이 주어졌다. 하나님은 그래서 나를 이곳에 보내신 것이다. 바울, 디모데, 빌립, 그리고 모든 사도는 순교를 당하였고, 모든 역사는 예수님의 복음을 세상에 전하게 하였다. 하나님의 말씀은 일점일획도 변함이 없이 그대로 전해지고 있으며 이것은 분명한 진리다.

성경에 나오는 암비볼리, 아볼로니아, 마케도니아, 베뢰아 지역을 거쳐 가는 로마의 길을 따라서 지나왔다. 바울이 걸었던 것을 우리는 차를 타고 왔다. 군데군데 말씀을 읽고 찬양을 하였다. 긴 여정이다. 생각보다 성과가 큰 성지순례다. 이제부터 난 시작이다. 최고의 정열을 바쳐서 주님을 세상에 전하는 것이다.

✈ 2012년 10월 10일(수, 맑음) • 그리스 순례

여행 8일째. 오늘은 호텔 근처에 있는 메테오라 절벽 위에 있는 중세시대의 수도원과 주변의 기암에 둘러싸인 큰 바위와 절벽, 그리고 자연과 어울리는 아름다움을 보면서 2시간을 보냈다.

요르단의 페트라만큼이나 경이로움을 주었다. 그런데 이 놀라운 자연에 인간은 하나님을 경외하고, 예수님의 말씀을 전하기 위하여 이 바위 위에 수도원을 짓고 여기에서 진리를 탐구하고 말씀을 연구하며, 훈련하며, 선교사들을 배출하였다.

1382년도에 세워진 수도원을 보면서 하나님을 향한 인간의 갈망이 얼마나 위대한가를 보여 준다. 300~400m 위 바위 위에 수도원을 짓고 교회 내의 모든 공간을 성화로 채웠다. 1380년대는 우리 고려 시대인데…….

그리스 동방정교를 이해하는 좋은 기회도 되었다. 그런데 성화를 보면서 약간은 너무나 복잡하다는 것을 느꼈다. 말씀과 주 예수님을 믿음으로 우리가 구원을 받고 또한 세상에 쉽게 복음을 전해야 한다고 생각하는 나에게 너무나 복잡하다는 생각이 들게 하였다.

바위 위에서 찬양을 하고 기도를 하는 것이 우리 기독교의 진면목이라는 생각이 든다. 메테오라에서 고린도까지 5시간을 차로 타고 가면서 그리스 신화 이야기, 구약 성경 이야기, 그리스 전투 이야기(마라톤 전투, 테베 전투)를 guide를 통하여 들었다. 박식한 가이드다. 그리고 나는 중간중간에 찬양을 하고 말씀을 읽고 각 교회 책임자들에게 자기 교회를 소개하도록 하였다. 저녁에는 호텔의 beach를 산책하며 즐거운 시간을 가졌다.

✈ 2012년 10월 11일(목, 맑음) • 그리스 아테네 방문

여행 9일째. 마지막 날이다. 여행 기간은 11일이었지만 이틀은 비행기 위에서 보내고 실제 9일간 성지 지역을 답사한 것이다.

오늘도 아침 구보로부터 하루 일과가 시작되었다. 화장실에서 성경 읽기와 기도를 하고, 구보 6km는 여행 기간 계속되었다. 어제 밤잠도 6시간 반을 잤으니 컨디션은 최고다. 여행 기간 아무런 근심, 걱정 없이 규칙적으로 운동을 하고, 수면을 넉넉히 취하고, 잘 먹고, 마음이 맞는 일행과 바울 사도의 행적지를 따라서 여행을 하였으니 나에겐 최고의 기간이었다. 행복한 시간이었다.

그리고 부족하지만 여행의 leader 역할을 하였다. 섬기는 마음으로 여행을 도왔다. 나의 기도대로 모두에게 도움을 주고, 특히 ICS 원우와 가족들에게 만족감을 주었다.

오늘은 고린도와 아덴(아테네) 지역을 답사하였다. BC 500년 전에 이루어진 당시 도시 문명은 상상을 초월하였다. 입이 벌어지고 탄성이 연이어 나온다. 그리스·로마 시대의 휘황찬란한 문화, 사회, 정치의 발전된 모습을 한눈에 본다. 그리고 당시 그리스 신전, 로마 신전 외에 각종 우상을 섬기는 신전들 그리고 조그만 유대인들의 회당이 있었고, AD 50년경에 이 땅에 사도 바울이 전도 여행을 통하여 고린도에서 2년, 아덴에서 1년 반을 머무르며 복음을 전했다. 성경 말씀대로 많은 사람이 예수님을 믿지 않고 오히려 박해를 가하며 반대를 하였다. 이때 예수님의 귀한 말씀이 선포되고 성경에 기록되고, 지금까지 그 말씀은 살아서 우리에게 최고의 진리를 전해 준다. 바울과 제자들의 피는 결국 로마를 기독교 국가로 선포하였다. 말씀대로 아테네 신전은 모두

그리스 파르테논 신전

허물어졌지만, 하나님 말씀은 2,000년이 지난 지금에도 변함없이 세상 사람들에게 선포된다. 이것이 생명의 길이다.

✈ 2012년 10월 12일(금, 맑음) • 터키 · 그리스 여행 회고

아테네 공항에서 guide(김경자)와 헤어지며 축복송과 함께 기도하였다. 그리고 교회 성도를 위한 기도와 그리스 나라를 위한 기도를 하였다. 나에게도 감사한다. 내가 생각했던 이상으로 이번 여행에 도움을 주었던 것 같다. 매일 여행 출발 시 기도를 하고, 중간중간 말씀을 읽고 찬양을 하였다. 그리고 모두에게 웃음을 만들고 좋은 분위기를 만들었다. 내 능력을 초과한 것이다. 성령님의 인도하심과 도우심이었다. 이것은 나의 과시라기보다는 leader의 책무를 다한 것이다. 어느 누구도 나에게 부탁하지도 않았고, 내가 스스로 시작하였다. 그리고 하나님께 기도드렸다. 이번 여행을 위하여 섬기는 자가 되도록 기도하였다. 이번 성지 답사 여행은 성공적으로 끝났다. 내가 터키, 그리스 2국의 성지 답사를 계획하면서, 중간에 그만둘까 하였으나 하나님께서는 다시 나의 마음을 변화시키고 가라 하였다. 그리고 여행비도 해결해 주셨다. 언제나 나와 동행하시며 나의 삶을 주관해 주시는 하나님께 감사드린다.

그리고 나는 앞으로 근심 걱정하며 살지 말라고 말씀하신다. 나의 기도를 들어주시는 하나님께 나는 언제나 기도할 수 있다. 가정 문제, 군 선교, 가족 선교 등 할 일이 너무 많다.

모든 여행을 마치고 인천공항에 17:00에 도착하였다. 20명과 guide가 모여서 감사의 말을 전하고, 기도를 드리고 헤어졌다. 모두들 서운해 한다. 나의 역할이 컸다 한다. 하나님께서 필요한 곳에 쓰시는 것이다. 나의 기도대로 내가 섬기며 일할 수 있는 기회를 주셨다.

19:00에 집에 도착, 지애 엄마가 채영이와 반갑게 맞아 준다. 모두들 잘 지냈다. 미안하기도 하다. 이제는 가정에 더 충실하자. 지애 엄마에게 더 따뜻하게 하자.

✣ 2012년 10월 13일(토, 맑음) • 광주고 졸업 40주년 행사

새벽 04:00까지 곤히 잤다. 오랜만에 지애 엄마와 함께 잤다. 어젯밤에 도착하니 변함없이 따뜻하게 지애 엄마가 맞아 준다. 채영이는 역시 사랑스럽다. 오늘 아침에 잠깐 보고 있는데 채영이 혼자서 얼마나 흥얼거리며 잘 노는지 귀여움이 넘친다. 나에게 꼭 안길 때는 서로 피가 통하는 듯 따뜻함을 느낀다. 나의 기도대로 "주님, 우리 채영이가 지혜롭게, 사랑스럽게 지혜롭게, 건강하게 잘 크도록 도와주세요. 그리고 무엇보다도 우리 채영이가 일찍부터 주님을 잘 믿도록 도와주세요. 지애 가정에 부디 믿음의 뿌리가 되어 주시고, 우리 채영이로 인하여 온 가정에 믿음이 번지게 하옵소서."

수지 IC에서 고등학교 동창들과 합류하여 광주로 향했다. 반가운 친구들이다. 3시간 동안 이동하면서 김홍균 교장 선생님이 시종 일행을 즐겁게 한다. 19:30부터 광주 신양파크호텔에서 광주고졸업 40주년기념행사를 시작하였다. 지충성 담임선생님이 나를 잘 알아본다. 어머님께서 와이셔츠를 선물했다는 것도 기억하신다. 조그만 선물이 마음에 깊이 새겨졌나 보다. 모든 행사가 좋았다. 특히 어느 가수가 흥겹게 노래 부르고 담임선생님과 동창들이 기차 모양을 만들어 줄을 따라가며 춤을 출 때는 장관을 이루었다.

그런데 문제는 그 후, 광주가 아닌 신호온천 지역으로 자리를 옮겼을 때다. 2시간을 놀다가 혼자서 택시를 타고 광주역으로 향했다. 내일 교회에 가기 위하여 나 홀로 서울로 돌아온 것이다. 같이 끝까지 어울리지 못한 아쉬움이 있지만 주일에 아이들을 가르치는 것을 포기할 수가 없었다.

광주고 21회 졸업 40주년 행사

✼ 2012년 10월 31일(수, 맑음) • 신학대학원 수료 준비

10월 마지막 날이다.

그야말로 한 해의 마지막 길에 서 있다. 금년 한 해도 열심히 살았다. 어느 해보다도 바쁘게 보냈다. 눈에 보이는 큰 성과는 없어 보이지만 ICS 신대원을 마치게 된다. 3년간 열심히 공부했다. 어느 것 하나 버리지 않고, 나름대로 중간고사, 기말시험도 성의껏 준비했다. 2일 전에 성경 고시도 pass했다. 이제 한 달만 공부하고 기말시험을 1번만 더 하면 된다. 올해 연구 과제를 2개나 쓰고, ICS 원우회장으로 적지 않게 시간을 보내고, APT 관리소장 및 2동장과 대립하며 아파트 관리를 정리하면서 많은 시간을 보내면서도 계획된 일을 모두 마쳤다. 성지 답사를 2번이나 했다. 그리고 제안서 작업도 추가했다. 전도폭발훈련 5단계를 마치기도 했다. 고넬료목장, 교육목장, 하계캠프, 고교 신우회, MSO 회의 참석 및 MEO 행사에도 강사로 참석하였다.

그러다 보니 연구 과제 업무가 조금 소홀한 점도 있었고, 가정에 충실하지 못했다. 성경 읽기와 독서도 부족했다. 이제 남은 2개월 유종의 미를 거둔다. 모두 잘 끝낼 수 있다. 풀코스 마라톤도 한번 시도해 보자. 지금부터 한 달 준비하여 11월 말에 참가한다. 수요예배 참석 후 지애 엄마, 채영이와의 또 다른 행복한 시간을 가졌다.

✼ 2012년 11월 14일(수, 맑음) • MEAK 조찬기도회

오늘 지구촌교회 특별새벽기도회는 참석하지 못했다. 그대신 MEAK 조찬기도회에 참석하였다. 꼭 특별새벽기도회에 모두 참석하고 싶었는데 아쉬움이 있다. 내일은 특별새벽기도회도 가고 MSO P&P에도 참석하도록 하자. 새로운 힘이 솟는다.

MEAK, MSO, ICS, 육사신우회, 광주고 신우회, 새얼신우회, 교육목장, 고넬료목장 등 나의 활동 범위가 무척 넓다.

MEAK 조찬기도회에도 내가 아는 분들이 많다. 대부분 나이가 많이 드신 분들이다. 이제 이분들의 뒤를 이어서 내가 군 선교를 위하여 배턴을 이어받아야 할 사람이다. 절대 귀찮아하지 말자. 최고의 기쁨으로 열심히 일하자. 세상 상급도 너무 기대하지 말자. 하나님께 충성하자. 하나님으로부터 인정받는 것이다.

오늘 목사님께서는 우리가 연약할 때 하나님은 우리에게 힘을 주신다고 하였다. 내 힘으로 하는 것이 아니다. 사실 아무것도 없다. 내가 이렇게 많은 일을 할 수 있는 것은 모두가 하나님께서 주시는 은혜다. 시간과 정열과 소망과 건강을 주셨기 때문이다. 감사와 기쁨으로 받아들이고 준비하자.

오늘 과제 Ⅱ를 정리하였다. 다음 주 수요일에 연습부장에게 보고하기로 하고 밀어붙이기로 하였다. 때로는 과감하게 밀어붙여야 한다. 힘차게 dash한다. 수요예배에 참석하였다. 말없이 따라오는 지애 엄마가 반갑다. 채영이도 사랑스럽다. 금식기도를 한다. 우리 아이들을 위해서 더 간절한 마음으로 기도하는 것이다.

✄ 2012년 11월 16일(금, 비) • 목회자의 길

오늘 새벽기도 시간에는 검사 출신 변호사이기도 한 주명수 목사님으로부터 〈사회적 영성〉이란 제목의 말씀을 들었다. 60대 초반쯤 되어 보이는데 나와 비슷한 점이 많았다. 검사 출신에다가 지금도 변호사를 하고 있음에 성도들의 관심을 끈다. 그리고 자기의 경험담과 유머를 섞어 가면서 1시간이 짧다 할 정도다. 나의 목회 모습을 보는 것 같다. 머리도 짧다. 그리고 하루 운동을 2시간씩 한다. 나는 길어야 40분인데 체격도 좋고 무척 건강해 보인다. 건강 유지는 하나님이 주신 몸을 명품으로 만든다고 생각한다.

나에게 많은 용기를 준다. 소망을 준다. 나의 목회도 다른 사람들에게는 일단 많은 호기심을 줄 수 있을 것 같다.

나를 과시하는 것이 아니라 하나님의 영광을 위하여 하나님이 주신 모든 것을 이용하는 것이다. 자기 자신의 목회자 특징을 가져야 한다. 그리고 하나님께서 이 모든 것을 허락해 주셨다, 믿는 것이다. 70세까지 풀코스, 80세까지 하프코스, 90세까지 최소한 10km, 100세까지 5km를 뛰자. 하루 종일 사무실에서 과제 준비, 졸업식 인원 파악, 극동방송 방문 협조 등을 하면서 하루를 쉽게 보냈다. 다음 주까지 모든 보고를 마친다. 새로운 장이 열린다. 성경, 독서, 목회 준비에 온 정열을 쏟는다.

✂ 2012년 11월 26일(월, 맑음) • 2시간 반 취침

아직도 수련회, 세미나의 열기가 사라지지 않았다. 내가 올린 글(God Bless ICS & ISACC)에 많은 댓글이 올라왔다.

많은 원우들이 나의 글이 올라오는 영상을 보고 눈물을 흘렸다고 한다. 글을 쓴 내가 가슴이 찡했으니 처음 본 원우들은 그랬을 것 같다. 내가 어떻게 그 긴 글을 한 시간 반 동안 다 기록을 했을지 나도 의아해 한다.

하나님께서 주신 능력이었다. 나를 통하여 하나님 뜻을 전하고자 했던 것이다.

필요에 따라 모든 것을 허락해 주신 하나님이시다. 하나, 둘, 셀 수 없을 정도다.

지난번 그리스-터키 여행도 그랬다. 신학대학원 입학이 그렇고 원우회장도 그렇다. 앞으로도 하나님께서 쓰시고자 한다면 전혀 망설이지 말자. 하나님께 영광을 돌리도록 나의 모든 것을 다 드리자.

과제 Ⅱ 마무리 작업을 하며 작전소요과에 제출하였다. 그리고 저녁에는 김진숙 원우님의 미술전시회에 가서 격려해 주었다. 말없이 행사장에 나타나자 김진숙 씨가 더욱 자랑스럽게 생각되었다. 오늘 새벽 4시 반에 잠자리에 들었다. 7시까지 2시간 반을 자고 나서 오늘 많은 일을 해냈다. 피곤함도 별로 없다. 그런데 금·토요일 풀코스 마라톤을 위해서 오늘 3시간을 뛰고 싶었는데 이루지 못했다. 다른 방법으로 준비하자.

✂ 2012년 11월 29일(목, 맑음) • 끝까지 달린다

오늘도 45분을 뛰었다. 국방부 청사 연병장에서 새벽 7시부터 7시 45분까지 뛰었다. 어두움에서 시작하였으나 서서히 먼동이 트고 미 8군 건물 유리에서 빛을 발하기 시작한다. 멋있는 아침이다. 몸도 가볍다. 어제보다 훨씬 낫다. 이제 2일 후에 4시간 반을 뛴다. 아침 9시에 시작하여 오후 1시 반까지 뛴다. 얼마나 고통스러울지 나는 예상한다. 죽을 정도로 힘든 것도 안다. 그래도 나는 뛴다. 그 자체가 멋이다. 남이 안 하는 것을 나는 한다. 누가 봐 주는 사람도 없다. 그러나 마라톤을 완주 후에 나에게 오는 기쁨과 환희는 그 어느 것에도 비교할 수가 없다. 일단 srart line에 들어가면 된다. 들어가기가 어렵지만 일단 들어가고 나면 나는 마라톤의 세상에 빠져들어 가는 것이다. 내일 아침까지 추운 날씨에 뛰는 적응을 하는 것이다.

P&P에 참석하였다. 이제 신세대로, 젊은 리더로 바뀌어야 함을 느낀다. 언젠가 내가 변화의 주역이 될 것이다. 오늘 과제Ⅱ 보고 준비를 마쳤다. 다음 주 수요일에 연습차장과 부장에게 최종보고를 한다. 그리고 과제Ⅰ은 오늘 인쇄 준비를 하였다. 다음 주엔 모두 끝난다.

그리고 대망의 12월이 온다. 대망의 2013년이 다가온다. 12월에 3년 ICS 수업이 끝난다. 마지막 기말시험을 보고 합참 2개 과제를 마친다. ICS 원우회장을 마친다. 풍성한 과실을 맺는 2012년이 될 것이다. 아쉬움도 있겠지만 기쁨이 더 크다. 특히 ICS 원우들부터 많은 칭찬을 받았다. 유종의 미를 거두며 ICS를 살린다. 앞으로 ICS의 기둥이 될 것이다. 내년도 대단원의 막이 오른다.

✂ 2012년 12월 1일(토, 맑음) • 2차 풀코스 마라톤

오늘도 역사적인 날이다.

드디어 제2차 마라톤 Full Course에 참가한 것이다. 올해는 꼭 참가하겠다는 결심을 하였고 드디어 오늘 12월 1일로 날을 잡았다.

너무나 바빠서 제대로 준비를 하지 못했다. 1차 때는 매주 10, 15, 20, 25, 30, 35km를 뛰면서 단계별로 준비하였으나 이번에는 지난번 10월에 전우마라톤 하프코스 참가, 그리고 2주 전에 2시간 달리기, 2~3일 전에는 새벽 추운 기온에서 50분씩 2회를 뛴 것이다. 3시간을 꼭 한번 뛰어 보고 싶었는데 너무나 시간이 없었다. 그리고 마지막 한 주 전은 계속 잠이 부족한 상태라 피곤이 많이 쌓여 있었다. 4만 원 등록을 하지 않았다면 취소했을지도 모른다.

곤히 잠을 자고 나서 07:40에 1570번을 타고 가는데 아무래도 늦을 것 같아서 택시로 여의도까지 갔다. 20분 전에 도착하니 음악이 요란하게 나오고, 준비 체조의 경쾌한 음악과 함께 시끄럽다. 옷을 모두 갈아입고 배 번호를 붙이고 나니 5분 전이다. 지하철로 왔다면 정시에 참여하지 못했을 것이다.

09:00에 출발하여 5~10km까지는 가볍게 몸을 풀었다. 10~20km는 서서히 다리에 통증을 느끼고, 반환점에는 2년 전과 비교하면 10분 단축, 20~30km까지는 극기력을 발휘하였다. 갈 길이 너무나 멀어 자꾸만 걷고 싶다. 속도가 많이 떨어진다. 드디어 35km 지점에 와서 잠시 걸었다가 다시 뛰었다 이렇게 7번을 반복하여 goal in 지점에 다 왔다. 100m dash. 드디어 3시간 59분 20초에 들어왔다. 4시간 이내에 들었다.

✣ 2012년 12월 19일(수, 맑음) • 박근혜 대통령 당선

오늘은 정말 중요한 날이다. 제18대 대통령을 뽑는 날이다.

이번 대통령 선거는 어느 때보다도 중요한 선거다. 보수 진영의 박근혜 대표(박정희 대통령 딸)와 진보 진영의 문재인 후보와의 대결이다. 문재인 후보는 노무현 정권의 비서실장과 수석대표로 노무현의 노선을 걷고 있다.

안철수 후보(무소속)가 사퇴하고 문재인 후보를 지지하면서 보수 대 진보의 양 세력의 대립이 된 것이다. 그런데 문재인 후보가 막판에 추격함으로써 박빙의 대결을 이루고 불안감을 더해 주고 있는 것이다. 나는 노무현 정권의 실정을 알고 있는데 내가 하는 일(연합사 기획참모 차장)에도 부정적인 영향을 많이 미쳤기 때문이다. 다시 문재인 후보가 대통령이 된다면 우리나라는 퇴보할 수밖에 없고, 종북 세력, 전교조 세력이 판을 치고, 선량한 국민들을 황폐하게 만든다고 생각하기 때문에 극구 반대하는 것이다.

18:00 출구조사에서 1.2%로 앞섰다. 박수를 쳤다. 그러나 표 차이는 점점 더 벌어져 30만, 60만, 70만, 100만 표까지 박근혜 대표가 앞서가다가 결국 박근혜 51.3%, 문재인 47.3%로 박근혜 대표가 대통령으로 당선되었다. 비록 장인과 바둑을 두면서 3연패를 했지만, 오늘은 기분이 좋았다. 하나님이 도와주신 것이다. 우리의 기도를 하나님이 응답하셨다. 국민 모두가 기뻐하는 것 같다.

✖ 2012년 12월 20일(목, 맑음) • 성우회 안보교육 강사 지원

새벽 4시에 일어나 1시간 ICS 수강 후에 서울로 향하여 MSO 기도회와 P&P에 참석하였다. 모두들 얼굴이 밝다. 박근혜 씨가 대통령으로 선발되었기 때문이다. 문재인 후보로부터는 전혀 신뢰감을 얻을 수가 없었다. 노무현 시대가 재현되지 않을까 무척 걱정하고 하나님께 도와달라고 간절히 기도드렸다. 하나님께서는 역시 도와주셨다. 우리 대한민국을 사랑하신다. 노무현 대통령을 보면서 미리 면역을 갖게 하시고, 다시는 국민들이 속아 넘어가지 않도록 한 것이다. MSO 회의에 참석했다가 국방회관에 가서 운동하고, 땀을 흘리고 샤워를 하고 돌아왔다.

다시 P&P에 참석하여 세계 군 선교 활동을 위한 토의에 참석하였다. 이준 장로님께서 "윤영수 장로가 미국 ACCTS 회의에 다녀오면 좋겠다"고 말씀하시면서 앞으로 나의 역할을 미리 알려 주시는 것 같다. 분명 내가 MSO를 끌고 가야 할 때가 올 것을 믿는다. 지금부터 준비해 나가는 것이다. 지역별 회의에 참석하여 MCF 활동 방향을 제기할 것이다.

ICS 임원들과 1월 3일 신년하례식 준비를 협조하였다. 100명 이상의 원우와 가족, 직원, 교수님들이 국방회관에서 내년 첫 모임을 가질 것이다. 나의 아이디어다. 이것이 나의 원우회장 마지막 행사가 될 것이다.

오후에 성우회를 방문하여 이근범 장군과 내년도 안보교육 교수 역할에 대하여 설명을 듣고 나도 여기에 참여하고 싶다고 의견을 제시하였다.

✄ 2012년 12월 31일(월, 맑음) • 2012년 회고

어제는 6시간 이상 잠을 잤다. 3시 30분에 알람을 맞췄으나 4시 15분에 겨우 눈을 떴다. 6시간 반 정도 잤다. 최근 없는 일이다. 오히려 잠을 많이 자고 나면 더 졸리기도 하다. 적당히 자고 피곤 없이 하루를 열심히 나누어서 살아가자.

이제 몇 시간 후면 한 해가 지나간다. 엊그제 올해 일기를 쓴 것 같은데 빨리 지나갔다. 물론 빨리 지나갔지만 나에겐 허송세월은 아니었다. 가장 알찬 한 해였다. 평생 살아오면서 가장 많은 일을 하면서, 가장 바쁜 한 해이기도 하였다. 앞으로도 나의 삶은 계속 바쁠 것을 예상한다. 점점 더 바빠질지도 모른다. 내년도부터 설교 말씀을 전해야 하기 때문이다. 가장 중요한 사업이 시작되는 것이다. 이를 방해하기 위해 사탄과 마귀는 기승을 부릴 것이다. 절대로 그냥 나의 복음 전파를 방치하지만은 않을 것이다. 단단히 각오한다. 그리고 사탄의 방해를 막기 위하여 하나님께 부르짖을 것이다. 금식하며 기도할 것이다. 나의 기도 시간은 점점 더 많아질 것이다. 때로는 나의 마음이 찢어질 정도로 아프게 하며 모든 수단을 동원한다 할지라도 나는 포기하지 않는다. 오늘 저녁 송구영신예배 시에 묵은 때를 모두 벗어 버리고 새로운 각오를 할 것이다. 그리고 내년도의 새 아침에는 산에 올라가 떠오르는 태양을 보며, 새 다짐을 하며 하나님께 약속한다. 그리고 내일은 차분히 앉아서 새해를 설계하자. 아침 일찍 일어나 기도 후에 시작하자.

제2부

제878대대 낙원교회 담임목사

2013. 1. 1.~2017. 12. 31.

2013년 4월 20일 목사안수식을 마치고 바로 동두천에 있는 878포병대대 낙원교회 담임목사로 취임하였다. 36년 동안 정들었던 군으로 다시 돌아와서 군 선교사로의 사명을 담당하게 되었다. 878대대는 내가 포병여단장으로 근무했던 곳으로 2년 동안 대대와 교회를 자주 출입하였던지라 생소하지가 않았다. 모든 장병들이 나에 대하여 좋은 선입감을 가지고 친절하게 대하여 주었다.

　　대대원들을 교회로 초청하여 예배를 드리고 설교를 하면서 내가 군 생활 또는 지휘관 시절 느껴 보지 못했던 기쁨을 갖게 되었다.

　　이등병을 포함하여 장병 한 명 한 명이 얼마나 소중한 존재라는 것을 알고 내가 할 수 있는 한 모든 정성을 다하여 복음을 전하였다. 용인 수지에서 동두천을 오가는 길이 멀어서 아예 교회에 잠잘 곳을 마련하여 수요일, 토요일은 교회에서 지냈다. 수요예배와 주일예배, 주일오후찬양예배를 드리며 기독교 신앙을 많이 심어 주고자 하였다. 신병들과 따뜻한 차를 나누며 군 생활에 자신감을 갖게 해 주고, 가끔 인성교육 시간을 이용하여 장병들에게 신앙의 중요성을 알게 하고, 밤 10시부터 12시까지 초소를 돌면서 사랑의 온차를 나누어 주며 초병들의 등에 손을 얹고 기도하였다.

　　이 기간 동안에도 예비군 안보교육은 계속하였고 군 선교와 세계 군 선교를 위하여 MSO 활동은 계속되었다. 그리고 전에 근무했던 Joeun System에서 매주 설교를 하였다.

　　바쁜 가운데 나의 행복은 계속되었다.

2013년

✂ 2013년 1월 1일(화, 맑음) • 신년도 계획

다시 새해가 밝았다.

지난 1년간은 바쁜 가운데서도 성과가 컸다. 1인 5역을 담당하면서도 신학대학원을 중지하지 않고 완수할 수 있었다. 3년의 긴 여정이 끝난 것이다. 과연 극동방송을 3년 전에 듣지 않았다면 어떻게 신학대학원에 들어올 것이며 목사 안수를 받았겠는가? 이것은 하나님의 크신 은혜였다. 꼭 신학공부를 해 보고 싶었는데 우연히 마주친 것이다.

이로 인하여 나에겐 엄청나게 큰 변화가 오게 된 것이다. 드디어 2월 18일 졸업, 4월 20일에 목사 안수를 받는다. 그리고 나는 하나님 말씀을 세상에 전한다. 벅찬 가슴에 기쁨이 가득하다. 남들이 하산할 때 나는 이제 등산을 시작하는 것이다. 끝없이 올라가는 것이다.

신년도 계획을 세웠다. 며칠 전부터 깊이 생각하며 신년을 계획한 것이다. 올해 나의 목표는 ① 목회 준비 및 실시 ② 가족 전도 ③ 선교 활동(국내·국외) ④ 합참 연구 업무 ⑤ 제주도 집 건축 준비 ⑥ 화목한 가정 생활 ⑦ 건강 유지 ⑧ 외국 여행 2회이다.

내가 계획하는 것은 꼭 이루어진다. 지금까지 항상 그래 왔다. 목표를 세우고 나서는 물불을 가리지 않고 도전하는 것이다. 비록 이렇게 뛰다가 병이라도 얻어서 빨리 세상을 떠난다 할지라도 난 나의 삶을 조금도 후회하지 않을 것이다.

올해가 어느 해보다도 가장 바쁘고 보람 있고 큰 성과가 있었다고 자랑할 수 있도록 열심히 살자. 선교 원년으로 삼자. 이제는 언제 어디

서나 설교할 준비가 되어 있어야 한다. 이와 같이 나의 2013년도는 희망에 부풀어 있다.

✣ 2013년 1월 3일(목, 맑음) • ICS 신년감사예배

특별새벽기도 4일째. 오늘은 이동원 목사님께서 새로운 손에 대하여 말씀하셨다. 아름다운 손은 남을 도와주는 손이다. 받는 것보다 주는 것이 더 기쁘다고 하셨다. 나도 올해는 더 주기에 힘쓰고자 한다. 줄 수 있을 때 행여 다시 오라 하지 말자. 내가 도와준 사람, 도와줄 사람은 너무나 많다. 나는 남에게 베풀며 살기에 넉넉한 물건을 가진 것이다. 이 모든 것이 나의 것이 아니요, 하나님의 것인 것이다.

새벽기도 후에 MSO P&P에 참석하였다. 그전에 운동, 샤워, 영어까지 하였다. 짧은 시간에 땀을 흘리고 뜨거운 물에 샤워까지 한 것이다. 초인적인 능력을 발휘한다. 남들이 감히 따라 하기 힘들다. 그래도 이 모든 것을 하고 났을 때 오는 감사와 기쁨이 포기할 것은 포기하며 여유 있게 살아가는 것보다 더 크기 때문에 나는 거침없이 하고 있다.

오전에 학교에 가서 모든 행사 준비를 마무리하고 부총장님을 위하여 출국금지해제요청서를 작성하여 드렸다. 내가 도와드릴 수 있을 때 아낌없이 도와드리자. 이제 ICS와 ISACC와는 큰 인연과 관련을 갖게 되었으니 시간과 정성을 아끼지 않고 도와드리자. 그렇게 하나님께서 이를 위한 도구로 나를 택하셨다고 생각한다.

18:30에 드디어 ICS 2013 원우회 초청 가족모임 행사를 실시하였다. 130여 명이 참석하였다. 국방회관 태극홀을 거의 채웠다. 리셉션 → 예배 → 찬양 및 오락 → 폐회기도 순으로 22:00까지 3시간 반 동안 빈

ICS 신년감사예배

틈없이 짜임새 있게 행사는 진행되었다. 성공적으로 마쳤다. 교수님도 15분이 오셨다. 교수, 교직원, 원우들이 한자리에 모인 것은 처음이었다. cyber의 단점을 해소해 나간다. 한 사람의 계획은 엄청난 결과를 가져왔다. 이렇게 아이디어와 물질과 능력을 허락해 주신 분은 분명 하나님이시다. 하나님 보시기에 좋았더라. 하나님께 감사, 감사, 감사드린다.

✈ 2013년 1월 11일(금, 흐림) • 기도로 하나님과 대화

모처럼 지구촌교회에서 새벽기도를 길게 드렸다(48분). 그래도 다 못다 한 기도가 많다. 기도가 나에게 머물러 있다는 것이다. 물이 고이면 썩는다. 기도도 고여 있으면 부패하게 될 것 같다. 특히 내가 중보기도를 하지 못하여 누군가 아픔이 지속된다면 이것도 나의 책임이다. 앞으로 기도 시간을 더 늘려야 한다. 특히 중보기도에 게으르지 말자. 나의 기도를 애타게 기다리는 주위 사람들이 많다면 나는 그들에게 죄를 짓고 있는 것이다. 내가 기도하면 그 기도는 하나님을 통하여 상대방에게 전달될 것이다. 내가 남을 사랑한다면 그를 위해 기도를 하는 것이다. 기도의 습관을 갖자.

기도를 잘 하는 것은 기도에 재미를 붙이는 것이다. 멀어졌던 하나님과 대화를 하는 시간이 어찌 기쁘지 않겠는가. 나의 기도를 기다리고 계시는 하나님이시다. 오늘도 APT 헬스장에서 운동을 하며 새 힘을 얻고 새로운 용기를 얻는다. 침체되었던 기분이 금방 전환이 된다.

그래서 나는 매일 뛸 수밖에 없다. 이번 토요일 오후에나, 일요일엔 꼭 10km 이상을 뛴다. 너무 게을러져 버렸다. 1주일에 10km 이상 장거리를 뛴다. 날이 차면 옷을 더 입고, 날이 더우면 반바지를 입는다. 눈이 쌓여 있으면 학교로 가면 된다.

어제 ICS 임원들과의 협의 사항에 대하여 카페에 올렸다. 4월 20일에 이삭방송 개국을 결정하였다. 금년 첫 학기부터 학생회비 5만 원이 추가되고, 이 회비는 원우들에게 책임을 부담하였다. 큰 결정 사항이다.

나의 원우회장 임기 중 가장 큰 결심이 될 것이다. 그래서 나에겐 큰 책임이 있는 것이다. 개국 때까지는 내가 관여하도록 하자. 자원봉사하는 마음으로 준비에 임하도록 하자. 다음 주 월요일부터 학교로 출근하여 이정태 원우와 학교 측과 준비해 나가자.

✲ 2013년 1월 21일(월, 비) • 이삭방송 장성 출장

새벽기도 후에 먼 여행길에 올랐다.

오늘 ICS 방송국장 이정태 원우를 태우고 윤양소 부회장, 조상기 호남 지역대표를 찾아서 인터넷 방송 후원을 적극 요청하기로 하였다. 그리고 장성 상무대를 찾아서 포병학교장에게 초빙강의 요청도 하기로 하였다.

어제도 5시간을 채 못 자서 자꾸 졸음이 온다. 이정태 원우와 교대로 운전을 하고 틈틈이 시간을 내어 차 속에서 전화를 걸어 인터넷 방송 후원을 요청하였다.

윤양소 원우와 원장님이 따뜻하게 맞아 주고 병원을 모두 둘러보며 소개한다. 고향 장성 시골에서 순두부국을 맛있게 먹었다. 김치가 옛날 사골 김치 맛이라 너무 맛있었다. 주인에게 한 그릇 싸 달라고 부탁할까도 하였다. 상무대를 방문하여 오○○ 소장(포병학교장)을 방문하고 이런 저런 얘기를 나누었다. 다음에 다시 OBC, OAC 장교들에게 초빙강의 기회를 줄 것 같다. 500여 명의 초급간부들에게 벌써 10번 이상 교육을 하였고, 5년 내 임관한 포병장교들은 많이 영향을 받았다. 곰곰이 생각해 보니 너무나 감사한 일이다. 조상기 원장(소아과 의사)이 융프라우에서 특별 식사를 대접하였다. 하나님께서 귀한 사람들을 알게 하셨다. 09:30에 출발하여 집에 오니 01:30이다. 긴 여정 즐거웠다.

✲ 2013년 1월 26일(토, 맑음) • 육사신우회 수련회

광림수도원에서 곤히 잠을 자다가 05:20에 알람을 듣고 일어났다. 곤하게 잔 것이다. 지애 엄마와, 이렇게 육사신우회 수련회에 올 생각을 하지 못했는데 지애 엄마가 선뜻 나선 것이다. 전재권 동기생 부부도 수련회에 온 것을 만족스럽게 생각한다. 두 부부가 앞으로 더 많은 봉사활동을 하며 신실한 신앙생활을 할 것이라고 믿는다.

금년 한 해 우리 신우회 활동과 다른 봉사 활동을 더 많이 하도록 하자. 월간 조찬기도회에도 참석하자. 신태복 동기, 임철수 동기와 합심하여 올해 새얼신우회를 부흥시키도록 하자. 목표가 분명하여야 한다. 그리고 우리의 목표는 가능한 한 크고 높아야 한다. 이번 1월 신우회 예배 시에 분명하게 방향을 정하고 추진한다. 그리고 이를 위하여 수시로 기도회를 갖도록 하자. 다음 주 월요일 모임에서도 기도회를 갖자.

17:00에 개포2동 주민센터에서 광주고 21회 분당지역모임 문학발표회가 있었다. 김홍균 교장이 대장암으로 투병 중에 있지만 그래도 추진하였다. 분위기가 조금 숙연하였다. 내 순서가 되어 일기를 발표하면서 지구본 이야기로 한바탕 웃고 나서 2편을 읽으니 분위기는 더욱 밝아지고 웃음이 가득하게 되었다. 한 사람의 역할이 매우 중요하며 하나님께서는 나를 통하여 전환시킨 것이다. 그리고 후반 2편의 일기는 친구들에게 소망을 주고, 후반 인생을 힘차게 살아가게 하며, 특히 하나님을 의지하며 살아가게 하도록 복음을 전했다. 공식적으로 발표한 것이다. 이제 나의 역할은 어디에서나 점점 커진다. 그리고 어떠한 모임에서든 하나님 아버지를 전할 것이다. 친구들이 나의 일기를 cafe에 올리도록 요구한다.

✖ 2013년 2월 6일(수, 맑음) • 열심히 살아가는 삶

밤 00:00에 잠자리에 들었다가 새벽 04:20에 기상, 1시간만 더 자면 몸 컨디션이 좋을 것 같은데 그냥 일어났다.

눈물겹도록 열심히 살아가고 있다. 난 언제 죽어도 열심히 살았다고 말할 수 있을 것 같다. 고구마, 사과, 귤을 준비한다. 출근하면서 차 속에서 먹기 위해서다.

어제 지애가 임용고시에 최종 합격하였다. 우리 집에 경사다. 사돈 댁도 경사다. 지애 엄마가 그동안 채영이를 돌보며 고생한 보람이 있다. 비록 지애가 알아주든 알아주지 않든 지애가 그래도 나와 함께 기도할 때 하나님은 우리 지애를 사랑하고 축복해 주신 것이다. 부디 우리 지애가 모든 것 자기가 잘 했다고 교만한 마음을 갖지 않길 바란다.

그리고 우리 지애가 학생들을 가르치며 반 아이들에게 하나님을 전하길 기도한다. 우리 채영이는 엄마 따라서 공부도 잘하고 믿음도 좋은 손녀딸이 되길 기도한다. 더없이 바라는 것은 채영이가 빨리 경배와 찬양팀에 들어가는 것이다. 최고의 행복 조건이 될 것이다.

10:00에 박백만, 이의규 장로와 함께 MEO 준비 계획을 토의하였다. 인원 추정 및 세부 시간 계획에 대하여 협조하였다. 14:00에 연습부장과 면담하며 감사하는 마음을 전했다. 그리고 나를 인정해 줘서 고마웠다. 저녁에는 양국종 부친 장례식장을 방문하여 조문하였다.

✈ 2013년 2월 23일(토, 맑음) • ICS 미국 졸업식

4박 5일의 미국 졸업여행을 마치고 오늘 귀국하는 날이다.

하루 종일 비행기 안에서 보낸다. LA → 동경 → 인천으로, 총 14시간을 날았다. 즐거운 여행이었다. 은혜로운 졸업식이었다. 그리고 8명의 졸업생과 가족 등 총 18명의 일행은 아쉬운 여행을 마치게 되었다. 생각했던 대로 졸업식은 우리들만의 잔치였다. 미국에 적을 둔 학교로서 우리끼리 졸업식을 한 것이 아쉽지만 앞으로 우리 학교가 갈 방향을 지향하는 좋은 기회가 되기도 하였다.

어젯밤에 9:30부터 12:30까지 거의 3시간 동안 학교의 진로와 개선 사항에 대하여 학교 및 이삭 이사장, 김홍석 교수, 졸업생 8명 및 신입 원우회장이 모여서 진지하게 토의를 하였다.

분명히 우리 학교는 이제 변해야 하며, 학생들의 진로와 요구 사항을 수용할 준비를 하여야 할 때다. 특히 학교 처장들이 학교를 끌고 갈 수 있도록 새로운 인원으로 바뀌어야 할 것 같다. 최소한 기획차장과 교무차장이 보직되어야 한다. 내가 여기에 관여하여 학교 발전을 위하여 일해 보고 싶다는 뜻을 비쳤다. 이것이 하나님께서 인도해 주시는 길인지도 모른다. 이제 2개월 후면 목사안수식을 받고 30~40명의 신임 목사를 배출한다.

미국 졸업 예배 및 학위 수여식

필요하다면 내가 솔직하게 남양우 부총장님 및 교무처장과 면담을 하고 제안을 하도록 하자. 하나님께서 필요하시다면 수용할 것이고 그렇지 않다면 거절할 것이다.

모든 여행을 마치고 비행기는 인천공항으로 접근하고 있다. 아쉬운 작별의 시간이 오고 있다. 즐거운 여행이었다. 뜻있는 졸업식이었다.

✈ 2013년 3월 3일(일, 맑음) • 낙원교회 첫 설교

오늘 주일은 지구촌교회가 아닌 낙원교회로 갔다. 오늘 낙원교회에서 말씀을 전하고 앞으로 담임목사로 일한다.

07:50에 출발하여 의정부 IC까지 45분이 걸려서 쉽다고 생각했는데 길을 잘못 들어 09:50에 교회에 도착하였다. 정 장로, 대대장, 인사장교, 그리고 대대 군종병이 따뜻하게 맞아 준다.

드디어 낙원교회에 도착하였다. 병사들 60여 명이 예배에 참석하였다. 간부들은 2명밖에 없다. 150석 교회 의자를 어떻게 채울 것인가. 책임감을 느낀다.

드디어 10:00에 예배 시작, 25분 동안 말씀을 전했다. 어렵지 않았다. 병사들에게 크게 부담감을 느끼지 않은 것이다. 그리고 친근감을 갖게 되었다. 축도는 서운담 전임 목사님이 하고, 예배 후 병사들과 일일이

낙원교회 전경

악수를 나누고 단체 사진도 촬영하였다.

김승도 목사님이 서 목사님, 장로님을 초청하여 점심 식사를 같이 하였다. 집에 오자마자 cafe에 글과 사진을 올렸다. 세미 결혼식에 늦게 참석. 기쁜 시간의 연속이다.

✤ 2013년 3월 10일(일, 맑음) • 낙원교회 두 번째 설교

2번째 말씀을 전하는 날이다. 이번에는 많은 준비를 하지는 못하고 목사고시 과목인 〈아브라함의 믿음과 행함〉에 대해서 전했다. 오늘은 장인, 장모님, 처제, 처형, 매형, 매제를 포함 우리 식구만 7명이 참석하였다. 오늘은 시간이 늦어서 무척 바빴다. 다음에는 7시 반에 출발하여 9시경에는 도착하도록 하고 준비기도를 하도록 한다.

말씀을 전하는데 나의 준비만큼 그 효과는 있었다. 좀 더 준비 시간을 가져야 한다. 한번은 full로 예행연습을 하자. 녹화도 한 번씩 하도록 하자. 70명 정도 참석하였다. 전보다 늘었다. 말씀을 전하는데 성도들이 꽤 많이 졸고 있어서 자꾸만 말이 막힌다. 내가 성도들이 졸지 않도록 만들어야 한다. 영상과 슬라이드가 준비된다. 예화가 필요하다. 유머가 필요하다.

오늘은 우리 식구들과 군종병들, 간부 2명과 식사를 하였다. 여러 가

낙원교회의 군종병들

지 미비하지만 그래도 우리 교회에서 처음으로 식사를 했다는 것이 중요하다. 이제부터 시작이다. 다음 주에 내가 대대장을 한번 만나서 앞으로의 운영 계획도 얘기하고, 우선 토요일 오전에 신우회원 및 찬양팀이 주일예배 준비를 하기로 하였다. 앞으로 내가 군종병들을 양

육한다. 이제부터 낙원교회에는 새로운 바람이 불 것이다. 잠들어 있는 영혼들을 깨울 것이다. 기분 좋은 하루였다. 말씀도 은혜로웠다고 한다.

✖ 2013년 4월 12일(금, 맑음) • 이삭방송 부산 · 대구 출장

오늘은 멀리 여행길에 올랐다. 문인수 원우(고교 동창)와 함께 부산, 대구 촬영을 나간 것이다. 완전히 나의 아이디어였다. 한번 마음먹으면 실행에 옮긴다. 나는 실천력이 강한 편이다. 이삭방송의 어려운 코스를 지나고 있다. 그래도 순순히 나의 의견을 따라 동행하는 문인수 원우가 고맙다.

먼 여행길이었다. 하루에 부산, 대구를 거쳐서 4번의 대담을 갖는다는 것은 엄청난 땀을 요구하는 계획이었다. 그렇게 감히 계획을 세우기가 쉽지 않다. 장요한 PD도 불만이 있었지만 말없이 따르고 있다. 신영순 교수님께서는 부산에서 Art Hall을 운영하는데 여자분의 포부가 대단히 컸다. 그리고 박향선 교수님의 사무실은 각종 report로 가득 채워져 공간이 거의 없었다. 김종일, 조철우 원우가 사역하는 교회는 매우 아담하면서도 현대식이었다. 22:00에 촬영을 마치고 해장국을 먹은 후에 귀갓길에 올랐다. 장 PD, 문인수를 보내 주고 집에 오니 4월 13일 03:00. 힘들지만 즐거운 하루였다.

부산 신영순 교수님 방문

✖ 2013년 4월 18일(목, 맑음) • 목양실 준비

어쩌면 이렇게 하루에 많은 일을 해낼 수 있는지 스스로 놀란다. 거의 모든 일을 해냈다. 그래서 나는 사람들로부터 칭찬을 받는가 보다. 특히 나에게 이런 많은 일을 해낼 수 있도록 건강을 허락해 주신 하나님께 깊이 감사드린다.

오늘 P&P 시간에 참석하여 정완용 장로님과 배윤규 장로님으로부터 목사 안수 격려금을 받았다. 그리고 오늘 기도회 시간에 나의 안수식을 소개하여 많이 참석토록 전했다고 한다. 많은 축하를 받는다. 하나님을 위하여 일했던 많은 group이 축하를 하여 누구보다도 많은 축하를 받는다. 그동안의 결실을 거두는 느낌이 든다. 이제 878대대에서 담임목사로 일한다. 2달간 말씀을 전했다. 목사 안수 및 담임목사 취임 두 달 전에 미리 경험케 하신 것이다. 오늘 목양실을 꾸몄다. 하나하나 이루어 주시는 하나님께 또한 감사드린다.

다음 주부터는 수요일과 토요일엔 878대대 낙원교회에서 시간을 보내고자 한다. 군종병들을 양육한다. 심방을 한다. 말씀을 읽고 독서를 한다. 묵상과 설교 준비를 한다. 나에게 가장 귀한 시간 될 것이다. 오늘은 주선태 교수(원우), 최은미, 유용만, 문경주 원우들에 대한 촬영을 모두 마쳤다. 이제 토요일 방송이 시작된다. 분명 나의 의지대로 끌고 간다. 이렇게 허락해 주신 하나님께 감사드린다.

✂ 2013년 4월 20일(토, 비 - 봄비) • 목사안수식

드디어 오늘 목사안수식이 있는 날이다. 사실 이날을 위해서 지난 3년간 신학 공부를 하지 않았던가? 새벽에 일어나 성경 말씀을 읽고 기도를 드렸다. 안수식을 은혜롭게 완전하게 마치고 이삭방송을 성공적으로 개시할 수 있도록 기도드렸다. 그리고 아이들의 믿음을 위하여, 어머님을 위하여 기도드렸다. 내가 속한 모든 가족을 위하여 기도드렸다.

16:00에 연세중앙교회에 도착하여 안수식을 준비한다. 학교에서 체계적으로 준비를 하고, 원우회의 staff들이 도와서 차질 없이 준비된다. 노상신 목사님과 안만국 목사님이 안수위원으로 참석하고 장인, 장모님 이하 약 50명이 나의 목사 안수를 축하하기 위하여 참석하였다. 기일혜 선생님, 조성재 목사님, 이필섭 장로님, 이기수 장로님, 윤미진 마을장님, 정태복 장로님 등 참석한 모든 분들께 감사드렸다.

목사안수식

나의 목사 안수를 진심으로 축하해 주시기 위하여 참석한 모든 분들을 위해서 기도드린다. 안수식은 처음부터 마지막까지 모두 은혜로웠다. 내가 마지막 축도를 함으로 모든 행사는 막을 내렸다. 부담스러운 축도였다. 그래도 담대하게 나아갔다. 하나도 막힘이 없었다. 주님의 도우심이었다.

이삭방송도 낮 12:00에 open 하였다. 폰으로 확인하였다. 교수 대담에 내 모습이 나온다. 계획대로 모두 이루어졌다. 우여곡절 속에서 방송은 시작되었다. 70점, 50점이어도 좋다. 내가 이를 위하여 쓰임받게 해 주신 하나님께 모든 영광을 돌려드린다.

이제 새로운 나의 장이 시작되었다. 목사의 가운을 입고 하나님께 간절히 기도드렸다. "하나님 아버지, 부족한 저를 택하셔서 기름 부어 주시니 감사합니다. 하나님 나라 영광을 위하여 충성스러운 일꾼이 되겠습니다. 앞으로 가는 길 하나님께서 인도하여 주시옵소서. 이 세상을 하나님 나라로 만들어 가는 일꾼으로 사용하여 주시옵소서. 아멘!"

✂ 2013년 4월 24일(水, 맑음) • 낙원교회 목양실 준비

오늘은 특별한 날이다. 드디어 내가 낙원교회에 입성한 날이다.

어젯밤에 교회 목양실에 머무를 준비를 하여 짐을 싸고 오늘 아침에 차에 실었다. 이불, 옷, 생활용품이다. 너무나 쉽게 교회 내에 안식처가 준비되었다. 며칠 만에 준비된 것이다. 바닥 난방 장치를 하고 장판을 깔고 가구를 구입하였다. 60여만 원이 소요되었지만, 목사안수식 때 그 비용은 모아 뒀다.

15:00에 국군중앙교회에서 플러스 인생 책을 2묶음 싣고, 자유로, 외곽순환도로를 거쳐서 부대에 도착하였다. 대대장, A포대장, HQ포대장을 차례로 방문하며 기도를 하였다.

이제 대대에 드디어 발길을 옮기기 시작하였다. 매주 수요일 오후에는 간부 및 병사들 심방을 하고자 한다. 때로는 차를 나눠 주기도 할 것이다. 신병 면담을 하고 모두 교회로 인도하고자 한다. 드디어 본격적으로 전도 활동이 시작된다. 다음 주부터 주일저녁예배, 수요예배가 시작된다. 설교 준비도 많이 늘어난다. 나의 본연의 업무에 충실히 하고자 한다.

✄ 2013년 4월 25일(목, 맑음) • 낙원교회 숙영

간파리 낙원교회에서 잠을 자고 4시에 일어나 세수를 하고 국군중앙교회로 향했다. 새벽을 가르며 시속 140km의 속도로 외곽순환도로, 자유로를 달려 10분 전에 도착하였다. 예배대표기도를 드렸다. 처음으로 기도문 작성 없이 기도하였다. 그리고 회의 시간에는 나의 안수식 사진으로 목사 안수를 알려 주었다. 이제는 많은 사람이 내가 목사임을 알게 되었다. 나 스스로 내가 목사라는 사실에 놀라기도 한다. 그리고 지금까지 해 오던 언행에 깜짝 놀라기도 한다. 조그만 거짓말도 용납할 수 없다. 더 회개의 시간이 많아진다. 그리고 스스로 자제할 때도 많다. 묵상 시간도 많아진다. 그래서 기름 부은 자는 하나님께서 함께하심을 믿게 한다. 하루 종일 사무실에서 일하였다. 그리고 실제 과제 연구 시간은 많지 않았다. 5월 한 달에 과제 연구를 마무리하고 추가 과제는 6월부터 시작한다. 만약의 사태를 대비한다.

6월에 만약 대항군 사령관으로 선발되면 나의 생활에 엄청난 변화가 올 것이며 미리 대비해 두는 것이 좋다. 점심 후에는 모친을 방문하였다. 깜짝쇼다. 그리고 저녁에는(17:00) 새얼신우회 예배 모임. 그 후 사무실에서 21:20까지 설교를 준비하고 22:00에 귀가하여 23:30분에 잠자리에 든다. 초인 같은 삶이다. 오랜만에 허리 통증이 있었다.

✱ 2013년 4월 28일(일, 맑음) • 채영이 낙원교회 구경

오랜만에 늦게까지 잠을 잤다. 어젯밤에 채영이가 귀가 아파서(중이염) 잠을 깊이 자지 못하고 칭얼댄다. 머리에 손을 얹고 안수기도 하였더니 02:00부터 다시 깊이 잠이 든다. 이제 나는 안수기도를 할 수 있고 축복기도를 할 수 있다. 치유를 위한 기도도 한다. 설교 준비를 마무리하였다. 성경 말씀을 PPT로 만들었다.

오늘 주일예배는 〈왜 하나님을 믿는가? 예수님 나의 예수님〉으로 결정하였다.

과연 예수님은 누구신가에 대하여 성경 말씀을 통하여 설명하였다. 예수님은 태초에 말씀으로 계시고 스스로 하나님이시다. 말씀으로 육신을 입고 이 땅에 오셨다. 이 땅에 오셔서 우리를 위하여 완벽한 삶을 사시다가 우리 죄를 대속하시기 위하여 십자가에 못 박혀 돌아가시고, 우리에게 천국 영생을 선물로 주기 위하여 십자가에서 돌아가신 것이다. 그리고 부활하셨다.

오늘은 백무기 초대 목사님께서 방문하셨다. 초대 목사님이시고 34년을 시무하신 분이다. 내가 여단장 때도 계셨다. 우리 교회를 위하여 기도를 많이 하고 계신다. 오늘은 일부가 빠졌지만 60명 정도 참석하였고 말씀도 모두 눈을 뜨고 집중하여 들었다. 신이 났다.

예배 후 식사(국수). 채영이와 함께 부대를 산책하며 개나리, 진달래꽃 옆

사랑스러운 손녀딸 백채영

에서 사진을 찍었다. "나비야 나비야" 노래하는 모습을 동영상도 촬영하였다. 저녁에 통로 선배님들을 초청하여 식사를 하였다. 매력 있고 힘찬 하루하루를 보낸다.

✂ 2013년 4월 30일(화, 맑음) • 새얼신우회 예배

4월 마지막 날이다. 새해에 들어서는가 했더니 벌써 1/3이 지나가 버린 것이다. 요즘처럼 바빠 살았던 적도 없다. 특히 이삭방송의 책임자로 일하면서 더 시간이 없다. 하나씩 일은 늘어만 가고 있다. 이제 낙원교회에서 수요예배(기도회), 주일찬양예배까지 준비하게 되면 1주일에 설교 준비만 해도 바쁠 텐데…….

그래도 두려워하지는 않는다. 용기를 잃고 안절부절못하지도 않는다. 시간을 쪼개고 때로는 잠을 자지 않으면서 일을 처리해 낸다. 지금까지 그렇게 살아왔다. 그리고 나에게 오는 모든 일들은 하나님께 영광을 돌리는 길이다. 더 적극적으로 열심히 일하며 업무의 질을 높이도록 하자.

이제 과제 연구도 본격적으로 시작하여 5월 말까지 완전하도록 하자. 필요하다면 밤을 지새우면서라도 신속히 마무리 지어야 한다. 그리고 분명히 나의 연구보고서가 대외군사협력 업무를 하는 국방부 직원들에게 도움을 주고자 한다.

나의 마지막 군사연구 업무가 될 것이다. 나의 명예를 위해서, 하나님의 영광을 위해서 보고서를 작성하여 제출한다.

19:00에 새얼신우예배를 드렸다. 이번에는 채 20명이 참석하지 못했다. 특히 나의 기도와 전화 요청이 없었다. 분명히 하나님께서 나의 노력의 대가만큼 채워 주신다는 것을 깨닫는다. 예배 후 나눔의 시간은 지금까지의 모임과는 매우 달랐다. 서로 대화할 수 있는 시간을 가졌다. 지구촌교회에서 배운 대로 적용하고 있다. 설교와 나눔을 통해 2배 이상의 효과를 얻는다.

✖ 2013년 6월 5일(수, 맑음) • 이삭방송 개시

산더미 같은 일들이 하나씩 해결되어 가고 있다. 어려운 일이라도 나중에는 모두 해결된다. 이삭방송도 그렇다. 이○○ 원우가 제안하여 방송국장의 기획을 주었으나 지금은 이○○ 원우는 아무것도 할 수 없게 되었다. 자기의 권한을 잘 이용하지 못하고 원우들 간에 분란만 일으키고, 적지 않은 자본을 모두 무모하게 이용하여 이삭방송 운영을 어렵게 만들었다. 방송하자고 제안하는 것은 좋았으나 이삭방송의 목표를 달성하고자 하는 노력이 부족하였다.

내가 만일 여기에 개입하지 않았다면 방송으로 인하여 원우들에게 큰 불신을 주었을 것이다. 결국 방송은 하지 못하고 원우들이 모금한 자금만 허비하게 되었을 것이다. 지금은 모든 권한이 나에게 돌아왔다. 원우들이 모두 나를 향하게 되고 나에게 모든 권한을 맡겼다.

나는 원우들의 신뢰를 절대로 저버리지 않고자 한다. 그들에게 보답하고자 한다. 이○○ 원우, 김○○ 원우, 김○○ 원우, 고○○ 원우는 이제 방송으로 인하여 원우들로부터 신뢰를 잃게 되었다. 모두가 하나님의 인도하심임을 믿는다. 결국 이 방송은 하나님의 영광을 위하여 쓰임받게 될 것이다.

어머님을 찾아뵈었다. 자꾸만 불쌍한 마음이 든다. 나도 모르게 점점 어머님께 소홀해짐을 느낀다. 마지막까지 어머님을 정성으로 봉양하자.

과제 연구도 손을 댔다. EAC 및 MEO도 얼마 남지 않았다. 비록 바쁘지만 강건하게 지내고 있다.

이삭방송(원우 대담)

✖ 2013년 6월 9일(일, 맑음) • 낙원교회 120명 참석

고요한 새벽에 일어나 설교 준비를 한다. 여기 낙원교회가 있고, 나는 낙원교회를 관리하는 관리자가 되었다. 교회 청소도 하였다. 하나님께서 나를 이곳에 보내셨다고 믿는다. 내가 필요했기 때문이다.

오늘 주일낮예배에는 모두 120명이 참석하였다. 교회 2/3를 채웠다.

특히 국군중앙교회에서 집사님 두 분이 우리 교회를 위문하였다. 햄버거 150명분을 준비하여 오셨다. 오늘은 교회가 차고 넘친다. 대대장께서도 오셨다. 모두의 얼굴이 밝다.

앞으로 우리 낙원교회를 어떻게 변화시킬 것인가에 대하여 1시간 동안 회의도 하였다. 꿈은 반드시 이루어지는 것이다.

오후에는 저녁 설교 준비, 지애 엄마는 교회에서 성경을 읽으며 녹음도 하였다. 행복한 시간이다. 저녁예배에는 A, B, C포대 각 1명씩 3명이 참석하였다. 찬양도 하고 말씀도 전했다. 오후 예배에도 언젠가는 30명 이상이 참석하리라 믿는다. 지애 엄마와 귀가하는 이 시간 무척 행복한 시간이었다. 마음도 가볍다.

✄ 2013년 6월 19일(수, 맑음) • 2013 MEO-P 행사

MEO 3일 차 행사가 계속되고 있다.

새벽에 일어나 성경 읽기, 일기 작성, 기도 후에 6km 구보. 트랙에서 뛰어서인지 약간 지루함을 느끼지만 그래도 러닝머신보다는 낫다. 뛰고 나서 땀을 흘리며 갖는 기분은 이루 말할 수 없이 상쾌하다.

그래도 달리면서 들어 온 영어 실력이 MEO 행사에도 도움이 된다. 내가 맡은 〈How to Establish and Promote the Growth the MCF〉 과목은 모두 마쳤다. 6시간이나 내가 사용하였으니 꽤 비중이 큰 것이다.

김무웅 장로님이 2시간 동안 개인 전도에 대한 강의를 하는데 비록 연세가 있고 몸이 불편해 보이지만 MEO를 위해서 일하시는 모습이 존경스럽다. MCF 설립에 대한 의지가 높고, 현재와 같이 MCF 설립 국가가 많은 것은 김무웅 장로님의 역할이 큰 것이다. 오후 16:00에 동아시아 대회(EAC) 개회예배, 환영만찬, 군악대 공연 순으로 이어졌다. 감동적이었다. 한 측 장교들도 많이 참석하였다. 예배, 만찬, 공연 행사는 성공적이었다. 나의 의견이 많이 반영되어서 기분이 좋았다. 그러나 절대 나를 내세우지는 말자. 뒤에서 기뻐하면 된다. 3일 차 행사까지는 성공적이었다. 이제 목, 금, 토 행사만 끝나면 나의 책임 하나가 덜어지는 것이다.

이삭방송이 가장 큰 부담이다. 특히 인원 교체, 자금 조달, 프로그램 개발이 큰 과제다. 적어도 금년 말까지 모든 문제를 해결하고 정상적으로 운영이 되면 다른 사람에게 물려주자.

광주고 21회 신우회를 위하여 모임에 참석을 요구했다. 누군가 노력과 헌신이 없이 하나님 일을 이루어 나가기에는 어려움이 많다.

✂ 2013년 6월 21일(금, 맑음) • 참가국 브리핑

무척 바쁜 하루였다. 비록 바쁘고 힘들기는 하지만 MEO 팀장으로서 보람을 느끼고 이 임무를 맡기를 잘 했다고 생각이 든다. 모든 program이 계획대로 진행되고, 나의 역할이 적지 않게 중요했음을 인정한다. 특히 처음 계획부터 마지막 통제까지 매끄럽게 진행할 수 있었다. 모든 행사가 어려움 없이 진행되는 것을 보면서 큰 보람을 느낀다. 세계 군선교에 기여하였다고 생각된다. 20개 국가에서 나름대로 MCF 발전을 위하여 노력하고 있다. 특히 '-stan' 국가에서 복음을 전하기 위하여 노력하는 모습을 보면서 때로는 신상의 불이익을 감수하면서까지 일하는 모습에 눈물겹도록 감동을 받는다. 오늘 어느 국가가 브리핑할 때는 눈물이 흐르고 찡함을 느꼈다. 하나님께서 역사하시고 있음을 알 수 있다. 중간중간 광고를 하면서 교량 역할을 하고 코믹하게 이끌려고 노력하였다. 많은 수단이 동원되었다. 이 바쁜 가운데도 오늘 3회 뉴스를 촬영하도록 준비하였고, 광주고 신우회 모임도 주선하였다. 주일설교도 준비하였다. 인간의 무한한 능력을 이해한다. 그리고 6·25 상기 구국성회에 참가하고 있는 우리 878대대 군종병과 6포병여단 군목과 군종병들을 격려하기도 하였다. 하나님께 감사드린다.

✈ 2013년 7월 5일(금, 부산 흐림/대전 비/서울 맑음) • 부산 지역 안보강의

오늘도 부산 53사단 2개 부대 안보강의를 위하여 05:40에 광명역으로 이동한다. 06:46에 KTX를 타고 부산역에 도착하니 09:12이다. 126연대 4대대에 도착하니 10:30이다. 1시간 교육 후에 남포역 근처에 있는 125연대 1대대 교육을 실시 후 점심은 못 하고 빵과 우유로 대치하였다.

그래도 시간이 정확히 맞다. 1시간 교육에 전혀 지루함을 느끼지 않는다. 비록 똑같은 교육의 연속이라 하여도 교육 대상자가 바뀌기 때문에 항상 새로운 분위기다. 특히 마지막 5분간은 내가 예비군들에게 당부하는 사항이다. 이때 교육의 피날레를 장식한다. 내가 40년간 군 생활을 하면서 지켜 왔던 4가지를 예비군들에게 전한다. "하루 3km 이상을 달리고 반드시 땀을 내라. 매일 일기를 기록하여라. 여러분의 역사를 남기고 삶을 바꾸는 일기다. 매일 영어 공부를 해라. 하루 30분 이상을 하되 끈질기게 하라. 마지막 4번째는 신앙생활을 하라. 앞으로 60년 후에 이 세상을 떠난다면 어디로 갈 것인가? 하나님은 이 문제를 해결하신다." 앞으로 나의 이러한 교육은 계속될 것이다. 수천 명이 나의 교육을 받는다. 간단한 나의 한마디에서 누군가의 삶을 바꿀 수 있는 역사가 일어날 수 있다. 간절히 기도하며 교육에 임한다.

✈ 2013년 7월 8일(월, 흐림) • 고창 지역 안보강의

오늘은 고창으로 안보교육을 떠났다. 35사단 105연대 2대대 교육이다. 60사단에서 대침투작전 장교를 했던 김덕수 소령이 무척 반갑게 맞아 준다. 교육 후에는 장성까지 직접 차를 태워다 주었다. 이것이 바로 군 후배들을 지휘했던 보람이 아닐까 한다. 사단장 시절에 나와 함께 보내며 무척 재미있었다고 한다. 추억이 오래 남을 수 있는 정도로······. 정열적으로 살아가는 나의 모습에 감동을 받았나 보다. 60명의 고창 예비군들에게도 안보의 중요성, 종북 세력의 경계, 반미 감정의 부당성, 예비군의 중요성을 강조하고, 구보, 일기, 영어, 신앙을 권장하였다. 특히 내가 군 협력 목사로 일하고 있다는 것과 앞으로 삶을 살아가는 데 신앙의 중요성을 강조하였다. 누군가에게는 변화가 있을 것이다. 그리고 그들을 위하여 기도한다.

장성 고향 마을도 찾았다. 10분이면 둘러볼 정도로 좁은 마을이다. 우리 집도 이제는 노후화되어 가고 있다. 쓸쓸함 속에서도 하나님의 위대하심을 찾는다. 영덕이에게 하나님께 의지하며 살라고 권했다. 간절하게 권했다.

✖ 2013년 7월 21일(일, 비) • 풍성회 모임 기도

채영이를 데리고 교회로 간다. 집에 두는 것보다는 그래도 교회에 데리고 가는 것이 좋다고 생각하였다. 지애 엄마에게 힘들 일이지만 그대로 갔다. 오늘은 92명의 병사가 참석하였고 예배 자세도 많이 좋아졌다. 졸지 않도록 많은 노력을 기울인다. 2번의 예배를 위하여 1주일 내내 준비하였다. 나 스스로 많은 변화를 받는다. 은혜를 받는다. 오후 예배에는 10명이 참석하였다. 군종병과 신우회원들이다. 비록 숫자는 적지만 기도에 대한 강의, 찬양, 말씀, 알림 사항 등 실속 있는 시간이었다. 모두 마치고 돌아올 땐 무척 홀가분한 기분이다. 비록 채영이 때문에 지애 엄마가 힘들긴 하지만 채영이를 엄마·아빠에게 맡겨 두거나 놀러 다니게 하는 것보다 낫다고 생각하였다.

저녁에는 수지구 동기들 모임이 있었다. 최상재 대령이 식사를 준비하고 집도 구경하였다. 꼭 나에게 기도를 시킨다. 이제부터 서서히 그들에게 복음을 전하는 것이 필요하다. 최상재 부부에게 복음을 전하자. 이것이 친구로서 가장 귀한 일이 아니겠는가? 그냥 만나는 것이 목적이 아니다. 복음을 전하는 것이 내 일이다.

낙원교회 주일예배 특송

✄ 2013년 7월 24일(수, 맑음) • 대구 지역 안보강의

　오늘도 사무실 근무 및 대구 안보교육으로 하루를 보내고 지애 엄마와 19:30에 광명역에서 만나서 외식까지 하였다. 세상을 누비며 살아가고 있다. 이삭방송, MEO, 광주고 신우회, 새얼신우회, 동문회, 안보교육, 연구 업무가 동시에 이루어진다. 버스 안에서, KTX 안에서, 사무실에서, 대구 예비군훈련생 강당에서 모두 이루어진다. 무한한 능력을 주신 하나님께 감사드린다.

　오늘은 《오늘의 양식》에서 "Too blessed to complain"이라는 영어를 찾았다. "내가 너무나 축복을 많이 받아서 주님께 불평할 수가 없다"이다. 나에게 주신 축복의 말씀이다. 눈물이 핑 돌았다. 건강, 자녀, 물질, 능력, 영어, 일기 등등 모두가 축복이다. 오늘 컨디션도 좋았다. 비록 5시간의 수면이었지만 충분하였다. 시간이 부족하다. 따라서 강도 높은 휴식을 주신다. 일은 밀리고 있어서 부담스럽지만, 또다시 나의 하나님께서는 시간을 이용할 수 있는 능력을 주신다. 조금도 부족함이 없이 도와주신다. 내일 이삭방송 자금(기부금), 뉴스 자료, 새얼신우회 준비를 모두 마친다. 마음에 두려움이 생기면 나의 기도가 부족하다는 것을 알고 있다.

✄ 2013년 8월 1일(목, 맑음) • 합참의장과 오찬

　교회에서 잠을 자고 나서 가뿐한 컨디션으로 일어났다. 비록 잠자리는 누추하지만 하나님 성전에서 잠을 자는 나를 하나님은 사랑하신다. 지하철을 타고 서울로 향한다. 새로운 하루를 시작한다. 목요일 아침은 변화가 많다. P&P에 참석하기 전에 운동, 영어, 목욕이 번개처럼 빨리 이루어진다.

　11:30에 합참의장(정승조 장군)과 연구업무 중간보고를 하고 오찬을 같이 하였다. 동기생이 합참의장이고, 같이 식사를 하는 것이 영광이다. 나와는 무척 친한 사이였고 장군도 1차로 같이 달았다. 그런데 소장부터 멀어져 버린 것이다. 꿈이 크던 때도 있었는데 모든 것이 하나님의

인도하심임을 믿는다. 지금이 최고의 순간이다. 하나님께서 항상 인도하여 주시기 때문이다. 오늘도 연구과제 업무는 못 했다. 계속 밀리고 있다. 다음에 2일 정도 온종일 연구 업무를 마무리하자. ICS에 가서 2번째 설교 녹화를 하였다. 나의 설교 모습을 보는 좋은 기회였다. 오늘도 모친 방문. 너무나 반가워하신다. 빵을 무척 좋아하신다. 한 개를 모두 드시고 2개째도 또 드신다. 잠깐이나마 모친을 즐겁게 해 드렸다.

✖ 2013년 8월 5일(월, 흐림) · 이삭방송 호소문

모처럼 가족과 함께 어울리는 시간을 가졌다. 처가 식구들과 함께 한화콘도에 갔다. 채영이가 물속에서 얼마나 좋아하는지 이것 하나만 해도 충분하다. 같이 수영을 하고 싶었는데 장인과 바둑을 두었다.

처가 식구들이 무척 잘 어울리며 지낸다. 지애 엄마의 역할이 크다. 내가 우리 지애 엄마와 같이 어울리지 못하고 너무나 바쁘게 살아가는 것이 무척 미안하기도 하다. 그래도 희망이 있다. 5~6년 후에는 제주도에 가서 우리 집을 짓고 교회를 짓고 민박을 하며 귤농장을 경영하며 지애 엄마와 같이 사는 것이다. 뜻이 있는 곳에 길이 있다고 하였다. 꼭 이루어질 것이다. 갈보리교회 새벽예배에 참석하였다. 자꾸만 졸린다. 30분간의 기도 후에 운동을 하였다. 역시 뛰는 것도 나의 생활이다. 오는 길에 갈릴리교회 목사님과 사모님을 뵈었다. 가까이에 귀한 분이 살고 있다.

오늘은 모처럼 시간을 내어 이삭방송 호소문을 카페에 올리고 메일도 전 원우들에게 보냈다. 큰일을 한 것이다. 벌써 방송을 시작한 지 3개월 반이 지났다. 교수님 대담을 스무 분의 교수님과 하였다. 이삭방송이 뿌리를 내리고 있다. 순전히 나의 계획에 의하여 이루어지고 있다. 반드시 꽃을 피울 것이다. 하나님께서 좋아하시고 기뻐하시는 복음 방송을 만들고자 한다. 용인 한화콘도에서 지애, 세미, 채영이가 수영을 하고 나는 장인과 바둑, 저녁에는 채영이, 동현이, 장인과 함께 산책을 하며 행복한 시간이었다. 채영이는 동현이와 흥얼거리며 노래를 한다.

✷ 2013년 8월 8일(목, 맑음) • 5형제 고향 장성 만남

어제 너무나 피곤했는지 새벽 04:45에 2호 차 운전병이 와서 깨웠을 때 눈이 뜨였다. 공교롭게도 알람도 울리지 않았다. 목요일 아침은 off 되어 있었다. 어쩌다 그런 적도 있었지만 쉽게 이해가 가지 않는다. 하나님께서 내가 너무 피곤하니까 강제로 잠을 자게 만드시나 보다. 곤히 잠을 잤다. 부랴부랴 세수하고 2호 차에 올라탔다. 새벽에 교회에서 기도하지 못함이 아쉬웠다. 지하철 내에서 기도는 이어진다.

운동 및 샤워, 영어 공부 후에 P&P에 도착하여 내년도 MEO를 어떻게 할 것인가에 대해 보고를 하였다. 너무나 쉽게 준비되었다. 기분이 좋았다. 비록 일로 인하여 피곤해질 때도 많지만 이 일로 인하여 더 큰 보람을 얻게 된다. 무익한 일은 없다. 나에게 이런 큰 능력과 모든 여건을 주시는 하나님께 감사드린다. 끝까지 나와 동행하며 나를 인도해 주실 것을 믿기 때문에 나는 어떠한 불안한 마음도 없다. 가장 좋은 길로 인도하여 주실 것이다.

P&P 이후에 용산우체국에서 누님과 수자를 만나서 집으로 향했다. 오늘 드디어 장성 고향에서 우리 5형제들이 만나는 날이다. 지애 엄마의 제안이 드디어 이루어졌다. 지애 엄마가 무척 착하다. 사리 분별이 분명하다. 나에게 불만이 있다면 그럴 만한 이유가 있는 것이다. 4시간의 긴 여행길에 누나, 수자와도 가까워졌다. 13:30에 장성에 도착하였다. 여기도 찌는 더위다. 땀이 주르르 흐른다. 동네 사거중골에 자리를 잡고 점심 식사를 하였다. 영덕이가 모든 준비를 하였다. 고향에서 5형제가 만나는 것은 처음인 것 같다. 쉽게 이루어졌다. 뜻이 좋으면 하나님이 쉽게 이루어 주신다. 동네의 우리 집도 한번 돌아보았다. 아무도 없는 우리 집. 애잔한 마음이 가득하다. 우리 모두가 자랐던 집이다.

✷ 2013년 9월 14일(토, 흐림) • 목사의 눈물

아침 일찍 동두천으로 향했다. 토요일엔 예배 준비를 한다. 비록 적은 인원이지만 성경 공부, 성가대 준비, 교회 청소를 하고 나는 4시간 동안 말씀 준비를 하였다.

    17:20에 버스를 타고 오니 집에 20:20에 도착한다. 갈 때 3시간 올 때 3시간 거리다. 6시간 동안 버스와 지하철에서 보낸다.

    그런데 난 전혀 피곤함을 모른다. 버스, 지하철에서 시간을 허비하지는 않는다. 하나님께서 특별히 나에게 건강과 독서의 능력을 주신 것이다. 버스를 오르내리며 낙원교회를 갈 땐 조금은 허탈감을 느끼기도 한다. 누구 한 사람 보는 사람도 없고 알아주는 사람도 없다. 그래도 잘 참아 낸다. 스스로 만족감을 얻는다. 하나님은 보신다는 것을 알고 있다. 비록 병사들과 어울려서 실랑이를 벌이기도 하고 짜증이 날 때도 있지만 그래도 전혀 후회는 하지 않는다. 기도하면서 위로를 받는다. 내일 교회 강당에 서서 말씀을 전할 것을 상상한다. 모두 다 듣지 않아도 좋다. 비록 70명 이내로 참석해도 좋다. 그래도 나를 주시하며 진지하게 듣는 형제들이 있다. 목자가 눈물을 흘리지 않고 목회를 할 수 없다고 하였다. 나의 아픔이 클수록 우리 교회와는 더 깊은 정을 갖게 된다. 어려움이 클수록 나의 목회 철학은 더욱 성숙해지는 것이다.

    20:20에 귀가하여 밥 한술을 먹었다. 그래도 감사한 하루였다. 저녁에 장인과 바둑을 둔다. 행복한 하루였다.

✖ 2013년 9월 20일(금, 맑음) • 어머님 사모곡

    새벽까지 주일설교 준비를 마무리하였다. 2개를 모두 금요일까지 마치기는 오랜만이다. 그리고 이번에는 PPT와 영상을 이용하기로 하였다. 비록 말씀을 전하도록 모두 하나님께서 준비해 주시지만, 분명히 말씀을 잘 전하느냐 못 전하느냐 하는 것은 본인의 노력에 달린 것이다. 항상 1주일씩은 앞서가는 것이다. 그리고 이러한 설교의 깊이를 더해 가야 할 때다. 성경 말씀을 읽으며 그 길을 찾을 수 있다. 그러나 실천하지 못하는 것은 우리 목회자들의 책임인 것이다.

이제부터 책을 읽어야 한다. 적어도 best seller 책과 성경 분야 best seller를 찾아 나서야 한다. 서점을 가까이하자. 책에 욕심을 내자.

09:00에 동생 수자네 집에 가서 식사를 하였다. 그래도 추석, 설날엔 식사할 곳이 있어 좋다. 어머님을 뵈러 왔다가 아침 식사를 하며 형제의 정을 나눈다. 집이 새롭게 변했다. 민원이 엄마 아빠의 모습이 평화로워 보인다. 일단 집이 아늑할 필요는 있다. 어머님이 무척 반가워하신다. 너무나 늦게 왔는데도 원망을 안 하신다. 왠지 마음속에 눈물이 흐른다. 불쌍한 어머님 때문이다. 나의 어머님에 대한 정이 자꾸만 식어져 가는 것 같아서 더욱 그렇다. 그래도 어머님이 계시니까 좋다. 마지막 기쁨과 소망을 드리자.

✻ 2013년 10월 2일(수, 맑음) • 건강검진

오늘 서울지구병원에서 건강검진을 받았다. 2년 만에 다시 받았다. 위내시경도 검사받았다. 어제 4시간밖에 자지 않아서 피곤한 상태였지만 건강 상태는 양호하였다. 체지방 검사에서는 100점이라 한다. 보기 드물게 위내시경 검사도 양호하다고 한다. 지애 엄마도 좋다. 건강을 주신 하나님께 감사드린다. 채영이는 신기한 듯 구경한다. 건강은 건강할 때 지켜야 한다. 매년 한 번씩은 검진을 받도록 하자. 특히 우리의 정신 건강이 중요하다. 지애 엄마의 마음을 편하게 해 주도록 노력하자. 지애 엄마 대장 검사도 내년 1월로 예약하였다. 경복궁 옆에서 북청칼국수와 만두를 먹는 시간은 행복한 시간이다.

지애가 아버지와 어울리는 것을 좋아하니 다행이다. 점점 나를 이해하고 나의 말을 들을 때가 온 것을 믿는다. 하나님께서 그렇게 인도해 주실 것을 믿는다.

"채영아, 많이 많이 사랑해!"

채영이의 사랑스럽게 재롱부리는 모습이 우리 집에 큰 웃음을 자아내게 하고 활력소가 되고 있다. 하나님께서 주시는 큰 과실이다. 저녁에 지애 엄마와 산책을 했더라면 더 좋았을 텐데 토요일 육사신우회 준비, 이삭방송, 동문회 일로 설교 준비를 다 하지 못했다. 이 많은 일을 하면서 설교를 일주일에 3번 준비한다는 것은 기적과 같다. 모세에게, 다윗에게 힘을 주신 하나님을 생각한다. 과감하게 잠자리에 들지 못한 것이 아쉽다.

✽ 2013년 10월 9일(수, 맑음) • 61회 생일 파티

오늘이 내 생일이다. 그것도 61회 생일, 즉 회갑이다. 옛날엔 회갑이면 오래 살았다 하여 큰 잔치를 벌였다. 아버님 회갑 때 잔치를 하고, 어머님 회갑 때도 잔치를 하였다. 고등학교 3학년이고, 중위 때였다. 하나님을 모를 때였다.

우리 식구들과 식사를 하고 수지구 동기들과 식사를 하며 광주고 21회 신우들과 케이크 절단도 하였다. 그리고 오늘은 지애 엄마와 모처럼 외식도 하고 영화 〈관상〉도 보았다. 의미를 두려고 노력하였다.

하루 종일 사무실에서 밀린 일을 하며 보냈다. 끝이 없다. 너무나 과중한 책임을 맡고 있다. 그대로 하나하나 이루어 가는 것을 보면 초능력을 발휘하고 있음을 알 수 있다. 모두가 하나님 일이기 때문에 피곤함도 모르고 일하고 있다. 분명히 하나님께서 관여하시고 도와주실 것을 믿는다. 피곤치 않고 사슴이 뛰는 것처럼 힘을 주실 것이다.

기쁨으로 일하자. 감사함으로 일하자. 그리고 겸손함과 성실함, 온유함을 잊지 말자. 하나님께 간절히 기도하며 일하자. 나를 의지하지 말자.

오늘 본 〈관상〉이라는 영화는 매우 흥미 있고 의미도 있었다. 우리 인간의 관상에 의하여 우리의 운명이 결정된다는 것이다. 그러나 나는 우리의 관상은 하나님의 능력에 따라서 바뀐다고 생각한다. 모든 것은 하나님이 경영하신다.

✘ 2013년 10월 26일(토, 맑음) • 신병 면담

오늘은 MSO에서 주관하는 세계기독군인회 기도회에 참석한 후에 낙원교회를 찾았다. 처음엔 어머님을 뵈려고 했으나 일요일에 어머님을 찾아뵙기로 하고 오늘은 1년에 한 번 있는 MSO 세계기도회에 간 것이다. MEO 팀장으로서 내가 MSO에 너무나 소극적으로 참여하고 있다는 생각이 들었다. 앞으로 내가 참여하며 자리를 빛낼 수 있다면 가능한 한 참석하도록 하자. 내가 초청하여 사람을 기다리듯이 그들도 나를 기다리고 있을 것이다.

비록 너무나 졸려서 기도에 충실하지는 못했지만, 나이 드신 분들이 충성스럽게 기도하시는 모습들이 보기에 좋았다. 여생을 행복하게 살고 계시는 것이다. 이어서 낙원교회로 향했다. 나를 기다리는 군종병들이 있다. 비록 5명이 있다 하더라도 경하게 보지 않는다. 나를 기다리는 한두 명의 형제가 있다 하더라도 그들에게 가서 복음을 전하고 양육을 하는 것을 귀하게 생각한다. 특히 오늘은 신병이 5명이나 있었다. 아직도 믿음이 견고하지 못하고 또 성당에 나가고 절에 나가고 또 아무 데도 가지 않는 신병들에게 하나님을 전했다. 나에게 가장 기쁜 시간이었다. 한 영혼을 구하는 것보다 더 큰일은 없다는 것을 생각하면 내가 낙원교회를 담임하며 장병들 한 사람 한 사람에게 마음을 갖게 하고 싶다. 그들이 스스로 교회에 오게 하고 변해 가도록 하는 것이다. 내가 세상에서 할 수 있는 가장 귀한 일이다.

✘ 2013년 10월 30일(수, 맑음) • 군단 성직자 집체교육

오늘은 군단에서 성직자 집체 교육이 있었다. 군단에 있는 모든 목사(군목, 협력목사)님들, 신부님, 스님들이 모여서 오찬을 나누고, 교육을 한 후에 김충배 장군님의 특별 강좌가 있었다. 강의 중에 보여 준 영상은 모두의 눈시울에 눈물을 흐르게 하였다. 한 사람의 글이 얼마나 위력이 있다는 것을 알게 해 준다. 군단장 김충배 장군님이 나를 알아보고 반갑게 해 준다. 포병여단장이 목사 안수 받고 포병여단에서 목사가 된 것에 대하여 모두들 경이롭게 생각한다.

이제는 여기에서 끝나는 것이 아니라 낙원교회를 가장 신실하게 끌어감으로 다른 군 교회에 귀감이 되고 싶다. 하나님께 기쁨을 드리고 싶다. 할 일이 많다. 나의 희생을 많이 필요로 한다. 칭찬에 귀를 막자. 오직 우리 장병(대대원)들에 눈을 돌리자. 하나님이 나에게 주신 사명에 충성하도록 하자. 예배는 14명이 참석하였다. 대대 군종 김민협이 2명 참석한다는 보고와는 천지 차이다. 앞으로 낙원교회는 나의 노력과 하나님의 의로우심에 달려 있다. 지금은 어려움이 있지만 하나씩 해결해 나갈 수 있다. 대대 교회, 군 교회에 새로운 이정표를 세우도록 하자.

은혜롭게 예배를 드렸다. 귀가할 때는 너무나 졸려서 2번이나 차를 세우고 잠을 청했다. 갈 길이 까마득해 보였다. 귀가하니 밤 11시 30분, 이제 차를 가능한 한 운전하지 말자. 버스, 지하철을 이용하자.

✄ 2013년 11월 8일(금, 맑음) • 이삭방송 프로그램 개선

내일 마라톤 준비 마무리를 하였다. 발바닥 상태도 너무나 빨리 나아서 감사했다. 그리고 내일을 대비하여 대일밴드를 붙였다. 그런데 대일밴드 접촉 부분이 상처 부위에 닿으면서 부작용이 일어났다. 오후 늦게 발바닥이 조금씩 아프더니 집에 와서 열어 보니 물집이 잡히기 시작하였고, 식당에서 물로 씻었더니 나중에는 걷기조차 힘들었다. 끝내는 내일 마라톤까지 포기하게 만들었다. 너무나 어이없는 일이었다. 순간적으로 실수를 하였지만 너무나 큰 결과다.

우리 삶도 그렇지 않을까? 하나님을 부정하다가 나중에는 아예 걸을 수 없는 그런 사정이 있을 수 있다. 나에게 큰 교훈을 주는 조그만 사건이었다.

오늘 점심시간엔 모처럼 기분 좋게 식사를 하였다. 문인수 PD, 강광영 목사, 김진숙 화가 원우와 함께 식사를 하였다. 오늘 설교 및 대담을 한 후에 식사하였는데 너무나 기분이 좋아서 모처럼 호탕하게 웃었다. 특히 주간 뉴스를 보고 나서는 내가 많은 감동을 받을 때가 많다. 이제 새로운 program을 준비하고 있다. 신앙 칼럼을 11월 18일부터 방영한다. 주간 뉴스 못지않게 시청률이 높을 것을 기대한다. 믿음대로 된다. 그리고 이어서 영어 설교를 방영한다. 설교를 한 단계 높이는 계기가 될 것이다. 다음엔 교계 뉴스다. 우리의 시야를 넓힌다. 다음엔 동문, 원우 탐방으로 방송의 질을 높인다. 여기에다가 다큐멘터리 방영으로 신앙의 기본을 찾아간다. 나에게 항상 꿈을 주시는 하나님께 감사드린다.

주일낮예배 설교를 준비하였다. 〈예수님의 중보기도〉를 준비한다.

✺ 2013년 11월 16일(토, 맑음) • 풀코스 마라톤 참가

오늘 많이 기다리며 준비했다. 마라톤 출전 날이다. 지난주에는 발바닥에 물집이 생기는 바람에 연기하였다. 지난주 화요일에 30km를 뛰고 나서 아직 몸이 회복도 되지 않았다. 내 마음대로 이루어지지 않는 것이다.

아침에 일어나서 인터넷을 확인해 보니 오늘 나가려고 하는 〈공원사랑마라톤대회〉가 있다. 그것을 찾느라고 30분 이상이 소요되었다. 잠은 6시간을 잤으니 컨디션은 최고다.

부랴부랴 옷을 갈아입고 신도림역으로 달려갔다. 그런데 10분 전에 도착해 보니 08:00에서 09:00로 1시간이 연기된 것이다. 그래도 감사했다. 오늘 뛰지 못했다면 얼마나 허전했겠는가? 소규모 마라톤이지만 그래도 더 편안한 마음을 준다. 내가 최초로 Full Course 마라톤을 했던 곳이다. 09:00 출발, 10km까지는 50분, 여전히 나의 기록은 유지되었다. 20km까지는 1시간 50분. 아직도 큰 부담 없이 뛸 수 있었다. 그런데 30km를 넘어가면서부터는 무릎과 장딴지 근육이 심히 아파 오고 경련이 일어나려고 한다. 12km를 남겨 놓고 새로운 방안을 찾았다. 보폭을 60cm에서 40cm로 줄였다. 훨씬 고통이 약해졌다. 10km는 이러한 방법으로 뛰었다. 견딜 만했다. 10km를 한 번도 걷지 않고 계속 뛸 수도 있었다. 시속 10.5km 위력으로 훨씬 좋아졌다. 새로운 길을 주신 하나님께 감사드린다. Full Course 3시간 59분 50초에 통과하여 전보다 24분을 단축하였다. 지금까지 3번 마라톤 중에 가장 좋은 기록이다.

✖ 2013년 11월 25일(월, 비) • 안보강사 성과분석회의

월요일 출근이 즐겁다. 오늘은 지애 엄마와 하루 같이 지내기로 약속한 날이지만 어쩔 수 없이 출근하였다. 과제 제출 준비를 하고, 점심시간에 안보강사 성과분석회의가 성우회에서 있기 때문이다. 그러나 새벽부터 바삐 움직이는 하루하루가 너무나도 즐겁고 신난다.

특히 새벽에 말씀을 읽고 묵상을 하며 기도하는 하루의 첫 시간, 그리고 출근하여 땀을 흠뻑 흘리며 운동하는 시간은 육적, 영적으로 항상 강건케 하는 즐거운 시간이다. 사람들은 내가 이렇게 바쁜 가운데서 얼마나 힘차게 살아가고 있는지 이해하지 못할 것이다. 나이가 60인데 이제부터 나의 인생의 진가를 발휘할 것이다. 신선한 감동을 줄 수도 있다. 특히 목사 신분으로 전방 대대에서 말씀을 전하고 신앙 지도를 한다는 것이 더욱 자랑스럽다. 보수는 받지 않기 때문에 더욱 그렇다.

안보강사 성과분석회의에는 처음 참석하는데 모두가 낯익은 예비역 장군들이다. 준장, 소장 크게 구분이 되지 않는다. 그리고 아무런 의미가 없다. 한마디 의견 제시를 하라고 할 때 나도 한마디 할 생각이 있었는데 그만두었다. 후회된다. 말할 기회가 자주 오는 것은 아니다. 숨는 것만이 겸손함은 아니다. 말을 해서 남에게 즐거움과 용기를 줄 수 있다면 그것이 더욱 좋은 것이다.

✖ 2013년 12월 2일(월, 흐림) • 낙원교회 리모델링

오늘도 하루 종일 낙원교회에서 보냈다. 08:40에 교회에 도착하니 아직도 문이 열리지 않았다. 뒷문이 열려서 들어가니 내부는 따뜻하였다. 그리고 하루 종일 교회 정리 작업을 하였다. audio 설치, 일부 비품 이

낙원교회 리모델링 공사(청운교회 이필산 목사)

동, 커피 자판기 설치 등 바쁘게 하루를 보냈다.

하루 종일 기분이 좋다. 어떻게 이렇게 아름다운 교회를 우리 낙원교회에서 지을 수 있을까? 그리고 내 방은 호텔이 되었다. 냉난방 모두 만족스럽고, 주방에도 온수가 나오고 화장실도 모두 수세식으로 바뀌었다. 바닥 왁스 작업까지 하는 것을 보면서 17:00에 교회를 떠났다.

모든 것이 만족스럽고, 모든 것이 기쁘다. 요즘은 이전에 느끼지 못했던 새로운 기쁨을 얻는다. 우리 군 교회에서 리모델링을 해서 이렇게 기쁜데 만약에 내가 교회를 개척하여 새로운 교회를 준비한다면 얼마나 기쁠까? 그리고 우리 낙원교회처럼 아름다운 교회를 준비한다면 얼마나 기쁠까? 하나님께 감사할 뿐이다. 부랴부랴 용인 수지에 도착하여 김경환 동기 회갑 식사에 참석하였다. 1시간 반이나 늦었다. 김경환이 나에게 기도를 부탁하여 기도했다. 나를 찾는 사람들이 있다. 하나님의 권위를 인정하는 것이다. 이제 세상에 나가자. 영혼을 구해야 할 때다.

✢ 2013년 12월 7일(토, 맑음) • 낙원교회 헌당예배

드디어 오늘 헌당예배를 드렸다. 오늘 날짜를 예약하여 여기에 모든 것을 맞추어 나갔다. 어제 밤늦게까지 모든 준비를 완료하였다. 교회 이름을 새기고 천정 청소를 하고, 마지막 청소를 하고 마이크 룸 점검도 하고 귀가하였다. 집에 오니 밤 23:00, 이상하게 몸이 피곤하지도 않다. 운동도 하지 못했으나 컨디션도 좋다.

나는 먼저 버스, 지하철을 타고 교회로 일찍 출발하여 08:40에 도착하였다. 지애 엄마는 지애, 백 서방, 채영이, 처제와 함께 따로 출발하였다. 2시간의 여유가 있었으나 순식간에 지나간다. 병력이 10:00부터 도착하고, ICS 인원들이 도착하고 금방 교회를 가득 메운다. 나의 지시대로 모든 것이 움직인다. 포병여단장이 도착하고 청운교회 버스가 도착하였다. 기념 타월과 떡도 도착하였다. 성가대, 찬양팀이 준비되고 30분 전부터 찬양이 시작되었다. 하나하나 준비되는 것도 내가 생각한 이상으로 준비된다. 11:00 정각에 내가 마이크를 잡고 드디어 헌당예배를 시작하였다. 순서대로 김반석 목사님(6포병여단 군목)의 기도, ICS의 특별 성가대 찬양, 청운교회 장로님의 성경 봉독, 남궁혁 목사님(청운교회 부목사)의 말씀, 청운교회 중창단 및 하늘소리의 헌금송, 헌금기도(청은교회 성도), 광고, 기념패 수여, 이필산 목사님의 축사 대독, 여단장 인사말, 축도(김웅 목사님) 순으로 예배를 마치고, 기념 촬영 후에 면회실에서 뷔페 식사를 하였다. 식사도 좋았다. 손님이 한 분씩 떠나고, ICS 동문, 원우들과 친교실에서 간담회 후에 모든 것을 마치고 귀가하였다.

아쉬움도 있었지만 헌당예배를 은혜롭게 마쳤다. 하나님께 감사드린다.

✖ 2013년 12월 8일(일, 흐림) • 교회 참석 호소

어제의 분위기가 아직도 가시지 않은 곳에서 오늘은 주일예배를 드린다. 너무나 다른 분위기다. 거기에다가 A포대는 5명밖에 참석하지 않았다. 대대장, 포대장에게 포대원들을 집합시켜 교육하고자 했더니 반대한다. 병사 몇 명이 이의 제기를 했다 하여 완전히 종교의 자율성을 보장하겠다고 한다. 전화로 대대장과 실랑이를 벌이다가 그냥 끊었다. 그리고 문자를 보냈다. 대대장의 재임 기간은 짧지만 한 영혼이 구원을 받는 것은 영원하다고 하고, 대대장이 신앙생활을 위축시키기보다는 더 확장하도록 노력해 달라고 당부하였다.

하나님의 복음을 전하는 데 항상 순탄한 길만 있다고 생각은 하지 말자. 바울이 그랬다. 십자가에서 순교하는 마음으로 장병들에게 복음을 전하고, 모든 사탄과 마귀의 권세를 분리되도록 하자. 분명히 방해 세력은 더 세질 것이다. 교회도 새롭게 단장하였기 때문에 그렇다. 이제부터 본격적인 부흥 작전에 들어간다. 150명 이상 참석시키는 목표로 나간다.

어려움을 각오하자. 새로운 도전이다. 슬기롭게 나가자. 연말연시를 기해서 더욱 많이 참석시키고 내년 초에는 재직을 위한 헌신예배도 드리고 부흥회를 계획한다. 오후 16:00에 6포병여단 협력목사총회를 개최하였다.

✂ 2013년 12월 31일(화, 맑음) • 2013년 회고

한 해의 마지막 날이다. 금방 지났다고 하기에는 너무나 많은 일이 이루어졌다. 특히 목사 안수를 받고 878대대에서 낙원교회 담임을 맡았다. 그리고 첫해에 교회 리모델링을 하고 헌당예배를 드렸다.

정책요원 2년간 계약을 마친다. 안보강사로서 20,000명의 예비군 교육을 하였다. 내 평생 이렇게 바쁘기는 처음이다. 일이 밀린 상태로 해결하지 못하고 지나는 일들이 많다. ICS의 동문회장, 방송선교회장 업무도 겸해서 해 나가고 있다.

오늘로 2013년은 끝났다. 2014년도 만만치 않을 것 같다. 조은시스템 사목으로 다음 주부터 매주 목요일 예배를 드린다. 그리고 내년부터 재원이 회사(Y&K Law Firm)의 고문으로 일하기로 하였다.

어제 재원이 회사를 찾아서 모처럼 오손도손 얘기를 나누었다. 금년 마무리는 재원이와 문제가 해결되는 것이다. 그동안 1년 넘게 대화를 못하다가 쉽게 해결되었다. 앞으로 재원이와 더욱 가깝게 지내고 서서히 예수님의 빛을 발하도록 하자. 하나님께서 변화시켜 나갈 것을 믿는다.

우리 집안 분위기도 더욱 밝아진다. 이제 한 해를 마무리한다. 이제부터 2014년 계획을 세운다. 2014년 계획은 어느 해보다도 중요하다. 이제부터 내년 설계를 위한 기도를 하며 더욱 힘차게 나아갈 것이다. 절대 후회는 없다. 모든 길은 하나님께로 향한다. 중심을 잃지 않고 겸손함을 잃지는 않는다. 감사함을 유지한다. 대망의 2014년을 맞을 준비를 한다.

2014년

✼ 2014년 1월 1일(수, 맑음) • 신년감사예배

　신년예배를 드렸다. 어젯밤 송구영신예배를 취소하고 신년예배를 드리게 된 것이다. 지애 엄마, 처제, 동서(세미 아빠)랑 같이 갔다. 인원이 소수일 것 같아서 어제 대대장, 포대장에게 많이 참석시켜 주도록 문자로 도움을 요청했다. 오늘 50여 명이 참석하여 기분이 좋았다. 말씀을 전할 때도 신이 났다. 자신감이 있었다. 모든 참석자에게 떡국을 대접하였다.

　새해에 힘차게 시작하였다. 무척 기분이 좋다. 올해엔 비록 여건이 어렵다 하더라도 878대대원들에게 정열적으로 복음을 전하고자 한다. 여건이 어렵다면 이것도 감사하다. 내가 더 수고하여야 할 것이라고 본다. 눈물을 흘리며 씨를 뿌리러 나간 자는 기쁨으로 단을 거두리라고 하셨다. 나의 금년도 제1번 기도 제목이다. 나의 노력의 1번이 될 것이다. 모든 노력을 다할 것이다. 목숨을 걸고 달려갈 것이다.

　신년예배 후 50여 명이 떡국을 얼마나 맛있게 먹는지 기분이 좋았다. 지애 엄마의 역할이 크다. 비록 말은 함부로 한다 할지라도 믿음의 중심이 있는 지애 엄마다.

　모처럼 10km를 뛰었다. 신년 구보가 시작된 것이다. 찌뿌둥한 몸이 가벼워진다. 나는 내 몸을 알기 때문에 사람들은 우려해도 나는 내 길을 가는 것이다.

　장인 댁에서 저녁 식사를 하였다. 항상 화목한 우리 집안이다. 이제 재원이가 잘 어울리면 된다. 이제 내가 고문으로 가면서 해결될 것 같다.

❈ 2014년 1월 2일(목, 맑음) • Y&K Law Firm 고문 취임

새해 이틀째. 새해를 맞는가 하면서 시간은 미끄러지듯이 지나간다. 일기를 한 권씩 마무리하는 것이 바로 일 년이다. 일 년을 잘 보내는 것은 일기를 성실하게 쓰는 것이다. 일기를 쓰면서 기쁨으로 만족스러울 때 나의 하루는 알찬 하루가 되는 것이다.

오늘도 바쁘게 하루를 보냈다. 알차게 보냈다. 사당역으로 가서 7002번, 문래역 지하철을 탔다. 식사는 사당역 의자에서 빵 한 쪽 먹고 사과는 조은시스템으로 가는 길에 먹었다. 그야말로 필요한 영양을 보충하기 위함이다. 회장님께서 반갑게 맞아 주신다. 그리고 시무식에서 기도를 부탁하였다. 반갑고 고마웠다. 하나님께서 인도해 주심을 믿는다. 시간과 환경이 그렇다. 대부분 전에 같이 근무하던 직원들이다. 작년에도 사업 수지가 별로 좋아 보이지는 않는다. 이제 다음 주 목요일부터 점심시간에 예배를 드린다. 몇 년이 될지는 모르지만 분명히 회사에 새로운 바람이 불 것을 믿는다. 회장님이 변하면 회사가 변한다. 기도의 손길이 많으면 회사는 바뀐다. 메마른 광야에 빗줄기가 내릴 것을 믿는다. 이를 위하여 기도할 것이다. 믿고 기도하면 이루어진다.

기쁜 마음을 뒤로하고 합정역 외국인 선교사 묘역으로 가서 MSO 임원들을 만났다. 오늘 신년회 모임을 갖게 된 것이다. 언제나 변함없이 하나님께 충성하며 세계 군인 복음화를 위하여 기치를 들고 나갈 것이다.

아들, 딸 식구들과 새해맞이 인사

다시 어머님을 찾아뵈었다. 어머님 얼굴도 점점 빛을 잃어 가신다. 더 자주 찾아뵙고 하늘나라의 소망을 들려주자. 마지막으로 재원이 사무실을 찾아서 명함을 받았다. 이제는 Y&K Law Firm 정식 고문으로 일한다. 많이 도와주고 다정한 아버지가 되도록 하자.

✄ 2014년 1월 6일(월, 맑음) • Joeun System 설교 요청

　ICS 학교에 금년 첫 나들이를 하였다. 윤문호 목사와 약속을 하여 설교를 녹화하기 위해서다. 선뜻 방송을 도와주는 윤문호 목사가 고맙다. 나중에 이삭방송 책임자로 임명하고 싶다.

　하나님의 일은 손해 보지 않는다. 시간을 뺏겨도, 피로해도 우리 마음에 기쁨이 있기 때문에 손해가 없다. 지난 주일 설교했던 〈구름기둥, 불기둥〉이라는 제목으로 녹화하였다. 녹화하기 위해서 특별히 준비하지는 못했고, 연습도 더욱이 못 했다. 그래서 하나님께 기도하며 도움을 구했다. "은혜롭게 말씀을 전하게 도와주시옵소서." 이스라엘 민족이 애굽을 탈출하는 데 ① 하나님께서는 쉬운 길을 택하지 않았고 ② 요셉이 자기 해골을 가지고 애굽을 탈출하되, 하나님께서 반드시 인도해 주실 것을 예언하였다. 그리고 400년 후에 하나님께서는 모세를 지도자로 삼아 주신 것이다. ③ 그리고 광야를 지날 때 불기둥, 구름기둥으로 비추며 밤낮으로 가나안 땅으로 이동시키신 것이다. 예화를 들어 가며, 준비물을 보지 않고 말씀을 전하고 나니 28분이 소요되었다. 적당했다.

　그리고 이번 주 목요일에는 조은시스템에서 첫 말씀을 전할 것이다. 기대된다. 하나님의 도우심이 있어서 여기까지 왔기 때문에 또한 여기에도 하나님의 도우심이 있을 것을 믿는다. 시간을 내어 민 처장, 유 처장님과 얘기를 나누었다. 학교의 방향에 대하여 다시 한번 나의 의견을 전하고 학교 카페에 올릴 것과 동문, 원우들의 의견을 수렴하도록 했다.

✄ 2014년 1월 8일(수, 흐림) • 사랑의 온차

　오늘도 하루 종일 낙원교회에서 지내기로 마음먹었다. 09:40에 교회에 도착하니 깨끗하게 정리되어 있다. 목양실도 따뜻하다.

　김재경 원우회장에게 전화하여 자랑하였다. 나중에 낙원교회에서 수련회를 하자고 한다. 그럴 때가 올 것을 믿는다. 이렇게 외딴곳에서 혼자서 지내는 시간이 외롭기보다는 행복하다.

마음 같아서는 성경을 마음껏 읽고 책도 읽고 싶지만, 자꾸만 마음이 딴 데 가니 전혀 이루지 못했다. 너무 바쁘게 살아가고 있다. 특히 방송으로 많은 시간을 보낸다. 4월에 인계하려고 하였으나 6월로 바꾸었다. 정관에 그렇게 되어 있기 때문이다. 방송을 떠나면 훨씬 성경을 읽는 시간이 많아질 것이다. 나의 제1목표는 목회 및 선교다. 세상일을 앞세워서는 안 된다.

대대장을 만나서 얘기를 나누었지만 예배 참석 인원을 늘려 달라고는 하지 않았다. 내가 할 일이 더 많기 때문이다. 이것도 사람의 욕심대로 되지는 않고 하나님의 도우심이 필요하다. 더 간절히 기도해야 한다. 그리고 배워야 한다. 하나님은 나에게 경험의 시간을 갖도록 어려움을 주신다고 생각한다. 저녁예배 때는 나와 준규, 시진, 선호 3명이 함께 예배를 드렸다. 임창대는 일부러 참석하지 않은 것 같다. 참 마음을 많이 상하게 한다. 어떻게 하나님 일을 맡은 군종병이 이렇게 이기주의적인지 모르겠다. 그래도 그들에게 상처를 주기보다는 잘 타이르자. 하나님께서 알아서 처리하실 것이다. 내가 벌을 주려고 하지는 말자. 22:30부터 1시간 반 동안 사랑의 온차 나누기를 하였다. 준규와 함께 초소와 근무지를 돌며 차를 돌리고 새해 인사를 하였다. 무언의 전도다.

✂ 2014년 1월 21일(화, 눈) • 제주도 건축 구상

바쁘게 하루를 보냈다. 철인이다. incredible하다. 이 세상에 찾아보기 힘들 것이다. 영하 5~6도의 새벽에 옷을 두껍게 입고 나가서 아무도 없는 눈길을 달린다. 남들이 느끼지 못하는 희열을 느낀다. 김이 모락모락 나는 머리, 흥건히 땀에 젖어 있는 상체, 그리고 가벼운 발걸음은 10~20년을 젊게 살아가게 한다.

새벽에 동문 서신을 작성하여 윤문호 동문회 총무에게 전했다. 주간 뉴스도 마무리를 지었다. 힘들기는 하지만 보람을 느낀다. 만약 이삭방송이 없었다면 우리 학교 동문, 원우들간에 현재와 같이 깊은 유대관계가 이루어졌을까? 분명히 이삭방송은 우리 동문회, 원우회에 5만 원 이상의 가치를 창출하였다.

12시에 서진이가 집을 찾아서 수현이와 놀다가 점심 식사를 같이 하였다. 말없이 옆에서 놀고 있는 수현이가 사랑스럽다.

오후에 건축박람회장을 찾았다. 국내 굴지의 별장 및 가옥을 짓기 위한 know-how를 선보였다. 더존 회사에서 건축한 별장 모델하우스가 가장 마음에 든다. 나도 비슷한 별장 또는 guest house를 지어 보고 싶다.

누가 와서 짓겠는가? 내가 아니면 누가 하겠는가? 처가 식구들 제주도 한번 제대로 구경도 못 할 것이다. 내가 아는 사람들에게 제주도 방문의 기회를 주고 싶다. 이것이 은혜이자 사랑이다. 저녁에 동대표 손 회장님 댁을 방문하였다.

✈ 2014년 2월 2일(일, 비) • 정진성 변호사(고교 동창) 소천

오늘도 기쁨으로 기다리던 주일이다. 아무리 피곤하고 아무리 바쁘고 시간이 없어도 주일은 나에게 가장 기쁜 날이다. 강단에서 말씀을 전하기 때문이다. 그것도 한 번이 아닌 2번 설교를 하기 때문이다. 오늘은 본부 25명, A포대 5명, B포대 2명, C포대 1명 총 33명이었다. 그러나 조금도 실망하지 않았다. 33명이나 있기 때문이다. 오후 예배는 4명, 나와 장로님, 군종병 4명이다.

4명은 2명보다 많다. 앞으로 참석 인원과 관계없이 감사할 것이다. 그리고 한 사람을 정말 소중하게 생각할 것이다.

장로님과 식당에서 식사하면서도 감사했다. 만약 장로님이 없다면 내가 모두 준비하여야 하기 때문이다. 더 귀하게 생각하자. 더 칭찬하자. 더 잘해 주자. 군종병들과 모든 대대 교회 재직 인원에게도 더 잘해 주자. 조금 마음에 안 들면 내가 한 번 더 움직이면 되지 않는가?

가장 중요한 것은 내가 목사 안수를 받고 나서 바로 말씀을 전할 강단이 있다는 것과 그리고 낙원교회를 완전히 리모델링하면서 최고의 교회로 개조한 것이다. 하나님께 무한 감사드린다.

퇴근하는 길에 정진성 고등학교 동창 장례식장으로 갔다. 2일 전에 대장암으로 갑자기 세상을 떠났다. 너무나 마음이 아프다. 조화에 안긴 정진성 영정은 조금 서글픈 사진 모습이었다. 가족의 아픔을 누가 달래며, 아이들은 얼마나 슬플까? 유가족께 위로를 보낸다. 나는 어떻게 살아갈까? 건강해야 한다. 과로를 삼가하고 계속 땀을 흘리며 뛴다. 그리고 열심히 산다. 온전히 하나님께 의지하고 맡긴다.

✻ 2014년 2월 8일(토, 눈) • 고교 벗들마당(일기 낭독)

새벽 버스를 겨우 타고 지하철을 타고 다시 동두천 시내버스를 타고 가서 낙원교회에 도착하니 08:40. 교회의 불을 켜고 난방 스위치를 올리고 기도를 한다. 침대가 고급으로 들어왔다. 여행을 마치고 나면 이제 고급 침대에서 잠을 자게 된다.

1년 만에 부대 교회는 많이 바뀌었다. 비록 예배 참석 인원이 줄고, 찬양, 성가대가 완성되지는 못하였지만 그래도 예배 분위기는 바뀌었다. 아직도 할 일이 많다. 그래도 해낼 수 있다는 자신감이 있고, 성가대, 찬양팀, 헌금, 동성교회 예배 참석, 지구촌교회와 청운교회의 지원, 신병 면담, bible study, 신앙 교육, 전도 등을 계속하다 보면 1년 안에 우리 낙원교회는 새롭게 변해 가고, 내가 떠나도 될 정도로 안정될 것을 믿는다.

오후 16:00부터 서울 영희초등학교에서 고등학교 벗들 마당 모임이 있었다. 올해가 7번째. 이제는 분당 모임에서 동창회 모임으로 승격되었다. 나는 올해도 역시 일기를 낭독하였다. 김홍균 교장선생님의 준비와 인도로 1, 2, 3부가 계속되었다. 시, 수필, 노래, 악기 연주, 민속춤 등 다양한 프로그램으로 구성하여 거의

광주고 21회 벗들마당(정민호 태평가)

3시간을 감동과 기쁨의 시간으로 채웠다. 모두가 자랑스럽다. 우리 광주고가 자랑스럽다. 김명수, 박종철, 최윤동의 시 발표 및 낭독은 60이 넘은 우리들 마음과 영혼을 씻어 준다. 임남순 씨(박태동 회장 부인)의 시 낭독은 아름다운 소녀를 연상케 하고 시들어 가는 사랑의 마음을 일깨워 준다. 이재욱 동창의 시 암송은 우리 인간의 능력에 한계가 없음을 알게 한다. 김을수, 송수근, 정성근의 가곡은 우리가 그대로 고등학교 1학년 때 함께 가곡을 배웠다는 우월감을 느끼게 하고, 특히 수근이의 풍성한 성량은 우리들의 마음을 녹이고, 성근이의 색소폰 연주는 육사인이자 광주고인을 자랑케 한다. 정민호의 태평가와 선비춤을 보면서 그가 왜 동안을 가지고 살아가는지 이해하게 한다. 김홍균 교장선생님의 작사, 작곡, 피아노 반주와 개포초등학교의 음악 동아리의 합창은 환상적이다. 멋있는 우리 교장선생님이다. 내가 낭독한 5편의 일기는 조금 부끄럽지만 그래도 이러한 기회가 있었기에 나의 일기가 빛나게 한다. 목사가 되어서 우리 동창을 위해 기도하는 시간도 있었다. 하나님 아버지, 우리 광주고 21회 동창들을 모두 천국으로 인도하여 주옵소서.

✽ 2014년 2월 11일(화, 맑음) • 호주 · 뉴질랜드 여행 출발

드디어 호주, 뉴질랜드 여행길에 올랐다. 지애, 재원이가 여행비를 준비하고 예약을 하여 오늘부터 20일까지 9박 10일간 호주, 뉴질랜드 여행을 한다. 언젠가는 꼭 한번 가 보겠다고 마음먹었었는데 우리 아이들이 준비했다.

오늘 출발 전까지 무척 바쁘고 정신적 부담도 컸다. 이삭방송, 낙원교회, 강사 준비, 42주년 창립예배 등으로 정신없이 준비하였다.

작년에 미국에 졸업여행을 할 때와 비슷하고, 2012년 터키, 그리스 성지 답사 때도 그랬다.

아직 할 일이 많은 나에게 여행이 만만치가 않다. 그러나 여행은 때가 있다. 모든 일에 손을 놓고 한가하게 여행을 할 때가 그렇게 많지는 않을 것 같다. 여행도 기회가 오면 해야 한다.

오늘 이○○ 장군과 안보강사 세미나 불참을 연락하며 무척 기분이 상했다. 세미나에 참석하지 않는다고 얼마나 나무라는지 어이가 없었다. 차라리 규정 위반으로 전반기 강사 시간 미배정이라고 한마디 해 버리면 나을 텐데. 꼭 어린애 나무라듯 나무라는데 어이가 없었다. 다른 장군, 특히 선배가 그랬다면 그렇게 하겠는가? "윤 장군, 그렇다면 다음에 연구해서 나에게 연구 강의를 하시오. 여행 잘 다녀오시오"라고 했다면 좋았을 텐데. 15:30에 인천공항 버스를 타고 집을 떠났다. 10일간 집, 학교, 교회 모두 잊을까 한다. 지애 엄마와 마음껏 즐기고, 하나님이 창조하신 아름다운 세상을 마음껏 누리자. 모든 것 하나님께 감사한다. 몸과 마음의 피로를 씻고 영혼의 기쁨을 얻자.

✈ 2014년 2월 13일(목, 맑음) • 시드니 관광

오늘 여행 이틀째, 하루 종일 시드니 오페라하우스 및 시내를 중심으로 유명한 곳을 찾아다니며 즐거운 시간을 가졌다. 시드니 항구는 길이 24km 해운로를 따라 세워진 엄청난 규모의 항구다. 어제는 시드니를 둘레에서만 보고 별로라고 생각하면서 어떻게 세계 3대의 미항이라고 하는지 이해를 못 했으나 오늘 여기저기를 돌아보고 나의 생각이 싹 바뀌었다. 밖에서 보는 시드니 시내는 그냥 넓은 지역이고, 바다의 만으로 조성된 항구라고만 생각하였다. 그런데 시드니 항구는 시드니 시내를 중심으로 하여 바다, 공원, 주택가, 상가(대단위 고층 건물)들이 합쳐져서 어마어마하였다. 그리고 아름다웠다. 어디에서나 바다를 볼 수 있고 가파른 절벽이 있고 그 위로 계속 공원이 조성되고 아름다운 주택들이 계속되었다. 그리고 중앙

호주 시드니 오페라하우스

에 놓여 있는 호주 식민지 시대에 영국 군인 탐험대들이 머물렀던 그곳은 그대로 보존되고 heritage 영구보존지역으로 지정되면서 역사적 가치도 높았다. 그리고 부자 동네라고 하는 주택가를 둘러볼 때는 호주인들이 아름답고 검소하면서도 청결하게 도시를 가꾸는 모습을 볼 수 있었다. 또한 오페라하우스는 호주인들의 꿈이 크다는 것을 알 수 있는 대표적인 건물로 세계로부터 많은 관광객을 유치하기에 충분하였다. 오페라하우스에서 해변을 따라 조성한 왕립식물원 및 공원은 나의 마음을 더욱 사로잡았다. 미국에서도 보기 드문 모습이었다. 시내에 있는 100년이 넘은 성당도 장관이었다. sand 대리석으로 건축한 성당이다. 김재길 guide와 작별 인사를 하고 우리는 뉴질랜드로 향한다.

✈ 2014년 2월 15일(토, 비) · 뉴질랜드 밀포드 크루즈

04:30에 일어나 성경을 읽고 구보를 나갔다. 어제 차가 밀리던 도로는 텅 비어 있고, 나 혼자 자전거 길을 달린다. 날씨는 약간 쌀쌀하지만 그래도 기분이 좋다. 나 혼자 뛰기 때문에 더 기분이 좋다. 가볍게 땀을 흘리고 샤워를 하고 나니 다시 기분이 날 듯하다. 잠자는 시간은 나에게 큰 영향을 미치지 않는다.

아침 식사는 어디나 동일하다. international breakfast를 즐긴 후에 06:15 밀포드사운드로 달린다. 구불구불한 도로를 타고 우측에 호수를 끼고 달리다 보니 조그만 휴양도시에 도착한다. 휴양도시를 거쳐서 밀포드로 가는데 지금까지 보지 못했던 태고의 숲으로 들어간다. 빙하가 거쳐 갔다는 넓은 평야도 보인다. 점점 더 산속으로 들어가면서 나무숲도 더 깊어

뉴질랜드 밀포드 항구

지고 시냇물은 아무나 마실 정도로 깨끗하다. 호머 터널을 통하여 밀포드 사운드로 가는데 이 터널은 1936년에 굴착을 시작하여 1956년도에 완공되었다. 17년 동안에 눈이 녹아서 물이 들어오고 산사태가 나서 3명이 사망하는 등 어려움을 겪고 완공되었다. 터널을 지나고 나니 별천지가 전개되었다. 하늘을 깎아지르는 듯한 바위가 양측에 솟아 있고 비로 인하여 군데군데 폭포를 이루고 있다. 계속 내려오면서 약 30분 동안 절경을 이루다가 밀포드 항구에 도착하여 태평양 연안까지 크루즈 여행이 시작되었다. 비가 오고 안개가 끼어 주변의 산을 모두 볼 수는 없었지만, 전체적인 전망은 이루 말할 수 없이 장관이며 아름다웠다. 아마 나의 사는 날 동안 이 광경은 잊히지 않을 것 같다. 다시 테아나우 시내에 도착하여 여장을 풀고 산책을 하였다. 그야말로 조그만 빙하 도시였다. 호텔에 여장을 풀고 호숫가를 따라서 지애 엄마와 산책을 하며 호젓한 시간을 많이 갖는다. 내일 아침 예배를 07:00에 드리기로 하였다. 01:00까지 설교를 준비하였다. 다행히 설교는 중단되지 않았다. 내일 아침 8명이 예배를 드린다. 뜻이 있는 곳에 길이 있다.

✈ 2014년 2월 17일(월, 맑음) • 김대원 동기생 방문

여행 6일째. 오늘 뉴질랜드 남섬 여행을 마치고 북섬 오클랜드로 이동하였다. 퀸스타운에 너무나 많은 감동을 받았기 때문에 서운하였다. 아쉽다. 또다시 여기에 영영 오지 못할 것 같은 생각이 들기 때문이다.

퀸스타운 공항을 떠나기 전에 리마커블(Remarkable) 마을에 들러 shopping을 하며 양초유, 녹용 등을 소개받았다. 우리는 아무것도 사지 않았다. 너무나 상술적이라 여행자들에게 손상이 될 것 같다.

오클랜드에 도착하니 13:30. 남섬과는 많이 다르다. 인구 120만 도시로서 뉴질랜드 인구의 1/3이 살고 있다 한다.

날씨가 더 덥고 꼭 하와이나 유럽에 온 기분이다. 식당에서 스테이크 오찬을 하는데 맛도 있고 양도 많다. 미셸 죠셉 공원은 우리나라에서 보기 힘든 공원이다. 미셀 죠셉 노동부 장관(1940년대 뉴질랜드 노동당)이 사회 복지를 위하여 일한 공로가 크기 때문에 이를 기념하기 위한 동상을 태평양 연안의 바다(밀키블루 색)의 언덕 위에 세웠다. 주변 언덕에 잔디가 $300 \times 400m^2$ 정도는 될 듯하다. 이어서 Bay Shore 해수욕장을 구경하였다. 대단한 광경이다. 100년 전에 이곳에 공원 조성을 하였고 이를 기념하기 위한 조그만 기념비를 설치하였다. 이러한 공로자들이 지금의 뉴질랜드를 만들어 간 것이다.

뉴질랜드를 가꾸어 온 선진들이 위대한 나라를 만들기 위하여 정성을 다하였고, 그들은 분명히 독실한 기독교 사상에 바탕을 두고 이루었다. 시내에서 장어구이 식사를 하고 Rose Park Hotel에 투숙하였다. 호텔은 어디 가나 마음에 든다. 김대원 동기생(오클랜드 주거, 이민)이 찾아와서 같이 자기 집으로 왔다. 매우 큰 저택이었다. 1300평 대지 위에 약 200평 규모의 저택이다. 놀라웠다. 그동안 지내 온 이야기를 나누며 24:00까지 시간을 보냈다. 뉴질랜드로 이민 와서 성공한 case다. 하나님께 기도드렸듯이 꼭 하나님을 영접하길 기도한다.

✈ 2014년 2월 20일(목, 맑음) • 호주 · 뉴질랜드 여행 종료

시드니에서 마지막 밤을 보냈다. 추억에 남을 밤이었다. 아름다운 밤이었다. 새벽 5시 20분에 일어나 화장실에 들어가서 성경을 읽고 기도를 한 후 호텔 앞에 있는 비치에서 30분 동안 6km를 뛰고 나니 땀이 많이 난다. 멋있는 여행자다. 멋있는 인생이다. 남들이 상상하기 어려운 아름다운 여행이자 삶이다. 하나님께서 특별히 나를 사랑해 주셔서 주시는 기쁨이다. 감사와 감사의 연속이다. 시드니 공항을 떠나오는데 왠지 섭섭한 마음이 든다. 호주, 뉴질랜드의 아름다움에 너무나 빠져 있다가 떠나기 때문인가 보다. 다시 한번 언젠가 오고 싶다. 그땐 지애 엄마와 지애와 재원이 식구들과 같이 오고 싶다. 같이 모여서 경건한 예배의 시간도 갖고 싶다. 하나님은 이러한 나의 기도를 들어주실 것이다. 네가 믿고 구한 것은 받은 줄로 여기라고 말씀하셨다. 이를 위한 환난과 인내와 단련과 소망의 과정은 이어질 것을 믿는다. 때를 기다리자. 너무나 성급하지 말자. 오히려 기도에 게으르지 말자. 9시간 반의 비행. 난 이 시간이 행복한 시간이다. 마음껏 성경을 읽고, 기도를 하고, 일기를 쓰고, 내일을 계획할 수 있다. 가져 보기 힘든 시간이다. 이번 여행을 돌이켜 보는 시간이기도 하다. 주일예배 준비도 한다. 시드니 공항에서 채영이와 수현이의 선물을 샀다. 채영이가 사다 준 원피스를 입고 얼마나 좋아할까 생각하니 흐뭇하다. 지애 엄마와 1년에 최소한 1번은 여행하자. 앞으로 30년을 살면 30번 여행을 할 수 있다. 여행비는 꼭 비축해 두자. 성지 답사도 하자. 집에 도착하니 채영이가 가장 기쁘게 반겨 준다. 채영이가 선물을 받고 기뻐한다. 이번 여행을 허락하신 하나님께 다시 한 번 감사의 기도를 드린다. 즐겁고도 기억에 남을 만한 여행이었다.

✄ 2014년 3월 4일(화, 맑음) • 다양하고 힘찬 삶

하루하루가 즐거움과 소망과 업무 성취의 연속이다. 오늘은 ICS 조찬 기도회, 이삭방송 준비(주간 뉴스), 연구 과제, 합의각서 서명, 재원이 회사 방문으로 쉴 새 없이 움직였다. 귀가해서 지애 엄마와 2시간을 같이 보내려고 마음먹었으나 채영이를 데리고 E-mart에 놀러 가는 것으로 바뀌었다. 졸리는 채영이를 억지로 데리고 갔더니 cart에서 잔다. 자는 모습이 무척 귀엽다.

나의 삶이 너무나 다양하다. 이제는 나의 바쁜 삶은 피곤해하기보다는 즐겨야 한다. 운동선수와 star들도 미친 듯이 자기의 일을 즐긴다고 한다. 따라서 나도 바쁜 나의 삶을 즐기며 사는 것이다. 여기에서 보람을 찾는다. 남들이 갖지 못하는 능력을 가졌다고 생각한다. 효과적으로 지혜롭게 시간 계획을 짜고 빈틈없이 해 나가는 것이다. 여기에다가 적당한 휴식 시간도 포함한다. 지애 엄마의 불만을 없애는 것이 급선무다. 하루에 1시간은 가정에서 식구들과 어울리는 것이다. 이때만큼은 아무런 계획도 갖지 말자. 충분히 할 수 있다.

그리고 오래 지속하기 위해서는 건강을 유지해야 한다. 과로하지 말자. 스트레스를 줄이자. 그리고 하루 30분 정도는 항상 참신한 생각을 갖는 시간을 갖자. 이것이 바로 멋있는 인생이 아니겠는가.

나는 목사다. 복음을 전하는 것이 가장 중요한 일이다. 적어도 낙원교회와 Joeun System에서 설교만큼은 정성을 다하여 준비하자. 아무튼 모든 것을 즐기며 산다. 일이 많은 것을 자랑스럽게 생각한다. 더욱 힘차게 살아가자. 웃음을 잃지 말고 살자.

✤ 2014년 3월 25일(화, 맑음) • 한국관광대학 초빙강의

바쁘게 하루를 보냈지만 한 가지 큰 실책을 하였다. 관광대학에서 교육을 마치고 빨리 귀가하여야 했는데 시간이 지체됨으로 지애 엄마, 채영이가 같이 가지 못하고, 또한 1시간 늦게 도착하였다. 순간의 착오가 엄청난 결과를 초래한다. 항상 지금 하는 일이 맞는지 한번 의심해 보아야 할 것이다.

이제 나이가 들어 감에 따라 망각률이 높아지고 민첩성이 줄어든다는 것을 생각해야 한다. 1시간 늦게 도착하니 새얼신우회에서 말씀을 전한 학군 14기 목사님의 말씀을 들을 수 없고 사진 찍는 것도 소홀하였으며 아무래도 객이 되어 버린 느낌이었다. 관광대학에서 충분히 일찍 출발할 수 있었는데……. 채영이와 여행도 없어지고 지애 엄마와의 약속도 깨어지고 신우회 총무에게 한 약속도 지키지 못했다. 근래 들어 최고의 실수였다. 여기에다가 바빼 차를 달리다 보면 사고의 우려도 커진다. 앞으로 시간 관계에 더 관심을 갖자. 하루 일과를 작성하여 체크하면서 시간을 보내야 한다. 그래도 오늘 관광대학에서 20대의 젊은 학생들에게 1시간 15분 동안 열강을 하면서 그들에게 군인의 길을 담대하게, 멋있게 펼쳐 나갈 것과 특히 하나님을 믿고 살아가는 것이 얼마나 소중하다는 것을 일깨워 주었다. 학생들의 인생관에 도움이 되었기를 바란다.

오늘 강의 기회를 준 동기생 송수근 교수에게 감사드렸다. 나중에 감사의 표시를 하도록 하자. 오늘 신우회 모임도 매우 좋았다. 믿음의 친구들이 교제를 나누는 것은 하나님이 기뻐하시는 일이기 때문이다. 그런데 속이 불편하여 식사 시간에 기분이 썩 좋지 않았다. 급하게 달려오면서 졸음을 막기 위해 땅콩을 많이 먹은 것이 속을 거북하게 한 것 같다. 오는 길에 장용관, 전선제 부부를 태워다 주었다. 조그만 도움을 줄 수 있어서 좋았다.

✽ 2014년 4월 1일(화, 맑음) • ICS 조찬기도회

4시 50분에 눈이 뜨여 일어났다. 피곤이 많이 풀리고 기분도 좋았다. 오늘은 ICS 조찬기도회가 있는 날이다. 부랴부랴 옷을 갈아입고 1570번을 탄다.

예배시간 10분 전에 도착하였다. 그런데 오늘 아침에 기쁨이 샘솟는 듯하였다. 채영이의 쌔근쌔근 자는 모습, 새벽을 깨우며 달리는 버스, 학교에 도착했을 때 만개한 벚꽃 등이 모든 것을 아름답게 한다.

도심 건물 사이로 떠오르는 태양도 멋있었다. 스마트폰을 꺼내서 바로 사진을 찍는다. 조찬기도회도 무척 편안하고 은혜로웠다. 우리 이삭방송과 낙원교회를 위하여 기도할 때는 나도 모르게 "아멘, 아멘"이 절로 나온다. 그리고 오늘 아침에 찍었던 3장의 사진을 카페에 올리기도 하였다. 어머님을 뵙고 오니 또한 기분이 좋다. 무척 서운해하시며 나를 보낸다. 97세의 어머님, 비록 거동은 못 하시지만 정신은 맑다.

마지막으로 정책연구관사무실에 가서 금요일 연합사 방문을 협조하였다. 그리고 MSO 사무실에 들러서 Joeun System 목요예배 순서지를 작성하였다. 오늘은 아무리 생각해도 모든 일이 순조롭고 이상하게도 기분이 좋았다. 샘솟는 기쁨을 맛본다. 저녁에는 지애 엄마, 채영이와 산책을 하고 인형 놀이를 한다. 내일 새벽엔 설교문을 작성한다. 그리고 밀린 일이 이어져 옴에 부담감을 느끼기보다는 스릴을 느낀다.

✣ 2014년 4월 8일(화, 맑음) • 박공순 이삭방송 PD

어제도 깊은 잠을 이루지 못했다. 새벽에 할 일을 남겨 놓으니 계속 일어나는 생각을 하다 보면 꿈속에서도 일어나는 꿈만 꾸는 것이다. 어젯밤 꿈속에서도 일어나는 내가 막 나무라는 꿈을 꾸었다. 꿈과 현실과는 동떨어지니까 큰 의미는 없다. 그런데 준장에서 소장을 기다리던 때 내가 진급이 다 되는 줄 알았는데 꿈속에서 진급을 하지 못해서 무척 아픈 꿈을 꾸고 그것이 현실로 이루어지면서 나는 꿈을 다시 생각하기로 하였다. 아무튼, 사람들은 어려울 때 꿈에라도 좋은 일이 이루어지기를 바란다.

그러나 가장 확실히 의지할 분이 한 분이 있으니 바로 하나님이시다. 세상은 모두 사라져 간다. 지금 현재는 모두 과거로 바뀌어 가며 별 의미가 없게 된다. 이 세상의 모든 삶은 오직 하나님을 바라며 살아가는 것이다. 너무나 실망할 것도 없다. 너무나 마음 아파할 것도 없다. 차라리 내가 그들을 위하여 간절히 기도하는 것이다. 오늘은 새벽에 집에서 3시간, 그리고 학교에서 4시간 동안 이삭방송 1주년 기념 특집을 만들기 위한 시나리오를 작성하였다. 18:00에 모두 완성하였다. 기분이 무척 좋다. 일을 끝낸다는 것, 그리고 나의 계획대로 1주년 특집을 제작한다는 것도 기대가 된다. 일을 만들어서 시간에 쫓기고 힘들다고들 생각한다. 사실 맞는 말이다. 그렇다고 편안히 쉬기 위하여 일을 만들지 않고 안일하게 하루하루 살아간다면 어떻게 될까? 기도할 일도 없을 것이다.

박공순 원우님의 충실한 근무 자세에도 감사하는 마음이다. 세상에 좋은 사람들이 얼마나 많은데 그냥 지나치고 마는 것이다. ICS의 동문들을 귀하게 생각하자. 비록 마음에 들지 않더라도 나를 뒤돌아보며 누구도 내가 원망하거나 꾸짖지 말자.

✣ 2014년 4월 16일(수, 맑음) • 이삭방송 1주년 감사예배

꿈은 반드시 이루어진다. 나를 두고 하는 말이다. 모든 꿈이 이루어지는 날이 있다. 궁리 끝에 이렇게 시간을 계획하였는데 모두 이루어졌다. 어렵게 계획한 이삭방송 1주년감사예배를 드렸다. 최정만 교수님이 말씀을 전하고, 남양우 부총장님이 축도를 하고, 김웅 이사장님이 축사를 하였다. 그리고 공로자들에게 message와 함께 〈Son of God〉 영화를 볼 수 있는 티켓을 구입할 수 있는 문화상품권을 선물하였다. 그리고 생각지 않게 준비한 이삭방송 방영을 빔프로젝터를 이용하여 시연하였다. 이정태 동문도 참석하여 모든 것이 뜻대로 되었다. 그리고 이어서 이삭방송 발전토론회도 가졌다. 최 교수님과 방송전문가 박준식 씨도 참여하여 나의 계획대로 모든 인원이 참석하였다. 기대 이상이었다.

그리고 1주년 회고를 위한 녹음을 보면서 나는 다시 지하철을 타고 낙원교회로 향했다. 6시 40분에 교회에 도착하여 감사기도를 드리고 예배 준비를 하였다. 오늘은 오히려 다른 때보다 더 많은 8명이 예배에 참석하여 준비해 온 〈우리는 왜 예수님을 믿는가?〉라는 제목으로 열정적으로 전했다. 장로님까지 참석하여 세례식 준비도 하였다. 그리고 주일 주보 준비까지 하였으니 모두 다 이루었다. 저녁에 내일 Joeun System 예배 준비를 하고, 시간을 내어 다음 목요일 발표 준비까지 한다. 하루에 이 많은 일이 차질 없이 이루어지는 것은 기적이다. 하나님이 이루어 주시지 않는다면 이것은 불가능하다. 나의 능력이 아니라 하나님이 이루어 주신다. 앞으로도 이루어 주실 줄 믿는다. 나의 기도는 모두 이루어 주실 것을 믿는다.

✣ 2014년 5월 16일(금, 맑음) • 어머님 방문 기도

O2oxus라는 회사(산소배출기 생산 회사)에서 연락이 와서 일단 나가 보기로 하였다. 세상은 속고 산다 하지마는 그래도 한번 믿어 보기로 하였다. 여자 대표이사의 말을 믿는 것이다.

56사단 218연대 3대대에서 안보강의. 홍익대학교 학생 예비군들에게 2시간 열강을 하였다. 아예 지하철로 움직이니 교통비는 들지 않는다. 한 달에 150~180만 원의 수입이라면 적은 것도 아니다. 특히 400명의 젊은 대학생들에게 국가안보교육을 하고 그들에게 나의 인생 교육을 하는 것은 매우 값진 시간이다.

이렇게 열심히 강의하는 강사도 많지 않을 것 같다. 내가 열심히 살아온 결과를 결산한다는 생각이 든다. 어떤 고위 공직도 부럽지 않다. 여기에다 목사로서 장병들에게 복음을 전하는 것에 사람들이 무척 부러워하기도 한다.

나의 후반 인생이 무척 빛나게 살아가고 있다. O2oxus도 잘 하면 판매해 볼 가치가 있으리라고 생각이 드는 것이다.

어머님을 찾아뵈었다. 눈물을 글썽인다. 손뼉을 치며 찬양을 하고 두 손을 잡고 기도한다. 이제는 어머니가 꼭 하나님을 떠나지 말라는 당부의 말을 하신다. 나의 기도가 이제 결실을 맺는가 보다. 어머님 영정사진도 찾았다. 이제는 귀찮아서 그만 살고 싶다고 하신다. 사람의 살고 죽는 것이 하나님 손에 달려 있으니 어찌 돕겠습니까?

✖ 2014년 5월 20일(화, 비) • 안보강의 실습(부산 · 울산)

06:00에 광명역으로 이동하여 KTX를 타고 부산으로 갔다. 오늘 53사단에서 안보강의를 하기 위해서다. 그런데 부산역에서 동원과장을 찾으니 없다. 나중에 알고 보니 동원과장은 울산역에서 나를 기다리고 있었던 것이다. 너무나 어이없는 일이었다. 동원과장과 내가 서로 의사소통이 되지 않은 것이다.

너무나 당황하여 여기에서 바로 조치를 취하지 못했다. 시간을 2시간 늦춰서 교육하기로 하였으니 다시 KTX로 울산으로 갔으면 되는데 택시를 타고 부전역으로 가서 새마을호를 타고 가려고 했으나 금방 출발하는 열차가 없어서 다시 택시를 타고 울산까지 가기로 하였다. 처음에 택시를 타고 바로 갔으면 5만 5천 원에 갈 수 있었는데 부전역으로 와서 확인하는 바람에 택시비 7천 원, 그리고 울산 택시비를 6만 원으로 바꾸어서 결국 12,000원 손해를 또 보게 되었다.

나의 부족함과 어리석음의 극치를 이루는 날이었다. 나이가 먹어서 순발력이 없어서일까? 앞으로 매사에 더 철저하게 확인하자. 꼼꼼하여야 하는 것과 급박한 순간에 대응하는 순발력도 키우는 것 등 많은 것을 깨닫는 기회가 되었다. 그래도 교육을 모두 마치고 울산에서 KTX를 타고 광명으로 향했다. 내가 나이를 먹었다는 것을 항상 염두에 두어야 한다. 그리고 너무나 급하게 살지 않도록 시간 계획을 여유 있게 수립하자. 항상 일어날 수 있는 우발 상황에 대비하도록 하자.

그래도 집에 오니 채영이와 지애 엄마가 반겨 준다. 나의 사랑스러운 사람들이 있어서 그래도 행복하다.

✖ 2014년 6월 8일(일, 맑음) • 설교의 욕심

04:00에 눈이 뜨인다. 이상하게 깊은 잠이 오지 않는다. 설교 준비를 마치지 않아서 부담이 가기 때문인가 보다. 이번 설교 준비 시간 계획이 온전하지 못했다. 앞으로 최소한 금요일까지는 모두 완성하고 토요일은 하루 종일 설교 연습을 몇 번 해야 한다. 난 너무나 시간에 쫓기며 급히 준비한다. 설교 몇 분 전까지도 계속 설교문을 작성하고 있으니 강단에 올라가면 성도들을 완전히 lead하기 어려운 것이다. 이것은 복음을 전하는 하나님의 기름 부음 받은 자의 자세가 아니다. 이러한 면에서 과연 내가 시간을 잘 보내고 있는지 다시 한번 생각해 볼 일이다. 그래도 04:00부터 05:00까지 교회에서 통성으로 기도를 드렸다. 이어서 설교 준비를 마무리 하였다. 그리고 PPT까지 준비하고 나니 08:00다. 사실 여기에서 아침 식사를 넘기면서까지 강단에 올라가서 예행연습을 했어야 했다. 그런데 나는 연병장으로 달리기를 나갔다. 말씀보다는 몸을 먼저 생각한 것이다.

하나님을 우선으로 하며 살아가는 것은 목회자의 철학이어야 한다. 그래서 시간 계획을 잘 세우고, 말씀을 전할 준비를 최우선으로 이루어야 하는 것이다. Joeun System에서 말씀을 전할 때는 성도들의 시선이 집중한 가운데 은혜롭게 전할 수 있는 이유도 주일예배 시에 한번 온전하게 말씀을 전하며 시행착오를 했기 때문이다. 이제부터라도 충분한 시간을 가지고 말씀을 준비하고 불필요한 PPT 제작 시간을 줄인다. 앞으로 말씀에 목숨을 걸도록 한다. 1주일에 3번의 말씀을 전해야 하는 것, 그리고 어디에 어떤 말씀을 전하더라도 분명히 살아 있는 말씀을 전한다. 목회자가 말씀 전하는 욕심보다도 더 큰 욕심이 어디 있겠는가?

✹ 2014년 6월 29일(일, 맑음) • 신동택 목사 설교

오늘은 우리 낙원교회가 휘황찬란하게 빛나는 날이었다. 신동택 목사님이 말씀을 전하고, 조성준 사장 내외와 아들 2명이 점심 식사 봉사를 하였으며(감자탕, 뼈해장국) 본부포대장과 여군 황 소위와 김이삭 소위가 등록을 하였다. 그리고 찬양경연대회가 흥미롭게 진행되고 황 소위가 심사 발표까지 하였다.

그리고 새신자교육(4명)과 오후찬양예배는 내가 준비하여 말씀을 전했다. 정신없이 지나갔지만 매우 짜임새가 있었다. 신 목사님과 본부포대장, 황·김 소위도 우리 교회에 대한 인식이 좋았다.

한꺼번에 모든 것을 이루시는 하나님이시다. 피아노 반주와 찬양 인도(기타 반주)는 군의관 가족과 군의관이 하였다. 하나님은 나의 기도를 이렇게 하나하나 들어주신다. 언젠가는 우리 교회의 젊은 형제들을 위하여 대학생 찬양팀이 만들어지고 이쁜 여자 전도사 한 분이 올 것이다. 그리고 양육을 위한 교사가 배치된다. 더 큰 소리로 기도할 것이다. 내가 기도하지 않아서 지연된다. 이제 우리 교회를 소개하는 팜플렛을 만든다. 교회 SOP도 만든다. 교회 소개 책자도 만들고 간증록도 더 작성할 것이다. 그리고 그 간증록은 내가 아는 모든 사람에게 배포될 것

낙원교회 세례식

이다. 본격적인 전도가 시작된다. 대혁명이 일어난다. 이를 위해 기도하는 신 목사님과 어제부터 이틀 동안 잘 보냈다.

앞으로 제주도에서 신 목사님의 시대가 이루어질 때가 올 것이다.

저녁에는 온 식구들이 처가에 모여서 조그만 잔치를 베풀었다.

✤ 2014년 6월 30일(월, 맑음 / 대구 비) • 담양 안보강의, 고향 장성 방문

오늘은 먼 길로 여행을 떠났다. 31사단 담양에 있는 동구대대에서 조선대학교 학생들을 대상으로 3시간 동안 안보강의를 하였다.

먼 길을 떠나서 바람도 쐬고 모처럼 장성 고향에도 한번 가 볼 수 있어 기다렸다. 광주역에서 담양으로 이동하여 부대에 도착할 때까지 기분이 좋았다. 강사료 30만 원까지 받으면서 이렇게 고향에도 가 보고 형제들도 만날 수 있으니 얼마나 좋은가? 내일, 모레는 영천에서 또 2시간씩 강의를 하니 3일간 90만 원 강사료를 받는 것이다. 그리고 오가는 이동 시간에는 그동안 소홀했던 성경 읽기도 할 수 있다. 무엇보다도 바쁜 일정에서 잠깐 떠나 있는 것 같아서 마음도 평안해진다. 강의는 역시 감동적이었다. 마지막 5분간은 나도 흥분될 정도로 열강을 한다. 그리고 박수갈채를 받는다. 과연 얼마나 많은 학생 예비군이 받아들일지 모르지만 분명 효과적인 교육이다.

교육을 마치고 장성 동생 영덕이에게 갔다. 수박 한 덩이를 사 가니 누나와 영덕이가 반갑게 맞아 준다. 영덕이 차를 타고 동네 마을을 한 바퀴 돌고, 시골 우리 집도 한번 구경하였다. 사람이 살지 않으니 금방 집이 폐허화된다. 이 세상 모든 동식물은 하나님께 영광을 돌리고, 우리 인간에게 유익을 주기 위하여 하나님이 창조하셨다. 누님과 같이 대구 누나네 집으로 향했다. 매형이 반갑게 맞아 준다. 보기보다는 더 다정하게 살아가는 것 같다. 모처럼 일찍 잠자리에 들며 안식을 구한다. 내가 만난 모든 사람에게 기쁜 소식을 전하고 싶다. 그래서 나의 조그만 간증 집이 필요하다.

✼ 2014년 7월 1일(화, 맑음) • 누나와 동행(대구)

어제 집으로 가려다가 누나와 함께 대구로 향했다. 누나 집에서 잠을 자고 일찍 영천으로 가기로 결심했다. 이렇게 우리의 계획은 예상치 않게 바뀌고 더 좋은 길로 간다.

어제 곤히 잠을 자고 05:30에 눈이 뜨였다. 모처럼 6시간 30분 동안 잠을 잔 것이다. 누나네 집에 갑자기 왔지만 깨끗하게 정돈되어 있고, 누나와 매형, 윤석이도 생각보다는 평화롭게 살아가고 있다. 그리고 이번에 광주에서 대구로 와서 누나네 집에서 하루 지내기를 잘 했다. 매형과 누나랑 같이 앉아서 기도를 2번이나 했다. 씨앗을 뿌려야 한다. 이제 본격적으로 전도해야 할 때가 왔다. 하나님의 말씀을 전하지 않으려면 뭐 하려고 목사 안수를 받았는가? 때를 얻든지 못 얻든지 복음을 전하라고 하였다. 새로운 생각이 떠올랐다. 전도 책자 또는 팜플렛을 제작하는 것이다. 나의 걸어온 길은 조그만 책자로 만든다. 간증서다. 나의 삶을 진솔하게 기록하여 전해 주는 것이다. 나를 아는 사람들은 쉽게 이해할 것이다. 일기도 포함된다. 나의 그동안 일기를 쓴 실력을 동원하는 것이다. 대 역사가 이루어진다. 이를 위하여 하나님은 나를 준비시킨 것이라 본다. 그리고 이 전도 책자를 들고 전도 여행을 떠난다. 발길이 닿는 데까지 간다. 이번 여름에 준비해 보자.

영천으로 이동하여 50사단 122연대 2대대에서 2시간 안보강의. 대구대학교 학생 예비군들에게 강의를 하는데 수강 자세가 매우 좋다. 나도 모르게 흥분되어 열광적으로 강의를 하였다. 전도도 했다. 동대구역으로 이동하여 성경 읽기와 밀린 일을 처리하고 김인규 동기생을 만나서 김인규 집으로 갔다. 오늘 1박을 하기로 미리 약속을 하였다.

✼ 2014년 7월 13일(일, 맑음) • 문인수 목사 설교

04:30에 눈이 뜨여 모처럼 성경을 10장 읽고 본당에서 소리 높여 통성 기도를 하였다. 목사가 예배당에서 기도 소리가 너무 부족한 것이다.

그래서 성도가 많이 나오지 않는다고 하나님을 원망하거나 대대장에게 서운해할 것도 없다. 내가 앞으로 가장 노력해야 할 것은 전방 대대 군 협동목사로서 대대 신앙생활의 방향을 돌리는 것이다. 하나님께 도움을 청하며 기도하며 옳은 방향으로 전환하는 것이다.

8월 말을 기점으로 큰 변화가 올 것이라 생각한다. 드디어 준비하며 기다렸던 문인수 목사(고교 동창)를 초청하여 주일예배를 드렸다. 우리 교회보다도 문 목사에게 매우 의미 있는 날이다. 목사 안수 후에 공식적인 설교는 처음인 것이라 생각된다. 친구를 배려해 주는 마음이었다. 내가 도울 수 있다면 많이 돕도록 하자. 대대장, 포대장에게 수차례 전화를 했지만, 실제 예배 참석 인원은 50명 선으로 저조한 편이었다. 이제 70명 선을 유지하는 것도 힘들어졌다. 신병들을 면담하고 전도하는 방향, 그리고 양육을 통하여 성도들을 붙잡아 두는 전략이 필요하다. 이제부터 제2단계 작전을 수립하여 실시하도록 하자. 여기서 물러설 수는 없는 것이다. 분명히 하나님께서는 좋은 길로 인도하여 주실 것이다. 영화(〈Son of God〉)도 매우 좋았고, 20여 명 시청을 하였다. 교회 저변을 쌓아 가는 것이다. 간부들(군의관, 김 소위, 황 소위)과 연대하여 낙원교회 부흥을 위하여 힘써 나가자.

이현 대위가 찾아와서 진급 낙선의 아픈 마음을 위로를 해 주었다. 이 대위를 위하여도 기도 많이 하도록 하자.

✲ 2014년 7월 18일(금, 비 → 맑음) • 손자들을 찾아서

2박 3일의 수련회는 막을 내리고 한 주의 마지막 날을 맞는다. 분명히 수련회는 없었던 것보다 낫다. 아무것도 없는 것보다는 실패작이라도 있는 것이 낫다. 짧은 인생에서 굳이 안일하게 여유 부리며 살 필요는 없는 것이다.

5시에 눈이 뜨여 포병학교 연구 과제를 정리한 후 오전에 종결 및 발송하였다. 나의 일정대로 이루어진다. 부족한 부분은 송승석 장군이 보충하였다. 여호와 이레라고 한다. 여기까지 주님이 이루어 주신 것이다.

오후에 지애 엄마가 퇴근하자 바로 수현이네 집(아들 재원)으로 향했다. 모처럼 손자를 보러 간다. 승현이 둘째 손자는 2번째다. 할아버지가 우리 손자들에게 너무나 무관심한 것 같다. 앞으로 나의 믿음의 후계자들이 될 것이다. 그리고 이를 위하여 죽어라고 기도하며 응답을 기다린다. 분명히 하나님은 나의 기도를 들어주실 것을 믿는다.

수현이를 집으로 데리고 왔다. 생각보다 눈치가 빠르다. 나중에 내가 장난으로 나무랐더니 어느새 눈치를 채고 눈물을 뚝뚝 떨어뜨리며 운다. 멍청이는 아닌 것 같다(ㅋㅋ). 승현이의 자는 모습도 사랑스럽다. 저녁에 수현이, 채영이를 말을 태워 주는 나의 모습이 무척 행복하다. 하나님께서 나와 우리 지애 엄마에게 주는 축복이다. 국방부 이발소에서 이발을 하였다. 모든 잡념을 털어 버린 것처럼 시원하다. O2oxus 회의에 참석하였다. 김정숙 대표이사께서 회의를 주관한다. 이제는 이 회사에 뭔가 도움을 주고 싶다. 그리고 희망을 심어 주고도 싶다. 군납의 길을 터 주고 싶다. 가능성이 있다.

저녁에는 지애 생일 party를 하였다. 피자집에서 성대하게 식사를 하였다. 오붓한 우리 집이다. 부디 우리 아이들이 하나님께 돌아오기를 간절히 기도하며 기다린다.

첫 손자 수현이, 둘째 손자 승현이

✖ 2014년 9월 6일(토, 맑음) • 재원이와 테니스

오늘은 재원이가 방문하였다. 모처럼 지애, 재원이 식구와 함께 식사하였다. 식사 전에 재원이, 지애 엄마와 함께 모처럼 테니스를 하였다. 지난번에 이어서 2번째 운동이다. 지애 엄마와 한 팀이 되어서 재원이와 시합을 하는데 6 대 2로 지고, 재원이와 단식을 하는데 6 대 0으로 완패하였다. 재원이의 실력을 인정하였다. 재원이는 기분이 좋고 흥이 난다.

식사할 때 내가 기도를 하니 아무 대꾸 없이 기도한다. 이 모든 것이 하나님의 도우심이라고 믿는다. 하나님께서 나의 기도를 들어주신다. 언젠가는 지애, 재원이도 나의 기도대로 다시 돌아올 것을 믿는다. 어떤 상황을 만들어 주실지 모르겠다.

오후에는 낙원교회에서 보내면서 청소를 하고, 신병 1명 면담을 하였다. 이것이 나의 최대의 보람이었다. 한 명의 영혼을 구원하는 것이 천하를 얻는 것보다도 낫다고 하였다. 모든 일을 마치고 8km 구보를 하는데 호젓한 도로를 따라서 홀로 뛰어가는 나 스스로를 자랑스럽게 한다. 식사 후에 목양실에서 설교를 준비한다. 감사하는 마음에 눈물이 날 것 같다. 하나님 보시기에 좋았더라. 일찍 잠자리에 들었다. 내일 새벽에 2편의 설교를 마무리하고 PPT를 만든다. 그대로 편안하게 잠자리에 들었다.

✹ 2014년 9월 18일(목, 맑음) • 장인 구순잔치 영상 제작

계속 일이 누적되는 가운데 많은 잠을 자고 시간을 보내고 있다. 그런대로 어젯밤에는 교회에서 깊은 숙면을 취하였다. 그리고 오늘은 한 번도 졸리거나 피곤한 적이 없었다. 내 몸 하나 내가 감당하지 못한다. 모든 것 하나님께 맡기고 하루하루 살아가는 것이다.

오늘 Joeun System 회사 조찬기도회에는 회장님 포함 10명이 참석하였다. 지난 주일에 한 번 말씀을 전했지만, 오늘 설교는 전번과는 달리 무척 은혜로웠다. 사실 주일 낮 예배만큼은 모든 것이 준비되어 있어야 한다. 10번 이상 말씀을 보며 강단에서 연습하여야 한다. 그리고 설교에 대한 참고서도 보고, 유명한 설교자들의 설교문도 읽고, 그리고 설교를 많이 듣도록 하자. 그리고 내 style의 설교를 만들어 가자.

설교 후에 MSO에 들러서 장인 구순 잔치 영상을 제작하였다. 오늘까지 편집을 마치고, 내일은 오후에 다시 와서 음향 및 애니메이션을 준비하기로 하였다. 1주일 내내 많은 시간을 뺏기기는 하지만 그래도 아깝지는 않다. 장인, 장모님께 모처럼 사위 노릇을 하고 구순 잔치를 빛내기로 했다. 그냥 밥만 먹고 헤어진다면 너무나 단조로울 것 같아서 영상을 제작한 것이다.

결심은 쉬웠지만 결과를 보기는 쉽지 않았다. 그래도 기대가 크다. 나의 특기를 한번 여기에 적용해 보는 것이다.

기대가 없는 인생은 무미건조할 것이다. 하나님을 찾고 경배를 드리는 것은 가장 풍성한 삶을 살아가는 길이다.

밤늦게까지 준비하였다. 그래도 피곤치 않다.

✣ 2014년 9월 20일(토, 맑음) • 장인 구순잔치

오늘은 최근 바쁜 업무 중에서도 가장 큰일을 처리하는 하루였다. 장인 구순 잔치의 주역을 맡았다. 내가 자원하여 장인 구순 기념 영상을 제작하였고, 또 지애 엄마의 제안으로 내가 2시간 반 동안 진행을 맡았다.

손님들이 한 분씩 모이기 시작하더니 18:40에 모두 도착하였다. 드디어 내가 사회를 시작하면서 행사는 거행되었다. 장인 인사말, 아들 태균이 처남 인사, 그리고 채영이 꽃다발 증정, 이어서 내가 3일을 꼬박 준비한 영상 시청으로 이어졌다. 영상 9분을 마치고 나니 박수를 많이 치고 우수한 작품이라며 칭찬을 한다. 나는 오히려 태연했다. 그냥 할 일을 한 것뿐이다. 식사 후에 가족 축하 인사 및 축가 순서. 재원이가 첫 퀴즈를 맞히면서 유머도 병행하며 축하 인사 및 축가가 계속되었다.

장인 김형용 선생 구순연

메모한 대로 골고루 기회를 주었다. 지애 엄마는 노래를 안 한다고 사양하더니 강요하여 시키자 기다렸다는 듯이 마이크를 잡는다.

순간순간의 코믹이 분위기를 재미있게 만들었다. 하나님께서는 나의 기도대로 모든 행사를 유쾌하게 마치게 했다. 무엇보다도 기쁜 것은 내가 하나님 이름으로 감사의 기도를 드린 것이다.

✼ 2014년 9월 30일(화, 흐림) • 새얼신우회 예배

모처럼 집에서 쉬면서 설교 준비를 하였다. 이제는 집에서 쉬는 시간이 행복한 시간이라고 생각된다. 성경을 읽고, 책을 읽고, 말씀을 준비하는 시간이 더없이 행복한 시간이 된다. 목회자의 길을 가고 있기 때문일 것이다. 벌써 동두천 낙원교회 생활에 2년이 다가오고 있다. 먼 길을 오가며 2년을 지낸다. 그런데 멀다고 생각하지 않고 오가는 시간을 즐겁게 보내고 있으니 하나님이 주시는 은총이다. 그리고 낙원교회에 있는 시간이 또한 편안한 마음을 주고 있으니 내가 낙원교회를 맡는 것은 나의 뜻이 아니요 하나님이 주시는 특별한 사역이다.

모처럼 10km를 뛰었다. 그런데 10월 말 풀코스 마라톤을 목표로 하고 벌써 30km를 한 번 뛰어야 했는데 계속 미루고 2~3일 구보를 하지 못하는 경우가 많다. 나의 중요한 부분을 잃어버리고 있는 것이다. 난 계속 미루며 살고 있다. 한 발 더 앞서야 한다. 설교 준비도 1주일을 당겨야 한다. 그리고 수요예배와 주일오후예배도 어떤 틀을 이용하여야 한다. 성도들에게 은혜를 주어야 한다. 설교 2년이면 나름대로 틀이 잡혀야 한다. 저녁에는 새얼신우회 예배에 참석하였다. 19명이 참석하였다. 더 많이 올 수 있었는데……. 다음 1월 북극성신우회 축복성회 때는 32명 목표로 뛰자. 목표를 세우고 추진하는 것이다.

✼ 2014년 10월 3일(금, 맑음) • 처가 선산 방문(김제)

오늘은 일찍이 먼 여행길에 올랐다. 지애 엄마와 장인, 장모님과 함께 장인의 선산이 있는 김제 원평리 산소를 찾았다. 07:00에 출발했는데 안성 일대에서 한 번 밀리고, 천안 고속도로에서 1시간을 밀리면서 많이 지체되었다.

연휴 기간에 여행을 자제하고, 만약에 먼 길을 떠날 때는 지나치다 할 정도로 빨리 나서야 한다는 것을 새삼 느끼게 되었다. 그리고 여행길은 차 속에서 밀린 일을 처리한다고 짐을 메고 가기보다는 짐을 미리 풀어 놓고 가장 가볍게 떠나야 한다. 가방도 갖지 말고 할 일이 없으면 그냥 자연을 감상하고 일행과 얘기를 나누고, 또 앞날을 계획하는 것이다.

난 너무나 많은 짐을 지고 살아가고 있다. 이제는 짐을 내려놓을 줄 알아야 한다. 적어도 교회를 담임한다면 말씀을 전하고 양육을 하고 전도를 하는 데 심혈을 기울여야 한다. 그리고 성경을 읽고 독서를 하는 것을 기본으로 삼아야 한다. 교회가 가깝고 멀고는 그때 문제다. 하나님 보시기에 의로운 길로 가야 하는 것이다.

그래도 오늘 장인, 장모님, 지애 엄마와 행복한 시간이었다. 내가 너무 소극적이었음이 아쉬웠다. 더 흥겨운 여행을 만들 수도 있었는데 조금 부족하였다. 처 고종사촌에게 전도를 한 것은 잘 했다. 소 구경도 잘 했다. 엄마를 찾아 날뛰는 송아지 4마리가 인상적이었다. 그리고 소가 배가 고플 땐 세상이 떠내려가도록 고함을 치는 것도 알았다. 설교 준비를 다 하지 못하고 떠나서 계속 마음에 걸린다. 우리 지애 엄마가 더욱 사랑스럽다. 더 잘해 주자. 더 사랑하자. 그리고 내가 더 이해하자.

✈ 2014년 10월 9일(목, 맑음) • 조영래 장군 딸(혜묵) 결혼

10월 9일 한글날. 오늘은 지애 엄마와 함께 시간을 많이 보냈다. ICS 추계 모임에 참석(양화진 외국인 선교사 묘역)한 후에 조영래 장군 딸 결혼식에 참석하였다. 시간이 중첩되지 않게 잘 짜여 있었다. 모처럼 여유 있게 시간을 보낸다. 그리고 ICS 추계 모임은 내가 시작하여 더 애착을 갖는다. 50여 명이 참석하여 다양하게 시간을 보낸다. 내가 걱정하는 이상으로 하나님이 인도하여 주심을 믿는다. 우리 ICS, 이삭방송, 이삭법인이 발전하여 하나님으로부터 쓰임받기를 원한다. 그리고 동문들은 모이기에 힘쓰고 원우들에게 희망을 주어야 한다. 힘이 되어야 한다. 그냥 참석하는 것만 해도 힘을 줄 수 있다. 하나님 일이라면 절대 소홀하거나 구경꾼이 되지 말자. 말없이 앉아 있기만 해도 된다. 그리고 묵묵히 우리 교회를 잘 이끌어 가면 된다. 조영래 장군님 딸 혜묵이 결혼식에 참석하여 손을 잡아 주고 축하하였다. 그리고 혜묵이를 위하여 간절한 마음으로 기도하였다. 그리고 그 가정을 위하여 기도한다. 그리고 윤주를 위해서도 기도한다. 마지막 신동만 장군 딸 결혼식에 참석하였다. 우리 자녀를 결혼식에 초청하지는 않았지만 나와 그동안의 인연을 위해서 참석하였다.

연합사 기참차장 시절에 MCF 활동을 도와주었고, 사단장 때 책을 구입하도록 주문하자 두말없이 50권을 구입하였다. 사윤권 대령 가족 딸 세린이도 만나고 사단장 시 연대장이었던 이해관 장군과 그 가족도 만났다. 모처럼 바깥세상을 구경하는 좋은 하루였다.

✤ 2014년 11월 4일(화, 맑음) • AMCF 세계대회 발표 준비

2일 전과는 달리 어젯밤에는 또다시 곤한 잠을 이루지 못했다. 그러고 보니 내가 잠자리에 드는 시간이 너무 늦은 것이다. 밤 12시가 넘어서 잠자리에 들었다. 밤 10시에 go to bed, 새벽 4시에 get up 해야만 하는데 왜 이리 시간 조절을 못 하는지. 어젯밤 잠으로 나의 건강이 좌우되고 나의 삶이 균형을 유지할 수도 있고 그렇지 못할 수도 있는 것이다. 오늘은 11시에 김덕수 장로님, 박백만 중령이 같이 만나서 세계대회 발표 준비를 마무리하였다. 꼭 한번 이 모임을 갖고자 하였는데 쉽게 만나게 되었다. 그리고 세미나 준비 및 책자 발간 준비를 마무리 지었다. 생각보다 세계대회를 준비할 시간이 부족하였지만 그래도 하나씩 이루어진다. 내가 있어야 해결되는 일들이 많은 것은 그만큼 내가 중요한 몫을 다하고 있다는 것이다. 영어도 한몫한다. 성공적인 세계대회를 위하여 기여할 수 있기를 바란다. 말없이 숨은 재주를 다 발휘하는 것이다.

그리고 MMI에서도 새벽에 브리핑 PPT와 script를 보내왔다. 참 신뢰할 만한 분들이다. 부디 모든 것이 협력하여 선을 이루기를 바란다. 하나님께 영광을 돌리기 위하여 내가 쓰임받기를 원한다. 오늘 조형원 목사님으로부터 지구촌교회에서 나를 특공연대에 파송하기로 결정하였다는 공문을 접수하여 수도군단 이석영 목사에게 전하였다. 그리고 정인균 장로님에게 문자를 보내서 수도군단 목사님께 당부하도록 부탁하였다. 이제는 수도군단 특공연대 목사로 올 것을 굳게 다짐하고 노력을 하기로 하였다. 지금보다는 더 나은 신앙 지도를 할 수 있다고 믿게 되었다. 나를 필요로 하는 부대라고 생각한다. 이제 2개월 사이에 많은 변화가 일어날 것이다.

✄ 2014년 11월 7일(금, 맑음) • 처가 식구 제주 여행

　처가 식구들과 제주 여행 2일째다. 5시에 일어나서 기도하고 10km 구보를 하였다. 모처럼 뛴다. 내일은 20km를 뛰어 볼 생각이다. 전지훈련이다. 식사 후에 중문단지를 구경하였다. 제주도에서 처음이다. 제주도가 특별한 곳이라는 것을 새삼 느끼게 한다. 언젠가는 우리도 제주도에 와서 살 생각을 하면 새 힘이 넘친다. 나이가 더할수록 나의 삶은 더욱 활기차다. 오후에는 표선해수욕장, 제주민속촌을 순서대로 구경하였다. 중간에 우리 집터를 구경도 하였다. 조금 답답한 감이 있지만 아름다운 집이 들어설 것이다. 그리고 이 마을을 살리고 바로 복음을 전하는 교회터로 바뀐다.

　민속촌도 16년 만에 다시 찾았지만, 그 뒤로 더 단장이 되고 외국인들에게 한국과 제주도를 배우는 좋은 시간이 될 것을 믿는다.

　오늘 하루도 마냥 즐거운 시간이었다. 장인, 장모님께서도 무척 좋아하신다. 이렇게 장인, 장모님과 형제들이 같이 여행하는 것도 특별한 여행이다. 거기에다가 계속 기도를 하며, 찬양, 예배의 시간까지 이어지니 더욱 은혜롭다. 저녁에 신동택 목사님이 콘도를 찾았다. 고마웠다. 귀한 친구가 제주도에 있어서 더 좋다. 18일 후에 신 목사님과 함께 남아프리카공화국으로 간다.

✖ 2014년 11월 9일(일, 맑음) • 군종병 축복

거룩한 주일이다. 새벽 3시 반에 일어나서 설교문을 작성한다. 어제까지 제주도 여행을 하다 보니 설교를 준비할 시간이 없었다. 그래도 아침 3시간 동안 경건의 시간, 설교문 완성, PPT 작성, 영상 준비, 주보 작성 및 인쇄까지 하였다. 초인적이다. 하나님의 능력이요 성령의 도우심이다.

오늘은 70명이 참석하였다. 점점 증가 추세다. 금년 말까지 100명 이상을 채운다. 더 홍보하고 전도하고 인센티브를 최대한 이용한다. 그리고 낙원교회를 떠나는 날은 고별 설교를 하고 그들에게 나의 마지막 말씀을 전할 것이다. 가장 중요한 설교가 될 것이다.

지애 엄마와 같이 교회로 가면서 지애 엄마에게 한없이 감사함을 느낀다. 비록 전도를 하지 않고, 교육을 하지 않는다 하더라도 오늘처럼 80여 명의 식사를 준비하는 것은 보통 사람이 할 수 없는 일이다. 나에게 가끔 싫은 소리를 한다 할지라도 헌신적인 봉사다.

오늘은 〈죽기를 각오한 믿음〉이라는 제목으로 말씀을 전했다. 그리고 예배 후에는 찬양경연대회를 하였다. 비록 포대별로 준비를 하지 못했지만 그래도 포대원들이 모두 모여서 큰소리로 찬양을 하는 데 큰 의미가 있었다. A포대 이훈길 일병(군종병)의 역할이 크다. 하나님으로부터 축복받는 삶을 살아갈 것을 믿는다. 진규, 경민이도 끝까지 성실한 군종병이 되길 바란다. 이제 한 달 반 남은 기간 그래도 이들을 가르친다. 오늘 오후예배는 〈쉰들러 리스트〉 영화를 감상하였다. 근래 들어 가장 감명 깊게 보았다. 한 사람을 구하는 것이 세계를 구하는 것이다. 한 영혼을 구하는 것이 세상을 얻는 것보다 기쁘다.

찬양경연대회

✄ 2014년 11월 18일(화, 맑음) • 사랑하는 모친

오늘은 하루 종일 MSO 사무실에서 보내다가 저녁에 잠깐 어머님을 찾아뵈었다. 오늘 드디어 세계대회 발표 자료를 최종 검토하고 인쇄 준비를 완료하였다. 처음 시작 때 방향을 제시했던 대로 그대로 진행되었다. 인쇄까지 하게 된 것이다. 한 사람의 생각대로 모든 것이 움직이는 것을 보면서 한 사람의 생각을 결정하게 하는 사고의 시발점이 얼마나 중요한가 하는 것을 깨닫게 한다. 특히 하나님의 일은 한 치의 오차 없이 이루어진다는 것을 다시 한번 깨닫게 하였다.

이제 남아프리카공화국 케이프타운에서 실시하는 AMCF 세계대회에 참가하여 내가 발표를 한다. 그것도 영어로 1시간을 하고, 나머지 4시간도 내가 주관을 한다. 준비를 잘 했지만, 성과를 얻는 것은 다르다. 이를 위해서 기도한다. 기왕이면 참석자들이 많이 참가하고 참가 인원들이 감동을 얻고 MCF 설립 및 강화를 위해 이바지를 하는 것이다. 마지막 끝날 때까지, 그리고 끝나서도 세계 MCF의 발전을 위해 기도할 것이다.

앞으로도 MSO에서 AMCF를 위해 계속 일할 것이다. 하나님 일에는 사양하지 않는다. 회피하지 않는다.

저녁때 모친을 찾아뵈었다. 오후 6시 반인데 벌써 불을 끄고 잠자리에 들었다. 불을 켜니 깜짝 놀라시며 반기신다. 그리운 어머님이시다. 눈물겹도록 뵙고 싶고, 사랑스럽고, 불쌍히 여기는 우리 어머님이시다. 누구도 찾아오지 않는다. 그런데 20분밖에 같이 지내지 못함을 황송해하며 자리를 떠난다. 하나님, 용서하여 주옵소서.

✄ 2014년 11월 26일(수, 맑음) • 남아공 도착(AMCF 세계대회)

긴 비행이 계속되었다. 인천에서 19:40에 출발하여 케이프타운에 26일 12:15에 도착할 때까지 19시간을 비행기를 탔다. 가장 긴 비행을 한 것 같다. 대한민국 반대쪽에 있는 남아프리카공화국을 찾아서 한없이 날아간 것이다. 홍콩-요하네스버그를 거쳐서 드디어 12:15에 케이프타운에 도착하였다.

남아공은 분명히 아프리카인데 위에서 본 남아공은 미국 또는 유럽과 유사하였다. 평야 지대에 많은 농작물을 가꾸고 있었다. 케이프타운에 도착하니 우리 가을 날씨다. 지금은 여름에 접어들어 덥다고 하는데 오늘은 무척 시원하고 약간 쌀쌀하기까지 하였다.

Lose Garden Guest House에 여장을 풀고 케이프타운 시내 관광을 하였다. 남아공의 다양성을 시내 관광을 통하여 많이 이해할 수 있었다. 흑인과 백인이 섞여 살고, 크리스천과 무슬림이 섞여 살고 있으며, 빈부의 격차가 심하기도 하다. 무허가 빈민가가 있는가 하면 우리가 거주하는(guest house) 주변의 아름다운 주거지도 있었다. 시내 관광을 하며 남아프리카공화국이 유럽, 네덜란드와 영국의 지배 아래에 있으면서 유럽식으로 자리를 잡게 되었다는 것을 알 수 있었다. 아프리카에서 유일하게 유럽(영국)식으로 이루어지고, 가장 안정되고, 평화롭고, 높은 수준의 경제 수준을 유지하며, 아름다운 경관으로 세계 많은 여행객을 끌어들이고 있다. 최초 네덜란드 점령 당시의 삶을 보존하고 있다. 흑인들은 아직도 낮은 생활 수준을 유지하는 사람들이 많다. 특히 여기에도 이슬람 종교가 들어왔다. 우리나라 12배의 면적에 5,300만 명이 살고 있다. 우리나라 절반의 개인소득이다.

오늘은 시내를 돌아보며 현대와 과거의 모습을 발견하고 내일부터 본격적으로 남아공 탐험에 나선다. 많은 것을 배우고자 한다. 하나님께서 인도하여 주심을 감사드린다.

✻ 2014년 12월 1일(월, 맑음) • 세계대회 개회식

드디어 오늘 개회식(opening ceremony)과 함께 제13회 AMCF 세계대회가 시작되었다. 처음엔 조금 어색함도 있고 100여 개 MCF 국가에서 모인 500여 명의 다양한 모습(인종, 의상, 활동)에 서먹서먹함도 있었으나 오늘 하루 그들과 함께 지내면서 모두 하나가 됨을 느낄 수가 있었다. "All

One in Jesus Christ." 하나님의 사랑으로 모두가 하나가 되어 가는 것을 분명히 알 수 있었다. 나에겐 모든 것이 새로웠다. 특별히 나는 MCF 설립 및 성장에 대한 책임으로 6개월 이상 시간을 들이며 준비하여 왔기 때문에 모든 행사에 관심이 많았다. 그리고 이들을 상대로 어떻게 MCF를 설립하고 강화할 것인가에 대한 세미나를 갖기 때문에 모두가 나의 강의 대상이라는 생각이 들었다. 우리나라보다 더 활발하게 MCF 활동을 하는 나라들이 많이 있다는 것도 알 수 있었다. 이제는 우리나라도 기독군인회의 활동이 더 개선되어야 함을 느낄 수 있다. 단지 MCF 설립을 위한 MEO 프로그램에 만족할 수만은 없는 상황이다. 이번 세계대회는 이러한 면에서 나에게 매우 소중한 기회가 되고 앞으로 AMCF를 위해 내가 헌신적으로 일할 수 있는 말씀을 갖게 해 주었다.

　그 정당성을 부여하시는 하나님의 인도하심을 느낄 수가 있었다. 그냥 구경꾼이 아니라 이제는 내가 주역이 되어야 한다. 특별히 우리 MSO도 세계기독군인회 AMCF를 위하여 일할 수 있는 믿음의 철학이 수립되어야 함을 느낄 수가 있었다.

　오늘 특별히 시선을 집중하게 하는 것은 준비위원회의 잘 계획된 행사 계획과 내용(IBS, CP, P&P), 회장님 내외분의 간증, 통역 시스템, 찬양과 경배 시 하나같이 어울리는 모습이 모두 좋았다. 이제 나는 그들과 가능한 한 많이 만나서 대화를 하고 연결 고리를 맺도록 하자. 그리고 내일 나의 발표를 위하여 남은 기간 더 준비하도록 하자.

남아공 세계대회 개회식

남아공 세계대회 참가자

✈ 2014년 12월 6일(토, 맑음) • 남아공 로빈 아일랜드 관광

아침 일찍 일어나 성경을 읽고 기도를 한 후 신동택 목사와 함께 영어로 예배를 드렸다. 오늘은 check-out 때문에 운동을 하지 않았다. 하루 사이에 나의 자세가 조금 주춤거림을 알 수 있다. 그제 받은 정 장로님의 전화로 인하여 많이 사기가 저하된 것이다. 계속 기도를 하며 하나님의 인도하심대로 살겠다고 다짐을 하면서도 마음이 자꾸만 약해짐을 알 수 있다.

지금 생각해 보니 내가 너무나 지혜롭지 못하고, 너무나 겸손하지 못했음을 실감한다. 처음 계획대로 용인대대로(55사단) 그냥 갔어야 했다. 너무나 쉽게 정○○ 장로님의 권고 사항을 받아들이게 되었다. 사실 특공연대 담임은 생각지도 않았는데……. 군사령부 군종참모 이○○ 대령, 그리고 수도군단 군목 이○○ 목사님과의 약속을 내가 너무나 쉽게 파기해 버린 것이다. 차라리 두 목사님과 진솔하게 대화를 하고 그들의 충고를 따랐어야 한다. 그리고 수도군단 특공연대 담임목사(서○○ 목사)를 한번쯤은 만나서 나의 사정 얘기를 하고 자리바꿈을 상의하고 그 결정에 따랐어야 한다.

이것도 하나님의 인도하심이라 생각한다. 그냥 낙원교회를 맡아서 878대대를 변화시키도록 인도하심이라 믿자. 오히려 감사하게 받아들이자. 처음을 잊지 말자.

오늘은 Trand Hotel을 떠나서 로빈 아일랜드 관광을 하였다. 남아공 흑인 정치범들을 수용하였고, 특히 만델라 대통령을 17년 동안 수감했던 곳이다. 그리고 나환자들이 거주했고, 2차대전 때는 군 기지로 이용하였으며, 지금은 유네스코 보호지역이다. 관광 후에 QC(퀸퀘니얼 카운실) 회의를 위해 '만난요 수련관'으로 이동했다. 새로운 경험을 하게 된다.

앞으로 MCF를 발전시킬 새로운 사명을 주었다.

이번 행사로 나에게 새로운 것을 많이 알게 하였고, 남아프리카 전통 예식은 나에게 깊은 감명을 주었다.

✄ 2014년 12월 14일(일, 흐림) • 6포병여단 성직자 총회

오랜만에 우리 낙원교회에서 주일을 맞는다. 지애 엄마와 함께 먼 거리로 여행을 떠나는 날이다. 투덜투덜하기는 해도 변함없이 자기의 할 일을 다 하는 우리 지애 엄마다. 어제도 우리 형제들 식사 준비를 하고, 감람교회 다과 준비까지 하여 한 짐을 싸서 동두천으로 향한다. 믿음의 동역자가 되었다.

우리 형제들을 만나니 반갑기 그지없다. 목자가 양을 만난 것이다. 그동안 이철영 전도사에게 맡긴 양을 되찾는다. 모두 반가워한다. 이제는 크게 적게 정이 들었다. 오늘도 70여 명이 예배에 참석하였다. B포대만 6명이 참석하였는데 포대장의 태도와 포대 군종의 행동에 문제가 있어 보인다.

5~6개월 전만 해도 가장 많았던 B포대인데 몇 개월 사이에 이렇게 변한다. 하나님께 상급을 받고 안 받는 것이 어떻게 결정이 된다는 것을 알 수 있다. 오늘도 〈새벽이슬 같은 주의 청년〉이라는 제목으로 말씀을 전했다. 전보다 조는 형제들도 적었다. 목소리에 힘이 들어간다.

16:00에는 연천 순복음교회(임영광 목사)에서 6포병여단 성직자 총회를 하였다. 모두가 정다운 사람들이다. 그래도 나의 입지가 튼튼하게 서 있는 곳이다.

저녁 19:00부터 서울 감람교회 이기우 담임목사와 성도 15명이 낙원교회를 방문하여 위문예배를 드렸다. 80여 명이 참석하였다. 전방을 찾아 위문하는 목사님, 성도님들의 정성에 감사함을 느낀다.

✄ 2014년 12월 20일(토, 흐림) • 내일 또다시 태양이 뜬다

오전에는 집에서 보내고 오후에는 낙원교회로 향했다. 특공연대 반석교회 이동이 좌절되고 나서 낙원교회에서 조금 멀어져 버린 느낌이 든다. 한 번 마음이 떠나면 다시 돌아오기가 쉽지는 않은 것 같다.

그래도 초롱초롱한 형제들의 눈빛을 볼 때는 새로운 힘이 솟는다.

하나님의 자녀들을 양육하는데 부대, 지역, 신분이 무슨 관계가 있는가? 1년간 낙원교회에서 교회 부흥과 변화를 위하여 지난해의 배나 힘을 더 쓰도록 하자.

아직도 나에겐 할 일이 많다.

오늘은 5명의 형제들이 참석하여 간단히 명상의 시간을 갖고 난 뒤에 교회 청소를 하고 크리스마스트리를 교회 내외부에 설치하였다. 큰일을 한 것이다. 그런데 새신자 면담을 한 명도 하지 않았다. 섭섭하였다. 나에게 가장 귀한 일을 하는 것인데 항상 현재에 안주해서는 안 된다. 도약을 위하여 준비하여야 한다. 그러나 실망하지는 말자. 하나님께 간절히 기도하고 또다시 기회를 기다리는 것이다. 나는 그렇게 살아왔고, 또 하나님께서는 나를 그렇게 인도해 주셨다. 3시간을 걸려서 낙원교회를 찾아가는 데 가장 큰 힘이 되는 것은 하나님이 그러한 나를 기다리신다는 것이다. 하나님 중심으로 살아간다. 내가 주인이 아니다. 하나님이 나의 주인이시기 때문이다. 하나님께서 나의 모든 것을 주관하여 주신다는 것을 믿는다. 절대 우울해하거나 슬퍼하지 말자. 내일 또다시 뜨는 태양이 있다. 하나님은 또다시 나를 붙잡아 주신다.

✖ 2014년 12월 23일(화, 흐림) • 성탄절 선물 구입

오늘도 많은 일을 하며 하루를 바삐 보냈다.

새벽기도를 마치자마자 버스를 타고 Joeun Network로 향했다. 08:10에 회사 예배가 있기 때문이다. 오늘 21번째의 예배를 드린다. 2주에 한 번씩 빠짐없이 드렸고 오늘은 성탄절을 맞이하여 특별히 드리는 예배다. 07:30에 회장님과 아침을 나눈 후에 예배를 드린다. 오늘은 13명이 참석하였다. 가장 많이 참석하였다. 그리고 Joeun에서 예배드릴 때 가장 은혜롭게 예배를 드린다. 충분히 준비도 하지만 회장님 이하 모든 참석자가 나에게 시선을 집중하기 때문이다. 나의 말씀이 그들에게 빨려 감을 느낄 수 있다. 이처럼 기회를 주신 김승남 회장님께 감사드리며, 회장님과 회사를 위하여 기도한다. 매월 30만 원씩 후원해 주신다.

예배 후 바로 모친께로 향했다. 나만 기다리고 계시는 어머님이 계신다. 30분밖에 같이 있지 못한다. 불쌍한 우리 어머님, 그래도 나라도 있어서 다행이다. 하나님은 나를 이모저모로 필요한 곳에 사용하신다. 어머님을 위하여 간절히 기도드렸다. 부디 천국으로 인도하여 주옵소서. 겨자씨만 한 믿음이라 할지라도 하나님께서는 천국으로 인도해 주실 것을 믿는다.

국방부 민원실 상가에서 아이들(채영이, 수현이), 지애 엄마의 성탄절 선물을 샀다. 모두 7만 원, 케이크까지 9만 원, 이번 성탄절에 큰돈을 쓴 것이다. 성탄절의 의미를 알고 나서 행동으로 옮기게 하였다. 재원이 사무실에 들러서 전했더니 무척 좋아한다. 선물은 마음을 녹인다. MSO 진 간사, 염 간사에게도 조그만 선물을 전했다. 선물은 가능한 한 많이 주도록 하자. 그리고 베풀 수 있는 한 많이 베푼다.

집에 와서 성탄절축하행사를 미리 한다. 채영이의 사랑스러운 모습에 모든 피로가 풀린다. 이것이 행복이다. 남아공 세계대회 소감문을 MSO에 제출하였다. 오늘은 축복의 날이었다.

✤ 2014년 12월 30일(화, 흐림) • 채영이와 놀이

오늘도 아침 출발이 좋았다. 곤히 6시간 잠을 자고 성경을 읽고, 기도한 후 8km 구보를 하였다. 구보를 하면서 류응렬 교수님 설교를 듣고 CNN 영어도 시청하였다. 그리고 바로 MSO 사무실에 가서 1월 9일 신년수련회 때 발표할 MEO 발전 방향을 작성하였다. 2시간 만에 작성하였으니 쾌속이다. 때로는 내가 상상을 초월할 정도로 능력을 발휘한다. 특별히 하나님 일은 그렇다. 오늘 끝냄으로 연초의 부담 한 가지를 덜 수 있다. 적시 적절한 실행이다. 하나님의 은혜다. 내년도엔 MEO에 새로운 바람이 일어날 것을 예측한다. 세계기독군인회에 큰 변화가 일어날 것이다. 더욱 나아가서 국내 MCF 설립에도 기폭제가 될 수 있다. 하나님께서 인도해 주실 것이다. 이어서 1월 1일 신년예배 설교문도 완성하였다. 때로는 환경을 바꿔서 일할 필요도 있다.

　이준 장로님과 윤여일 사무총장님, 국제실장과 점심을 같이 하였다. MSO 사무실에 온 효과가 크다. 어떤 장로님이 내가 사무총장을 이어받으면 어떠하겠느냐고 언급하신다. 한번 생각해 보겠다고 하였다. 해 보고 싶은 마음도 있으나 너무나 많은 일에 쫓기고 있다. 목회 장소를 바꾸는 방안도 고려해 볼 만하다.

　18:00에 집에 와서 식구들과 같이 보내기 시작했다. 지애와 지애 엄마, 그리고 채영이와 식사를 하고 나서 채영이를 나에게 맡기고 모두 가 버렸다.

　채영이는 나와 인형 놀이를 하자고 졸라 댔다. 할 일이 쌓여 있는 나는 건성건성 채영이와 놀았다. 성의가 없으니 채영이도 달가워하지 않는다. 정성을 다해서 채영이와 놀아 주어야 한다. Time Management 문제다. 특히 많은 일을 하는 나는 여기에 목숨을 걸어야 한다.

한복 입은 채영이

2015년

✖ 2015년 1월 2일(금, 맑음) • MSO 시무식(외국인 선교사 묘지 참배)

바쁜 일정에도 아침 새벽기도와 운동을 하고 땀을 흘린다. 나의 삶의 방식이다. 지애 엄마가 서수지 IC까지 pick up 하여 바삐 버스를 타고, 2호선 지하철을 타고 김승남 회장님을 찾아서 새해 인사를 드렸다. 그리고 후원금 30만 원을 선교비로 사용하도록 승인을 받았다. 매월 30만 원의 선교후원금은 적은 금액이 아니다. 앞으로 선교 활동에 귀하게 쓰고자 한다.

잠깐 인사를 나누고 기도를 한 후에 또다시 2호선 지하철을 타고 합정역 근처에 있는 외국인선교사묘원을 찾아서 참배하였다. MSO의 독특한 시무식 방법이다. 한국에 오셨던 외국인 선교사들의 성경 번역 및 전파, 교회 건축, 학교 준비, 병원 준비로 인하여 이 세상에 눈을 뜨게 된 것이다.

그러고 나서 120년 동안 우리나라는 대약진을 이뤘다. 모두가 하나님의 은혜임을 믿는다. 묘지와 묘비를 보면서 숙연함을 느낀다. 나는 과연

합정 외국인 선교사 묘역

어떻게 하나님의 일을 하다가 일생을 마칠까 생각하게 한다. 이제는 나만의 삶이 아니다. 하나님의 기업을 이어 갈 것이다. 할 일이 많다. 나에게 부여한 하나님의 사역을 계속할 것이다.

MSO 시무식 후에 식사 장소로 옮기는 동안에 나는 장용관에게 사정 얘기를 하고 다시 문래역으로 행했다. 오늘 점심시간에 Joeun System 시무식이 있었다. 회장님과 임직원들이 새해를 다짐하는 자리에서 내가 마지막으로 기도하였다. 대단한 회사다. 회장님의 믿음에 하나님도 도움을 주실 것을 믿는다. 오는 길에 재원이 사무실에 들러서 이런저런 얘기를 나누었다. 나에 대한 노여움이 조금씩 풀어져 감을 느낀다. 분명 하나님은 지애, 재원이를 변화시킬 것이다.

✤ 2015년 1월 6일(화, 맑음) • 이삭방송 후원

오늘은 서울 외출을 하였다. 그동안 쌓인 일들을 모두 해결코자 함이다. 주 1회는 서울 시내에서 할 일이 많다. 대부분 선교 및 전도 일이다. 관련되는 곳이 많이 있으니 찾아갈 곳도 많은 것이다. 오늘은 특별히 ICS 이삭방송 요원들을 찾아서 격려를 해 주고자 마음먹고 점심을 같이 하였다. 윤문호 목사, 박용환 원우 PD, 오정화 전도사 앵커를 만나서 식사를 하였다. 그리고 우리 이삭방송이 설립된 취지와 경과 그리고 앞으로 우리 이삭방송이 가야 할 방향을 제시하였다. 내가 하던 때보다 많이 프로그램이 줄어들었다. 원우 대담, 신앙칼럼, 명상의 시간, 우리 게시판, 설교 예화 등이 사라졌다. 여기에 대하여 심각해하지도 않는다. leader의 책임감 문제다. 안타깝지만 어쩔 수 없다. 이것도 하나님이 주신 사명이라고 생각하고 죽기를 다짐하고 노력한다면 분명히 더 발전할 수 있다.

그래도 내가 도울 수 있는 데까지 돕자. 주간 뉴스 방송 자료를 제공하고 동문, 원우 설교를 계속하도록 하자. 코치의 역할을 하며 돕도록 하자. 자금 문제도 해결하도록 도와주자. 윤 목사와 방송위원들이 더 용기를 내고 담대함으로 일할 수 있도록 격려해 주고 이들을 위하여 기도하자.

학교도 올해 어떻게 나아갈지 궁금하다. 부디 더 발전하기를 기대한다. MSO에 들러서 발표할 내용을 수정하였다. 금번 임원수련회에서 나의 역할이 크다. 이를 위하여 준비하며 겸손히 성취토록 기도하자. 지애 엄마와 채영이도 같이 간다. 즐겁고 행복한 자리가 될 것이다. Joeun System, 고교 신우회 설교 준비를 마치고 채영이와 1시간 놀고 나서 지애 엄마와 이부자리에서 30분간 대화를 한다. 알차게 하루를 보냈다.

✂ 2015년 1월 9일(금, 맑음) • MSO 임원수련회 발표

오늘도 새벽에 일어나 성경을 읽고, 기도를 하고 10km 구보를 하였다. 기분이 최고다. 모든 근심이 사라지고 마음껏 함성을 지르고 싶을 정도로 기분이 좋다.

그리고 채영이를 데리고 기다리던 MSO 임원수련회에 참석하였다. 지애 엄마도 흔쾌히 승낙하고 채영이를 데리고 가고 싶어 한다. 누가 보기에도 행복한 우리 집이다. 우리 채영이를 보는 사람마다 한마디씩 한다. "어쩌면 할아버지를 닮았지?"라고 말할 때 기분이 좋다. 우리 채영이는 또 얼마나 깜찍하고 사랑스럽게 노는지 그냥 같이 있는 것 자체가 행복하다.

저녁 시간에는 내가 2가지를 발표하였다. 남아공 세계대회 소감을 10분간 발표하고, 이어서 MEO 발전 방향을 소개하였다. 모두 PPT로 준비하였고, Comment on GI-14는 내가 직접 작성하였다. 그리고 자신감 있게 발표하였다. 모든 참석자들이 흥겨워한다. 성공적이었다. 하나님이 주시는 특별한 영감이자 능력이다. 시시하다고 해도 좋다. 최고의 여행이었다. 최고의 세계대회였다는 데 대하여 이의가 없다. 우리가 배울 것이 많다. 언젠가는 내가 MSO를 한 단계 발전시킬 때

수련회에 참석한 채영

가 올 것을 믿는다.

이어서 Mobile MEO 팀 운영에 대해서도 반응이 좋았다. 몇 분이 이의가 있었지만, 그것도 좋다. 분명히 올해 MEO는 새로운 방향으로 진행할 것을 믿는다. 이것이 나의 과제요 사명이다.

MSO 임원수련회 및 정기총회(광림수련원)

✄ 2015년 1월 23일(금, 흐림) • 육사신우회 축복성회

어제도 늦게 잠자리에 들며 아침 05:30에 일어났다. 22:00에 잠자리에 들고 04:00에 일어나겠다는 나의 의지가 실현되기에는 아직도 나는 철두철미하지 못하다. 너무나 꿈틀거리는 시간이 많은 것이다.

아침 시간이 얼마나 귀한 시간이고 값진 시간인데 계획대로 되지 않는다. 나이가 먹어서 일어나는 자연적인 현상인지도 모른다.

아침 시간은 금 같은 시간이다. 5분이 아깝다. 따라서 밤엔 잠자리에 빨리 들어야 한다. 모든 미련을 버리고 침대로 가야 한다. 과감하게 가야 한다.

오늘은 그동안 준비했던 육사총동문신우회 축복성회가 있는 날이다. 우리 새얼신우회에서 특송을 하도록 회장·총무님께 요청하여 내가 많이 참석하도록 직접 연락을 하였기 때문에 오늘 행사가 매우 기대되고 기다리게 된 것이다. 김정진 동기생을 태우고 갔다. 뜻밖에 김정진이 참석하여 무척 기분이 좋았다. 인원이 부족하니 가까이에 있는 친구를 불러 주신 것이다.

육사 교회에 도착하니 10:10이다. 여유 있게 도착하였다. 새얼신우회는 계획대로 18명이 참석하였다. 멀리 춘천에서 석광훈 동기생도 왔다.

우리 새얼신우회원들이 자랑스럽다. 많은 동기생 중에서 우리가 대표로 특송을 하게 되는 것이 우리에게 기쁨이요 하나님께 영광이다. 뭔가 motivation이 있어야 한다. 이동원 목사님의 말씀에 모두들 은혜의 깊은 숨을 쉰다. 내가 닮고 싶은 설교 모습이다. 점심시간에 오미선 소프라노 교수님의 음악 발표와 육사 군악대의 찬송가 연주는 많은 감동을 주었다. 마지막 시간엔 내가 사회를 보면서 합심기도를 하였다. 20분간 국가, 군, 성도 복음화, 연합신우회, 각 기별 신우회 발전을 위하여 기도드렸다.

✂ 2015년 1월 28일(수, 맑음) • 간부 성경 공부

무척 바쁘게 움직이는 하루였다. 잠시도 여유 있는 시간이 없이 하루가 흘러간다. 내가 꼭 읽고 싶어 하는 『The Christian』 책도 읽지 못하고 있으니 정상이 아니다. 더 지혜롭게 시간을 이용하여야 한다. 그렇다고 지금 계획된 것을 바꾸면서 어떤 것도 포기하고 싶지 않다. 욕심이 너무 과하다는 판단이 옳은 것 같다. 더 시간을 잘 쪼개 가면서 올 한 해도 열심히 살아 보자. 아직도 편안히 쉬기에는 너무나 젊은 나이다. 특히 하나님께서 나를 사랑해 주셔서 건강을 주시고 왕성한 체력과 강인한 정신력, 그리고 역동적인 힘도 주셨다. 집에서 낙원교회까지는 3시간이 소요되는데, 지하철, 버스에서 한시도 편안하게 쉬지 못한다. 수면 부족과 피로감을 여기에서 씻도록 하자.

12:30부터 13:00까지 bible study를 하고자 하였으나 아무도 오지 않아서 내가 달려 나가서 족구를 하고 있는 권순영 군수과장을 불러서 단둘이서 공부를 한다. 그리고 권 대위에게 신신당부를 하며 호소를 하였다. MCF를 이끌어서 성경 공부를 할 수 있도록 모아 달라고 부탁하였다. 그리고 꼭 주일을 지키도록 했다.

그래도 하나님께 감사드린다. 언젠가 회의실이 가득 채워질 것이다. 그리고 이를 위해 계속 기도하며 노력할 것이다. 저녁에는 8명의 형제와 함께 수요예배 및 찬양을 하였다. 그리고 국가와 국민, 군, 남북 통일을 위해, 878대대 장병을 위해 기도하고, 이어서 4명의 새신자들 교육을 하고, 그중 2명에게 주일 세례를 권했으나 사양한다. 낙원교회의 부흥을 위해서 간절히 기도한다.

밤 22:30부터 24:00까지 초소에 온차를 배달하고 그들과 함께 기도한다. 멋있는 삶이다. 하나님 보시기에 좋을 것 같다.

✖ 2015년 1월 30일(금, 맑음) • 〈국제시장〉 영화 관람

오늘은 모처럼 지애 엄마와 영화를 보고 외식을 하였다. 〈국제시장〉을 보고 뼈해장국을 먹었다. 조조 영화에다가 국가유공자 할인을 하니 영화비는 만 원이다. 말로만 듣던 〈국제시장〉이다. 박근혜 대통령이 영화를 보며 눈물을 많이 흘렸다던 영화, 나도 눈물을 많이 흘렸다. 모든 관객이 동일할 것이다. 흥남부두 철수로부터 영화가 시작되어 아버지와 막내딸을 놓아두고 미군 배를 타고 부산으로 피난 온 한 가정의 애환을 그린 영화다. 1960년대, 70년대를 거치며 우리 대한민국이 겪었던 아픔을 그리며 나라가 발전하는 모습도 같이 그렸다. 그래서 지금 60-70-80대의 관객이 충분히 관심을 가지고 보게 되며, 특히 당시 어렵게 살았던 자기들의 모습을 이 영화를 통하여 새삼 느끼게 한 것이다.

그것은 나와도 먼 얘기가 아니다.

윤덕수라는 주인공이 8살 때부터 70이 될 때까지 아버지를 잃고 가장이 되어서 한 가정을 살리기 위하여 구두닦이를 하고 서독 광부로 가서 돈을 벌어 집안을 세우다가 다시 월남전에 인부로 파견되어 죽을 고비를 넘기며 돈을 벌어서 자기 고모가 가꾸던 꽃분이네 가게로 이주하여 살아오며 아버지를 기다린다. 그러다가 〈누가 이 여인을 아시나요?〉라는 이산가족 찾기의 주제가가 흐르는 가운데 덕수가 막내 여동생을 찾는 모습이 가장 눈물을 많이 흘리게 하였다. 분명 우리 대한민국이 80년 만에 변한 모습을 잘 그렸다. 그런데 정작 이 나라를 일깨운 것은 무엇일까? 박정희 대통령의 국민을 위한 결단과 그를 이용하여 이 나라를 변화시킨 힘, 그것은 바로 하나님의 힘이었다.

✽ 2015년 2월 4일(수, 맑음) • 천수 형님 장례식

가장 먼 길을 가고, 가장 바쁘고 가장 보람된 수요일이다.

그런데 오늘은 여기에다가 동두천으로 가기 전에 서울대학병원 장례식장을 찾았다. 천수 형님 둘째 아들(막내) 상호로부터 아버님이 작고하셨다는 비보를 받았다. 어젯밤에 갈까 하다가 밤에 운전하기가 너무나 힘들 것 같아서 오늘 아침 길에 들르기로 한 것이다. 상옥, 상호, 성자, 성희를 30~40년 만에 본 것 같다. 내가 육사 다닐 때 7살이었는데 지금은 막내가 50이 다 되어 가니 벌써 43년이 지난 것이다. 천수 형님께서 내 얘기를 많이 하셨다고 한다. 형수님 작고 때도 뵙지 못하고 그 뒤로 3년 동안 한 번도 못 뵈었으니 내가 너무나 무심했다. 인간의 도리를 다 못한 것이다. 그냥 찾아뵙고 설렁탕이라도 한 그릇 사 드려야 했는데……. 그래도 4남매가 모두 잘 살아가고 있는 듯하다. 막내만 전에 그 집에 살고 있고 모두 미국에 이민을 간 것이다. 장남 상욱이는 아직도 미혼이니 형님, 형수씨께서 무척 마음이 아프셨을 것 같다. 내가 이들 조카들의 버팀목이 되어 주고 이들에게도 꼭 하나님을 전하도록 하자. 08:30에 발인제사를 드리는데 나는 그냥 구경만 하고 묵념을 드리며 절은 하지 않았다. 그리고 자녀들을 위해 기도하였다. 사람의 살고 죽음이 한낱 지나가는 영상과 같다. 다시 힘을 내어 동두천으로 향한다. 떠오르는 태양이 아름답다. 나를 기다리는 사람들을 위해서 전방으로 떠난다. bible study, 대대장 면담, 수요예배, 기도회, 새신자 교육, 야간 온차 전달을 마치고 나니 24:00가 된다. 금주 설교를 준비하고 싶었으나 내일 아침 04:00에 기상하기로 하고 잠자리에 들었다.

✣ 2015년 2월 12일(목, 맑음) • 예비군 안보강사 워크샵 발표

오늘 안보 강사 워크샵 2일째. 오늘 새벽 2시까지 조 발표 준비를 하였다. 괜히 맡았다고 생각도 했으나 그것도 잠시 생각이었다. 6시 30분에 일어나서 바로 다시 육사로 갈 준비를 하여 나섰다. 비록 잠을 4시간밖에 자지 못했지만 그래도 전혀 피로하지 않고, 오늘 육사생도회관에서 편안하면서도 기분 좋게 하루를 보냈다. 오전에 마무리하여 오후부터 조별 발표가 시작되었다. 내가 그중에 5번째로 발표하였다. 생각보다는 안정된 마음으로 강단으로 올라갔다. 10분 정도 발표를 하였다. 내가 기대했던 것보다 잘 했다고 생각된다. 나머지 조원 8명도 잘 했다고 악수를 한다. 그리고 마치고 나니 또 다른 기쁨을 갖게 되었다. 나를 알리는 기회가 되고, 또한 아는 사람들로부터 하나님을 믿고 일하는 사람으로 인식케 하고 하나님을 믿게 하는 용기를 주고, 믿는 자들에겐 더욱 변화하는 기회를 줄 것이다.

마지막 강의 마무리 〈꼭 권하는 3가지 사항〉을 실제 강의를 하였다면 더 좋았을 텐데 하는 미련을 남기게 한다. 나의 용기가 부족하였고 나의 기도가 부족하였다. 항상 무슨 일을 하면서 기도하며 길을 찾아가야 한다.

광주고 21회 신우회에는 30분이 늦었다. 문인수, 손대정, 문길주, 손대정 회장 부인 등 나까지 5명이 참석하였다. 지애 엄마는 수현이, 채영이를 돌보느라 불참하였다. 다음 달에는 16명 목표로 뛴다. 기도하며 더 불러들인다. 그리고 내가 그들에게 말씀을 전한다. 언젠가는 광주고 신우회가 더 부흥할 것을 기대하며 이를 위해 기도한다.

✣ 2015년 2월 14일(토, 맑음) • 밤하늘의 별들이⋯

남들은 편안한 휴식을 취하기 시작하는 토요일. 나는 일찍이 집을 떠나 멀리 전방 동두천으로 향한다. 발걸음이 무겁게 느껴질 때도 있지만 교회에 도착하여 군종병과 신병들을 만나면서부터 또다시 나의 마음은 바뀐다. 무거운 마음이 날아갈 듯 가볍고 즐거운 마음으로 바뀐다. 사람들은 이해하기 어려워할 것이다. 나만이 안다. 군 선교 사역자들은 안다. 오늘은 군종병 1명, B포대 형제 1명, 신병 4명이 와서 조금 실망스럽기는 하였지만, 신병 면담을 하면서부터는 나에게 새 힘이 솟기 시작한다. 4명의 신병이 내일 교회에 나오고, 새신자교육을 받고, 정상적으로 교회 생활을 시작한다면 나에겐 최고의 기쁨이 되고, 최고의 행복감을 가질 것이다. 세상이 주는 기쁨이 아무럼 이보다 더 크겠는가?

그래서 나의 낙원교회 목사 일은 시간이 지나고 어려움이 있어도 변함없이 이어질 것이다. 비록 병사들이 자유화 물결을 타고 참석 숫자가 줄어든다 하여도 나는 실망하지 않을 것이다. 교회 운영이 조금 어수선하다 하여도 잘 이겨 낼 것이며, 나는 아픈 마음을 씻어 내며 또 좋을 때를 기다릴 것이다. 배반당하는 아픔을 겪으면서도 나는 세상을 원망하지 않으며, 그래도 하나님께 하소연하면서 또 한 시절을 보낼 것이다. 그리고 믿음의 대대장을 보내 주시도록 인간적인 소망을 두며 기다릴 것이다. 그래서 나의 군 선교 사역은 바로 하나님을 간절히 찾으며 보낼 것이다.

PPT 작업을 마치고 잠자리에 드는 이 시간 00:00. 밤하늘엔 별들이 반짝인다. 나에게 소망을 보여 준다.

✂ 2015년 2월 20일(금, 맑음) • 용인 민속촌 구경

어제 설날은 처갓집에서 즐거운 시간을 가졌다. 처가 식구들이 모두 모여서 세배를 하고, 예배를 드리고, 식사하고, 화투 오락 놀이를 하였다. 예배드릴 때 지애가 오지 않겠다고 지애 엄마와 실랑이를 벌이더니 그래도 예배 시간에 맞춰서 오고 같이 예배를 드리고 식사를 하였다. 백서방이 설득하여 마지못해 따라오는 식으로 온 것 같기도 하다. 지애는 그래도 하나님 믿음에 절대적으로 부정적인 입장은 아니다. 모든 기도에 같이 고개를 숙인다. 안타깝지만 언젠가는 돌아올 날을 기다리며 하나님께 간절히 기도한다.

오전에 MEO 참석 대상국에 다시 추천을 전하는 메일을 보냈다. 우리가 사정해서 초청하는 것은 아니지만 필요한 국가가 꼭 참석하여 MEO Program이 더욱 효과적이기를 바란다.

오후에 지애, 백 서방, 채영이, 수현이와 함께 용인 민속촌 구경을 떠났다. 킨지고고에서 짜장면을 먹고 한 차를 타고 민속촌으로 가다가 길이 너무 막혀서 1km 전방에서 내려서 걸어갔다. 지애, 재원이 어릴 때 같이 놀러 가는 모습과 유사하다. 채영이는 지애, 수현이는 재원이다. 너무나 흡사 닮은 모습이고 노는 것도 비슷하다. 그래서 더욱 사랑스럽다. 우리 채영이가 아무리 까탈스럽고 때로는 나를 싫어한다 해도 우리 채영이가 너무나 사랑스럽다. 누군가 목숨을 바꾸어도 아깝지 않도록 사랑한다는 글이 충분히 이해가 간다. 내 목숨과 바꿀 수 있다면 바꾸고 싶기도 하다. 부디 우리 채영이 믿음으로 커 다오. 하나님 사랑하는 우리 채영이가 되어 다오. 우리 수현이도 점점 더 사랑스러워진다. 재원이를 흡사 닮아 가고 있다. 즐거운 민속촌 구경이었다. 행복한 시간이었다.

용인 민속촌(지애 식구, 수현)

✖ 2015년 2월 24일(화, 흐림) • 손자·손녀 사랑

오늘은 MSO 사무실에 가서 목요일 P&P 발표 준비를 하려고 하였으나 밀린 일이 너무나 많아서 그냥 집에서 머무르며 MSO 사무실에는 인터넷으로 연락키로 하였다. 모든 기술을 이용하여 편리하게 살아가는 것이다.

Joeun System 설교 준비, MEO 발표 준비, 아버님 추모예배 준비, 조 사장 아들 주례 준비, 주일설교 준비 등 오늘 많은 일들이 이루어진다.

한 사람의 연결 고리가 이렇게 많은 것은 나에게 그만한 능력이 있어서 하나님께서 나를 더 넓게 쓰기 위함일 것이라고 믿으며 기쁨으로 모든 일들을 받아들인다. 이제는 내가 하는 모든 일에 하나님께 감사하기로 했다.

하나님 일은 절대 지루하거나 힘들지가 않다. 일하면서 기쁨을 얻는다. 그래서 이 많은 일을 할 수 있는 것이다. 앞으로는 나의 모든 일은 하나님을 위한 일이 될 것이다. 하나님 보시기에 옳은 일을 많이 한다.

오늘 채영이가 치과에서 치료를 받았다. 그런데 마취를 하느라고 잇몸에 주사하니 많이 울어서 제대로 치료를 하지 못했고, 마취 부분을 이로 깨물어서 상처가 심했다. 입술이 통통 붓는다.

새얼신우회에 같이 가겠다고 하여 같이 가면서 나에게 꼭 안겨서 자는 모습이 너무나 애처로웠다. 내가 가장 사랑스러워하는 우리 채영이가 아프니 내 몸이 아픈 것만큼이나 가슴이 저린다. 나를 닮아서 더 마음이 가는 것일까? 나와 같이 몇 년을 살아서 그럴까? 모든 것이 사랑스럽다. 우리 채영이를 위해서 더 간절히 기도할 것이다. 우리 수현이 승현이도 같이 사랑하는 마음이 커지고 있다. 수현이는 우리 집에 있는 2주 동안에 나의 손자라는 생각이 깊어 간다.

✣ 2015년 3월 3일(화, 비) • 손을 들고 반가워하시는 어머님

한 번씩 밖에 나오면 톱니가 물리듯 시간 계획이 꽉 짜인다. 오늘도 MSO 사무실 방문 및 회의, 지구병원 검진 결과 확인, 모친 방문, 재원이 사무실 방문 등으로 계속 이어졌다. 이발까지 했으니 더 기분이 좋다.

MSO 사무실에서 앞으로 MEO를 위하여 내가 추진해야 할 방향을 계획하고 MSO 사무국과 의견의 일치를 보았다. 이어서 서울지구병원에서 2주 전에 조사한 대장 내시경 검사 결과를 확인하였다. 용종을 두 군데 제거하기 위하여 다시 대장 내시경 검사를 받아야 한단다.

힘들기는 하지만 그래도 암과는 관계없다니 다행이다. 앞으로 음식량을 조절하고, 야채 위주로 식사를 해야 한단다. 이제는 건강관리에 노력을 기울여야 한다. 하던 대로 꾸준히 땀을 흘리며 운동을 한다. 그리고 식사 조절, 충분한 수면 및 편안한 휴식, 마음의 긴장 해소를 위하여 과중하게 바쁘게 살지 말고 시간 계획을 세워서 차근차근 편안한 마음으로 처리해 나가자.

그리고 건강을 위하여 기도하자. 위장, 간, 폐, 심장, 두뇌, 신경계통 5감 기관(눈, 귀, 코, 입, 피부)을 항상 보호하며 관리하도록 하자.

이발을 하고 나니 기분이 날아갈 듯하다. 앞으로 절대 밖에서 하지 않고 국방회관에서 한다. 시원스럽다.

오랜만에 어머님을 뵈었다. 날이 우중충하다. 복지관이 시설 보수공사로 어수선하다. 어머님께서 너무나 반가워서 손을 들고 어찌할 줄 모르신다. 나를 만나는 것이 가장 큰 낙이 되신 어머님을 더 자주 찾아뵙지 못함이 죄스럽다. 1주일에 2~3번은 찾아뵈어야 한다. 해야 한다면 하자. 살아 계실 때 한 번이라도 더 뵙고 더 기쁘게 해 드리자. 마지막으로 재원이 새로운 변호사 사무실에 들렀다. 전보다 3배 정도 큰 규모에 말끔히 단장되었다. 변호사 5명에 인턴 2명이니 총 7명의 변호사에 직원 4명. 적지 않은 법무법인이다. 부디 잘되길 바란다. 모든 것이 협력하여 선을 이루길 바란다. 비를 맞고 귀가하니 지애 엄마가 반갑게 맞아 준다. 사랑하는 나의 지애 엄마에게 언제나 내가 빚을 지고 산다.

✂ 2015년 3월 17일(화, 맑음) • 내가 전하는 세 가지(안보강의)

몸의 컨디션이 최상이다. 어제도 7시간을 잤다. 몸이 날아갈 듯하다. 며칠 전 완전히 기진맥진했다. 그때와는 180도 달라졌다. 요즘 내가 준비하는 설교와 너무나 잘 맞는 나의 삶이다. '멋있는 인생'은 계속 이어지고 있다. 우리의 삶이 변화가 있기 때문이다. 만약 나에게 계속 건강만 유지된다면 나는 건강의 소중함을 모르고 살 것이다. 남의 아픔도 생각하지 못한다. 경제적인 어려움, 자녀들의 어려움, 건강의 어려움 모두가 나에게는 삶의 변화를 주고 삶의 희열을 만끽할 수 있게 해 준다. 앞으로 내가 건강하게 매일 뛰면서 살아가는 이 한 가지만 가지고도 나는 행복을 누리며 살 수 있는 것이다.

오늘 드디어 첫 안보 강의를 하였다. 〈예비군, 당신이 있어서 든든합니다〉 작년 주제에 이어서 올해는 〈대한민국, 예비군과 함께할 때 더욱 강해집니다〉라는 주제로 오늘 50사단 501여단 2대대에서 강의를 하였다. 오랜만에 다시 강단에 서서 조금 서먹서먹하기는 하였지만, 지난 2월 초에 연구 강의를 하였기 때문에 큰 어려움 없이 강의를 소화할 수가 있었다. 질문도 5가지를 하였다. 그리고 중간중간에 내가 추가한 slide로 더욱 자신감 있게 강의를 할 수 있고, 낙원교회 사진, 나의 경력 그리고 break time으로 "우리 한번 생각해 봅시다. 여러분은 통일과 전쟁의 두 갈래 길에서 살아가고 있는 세대들입니다. 여러분은 통일의 주역이 되어야 합니다"라고 강조할 때 오늘도 고개를 끄덕였다. 그리고 강의 후에 〈내가 전하는 3가지〉에 대하여 매일 3km 이상 달리고, 일기를 쓰고 신앙생활을 잘 하라고 전할 때 나의 안보강의는 클라이맥스에 이른다. 멋있는 안보강의다.

✖ 2015년 3월 19일(목, 흐림) • 온차 초소 방문

어제 초소를 방문하고 커피를 나누고 나니 23:00가 다 되어 간다. 23:30에 잠자리에 들었다. 날씨가 따뜻하여 커피를 나누는 데도 수월하였다. 커피 한 잔 받아들 때 병사들이 고마워하는 마음을 느낄 수가 있다. "교회에 나가니?" 하면 거의 대부분은 "나갑니다"라고 대답한다. 그들의 어깨에 손을 얹고 기도할 땐 모두가 감동을 받는다. 아무리 봐도 이것은 전도 방법 1위인 것이다. 사실 겨울뿐만 아니라 1년 내내 해야 할 일이다. 감악산의 불빛과 간파리 계곡의 불빛을 바라보며 근무를 서고 있는 그들에게 따뜻한 커피 한 잔은 목사님의 따뜻한 사랑을 느끼기에 충분한 은혜로 하나님을 전하기 가장 좋은 여건이 된다. 비록 그들이 당장 주일에 나오지 않는다 하더라도 그들의 마음속엔 하나님의 씨앗을 뿌리게 되는 것이다.

새벽 4시에 일어나 정리를 하고 비록 짧은 5분이나마 교회에서 기도를 드리는 시간이 최고의 시간이 된다. 30분 이상 큰소리로 기도를 하였으면 좋을 텐데…….

MSO 조찬기도회에 참석하였다. 언제 봐도 반가운 분들이다. 이제 MEO 계획이 점점 시야에 다가온다. 큰 변화와 발전을 기대하며 준비한다. MEO의 비약을 가져온 해가 된다. 특히 MCF 설립 및 성장을 위한 교육은 완전히 내 계획대로 이루어질 것이다. 이번 주까지 기본 틀을 작성하고 다음 주에 회의를 거쳐서 목요일에 보고한다. 새로운 도전을 한다. 도전 앞에 항상 장애물도 있다는 것을 생각하자. 그리고 충분히 준비하자. 금년 MEO 계획은 Mobile MEO Team의 시작이 될 것이다. 세계 국가의 MCF에 새로운 변화가 일어날 것이다. 그동안 나는 이를 위하여 군 선교의 앞장에 섰다. 어머님을 뵙고 간다. 다양한 나의 삶이다.

✈ 2015년 4월 24일(금, 맑음) • 영수 화이팅!

어제 모처럼 곤히 잤다. 6시간을 채우지 못했지만 그래도 깊은 잠을 잔 것이다. 대중교회 설교 준비를 하다 보니 아침 운동도 하지 못했다. 이제 대중교회 말씀을 선정하고 순서까지 정했다. 첫날 오후(주일) 준비만 하면 나이아가라호텔에서 준비한다. 이번 심령부흥회를 하면서 나의 심령이 누구보다도 더욱 부흥될 것 같다.

분명히 성령님께서 인도해 주실 줄 믿는다. 내가 그동안 설교했던 것 중에서 꼭 필요한 10개의 설교문을 찾았다.

하나의 story가 연결되어야 한다. 나의 간증을 섞어서 성도들의 심령을 깨워 나가는 것이다. 분명 하나님께서 인도해 주실 것을 믿는다. 어제 갑자기 부여한 56사단 2직연대 3대대 안보강의를 하고 나서 어머님을 뵙고, 재원이 사무실도 들렸다. 비록 시간은 지체되었으나 계획대로 하나씩 이루어진다.

일기는 bus 안에서 모두 쓰고 있다. 나만큼 시간을 절약하며 사는 사람도 드물 것이다. 오늘의 양식, 새벽기도, 성경 읽기, 기도, 감사 memo 등 모두 이루어진다. 그러나 오늘 운동을 하지 못한 것이 아쉽다. 아침 운동을 너무나 쉽게 생략해 버리고 있다. 이번 주일부터 4일만 부흥회 강사가 끝나면 조금 더 여유를 갖자. 좀 더 가정에 충실하고 채영이, 지애 엄마와 시간을 보내고, 요리 준비를 한다. 힘차게 살아가는 영수에게 격려를 보낸다. 영수 화이팅!!!

✂ 2015년 4월 26일(일, 맑음) • 대중교회 심령대부흥회 강사

대 역사가 시작되는 날이다. 오늘 주일예배를 마치자 강서구 가양동으로 지애 엄마와 함께 급히 이동했다. 2시 예배 시작인데 10분 전에 도착하였다. 일반 교회에서 한 번 말씀을 전하기도 어려운데 부흥성회에서 10번 설교를 하니 보통 큰 행사가 아니다. 나를 초청해 준 정석현 담임목사님이 대단한 결심을 한 것이다. 아니면 모험을 걸었다고 본다.

그만큼 나를 사랑하는 마음이 컸다. 그동안 선정하여 총 10개의 설교 내용을 뽑았다. 새로 연구하여 선정하기보다는 이미 교회에서 설교했던 자료들을 그대로 이용한 것이다. 크게 시간을 뺏기지 않으면서 비교적 쉽게 설교 내용을 준비한 것이다. 그러나 10번에 설교 내용은 맥이 흐르도록 하였다.

첫 설교가 시작되었다. 성도 60여 명이 참석하였고, 담임목사님 정석현 이삭법인 이사장께서 나를 소개하였다. 너무 나를 높이 평가하여 몸을 가누기 힘들 정도다. 모든 성도님이 뚫어져라 나를 쳐다본다. 과연 내가 말씀을 전할 때 어떠한 반응을 보

대중교회 심령대부흥회

일까 궁금하다. 또한, 나의 말씀이 얼마나 성도님들을 변화시킬 수 있을지도 궁금하다. 지애 엄마가 잘 했다고 칭찬한다. 듣기에 좋았다. 하나님 보시기에 좋아야 하는데…….

무엇보다도 이렇게 강사로 서게 해 주신 하나님께 감사와 영광을 드린다. 정석현 목사님께 감사드린다. 나이아가라호텔에 투숙하였다.

✈ 2015년 4월 27일(월, 맑음) • 부흥회 2일 차

어제 오후예배를 시작으로 대중교회 부흥성회 2일을 마쳤다. 오늘은 하나님이 택하신다는 주제의 세부 주제로 하나님의 축복에 대하여 말씀을 전했다. 어제는 하나님이 택한 사람은 누구인가에 대하여 개론을 전하였고, 오늘은 하나님이 택한 사람에게 어떠한 축복이 오는가에 대하여 말씀을 전했다. 하나님이 택한 사람은

① 하나님의 자비와 은혜로 구원을 받고,
② 하나님이 택한 사람은 멋있는 인생을 살고,
③ 하나님이 택한 사람은 물가에 심은 나무와 같다고 하였다.

말씀을 전하며 내가 가장 은혜를 많이 받고, 지애 엄마, 그다음이 성도님들이다.

처음부터 끝까지 정석현 담임목사님께서 너무나 친절하게 잘해 주신다. 지애 엄마가 새벽예배, 저녁예배에 참석하여 좋고, 거기에다가 손녀 채영이가 같이 있으니 더 좋다. 이번 성회 강사도 하나님께서 인도하여 주셨음을 믿는다. 어찌 이런 일이……. 세상에 소문도 났다. 이렇게 쓰임받을 줄을 누가 알았겠는가? 행복한 시간이다. 바쁜 가운데서도 이러한 일들이 차질 없이 이루어짐에 놀랍고 감사드린다.

✈ 2015년 5월 17일(일, 맑음) • 양을 먹이라

어제는 교회에서 곤히 잤다. 하나님 성전에서 잠을 자니 오죽하겠는

가? 어제부터 시간을 내어 MEO 번역 업무를 계속하고 오늘 오후 말씀 내용까지 준비하였다. 오늘은 ICS 원우이자 짐바브웨 선교사인 현내식 전도사님을 모시고 말씀을 들었다. 지난주 리민 CCM 가수 초청 행사가 있었으니 연 2주 주예배 말씀을 전하지 못했다. 뭔가 허전하고 우리 어린 양들을 내가 돌보지 못했다는 생각도 든다. 앞으로 주일 본예배만큼은 꼭 내가 전하도록 하자.

현내식 선교사님과 리민 가수는 내가 기대했던 바와는 조금 달랐다. 우리 장병들에게 간증을 통하여 그들이 하나님을 믿고 살아가는 것이 얼마나 중요한가를 깨닫기를 원했다.

이제 내가 얻은 결론은 내가 내 양을 먹여서 키우는 것이다. 양을 살찌게 먹이는 것은 내가 요리를 하여야 한다. 누구에게도 맡길 수 없다. 유명한 연예인도, 유명한 목사님도 해결해 줄 수도 없다. 내가 우리 양들을 가장 잘 알고 있고 내가 그들을 어떻게 해야 하는가도 가장 잘 안다. 내가 인도하면서, 성경을 연구하면서, 묵상하면서 가장 영양가 있는 말씀을 전하는 것이다. 내가 울부짖어도 좋고, 호통을 쳐도 좋고, 내가 살찌는 음식을 마련하는 것도 준비하는 것이다. 성령님의 도우심의 영의 양식을 준비하고, 성령님께 간절히 구하는 것이다. 이러한 길도 알려 주심을 감사하다.

✱ 2015년 6월 20일(토, 맑음) • 전재권 동기생 딸 결혼식 주례

오늘은 정말 기분 좋은 날이고 나에게 엄청난 스릴과 흥분을 안겨 준 날이다.

교회 예배 준비, 신병 면담, 그리고 Joel과 아영의 결혼식 주례를 서는 날이기 때문이다. 새벽에 일어나 교회로 향한다. 이렇게 기쁜 마음으로 먼 길을 달려가는 것은 하나님께서 주시는 특별한 기쁨이 있기 때문이다.

그리고 오늘은 17:00 전쟁기념관에서 전재권 씨 딸 아영이와 Joel 군의 결혼식이 있고 내가 주례를 서게 되었다. 특별히 Joel의 부모, 친척들을 고려하여(캐나다인) 영어, 한글로 주례를 서야 한다. 2일 동안 계속 준비는 하였지만 보지 않고 주례사를 전하는 것이 쉽지는 않았다. 내가 직접 4page의 한·영 주례사를 작성하고 계속 읽으며 암송도 하였다. 주례사를 캐나다인 25명이 지켜보고 있고, 엄숙한 결혼을 선포하고 그들에게 유익한 말씀을 전하는 것 모두가 너무나 중요하다.

그리고 내가 결혼식장 분위기를 lead해야 하는데 초청객(guest)들의 반응이 어떠할지도 궁금했다.

예배 준비를 모두 마치고 서울로 향한다. 1시간 전에 전쟁기념관 예식장에 도착하여 동기생들과 인사를 나누는데 50여 명이 참석하였다. 신랑 부모님, 형제들도 만나고 사회자(전재권 씨 사위)와도 손발을 맞추었다.

드디어 결혼식이 시작되었다. 혼인 서약과 성혼선언문 낭독도 모두 한글, 영어로 한다. 갑작스러운 영작이다. 주례사는 약간 길게 20여 분 했다. 인사도 시키고 박수도 치며 분위기가 좋았다. 동기생들도 소개하며 일어나서 인사를 시켰다. 끝나고 나니 모두 나에게 많은 박수를 보낸다. 수고비로 50만 원이나 받았다. 너무나 감동적인 하루였다. Joel 군과 아영 양이 행복하게 살길 기도한다.

Joel과 아영의 결혼식

✼ 2015년 6월 24일(수, 맑음) • 2015 MEO-P 행사

MEO 3일째. 어제 23:30에 잠자리에 들었다. 05:00에 일어나니 약간 피곤하기는 하지만 간단히 기도하고 뛰고 나니 다시 새 힘이 솟는다. 피곤할 땐 더 잠을 자는 것이 아니고 땀을 흘리고 뛰고 나서 필요할 땐 눈을 잠깐 붙이면 다시 건강이 회복된다. MEO 3일을 마쳤다. 오늘은 그동안 준비하였던 Case Study Training을 시작하는 날이다. 다행히 계획되지 않았던 준비 시간이 1시간 30분 확보되어 briefing 준비를 할 수 있었다. 하나님께서는 필요한 시간을 채워 주신다.

　Case Study Training 개념을 주시고, 모든 준비를 하게 하셨으며 드디어 오늘 2시간 발표 및 토의와 나의 의견을 제시함으로써 MCF 설립 및 성장에 대해 훈련을 하도록 한다. 모든 것이 내가 하는 것이 아니요 하나님께서 이루어 가시며 나는 단지 하나님의 도구로 사용되는 것이다. 우려했던 이상으로 좋은 결과를 얻는다. 오늘 IBS, CP, P&P도 매우 유익하였고, 나도 여기에 적용할 수 있는 방법을 더 알게 되었다.

　MEO 참석자들과도 점점 더 가까워진다. 16명의 외국인 참석자들과도 더 친밀해진다. 내가 모든 진행을 맡아서 인도하도록 하신 하나님께 감사하며 나머지 모든 행사를 더 알차게 이루어 가고자 한다.

　22:00까지 AAR을 마지막으로 끝내고 22:30에 잠자리에 들었다. 그래도 일기를 쓸 수 있는 시간이 있다. 반드시 써 나간다. 채영이, 지애, 지애 엄마가 보고 싶다. 집에 가면 더 사랑하도록 하자.

✱ 2015년 6월 25일(목, 맑음) • Case Study Training

　오늘도 새벽기도 후에 운동을 나선다. 수십 년을 이어 온 나의 아침 시간은 변함이 없다. 특히 남들이 하지 못하는 일을 하고 있다. 아침 구보는 내가 죽는 날까지 하고 싶은데 언젠가는 하지 못할 때가 올 것이라고 생각한다. 무릎 관절이 약화되거나 마모되어 뛰지 못할 때가 오면 걸을

2015 MEO 행사

것이다. 그러나 거리는 줄여도, 속도는 줄여도 계속 뛰고 싶다. 뛰며 땀을 흘리는 것이 나의 삶의 방법이 되었기 때문이다.

오늘 아침 경건의 시간도 은혜로웠다. Mike Paterson에게 적절한 시간을 부여하였다. 오늘은 오전에 현장 견학, 오후에는 크리스천 리더십 강의, 그리고 밤엔 Case Study Training의 발표 2시간을 하면서 종료되었다. 꿈은 이루어진다는 말이 모두 현실로 이루어져 Case Study가 육군대학에서나 있을 방법인데 MCF 지도자들의 수준을 고려치 않았다고 많은 반발이 있었으나 그들 앞에서 모두 성공적으로 이루어졌다. 이만큼 진지한 시간도 없었고 나름대로 각 나라의 MCF를 어떻게 성장, 발전시킬까 생각을 하게 된 것이다.

발표도 좋고 질문도 좋았다. 그리고 마지막 시간엔 발표자 선물도 주었다.

✈ 2015년 7월 19일(일, 맑음) • 지옥은 무섭다

교회 목양실에서 자다가 04:00 일어났다. 교회에서 밤을 지새우다가 새벽에 일어나는 나의 모습이 하나님 보시기에는 좋을 것 같다. 그리고 MEO 강평 준비를 3시간 하면서 대략 틀을 잡았다. 7월 30일 할 내용을 1주일 앞당겼다. 할 수 있다고 믿기 때문이다. 나는 특별히 하나님께서 계획수립(planning)에 많은 능력을 주셨다. 나의 계획은 대부분 옳았다. MEO도 분명히 새로운 방향으로 발전해 나갈 것을 믿는다. 그리고 일대 전환기를 맞게 될 것이다. 분명히 세계 군 선교에 기여할 것이다. 때로는 벽에 부딪힐 수도 있지만 꼭 하나님께서는 나의 옹호자를 세워 주신다. 힘 있는 옹호자를 보내 주신다.

오늘 예배는 〈지옥은 무섭다〉라는 제목으로 2개 영상을 이용하였다. 임사체험(near death experience)도 이용하였다. 지옥이 어떤 곳이라는 것을 분명히 전해 주었다. 비록 50여 명의 성도가 모였지만 다음 주까지 전하게 되면 70~80명은 지옥에 대한 두려움을 느끼게 될 것이다.

이제 내일은 또 다른 역사가 이루어진다. 적어도 MEO 발전 계획이 수립되고, 이삭방송 발전 계획이 추진될 것이다. 그리고 간증문이 완성된다. 나를 통하여 하나님의 새로운 역사가 이루어지길 기도한다. 하나님의 영광을 위하여 불을 피운다. 모든 것 하나님께 영광을 돌리게 하옵소서.

✈ 2015년 7월 23일(목, 비) • 목포 안보강의

어제도 5시간을 자고 03:30에 일어났다. 오늘 기어코 이삭방송을 위한 호소문을 쓰고자 마음먹고 잠 시간을 줄인 것이다. 그래도 곤히 잤다. 샤워하고 옷을 갈아입고 교회 본당에서 기도를 드렸다. 교회에 있는 날 만큼은 교회에서 새벽기도를 드리는 것이다. 30분간 이삭방송 호소문을 1/2쪽 작성하고 지하철 내에서 완성하여 MSO 진 간사에게 typing을 부탁하였다. 신기하게도 마음먹은 대로 이루어진다. 윤문호 목사에게 내용을 한번 보여 주고 내일 원우회 · 학교 Cafe, 동문 Band, 그리고 동문, 원우님들께 메일로 보내기로 마음먹었다. 무섭게 진척되어 간다. 보통의 추진력 가지고는 어렵다. MSO 기도회 및 P&P에 참석하였다. 며칠 동안 준비한 MEO 최종 강평을 발표하였다. 별다른 말들이 없었으나 김○○ 장로님은 오늘도 나에게 많이 공격한다. Case Study Training에 대한 반발이 얼마나 심한지 이해가 가지 않는다. 분명 이유가 있다. 내가 일본에 가는 것에 대한 반발일까? 지혜롭게 풀어 가도록 하자. 굳이 대항할 필요도 없다. 스스로 보완해서 분명히 옳다면 가는 것이다. 내가 승자의 위치에 있기 때문이다. 조용히 참는 것이 이기는 것이다. P&P 후 바로 용산역에서 목포행 KTX를 타고 이동하여 2.5시간 만에 목포에 도착하였다. 31-06-1대대에서 13:00에 안보 강의 후 대대장과 신앙 이야기를 나누었다. 훌륭한 친구들도 많다. 해군 3함대 숙소에서 머물렀다.

✈ 2015년 7월 31일(금, 맑음) • 가정 모임

06:00에 일어났다. 어제는 그래도 곤히 잠을 잤다. 밤에 소식과 정시

식사가 매우 중요함을 깨닫는다. 누나, 형수씨, 수자와 바닷가를 구경하며 아이들과 같이 보내는 시간이 하이라이트이기도 하다. 그리고 식사를 하면서 우리 식구들의 지나온 얘기를 나누었다.

아침에 잠깐 드린 나의 기도를 하나님께서는 들어주셨다. 그래도 이번 여행이 형제들의 우의를 다지고, 수차례의 기도와 설교를 통하여 하나님을 전하게 하였다. 그리고 내가 목사 신분으로 일함도 인식시켰다.

한꺼번에 모든 것을 해결할 수는 없다. 하나씩 해결하고, 안 되면 다음 기회를 이용한다. 16:00에 무사히 귀가하고 형님, 영덕이, 수자로부터 전화를 받았다. 금번 모임에 감사한다.

조금 분위기가 어색할 때도 있었지만 결국 가정 모임이 술 한잔 마시다가 오는 모임이 아니라는 것을 심어 주었다. 가족끼리 모여서 서로 가정의 얘기를 들려주며 서로 격려하고 위로하고 기도하는 모임이 되도록 발전시키라고 했다. 그리고 내가 목사이니 하나님을 전하는 자리가 되도록 노력하였다. 형제들과 오랜만에 같이 지내다가 떠나오니 서운함도 많이 있다. 귀가하여 설교 준비 및 구보 후에 내일을 준비한다. 임은경 사모님으로부터 간증집에 대한 의견을 들었다. 현 내용에서 1/3로 줄이자는 획기적인 내용이었다. 좋은 충고였다.

✂ 2015년 8월 12일(수, 맑음) • 장병 사생관 교육

04:00 기상하여 Joeun System 설교 준비와 PPT를 완성하였다. 무척 곤하게 잠을 잤다. Joeun System 직원 12명이 예배에 참석하였다. 휴가철이라 많이 빠졌다. 그래도 오늘 말씀은 매우 은혜롭게 전했다. 성도의 자세에 따라서 설교자도 바뀌는 것이다.

다음엔 내가 더 연락하여 Joeun System 식구들이 더 많이 참석하도록 하자. 뿌린 만큼 거둔다는데 여기도 예외는 아니다.

12:20~13:00 bible study, 귀납적 성경 공부를 시행하면서 회원들의 참여도가 높다. 다음엔 대화식 기도에 대한 소개를 한 후 우리 MCF

에 적용하도록 하자. 그리고 우리 878 MCF가 KMCF의 모범이 되도록 하자. 필요하면 6포병여단에서 시범식 교육을 하도록 하자.

13:00~14:00, A포대 교육을 하였다. 대대장에게 부탁하여 〈사생관과 신앙〉이라는 주제로

878대대 MCF 성경 공부

우리 인간(군인)의 죽음과 이를 위한 극복 방법에 대하여 열강을 하였다. 결국 인간의 생명은 하나님 손에 달려 있기 때문에 하나님 말씀대로 살아갈 수밖에 없다는 것이다. 반응도 좋았다.

이제 B, C포대에서 교육하고 본부포대는 대대본부 간부들을 포함하여 모든 대대원에게 하나님을 전하는 시간을 갖는다. 특별한 교육이다. 이것도 하나님께서 인도하여 주심을 믿는다. 지난번 예배 참석 인원이 13명이었기 때문에 가능한 것이다.

하나님께서 이루어 가시는 것은 우리의 상상을 초월한다. 수요예배도 13명이 참석하였다. 기분이 좋다. 기도회도 가졌다. 오늘 하루 알차게 보냈다.

✂ 2015년 8월 17일(월, 맑음) • 일기, 구보, 새벽기도

오늘은 마음먹고 하루 종일 MEO 발전 계획을 수립하였다. 경건의 시간, 운동, 신문을 읽고 아침 식사를 하고 나니 10:00, 이때부터 시작하여 18:00까지 꼬박 책상에 앉아서 열심히 15page를 작성하였다. 머리가 띵하다.

염 간사에게 mail로 보내고 나서 모두 마쳤다. 오늘 이렇게 하루 날 잡아 일하기로 작정하고 실천한 것이다. 나에게는 커다란 능력이 있다. 마음먹은 대로 실천해 내는 것이다. 조금 시간이 걸릴 수는 있으나 꼭

해낸다. 인내, 끈기, 성실, 노력 등이 내 몸에 배었다. 그 결과 43년 동안 이렇게 일기를 쓰고, 43년 동안 구보를 하였으며, 43년이 넘게 매일 영어를 공부하고 있다. 그리고 35년 이상 기도를 하고 새벽에 경건의 시간을 갖게 되었다.

나에게 이런 능력과 성실성을 주신 하나님께 감사드린다. 이 모든 능력을 다하여 하나님을 위하여 일하고 싶다.

지금 이 시각(새벽 05:00)에 모두가 잠들어 있는 이 시간에 나는 일기를 쓴다. 그리고 오늘 하루를 계획하고 환희에 찬 하루를 보낼 것이다. 특히 오늘은 지애 엄마와 약속한 대로 영화를 보고, 장인, 장모님을 모시고 외식을 하고 바둑을 두며 설교 준비, 모친 방문, 재원이 방문을 한다.

✽ 2015년 8월 27일(목, 맑음) • 새얼신우회 제주 수련회

제주 수련회 4일 차, 모든 행사가 끝났다. 3박 4일간의 수련회를 모두 마쳤다. 기대 이상으로 은혜롭고 기쁘고 감동적이었다.

특히 스케줄을 잘 짰고, 모두가 잘 따라 주었으며, 또한 아침 예배, 저녁 간증, 그리고 강병대교회가 수련회를 더욱 은혜롭게 만들었다.

강병대교회 방문을 신 목사님이 며칠 전 우크라이나 교회 대표단을 안내하면서 착상하였고 우리의 제주도 수련회의 의미를 높여 준 것이다. 하나님께서는 때로는 우리가 전혀 계획하지 않은 일을 이루어 주신다. 이번에도 출발 전 남북 대치 상황, 태풍의 진로 등이 수련회 출발을 막을 수도 있었지만, 태풍은 도착 전까지 영향력을 미치지 못하고 도착해서는 비만 내리고 쉽게 북동쪽으로 진로를 바꾸며 세력이 약화하고 우리 수련회 기간 기상은 최상의 날씨였다. 남북의 팽팽한 대치 상황도 첫날밤에 극적으로 타결되어 북한의 유감을 표명하고 전시 사태를 해제함과 동시에 우리의 대북 방송을 중단하기로 합의하였으며, 추석에 남북 이산가족 찾기 운동도 다시 재개하기로 하였다. 온 국민이 기뻐하는 가운데 우리의 수련회는 더욱 유쾌한 분위기 속에서 할 수 있었다. 오늘 새벽에도 구보를 하였다. 이어서 제주 수목원 산책 후 마지막으로 폐회예배를 드렸다. 내가 꼭 하고 싶은 〈믿음의 성장〉에 대하여 말씀을 전했다. 하나님은 이렇게 기회를 주신다.

식사 후에 재래식 시장을 shopping하면서 고등어와 돔을 샀다. 그리고 점심은 간단히 하고 제주공항에서 차를 나누며 신 목사와 고별인사를 나누고 김포로 향하였다. 시종일관 감사와 은혜로 가득 찬 기쁨의 시간이었다. 하나님께 감사드린다.

✄ 2015년 9월 10일(목, 비 / 흐림) • 일본 동아시아 인터랙션 참석

그동안 기다렸던 동경 동아시아 인터랙션(East Asia Interaction : EAI)이 오늘부터 시작되었다. 어젯밤에 이를 준비하느라 새벽 01:00까지 준비하고 05:00에 일어났으니 제대로 3시간 반밖에 자지 못했다. 미리 여행 준비를 해야 했고, 시간 계획에 맞추어서 일해야 하는데 아직도 나의 삶이 미숙하다. 그래서 우리 인간은 항상 하나님 앞에 연약하다는 것을 인정해야 한다. 그래도 공항까지 무사히 도착하여 일행 8명과 함께 합류하여 EA Interaction이 시작되었다. 참석자 중에서 내가 가장 젊다. 모두 70~80대다. 오랜만에 일본으로 향하는 마음이 마냥 즐겁다. 비행기 안에서 잠깐 자고 나니 피로가 많이 회복되었다. 나리타 공항에 내리니 날씨가 무척 습하고 온통 잿빛 하늘에 모든 건물도 잿빛이다. 우리 한국의 청명한 가을 날씨와는 대조적이다. green과 gray라고 할 수 있다.

일본 JMCF 회원들이 우리 일행을 따뜻하게 맞아 주고 일본 국방무관 권태환 장군이 또한 친절하게 안내한다.

Pearl Hotel에 투숙하고 Eden

일본 인터랙션

Church에서 행사를 하였다. 우리 MEO와 비교할 때는 상대적으로 간소하다. 그러나 식사를 하는 모습, 회의 진행은 일본식으로 매우 검소하고 실용적이었다. 그리고 모두가 하나가 되어 잘 어울린다. 나는 피곤이 겹쳐 있어서 아직은 활발하지 못했으나 내일부터 누구에겐가 도움을 주고 싶다.

지애 엄마가 유난히 보고 싶다. 아이들 틈에서 애처로워 보인다. 이번에 가면 지애 엄마에게 더 잘해 주자.

✂ 2015년 10월 2일(금, 맑음) • Jim Greshel 씨 소천

오늘은 MEO 발전 방안 수립과 T/F회의로 하루를 보냈다.

아침부터 발전 방안을 작성하여 scan으로 염 간사에게 보내고 18:00에 모여서 10장의 토의보고서를 작성하는 데 거의 5시간이 걸렸다. 나에겐 특별히 계획 능력을 주셨다. 그래서 수많은 과업을 해낼 수 있다. 회의 시에도 나의 보고서에 대한 검토가 이루어지는데 대부분 내가 가고 싶은 방향으로 간다. 머리를 쓰지 않고 시간을 투자하지 않으면서 일하기는 어렵다. 오늘 회의에 T/F장 이○○ 장로님은 오시지 않고 김○○ 장로님이 주관하는 데 약간 불만스럽기도 하였다. 그런데 항상 나의 의견만 관철시키기보다는 남의 의견을 최대한 들어주고 반영시키도록 노력을 하여야 한다. 그러나 노력하지 않고 무조건 반대만 하는 입장, 단편적이고 편협적인 판단에는 과감히 반대하여야 한다.

22:00까지 토의하고 귀가하니 00:00. 너무나 시간에 끌려다닌다. 일을 줄이는 방법도 있지만 일을 효과적으로 하여야 한다. 이제 MEO는 새로운 방향으로 가야 한다. 진취적으로 밖으로 나가야 한다.

같이 일했던 Jim Greshel 씨(ACCTS)가 소천하셨다는 연락을 받았다. 지난 9월 10~12일 일본 MCF Interaction에서 같이 일하시던 분인데 부인 곁으로 가셨다고 전한다. 조금 힘들어하셨었다. 나도 가끔 심장에 통증을 느낀다. 내가 가장 관심을 두고 관리해야 한다.

✠ 2015년 10월 8일(목, 맑음) • 아들을 부르시는 어머님

오늘은 또 다른 목요일이다. 수요일에 이어서 또다시 활발하게 활동한다.

MSO 조찬기도회, 모친 방문을 하고 오후에는 구국성회를 시작하는 오산리기도원으로 갔다. 가기 전에 오전에 2시간 동안 모친을 방문하고 오늘은 20분간 같이 지냈다. 목소리를 듣고 내가 나타나지 않자 "영수야! 영수야!" 하고 부르신다. 이제 얼마나 어머님이 나의 이름을 부르는 소리를 들을 수 있을까? 눈물겹도록 마음을 울리는 목소리인데……. 어머님 하늘나라 올라가시면 내가 눈물을 많이 흘릴 것 같다. 이 세상의 인연이 끊어지기 때문이다. 살아 계실 때 이 목소리를 한 번이라도 더 듣도록 하자.

98세의 어머님, 비록 몸은 굽어지고 얼굴은 많이 노쇠하나 나를 보면 생기가 돈다.

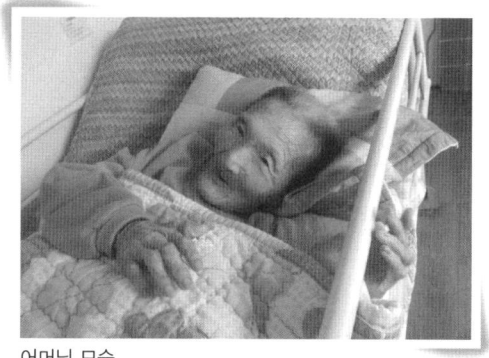
어머님 모습

✠ 2015년 10월 22일(목, 맑음) • 쓰지 않고 기도하다

어제 극도로 피곤했던 피로가 모두 사라지고 새 기분으로 하루를 시작한다. 나에게 새벽 시간은 한순간도 낭비할 여유가 없는 tight한 계획의 연속이다.

오늘도 이른 아침부터 뛰기 시작한다. MSO 조찬기도회에서 대표기도를 하였다. 오늘은 쓰지 않고 온전히 마음의 기도를 드렸다. 조금 부족함이 있을지 몰라도 간절한 마음으로 하나님께 기도를 드릴 수가 있었다.

오늘 P&P 시간에도 4가지 항목에 걸쳐서 MEO-P 발전 방향을 제시하였다. 대부분 나의 생각대로 이끌어 간다. 그만큼 내가 시간을 투자하였기 때문에 가능한 것이다. 이제 계획보고가 아니라 실천 계획을 수립하여 추진하여 나가는 것이다. 실제 움직이지 않고는 발전을 가져올 수가 없는 것이다. 적어도 한 달 내에는 세부 추진 계획을 만들어 보고하며, 계속 check하며 움직이도록 할 것이다. MCF/MEO를 살려 내는 것이다. 앞으로 2년 동안 끌고 간다면 획기적인 변화가 올 줄로 믿는다. 반드시 MEO 팀장으로서 할 일을 다 하고 모든 정성을 다하여 하나님의 사업을 한다. 나의 자랑이 아니요 하나님의 영광이다. 일부 의견의 대립이 있다. 그냥 순탄하게 이루어지지는 않는다. 이런 갈등을 해소하며 나가는 것이다.

　MSO에서 머무르며 이발도 하고, 이삭방송 제안서도 작성하였다. 계속 일은 이어진다. 이렇게 하지 않고는 이 많은 일을 다 할 수가 없다.

　그래도 17:00 전에 집에 도착하여 채영이와 놀이터에서 1시간을 놀았다. 오늘은 어린이들이 많지 않다. 그래도 우리 외손녀와 1시간 노는 것이 나에게는 행복한 시간이다. 조금만 더 여유가 있다면 금상첨화인데. 좀 더 꼼꼼한 계획으로 살자. 좀 더 여유 있게 살자.

✈ 2015년 11월 8일(일, 비) • 낙원교회를 지키다

　오늘은 왜 이렇게 기분이 좋은지 모르겠다. 5시에 일어나 부랴부랴 짐을 싸서 1570번 버스를 타고 양재 → 충무로 → 창동 → 동두천 중앙역으로 가서 택시를 타고 낙원교회에 도착하여 순식간에 PPT를 작성하고 예배를 드렸는데도 이상하게 오늘은 마음속에 기쁨이 솟아난다. 그것은 한 가지 이유가 있다. 오늘 비록 바빠 준비하여 말씀을 전했지만 50여 명의 성도가 자발적으로 나의 말씀을 귀담아들었다는 것이다. 고개를 숙이고 자는 형제들이 거의 없었고, 포대장이 깨우기도 하였다. 우리 낙원교회의 vision을 본 것이다. 성령님께서 인도하여 주심을 믿게 된 것이다. 나의 준비와 나의 능력이 아니었다. 온전히 하나님께서 그렇게 도와주셨다. 나의 정성을 보신 것이다.

오후예배, 찬양예배 전에 내가 찬양을 인도하면서 나 스스로 은혜를 받았다. 그리고 이제 낙원교회를 새롭게 꾸미는 것이다. 대대장이 한 달 후에 바뀐다. 그때부터 교회에서 대대장이 예배를 같이 드린다. 간부들이 많이 오고 예배 분위기가 바뀔 것이다. 인원도 늘어난다. 100명 이상이 나의 목표다. 그리고 신나서 말씀을 전하고 대대장, 간부, 가족들과 오찬을 나눈다. 성가대, 찬양팀, 양육팀, 군종병 system을 강화해 나간다. 나를 55사단 협력목사로 보내지 않는 이유가 여기에 있다.

✼ 2015년 11월 20일(금, 흐림) • 재원이와 골프

어제 운동(Golf) 및 바둑을 마치고 무척 기분이 저하되었는데 오늘 20km를 뛰고 나서 많이 회복하였다. Golf는 아들과 즐거운 시간을 갖고 바둑은 장인 어르신 사기를 올리는 것이다. 시간이야 2~3시간 뺏기고 바둑으로 내가 진다 하여 그런가 보다 하고 넘기고 그냥 장인을 기쁘게 하는 시간을 가졌다 하면 가슴 아프게 슬퍼할 일도 아니다. 때로는 담대하게 지난 일들을 생각하면 된다. 그래서 오늘도 하나님께 감사드린다.

내가 시간을 좀 더 하나님을 위하여 쓰고 재원이와 더 친해져 아버지를 믿고 따르게 할 여건이 더 좋아졌다는 것이다.

어떠한 일에도 마음 아파하며 depressed되지는 말자. 이럴 때는 조용히 손을 잡고 기도하자. 그리고 항상 베풀어 주시는 하나님의 도우심을 찾으며 감사의 조건을 찾아야 한다.

사랑스러운 채영이가 언제나 옆에 있다. 딸 지애가 아버지를 좋아한다. 재원이도 겸손하게 살아갈 이유가 많아진다.

이제 별장식 주택으로 이사하고, 생활환경이 바뀐다. 비록 지애, 백서방, 채영이는 미국으로 떠나서 아쉬움은 남지만, 지애 엄마는 더 많은 시간을 갖고 하나님을 위하여 더 많은 일을 할 수 있는 여건이 된다.

오늘 지애 엄마는 Golf 실력을 충분히 입증하여 사기가 진작되었다. field에 나가지도 않고 연습장에 가지도 않는데 저렇게 잘 치는 것을 보면 지애 엄마의 운동신경은 천재적이다. 내일을 기약하며 또 하루를 보낸다.

✈ 2015년 12월 1일(화, 맑음) • 6포병여단장 이취임식

6포병여단장 이취임식에 참석하였다. 초청장이 오지는 않았지만, 그 동안 나에게 잘해 준 송희섭 장군(33대 여단장)에게 감사 표시를 하고 후임 여단장(34대)에게 얼굴을 보이기 위해서 참석하였다.

차를 몰고 가는 데 1시간 30분이 소요된다. 얼마나 먼 곳에서 내가 목회를 하고 있는지 새삼 알게 되었다. 오히려 대중교통수단을 이용할 때는 멀다고 생각하지 않는다. 비록 3시간이 걸린다 하더라도 그 시간에 많은 일을 하기 때문이다. 앞으로 내가 교회를 전곡에서 용인으로 옮길 필요가 있다는 것을 확실히 인식시켜 주는 것이다.

이취임식장은 12년 전 내가 할 때와 큰 차이가 없다. 하객들이 그때보다 많다. 이임하는 여단장의 마음과 취임하는 여단장의 마음을 둘 다 읽을 수 있었다. 만감이 교차한다. 군인들이 누구나 겪는 기쁨과 아픔의 교차가 이루어지는 곳이다. 이것을 극복하는 길은 모두 일에 기뻐하며 감사하는 것이다. 우리 삶도 마찬가지다. 우리 인생의 모든 시간이 하나님이 주시는 것이며 이 모든 시간은 감사와 기쁨으로 지나가는 것이다. 어느 순간도 슬퍼할 필요는 없다. 하나님이 주시는 시간은 모두 받아들이는 것이다. 약간 씁쓸한 마음으로 다과회장을 빠져나왔다. 주연에서 이제는 관객으로 바뀐 것이다. 집에 와서 채영이와 놀이터 노는 1시간이 더 재미있었다.

✈ 2015년 12월 17일(목, 맑음) • 신봉동으로 이사

오늘도 특별한 날이다. 성북동에서 신봉동으로 이사를 하였다. 2년 전세 계약이 끝나고 다시 신봉동에 전세를 구하여 이사한 것이다. 아파트에서 단독주택으로 옮겼다. 사단장 공관에서 10여 년 만에 개인 주택으로 이사를 하였다. 신봉동 계곡에 있는 이층집인데 1층은 주인이 국선도 도장을 하시고 나머지 시간은 우리 식구만 살게 된다. 그야말로 개인 주택이다. 잔디밭도 있고 텃밭도 있는 전형적인 별장 주택이다. 전세금도 2억 5천에서 2억 2천으로 내렸다.

날이 무척 추웠지만 이사하기에는 어려움이 없었다. 그리고 생각보다는 쉽게 이사를 하였다. 이사센터 직원들이 매우 전문적이고, 모두 사다리를 이용하여 올리고 내렸다. 어떤 때는 너무나 불편할 것 같아서 후회한 적도 있지만, 이사를 하고 나니 잘 했다 생각된다. 앞으로 3년간 지애 엄마와 함께 여기에서 행복한 삶이 될 것이다. 텃밭도 가꾸고, 잔디에서 바비큐도 하고, 차도 마시고, 손님도 초청하고 찬양도 하고 수련회도 하고, 등산도 하고 장인, 장모님도 모시면서 행복하게 살 것이다. 채영이도 좋아한다. 항상 새로운 환경에 잘 적응하는 우리 지애 엄마도 무척 만족해한다. 이제 여기에서 지애 엄마에게 더 잘 해 주고 점수도 더 따자.

신봉동 주택 이사

✂ 2015년 12월 29일(화, 맑음) • "왜 이렇게 늦었니?"

영하 8~9도의 추위가 계속된다. 그러나 아침에 뛰는 열정은 이 추위를 녹이고 땀을 흘리게 한다. 아직도 가로등이 졸고 있는 새벽 05:40, 남들이 보면 정신이상자로 볼 수 있는 광경이다. 다부지게 뛰어 가는 내가 자랑스럽다.

아침 일찍이 서울로 나가서 어머님을 뵈었다. 깜짝 놀라며 반가워하신다. "왜 이렇게 늦었니?"라며 원망도 하신다. 굳었던 얼굴에 생기가 돌고 카스테라빵과 바나나우유를 드시고 나면 얼굴이 되살아난다. 빵도 맛이 있겠지만 아들이 와서 공양하니 얼마나 기분이 좋으시겠는가? 아무리 많이 찾아와도 힘들거나 멀다고 생각해 본 적이 없다. 앞으로 얼마나 더 와야 할지 모르겠지만 어머니가 살아 계신다는 것만 해도 나에겐 큰 힘이 된다.

100세까지 꼭 사시기를 바란다. 그리고 몸이 아파서 고통스러워하지 않고 자식을 보는 기쁨을 가지고 살다가 하나님 나라로 가시길 간절히 기도한다.

MSO 사무실에서 육사신우회 축복성회 준비와 번역 작업을 하였다. 하나하나 때가 되면 이루어진다. 우선순위에 의하여 차근차근 일해 나간다.

채영이를 유치원에서 태우고 신세계백화점으로 가는데 채영이는 차창에 머리를 숙이고 자고 있다. 사랑스러운 우리 채영이 볼 날도 얼마 안 남았다. 백화점에서 오뎅으로 만족한다. 사랑스러운 우리 채영이 잘 커다오.

✣ 2015년 12월 30일(수, 흐림 → 눈) • 사랑의 온차 나누기

오늘도 가장 알차게 보낸 하루였다. 수요일에 교회에 오는 날은 항상 그렇다. 만약 집에서 하루를 편하게 보낸다면 이런 기쁨을 찾을 수가 없을 것이다. 오늘도 bible study(9명), 수요예배 및 기도회(17명), 사랑의 온차 나누기(22:00~23:00)를 하고 교회에서 이삭방송, 설교 준비 등 많은 일을 하였다. 일주일에 하루는 나만의 시간을 가질 수 있는 특별한 날이다.

대대장이 성경 공부 및 수요예배에 참석하였다. 우리 교회에 지각변동이 일어날 것이다. 드디어 우리 교회에 새로운 바람이 불고 있다. 이 바람을 한껏 이용하여야 한다. 대대장의 힘을 빌리는 것이다. 때맞춰 하나님이 보내 주신 인물이다. 특히 간부들도 재직 임명을 하여 나 혼자 갖는 어려움을 해소하여야 한다. 대대장, 사모님, C포대장, 작전장교, 본부포대장, 가능하면 정보과장과 관측장교를 포함하는 것이다. 그리고 내가 가장 어려워하는 교육(양육), 찬양, 성가대, 군종병 관리를 맡길 것이다. 교회의 변혁을 일으키는 것이다. 하나님께서는 이제 때를 맞춰서 기회를 주신 것이다. 나도 2년 후 떠날 준비를 하며 흔들림 없는 교회 운영을 하는 것이다. 독불장군은 없다. 더불어 가야 한다. 많은 지혜를 주셨으니 100% 가동하는 것이다.

저녁 22:00부터 24:00까지 온차를 나누며 기도를 하였다. 오늘 비록 바쁘고 힘들지만 최고로 기쁜 날이었다.

✤ 2015년 12월 31일(목, 흐림) • 행복의 비결

밤 00:00에 잠자리에 들었다가 05:00에 일어났다. 어젯밤엔 교회 잠자리가 무척 편했다. 가습기 효과도 있고, 열풍기가 방 온도도 높여 준 탓이다. 30분간 경건의 시간을 갖고 6km 구보를 하였다. 어제 눈이 쌓여 도로를 뛰는 것도 즐거운 시간이었다. 아침에 뛰는 것이 나에겐 둘도 없는 귀한 시간이다.

몸이 새 힘을 얻을 때 우리의 마음도 영혼도 밝아진다. 내일은 모처럼 20km를 뛰고자 한다. 정문 앞에서 어떤 기사 한 분이 차를 태워 주었다. 너무나 감사하다. 목수로 일하는데 하루에 18만 원씩 벌고 한 달에 500만 원 이상을 벌 때도 있단다. 전국 이곳저곳 돌아다니면서 사람들이 살아가는 것을 보면 노년으로 갈수록 누가 지혜롭게 활동적으로 살아가느냐가 중요하다. 그러나 재산, 명예, 여자는 우리에게 큰 영광을 주지는 못하는 것 같다. 끝이 좋지 않기 때문이다. 하나님 중심으로 살아가는 것이 행복의 비결이다.

어제부터 오늘까지 나에게 일어나는 일들이 모두 감사와 기쁨의 연속이다. 대부분 하나님과 연계된 일들이기 때문이다. 이발까지 하고 나니 더 기분이 좋다. 낙원교회의 모습도 분명히 바뀌어 나갈 징조를 보이고 있다. 걱정했던 일들도 하나하나 해결되어 간다. 육사신우회원들에게 초청장을 보내면 된다. 그리고 이제부터 하나씩 check하는 것이다. 채영이와 놀아 줄 시간을 생각하니 또 기분이 좋다.

2016년

✼ 2016년 1월 1일(금, 맑음) • 2016년 각오

　새해가 밝았다. 2016년이 시작되었다. 2015년은 자취도 없이 사라져 버렸다. 한 해의 흐름이 이렇게 빠른데 내 인생의 나머지 기간이 40년이라 한들 얼마나 길겠는가? 점점 더 빨리 지나간다. 그러나 삶의 기간이 내 인생의 모든 기간이라고 생각하기 때문에 더 아쉬워하는 것이다. 나의 삶은 잠깐 지나가는 것이고 나의 영원한 삶은 하늘나라에서 이루어진다는 것을 생각하면 아쉬워할 것도 없다. 남은 인생을 하나님을 위하여 주셨다고 생각하면 된다. 그래서 나의 삶의 기간이 소중한 것이다. 하나님과 관련이 없는 인생이면 너무나 허무한 인생이 될 것 같다.
　작년 한 해도 하나님을 위하여 열심히 살아왔다. 정말 후회 없는 삶을 살았다. 날이 갈수록 나의 삶이 더 소중하다고 생각하기 때문에 모든 시간이 더 귀한 것이다. 하나님과 관련이 없는 시간은 허무한 인생을 살아가는 것이다. 놀아도 하나님을 위하여 놀고 바쁘고 힘들어도 하나님을 위한 시간이어야 한다.
　올 2016년은 새로운 의미의 삶이 되도록 계획하자. 불필요하게 슬퍼하거나 힘들어하지 말지. 사도 바울의 삶처럼 괴로움도 슬픔도 기쁨도 오직 하나님을 위하는 삶이 되도록 하자. 특히 누구에게도 노여워하거나 미워하지 않도록 하자. 하나님께서 이루시는 삶 위에서 만나는 모든 사람도 하나님께 의미 있는 존재들이다. 오늘 첫날 잘 보냈다. 동기생들과 해맞이, 모친 방문, 처제 식구들 모임, 오찬, 예배(지구촌교회), 장인 바둑. 모두 행복한 시간이었다. 밀린 일이 있지만 또 이루어진다.

✤ 2016년 1월 7일(목, 맑음) • MSO 기도회

04:20에 기상하여 밤 00:00에 잠자리에 들었다. 예배 후 새신자교육 후에 사랑의 온차를 나누어 주고 돌아오니 밤 23:30이다. 이상하게 돌아오면 빨리빨리 몸이 움직여지지 않고 안락한 목양실에 그냥 몸을 맡겨 버린다. 모든 과로가 겹쳐 있고 모든 일을 마쳤다는 안도감이 그냥 멍하게 의자에 앉아 버리게 만드는 것이다. 사실 이 시간엔 인생의 진면목을 말하는 책을 읽고도 싶고, 누군가 전화를 하고 싶고, 일기도 쓰고 싶다. 그냥 편안함을 찾고 싶은 것이다. 인생의 아름다운 맛을 한껏 누리고 싶은 것이다. 그렇다고 지애 엄마와 아이들이랑 얘기 나누며 오붓한 시간을 갖고 싶은 것만은 아니다. 아마 이때 글을 쓴다면 멋있는 감정을 엮을 수도 있을 것이다.

카톡에서 육사 경호실 동기생들과 고등학교 동창들이 한껏 옛날을 그리워하며 대화를 나누고 있다. 부랴부랴 세수하고 옷을 갈아입고 나니 12시 5분 전이다. 교회에서 마음껏 부르짖으며 기도를 하고 싶은데 시간이 없다. 아침에 답답한 마음도 있었으나 서서히 하나씩 일이 풀려 나가면서 기분 전환이 되고, 오후 늦게까지 교회 임명장 제작을 마치고, 주일예배 준비를 마치고, 번역 작업도 거의 마무리되었다. 아침은 MSO에서 떡과 우유, 낮엔 햄버거와 콜라를 먹으며 번역 작업까지 감수하고 나니 기분이 하늘을 날 것 같다. 그래서 젊음이 좋은 것이다. MSO의 반가운 사람들과 하루 종일 MSO 사무실에서 보냈다. 식사도 여기서 세끼 모두 해결하고 집에 갈 땐 날아갈 듯한 기분이었다. 정석현 목사님께 문자를 보냈다.

토요일 ICS 신년예배가 기대된다.

✤ 2016년 1월 16일(토, 눈 / 흐림) • 육사신우회 기도회

새벽 5시에 일어나 강남 감람교회로 향했다. 새벽 별을 쳐다보며 장거리를 달려 서울로 들어오니 육사 동창들이 하나님께 예배를 드린다.

어느 목사님은 우리 육사에서 신우회를 만들면 다른 출신들도 신우회를 만들고, 우리보다 더 많은 숫자의 신우회를 만들 것이라고 생각했는데 그것이 현실로 다가왔다고 심정을 토로한다. 하나님께 드리는 예배를 더 많이 만들면 더 좋은 것이 아닐까? 이것은 경쟁이 아니다. 우리가 전도하며 다른 출신도 참가하게 한다면 우리가 하나님께 상을 받을 일을 하는 것이다.

우려했던 것보다는 많은 동창이 참석하여 50명 정도 되었다. 추운 1월에 이 정도 오면 많이 오는 것이고, 동기별로 고루 참석하고 있다. 이제 발 벗고 나서서 독려하면 언젠가는 60명, 70명, 80명을 채울 것이라고 본다. 내가 사무총장을 맡았으니 이를 위하여 기도하고 활동하고자 한다. 아무리 바빠도 분명히 발전시키고자 한다.

1주일 후에 있을 축복성회도 마지막으로 점검하였다. 부디 그날은 200명 이상이 참석하고 성황을 이루길 기원한다. 우리 새얼신우회도 30명 정도 참석하여 다른 동기생들의 귀감이 되기를 바란다.

어머님을 찾아뵈었다. 무릎이 저린다고 하소연하시면서도 내가 노래를 부르고 춤을 추니 어머님도 장단에 맞춰 손뼉을 치신다. 불쌍한 우리 어머니. 내가 돌봐 드리지 않으면 누가 올까? 더 잘해 드리자. 후회 없도록 잘해 드리자.

낙원교회에서 10여 명의 형제들과 경건의 시간, 찬양 준비, 청소를 마친다.

✄ 2016년 1월 20일(수, 맑음) • Joeun System 마지막 설교

역시 수요일은 한 주간 Joeun System에서 가장 바쁘고 가장 많은 일이 이루어지는 날이다. 대 역사가 이루어지는 날이다.

오늘도 Joeun System에서 마지막 설교를 하였다. 회장님께서 이제는 기도만 하는 것이 아니요, 사랑의 실천을 위하여 예배를 중지하시겠다고 한다. 아마 회사에서는 신앙생활 활성화를 위하여 다른 길을 모색하는 것 같다. 예배를 드리는 것이 하나님 보시기에 좋았는데……. 그냥 졸라서라도 계속 예배를 드리도록 건의했어야 하는 것이 아닌가 후회가 되기도 한다. 부디 신우회를 통하여 성경을 공부하고 기도회라도 하기를 바란다. 하지만 끝내야만 했다. 양 떼를 두고 떠나는 목자의 심정이라고 할까?

아쉬움을 뒤로하고 동두천 낙원교회로 향한다. bible study에 7명 참석하였다. 대대장, 정보과장, 본부포대장이 참석하였다면 10명이 참석한다.

이제 이 성경공부를 간부들의 예배 참석으로 바꾸도록 하고 이들이 모두 하나님을 영접하도록 하고, 또한 우리 낙원교회의 일꾼으로 일하게 하는 것이 나의 꿈이다. 꿈은 반드시 이루어진다. 오늘 기도회에는 병사 8명이 참석하였다. 그리고 대대장도 참석하였다. 군종, 성가대, 찬양팀이 모두 참석하고, 새신자교육까지 유도하기 위해서는 인센티브가 있어야 한다. 때로는 과감하게 대대장에게 요구하여 일단 병사들이 예배에 많이 참석하도록 하자.

22:00부터 23:00까지 사랑의 온차를 나누었다. 그리고 기도를 하며 격려하였다. 올해도 사랑의 온차를 나누어 줄 수 있어 다행이다. 추위에 떨며 근무하는 초병들에게 따뜻한 초코 한 잔과 사랑은 무척 큰 기쁨을 줄 수 있는 것이다. 오늘 하루도 감사드린다.

� 2016년 1월 24일(일, 맑음) • 낙원교회 가는 길

거룩한 주일 새벽 03:30에 알람에 깨어서 일어났다. 어제까지 마무리 못 한 설교 준비를 아침 2시간 반 동안 끝냈다. PPT, 동영상까지 준비하고 부랴부랴 집을 나서 동두천으로 향한다.

지하철이 얼마나 추운지 서서 발을 동동 굴렀다. 그래도 낙원교회를 향하는 발길이 가볍고 기쁨이 충만하다. 내가 목사 안수를 받고 나서 낙원교회를 담임하면서부터 나에겐 지금까지 갖지 못했던 새로운 기쁨이 솟아나기 시작한 것이다. 하나님 말씀을 전하는 설교의 기쁨이다. 비록 날이 춥고 사정이 있어서 교회에 출석한 병사들의 숫자가 적다 하더라도 이 기쁨은 동일하다. 더 많이 하면 더 기쁨이 커지는 것이다.

오늘 아침 온도도 영하 19도인데 동두천 시내는 더 춥다. 썰렁했던 교회가 내가 불을 켜면서부터 온기가 들어오고 불이 밝혀지면서, 찬양대의 소리가 울리고 교회 분위기는 생기를 찾는다. 어떤 일이 있어도 교회 출석인 누구에게나 싫은 얼굴을 보이지 않기로 마음먹었다. 〈모든 사람과 더불어 화목하라〉라는 제목으로 말씀을 전하며 내가 이렇게 살 것을 다짐한다. 나보다 더 은혜를 받는 사람은 없을 것이다. 난 앞으로 모든 적대감을 갖는 사람을 위하여 하나님께서 그들을 도와주시도록 기도할 것이다. 그리고 나를 미워하는 사람들에게 더 잘해 줄 것이다. 우리 자녀들에게도 내가 손을 내밀어 그들의 손을 잡아 줄 것이다. 그리고 예수님의 피 묻은 손으로 상처받은 사람들의 마음을 위로할 것이다. 오후에는 10명 예배 참석. 이제부터 양육 교육을 시작한다.

✂ 2016년 1월 28일(목, 흐림) • 채영이에게 바람

어제도 4시간밖에 자지는 못했지만 무척 포근하게 잠을 잤다. 이 추위에 전방 부대 교회에서 숙식하며 지낼 수 있다는 것에 무한 감사드린다. 새벽을 가르며 극동방송을 들으며 상황반장과 함께 동두천 중앙역으로 향한다. 모두가 아름다운 추억이 될 것 같다. 이제는 낙원교회에서 나의 군목 생활을 모두 마무리하고자 한다.

MSO 회의실에 도착할 때 모두가 반겨 주었다. 이제 MEO 행사를 위하여 서서히 활동을 시작하여야 할 때다. 분명히 작년보다는 개선될 것이다. 다음 주부터 하나하나 검토하고 준비해 나간다. 분명히 올해 MEO는 작년보다 한 단계 발전하여야 한다. 세계 군 선교에 기여하는 해가 되어야 한다. 바쁜 가운데서도 모든 일을 허락해 주시는 하나님께 간절히 구할 때 도와주실 것이다.

저녁에 지애, 백 서방, 채영이와 함께 저녁 식사를 하였다. 백 서방과는 마지막 식사가 된다. 적어도 1년 후에나 미국에서 식사를 할 것이다. 그간 4년을 한집에서 함께 살았다. 정이 많이 들었다. 우리 채영이는 나에게 많은 기쁨을 주었다. 부디 미국에서 잘살아 다오. 그래서 어제는 채영이와 썰매도 타고, 업고 옆집 개도 구경하고, 딱지놀이, 뛰어서 등에 업기 등 많이 하였다. 그리고 지애 엄마는 목요일 장문의 문자를 남겼다. "채영이를 꼭 교회에 보내 주기 바란다. 제발 아버지의 부탁을 들어주기 바란다. 그리고 지애도 백 서방과 함께 교회에 나가도록 해라. 고집을 피워서라도 나가도록 해라. 집 안 청소를 잘 하고 아름답게 가꾸어서 새로운 기쁨을 얻도록 해라." 그리고 다시 지애에게 이에 대한 대화를 나누지 못했다. 일방적으로 전해 줄 것이다.

요즘 점점 더 지애, 재원이와 대화를 하지 못한다. 꼭 아이들에게만 책임을 돌릴 수 있을까? 대화의 기법에 대하여 꼭 책을 한 권 사서 읽도록 하자. 누구와도 마찬가지다. 나의 경직된 마음이 그렇게 만드는 것 같다. 목적을 달성하기 위해서는 우선 대화를 하여야 한다. 그리고 하나님 도움을 청하자. 내가 자녀들과 대화를 하도록 하자. 결국 이렇게 지애는 떠났다. 비록 말은 없었지만 그래도 명심할 것이다. 옳은 길을 가르쳐야 한다.

✱ 2016년 2월 14일(일, 흐림) • 어머님 소천, 장례식 준비

어머님 세상을 떠나시다. 오늘 16:00에 어머님께서 별세하셨다. 어제 어머님 상태가 좋지 않아서 아예 교회에 가면서 어머님과 같이 지낼 양으로 짐도 준비하였다. 오전·오후예배를 정상적으로 모두 마치고 15:20쯤 벽산복지원에 도착하니 어머님이 전혀 의식이 없으셨다. 전혀 나를 알아보시지 못하시고 숨만 겨우 쉬고 계셨다. 아무리 큰소리를 쳐도 눈을 뜨지 않으신다. 원장에게 전화하여 앰뷸런스를 요청하고 나서 10분 후에(16:00) 어머님께서는 숨을 거두셨다. 이렇게 쉽게 운명하실 줄을 몰랐다. 사실

삼성서울병원에 며칠 머무르며 어머님을 간호하겠다는 생각으로 어머님을 찾아뵈었는데 그럴 필요가 없게 되었다.

세상을 하직한 어머님 시신을 안고 삼성서울병원으로 행하는데 이상하게도 어머님을 떠나보낸 서러움이 복받치지는 않았다. 어머님께서 하늘나라 가시는데 뭐 그리 슬퍼할 일이 있느냐고 생각하는 것이다. 아마 이제부터 서서히 어머님에 대한 그리움이 더 커질 것 같다.

절차에 의해 빈소를 꾸미고 나니 몇몇 손님이 오신다. 드디어 이제 내가 상주가 된 것이다. 지애 엄마와 함께 상복을 입었다. 모든 일이 순조롭게 이루어진다. 영덕이가 불만을 표시하더니 밤늦게 출발하였다. 아무래도 내 계획대로 모든 장례가 이루어질 것이다.

✱ 2016년 2월 16일(화, 맑음) • 어머님 발인예배, 고향 장성 안치

06:00에 눈을 떠서 빈소를 정리하였다. 모두가 피곤하지만 그래도 질서가 있고 차분하였다. 몇몇이 술에 취한 식구도 있었지만, 어제 식당 주변 음주는 거의 없었다. 08:00에 동기생 김창제 목사 주도로 발인예배를 드렸다. 동기생 장용관, 전재권, 박병찬, 전선제 가족이 참석하였다. 그리고 우리 식구 16명과 함께 엄숙하게 예배를 드렸다. 08:20에 김 목사와 상조팀장의 안내로 어머님 관을 영구차에 싣고 화장터로 출발하였다. 우리 식구들은 모두 버스에 탔다. 시간에 맞추어 용인 화장장(용인 평원의 숲)에 도착하고 어머님 관은 뜨거운 불 속으로 들어간다. 마지막으로 어머님 육신을 보며 기도하였다. 1시간 후면 한 줌의 재로 변하게 되실 어머

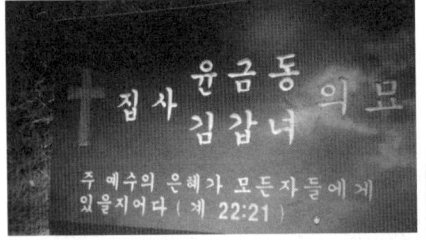

모친(김갑녀) 장례식

님을 보면서 짧은 시간에 많은 일이 이루어진다. 대기실에서 같이 예배를 드렸더라면 더 좋았을 것을…….

12:00에 어머님 뼈를 보여 준다. 모두 하얀 뼈로 변하였다. 그리고 바로 이어서 재로 만든다. 수십 년 몸이 불에 타고 뼈가 마르고 점점 없어져 버리는 과정을 불과 한 시간 만에 마친 것이다. 슬퍼할 겨를도 없다. 다시 버스를 타고 장성으로 향한다. 모든 식구가 숙연한 모습들이다. 어미를 잃은 병아리들이라고 할까. 고향 장성 뒷산에 도착하니 벌써 일꾼이 어머님 유골을 안치할 묘지를 준비하여 놓았다. 유골을 내려놓고 마지막 흙을 묻기 전 기도를 드리고 축도를 하였다. 그리고 어머님 비석에 국화를 한 송이씩 내어놓는다. "어머님 하늘나라에서 만나요." 그리고 눈길을 따라 하산한다. 형님, 영덕이와 함께 동네 노인정 세 곳을 돌며 어머님 하직 인사를 나누었다. 모두가 서운해한다. 어머님을 만났으면 모두 좋아했을 텐데……. 어머님은 이렇게 하여 고향으로 돌아오신 것이다. 먼 길의 여행을 마치고 돌아오셨다. 그리고 영혼은 영원한 천국으로 가셨다. 마지막 오리탕 식당에 도착하였다. 그리고 어머님을 여의고 다시 돌아왔다. 지난 이틀간이 꼭 꿈을 꾼 것 같기만 하다. 다시 내일 어머님을 뵈러 가야 한다는 생각을 한다. "어머님, 안녕히 가세요. 그래도 한 번씩 찾아뵐 때가 더 좋았던 것 같네요. 비록 누워 있기만 하셨지만 저와 같이 지내면서 큰 기쁨도 못 드리고 가셨네요. 어머님, 안녕히 가세요."

형제들과 하직 인사를 나누고 서울로 상경하여 21:00에 집에 도착하였다. 어머님이 그리워진다. 무척이나 나를 보고 싶어 하시고 나를 기다리셨는데…….

"어머님, 하늘나라에서 편안히 지내시다가 다음에 만나요."

뒤늦게 눈물이 주르륵 흐른다.

✄ 2016년 2월 18일(목, 맑음) • 어머님 추모

어머님 소천은 하루하루 멀어져 가지만 실감이 나지 않을 정도로 너무나 짧은 기간에 이루어졌다. 점점 더 어머님의 소천은 하나님의 계획이었다는 것과 나와 우리 지애 엄마를 위하여 많이 고려하였다는 것을 느끼게 된다.

내가 계획한 두 달 전 아버님 추도예배 기간(2. 15~16.)에 모두 이루어졌다. 그래서 나의 계획에는 아무런 차질이 없었다. 특히 주일예배, 육사졸업예배, 북극성신우회 조찬기도회 어느 것도 지장은 없었다. 그리고 돌아가시기 하루 전에 밤늦게까지 소천 대비를 하여 연락, 장례, 조문객 방문 등이 너무나 쉽게 이루어졌다. 그리고 조의금도 모두 장례 비용을 치르고 5형제들이 100만 원씩 분배하며 갖도록 하고 손자, 손녀, 증손자, 증손녀들에게 모두 10만 원씩 할머니께서 용돈을 주신 걸로 계산하였고 200여만 원은 나중에 식구들 모일 때 비용으로 남겨 두었으니 경비까지 해결하였다.

영덕이가 주장했던 대로 장례 후 모친 영정이 고향 집을 한 바퀴 둘러보게 되고, 장례 안장 후 3형제가 동네 노인정 3개소를 찾아서 모친 별세 인사까지 드리고 지원 비용까지 드렸으니 형제 모두 불만 없이 일이 처리된 것이다.

누구도 자기주장을 못 하게 하였다. 내가 항상 손해를 본다는 마음으로 가족 비용을 처리하면 대부분 문제가 없게 된다.

✂ 2016년 2월 25일(목, 맑음) • 지애 엄마 사랑

새벽을 가르며 동두천에서 서울을 향한다. 언제나 스릴이 있고 기쁨이 넘친다. 내가 무엇이길래 하나님께서는 이렇게 큰 축복을 주실까? 버스, 지하철을 타면서 많은 일을 할 수 있도록 하고, 특별히 건강을 주신 축복이다. 일기 작성, 성경 읽기, 오늘의 양식, 독서, 보고서 작성 등 쉴 새 없이 일이 이루어지고 있다.

만약 이러한 버스, 지하철 시간이 없다면 나는 무거운 중책을 다 할 수 없을 것이다. 그 가운데서도 아침에 달린다. 그리고 영어 공부까지 한다.

오늘은 MSO P&P 시간에 MEO 추진 내용을 보고드렸다. 수요일 아침 2시간 만에 작성하였으니 대단하다. 반응도 좋았다. 그런데 이갑진 장로님은 항상 2가지를 지적한다. MEO 참석 인원들의 영성 훈련에 소홀하고 너무나 기술적인 교육에 치우치지 않느냐 하는 것과 해외 전지훈련은 과연 효과적이냐고 의문을 던진다. 그냥 크게 반박하지 않고 넘겼다.

MSO 임원들이 오늘도 4명이나 조의금을 전달하였다. 내가 너무나 많은 신세를 지고 있다. 나중에 제주도에서 모두 갚고자 한다. MEO 참석 권유 영문까지 작성하고 나니 14:00가 된다. 점심은 중앙교회 식당에서 떡국을 먹었다. MSO 사무실에 머무는 시간은 이상하게도 편안함을 준다. 집에 오니 지애 엄마가 나를 애타게 기다린다. 이제 지애 엄마에게 더 많은 시간과 관심과 애정을 기울여야 한다. 교회를 사랑하듯 지애 엄마를 사랑하자. 사랑은 관심이다.

✵ 2016년 2월 27일(토, 맑음) • 낙원교회 설립 44주년 예배

오늘은 그동안 준비한 낙원교회 44주년 창립예배를 드리는 날이다. 지애 엄마는 여권 준비로 나 혼자 차를 몰고 갔다. 이제부터 아반테는 동두천에 두고 내가 활동하는 데 이용하도록 하였다. 무엇보다도 포대를 돌아다니며 전도 활동을 하기 위해서다. 여러 가지 편리하게 하도록 하나님께서 지애에게 우리에게 양도하도록 하게 한다. 교회에 도착하니 09:40. 벌써 손님들이 도착하고 있었다. 09:00까지 도착하려고 마음먹었는데 여의치 않았다. 항상 계획대로 되지 않는다. 그러나 대대장이 준비를 잘 해 두고 있었다. 전역 신우회에서 화환도 보내고 꽃도 보내서 예배당이 더욱 화려해진다.

10:30부터 나의 사회로 기념예배 시작되었다. 내가 주보를 만들었

낙원교회 설립 44주년 행사

기 때문에 예배를 인도하는 데 어려움이 없었다. 대대 장병, 전역신우회원(15명 정도), 인접 부대 성도, ICS 목사(노관평 목사)들이 참석하여 교회를 가득 메운다. 대대장을 중심으로 한 찬양팀의 찬양, 목사님의 은혜롭고 힘찬 설교, 전역 신우들의 특송, 청은교회 앙상블팀의 특송, 대대장 기념사, 약력보고(정태복 장로) 순으로 거의 2시간 소요되었다. 면회실의 식사 준비도 훌륭하였다. 떡 절단과 기도로 2부 행사를 시작하며 13:30에 모든 행사가 종료되었다. 기념사진 촬영도 있었다. 은혜롭고도 순조롭게 기념예배를 마치도록 해 주신 하나님께 감사드린다.

창립기념예배가 우리 낙원교회의 연속에 기여하고, 앞으로도 나도 1년에 1~2번씩은 올 수 있는 기회가 있을 것 같다. 내가 정성 들인 이상으로 하나님께서는 모두 이루어 주셨다. 24:00까지 예배준비를 하였다.

✄ 2016년 3월 7일(월, 흐림) • 지애 엄마 LA 출발

오늘 지애 엄마가 LA로 출발하였다. 그렇게 채영이를 보고 싶어 하던 지애 엄마가 LA로 갔다. 지애가 엄마 비행기표를 사 주어서 부담 없이 떠나게 될 줄 알았는데 이번 여행에 180만 원을 준비하다 보니 괜히 미국에 간다고 생각도 하는 것 같다. 공항에서 커피 한 잔 값도 아끼는 지애 엄마에게 많은 심적 갈등이 있을 것 같다. 그래도 기왕 떠나는 여행인데 즐거운 여행이 되기를 바라며 용기를 북돋아 주었다. 차를 몰고 공항까지 바래다 주었다. 아이스크림 하나로 석별의 정을 나누었다. 순박하고 검소한 여자다. 나에게만 큰소리치지 아이들에게도 큰소리치지 못한다. 우리 채영이를 5년간 키웠으니 이번 여행도 채영이를 보고 싶어 하는 마음이 무엇보다도 크다.

날이 더할수록 우리 지애 엄마가 사랑스럽다. 오늘 미국으로 가는 날에도 나랑 같이 구보까지 하였다. 미국에서도 뛸 준비를 하는 것을 보면서 너무나 나에게 동화되었다는 것을 알 수 있다. 집안 정리도 잘 해 놓았다. 이제 미국 여행을 마치고 돌아오면 나와 함께 전원주택 생활을 본격적으로 시작할 것이다. 지애 엄마와 헤어지고 집에 돌아와 20여 일간의 'living alone'이 시작되었다. 먹는 문제만 해결되면 어려움이 없을 것이며 나는 또한 스스로 잘 해결해 낸다. 모든 것 하나님께 감사하며 기도한 후에 잠자리에 든다.

✽ 2016년 3월 9일(수, 맑음) • 지애 엄마 그리움

지애 엄마 떠나고 3일째. 부쩍 지애 엄마가 보고 싶다. 더욱 사랑스러움을 느낀다. 그리고 우리 윤숙 씨가 나에게 무척 필요한 사람이라는 것도 절실히 느낀다. 내가 너무나 무정한 사람이었다. 바쁘다는 핑계로 지애 엄마 요구 사항을 거의 들어주지 못하고 있다. 테니스, 영화 관람, 산책, 등산, 같이 TV 시청 등 아무것도 못 한다. 1년에 한두 번 Golf, 영화 관람이 전부이다. 산책 한 번 제대로 못 했다. 맛있는 것 한 번씩 사 먹기를 간절히 바라는데 거의 이루지 못했다.

식구들 모이는데도 지애 엄마 혼자 준비한다. 채영이가 7살이 되도록 모두 지애 엄마의 일이었다. 채영이가 놀아 달라고 등 뒤에서 그렇게 애원하는데도 나는 설교 준비를 했다. 두고두고 후회할 것 같다. 젊어서도 그랬고, 장년 때도 그랬고 지금도 그렇다. 그리고 앞으로도 그럴지 모른다. 이제 1년 9개월이면 낙원교회 담임목사를 끝낸다. 그리고 제주도에 가서 guest house와 church를 짓고 지애 엄마와 함께 재미있게 살아갈 것이다. 대 모험이다. 그러나 두려워하지는 않는다. 뭔가 살아 움직이는 길이고, 하나님을 위한 길이기 때문이다. 나의 영광이 아니다. 그리고 군 선교, 세계 선교, 가족 및 친척 전도의 길이 된다. 그때는 우리 지애 엄마에게 변화된 나의 모습을 보여 주고 나의 삶이 완전히 변할 것이라고 믿는다. 모든 것이 변화될 것이다.

✽ 2016년 3월 24일(목, 맑음) • Mobile MEO-P 보고

모처럼 교회에서 기도했다. 새벽 3시 반에 일어나 설교문 준비를 하고자 하였으나 여의치 않아 교회에서 찬양하고 기도를 하였다. 마음껏 소리를 높여 기도하고 나니 가슴이 열린다. 어떻게 하든 나의 기도를 들으시지만 내가 더 소리를 높이면 나의 기도하는 마음이 집중된다.

　MSO 회의에 가기까지 일기를 쓰고, 오늘의 양식을 읽고, 성경을 읽는다. 그리고 오늘은 P&P 시간에 4가지를 보고하였다. 1시간 반 동안 나의 독무대였다. 모두 내가 스스로 준비하고 스스로 보고한 것이다. Mobile MEO 보고는 하나의 작품이었다. 아마도 2년 후에 MEO에 큰 획을 긋는 변화를 가져올 것을 확신한다. 모든 일에는 변화가 있어야 한다. MEO도 10년을 지냈으면 새로운 변화가 있어야 한다. T/F를 구성하여 발전 방향을 제시하였고 이제 하나씩 실천해 나가는 것이다. 보고를 마치고 나니 일부 임원들의 반대 목소리를 높인다. 나도 정당한 계획임을 주저하지 않고 제안했다. 잠잠하는 것은 옳지 않다. 옳은 길을 주장하여야 한다. 원주 안보강의 1시간 반의 고속버스 여정이 졸립다. 지애 엄마가 LA에서 귀국하였다. 지애 엄마와 더욱 가까이하고 싶다.

✈ 2016년 3월 28일(월, 맑음) • 필리핀 출장(동남아시아지역대회)

　기다렸던 필리핀 출장일이다. 오늘부터 목요일까지 필리핀 마닐라에서 AMCF 동남아지역(SEA)대회에 한국 대표로 참석하였다. 내가 계획하여 추진하였고, 박재현 목사님이 꼭 나와 함께 가기를 원했기 때문에 쉽게 이루어진 것이다. 04:45 리무진버스를 타고 서울(인천)공항으로 출발하였다. 지애 엄마와 또다시 며칠 만에 헤어지니 섭섭하기는 하지만 목요일에 제주도에서 만나 3일간을 같이 지낸다 생각하니 위로가 된다.

　4시간 비행 후에 마닐라에 도착하니 날씨는 후덥지근한 여름 날씨이고 무척 많은 사람이 붐비고, 마닐라 시내를 지날 때는 다시 과거 우리 한국으로 돌아온 것 같이 아직은 발전하지 못하였다. 우리 60년대를 연상케 한다. 필리핀의 의사, 지랄의 이름을 딴 지랄 공원을 지나서 지랄 기념관을 방문하였다. 스페인의 지배 시 큰 요새였던 곳에서 지랄을 심판하고 사형을 집행했던 곳이다. 여기가 바로 필리핀 사람들에게 민족혼을 심어 주는 곳이었다.

17:00에 메리어트 호텔 Grand Ballroom에서 opening ceremony가 열렸다. 생각보다 준비를 잘 했다. 예상외로 필리핀 MCF가 강하다는 인식을 갖게 되었다. 모두가 상냥하고 친절한 필리핀이 좋은 인상을 준다.

✈ 2016년 3월 29일(화, 맑음) • 박재현 목사 브리핑

오늘부터 본격적으로 동남아지역대회(SEA Conference)가 시작되었다. 항상 찬양과 기도로 시작하고 중간중간에 찬양과 경배로 이어 간다. 오늘은 제2일 차로 가까이 있는 필리핀공군장교클럽에서 행사를 하였다.

생각보다는 모든 준비를 잘 하였다. 그리고 검소하게 하려고 모든 노력을 기울였다. 100여 명 이상이 참여하였고, 특히 가족들이 많이 참여하였다. 한국 MCF의 초창기 모습을 연상할 수 있었다. 감동이 넘치고 뜨거운 분위기였다. 초대교회를 생각나게 한다.

오늘 박재현 목사님이 한국 KMCF와 MSO를 소개하였다. 발표 내용이 매우 감동적이었다. 특히 한국전쟁 때 비참한 모습을 딛고 일어나 현대와 같은 한국을 일으킨 것은 하나님의 은혜라는 것을 강조하였고, 이것이 가장 큰 은혜였다. 그냥 참석만 할 계획이었으나 내가 국가보고를 하도록 권하였고 받아들였다. 하나님께서 주신 지혜에 감사드린다. 내일 MCF 설립 · 성장에 대한 교육은

필리핀 MCF 대회 참석

내가 한다. 이를 위해 기도한다. 나의 능력이 아니요 하나님의 능력을 보여 주고자 한다. 오늘 Rick Ryles와 Exner와 면담을 하여 좋은 충고의 말을 들었다.

✄ 2016년 3월 30일(수, 맑음) • MCF 설립·성장 보고

오늘이 동남아 MCF 지역대회 3일째. 어제에 이어서 오늘도 필리핀공군장교클럽에서 회의가 계속 진행되었다. 찬양, 기도, 국가별 보고, 세미나 주제 발표가 있었고, 위라수리아 AMCF 회장의 AMCF 소개, 부인 딜하니의 여성세미나가 있었다. 나는 세미나 D를 발표하였는데〈MCF 설립·성장〉에 관한 강의를 하였다. 강의 시간은 1시간 30분. 준비한 만큼 반응은 좋았다고 생각된다. 2층에서 실시했는데 전체 인원의 60% 약 100여 명이 참석하였고 그들의 수강 자세는 매우 진지하였다. 그리고 내가 말하는 것을 잘 이해하는 것 같았다. 나의 영어 실력을 총동원하였다. 충분히 의사가 전달되었고 반응도 좋았다. MCF 설립·성장에 대한 가장 권위 있는 교육이라고 생각하였다.

17시에 나의 발표가 끝나면서 이번 출장의 목적은 다 이루었다. 그리고 우리 한국을 위해서 기도를 해 줄 것도 요청하였다. 이번 출장도 내가 필요성을 제안하였고 순조롭게 진행되었다. 이번 지역대회 참석은 나에게 새로운 인식을 갖게 해 주고 내가 앞으로 AMCF 발전을 위한 소명감을 갖게 해 주었다. 박재현 목사님도 만족스럽게 생각한다. 앞으로 AMCF 회의는 어디든지 가 보고 싶다.

✄ 2016년 4월 1일(금, 맑음) • 제주도 방문

오늘은 제주도에서의 즐거운 하루였다. 어제 밤늦게 공항에서 신 목사를 만나서 22:30에 도착하였고, 바로 잠을 자고 오늘은 새벽부터 22:00까지 신 목사, 김현옥 사모와 함께 즐거운 시간을 갖게 되었다. 경건의 시간을 가진 후 제주도의 상쾌한 공기를 마시며 익숙한 도로를 따라 뛴다.

월드컵 경기장도 돌았다. 한참 벚꽃이 만발하여 장관을 이룬다. 설렁탕으로 아침 식사를 한 후에 표선면 세화리에 있는 우리 땅으로 갔다. 한 바퀴 둘러보니 우리 땅이 무척 넓다는 것을 새삼 깨닫게 되었다.

지애 엄마와 함께 어떻게 집을 지을지 구상하였다. 우리 상상대로 집은 지어진다. 멋있는 집과 아름다운 교회를 지을 것이다. 그리고 새벽예배를 드리고 수요·주일예배를 드린다. 금요기도회도 드린다. 표선면 주민들을 전도하고 우리 집에 머무르는 사람들에게 복음을 전할 것이다. 마음에 두는 사람들은 모두 초청하여 아름다운 제주도 여행을 하고 이렇게 아름다운 제주도를 창조하신 하나님께서 우리의 모든 삶을 주관하심을 믿게 할 것이다. 그리고 여기에서 이익금이 생긴다면 선교를 위해 후원하고자 한다.

지애 엄마와 함께 제3의 삶이 이어질 것이다. 신 목사와 힘을 합친다. 오늘도 일본문화원 및 송악산을 돌며 즐거운 시간이었다. 우리를 반겨주는 제주도가 있다. 여기까지 모든 여행도 계획대로 이루어졌다. 하나님께 감사드린다.

✂ 2016년 4월 21일(목, 갬) • 대변 혈액 누출

어젯밤엔 거의 잠을 이루지 못했다. 뒤척이고, 목이 마르고, 설교 준비를 위한 조기 기상으로 거의 3시간밖에 자지 못했다. 그런데 급히 대변을 보고 나니 변기에 시뻘건 피가 가득하였다. 너무나 놀랐다. 지금까지 대변을 보면서 피를 흘린 적은 없었기 때문이다. 그런데 대변을 보고 나니 속이 조금 이상하다고 생각되고 1년 전에 대장 내시경 검사를 할 때 용종을 일부 제거하기로 해서 혹시 암이 발전하여 피가 흐르지 않을까 하는 생각도 하였다. 불안감이 가득하고, 잠시나마 내가 이러다가 갑자기 쓰러져 죽을 수도 있다고 생각하였다. 그런데 죽는 것은 다음 일이고 혹시나 응급치료하기 위해 병원으로 가야 한다면 오늘 계획된 MSO P&P 보고(Case Study), 안보강의, 신 목사 가정 초대, 내일 40주년 행사, 토요일 중학교 동창 모임 등이 모두 불가능하다고 생각되니 이것이 더욱 걱정되었다. 그러나 안보강의가 끝나고 점심시간에 대변을 보면서 대변에 피가 없음을 보고 안심할 수가 있었다. 너무나 기뻤다. 그리고 하나님께 감사드렸다. 많은 것을 생각하게 하였다. 무엇보다도 내일 육사 졸업 40주년 행사에 참여하고 44년 전 일기를 전시할 수 있어서 기뻤다. 신 목사, 장용관, 심재구 씨 내외를 가정에 초대하여 식사하고 광교호수공원을 거닐며 행복한 시간을 가졌다. 감사하게도 하나님께서는 모든 것을 허락하셨다. 그러나 이제부터 건강에 힘쓰고자 한다. 건강을 지켜나가기 위해서 더 노력하자.

✤ 2016년 4월 22일(금, 맑음) • 육사 졸업 40주년 행사, 일기 전시

 육사 졸업 및 임관 40주년 행사가 육사에서 개최되었다. 어제 신 목사 내외와 저녁 시간을 같이 보내고 23:00에 잠자리에 들었다가 오늘은 05:00 기상, 주일설교 준비를 마무리하였다. 오늘내일 행사를 위하여 미리미리 준비해 나간다. 이번 주도 하루도 여유 없이 바쁘게 보냈다. 거기에다가 일기 전시를 준비한다. 드디어 내 일기가 세상의 빛을 보는 날이다. 44년 3개월의 일기장 53권을 모두 전시한다. 연도 표기를 하고 A4 한 장에 종합 기록을 하였다. 아침 경건의 시간에 내가 말씀을 전하고, 식사한 후 뒷산에 올랐다. 자신 있게 신 목사 내외를 안내하였다. 신 목사 부부는 하루 지냈던 우리 집에 대한 찬사가 그치지 않는다. '5성 산장'이라고 별명을 붙인다.

 드디어 13:00에 육사에 노착하여 준비된 탁자에 일기 53권을 전시하였다. 『육사 일기』가 동기생들의 시선을 집중시켰다. 자랑스러웠다.

 계면쩍으면서도 용기 있게 일기 소개를 하고 간증집 1권씩을 나누어 주었다. 그리고 마지막 행사에서는 나의 일기에 대하여 한 번쯤 소개하고자 마음먹었다. 15:00에 화랑대 연병장에서 학교 방문의 행사와 함께 생도 퍼레이드를 참관하였다. 그리고 내무반을 견학하고 윤리강단으로 모여서 기념행사를 했다. 주로 음악 공연 위주로 펼쳐지고, 40주년 회고 영상과 이동희 박사님의 comment도 있었다. 19:00 만찬 시작, 또다시 제2부 음악 및 군악대 발표회 시작, 드럼, 사물놀이, 색소폰(2명), 동기 회장 가창, 신동택 목사 노래 발표가 있었다. 동기회장에게 일기 소개 시간을 1~2분 달라고 했는데 거절한다. 조금 야속했다. 아쉽지만 어쩔 수 없고 다음 기회로 미루었다. 대신 간증집을 분배하였다. 400여 명이 참석하였다. 친구들 모두 44년을 같이 지내왔다. 영원한 친구들이여, 또 앞으로 10년 잘 살아 봅시다.

육사 임관 40주년 행사 / 일기 전시

✄ 2016년 4월 23일(토, 흐림 / 황사) • 장성중학교 졸업 48주년 행사

오늘은 지애 엄마와 함께 장성으로 여행을 떠났다. 장성 백양호텔에서 장성중학교 22회 졸업 48주년 기념행사를 하는 날이다. 벌써 18번째 모임이다. 처음으로 지애 엄마와 함께 가자고 했더니 선뜻 나선다. 죽전 정류장에서 동창들이 타고 오는 관광버스에 올라타서 인사를 나누고 지애 엄마를 소개하였다. 모두가 반가이 맞아 준다. 3시간 반을 내

장성중학교 졸업 48주년 행사

려가니 백양사에 이른다. 광주, 장성 친구들이 손을 흔들며 맞아 준다. 15살 철없던 시절에 만난 친구들, 남녀공학 장성중학교에서 3년간 같이 지냈다. 이때부터 철이 들기 시작하였다. 그리고 공부를 본격적으로 시작하였다. 광주고등학교, 육사에 진학하는 디딤돌이 되었다. 수줍음을 조금씩 탈피하기 시작한다.

앞으로도 1년에 한 번씩은 꼭 중학교 동창 모임에 참석하고자 한다. 작년처럼 회의하고 신임 회장을 선발하고 몇 명의 대표가 인사말을 한다. 나는 일부러 회장에게 부탁하여 한마디 말할 기회를 얻었다. 인사와 함께 우리 동창들을 위한 기도를 드렸다. 그리고 친구들과 어울려 노래를 부르고 춤도 췄다. 우리 지애 엄마도 같이 어울린다. 모든 모임을 마치고 상경할 때는 손을 흔들며 아쉬워한다. 사랑하는 중학교 친구들이여, 부디 건강하게 오래오래 살게나. 그리고 내가 전한 전도 책을 보고 꼭 하나님 나라로 가게나.

✖ 2016년 5월 1일(일, 맑음) • 대대 야외훈련 예배

오늘은 특별한 예배를 드렸다. 주일에 대대원이 모두 야외종합훈련을 나가 있었기 때문에 위문 겸 야전예배를 드리게 되었다. 내가 대대장에게 요청하였고 대대장도 모두 협조해 주었다.

이번에 믿음의 대대장이 가장 큰일을 하였다고 생각된다. 아마 심중에 적지 않은 고민을 하였을 것이다.

여단장의 의중을 살피며 근무를 하고자 하는 마음을 충분히 이해한다. 대대원 전체를 야전에 앉혀서 여호수아 1장 9절 〈강하고 담대하라〉라는 제목으로 말씀을 전했다. 가장 짧은 설교였다. 항상 하나님께서 나와 함께하시기 때문에 두려워하지 말고 강하고 담대하라는 것이다. 찬양을 드리고 합심기도를 하였다. 나라를 위해서, 군을 위해서, 그리고 대대를 위해서 목청을 높여서 기도하였다. 내가 항상 부러워하였던 대대 전 장병 예배를 드릴 수 있어서 무척 기분이 좋았다. 그리고 하나님께 기도드렸다. 오늘 참석한 모든 장병이 모두 예수님을 믿고 구원받아서 하나님의 자녀가 되게 하여 달라고 기도하였다. 이제 앞으로 1년 반 동안 하나님 앞에 내가 할 바를 다 했다고 고백할 수 있도록 기름 부은 자의 역할을 다하고자 한다.

정태복 장로님이 매운탕으로 식사 대접을 하였다. 대접을 받고 나니 너무 감사하다. 나도 대접하기에 인색하지 말자.

장인과 바둑 3판. 1승 2패. 그래도 자리를 제때 뜬 것이 감사했다.

✤ 2016년 5월 11일(수, 맑음) • 군선교연합회(MEAK) 조찬기도회 참석

오늘 아침에도 어제 처형 문제로 매우 depressed되어 있다. 05:50에 버스를 타고 수지구청역에서 내려 종로 5가에서 하차하여 여전도회관 2층에서 실시된 MEAK(군선교연합회) 조찬기도회에 참석하였다. 비록 11:00쯤에 지애 엄마에게 문자로 나의 심정을 다 털어 놓았지만 계속 아쉬움이 남는다. 지애 엄마에게 내가 좀 더 잘해 주고, 매일 아침저녁에 예배를 드릴 준비가 되어 있어야 했다. 하나님 말씀으로 모든 어려움을 극복할 수 있었던 것이다. 오늘 성경 공부에는 6명 참석. 대대 S-3와 5명의 장교들이 참석하여 『선물 Ⅱ』라는 교재를 이용하여 오늘은 성경에 대하여 공부하였다. 군의관도 초청하였으나 독립포대 외진을 나갔다. 장교들 6명에게 하나님 말씀을 전하는 것은 적은 일이 아니다. 14:00에는 '보아스 사랑의 집'에서 말씀을 전했다. 〈구원받은 사람〉이라는 제목으로 40명의 지체장애자들을 상대로 말씀을 전하였는데 어느 예배 못지않게 진지하다. 누구 하나 조는 사람 없다. 몸이 성한 우리 장병들보다 오히려 예배 분위기가 훨씬 좋다. "과연 하늘나라는 누가 갈 것인

'보아스 사랑의 집' 설교

가?"라고 물어보면 '보아스 사랑의 집' 형제들이 더 많이 갈 것이다.

✕ 2016년 5월 17일(화, 맑음) • 마라톤 준비

　오늘도 21km를 뛰었다. 6월 5일 Full Course 마라톤 달리기를 목표로 남은 기간 준비하기로 마음먹었다. 이번 주 20km, 30km. 다음 주에 20, 30, 40km 달린다. 그다음 주에 혼자서 Full Course를 달린다. 오늘도 뛰어 보니 20km도 쉽지는 않다. 중간중간 가끔 걷기도 한다. 과연 내 계획대로 60대 Full Course 연 2회, 70대 Half Course 마라톤, 80대 10km, 90대 5km를 계속 뛸 수 있을지 모르겠다. 무릎만 좋다면 충분히 할 수 있을 텐데……. 마지막 단계에서는 하나님께 기도드린다. 제가 하고 싶은 일을 모두 할 수 있도록 체력을 달라고 계속 기도할 것이다. 건강을 위한 기도는 꼭 필요하다. 오늘도 서정리 안보강의를 하였다. 힘이 없다가도 안보강의를 마치면 새 힘이 솟는다.

　이번 주에도 큰일이 많다. 북극성신우회 조찬기도회, MEO 준비(Case Study Training, 강사세미나 등), 설교 준비 등등. 방 안에 놓인 일기장을 치울 시간이 없고, 지애 엄마와 뒷산에 산책 한 번 못 한다. 영화, Golf 연습은 말할 것도 없다. 어떠한 하소연을 들어도 싸다. 내가 잘 했다고 큰소리 칠 것도 없다. 나의 삶이 비정상이라고 말할 만하다. 이제 1년 반 안에 나의 3가지 중요 task가 끝이 난다. 그때를 기다린다. 군 교회 목사 담임, 북극성신우회 사무총장, MEO 팀장, 그리고 안보강의까지 끝난다. 신나기도 하고, 허탈해지기도 할 것 같다. 그 대신 제주도 사업이 시작되는 것이다. 이때는 지애 엄마와 동업을 하는 것이다. 꿈을 펼친다. 모든 것을 여기에 건다. 멋있는 계획이다. 그래서 나에게 희망이 있다.

✕ 2016년 5월 28일(토, 맑음) • 고교 동창 벗들마당(일기 낭독)

　05:00에 일어나서 1시간 동안 경건의 시간 후에 지하철을 타고 동두천으로 향한다. 아직도 세상은 잠들어 있는데 나는 지하철로 용인 → 서울

→ 동두천을 거쳐 대대 교회로 향한다. 지하철에서 수없이 많은 일이 이루어진다. 만약에 내가 집에 있다 하여도 이러한 일들은 처리하는 시간은 비슷할 것이다.

오늘은 13명이나 교회에 모였다. 경건의 시간을 가진 후에 청소, 찬양팀 및 성가대 준비 등을 하고 간식(라면)을 먹는다. 나도 잠깐 라면을 먹었더니 시간이 늦어져서 결국 11:10 지하철을 놓치고 말았다. 나의 고질적인 병을 치료하기는 쉽지 않다. 반드시 10분 전에 도착한다는 나의 의지가 오래가지 못한다.

심우석 중령(예비역) 장녀 결혼식장에 1시간 늦어서 도착했더니 심 중령이 무척 반갑게 맞아 준다. 전 30사단장님이시자 국방부장관님이셨던 이상희 장군님과 5명의 참모, 직할 대장도 만났다. 모두 반가워한다. 늦게라도 오길 잘했다. 17:00에 영희초등학교에서 광주고 신우회 벗들마당 발표회가 있었다. 나는 〈가정과 어머님〉이라는 제목으로 주제를 정하여 9편의 일기를 읽었다. 마지막 어머님 소천의 글은 모두를 숙연하게 만들었다. 그들에게 감동을 주었으니 성공하였다. 나의 일기가 점점 더 그 진가를 발휘하고 있다. 전역 10주년(2년 후) 기념 책자를 하나 발간하고자 한다. 군인이 전역 후 살아가는 모습을 보여 주고 싶다.

✂ 2016년 6월 20일(월, 맑음) • 2016 MEO-P 행사

MEO 1일 차. 드디어 그동안 준비했던 MEO 행사를 시작하는 날이다. MSO에서 준비한 버스를 타고 오산리기도원으로 향했다. 영산수련원 405호실에서 장용관, 신동택 목사와 함께 지내도록 되어 있다. 그것만 해도 든든한 마음이 들게 한다. 15:00에 MEO 참석자 50여 명과 함께 오산리기도원을 한 바퀴 돌면서 소개하였다. 처음 보는 얼굴들이라 조금 서먹서먹하였지만, 기도로 시작한 모든 행사는 언제나 좋은 결과를 가져다준다. 그리고 나의 평상시 영어 실력보다 더 수준이 높아지며 MEO 행사를 이루어 가게 하시는 하나님의 도우심을 알게 하신다.

식사 후에 오리엔테이션과 ICE-Breaking Event도 좋았다.

ICE-Breaking Event는 전혀 생각지도 않았었다. 미군 Rick Ryles 예비역대령 부인의 도움으로 쉽게 이루어졌다. 이제 모든 준비는 완료되고 내일부터 본격적으로 MEO가 시작된다. 1주일간을 꼬박 시간을 내어 참가하기는 2번째다. 이제 15개국 21명의 외국인 참가자들과 서서히 가까워지며 친근감을 느끼게 한다. 두 손 모아 하나님께 간절히 기도드린다. "부족한 제가 이 MEO Program을 은혜롭고 성공적으로 마칠 수 있도록 도와주시옵소서." 필요한 곳에 나를 써 주신 하나님께 순종하며 충성하고자 한다.

✈ 2016년 6월 26일(일, 맑음) • 방글라데시 장교 예배 참석

거룩한 주일, 그리고 MEO 7일 차. Joseph 대령과 Chris 중령(방글라데시 MEO 참가자)이 우리 낙원교회 예배에 참석하였다. MEO 행사를 완전히 수행하고 있다. 우리 지애 엄마가 운전하고 점심을 준비하여 주고, 경복궁을 관람하는 데도 동행하여 MEO 행사에 큰 도움을 주고 있다. 한마디로 말하면 우리 지애 엄마는 본성이 너무나 착하다.

오늘 예배 시간에는 내가 사회를 보면서도 내려와서 이철영 목사님의 말씀을 통역하고 인사말도 시키고, 같이 단체 사진도 찍고 식사를 하면서 최대한 따뜻하게 대접하였다. 그리고 E-mart에서 shopping도 하고, 곤드레밥도 대접하면서 경복궁 관람도 하며 최대한 성의를 베풀었다.

모든 것이 순조롭게 이루어졌다. 모두가 성령님의 도우심이다. 올해 MEO 행사는 작년보다도 더 크게 결실을 맺고, 지금까지 MEO 행사

2016 MEO 행사

보다 더욱 성과가 크다고 생각된다. 내일 환송예배, 수료증수여식, 환송 오찬을 끝으로 모든 공식 행사가 끝난다. 그리고 강평 및 3PSO 회의 후에 ACCTS, MMI 환송 오찬도 한다. 내가 MEO 행사를 위해 기여하도록 인도하여 주신 하나님께 감사드린다. 행여 나를 내세우지 않으며 나의 공으로 돌리지 않는다. 모든 것이 하나님의 도우심이었음을 알고 이에 감사드린다.

✄ 2016년 6월 30일(목, 비 → 흐림) • 2016 MEO-P 결과 보고

어젯밤 10시 반까지 구보를 하고 샤워, 그리고 11시 반에 잠자리에 들었다가 새벽 4시 반까지 5시간 잠을 잤다. 교회에서 모처럼 곤한 잠을 잤다. 잠자리가 너무나 편했다. 특히 전 군의관이 사 준 Daks 이부자리가 너무나 시원했다. 이렇게 교회에서 편히 쉴 수 있는 잠자리가 준비된 교회를 보지 못했다. 5년간 말씀을 전하는 교회다. 왜 하나님께서 나를 여기에 묶어 두려고 하는지 이제 알 것 같다. 필요해서 두신 것을 믿는다. 1년 반 후에 여기를 떠날 때는 눈물겹도록 정이 들 것 같다. 그리고 비록 여기를 떠난다 하더라도 1년에 몇 번은 찾아서 말씀을 전하고 싶다.

MSO 기도회 및 P&P에 참석하였다. 오늘 P&P 시간에 2016년도 MEO 결과보고를 내 고집으로 하게 되었다. 김진옥 실장이 반대 입장이었지만 그래도 행사 후에 바로 평가를 하는 것이 좋다고 주장하였더니 허락하셨다. 보고 결과는 좋은 반응을 얻었다. 김○○ 장로님에 대한 부정적 평가, 너무나 타이트한 시간 계획, 과목 편성에 대한 이견도 있었지만, 나의 입장을 분명히 밝히며 단편적인 생각을 저지하게 하였다. 이제는 MEO 행사에 대하여 내년에 나는 끝을 낸다는 것을 나를 내세우지 않으며 선포하고, 1년간 더 정성을 들여 준비하고 인계한다. 그리고 Mobile MEO Program을 추진하도록 한다.

안보강의 2시간, 장인 바둑 등등, 보람 있게 하루를 보냈다.

✂ 2016년 7월 2일(토, 맑음) • 양국종 아들 결혼

이렇게 하루에 많은 일을 하며 보내는 것도 불가사의다. 어떻게 한 사람이 이렇게 많은 일을 할 수 있는지 상상을 초월한다. 04:20에 일어나서 21:30에 잠자리에 들 때까지 동두천을 오가며 예배 준비, 설교 준비, 양국종 동기생 아들 결혼식 참석(장남 영걸) 성경퀴즈대회, 선물구입 shopping까지 하였다. 그래서 지하철에 앉기만 하면 고개를 끄덕인다. 5시간 이상을 자 본 적이 없으니 피곤할 만도 하다.

그래도 원망스럽지는 않다. ICS 동문회장을 맡았다고 후회되지도 않고, MEO 팀장도, 육사신우회의 사무총장도, 이삭방송 후원회장도 모두 후회하지 않는다. 아직은 나의 도움이 필요한 시기다. 내년까지만 한시적으로 할 것을 미리 예고해 두고 하나씩 인계하여 갈 것이다.

2018년부터는 제주도로 향한다. 무리하다 할지라도 떠난다. 나에겐 아름다운 꿈이 있다. 멋있는 교회와 아름다운 guest house를 건축한다. 2019년부터는 직접 운영한다. 67세부터 80세까지는 할 것이다. 그리고 많은 사람에게 도움을 줄 것이다. 특히 하나님을 전하는 데 모든 노력을 기울인다. 그래서 지금 어려움이 있어도 참을 수 있다.

요즘 교회에 오면 기분이 좋다. 주일예배에는 60명 이상이 모이고 수요예배에도 20여 명, 주일 오후 찬양예배에도 15명, 그리고 토요일 예배 준비에는 30명이 참석한다.

휴가 인센티브의 위력이 이렇게 크다. 거기에다가 나는 우리 장병들에게 계속 하나님의 말씀을 전한다. 그들에게 감동을 준다.

동기생 양국종 아들 결혼식에 참여하였다. 영걸이 결혼을 축하한다.

✂ 2016년 7월 19일(화, 맑음) • 염 간사 수고

오랜만에 MSO 사무실을 방문하였다. MEO가 끝나고 나니 사무실이 한산하다. 염 간사만 밀린 일을 하고 있고 모두 퇴근하였다. 염 간사는 나에게 많은 도움을 준다. 그리고 염 간사가 없다면 MEO 행사와 MSO

사무국 일이 불가능할 것 같다. 요즘 염 간사 건강이 좋아 보이지 않는다. 피로 영향이 아닐까? 다음에 조그만 선물이라도 하도록 하자. 항상 감사함으로 살아가야 한다. 감사함은 감사 표시를 하여야 한다. 그리고 좋은 배우자가 있으면 한번 소개해 주고 싶다.

어제 장인과 23:30까지 바둑을 두고 00:00에 잠자리에 들었다가 04:00에 기상하였더니 무척 피곤하였다. 2시간 버스와 지하철을 타고 검암역 근처에 있는 부대에서 안보강의를 하는데 들어갈 때 다리가 휘청거릴 정도였다. 나 스스로 자제력이 없음을 많이 자책하였다. 그리고 00:00까지 초과된 2시간은 다음 평일에 바둑을 두지 않기로 다짐하였다. 그리고 이제는 1주에 2판만 두리라 다짐하였다.

오늘 새얼신우회 8월예배가 있었다. 오늘은 28명이 참석하여 소예배실을 꽉 채웠다. 우리 새얼신우회로 인하여 우리 동기생들이 축복을 받게 될 것을 믿는다. 앞으로도 10여 명을 더 모아서 40명 모임으로 한다.

✂ 2016년 7월 22일(금, 맑음) • Pray & Plan

오늘은 경건의 시간을 가진 후에 하루의 일과표를 꼼꼼하게 작성하였다. 모처럼 하루의 휴일을 맞게 되어 그동안 밀린 일을 많이 하기로 작정하였다.

시간 단위로 계획을 세웠더니 14시간의 가용시간이 나오고 많은 일을 할 수가 있었다.

이와 같이 계획을 세우고 살아가면 괜스레 시간에 쫓기는 기분으로 살지 않게 된다. 시간 계획대로 하나씩 일을 해 나가다 보면 매우 알차게 시간을 보내게 된다. pray & plan을 실천할 수 있는 것이다. 먼저 기도를 하고, 계획을 수립하고 계획을 수행하여 가는 것이다.

앞으로도 반드시 pray & plan을 실천하도록 하자. 모든 일을 하나님 뜻 안에서 하는 것이다.

내가 힘이 부치고 능력이 부족하면 하나님께서 도와주신다. 계획대로 하나하나 일을 처리해 나가면 모든 시간이 기쁨으로 변한다. 특히 어려운 일을 마치고 나면 기쁨은 더 커진다.

북극성신우회, 동문회, MEO, 교회 일 모두 해결되고 있다. 근심하거나 염려하지 말라고 했는데 그냥 쓸데없이 근심하며 지나는 시간이 많다. 그래서 P&P가 필요하다.

오늘 지난번에 기고한 글이 실린 《신앙계》 책자가 발간되었다. 기자가 3권을 보내 주었다. 「여단장 장군 출신 윤영수 목사의 고백」이라는 제목으로 3page에 실렸다. 처음에 망설이기도 했으나 쓰기를 잘했다. 없는 것보다는 있는 것이 좋다. 하나님은 우리가 뭔가를 하기를 원하신다. 게으른 자를 싫어하신다. 알뜰하게 보낸 금요일이었다.

✈ 2016년 7월 27일(수, 비) • 629대대 방문

어제 처가에서 잘 잤다. 어디에나 잘 적응하는 본성이 있기 때문이다. 그래서 나는 나중에 혼자 살아도 잘 살 수 있을 것이라는 생각이 든다. 그러나 이것은 사랑하는 지애 엄마가 있기 때문에 그렇게 생각이 드는 것이다.

어제부터 잠깐 혼자서 처가에서 지내면서 장인, 장모님도 더 많이 생각하게 되었다. 장인, 장모님은 윤숙 씨 부모님이기도 하지만 나의 부모님과도 같다. 38년 전에 처음 뵙고 지금까지 사위를 끔찍이 생각해 주셨고, 나에게 기대도 많이 하셨다. 지애 엄마의 끔찍한 부모 사랑으로 결국 장인, 장모님이 우리 곁에 와서 같이 살게 된 것이다.

이제 기력을 많이 잃어 가시는 치부모님을 보면서 더욱 잘 모셔야 되겠다는 생각을 갖게 되었다.

자주 외식을 하고, 산책도 하고, 구경도 시켜 드리고 온천(온양)에도 가자. 부모님 모시듯이 더욱 잘 모시도록 하자. 주 1~2회는 뵙도록 하자. 바둑도 그냥 오락으로 하면서 장인, 장모님을 뵙는 시간으로 정하자. 장인 보청기도 한번 검토해 보자.

오늘은 629대대 독수리교회를 방문하였다. 대대를 떠난 지 36년인데 교회를 방문하기는 처음이다. 이계호 담임목사, 대대장 원종인 중령, 김석권 주임원사가 따뜻하게 맞아 준다. 북극성신우회 10명이 방문하였고, 김덕수 목사(34기)가 말씀을 전했다. 회장님(임인창)의 인사에 이어 나에게도 전임 대대장의 신분으로 인사의 기회를 주었다.

〈왜 장병들이 교회에 나와야 하는가?〉라는 주제로 5분 동안 강조하였다. 하나님의 선택을 받은 우리 형제들이 이제 전역하여 선교사의 사명을 가지라고 당부하였다. 아직도 하나님을 모르는 형제들에게 복음을 전하고 그들을 전도하자고 권했다. 그리고 대대장에게는 가능한 대대원들을 교회로 많이 보낼 수 있도록 부탁했다.

내가 30개월을 공들여 지휘했던 629대대는 이제는 하나님의 은총을 받는 대대가 되도록 기도하였다. 629대대와 교회를 위하여 기도하도록 하자. 오늘 수요예배에는 5명 참석하였다. 내가 더 노력하였다면 10명은 참석할 수 있었을 텐데……. 최우선으로 내가 노력을 기울이며 기도하여야 할 일이다. 더 정성을 쏟자. 누굴 원망하기 전에 내가 해결하도록 하자.

629대대 방문

✤ 2016년 8월 5일(금, 맑음) • 북극성신우회 회보 기고

오늘은 36도까지 올라가는 폭염이다. 인간이 얼마나 자연 앞에 연약한 존재임을 깨닫게 한다. 자연현상이 몸으로 느낄 정도로 변해 가고 있다. 세상의 종말이 다가올 때 자연 이변이 발생한다고 하였다. 지금 세상은 점점 악해져 가고 있다. 한 여자는 자기 고등학교 동창을 이용하여 10억 이상을 갈취하고, 호화 생활을 하다가 결국 사실이 밝혀지고 경찰이 조사한다. 사람의 악한 모습은 상상을 초월한다. 인간의 타락한 모습이다. 지금 세상이 소돔과 고모라 땅, 노아의 시대와 비교하여 얼마나 차이가 클지 모르겠다. 하나님은 반드시 악한 세력을 세상에서 멸망시키시겠다고 하였다. 그래서 우리는 깨어 있어야 한다.

오늘도 하루 종일 책상에 앉아서 북극성신우회 회보 원고를 준비하였다. 누군가는 이를 위하여 일해야 하는데 내가 사무총장을 맡았으니 무거운 짐을 져야 한다. 오늘은 우리 새얼신우회의 특징 10가지를 작성하였다. 신우회장 전재권에게 전해 주며 원고에 기고하였다고 하였더니 쾌히 승낙한다. 순종하는 마음이 좋다. 누가 시키지 않았다. 내가 생각했고 내가 권고를 하였다. 무에서 유를 창조해 가는 나의 열정에 나중에 손뼉을 치게 된다. 그리고 이 글이 다른 신우회에도 도전을 받게 하는 것이다.

그리고 이 글 두 페이지를 쓰는데 한 번도 지우거나 수정이 없었다. 그냥 한꺼번에 써 내려가는 것이다. 금방 낮 시간이 지나고 지애 엄마가 일을 마치고 돌아온다. 계획된 일을 다 하지 못해서 아쉽다. 집안 정리 및 잔디 관리, 나무 관리 등 모두 마쳤어야 기분이 더 좋아지는데, 옷 다림질도 못 하였다. 항상 여유 있게 시간을 계획하도록 하자. 저녁은 금식, 심야예배에 참석하였다. 오늘도 이렇게 많은 일을 허락하신 하나님께 감사드립니다.

✖ 2016년 8월 7일(일, 맑음) • 하나님 은사

다양한 행사가 펼쳐지는 주일이었다. 세례식, 성찬식, 주일예배, 오후 찬양예배, 여단 군목 권순원 목사 취임감사예배(낙원교회), 만찬 그리고 마지막으로 처가댁에서 장인어른과 바둑 2판을 두었다. 04:00에 기상하여 23:00까지 19시간 full로 활동하는 주일이었다. 그래서 월요일을 휴일로 맞는 것이 관례인데, 나는 월요일이라고 쉬어 본 적이 없다. 오히려 밀린 일을 하면서 더 바빠 보낸다. 오늘 특별히 기분이 좋은 것은 여단 목사님 환영예배를 우리 낙원교회에서 드렸고, 다과회 및 저녁 식사까지 모두 우리 교회에서 준비하였다.

오늘 대대보다도 여건이 좋은 우리 교회를 자랑도 하고 싶고, 또한 모든 목사님들을 모시고 대접하고 싶은 마음도 가득하였다. 베풀고자 하면 하나님께서 채워 주신다. 낙원교회 재정도 많다. 장병들에게 아이스크림도 선물하기도 하였다. 세례식에 김대훈 형제(이병)가 참여하였다. 이것도 노력에 의한 결실이었다. 그런데 성찬식 때 세례 받은 형제들이 50%가 되지 못한 것을 보고 깜짝 놀랐다. 어느 날은 단체세례식을 갖도록 하자. 큰 행사를 갖는 것이다. 군목 환영예배에는 총 22명 참석하였으며 우리 찬양팀이 찬양을 인도하였다. 큰 변화다. 대대 군종병도 새로운 style이다. 때에 따라서 채워 주시는 하나님이시다. 오늘 모든 행사를 마치고 집에 오니 기분이 무척 좋다. 기쁜 날이다. 하나님께서도 기뻐하실 날이다. 할 수 있을 때 하나님의 일을 더 많이 하자. 끊이지 않는 하나님의 은사에 눈물겹도록 감사한다.

✽ 2016년 8월 15일(월, 맑음) • 연순이 동생 식구 방문

오늘은 대단히 중요한 하루였다. 71주년 광복절이다. 안보강의를 하다 보니 광복의 의미가 다르다. 해방되고 우리 대한민국 국민이 얼마나 감격의 눈물을 흘리고 세계 각지에서 귀국 채비를 했을까? 대한민국임시정부의 기능이 발휘되었다. 그러고 나서 71년 후 6·25전쟁의 상처를 씻고 세계 10위의 경제 대국으로 발돋움하였다. 이제 우리 국민은 과거를 잊지 말아야 한다. 나라를 잃은 서러움을 얼마나 겪어야 했던가. 이제는 강한 군사력을 갖추어야 한다. 감히 중국, 일본, 러시아가 공공연하게 우리나라를 비난하고 위협을 가하고 무력 행동을 벌이는 일은 없어야 한다. 한·미연합 체제를 더욱 견고하게 구축하고 지켜 나가야 한다.
우리 국민이 더욱 정신을 차리고 모든 불의의 세력을 막아야 한다. 김정은이 또다시 도발하지 못하도록 군사 대비 태세를 유지하여야 한다.

그리고 오늘은 또 다른 중요한 날이다. 동생 연순이(작은 어머니 딸)가 조카 상현이, 손자 서찬이와 함께 처음으로 우리 집을 방문하는 날이다. 그동안의 삶을 생각하면 너무나 힘들고 애처로워서 더 정이 간다. 더 잘해 주고 싶다. 그리고 하나님께로 그 가정을 인도해 주고 싶다. 지하철역 성복역에서 만나서 집으로 안내하고 집을 구경시켜 주고, 식사를 같이 하였다. 그런데 마지막 지하철역으로 가는 길에서 지애 엄마가 동생에게 전도한다. "꼭 하나님 믿으세요. 제가 성경책을 2권 사서 보내 줄게요." 나보다 나았다. 하나님께서는 지애 엄마를 통하여 나의 마음을 전하였다. 내가 더 간절히 기도할 것이며, 권하고자 한다. 하나님께서 붙잡으시면 반드시 인도해 주신다. 오늘부터 기업윤리 책자 독서를 시작한다. 또다시 새로운 길을 준비하고자 한다.

✂ 2016년 8월 20일(토, 맑음) • 북극성신우회 설교

무척 부담스러운 날이었다. 북극성신우회 8월 조찬기도회 날인데 여기에다가 내가 설교를 맡았다. 그리고 과거 설교 내용을 이용하지만 준비할 시간은 없었다. 그래서 오늘 새벽 3시에 일어나서 다시 설교 내용을 정리한 것이다.

금방금방 시간은 흐른다. 어느새 감람교회 강단 위에 선 것이다. 그런데 무척 마음은 편안하고 기뻤다. 동기생 16명을 포함하여 60여 명의 육사신우회 회원들에게 말씀을 전했기 때문이다. 13기부터 37기까지 다양한 성도들이었다.

매우 질서 정연하게 말씀을 전했다. 거의 원고 없이 설교한 것이다. 〈우리가 잊어서는 안 될 3가지〉라는 제목으로 전했다. 그렇게 떨리지도 않고 침착했다.

나중에 유재섭 목사님이 쪽지로 "매우 은혜로웠다"라고 전해 주었다. 심재구도 은혜롭다고 한다. 너무나 기뻤다. 성령님의 도우심이 바로 이것이다. 내가 필요한 것을 미리 아시는 하나님이시다. 예배도, 기별회장단회의도 모두 성공적이었다. 동기생 16명도 좋아한다. 모든 것은 이렇게 좋은 결과를 내며 지나간다. 그래서 염려하지 말라고 하는데 나도 모르게 망각하여 버린다. 동두천으로 이동하며 설교 준비, 기업 연구 독서로 바쁘게 돌아간다. 13명이 모여서 청소 및 성가대 연습을 마치고 10명에 대한 신병 면담을 모두 마치고 차분하게 설교 준비를 하였다. 저녁에 모두 마치고 기업 연구를 읽을 것을 생각하니 새로운 기분이 솟는다.

✄ 2016년 8월 22일(월, 맑음) • 새얼신우회 제주 수련회

드디어 기다렸던 제주 수련회를 출발하였다. 올해도 부랴부랴 달려서 비행기표를 사고 간신히 탑승할 수 있었다. 반가운 사람들이 재회한다. 신 목사와 김현옥 사모가 제주공항에서 반갑게 맞아 준다. 대전에서 출발하여 미리 도착한 김선도, 윤광숙 씨와 함께 기다리고 있었다.

여행은 즐겁다. 그런데 신우회 여행은 하늘을 날 듯이 기쁘다. 만나면 즐거움과 기쁨이 솟는 것이다. 어린아이 같은 마음으로 들뜨기도 한다.

기무부대 휴양소에 여장을 풀고 신 목사 감사예배로부터 시작된다. 특별한 수련회다. 금년도에 4번째를 맞으면서 인원도 10, 12, 15, 17명으로 계속 늘어났다. 이어서 함덕해수욕장에서 해수욕하면서 수구 시합을 하는데 어린애처럼 즐거웠다. 내가 가장 즐거운 시간을 갖기는 바로 수련회 시간이다. 천진난만하게 변한다. 해변가 산책을 하며 찬양을 하고 이런저런 얘기를 나누다가 돼지불

새얼신우회 제주 수련회

고기 식사 후 mart에서 과일, 과자, 음료수 등 shopping을 하여 숙소로 돌아오니 저녁 22:00가 된다. 저녁예배 때는 김충일 목사가 은혜로운 말씀을 전한다.

첫날 행사를 다양하고 재미있게 보냈다. 이번 2박 3일만큼은 세상의 모든 염려를 잊어버리고 신우회원들과 은혜와 감동의 시간을 갖기로 했다. 다음 주에 있을 원주 상지대학교 〈기업윤리〉 강의를 틈을 내어 준비하기로 하였다. 연합예배도 목요일 준비한다. 많은 것을 허락하신 하나님께 감사드린다.

✤ 2016년 8월 28일(일, 맑음) • 동성교회 예배 참석

이제 몸이 많이 회복되었다. 기침도 그치고, 컨디션도 좋아졌다. 오늘은 지애 엄마와 함께 가고 말씀은 이철영 목사님이 전했다.

성도들도 60명이 넘고 HQ포대와 A포대는 거의 끝까지 좌석을 앉았다. 이제 B와 C포대가 현재보다 10명씩만 더 참석하면 80~90명 선까지 올라갈 수 있다. 내년도까지 교회를 가득 메우도록 한다. 이를 위하여 하나님께 간절히 기도하고 대대장, 군종병, 찬양팀, 간부들을 최대한 동원할 것이다. 조 사장이 닭도리탕 식사도 준비하여 푸짐하였다. 대대장 내외, 작전과장 내외, 본부포대장, 정보과장도 참석하였다.

언젠가는 간부들도 모두 참석하도록 유도하자. 대대장과 한마음이 되어서 한 영혼이라도 더 끌어오는 것이다.

오후에는 동성교회 예배에 참석하였다. 자원 찬송 시간에 내가 한마디 하고 음료수를 대접하였다. "학생 여러분은 하나님께서 택한 백성입니다. 여러분은 가장 좋은 길로 가고 있습니다"라고 격려하였다. 우리 박찬경 대대 군종과 최병준 군종이 피아노를 치며 찬양을 하였다. 우리 낙원교회가 많이 발전하였다. 전엔 피아노 치는 사람이 한 명도 없었는데 이제는 이들을 투사화시켜서 병사들 세계로 내보내는 것이다. 병사들이 병사들을 전도하는 것이 쉬운 방법이다. 꼭 실천하도록 하자. 바쁜 가운데서 일은 이루어지는 것이다. 오늘은 낙원교회 모든 일에 기쁨이 크다. 시작은 미약하였으나 끝은 창대하였다.

처가에서 식사를 하고 장인과 바둑을 두니 장인, 장모님, 그리고 지애 엄마가 무척 좋아한다. 내가 있음으로 인하여 행복을 줄 수 있다면 난 행복하다. 감사가 넘친다.

✄ 2016년 8월 31일(수, 비) • 원주 상지대학교 강의(기업윤리)

오늘은 정말로 특별한 날이었다. 내가 대학교 강단에 서는 날이다. 원주 상지대학교에서 〈기업윤리〉 과목으로 첫 강의를 시작하였다. 학생들이 6명 신청하였으나 오늘은 4명밖에 오지 않았다. 지난 8월 중순에 강의 요청을 받고 이를 승낙하고 짧은 기간에 준비하여 오늘 첫 시간 강의를 하게 되었다. 제1장 서론에서 기업윤리의 필요성을 설명하였다.

먼저 강사 소개를 하고 강의 목표, 수업 계획, 수업 방법, 성적 산정까지 설명하였다. 김혁규, 백승훈, 이상준, 지유림 4명의 학생은 나의 대학교 강의 첫 수강생이다. 수업을 시작하기 전에 두 손을 모으고 기도드렸다. "하나님 저에게 이렇게 좋은 기회를 주심에 감사드립니다. 대학에서 젊은 학생들을 상대로 강의할 수 있도록 하여 주시고, 제 삶을 더욱 값지게 인도하여 주셨습니다. 하나님 아버지, 오늘 수요예배와 성경공부를 인도하지 못하였음을 용서하여 주옵소서. 그리고 오늘 학생들과 상의하여 다음 주부터 수요예배는 교회로 갈 수 있도록 인도하여 주옵소서. 학생 숫자를 늘려 주셔서 첫 강의가 폐강되지 않도록 도와주옵소서. 그리고 이 강의로 인하여 행여 하나님께로부터 멀어지지 않도록 도와주시고 이 학생들에게도 복음을 전할 수 있도록 하옵소서!"

새로운 도전이었다. 그리고 짧은 시간에 모든 준비를 허락하신 하나님께 감사드린다. 비록 빗속에서 혼자 외로운 길이었지만 젊은이들 속에서 과거를 회상하며 내가 그들에게 가르칠 수 있다는 것이 무한 감사한 기쁨을 가졌다.

✤ 2016년 9월 1일(목, 맑음) • 상지대학교 수업 2일째

오늘 상지대학교 수업 2일째. 어제는 4명이 참석하였으나 오늘은 1명 밖에 오지 않았다. 너무나 실망이 크다. 내가 수업을 잘 못해서인가? 아니면 〈기업윤리〉라는 과목이 학생들에게 생소해서일까?

1명의 학생의 질문을 받으며 1시간 반 동안 대화를 나누었다. 학생이지만 나에겐 귀한 손님이었다. 학생이 없어서 수업하지 못한 것이 우습기도 하다. 이런 상황은 아예 고려치도 않았기 때문이다.

기대도 크고 부담도 컸었다. 하지만 그만두고 싶은 생각도 들었으나 그래도 교수로서 무책임하다고 생각하고 내가 모든 어려움을 감수하고 이겨 내기로 하였다.

그렇다면 이것도 하나님의 인도하심으로 돌리고 싶다. 내가 선택을 잘못하여 하나님께서 중간에 개입(commit)하신 것이다.

이상하게 홀가분한 마음을 느낀다. 그대로 꼭 한번 해 보고 싶었는데 이번 기회로 많은 것을 알게 되었다. 대학 강사의 수업 준비, 대학 강의실 수업 방법, 〈기업윤리〉 과목의 내용, 상지대학교의 실태, 교수들의 생각을 알게 되었다. 그래도 2회는 강단에 섰었다. 마지막으로 1명의 중요한 대학 후진을 알게 되었다. 이 친구의 진로를 위하여 조언을 해 주기도 하였다.

나에게 절망은 없다. 오직 전진만이 있을 뿐이다. 나에게 시간의 헛된 낭비는 없다. 밤 10시가 다 되어 귀가하였다. 지애 엄마도 어이가 없듯이 웃는다. 같이 실컷 웃었다. '대학 강사도 할 수 있다!'는 나의 가능성을 또 한 번 보았다.

✤ 2016년 9월 12일(월, 맑음) • 고교 신우회

주일 후에 오늘 월요일이 가장 즐거운 날이다. 다음주일까지 1주일이 남아 있고, 집 안에서 성경을 보며 책을 읽으며 밀린 일들을 처리하고 운동도 할 수 있는 날이다.

오늘도 지애 엄마와 테니스를 하고 10km를 뛰었다. 이제 다리 근육이 거의 나아서 크게 고통이 없었다. 내가 건강하게 매일 달릴 수 있다는 것 하나만 해도 하나님께서 얼마나 나를 사랑하여 주시고 계심을 알 수 있다. 이제 다시 20km, 30km, 풀코스 마라톤을 뛰고자 한다. 내가 뛰면서 살 수 있기를 간절히 소망한다. 죽는 날까지 뛸 수 있기를 바란다.

지애 엄마는 재원이네 집에 가서 손자들을 돌봐 주기로 하였다. 재원이가 너무나 하나님을 멀리하고 있지만 그래도 희망을 버리지 않고 있다. 손자들을 사랑하는 마음이 지극하다. 서울에 가서 손자들과 놀이터에서 놀아 주겠다는 마음, 약밥을 해서 아이들에게 먹이겠다는 마음이었다. 그리고 수현이, 승현이를 집으로 데리고 왔다. 힘들다고 생각하지 않고 그냥 사랑하는 마음이 넘친다. 저녁에 광주고 신우회 예배에 참석하였다. 이번엔 영식이, 민호, 규환이도 참석하여 동창 6명, 가족 3명, 우리 손자들 2명까지 합치니 11명이나 되었다. 분명히 우리의 기도와 노력은 결실을 맺을 것이다. 새벽에 일어나서 집 안 정원 나무숲을 둘러보고 하루를 시작하여 밤 11시에 손자들 머리에 손을 대고 기도할 때까지 하루 종일 감사의 하루였다.

✥ 2016년 10월 14일(금, 맑음) • 풀코스 마라톤 연습

드디어 오늘 결단을 내렸다. 지난주에 풀코스 마라톤을 결심하고 망설이다가 어젯밤에 결단하고 오늘 05:00에 일어나서 차분히 준비하였다. 먼저 밥으로 죽을 끓여 먹고 공복을 메꾼다. 잠깐 기도를 한 후에 05:20에 뛰기 시작하였다. 32km를 뛰고 궁중 숯가마에 와서 다시 10km를 뛰었다. 가장 부담 없이 뛰는 방안이었다. 일단 출발

처가 식구 만찬 후

을 하고 나니 새로운 각오와 함께 감사의 기도를 드렸다. "하나님, 저에게 이렇게 특별하게 건강한 체력을 주셔서 감사합니다. 이 건강을 잘 지켜 나가고, 오랫동안 하나님의 일을 하겠습니다. 제주도에서 수련회장과 함께 교회를 짓고 말씀을 전하고, 필요한 사람들을 많이 초청하여 주님을 영접하는 기회로 삼겠습니다."

17km까지는 어려움이 없었다. 그러나 20km 지점을 통과하면서부터 다리 근육이 아파져 오기 시작한다. 30km를 통과하면서부터 고통스러움을 느끼다가 마의 35km를 통과할 땐 근육에 경련이 일어나기 시작한다. 그래도 7, 6, 5, 4, 3, 2, 1km를 남기면서 안도의 숨을 쉰다. 집에 돌아와서 500m는 정원에서 뛰었다. 드디어 거의 1년을 연기하였던 장거리 마라톤을 끝냈다. 최고의 희열을 느낀다. 장딴지와 무릎이 움직이기 힘들 정도로 굳어졌다. 2~3일 후면 모두 회복될 것을 믿는다.

오후에는 충분히 밀린 일을 하다가 18:00에 처가에 가서 식사 후 바둑을 두었다. 장인을 위로하기 위해서이다. 그리고 지애 엄마와 함께 금요예배에 참석하였다. 모두 이루었다.

✖ 2016년 10월 17일(월, 흐림 → 비) • 대만 동아시아대회 참석

기다리던 대만 여행이 시작되었다. 어젯밤 간증 발표 준비를 하고 짐을 챙기다 보니, 밤 00:30에 잠자리에 들었다. 미리 준비해 두면 좋았겠지만 그럴 시간이 없었다. 오늘 출발하기 전까지 거의 꽉 짜인 일정으로 조금도 여유 시간을 낼 수가 없었다. 과도한 일정 속에서 살아가고 있다. 그래서 나는 시간을 금싸라기같이 귀하게 쓰고 있는 것이다. 새벽 05:00에 일어나 06:30까지 출발 준비. 지하철을 타고 가는데 고속버스터미널 역에서 너무나 사람이 많아서 꼼짝할 수가 없고 숨이 막힐 지경이었다. 김포국제공항에서 11:00에 이륙하여 2시간 후에 대만 Taipei의 성산 공항에 착륙하였다. 우리 여름 날씨다. 그리고 생각보다 시내 모습이 산뜻하지는 못하였다. 이상하게도 대만 국민에게 애착이 간다. 한국과 상황이 비슷하기 때문이다.

17:00에 opening dinner를 시작으로 동아시아대회가 시작되었다. 식사는 full course 대만 식사로 serving이 되는데 음식이 무척 순하였다. 그리고 공연도 하는데 프로급은 아니더라도 정성을 다하여 준비하였다.

대만 MCF 인원들은 대부분 연로하시고, 현역 및 젊은 층이 드물었다. 모든 행사 준비가 알뜰하면서도 내실이 있었다.

이렇게 지애 엄마와 MCF 지역대회에 참석하기는 처음이다. 앞으로 1년에 한 번씩 참여하도록 하자.

내일 있을 간증 발표가 계속 부담을 준다. 분명히 하나님께서 인도해 주실 줄 믿는다.

✂ 2016년 10월 18일(화, 맑음) • 대만 간증 발표

오늘 AMCF 동아시아대회 2일 차. 어제는 무척 피곤하여 무기력하였으나 곤히 잠을 자고 나니 오늘은 하루 종일 컨디션이 좋았다.

04:30에 일어나서 경건의 시간을 가진 후에 모처럼 구보를 나갔다. 대만 youth hostel에서 구보를 하였다. 날씨는 너무나 햇빛이 찬란하게 비춰서 어제와는 대조적이다. 아침 식사도 훌륭했다. 동아시아대회에 참석하고 있는 MCF 회원들과 서서히 친해져 가고 있다. '주님 안에서 하나'가 된다. 누구나 친해질 수가 있다. 식사는 최고다. 무척 순하고 담백하다. 그리고 대만 사람들이 무척 친절하다. 특히 MCF 모임의 모두가

대만 동아시아 MCF 대회 / 금문도 tour(신동택, 장용관 동기생 부부)

얼굴이 밝고 친절하다. 주님 안에서 모두 하나가 되기 때문이다.

오늘은 군 출신 목사님들에 의해서 대만 군 복음화에 대한 설명을 하고 신학원 원장에 의하여 대만 국민의 기독교 성향에 대한 소개를 하였다. 그리고 모든 강의를 통역을 해 주었기 때문에 이해하기가 쉬웠다. 요란하지 않으면서도 내실이 있었다. 그리고 이틀 동안의 conference에서도 참석자들에게 알찬 내용으로 진행하였다.

드디어 내가 준비한 간증 발표 시간이 되었다. 내 앞에서 신임 VP가 너무나 많은 시간을 가져서 나의 애를 많이 태웠다. 절도 있게 말해야 한다. 간증(testimony)은 성공적이었다. 다행히 대만 lady의 도움을 받아서 PPT 준비를 하였고, 내가 가져온 사진 11장을 모두 보여 주었다. 마지막에 많은 사람이 나의 간증이 감동적이었다고 칭찬한다. 기대 이상이다. 하나님께서는 반드시 관여하시고 나를 통하여 증명해 주셨다. 하나님 감사합니다.

✂ 2016년 10월 19일(수, 맑음) • 대만 투어(금문도)

어제까지 conference를 마치고 오늘부터 tour가 시작되었다. 아침에 회의 참석하니 많은 사람이 어제 간증에 많은 은혜를 받았다고 한마디씩 한다. 할까 말까 망설였는데 잘 했다고 생각된다.

하나님의 사명을 깨닫게 하기 위한 것이 목적이었다. 우리는 하나님이 택한 자로서 우리에게 주신 사명을 위하여 결실을 맺게 하기 위함이다.

그리고 앞으로도 우리는 하나님을 기쁘게 하기 위하여 더 걸어야 하고 더욱 일해야 한다. 이것이 나의 사명이다. 이번 회의에 참석한 모든 사람, 그리고 세계 모든 MCF 회원들의 사명이기도 하다. 그래서 결국 하나님께서는 나에게 간증의 기회를 주신 것이다. 앞으로 내가 받은 은혜를 세상에 전해 주어야 한다. tour는 이른 시간에 공항으로 이동하여 금문도로 향했다. 금문도는 중국 본토에서 2km 떨어져 있는 조그만 섬이다. 대만에서 서쪽으로 1시간 비행 거리에 있다. 1958년 중공이 이 금문도를 점령하기 위하여 57만 발의 포탄을 쏘았으나 결국 치열한 전쟁 후에 금문도를 수호할 수 있었다. 여기도 미 7함대가 직접 개입하여 지원하였다. 금문도 섬 대부분이 요새화된 대만의 최전방 방어 섬이라는 것을 알게 되었다. 내용이 많아서 조금 어수선한 분위기였으나 대만의 자연 모습을 그래도 보여 주었다. 대만 정부에서 관광지로 발전시켜 나가고 있다. 이번에 동기생 신동택 목사, 장용관 실장 부부와 즐거운 여행이었다.

✖ 2016년 11월 8일(화, 맑음) • 수원 안보강의(600명)

오늘은 운동을 하지 않았다. 지난 한 달 전에 풀코스 마라톤을 하고 우측 무릎 인대가 통증을 느끼기 시작했는데 아직까지도 완전히 낫지 않고 뛰고 나면 계속 통증이 남아 있다.

그래서 며칠간 쉬기로 하였다. 뛰는 것은 나의 삶의 일부가 되어 버렸는데 뛰지 못하여 마음이 아프기도 하다. 그러나 때로는 뒤로 물러설 줄도 알아야 한다. 때로는 피할 줄도 알아야 한다. 나이가 들어가면서 몸의 기능이 약화될 것으로 예상하여야 한다. 마냥 20대의 젊음과 정력이 유지되지는 못한다. 지금까지 체력을 잘 유지해 왔다. 이제는 어떻게 오랫동안 지속시키느냐가 문제다. 너무 무리한 운동은 피해야 한다. 양보와 포기도 필요하다.

그러나 완전히 절망의 늪으로 빠지지는 않는다. 새로운 소망은 항상 일어나는 것이다. 나의 체력을 다시 회복하며 또다시 뛸 것이라는 꿈은 버리지는 않는다. 지금까지의 나의 삶은 그렇게 살아왔고 후회 없이 살아왔다.

오늘 안보강의(수원)는 600여 명을 한 번에 실시하였다. 이 많은 젊은이에게 국가 안보에 대하여 한 시간 동안 열정적으로 강의를 할 수 있다는 것이 대단한 영광이다. 앞으로도 1년 동안 더 할 수 있다는 것이 큰 기쁨이다. 오가는 길이 힘들다 하여도 절대 낙담하거나 의기소침하지는 말자.

저녁에 광주고 동창 신우회 모임. 베드로후서 3장 8~18절 말씀으로 〈하나님의 날을 어떻게 맞을 것인가?〉라는 제목으로 전했다. 오늘 무척 진지한 날이었다.

✄ 2016년 11월 26일(토, 흐림 → 눈) • ICS 세미나

어제 이어 오늘 ICS 자체 세미나 2일째다. 어제보다 더 많은 인원이 참석하여 90여 명이 참석하였다. 동문도 30여 명 참석하였다. 전체 동문의 10%밖에 참석하지 않아서 실망스럽다. 너무나 많은 동문이 무관심하다. 나의 노력이 부족했다는 것도 사실이다. 6개월 전부터 약속을 받고 계속 홍보하여야 했는데, 안 되면 되도록 바꾸어 나가야 한다. 다음 내년 5월 모임에는 지금부터 계획을 수립하여 계속 홍보하도록 하자. 60~90명 선이 모여야 한다. 100명 이상 목표로 하자. 동문회를 활성화하는 것은 하나님 사역자들을 돕는 길이라고 본다.

문경주 목사(호남 지역 대표)를 지난주에 이어서 이번에도 특별강사로 초청하여 교회 개척과 운영에 관한 강의를 요청하였다. 역시 기도했던 대로 호응이 좋았다. revival하기를 잘 했다고 생각된다.

그리고 내가 걱정했던 말씀 전파도 그런대로 성공적이었다. 체육대회 시는 줄다리기, 축구 페널티킥, 제기차기 등으로 흥미롭게 진행하였다. event를 통하여 동문·원우들의 관계를 친밀하게 만들 수 있기 때문이다.

모든 것 하나님께 맡기고 나가야 한다. 인간의 생각으로 걱정하고 고민한다면 분명히 결과도 불안하다. 귀기 시 신태복 동기생과 같이하였다. 금년 전체 세미나는 아쉬움 속에서 그런대로 잘 마칠 수 있었다.

✄ 2016년 12월 9일(금, 맑음) • 박근혜 대통령 탄핵

오전에 ICS 동문회 임원 모임을 국군중앙교회 MSO 회의실에서 가졌다. 식사도 하면서 16:00까지 앞으로 동문회를 어떻게 운영할 것인가에 대해 토의를 하였다. 양수진 총무, 노관평 재무, 문인수 연구위원장, 그리고 장재호 부회장이 모였다. 윤양소 부회장은 몸이 아파서, 김형겸 감사는 타 업무로, 윤문호 목사는 아이들 시험으로, 그리고 최은미 부회장과 하용석 임원은 업무상 참석하지 못했다. 기도하며 시작하기보다는 예배를 드리며 말씀을 준비하면 좋겠다는 의견이다.

내년 신년축복예배를 국방회관에서 하도록 하였다. 2012년의 즐거운 밤 시간을 못 잊고 있는 것 같다. 비용이 조금은 들고, 내 부담이 크고, 업무 절차가 쉬운 것은 아니지만 그래도 얻는 것이 많은 것으로 보고 국방회관까지 예약하였다. 특별히 하나님께서 반대하지 않은 것이라고 믿는다면 일을 추진하는 것이 낫다고 생각한다. 새해는 힘차게 출발하고 우리 동문회가 본격적으로 약진하는 한 해가 되도록 시동을 거는 것이다.

오늘 드디어 박근혜 대통령 탄핵이 가결되었다. 어느 정도 예측이 되었지만, 막상 300표 중 234표가 찬성하여 가결하게 되니 만감이 교차하게 한다. 나는 부당한 탄핵 가결이었다고 본다. 우선 언론이 공정하지 않았다. 마녀사냥이었다. 모든 방송이 24시간 박근혜 대통령의 문제점을 과장하여 세상에 널리 알리니 선량한 시민들이 속아 넘어간 것이다. 심지어 고령의 보수 세력도 넘어진다. 그리고 검찰의 동태도 지나치게 반 박근혜 세력이 되었다. 정당하지 않다.

✖ 2016년 12월 15일(목, 맑음) • 교회 숙소에서의 감사

어제도 곤히 잠을 잤다. 영하 6~7도로 내려가는데 이렇게 교회에서 편안하게 잠을 잘 수 있다는 것이 믿어지지 않는다. 나를 위해 주님께서 이 교회를 수리하였다고 믿는다. 어제는 내가 할 수 있는 한 가장 많은 일을 했다. 하나님 사역을 이렇게 많이 감당할 수 있도록 허락하신 하나님께 감사드린다.

MSO 기도회와 P&P에 참석하여 많이 좋았다. 이렇게 피로를 풀게 해 주신다. 그리고 MSO 사무실에서 3가지 일 처리. 북극성신우회 주보,

축복성회 순서지, 초청장, check list 수정 후 print 작업을 마쳤다. ICS 신년예배 참석 인원 125명을 확인 후 주일설교 준비를 마치고 집으로 향하고 있다.

  나를 애타게 기다리는 지애 엄마와 시간을 갖도록 하자. 웬만하면 "응응" 하고 말하면서 기분도 맞추어 주고 외로운 마음도 달래 주도록 하자. 지애 엄마 말이 맞다. 나는 나 하고 싶은 일 다 하는데 자기는 나를 위해 사는 것 아니냐고 반문한다. 내가 이렇게 많은 일을 하면서 지애 엄마는 너무나 멀찌감치 뒤에 있었다. 이제부터 지애 엄마와의 시간을 가져야 한다. 그냥 앉아서 차를 마시고 얘기를 하고, 앞날을 계획하며 지애 엄마와의 시간을 가져야 한다. 적어도 하루 1시간 이상은 가져야 한다. 바둑 두는 것은 장인을 위한 시간이다. 일찍 귀가하여 지애 엄마와 시간을 내자. 그리고 금요일은 외식도 하자. 장어 정식도 먹자. 필요할 땐 돈도 쓰도록 하자.

  오른쪽 무릎이 계속 풀리지 않는다. 내일은 꼭 분당통합병원에서 외진을 받아 보자. 그래도 하나님께 감사드린다. 모든 일을 허락하시고 기쁨으로 일하게 해 주심에 감사한다.

✣ 2016년 12월 19일(월, 흐림) • 무릎 관절 수술 경고

  오늘은 서울 시내에 나가서 하루를 보냈다. 2개월 전에 예약한 치과 진료를 찾았다. 지애 엄마도 동행하여 치과에서 이 2개를 때웠다. 이가 많이 닳아서 다른 물질로 보강하는 것이다. 아직도 나의 이는 충치 한 개 없이 잘 관리되고 있었다. 치아는 5복 중에 하나라고 하였으니 앞으로도 이를 잘 관리하자. 하루 4회와 식사 후에는 언제라도 이를 닦도록 하자.

  정형외과에서 무릎의 통증이 계속된다고 하자 X-ray 촬영을 하였는데 충격적인 소식이었다. 무릎을 너무 많이 써서 연골이 많이 닳았기 때문에 통증이 오는 것이니 앞으로 인공관절 수술을 하여야 할 것 같다고 한다. 그리고 앞으로 뛰지 말고 걸으라 한다. 남들이 말할 때 항상 이를 무시하고 연골은 계속 생성된다고 하였는데 나에게도 이런 불행한 소식이 오게 된다. 30일분 약을 받아서 먹은 후에 다음에 보자고 하였다. 그러나 난 그냥 무릎이 사용 못 할 정도는 아니라고 본다. 어느 정도 휴식을 취하면 다시 보강될 것이라고 믿는다. 그러나 너무나 나 스스로 내 몸을 유지한다고 생각하는 것은 교만이다. 하나님께 도움을 청하는 것이다.

MEAK에서 책 90권을 가져왔다. 1월 3일 행사 시 선물을 전하고자 한다. Costco 클럽에서 성탄 선물 양말과 초콜릿을 구입, 병사들에게 선물하고자 한다. 적은 액수는 아니지만 그래도 선물은 하고 싶다. 대대장에게 대대군종병 교체와 찬양팀을 보강하도록 요청하였다.

✂ 2016년 12월 25일(일, 맑음) • 성탄절 예배(120명)

오늘은 성탄절이다. 목사에게 성탄절은 엄청나게 큰 날이다. 성탄절 예배를 드리는데 성탄의 기쁜 소식을 어떻게 전할지 고민하게 된다. 그리고 우리 성도들에게 뭔가 좋은 선물을 하고 싶어서 고민하게도 한다.

그리고 찬양제라도 하면서 성도들에게 감동적인 날이 되기를 바란다. 우리 낙원교회는 조용하였다. 이번에 행사 주안은 특별 선물을 준비하는 것과 100명 이상의 성도들이 모여서 예배를 드리는 것이었다. 그리고 말씀도 성도들에게 고개를 끄덕이며 은혜를 받게 하는 것이었다.

그런데 이번 성탄절 행사는 모두 만족할 만한 수준이었다. 성도들도 병사들이 120명 정도 자발적으로 참가하였다. 100명을 넘게 해 달라고 기도한 결과라고 생각된다.

그리고 이번에 준비한 선물(양말, 초콜릿, 빵, 음료)도 좋았다. 누군가의 노력으로 일은 이루어진다. 설교는 〈성부, 성자, 성령의 성탄절〉로 분명히 그 뜻을 전할 수 있었다. 지애 엄마가 준비한 떡볶이도 좋았다. 대대장 가정, 주임원사, 작전과장, 광성교회 3명, 우리 가정, 이철영 목사, 정태복 장로 등 모두 11명이 참석하였다. 하나님은 나의 기도를 모두

들어주셨다. 계속 이대로 가도록 도와달라고 기도하자. 오는 길에 장모님 생일 파티 참석. 그리고 cake 절단 및 장인과 바둑(3패 1승). 성탄의 기쁨이 계속 남아 있다. 감사한 날이다.

✈ 2016년 12월 28일(수, 맑음) • 아침 달리기 감사

04:20 기상. 오늘 운동은 생략하였다. 하루를 쉰다. 이제 일주일에 1~2회는 몸을 회복하며 휴식을 취하는 기회를 갖기로 하였다. 그러나 무릎 통증은 많이 사라지고, 월·화요일 이틀을 뛰었지만 견딜 만하였다. 감사와 기쁨이 교차한다. 새벽에 일어나 꿀과 은행을 구워 먹고 밖에 나가서 찬 공기를 마시며 거동을 시작하고 하늘을 향해 두 손 모으고 기도한다. "하나님 감사합니다. 저에게 이렇게 편안한 안식처를 주시고, 사랑하는 우리 지애 엄마와 함께 걱정 없이 지낼 수 있도록 해 주심을 감사드립니다. 사랑스러운 우리 손녀딸 채영이를 만나는 소망이 있습니다. 우리 수현, 승현, 시현이를 보는 기쁨이 있습니다. 그리고 다시 뛸 수 있도록 도와주심도 감사드립니다. 저에게 맡겨진 많은 일을 할 수 있도록 능력 주심을 감사드립니다. 저에게 낙원교회를 맡겨 주시고 복음을 전하며 양육하며 세례를 줄 수 있도록 도와주심을 감사드립니다." 이렇게 나의 기도는 감사와 기쁨이 넘치게 하며 새벽 시간을 시작하는 것이다.

그리고 1시간 동안 말씀을 읽고 기도를 한 후 05:00에 새벽을 가르며 뛴다. 이것은 축복이다. 이것은 세상에 너무나 드물게 주시는 하나님의 은총이다. 땀을 흘리고 나서 지애 엄마가 준비해 주는 아침 식사를 하며 따뜻한 안방에서 아침을 맞는 것이 너무나 감사하다. 오늘노 낙원교회와 대대에서 계획된 일을 모두 마쳤다. 이삭방송 주간 뉴스도 잘 만들었다. 신태복 PD가 계속 일할 수 있도록 자금도 마련하였다.

2017년

✄ 2017년 1월 21일(토, 눈) • 탄핵 반대 집회 참석

오늘은 동두천교회에 갔다 오다가 시청 앞 태극기 탄핵 반대 집회장에 들렀다. 내일이 주일이지만 꼭 한번 가 보고 싶었다.

과연 태극기 시위하는 사람들의 시위가 대통령 탄핵의 부당성을 어떻게 주장하는가를 알고 싶었고 과연 얼마나 많은 시민이 모이느냐를 보고 싶었다.

한 달 전에 한번 와 보고 많이 실망했기 때문이다. 그러나 이번 태극기 집회는 달랐다. 시청 앞에 발 디딜 틈 없이 많은 사람이 손에 태극기를 들고 탄핵 반대의 타당성을 주장하는 연사에게 환호성을 울리고, 군가에 맞춰서 태극기를 흔들고, 또한 탄핵 반대의 주장을 하는 시민들의 목소리가 너무 컸다. 군가를 부르며 탄핵 반대 구호를 외칠 때는 나도 모르게 눈시울이 뜨거워졌다. 분명히 이번 탄핵 시위 촛불은 부당하다. 이것은 광우병과 유사한 반은 테러에 의한 계획된 시위다. 그냥 넘어갈 수 없다. 반드시 국민의 큰 저항에 부딪힐 것이다. 그냥 순순히 대통령 자리를 이어받지는 못할 것이라고 믿는다. 불순한 세력이 계획적으로 이루어 낸 탄핵 소추다. 이제는 그 진상이 드러나고 광우병과 같이 회오리바람을 일으키리라고 믿는다.

✄ 2017년 1월 23일(월, 맑음) • ICS 동문 모임

오늘은 시간을 내어서 동문 임원 모임을 가졌다. 2017년 운영 방향을 토의하고, 동문에게 선물을 발송하였다. 윤문호, 양수진, 노관평, 문인수 목사가 해낸다. 고지식하기도 하지만 지금까지 그렇게 살아오면서 많은 결실을 맺고 모여서 일부 운영 계획을 보완하고, 동문에게 선물을 발송하기 위하여 선물(양말)도 포장하였다. 내가 미국에 가기 전에 꼭 해결해야 할 과제였다. 내가 마음먹은 일은 하는 게 원동력이 되기도 하였다.

이번 동문회장 일을 보면서 동문의 성향 및 특성을 많이 알게 되었다. 동문회에 애착을 갖고 나의 의견을 잘 따라 주는 동문, 회비를 내면서도 매우 소극적인 동문, 아예 동문회비도 내지 않고 무관심한 동문, 동문회를 비난하는 동문 등 다양한 양상이다.

노관평 목사, 윤문호 목사, 임승우, 김형겸, 윤양소, 장재호, 문인수 목사 등이 바로 A급 동문이다. 그래도 내가 의지하는 대로 우리 동문회를 끌어 간다.

이제 1년 남은 기간 동문회를 건전하게 발전시키고, 우리 ICS의 중심이 되도록 밤 8시까지 포장 작업을 하고 생대구탕집에서 식사를 하였다. 노관평 목사와 양수진 목사에게는 수고비를 조금 주었다. 이제는 동문회에 부담을 갖지 말고 자랑스러운 동문회를 만들도록 노력하자. 동문을 더 사랑하자. 하나님을 위하여 일하는 동문을 더 많이 돕도록 하자. 나에게 주신 사명이다.

✂ 2017년 1월 29일(일, 맑음) • LA 지애 식구 방문 여행

지애 식구가 머무르는 LA를 방문하고 있다.

오늘은 샌디에고로 구경을 나갔다. 주일에 예배를 드리지 못하고 나가서 영 마음에 걸렸다. 미리부터 왜 이리 준비를 하지 못했는지 회개를 많이 하였다. "저녁에 예배를 드리겠습니다" 하고 전달한 후에 모든 여행을 마치고 21:00부터 21:30까지 주일예배를 드렸다. 지애와 채영이도 오랜만에 같이 예배를 드리고 나니 그래도 기분이 많이 좋아졌다.

오늘은 아침에 운동을 그만할까 하다가 4km 정도 뛰기로 마음먹고 운동복을 갈아입고 나갔다. 그런데 2km쯤 돌았을 때 또 오른쪽 장딴지의 근육이 과열될 것 같은 통증을 느끼면서 걸을 수밖에 없었다. 이렇게 구보를 나갔다가 걸어오기는 처음이다. 점점 더 몸의 상태가 나빠지고 있다는 것을 말해 준다. 근본적인 치료를 받아야 할 것 같다. 여기서 쉽게 포기해 버릴 수는 없다. 다시 재활하고 말 것이다. 그래도 오늘 샌디에고를 걸으면서 무척 심한 통증을 느꼈다. 하나님으로부터 벌을 받는다는 생각이 들었다. 샌디에고의 1850년대 마을을 둘러보고 라호야의 아름다운 해변가를 보면서 아름다운 미국의 모습을 다시 한번 볼 수 있었다. 다음 토요일엔 지애, 백 서방과 채영이와 박원식 목사님을 찾아서 같이 식사를 하자. 교회에서 말씀을 전하기로 하였다. 너무 반갑고 기쁜 자리가 될 것이다. 오늘도 힘은 들었지만 즐거운 여행이었다.

✂ 2017년 2월 4일(토, 맑음) • 샌디에고 Zoo 방문

오늘은 특별한 날이었다. 지애, 백 서방, 채영이와 함께 샌디에고 Zoo(동물원) 구경을 하고 박은식 목사님과 함께 저녁을 하기로 약속한 날이다.

어제 비가 오더니만 오늘은 또 화창하게 개었다. 두 번째 샌디에고를 가는데 확 트인 고속도로, 좌우의 나지막한 산과 아름다운 집들, 그리고 샌디에고 근교에 있는 해안 도로 모습이 아름다움으로 변한다. 우리 채영이, 지애, 백 서방과 함께하는 LA → 샌디에고 여행이 무척 행복한 시간을 만든다. 우리 지애도 좋아하고 채영이도 좋아한다. 찬란한 날씨와 아름

샌디에고 여행

다운 풍경과 모두가 한 set를 이룬다. Zoo에 도착하여 케이블카를 타고, 식구들과 함께 동물원을 하나씩 구경한다. 우리 채영이에게 너무나 좋은 교육 현장이다. 어떤 동물이든 호기심을 끈다. 그리고 이곳 샌디에고 Zoo는 가족 공원으로 잘 꾸며졌다. 특이한 동물이 있다기보다는 아이들을 데리고 와서 가족이 어울려 지내기엔 너무 좋은 곳이었다. 그리고 샌디에고 downtown은 바다와 주변 잔디밭, 샌디에고 시청을 포함한 시가지 등이 잘 어우러진다. 17:00에 박은식 목사님과 사모님을 뵈었다. 너무나 반가웠다. 7~8년 만에 다시 뵈었다. 두 분도 너무나 좋아하신다. 우리가 식사도 대접하였다. 채영이는 수줍어하면서도 맛있게 식사를 한다. 식사 후 지애, 백 서방, 채영이는 다시 LA로 떠나고 우리 일행은 박은식 목사님 댁으로 와서 숙박을 하였다. 박 목사님 가정을 위하여 기도한다.

샌디에고 여행(박은식 목사 일행 방문)

✽ 2017년 2월 20일(월, 맑음) • 아침 감사의 기도

모처럼 차분하게 집에서 쉰다. 미국 여행 후 처음이다. 어제까지 너무나 바쁘게 보낸 것이다. 그래서 감사한다. 모든 일을 질서 있게 주관하시는 하나님이시다. 오늘도 경건의 시간을 가지며 하루를 시작한다. 옷을 갈아입고 밖에 나가서 맑은 하늘을 바라보며 집 주위를 걷는다. 그리고 하나님께 기도한다. 감사의 기도디. 이렇게 한 지도 벌써 1년이다. 앞으로도 계속 그럴 것이다. 나는 이런 습관을 잘 유지한다. 맑은 공기를 마시며 하늘을 쳐다보고 일과를 시작한다. 그리고 기도한다. "하나님 지금부터 보내는 나의 하루의 삶을 인도하여 주옵소서. 제가 간절히 기도하는 대로 이 나라를 지켜 주고, 낙원교회를 부흥케 하시고, 자녀들이 모두 주님 앞으로 나오게 하옵소서. 그리고 우리 부모 형제들 모두 하나님의 자녀 삼아 주옵소서. 그리고 저에게 맡겨진 많은 일이 하나님의 뜻에 합당하도록 이루어 주옵소서. 기쁨으로 일하게 하옵소서. 이를 위해 건강을 허락하여 주옵소서. 그리고 제주도에 주님 전을 건축하고 guest house를 통하여 많은 사람에게 복음을 전하게 하옵소서."

오늘도 1주간의 계획을 짰다. 꼭 계획대로 이루어지지는 않지만 그러나 차질 없이 일들을 처리해 나간다.

✂ 2017년 3월 9일(목, 맑음) • 부당한 탄핵

어제도 곤히 잠을 잤다. 지금 온통 나라는 대통령 탄핵으로 인하여 초긴장 상태다. 매주 토요일엔 광화문광장에서 촛불집회와 태극기집회가 대통령 탄핵을 반대하고, 주장하며 2개월 이상 계속되고 있다.

꼭 기각되기를 간절히 바라는 마음이지만 불안한 느낌이 든다. 헌법재판소의 동향이 인용 방향으로 끌고 가기 때문이다. 한 나라의 대통령 파면을 헌법재판소에서 그렇게 쉽게 결정할 수 있을까? 만약 탄핵이 결정된다면 과연 우려했던 대로 이 나라가 좌경화 정책에 의하여 무너져 갈 것이라고 믿는다. 많은 학자가 그렇게 주장하고 있기 때문이다. 정규재 TV를 보며 약간 위로를 받고, 지난 3월 1일 광화문태극기집회가 국민이 바라는 바를 나타내고 있다. 요즘같이 나라의 정책에 대하여 실의에 빠진 적이 없었다. 사기가 떨어지고 스트레스를 받는다. MSO 기도회 및 P&P 이후 설교 준비와 MEO 준비로 하루를 보냈다.

✂ 2017년 3월 11일(토, 맑음) • 헌법재판소 탄핵 결정

어제 탄핵 심판 결과 억울함이 쉽게 가라앉지 않는다. 이것은 평생을 두고 잊히지 않을 것이다.

그렇다면 하나님께서는 왜 인용을 결심하였느냐고 질문을 할 수밖에 없다. 분명히 하나님께서는 계획하고 있는 길이 있다. 의로운 길로 인도하실 것이다. 박근혜 대통령이 최순실을 관리하는 데 흠이 너무나 커서 그냥 용서할 수 없었는지도 모른다. 하나님 보시기에 대통령이 옳지 않든가, 또는 대한민국 국민이 옳지 않을 수도 있다. 또는 하나님을 믿는 크리스천들이 하나님께 회개하지 못하고 하나님에게 순종하지 않아서일 수도 있다. 그래서 때로는 하나님께서는 우리의 기도보다는 하나님의 방법을 택하신다. 우리는 그래도 받아들여야 한다. 대통령 탄핵보다도 이 나라의 미래를 걱정하는 것이다. 우리 국민이 분명히 하나님 보시기에 옳은 길로 가지 못하고 있다. 하나님께 기도하며 정의로운 길로 가야 한다. 하나님께 의지하여야 한다. 분명히 하나님께서는 우리 국민을 도와주실 것이다. 하나님은 우리 대한민국을 주관하실 것이다.

✱ 2017년 3월 21일(화, 맑음) • 무릎 치료 진단

오늘은 시간을 내어 분당지구병원을 찾았다. 무릎과 종아리 물리치료를 받기 위해서다. 물리치료실에서 재활 치료를 받는데 어떤 치료 군무원이 무릎 상태를 진찰하더니 앞으로 어떻게 무릎과 종아리 근육을 강화하는지 방법을 알려 주었다. 3가지 방법을 가르쳐 주는데 스스로 근육과 신경을 강화하는 방법으로 어렵지가 않았다. 그리고 한 번 하고 나니 근육이 움찔거리는 것을 느낄 수가 있었다. 하루에 40~50분은 무릎과 종아리 근육을 강화하기 위한 운동 방법이라고 말할 수 있다. 오늘 병원을 찾기를 잘했다. 몸이 아프면 일단 관련 군의관을 만나서 진단을 받고 처방을 받아야 한다. 간단히 처방으로 치료받을 수가 있는데 모든 것을 무시하다가 병을 키울 수가 있다. 이제는 나이가 적지 않다. 각 부분이 이제는 약화되어 가고 있다. 젊은 시절처럼 박력과 용기로만 건강을 유지하기는 힘들다. 이번에 수도병

새얼신우회 회원

원에서 알려 준 대로 무릎 운동으로 무릎을 보호하고 내가 그렇게 뛰고 싶어 하는 욕망이 이루어질 수 있다. 더욱더 용기를 주고 더 나아가서 제주도 이주로 야기될 수 있는 자신감도 더욱 강화시키는 계기가 되었다.

분명히 내년엔 일생일대의 대 변화가 올 것을 믿는다. 이것이 하나님의 뜻으로 이루어지기를 간절히 바란다.

저녁에는 국군중앙교회에서 새얼신우회 모임이 있었다. 무척 기다려지는 모임이다. 이번에는 36명이 신청하였다. 40~50명 선도 멀지 않았다. 내가 가장 자랑스럽게 생각하는 것이다. 하나님께서 나의 애타게 기도하는 바를 들어주시는 것이다. 모두가 반가워한다. 김인성 목사님이 은혜로운 말씀을 전한다. 이제는 믿지 않는 동기생들에게도 시선을 돌릴 때가 되었다. 뭔가 새롭게 발전시켜 나가려 한다.

✖ 2017년 3월 22일(수, 맑음) • 나라를 위한 기도

일기장을 구하고 나서 계속 지난날들을 써 가고 있다. 오늘도 힘차게 동두천으로 향한다. 하나님을 향한 열정은 모든 불편함과 피곤함을 이기게 한다.

오늘도 혹시 bible study에 1명만 오면 어떻게 하나 걱정했지만, 오히려 5명이나 참석하였다. 예수님께서 유대인들에게 넘겨지고 빌라도 총독이 심판한다. 유대인들이 죽이게 하라고 소리를 지를 때 결국은 십자가에 죽이도록 그들에게 맡겨 버린다.

그런데 지금 박근혜 대통령을 심판하라고, 촛불집회에서 소리를 지르는 것과 흡사하다고 생각한다.

끝내 예수님은 부당한 세력의 손에 넘어가고 누구 하나 손을 쓰지 못하고 오히려 많은 유대인은 예수님을 십자가에 못 박도록 하였고 죽을 때까지 돌을 던졌다. 지금 세상을 바라보고 있노라면 너무나 답답하다. 올바른 언론이 없다. 올바른 법질서가 없다. 올바른 국회의원이 힘을 발휘하지 못하고 오히려 2/3 이상의 국회의원이 오직 대통령을 탄핵하고 정권을 잡기에 혈안이 되어 있다. 피를 받아먹는 흡혈귀와도 같이 물어 뜯고 죽인다. 정의의 세력들이 땅을 치며 통곡하고 있지만, 방향을 바꾸지는 못한다. 이제 정말 하나님께 답을 찾아야 할 때다. 지금까지 이 나라를 이끌어 주신 하나님께 의지할 수밖에 없다. 그래서 하나님께서 이렇게 고난을 주고 있는지 모른다.

✣ 2017년 4월 14일(금, 맑음) • 남해 안보강의

오늘은 먼 길을 떠났다. 지애 엄마와 함께 남해로 향했다. 안보강의에 지애 엄마가 동행한 것이다. 2일 전에 결정하고 남해행 표(고속버스)를 반환하고 차를 몰고 가기로 하였다. 거의 400km를 차로 달려가는 것이 쉬운 일이 아닌데 지애 엄마는 아무 거리낌 없이 결정한다. 나도 한 번은 멀리 가 보고 싶고, 남해, 통영, 거제를 한번 가 보고 싶기도 했다. 잘 했다고 생각한다. 때로는 과감한 결정이 필요하다. 미지의 세계를 가는 것도 도전이다. 버스를 타고 강의만 하고 오는 것보다는 지애 엄마와 함께 좋은 계절에 꼭 가 보고 싶은 곳을 한번 가 보는 것이다. 비용이 추가되겠지만 안보강의를 하고 강사료가 있기 때문에 당장 우리 경제 마이너스가 되지는 않는다.

6시 반에 출발하여 6시간 후에 남해 예비군훈련장에 도착하였다. 경부선에서 35번으로 바꾸어서 무주, 함안, 사천을 거쳐 남해에 도착한다.

예비군 훈련 안보강의(남해)

멀기는 멀다. 아래로 내려갈수록 색깔이 더 녹색으로 변한다. 1~2주일은 빠른 것 같다. 남해 훈련장에서 50여 명에게 안보강의를 한다. 오늘은 지애 엄마가 강의를 같이 들어서 신났다. 중간에 손을 들길래 의아했는데 잘 한다고 응원의 신호를 보냈다 한다.

교육 후에 남해독일마을을 찾았다.

독일에 파견된 광부, 간호사들이 여기에 마을을 조성하여 살면서 지금은 관광지로 변하였다. 집들이 하얀 벽에 모두 주황색 기와다. 녹색과 너무 잘 어울리고, 매우 실용적이었다. 그래서 우리 제주도 집도 이 style로 짓기로 하였다. 그래서 하나님께서 이 집을 보여 주신 것이다.

✈ 2017년 4월 22일(토, 맑음) • 목사안수식 특송

어느새 토요일이 와 버렸다. 오늘도 큰 행사가 2개나 있다. 북극성신우회에는 사무총장으로 준비하고, 목사안수식에는 동문회장으로서 참석하는 것이다. 두 군데 모두 나의 역할이 크다. 사실 적지 않게 중요한 역할이 있다. 조찬기도회도 모든 준비 연락이 사무총장에 의하여 이루어지고, 목사안수식에도 동문회의 역할이 컸다. 힘들고 고단할 때도 있지만 나의 손을 거쳐 가면서 완성되어 가는 작품을 지켜보면서 기쁨도 있다. 절대 나를 드러내고자 함이 아니다. 봉사하면서 하나님의 일을 이루어 가는 것이다. 그래서 하나님께서 항상 도와주시는 것이다. 목사안수식에서는 기도, 동문회 특송(사명), 동문회 선물 수여, 그리고 동문회장 comment였다. 동문회장 comment에서는 왜 목사 안수가 하나님의 축복인가를 설명하였다. 동문회장이 견고하게 서야 동문 목사들이 힘이 생기기 때문이다. 앞으로도 동문에게 우리 사역을 하는 데 도움을 주고자 한다. 일단 모여야 한다. 그리고 하나님께서 역사하시는 현장을 보여 주어야 한다. 이제부터 남은 6개월 동안 계획을 세우고 실천해 나가자. 동문회비도 모두 납부하도록 만들어야 한다. 자금을 키우는 것이 일을 많이 하는 것이다. 모든 안수식은 나의 의도대로 이루어졌다. 성공적이었다. 저녁을 먹고 설교 준비를 했는데 끝내지는 못하고 내일 새벽 03:45에 일어나기로 하였다.

✈ 2017년 4월 25일(화, 맑음) • 백마기드온교회 방문

어제 지애 엄마, 처제, 장인, 장모님과 함께 횡성 여행을 취소하고 나 홀로 집에서 밀린 일을 처리하여 가고 있다. 시간이 부족하니 하나님께서 또한 이런 방법으로 시간을 주시는 것 같다. 어제는 정원 식탁에 니스 칠을 하고 잡초를 제거한 후 금요일 광춘이 일행 친구를 맞을 준비를 하였다. 그리고 금주 설교를 이철영 목사에게 인계하였다가 다시 내가 하겠다고 바꾸었다.

설교 욕심은 필요하다. 담임목사는 양을 먹일 욕심이 있어야 한다. 그 대신 잘 먹여야 하는 것이다.

10:30에 김창제 목사가 담임하는 백마기드온교회를 방문하였다. 북극성신우회 임원들이 방문하여 예배를 드리고 동문 목사를 격려하는 것이다. 그런데 김 목사의 양육 방법을 듣고 감탄하였다. 나와 유사한 상황에서 어려움을 잘 극복하고 있었다. 특히 사모와 함께 군종병들을 이용하여 체계적으로 양육을 하고 효과를 보고 있었다. 내가 가장 본받고 싶었다. 나에겐 아직도 8개월이 남아 있다. 포기하지 말고 마지막까지 양육, 전도에 더욱 힘쓰자. 한 명이라도 더 양육하고 세례를 받게 할 것이다. 오늘 행사 진행도 매끄러웠다. 대대도 살아 있었고, 교회도 살아 있었다. 대대장이 목사님을 도와주는 것도 부러웠다. 그러나 어려움을 극복하는 것도 필요하다. 전재권, 임철수 동기생이 참석하여 더욱 좋았다. 오는 길에 MSO 사무실에 들러서 목요일 보고 준비를 하였다.

새얼신우회 〈밥퍼〉 행사 참석

✄ 2017년 4월 28일(금, 맑음) • 바비큐 파티(광춘, 국종, 주천, 승복)

지애 엄마와 테니스 30분 후에 5km를 뛰었다. 몸의 컨디션이 최상이다. 한 달 반 전만 해도 혹시나 뛰지를 못할까 하며 걱정도 많이 했다. 하나님께 감사드린다. 나의 몸을 더 강하게 하기 위하여 잠깐 쉬게 하시고 또 나의 근육을 강화하는 방법도 주셨다.

일상생활에서 하나님께서 관여하셔서 하나하나 도와주심을 느낀다. 그냥 이루어지는 것은 하나도 없다. 모든 것이 하나님의 계획대로 움직이는 것이다. 오전에 주일설교 준비를 하고 오후에는 친구들을 맞을 준비를 하였고, 지애 엄마와 손발이 잘 맞는다. 친구 10여 명 초청하여 잔디밭에서 바비큐 파티를 하는 것은 별로 어려운 일이 아니다. 내가 바비큐 준비를 하고 지애 엄마는 반찬을 준비한다. 광춘이, 국종이, 주천이 그리고 이승복이 1명 추가되었다. 육사에서 가장 친한 친구들이었고, 지금까지도 가장 허물없이 대화하는 친구들이다. 가족들도 잘 어울린다. 오늘 모두 참석하여 무척 기다려진다. 우리 집 잔디밭도 꽃이 많이 피어서 환상적이다. 광교산 등산을 하고 17:00부터 바비큐 파티 시작, 즐거운 시간이었다. 모두들 좋아한다. 가만히 생각해 보면 하나님께서 우리 가정을 얼마나 축복해 주시는지 새삼 느낀다. 제주도 갈 준비를 하고 있다. 이제 전원주택의 삶을 제주도로 옮기고 지금 실습을 하고 있는 것이다. 집에 올라와서 차를 나누며 마음껏 웃었다. 친한 친구들이다.

✖ 2017년 5월 3일(수, 맑음) • 석가탄신일 회고

오늘은 석가탄신일. 언젠가 젊을 때 석가탄신일이면 불공을 드리고 절을 올리던 때가 있었다. 중위 때는 보광사 주변 지형 정찰 때 대대장, 간부들이 보는 가운데서 석불 앞에서 무릎을 꿇고 절을 올릴 때도 있었다. 독실한 불교 신자로 인정받았다. 그런데 만약 디스크로 허리가 아프지 않았다면 나는 영영 불교 신자로 남아 있을 테니 얼마나 다행인가? 인생이 도치되어도 이보다 더 스릴 있게 바뀔 수 있는가? 이것은 인간의 계획이 아니라 하나님의 인도하심이다. 감사할 일이다. 천 번이라도 하나님께 무릎을 꿇고 감사할 일이다. 더군다나 목사가 되어 지금은 세상 사람들에게 공공연히 복음을 전하고 있으니 내가 어찌 희열을 느끼며 살 수 있지 않겠는가?

오늘은 휴일이다. 수요예배를 드리지 않기로 하여 교회에 나가지 않았다. 그 대신 처가 식구들과 함께 광교호수공원에 소풍을 갔다. 모처럼 장인, 장모님을 모시고 간 것이다. 그리고 저녁에는 53-B 전우회 모임이 있었다. 모두 8명이 모였고, 나의 후임 포대장도 왔다. 언제나 반가운 얼굴들이다. 하염없이 지나간 얘기들을 나눈다. 나의 2대 후임 포대장 때 큰 사고가 발생한 것을 처음 알고 긴 한숨을 쉬었다. 양구에서 공중기동훈련 사격 지원을 한 후에 포대 회식을 하고 운전병이 밤에 배터리 액을 마시고 속이 타게 되고, 급기야 차를 빼서 춘천으로 가다가 차가 전복되어 2명이 사망하고 2명이 중상을 입은 사고였다. 난 포대장 때 조그만 사고도 없었는데……. 하나님께서 도와주셨다.

✂ 2017년 5월 9일(화, 흐림 → 비) · 문재인 대통령 당선

오늘은 매우 뜻깊은 날이다. 신임 대통령을 선출하는 날이다. 원래 금년 12월 9일이었으나 박근혜 대통령 탄핵으로 선거 일정이 앞당겨진 것이다. 지난해 10월부터 오늘까지 마음이 많이 상하고 나라를 위해서 이렇게 걱정하고 기도한 적이 없었다.

언론의 불공정, 강성노조의 촛불 집회 선동, 검찰의 편파성, 헌법재판소의 불공정 심판, 여당의 배신 등이 결국 박근혜 대통령을 파면시키고 짧은 기간에 대통령을 다시 뽑게 된 것이다. 어떻게 한 나라가 이렇게 법률 기반이 쉽게 무너지고, 언론 편향에 의하여 국민이 올바로 생각하지 못하게 되었을까. 처음부터 불공정하게 이루어진 대통령 선거는 보수 세력이 무참하게 넘어지고 말았다.

신봉동 동기생들을 초청하여 바비큐 파티를 하는데 모두 좋아한다(조성상, 박창희, 강호성, 정용회 부부 동반). 날씨 때문에 방에서 식사하였지만 우리 집의 아름다운 모습엔 모두가 감탄해 마지않았다. 20:00에 대통령 선거 출구조사 발표, 문제인 41.1%, 홍준표 24.5%, 안철수 21.5%로 결국 문제인 대통령이 새로운 대통령으로 바뀌게 되었다. 정규제 주필의 말대로 과연 현 정부가 5년 임기를 채울 수 있을까에 대해 의문이다. 나의 노여움이 점점 커진다. 할 말을 잃어버렸다.

✼ 2017년 6월 9일(금, 맑음) • 경주 여행

경주 3일째. 어제도 곤히 잠을 자고 05:00에 일어나서 경건의 시간, 06:30부터 보문호 산책길 구보. 오늘은 6.6km 2바퀴를 돌았다. 대단한 체력이다. 42km를 뛰는데 13km는 1/3밖에 되지 않는다. 올해도 풀코스 마라톤 2번은 해야 하는데 계속 체력을 연마하자.

안보강의는 경주대대에서 경주대학교 학생들을 대상으로 1시간 강의를 하였다. 예비군 대대장이 학생들에게 강조하는 모습을 보고 그래도 책임감이 강한 예비군 지휘관이라고 생각하였다.

오늘은 석굴암, 첨성대, 대릉원을 둘러보았다. 신라 천년을 이어 온 유적지를 돌아보고 있노라니 새삼 우리 민족의 긍지와 자부심을 느끼게 하며, 김대성이라는 재상의 아이디어가 불국사, 석굴암을 건축하게 하였으니 한 사람의 지혜와 도전이 얼마나 큰 역사를 이루는지 알 수 있다.

지애, 채영이, 그리고 지애 엄마와 함께 모처럼 즐거운 여행을 하였다. 사랑스러운 우리 손녀딸이 있어 주는 것만 해도 행복을 준다. 밀린 일이 있어서 조금 걸리는 것도 있지만 때가 되면 모두 이루어진다. 분명히 하나님께서 인도하여 주실 것을 믿는다. 올해는 MEO, 연합예배도 더 성공적으로 마칠 것으로 믿는다. 늘 감사와 기쁨이 넘치며 살아가는 것이다.

경주 불국사 관광

✼ 2017년 6월 19일(월, 맑음) • 2017 MEO-P 행사

드디어 그동안 준비했던 MEO-P가 시작되는 날이다. 지애 엄마, 채영이와 하직 인사를 하고 아쉬움을 남기고 오산리기도원으로 향했다.

12:00에 도착하여 식사한 후 등록을 받고 바로 참석자들과 인사를 한 후에 내가 안내하여 기도원 tour를 하였다.

걱정했던 이상으로 쉽게 안내를 하고, 이어서 오리엔테이션, 그동안 많이 준비한 만큼 진행도 쉽게 이루어진다.

17개 나라에서 27명이 참석하여 오늘부터 8일 동안 현장 견학을 통한 군 선교 활동을 시작하는 것이다. 내가 주도적으로 끌어 가고 있다. 그러나 이것이 국내에서는 마지막이라 생각하니 조금 아쉬운 마음도 든다. 그러나 제주도에 가서 수련원과 교회를 운영하기 위해서는 짐을 가볍게 할 수밖에 없다. 내년 Mobile MEO만 한 번 시행하면 나는 이제 여기에서 손을 떼고자 한다. 마음은 있으나 일하지 않는 것은 별 의미가 없다. 어느 곳엔가 집중하여야 한다. 이제 수련원 교회, guest room에 온 정열을 기울이는 것이다. 우리 지애 엄마와 제3의 인생이 이루어진다. 그래서 올해와 내년에는 더 MEO에 정성을 기울이고 가르치고자 하는 것이다. 모두들 잘 따라온다. 그러나 절대 독단으로 일하지는 말자. 남을 내세우도록 하자. 더 겸손히 받아들인다. 신동택 목사, 장용관 집사와 한 방에 머무른다. 조금은 불편할 수도 있지만 더 큰 것을 얻는 것이다.

✂ 2017년 6월 21일(수, 맑음) • Case Study(사례 연구)

오늘은 MEO-P 3일 차. 모든 것이 순조롭게 잘 진행되고 있다. 강의 내용이 대체로 충실하다. 2회의 강사 세미나와 교육이 도움이 되었고, 행사 진행도 교육하여 돕는 손길이 많아진 것이다. 박백만 중령이 오늘 교육을 진행하는데 내가 많이 자유스럽다. 그래서 하나님 일은 누군가 독점할 필요는 없는 것이다. 서로 나누어서 돕고 협력하는 것이다. 내가 염려하는 이상으로 모든 일이 잘 이루어진다. 항상 겸손한 마음으로 낮추어야 한다.

그리고 오늘부터 내가 준비한 Case Study가 시작되었다. 내가 개발한

MCF 설립·성장 훈련 model이다. 군에서 적용하는 훈련 기법을 우리 MCF 발전에 적용하는 것이다. 오늘부터 3시간을 하고, 또한 이 방법을 적용하여 국가별 발표를 3시간 하기 때문에 실제 내가 담당하는 교육 시간이 7시간이며, 거의 1/4이나 된다. 그만큼 중요한 비중을 차지하고 있는 것이다. 부담도 되지만 나의 역할이 큼을 알고 더 잘 준비하는 것이다. 그러나 항상 겸손해야 한다. 하나님의 일에는 언제나 사탄의 방해가 있다는 것을 생각하자. 그래서 기도하고 시작하는 것이다. 하나님께서 도와주셔야 모든 일이 가능하기 때문이다. 신동택, 장용관 동기생이 함께하며 즐거운 시간이 되고 있다.

2017 MEO-P 방글라데시 대표   방글라데시 대표

✈ 2017년 7월 1일(토, 맑음) • 지애, 채영이 미국 환송

오늘은 무척 마음이 아픈 날이다. 우리 지애, 채영이와 다시 헤어지기 때문이다. 아침부터 떠나보낼 준비를 하였다. 3주 동안 별로 시간도 많이 갖지 못했다. MEO 행사로 1주일간을 비웠고, 안보강의로 남는 시간을 많이 사용했다. 우리 채영이와 놀 때도 있었으나 밀린 일로 채영이와 같이 시간을 갖지 못했다. 내가 너무나 바삐 살기 때문이다. 오늘은 우리 채영이를 데리고 구둣방에 가서 구두를 맡기고 국민은행에 가서 단둘이 보냈다. 그것도 좋았다. 어느 은행 점원이 우리 채영이가 예쁘다고 하니 자꾸만 내 앞에 앉아서 그분을 더 많이 보기를 원했다. 마음을 읽을 수가 있었다. 경주에서 1박 2일 동안 같이 지낸 것과 여주 펜션에서

하루를 지내며 같이 놀았다. 행복한 시간이었다. 채영이 영상을 보여주니 자기의 모습에 심취되어 자꾸만 보여 달라고 한다. 새얼신우회, 풍성회는 같이 가지 못하였다. 그러나 야전예배 때는 우리 채영이도 같이 가서 구경하였다. 오늘 집에서 떠나보내고 나는 바로 교회로 향했다. 내년 1월을 기약하며 서운한 마음을 감추고 하직 인사를 하였다.

　우리 채영이 잘 가라. 나의 사랑하는 마음을 글로 담을 수가 없다. 너희들을 주신 하나님께 감사한다. 너희들은 있는 것만 해도 행복을 준다. 먼 길을 비행기로 떠나는 딸과 손녀에 아쉬운 마음이 가득하다. 내년에 너희들을 위해 제주도에 아름다운 집을 짓는다.

✖ 2017년 7월 9일(일, 맑음) • 53-B 전우회 모임

　드디어 기다리던 주일이다. 53-B 전우들이 방문하여 같이 예배를 드리는 특별한 날이다. 비록 5명이 참석하였지만 그래도 나에게는 무척 비중이 큰 방문이었다. 37년 전의 전우들이 끊임없이 모인다는 것은 대단한 일이다. 그것도 포대장이 목사로 있는 교회에서 예배를 드린다는 것이 무척 의미 있는 모임이다.

　모두에게 필요한 말씀을 준비하였다. 어떻게 세상을 그리스도인으로 살아갈 것인가? 이 세상에서 구별된 삶을 살며, 거룩한 삶을 살고, 이 세상에 내보낸 예수님의 제자들처럼 세상에서 빛과 소금의 역할을 다하여 살 것을 선포하였다. 조성준 사장이 준비해 온 도시락과 오뎅, 수박으로 점심을 하고 잠깐 새신자 교육을 하고 53-B포대 영상을 시청하였다. 10년 전의 기록물을 다시 이용하도록 지혜를 주신 하나님께 감사드린다. 오후 예배는 이철영 목사님께 맡기고 우리 일행은 태풍전망대로

53-B 전우 모임

향했다. 전방을 내다보며 6·25 격전을 생각하였다. 노리고지 전투에서 중공군 2,700명이 전사하고 한국군 700명이 전사하여 임진강 물을 핏빛으로 물들였던 격전이었다. 같이 통성으로 기도하지 못함이 아쉬웠다. 군남댐에서 시간을 보내고 주변 매운탕집에서 즐거운 만찬. 아쉬운 작별을 하고 헤어졌다. 모두가 좋아하는 시간이었다.

✺ 2017년 7월 13일(목, 맑음) • 연세대 최고 경영자 과정(AMP) 모임

오늘도 MSO 기도회 및 P&P에 참석하고 17:00까지 MSO 사무실에서 업무 수행. 이제 이러한 방법으로 항상 목요일을 보내고 있다. 그리고 무척 마음도 편안하고 염 간사를 통하여 업무의 도움을 받기도 한다. 저녁에는 AMP 모임이 있었다. 언제나처럼 기도 후에 시작하였다. 이제는 기도하는 데 두렵지 않다. 성령님께서 용기를 주신다. 하나님 이름으로 기도드리는데 성령님께서 왜 주저하시겠는가? 이도 그냥 하는 것이 아니다. 미리 기도하고 준비하여야 한다. 하나님께 용기를 달라고 기도하여야 한다.

2006년에 연대 최고경영자과정(AMP)에 입학하였다. 전역 후 미래의 꿈을 꾸며 공부도 하고, 외부 사람들도 만나는 기대를 갖고 입학하였다. 사단장 현역 시절이었으니 나도 대담하게 입학한 것이다. 그 당시만 해도 두려울 것이 없었다. 전역지원서까지 냈으니 무엇이 두려웠겠는가? 그리고 세상 살아가는 원리를 배우고, 많은 기업인을 만나게 되고, 지금까지 이어 오는 것이다. 이제는 내가 만나는 모든 사람에게 복음을 전하는 것이다. 벌써 11년 지기가 되었다. 한 사람 한 사람 모두 귀하게 생각하자. 그래서 베풀 수 있는 한 베풀고자 한다.

AMP 모임

✣ 2017년 7월 17일(월, 맑음) • 새얼신우회 제부도 수련회

　새로운 한 주가 시작된다. 오늘은 7월 안보강의 2시간을 수원 훈련장에서 한 후 새얼신우회 수련회에 합류하여 제부도 → 평택항 2함대사로 이동하였다. 제주도 수련회를 육지로 옮겨서 더 많이 참석토록 했으나 오히려 18명에서 13명으로 줄었다. 장소가 문제가 아니라 leader에 달렸다. 그리고 모임에서 많이 모이는 것보다 더 중요한 것이 어디 있겠는가? 부디 새얼신우회가 우리 북극성신우회의 주역이 되기를 바란다. 쉽게 말해서 양적 증가가 최선이 아니라고는 하지만 양적 증가는 질적 증가를 의미하는 것이다. 안보강의 2시간이 멋있는 설교라고 할 수 있다. 200여 명의 젊은이에게 감동을 줄 수 있다면 이것은 명강의라고 보아야 한다. 강의 후에 제부도에 도착하니 일행이 바닷가를 거닐며 즐거운 시간을 갖고 있었다. 어느 횟집에서 푸짐하게 회를 먹었다. 그냥 동기생들과 어울리는 것만 해도 즐거웠다. 하나님을 찬양하며, 예배를 드리는 모임을 갖고 있으니 오죽이나 좋은가? 그런데 마지막을 기도와 간증으로 인도하지 못했음이 아쉬웠다. 나의 기도가 부족하였다. 내일 아침 기도의 시간을 갖기로 하였다. 최병은 목사, 심재구와 함께 잠을 자며 현 시국을 걱정하였다.

✣ 2017년 7월 18일(화, 맑음) • 2함대사 방문

　수련회 2일 차. 어제 기도회 후 00:00에 잠자리에 들었다가 05:00 기상. 깊은 잠을 이루지 못하여 피곤하였으나 일찍 일어나 기도를 한 후 달리기 출발. 망설이다가 달리기 준비를 해 오기를 잘 했다 생각된다.

　6km를 뛰려다가 8km를 넘게 뛰었다. 땀이 비 오듯 하고, 원태재와 임철수, 김용환, 김성의가 지켜보고 놀란다. 앞으로도 나를 보며 놀랄 일이 많이 일어날 것으로 생각한다.

　제주도 교회 및 guest house 운영(건축), 제2의 출판(『나는 행복한 군인이었다』), 70세 마라톤, 50년 일기 등이다. 그리고 80세까지 제주도에서 설교하며 많은 사람의 수련회를 주관하고 가까운 사람들에게 복음을 전하는 것이다.

2함대사의 연평해전기념관을 둘러보며 다시 한번 북한의 만행에 분개하지 않을 수 없었다. 그런데도 북한에 저자세로 군사 회담을

2함대사 침몰 군함

제기하는 정부, 사드 배치를 지연시키고, 원자력발전소를 중지하고, 전교조를 합법화하면서 국가를 흔들거리게 하는 정권에 분노를 금할 수 없다. 제암교회 및 순국기념관에서 일본의 만행에 치를 떨었다. 국가의 안보를 좀먹는 좌파 정권에 부디 하나님의 손길로 막으시기를 기도한다.

✄ 2017년 7월 28일(금, 비 / 흐림) • 세 손자 축복기도

재원이 집에서 1주일째 지내고 있다. 나와 지애 엄마는 어떠한 환경에도 잘 적응하는 능력이 있다. 50회 이상 이사를 하면서 다양한 군의 부대 환경에 맞춰서 잘 적응하는 능력을 갖추게 된 것이다. 우리 3손자들과도 잘 어울리고 있다. 언제 이렇게 나의 손자들과 같이 오랫동안 잘 지낼 수가 있겠는가? 아무리 바빠도 손자들과 잘 지내는 시간이 되고 할아버지를 찾는 손자들이 되게 하자. 볼 때마다 축복기도를 드리고 할아버지의 따뜻한 사랑을 기억에 남기고 언제나 기도하는 습관을 갖도록 하자. 학교 운동장에서 6km를 뛰는 course에도 잘 적응하고 있다. 오늘은 하루 종일 집에서 설교 준비를 하고, 새얼신우회 수련회 편집을 위한 글을 쓰고 사진을 모아서 신태복 PD에게 보냈다. 할 일은 더 많은데 항상 여유 없이 살아가

손자, 손녀들

고 있다. 지애 엄마와 함께 조용히 차 한잔 마시며 얘기도 들어주면 좋으련만. 이제 시간 여유가 생기면 life style도 바꾸어 가야 한다. 특히 지애 엄마와 시간을 갖도록 하자. 북극성신우회 일은 잘 준비되어 가고 있다.

✖ 2017년 7월 29일(토, 맑음) • 관악산 물놀이

아침 일찍 기도, 운동 후에 동두천으로 향한다. 30분이나 늦게 도착하였다. 형제들을 기다리게 해서는 안 되는데……. 후보 계획을 세워서 10분 전에 도착하여야 한다. 내가 시간에 늦고 형제들에게 어떻게 성실한 교회 생활을 하자고 권면하겠는가? 나쁜 습관은 분명히 바꾸어야 한다.

오늘은 8명 참석하였다. 박예일 이병과 신병 2명이 합류하였다. 청소를 마치고, 신병 2명에게 상담을 한 후 빵으로 간식을 나누며 친교 시간을 가졌다. 이제 하고 싶은 얘기를 하는 것이다. 형제들과 더욱 친근감을 갖는다. 그리고 이승환, 정은희, 하동균 신병과 함께 외식(짜장면)을 하였다. 때로는 형제들이 신나게 하여야 한다. 나도 신나게 되고 모두에게 좋다.

풍성회 카톡에 글을 올리며 지애 엄마가 반론을 펴서 기분이 울적하였으나 이내 풀어졌다. 상호 존중하며 살아가야 한다. 부부간에 누가 가정에서 우월됨을 가질 일은 없다. 내가 할 일은 오직 사랑하는 것밖에 없다.

집에 와서 아이들을 데리고 관악산 물놀이를 갔다. 집에만 있다가 물가에 가니 무척 좋아한다. 우리 막내 손자 시현이가 제일 좋아한다.

손자들과 물놀이

천진난만한 아이들이다. 사랑스럽다. 저녁에 신태복 동기생이 새얼신우회 수련회 결과를 카톡에 영상으로 올렸다. 내가 쓴 글에 사진을 붙이고 찬양을 곁들였다. 멋있는 작품이고 우리 새얼신우회원들에게 충분히 감동을 줄 만하다.

✺ 2017년 8월 9일(수, 맑음) • 몽골 MCF 대회 참석(20주년)

오늘은 몽골 인터랙션 2일 차를 보내고 있다. 아침에 울란바토르 Park Hotel에서 1시간 거리에 있는 Resort World Tereli Hotel로 옮겼다. 몽골 국립공원에 있는 resort hotel인데 몽골에서 보기 드문 산과 우거진 나무 사이에 있는 hotel이었다. 모든 시설도 우수하였다. 미국 Rick Ryles 대령(예비역, ACCTS 소속)과 한방을 쓰게 되었다. 하나님께서는 모처럼 영어 공부를 많이 하라고 미군과 묶어 주셨다. 오후에 등록하고 저녁 시간에 (17:00) 개회식 및 만찬을 하였다. 몽골의 MCF에는 젊은 청년들이 많았고 대만에서는 나이 드신 분들이 많이 왔다. 그리고 일본에서는 이시가와 MCF 회장 한 사람이 참석하였다. 모두가 하나님의 사역을 위해서 모인 사람들이다. 이들과 국가의 MCF, 국민의 복음화를 위하여 기도한다.

내가 말을 걸지 않으면 누구도 쉽게 접근하지 않는다. 이럴 때 대화를 많이 유도하도록 하자.

지애 엄마가 반갑게 전화를 받는다. 사랑하는 모습이 모두에게 커지고 있다. 앞으로 이런 곳에 많은 사람이 와도 쉽게 친해질 수가 있는 것이다.

아침에는 Park Hotel에서 6km 구보를 하는데 선선한 날이라 땀이 많이 나지 않는다. 오늘도 은혜롭게 즐겁게 하루를 보냈다. 하나님께 감사드린다. 금요일 강의를 은혜롭게 마칠 수 있도록 기도한다. 간절히 기도한다.

몽골 MCF 인터랙션

✂ 2017년 8월 11일(금, 맑음) • 몽골 MCF 대회 발표

오늘은 결정적인 날이다. 내가 여기 몽골에 온 이유도 오늘에 있었다. 내가 오늘 여기에서 MCF 설립·성장에 대한 발표를 요청하였고, 몽골 MCF 회장 수미야가 쾌히 승낙하며 나를 참가하도록 요청하였다.

만약 내가 요청하지 않았다면 내가 여기에 올 이유는 크게 없었다. 물론 내가 돈을 내고 여기에 올 수 있지만, 그냥 참관만 하고 가기에는 아까운 시간이었다. 그래서 나는 많은 사람을 만나고 몽골의 아름다운 장면을 구경할 수 있었다. 무엇보다도 나는 오늘 90분 동안 9개국의 MCF leader들을 상대로 발표를 하면서 그들에게 많은 것을 알게 하였다. 나의 간증을 통하여 그들 모두에게 하나님의 소명을 깨닫게 하였다. 그리고 모든 사람에게 전도하도록 용기를 주었다. MCF 설립·성장 강의를 통하여 현 상태에 만족하지 말 것을 요구하였다. 특히 몽골 MCF 성장을 위해 새로운 발전을 위한 권고를 하였다. 그리고 몽골을 위하여 기도하였다. 모든 것은 성공적이었다. 하나님의 계획대로 이루어졌다. 하나님께 영광을 드린다.

몽골 MCF 인터랙션 간증

오후에는 칭기즈칸 기념관을 방문하였다. 모두 다 좋았으나 칭기즈칸을 너무나 우상화하는 것이 조금 아쉬웠다.

✂ 2017년 8월 13일(일, 맑음) • 몽골을 위한 기도

5박 6일의 몽골 여행이 모두 끝이 나는 날이다. 어김없이 04:20에 일어나서 경건의 시간을 갖고, 기도를 드리고 몽골 평원으로 구보를 나선다. 오늘도 6km 구보를 하였는데 한 번쯤은 10km 이상을 뛰지 못한 아쉬움이 있다. 그러나 5번을 모두 뛰었다는 것이 기쁘다. roommate Rick Ryles과도 잘 지냈다. 우리 한국인의 좋은 모습을 보여 주었다고 생각한다.

가장 인상 깊은 것은 내가 90분 동안 70~80명의 외국인 앞에서 강의하였다는 것과 나의 의도대로 진지하게 강의를 하였고, 모두가 경청하였다는 것이다. 내가 최초

몽골 MCF 인터랙션 기념 촬영

에 계획했던 대로 이루어졌고 여기에는 하나님의 도우심이 있었다. 나의 능력 이상이었다. 그리고 이번 행사를 통하여 우리 MCF의 역할과 국제 교류가 얼마나 중요함을 깨닫게 되었다. 앞으로도 MCF 지역 및 세계대회 모임에는 많이 참가하고 가능하다면 강의를 하고 싶다. 구경만 하고 오는 것보다 낫다. 몽골을 떠나올 때 아쉬움이 있었다. 마지막 떠나올 때 몽골 MCF 인원들과 손을 흔들기 전 그들의 나라와 MCF 및 Mongolian(몽골인)들을 위해 기도하지 않았다는 것이다. 그러나 앞으로 계속 그들을 위해 기도할 것이다. 특히 몽골 MCF 발전을 위하여 내년도 MEO Program에 몽골인도 참석토록 권고할 것이다.

이번 여행에서 일부 인원이 너무 막무가내 식으로 함부로 하여 조금 아쉬움이 있었다. 칭기즈칸 국제공항에서 이륙할 땐 몽골에 대한 연민의 정을 느낀다. 부디 하나님께서 축복해 주시길 간절히 기도한다. 3시간 비행 후에 인천공항에 도착하였다. 자랑스러운 우리 대한민국이다. 지애 엄마가 따뜻하게 맞아 준다. 집을 청소하고 기분 전환을 하고 다시 전처럼 정상 일과로 돌아온다. 또다시 바쁜 일과는 시작된다. 이번 여행을 잘 마치게 해 주신 하나님께 감사드린다.

✈ 2017년 8월 20일(일, 비-폭우) • 신동택 목사 설교

오늘은 특별한 주일이었다. 어제 북극성신우회 조찬예배의 연속이었다. 오늘 주일예배는 신동택 목사가 말씀을 전했다. 어제 신 목사는 우리

집 guest room에서 잠을 자고 아침 일찍 새벽예배를 드렸다. 식사 후에 장지역에 가서 장용관 집사 부부를 태워서 동두천으로 향한다. 처음으로 우리 낙원교회를 방문하여 같이 예배를 드리기로 하였다. 지난번 대만을 방문했던 팀이 다시 우리 낙원교회를 방문한 것이다. 조 사장이 식사를 준비하고 대대장, S-3도 예배에 참석하여 오늘 우리 교회가 성황을 이루었다. 지난주 1주는 빼먹으니 더욱 새로운 분위기였다. 형제들 한 사람 한 사람 더욱 귀하게 보인다.

부디 우리 낙원교회가 더욱 부흥되기를 기도한다. 앞으로 4개월 남았는데 그동안 우리 낙원교회가 더욱 깊이 뿌리를 내리고 매주 100명 이상이 주일예배에 참석토록 기도하자.

오후 예배는 내가 〈아브라함의 기도〉라는 제목으로 말씀을 전했다. 필요에 따라 말씀을 주신다. 양육교육, 신병 전도도 모두 이루어진다. 5명이 같이 차를 타고 교회에서 고속버스터미널까지 이동하면서 차 속에서 재미있게 이야기를 나누었다. 좋은 친구들이다. 신 목사는 다시 제주도로 귀가하였다. 좋은 시간이었다. 어제부터 오늘까지 모든 시간이 은혜로웠다. 그리고 계획한 일들을 모두 마쳤다. 하나님의 도우심에 감사드린다.

✻ 2017년 10월 1일(일, 흐림) • 설교문 없이 설교

오늘 아침엔 05:00에 알람이 울려서 깨었다. 비록 어젯밤 12:55에 잠이 깨었지만, 어찌나 졸리는지 눕자마자 곯아떨어졌다. 그리고 05:00 알람이 울릴 때 깨어 일어난 것이다. 알람을 05:00로 맞춘 것이 좋은 것인지, 아니면 이제 잠이 부족하여 어젯밤에 깊은 잠을 잔 것인지 모르겠다. 내가 최근에 가장 곤히 잔 잠이었다. 그리고 나 스스로 잠에 대한 자신감을 갖게 되었다. 너무나 걱정하지 않아도 된다고 생각하였다. 단지 잠자는 시간에 따라서 일어나는 시간을 늦추는 것이다. 최소한 6시간 이상 취침 시간을 갖는다. 10:00 이전에 자고 05:00에 눈이 뜨인다면 수면에 부담이 줄어드는 것이다.

하나님께서 해결하여 주실 것을 믿는다. 그래서 하루 종일 기분이 좋았다. 80명이 예배에 참석하여 최근 가장 많이 왔다. 포대에 상금을 다 주지 못해서 미안하였다.

오늘은 〈오직 믿음〉이라는 제목으로 종교개혁 3번째 설교였다. 어젯밤에 말씀 파일을 저장하지 못하여 오늘은 전혀 설교문이 없이 말씀을 전했다. 보려는 유혹이 없어졌다. 다음부터 설교문 없이 강단에 올라가자. 오늘 자신감을 주셨다. 그 대신 설교문을 준비하고 10번 이상 예행연습을 하는 것이다. 강단에서 예습하자. 하나님의 복음을 전하는데 어찌 준비도 하지 않고 올라갈 수 있는가? 오늘 설교문이 저장되지 않은 것은 하나님의 뜻이다. 오늘 예배는 유별나게 은혜로웠다. 성도들의 시선도 주목하였다. 성경퀴즈대회도 좋았다. 잠도 잘 자고, 예배 인원도 많고, 예배도 시종 은혜롭고, 모두 좋았다. 이제 저녁에는 사랑하는 손자들과 지애 엄마와 행복한 시간을 갖는다. 내일은 수자네 집에서 식사를 하고, 손자들과 동물원 구경을 한다.

✂ 2017년 10월 7일(토, 맑음) • 강호성 장군 장모상

05:00에 기상하였다. 요즘 매일 곤한 잠을 잔다. 04:00에서 05:00로 기상 시간을 바꾸고 나니 마지막에 편안하게 눈을 뜰 수가 있다. 수면은 우리 몸의 기능을 정상화하는 필수 요소다. 만약에 잠자리에 든 후 깨지 않고 6시간만 숙면할 수 있다면 충분할 텐데 요즘은 꼭 한 번은 잠에서 깬다. 그리고 뒤척이다 보면 마지막 피로가 풀리지 않는다. 그래서 05:00에 일어나고 있다. 하루 1시간이 귀하고, 특히 새벽의 1시간은 가장 정신이 맑은 귀한 시간이다.

이것도 곤한 잠을 자려고 하나님께 기도하는 것이 최상의 방법이라고 본다. 그리고 잠에 너무나 얽매이지는 말자. 잘 만큼 자면 그냥 일어나자.

아침에 일어나서 성경을 읽고 교회에 가서 소리 내어 기도를 드렸다. 일주일에 1번이라도 교회 본당에서 기도를 드릴 수 있어서 다행이다.

아침 4시간 동안에 경건의 시간 1시간, ICS 동문회 회비 요청 1시간, 주보 작성 및 성경퀴즈대회 시험처럼 1시간을 알뜰하게 보냈다. 오늘은 7명의 군종 및 신우회원들과 함께 청소 및 친교 시간. 모두들 좋아한다.

안기평 이병이 합류하였다. 부친이 목사님이시다. 다음에 한 번은 목사님을 초청하여 말씀을 듣도록 하자.

오는 길에 강호성 장군 장모상 상가에서 안택원, 김용윤 동기생도 만났다. 한 번 왔다 가는 인생이라고 이제는 그런가 보다 하고 지난다. 부디 천국으로 가시길 기도한다. 그래서 나도 더 뛰어야 한다. 한 영혼이라도 더 구해야 한다.

✻ 2017년 10월 17일(화, 맑음) • 성남 한마음실버벨요양원 설교

오늘도 특별한 날이다.

그동안 준비해 왔던 성남 한마음실버벨요양원에서 첫 예배를 드렸다. ICS 동문 최은미 목사와 함께 어르신 4명, 직원 2명 그리고 우리 2명까지 총 8명이 예배를 드렸다. 〈하나님은 누구신가?〉라는 제목으로 말씀을 전하는데 할머니 3명은 진지하게 듣고 할아버지 한 분은 산소호흡기를 끼고 계속 고개를 숙이고 계셨다. 우리 병사들과는 전혀 다른 분위기다. 우리처럼 조는 분은 없다. 80세 정도 할머니와 할아버지를 대상으로 예배를 드리는 것이 너무 욕심 부리는 것이 아니냐고 질문할 수도 있다. 그러나 분명히 하나님께서는 좋아하실 것을 믿는다. 끝나고 한 분씩 손과 머리에 손을 대고 기도를 드렸다. 5년의 경력이 생소한 곳에서 또 자연스럽게 예배를 드리게 해 주었다. 앞으로도 내가 예배를 드릴 곳이 있다면 절대 사양하거나 포기하지 말자. 천국은 침노하는 자의 것이라 하였다.

예배는 하나님이 기뻐하신다. 우리의 찬양을 좋아하시고, 우리의 기도를 듣기를 원하신다. 그리고 하나님 말씀을 선포할 때 우리 목자에게 기쁨을 주신다. 비록 여기에서 오래 하지는 못한다 하더라도 좋다. 다음에 제주도에서 할 것이다. 나에게 설교의 기쁨보다 더 큰 것은 없다.

✖ 2017년 10월 27일(금, 맑음) • 하나님께 영광 돌리는 삶

이번 주도 무척 바쁘게 지내고 있다. 여유 시간도 많았지만, 생각만큼 여유 있게 보내지는 못한다. 언제나 시간에 쫓기고 있다. 우리 지애 엄마와 차분히 앉아서 차 한잔 마시지 못하여 지애 엄마에게 무척 미안하다.

그러나 나에겐 내일이 있다. 내년 1월부터 나의 삶이 바뀐다. 제주도로 옮겨간다. Jeju Base life가 시작된다.

3월부터 7월까지 건축 준비를 하고 9월에 착공하여 11월까지 끝내기엔 그리 많은 시간이 아니다. 공정 표를 짜야 한다. 1년간은 오직 건축 준비에 전념하여야 한다. 책을 읽고 공부를 하고, 학원에 나가고, 견학하면서 건축 master plan을 작성한다.

그래서 현재 하는 모든 일을 마무리한다. 다음 단계를 위하여 준비하는 것이다. 이제 남은 두 달 동안에 하나씩 closing step을 밟는 것이다.

어정쩡한 일에 매어 달리지는 말자. 안식년이라 생각하고 하던 일을 모두 마치고 오직 건축에만 힘쓰자. MEO 일도 필요하다면 3월 이후에는 다른 사람에게 넘기자.

Mobile MEO는 2019년을 목표로 여유 있게 준비하는 것이다. 그러나 나의 모든 계획은 하나님께 영광을 돌리는 것이다. 나의 사명은 하나님을 위한 것이다. 최종 목표(end state)는 제주도에서 매일 새벽기도로 시작하고, 마을 사람을 전도하고, guest house 운영을 통해서도 전도를 하는 것이다. 이를 위해 하나님께 간절히 기도한다. 새로운 내일을 위해 달려간다. 나의 master plan을 곧 작성한다.

✖ 2017년 11월 24일(금, 흐림) • ICS 동문회장

오늘부터 2일간 안성 사랑의교회수양관에서 ICS 세미나 개최. 나는 벌써 8년째 이 행사를 맞고 있다. 나의 신학 과정은 바로 이 ICS와 함께 시작하였다. 만약 ICS가 없었다면 내가 신학 공부하기도 힘들었고 목사가 되기도 힘들었으며 낙원교회 담임목사도 없었다.

ICS는 나의 손길이 많이 갔다. 원우회장, 동문회장(2회), ICS 이삭방송 등 내 능력을 10분 발휘한 곳이다. 하나님께서는 이 ICS를 위하여 나를 보내셨다는 생각도 든다.

이제 졸업 동문이 400여 명에 이르고, 목사 안수는 200여 명에 이른다. ICS를 통하여 하나님께서는 특별한 계획을 이루어 가신다는 생각이 든다.

이제는 ICS를 떠나가나 벗어나는 것이 아니다. ICS를 세우고 성장시키는 데 앞장서야 할 위치에 있다. 이번에 동문회장을 새로 뽑는다. 비록 동문회장이 끝났다 하더라도 동문회 활동을 적극적으로 지원해 주도록 하자. 이삭방송도 더 발전시키도록 하자. 주간 뉴스 자료를 내가 계속 맡을 수도 있다. 믿음의 일꾼들과 함께 어울리는 것이 기쁘다. 전국을 누비며 하나님의 복음을 전하는 messenger 역할을 한다.

ICS 동문회 임원 세미나

✤ 2017년 11월 30일(목, 맑음) • 2018 MEO-P 구상

어제도 곤히 잠을 자고 잠깐 교회에서 기도를 드린 후 동두천, 용산으로 향한다. 이렇게 기분 좋게 아침을 시작하기도 힘들다. 행복을 만들어 가고 있다. 남들은 힘들다고 생각할지 모르지만 나는 행복한 시간이다.

하루 종일 MSO에서 일하다가 저녁에는 2018 MEO-P 발전세미나를 개최하였다. 내년 MEO의 시동을 걸었다. 항상 새로운 시작이 있어야 한다. 나의 idea로 끌고 나간다. 내년도 MEO 행사는 올해보다 더 개선될 것이다.

그리고 Mobile MEO를 시작한다. 내년 1~2월에 인도차이나반도를 정찰하기 위해 방문을 하고 이를 토대로 2019년 MEO 계획을 수립한다. 이제 MEO-P에 큰 변화가 예고된다. 일부 반대도 있지만, 꼭 실현하고자 한다. 새로운 변화는 어디에나 필요하다. 세계 군 선교도 변화되어야 한다.

여기까지는 내가 할 일이다. 누군가 동행자가 있어야 한다. 혼자 가는 것보다는 같이 가야 더 큰 힘을 발휘할 수가 있다. 세미나는 진지하게 진행되었다. 때로는 이견이 나와도 잘 수용하여야 한다. 의견 대립으로 서로 불편하게 만들 필요는 없다. 중요한 결심이 아니기 때문이다. 실속 있게 산다고 할까? 지혜롭게 산다고 할까? 모든 사람과 협력하며 잘 지내도록 하나님께서 말씀하신다. 내일 일은 염려하지 말자. 내일 일은 내일이 할 것이요…….

✕ 2017년 12월 1일(금, 맑음) · 20km 달리기

오늘도 태평하게 활동하면서 하루를 보냈다. 귀한 시간이다. 아침 경건의 시간, 20km 달리기, 동기생 테니스 경기(심재구, 김정진), 처가 식사 · 바둑 그리고 심야예배, HQ포대장과 세례자에게 전할 책도 구입하였다.

이렇게 하루를 보내고 나면 뭔가 흡족함을 느낀다. 오랜만에 20km를 뛰었다. 시종 기분이 좋고 다른 때 비하면 가벼운 마음으로 뛰었다. 혹시나 다시 근육이 아프지나 않을까 우려했지만, 끝까지 이상이 없었다. 다시 정상적인 구보 생활이 시작되었다. 이 pace를 잘 지켜 나가자.

미국에서도 20~30km까지 뛸 수 있을 것 같다. 체력 증진도 되고, 나이가 들면서 계속 뛸 수 있다는 도전 정신이다.

이어서 심재구, 김정진 부부와 함께 테니스 운동까지 하였으니 나의 체력이 더 향상된다.

앞으로 종종 테니스를 하고 싶으나 지애 엄마가 12월 12일 미국으로 가면 어렵게 되었다. 앞으로 어디에서든지 말씀을 전하고 운동을 하고 즐거운 오락이 있다면 행복한 삶이다. 여기에다가 제주도로 가니 너무나 벅차다. 기대가 크다. 나만의 삶이 아니라 단체의 삶이 이어진다.

이렇게 좋은 여건을 허락해 주신 하나님께 감사드린다. 이제부터 하나

하나 이루어 간다. 지애 엄마와 모두 함께하는 삶이다. 하나님 감사합니다.

✄ 2017년 12월 3일(일, 맑음) • 지애 엄마 낙원교회 마지막 예배

　12월 첫 주일. 오늘은 세례식, 성찬식, 주일예배, 짜장덮밥 식사, 본부포대장(최현욱 중위) 인사, 양육교육(3명), 오후 영화 〈루터〉 상영 순으로 많은 행사가 있었다. 지애 엄마는 오늘 마지막 고별인사를 하였다. 대대장이 꽃다발을 선사하고, 정태복 장로님이 격려금을 선물하였다.

　나의 코치와 조언으로 이루어졌다. 어제저녁에 장로님에게 귀띔을 해 주었더니 조그만 선물이라도 준비하자고 하였다.

　목사가 사모를 위하여 이렇게 기회를 마련하는 것이 부당하다고 얘기할 수 있으나 아무도 사모의 노고를 알아주지 않은 것 같아서 내가 조언을 한 것이다. 한 교회에서 매월 2회씩 형제들을 위해 식사를 대접한 것이 큰일이었다고 생각한다. 하나님이 모두 기억하셔서 뒤에서 기도하며 감사 표시를 하고 아무런 흔적 없이 일하다 떠난 것이 더 아름다운 이별이 될 것이라는 생각도 들었다.

　덕분에 지애 엄마 사기가 많이 올라갔다. 낙원교회에 관한 좋은 이미지를 갖게 되었다. 오늘 교회 성도들에게 하직 인사를 하였다. 이제 서서히 낙원교회에서 떠날 준비를 하며 여단 목사님, 장로님, 본부포대장, 대대장이 우리 낙원교회를 더 힘차게 이끌어 주기를 기도한다.

✄ 2017년 12월 7일(목, 맑음 → 흐림) • 인도차이나반도 방문 계획

　어제는 사랑의 온차를 21:50까지 나누었다. 모두에게 기도하고 교회에 열심히 다닐 것을 권유하며 불교 신자 2명에게는 교회로 나올 것을 약속받았다. 큰 성과다. 만약 그들이 교회로 나온다면 하나님께서는 나를 거기로 보낸 것이다. 그래서 나는 사랑의 온차를 나눈다. 추위에 떨며 근무하고 있는 형제들에게 뜨거운 차 한 잔은 그들의 마음을 충분히 녹일 수 있는 것이다.

　MSO 기도회에서 내가 모든 참석자에게 Joeun System 김승남 회장님께서 주신 수첩을 하나씩 나누어 주며 회장님의 인사를 전했다. 그리고 지난주 목요일 실시했던 2018 MEO-P의 발전세미나 결과를 보고하였다.

　이제 서서히 MEO는 시작되는 것이며, 분명히 어느 해보다도 MEO는 발전될 것이다.

　다음 보고는 인도차이나반도 방문 계획이다. Mobile MEO를 위해서 사전 정찰을 하고 base를 선점하는 것이다. 오늘 도상 연구를 하였다. 베트남(하노이) → 캄보디아(프놈펜) → 태국(방콕) → 미얀마(양곤) → 라오스 순으로 돌아다니면서 MCF 회장을 만나고 2019년 Mobile MEO-P의 base를 결정한다. 그리고 Mobile MEO 계획에 대한 의견을 듣는다. MEO는 한 단계 부상할 것이다. ICS 동문회장의 업무 분석 결과를 작성하였다. 또 하나의 과제를 끝낸다.

✻ 2017년 12월 10일(일, 흐림) • 청운교회 방문

　오늘은 청운교회에서 예배를 드렸다. 꼭 한번 방문하여 감사 표시를 하고 인사를 드리고 싶었고, 물질적으로도 도움을 받고 싶었다.

　나와 우리 교회에 큰 은혜를 베풀었다. 이필산 담임목사님께 감사드린다. 우리 낙원교회가 그래도 군 교회에서는 가장 시설이 잘된 교회다. 냉난방, 조명, 음향, 주방 시설 모두 우수하다.

　특별히 내가 잘 곳을 마련해 주었다. 모두 하나님께서 나의 기도를 들어주셔서 이룩하신 것이라고 믿는다.

　지애 엄마와 함께 가볍고 즐거운 마음으로 교회를 향했다. 우리 병사들 8명과 담임목사님을 방문했다. 반갑게 맞아 주신다.

　감사 표시를 하며 우리 교회 리모델링 공사를 결심한 담임목사님을 높여 드렸다. 예배 시간에는 우리 일행을 소개하고 일어나서 인사를 드렸다. 점심은 불고기로 실컷 먹었다. 그리고 우리 병사들 간식비 50만 원을 지원해 주시기로 약속하였다. 이번 청운교회 방문은 성공적이었다. 뜻이 있는 곳에 길이 있는 것이다. 저녁에는 가벼운 마음으로 처가에서 식사 후 바둑을 두었다. 이제는 막 놓고 이기고 지고 한 바둑이 오락이자 휴식을 준다.

군종병 청운교회 방문

✱ 2017년 12월 12일(화, 맑음) • 지애 엄마 미국 출발

드디어 지애 엄마가 오늘 미국으로 출발했다. 시간은 빨리 흐르고 있음을 실감한다. 1년 전에 예약했는데 금방 1년이 지나 버렸다.

1년이 이렇게 빠른데 앞으로 남은 30~40년도 길지는 않을 것이다.

그래서 우리는 하루하루를 낭비하지 않고 살아야 한다. 세상의 기준으로 남은 세월을 살기보다는 하나님 안에서 살도록 하자.

하나님께서는 시간과 공간을 초월하시기에 시간은 큰 의미가 없다. 주어진 시간에 잘 사는 것이다.

지애 엄마에게 큰 짐 2개를 끌고 혼자 가게 하는 것이 조금 걸린다. 같이 인천공항에 가서 지루하지 않게 시간을 같이 보내다 왔으면 좋을 텐데 아직까지는 나는 그럴 만한 여유가 없다.

요양원 설교도 잘 마쳤다. 벌써 9번째 예배를 드리고 나니 이제는 할머니들께서 내가 나타나면 무척 반가워하신다. 이제 내년 초에는 꼭 세례식을 통하여 영혼 구원도 하고자 한다. 저녁에는 풍성회 모임이 있었다. 나의 기도로 시작되고 모두가 자연스럽게 받아들인다. 풍성회가 축복받도록 기도드린다. 분명히 하나님께서 응답하여 주실 것을 믿는다. 이제 내년 이때쯤에는 제주도에서 모임을 갖게 될지도 모른다.

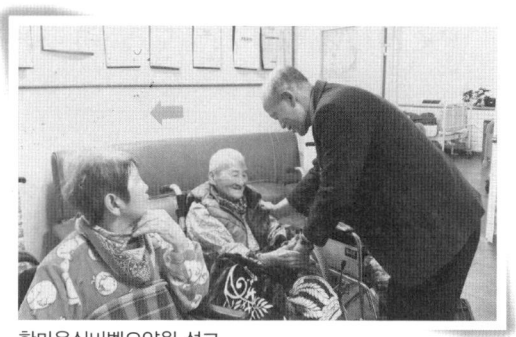
한마음실버벧엘요양원 설교

✂ 2017년 12월 19일(화, 맑음) • 새얼신우회 송년예배

오늘은 무척 기다린 날이다. 설레는 마음으로 기다렸다. 가족을 포함하여 32명의 신우회원이 참석하고, 그전에 신동택 목사를 포함하여 우리 동기 목사들의 정기 모임이 있는 날이다. 특히 내가 준비한 《하늘양식》을 모든 회원에게 나누어 주는 날이기도 하다. 물질이 가는 곳에 마음도 간다. 그래서 주는 사람이 받는 사람보다 행복한 것이다.

목사 모임은 화젯거리가 비슷하며 편한 모임이다. 늦게 목사 안수를 받고 대부분 군에서 사역을 하고 있다. 누구나 어려움도 많이 겪고 있다. 나도 5년을 하고 이제 12월 31일 고별설교를 마지막으로 모든 군 사역을 여기에서 마무리한다. 무척 서운하다. 눈물겹도록 애환이 서린 곳이다. 매주 3~4일을 여기 교회에서 보내고 1~2일은 여기에서 잠을 잔다. 지애 엄마 말로는 "무서운 날들이 많았고 합하여 600일을 넘었다"고 한다. 특히 우리 채영이가 4살 때 개나리, 진달래꽃 아래서 춤을 추며 노래도 하고 나는 영상 촬영을 하였다. 너무나 귀여워서 그때 영상을 보기만 해도 기쁜 감정이 넘친다. 저녁에 예배 후 식사, 만찬, 행운권 추첨 순으로 시종 즐거웠고, 내가 준 《하늘양식》도 모든 가정에 나누어 주었다. 내년 한 해는 나의 염원으로 모두가 축복받는 한 해가 될 것이다.

행사 후 신 목사와 함께 장용관 집으로 가서 촛불을 끄고 찬양(《고요한 밤 거룩한 밤》)을 하였다.

✕ 2017년 12월 23일(토, 맑음) • 낙원교회 회고

오늘도 일찍 교회로 출발한다. 아침 운동을 꼭 하고 싶었으나 시간이 부족하여서 하지 못하고 오후에 교회에서 뛰었다. 이제 1주일 후면 동두천 가는 길은 끝난다. 어떻게 5년을 다녔는지 나도 놀랍다. 이제 다시 하라고 하면 어려울 것 같다. 지애 엄마가 2주마다 나를 태우고 먼 길을 다녔다. 그래도 그 길이 행복했다고 생각하는 때가 올 것이다. 채영이와 함께 다닐 땐 더 행복했다.

행복은 이렇게 이루어지는 것이다.

그래서 얼마 후에 미국에 가서 지애 엄마, 채영, 지애, 백 서방과 만나고 여행을 할 생각을 하면 짜릿하게 기쁨이 오는 것이다.

오늘도 군종병들이 본부 외에는 참석하지 못했다. 한때는 본부가 가장 요령을 피운다고 생각했는데 반대가 되었다. 그래서 사람은 끝까지 기다려야 한다. 여기서 5년 동안 군종병들과 함께 일하면서 젊은이들의 심리를 많이 알게 되었다. 다부지게 일하지 못한다. 그리고 헌신적이지 못하다. 그러나 끝까지 사랑하면 또 먹혀들어 가는 것이 젊은이들이다.

오늘도 교회에서 혼자 지내며 부대에서 식사를 하고 따뜻한 목양실에서 내일 예배 준비를 하는 시간이 무척 행복하다. 내일, 모레 계속 교회에서 지낸다. 점점 더 애착이 간다. 마지막 할 일을 다 하고 조용히 떠나는 것이다. 이것이 나의 멋이다. 이것이 나의 삶이다.

✕ 2017년 12월 24일(일, 비 → 눈) • 이철영 목사 환송예배

오늘은 매우 뜻깊은 주일이다. 다음 주일보다는 못해도 그다음 뜻깊은 날이 될 것 같다.

왜냐하면, 오늘 이철영 목사님의 환송예배를 드렸기 때문이다. 거의 나와 같이 4년 반을 우리 낙원교회에서 말씀을 전하다가 내가 다음 주에 떠나는 1주 전에 낙원교회를 떠나기 때문이다. 나의 후임으로 일하기를 원했지만 대대장이 원치 않아서 여단 권순연 목사님이 담임목사님으로 오는 것이다. 특별한 case다.

이철영 목사님께 미안하기는 하지만 이것도 하나님의 계획이라고 믿는다. 우리 낙원교회가 한 단계 발전하는 계기가 되기를 바란다. 담임목사님이 군목이고 젊기 때문에 형제들에게 더 친근감 있게 접근하리라고 믿는다. 오히려 5년을 여기에서 지냈으니 더욱 새로운 곳에서 말씀을 전하도록 기회를 주신다고 믿는다. 우리 뜻대로 이루어지는 것만은 아니다. 병사들도 생각보다 많이 나왔다. 4년의 인연은 계속 이어지고 어디에선가 만나면 지난날들을 이야기할 때가 올 것이다.

그래도 매주 설교할 기회를 가졌다는 것이 유익하였다. 이제는 홀로 우뚝 서서 예배를 드리기를 원하며 교회를 개척하여 길 잃은 양들을 인도하는 것이다. 때로는 모험을 하여야 한다.

예배 후 감사패, 기념 액자, 교회 기념품을 드리고 격려금도 드렸다. 너무나 약소하지만, 성의를 다했다. 나도 크게 기대하지 말고, 오히려 내가 선물을 하도록 하자.

낙원교회 이철영 목사 설교

✄ 2017년 12월 31일(일, 맑음) • Goodbye 낙원교회

드디어 낙원교회 담임목사의 끝이 왔다.

그리고 금년의 마지막 날이다. 이렇게 의미 있는 날이 평생에 몇 번 오기도 힘들다. 어제 교회에서 마지막 잠을 자고 04:30에 일어나서 마지막 설교 준비를 하였다. 준비하면서도 왠지 아쉬운 마음이 많이 든다. 그만큼 내가 정성을 많이 들였기 때문이다. 아마 평생을 두고 잊지 못할 것이며 생각날 때는 언제라도 찾아가고자 한다. 그리고 물질적으로도 도와주고 싶다. 군종병 수련회를 일 년에 2박 3일은 제주도에서 하고 싶다. 군종병들에게 영성을 심어 주어서 스스로 전도하고 포대·대대원을 교회로 인도하고 양육하도록 하여야 한다. 낙원교회와 인연을 끝내는 것이 아니라 이제부터 본격적으로 돕는 것이다. 그래야 하나님께서 나를 끝내게 한 목적에 맞추는 것이다.

〈왜 하나님을 믿어야 하는가?〉라는 제목으로 오늘 말씀을 전했다. 우리가 하나님을 믿는 것은 하나님께서 우리를 천국으로 보내서 같이 영원히 지내기 때문이다. 요한계시록 21장 1~8절 말씀을 전했다. 70여 명 모두 잘 듣는다. 끝이 좋았다. 마지막 인사를 하며, 감사한 사람들의 이름을 나열하였다. 조성준 사장 가족이 불고기백반 식사를 준비하였다. 너무나 감사한다. 그리고 세례를 받았다. 하나님께서 모두 이루어 주셨다. 아쉬움도 있지만, 나에게도 최고의 시간이었다. 이제 홀가분하게 떠난다. 장용관 집사와 카페에서 긴 이야기를 나누었다. 아듀 2017! 아듀 낙원교회! Thank you God Lord!

장용관 동기생 격려사

동두천 동성교회 위문

제3부

제주 믿음교회 담임목사

2018. 1. 1.~2023. 12. 31.

2017년 12월 31일 낙원교회 성도들과 하직 인사를 하고 떠났으며 제주도로 발길을 옮겼다.

제주도에 아무 연고도 없었다. 그러나 수년 전에 여기에 땅을 준비해 둔 것이 제주도 교회 건축의 연결 고리가 되었다. 세화리에는 70년 전에 교회가 있었지만 홍수에 떠내려가고 그때 사모님과 아이 한 명이 실종되었으며 목사님은 가족과 함께 여기를 떠나시니 세화리 땅은 70년 동안 신앙의 불모지가 될 수밖에 없었다.

곰곰이 생각해 보니 하나님께서는 우리가 여기에 교회를 건축하도록 땅도 준비하게 하시고, 목회지도 결정하여 주시고, 낙원교회에서 목회 훈련도 시키시고, 연금으로 교회 운영도 하게 하시며, 우리 내외가 모든 식구들을 떠나서 쉽게 제주도로 오게 하셨다는 것을 알 수 있었다. 그래서 기쁜 마음으로 교회를 건축할 수 있었다.

교회 건축에 어려움도 있었지만 주위 사람들의 도움으로 조기에 교회와 펜션이 건축되고 2018년 10월 3일에 믿음교회 설립예배를 드릴 수가 있었다.

제주도의 토속신앙과 수십 년 동안 기독교의 영향력이 없었던 세화리에 복음을 전하는 것이 쉽지는 않지만 서서히 성도가 늘어나고 새벽예배부터 주일예배, 찬양예배, 주일학교예배, 수요예배/기도회를 드리며 세화리 땅에 계속 복음의 씨앗을 뿌리고 있다. 처음에 교회를 반목하는 시각으로 보던 주민들도 이제는 교회에 따뜻한 시선을 보내고 주민 행사에도 많이 참여하고 있다.

세화리 땅에 뿌려지는 복음의 씨앗은 언젠가는 결실을 맺을 때가 올 것을 믿으며 성도들과 함께 믿음교회가 영혼 구원의 등대로, 생명수의 근원지로 남기를 기도한다.

지금까지 동두천에서, 제주도에서 행복하게 목회 생활을 하도록 도와주신 하나님께 감사드린다.

2018년

✼ 2018년 1월 1일(월, 맑음) • 2018년 계획

새해 첫날이다. 작년 한 해도 무척 바쁘게 지나갔다. 내 평생에 가장 많은 일을 했던 한 해 같다.

낙원교회 담임, 요양원 설교, ICS 동문회장, 이삭방송 책임, 북극성신우회 사무총장, MEO 팀장, 안보강의 강사 등 6가지 책임을 맡았다.

모두가 중요한 일이고 내가 주무 책임자였다.

매주 수, 목, 토, 주일은 교회와 MSO에서 보내고 안보강의차 제주, 광주, 제천 등 수없이 많이 돌아다녔다. 예배 시간에 늦은 적이 한 번도 없었고, 모두 계획대로 예배를 주관하였으며, 안보강의, 각종 활동 등에 빠져 본 적이 없었다. 꿈만 같이 한 해를 보냈다. 올해는 특별한 해가 될 것이다. 작년도에 맡았던 모든 일을 마치고 나는 제주도로 떠나간다. 원대한 꿈을 가지고 떠난다. 교회, guest house, 수련회 야영장이 모두 펼쳐진다.

하나님께서는 이때를 위하여 나를 예비하셨다고 생각한다. 이제 나는 제주도로 떠난다. 전혀 다른 삶이 나를 기다리고 있다. 분명히 하나님께 영광을 돌리는 길이 될 것이라고 믿는다. 금년도 나의 목표, 선교, 제주 dream, 그리고 행복한 가정생활을 이룩할 것이다. 소홀해진 모든 관계가 해결될 것이다. 군 선교, 세계 군 선교, 가족 선교, 요양원 선교는 계속된다. 지애 엄마와 함께 멋있는 삶이 펼쳐진다. 내가 할 수 있는 모든 역량을 발휘한다. 영적으로 한 단계 성장한다. 이제 2018년 계획을 세운다.

✒ 2018년 1월 2일(화, 맑음) • ICS 신년감사예배

새해 2일째. 오늘부터 본격적으로 새해 활동이 시작된다. 오전에 MSO 시무식(100주년교회, 합정 선교사 묘역 참배), 요양원 설교(14:00), ICS 신년감사예배가 있었다. 큰 행사들이다. 모두 하나님 사역 행사다.

그런데 MSO 시무식 참석은 실패하였다. 운동하고 나서 출발하자 시간이 빡빡한 데다가 판교역에 주차할 마음이었으나 결국 공간이 없어서 주차하지 못하고 포기하고 집으로 돌아왔다. 그냥 수지구청역에 주차를 하고 갔어야 했다. 그냥 참석하여 MSO 임원들과 마음을 새롭게 하고 하나님께 한 해 동안 세계 군 선교를 위해 기도하는 기회가 되었다면 좋았는데 아쉬웠다.

올해는 시간 관리에 가장 큰 관심을 갖도록 하자. 10분만 더 여유 있게 움직이자. 건강하게 살아가는 법이고, 자신감 있고, 여유 있게 살아가는 법이다.

요양선교원에서 금년 첫 설교를 하였다. 어르신 다섯 분과 직원 세 분, 그리고 최은미 목사님과 나를 합하여 10명이 예배를 드렸으니 적은 숫자가 아니다. 은혜롭게 말씀을 전했다.

드디어 1년 동안 기다렸던 ICS 신년감사예배를 드렸다. 100명 이상이 참석하였고 남양우 부총장, 김웅 이사장, 정석현 이사장, 김홍석 교수님 그리고 동문, 원우, 직원, 신 PD 등을 포함하여 다양하게 참석하였다. 금번에 호남, 영남, 충청에서도 많이 오고 해외(단둥)에서도 참석하였다. 내가 공식적으로 동문회장을 인계하는 날이다. 모든 것이 기쁜 날이다. 이제 뒤에서 동문회를 많이 돕는다. 제주도 plan을 선포하였다.

✒ 2018년 1월 4일(목, 맑음) • Mobile MEO-P 출발 준비

오늘은 낙원교회에서 출발하지 않고 집에서 출발하여 국군중앙교회로 갔다. 첫 지하철을 타고 갔는데도 설교 중간에 들어갔다. 기도회 후에 P&P 시간에 미얀마 제자훈련과 캄보디아 Mobile MEO 타당성 조사를 위하여 캄보디아 방문 계획을 보고하였다. 윤여일 위원장님께서 반대하실지도 모른다고 우려하였으나 아무 언급 없이 끝나고 나는 이제 공식적으로 미얀마와 캄보디아를 방문하게 되는 것이다. 태국, 라오스, 베트남은 다음 기회에 자비로 방문하고자 한다. 세계 군 선교를 위해서 일 년에 1번은 해외 국가 MCF나 지역대회 참가를 위해서 참석할 것이다. 그리고 계속 MSO와 MEO 발전을 위해 기도할 것이다.

새로운 나라를 방문하며 MCF 활동, 제자훈련, 선교사 생활, 각국 제자훈련 계획을 보고 참고할 것이다. 새로운 세상에 가서 새로운 모습을 보라고 인도하시는 하나님께서 특별히 나에게 주시는 특전이다. 올해도 왕성하게 선교 활동을 한다. 내가 필요한 곳이라면 어디든지 간다. 제주도가 주 무대가 될 것이며 소극적으로 하지는 않는다. 하나님 영광을 위하여 높이 날아간다. 귀가하여 장인, 장모님을 모시고 뼈해장국을 대접하였다.

✈ 2018년 1월 6일(토, 흐림) • 지애 엄마 생각

지애 엄마 떠난 지 벌써 25일째다. 바빠 살다 보니 그냥 하루하루가 빨리 지나가서 지애 엄마 생각할 겨를이 없고, 가끔 카톡을 통해 한 번씩 통화하다 보니 그냥 쉽게 지나가고 있다.

내가 그만큼 지애 엄마를 중요하게 생각하지 않고 살아가는 것이다. 지애 엄마는 사실 나에게 모든 것을 맡기고 사는 여자인데…….

내가 너무나 나의 뜻대로 나의 주장대로 나의 시간 계획대로만 살아가는 것이다. 그래서 가끔 지애 엄마는 나에게 불평을 한다. "당신은 당신 계획대로만 살아갈 뿐이다"라고. 이제 그 뜻을 어렴풋이 생각할 수 있다. 그래서 나를 떠나 한 달 반은 미국으로 간 것이다. 내가 꼭 미국에 오기를 바란 것도 아니고 비행기 값 100만 원과 내가 가서 사용할 여행비 100만 원을 생각하면 내가 오지 않으면 더 좋아했을지도 모른다. 지금까지는 내가 바쁜 일 때문에 그랬다고 생각하자. 꼭 바빠서만 그런 것일까? 내가 지애 엄마를 그렇게 소중하게 생각했는가? 잠깐씩 지애 엄마와 놀아 주는 것이 나의 책임을 다한 것이라고 생각하지 않았던가? 이제 제주도에 갈 생각으로 또 지애 엄마와 멀어져 살지는 않는가? 나에게 모든 것을 맡기고 살아가는 지애 엄마를 다시 한번 생각해 보자. 부부로 한평생을 살아간다는 것, 이것보다 더 중요한 것이 없다. 생각이 다르고, 믿음의 분량이 다르고 life style이 달라도 괜찮다. 그냥 지애 엄마에게 비중을 두고 살아가는 것이다. 사랑하는 마음이다. 이번에 미국에 가서 모든 생각을 바꾸어 오자. 마음껏 사랑하자. 새로운 삶의 의미를 부여하자.

✄ 2018년 1월 9일(화, 비) • 미국 LA 도착

드디어 오늘 미국 LA 딸 집에 도착하였다. 그리고 하루 종일 지애 엄마, 지애, 채영이, 백 서방과 함께 시간을 보냈다.

시차로 인하여 비행기에서 하루를 보내고 LA에서 하루를 보낸 것이다. 실제로는 2일을 보냈다. 11시간의 비행시간 중 영화 3편, 6~7시간을 흥미 있게 보내다 보니 금방 미국에 도착한 것이다. 공항에서 지애 엄마와 지애가 반갑게 맞아 준다. 역시 LA 날씨는 최고였다. 오늘은 여름같이 비가 주룩주룩 내리고 있다. 우리 집에 하얀 눈이 쌓인 것과 영하 7~8도의 추위와는 대조적이다. 지애네 집에 다시 오니 편안하다. 다시 2주일을 여기서 보내다 보면 미국 생활에 더 애착을 갖게 될 것 같다. 그래도 나처럼 미국에 많은 관계를 맺고 많이 방문하게 된 이도 찾아보기 힘들 것이다. 하나님께 감사드린다.

채영이 학교에 가서 얼굴을 대하니 멀리서 달려와서 나의 품에 안긴다. 그리고 얼굴을 가슴속에 묻고 한참을 그대로 있다. 나를 무척 기다렸나 보다. 할아버지의 사랑이 채영이를 끌어당기는 원동력이 된 것이다. 채영이를 위한 끈끈한 사랑과 기도로 우리 채영이의 마음을 변화시켜 나가자.

식사 후에는 채영이와 보물찾기, 원카드놀이를 하며, 그리고 Go Stop 도 한판 해서 즐거운 시간을 가졌다. 하루 사이에 많이 바뀌었다.

✂ 2018년 1월 13일(토, 맑음) • 미국 LA Hearst Castle 방문

LA 5일째다.

2박 3일간의 Monterey 방문의 첫날이다. 지애 엄마 친구 장혜영 권사와 남편 김윤길 장로님 댁에서 머무르게 되었다.

23년 전에 미 해군대학원에서 공부할 때 터키 대령 부부, 아프리카(카메룬)의 흑인 대령과 함께 추수감사절 연휴에 여행했던 도로를 타고 올라가며 그때 기분을 많이 느끼게 되었다.

LA 북쪽으로 가는 산등성이 고속도로, 광활한 평야 지대를 지날 때의 시원스러운 고속도로, 해안 및 시골을 통과하는 한산한 고속도로를 통과하면서 미국이라는 나라가 얼마나 축복받은 땅인가를 생각나게 한다.

가는 길에 Hearst Castle을 방문하였다. Hearst라는 갑부가 자기 어릴 때 살았던 Saint Siomen이라는 곳에서 높은 산 위에 엄청난 저택을 17년에 걸쳐서 건축하고 호화스러운 삶을 살았다. 그 후손들이 경제적인 부담이 커지자 그 저택을 LA 시에 기부하고 LA 주에서 관광 명소로 개발하게 되었다. 1년에 100만 명 이상이 찾는다. 그 castle에는 그리스 시대의 건축 및 조각품들을 구매하여 들여와서 castle 같은 저택을 지었는데 여기에는 실내・외 수영장, 영화실, 테니스장, 공연장, 만찬실, guest room 150개, 동물원, 진기한 정원수들이 감탄을 자아내게 한다. 미국인들의 과감한 개척 정신을 알 수 있다.

이어서 산타마리아에 있는 김윤길 장로님 댁을 찾았다. 무척 반갑게 맞아 준다. 정성을 들여 준비한 만찬, 그리고 game 및 대화를 하였다. 귀한 분을 친구로 사귀게 되었다. 감사한 하루였다.

Hearst Castle 방문

✖ **2018년 1월 14일(일, 맑음) • LA 김윤길 장로 댁 방문**

LA 6일째 첫 주일이다.

05:00에 일어나서 경건의 시간을 갖고 오늘 설교 준비를 하였다. 장로님과 목사님으로부터 오늘 주일예배 설교를 부탁받고 감사하며 승낙하였다. 아침에 장로님 땅을 한 바퀴 둘러보았는데 10에이커, 약 4,000평의 넓은 땅이었다. 다른 집 한 채를 임대하였고, 3채의 큰 온실을 임대하고도 빈 공간을 이용하여 농사도 짓고 공터로 이용하였다. 미국의 시골 모습을 많이 배울 수 있었다.

11:00에 예배가 시작되었다. 40여 명의 성도가 참석하였고 정구봉 목사님이 나를 소개하였다. 미국에서 2번째 설교를 하는 특별한 날이었다.

요한복음 15장 16절 말씀을 통하여 〈하나님이 택한 사람들〉이라는 제목으로 "① 우리는 하나님이 택한 사람들이고 ② 하나님은 택하신 우리에게 열매를 맺게 하시며 ③ 하나님의 이름으로 구하는 것을 모두 허락하신다"라는 내용으로 35분간 말씀을 전했다.

가장 특별한 사실은 우리 딸 지애가 나의 설교를 모두 들었다는 것과 우리 채영이가 예배에 참석한 것이다. 점심 식사를 하면서 성도들과 얘기를 나눈다. 지애 엄마가 말씀이 은혜로웠다고 한마디 한다. 여러 가지 부족하지만, 하나님께서는 성령님을 통하여 내가 말씀을 전하게 하였다. 사례비 200달러도 받고 다시 몬트레이로 향한다. 이번에 설교는 하나님께서 모두 예비시켜 주셨음을 믿는다. 3시간 후에 몬트레이를 돌아보며 여기저기를 둘러본다. 역시 아름다운 곳이다. 내가 1995년 미 해군대학원에서 공부할 때 우리 가족들과 꼭 여행하겠다는 소망이 이루어졌다.

✖ **2018년 1월 15일(월, 흐림) • 미국 Monterey 방문**

몬트레이 호텔에서 묵고, 아침에는 화장실에서 QT 시간을(1.5시간) 가졌다. 식구들이 bed room에서 곤히 자는데 불을 켜고 방해가 될 것 같아서 화장실을 찾았다. 아침 경건의 시간에 하나님의 말씀을 읽고, 하나님과 대면하여 기도하는 사항이다. 가장 행복한 시간이기도 하다.

몬트레이 주변을 살펴서 미 해군대학원(Naval Graduate School)을 찾았다. 불행하게도 학교 안에는 들어갈 수가 없었다. 그런데 내가 미국제 국방 관리를 공부할 때는 들

Monterey 시내 구경

어갈 수가 있었는데 지금은 군사기지로 역할을 하는 것 같다. 그래도 22년 전의 발자취를 다시 걷고 뛰는 것이 좋았다. 그때 내가 다짐하기를 지애 엄마와 식구들에게 이곳을 보여 주고자 다짐했는데 이번에 그 꿈이 이루어진 것이다. 아침 후에 식구들과 17miles 도로를 차를 타고 지나가는데 너무나 아름다웠다. 수백 년 자리를 지킨 나무들이 자랑스럽게 서 있는 곳이다. 세상에서도 찾아보기 힘든 곳이다. 그리고 미국인들은 이곳을 잘 보존하여 세상 사람들에게 보여 주고 있는 것이다. 지애 엄마, 지애, 채영이와 아름다운 자연을 만끽하며 사진을 찍으면서 행복한 시간을 가졌다. 어제 지애와 채영이가 같이 예배를 드리며 나의 말씀을 들은 것을 생각하면 꿈만 같다. 하나님께서 모두 이루어 주신 것이다. 때를 기다리며 끊임없이 기도하도록 하자. 다시 5번 고속도로를 따라서 LA로 돌아왔다. 분명히 미국이라는 나라는 하나님께서 한없이 축복해 주신 땅이다. 부디 미국인들이 그 축복을 이어 가기를 기도한다.

✂ 2018년 1월 23일(화, 맑음) • Goodbye LA

LA 15일째.

미국 여행 마지막 날이다. 올 때가 있으면 갈 때가 있다. 1년을 기다렸던 미국 여행은 오늘 15일째로 모두 막을 내리고 다시 한국으로 돌아간다.

지난 15일 동안 하루도 지루하지 않게 즐거운 시간을 가졌다. 아침

경건의 시간, 6km 구보, 채영이 학교 등교, 테니스, Golf, shopping, 여행(Hearst Castle, 몬트레이, 산타마리아, 샌디에고)을 하고, 채영이 식구와 RL Center Game 등을 하며 즐거운 시간을 가졌다.

작년 여행과 비슷한 시기, 기간이었지만 더 알차게 보냈다. 특히 우리 지애가 빈틈없이 계획하고 운전을 하며 안내해 주었다.

김윤길 장로님 교회(산타마리아 교회), 샌디에고 박은식 목사님 교회, 심규섭 목사님 교회 방문 및 말씀을 전하는 기회는 특별한 시간이었다. 하나님께서 이렇게 인도하여 주시고 미국 거주 한국인들에게 복음을 전하게 하심에 감사드린다. 특히 산타마리아 교회에서 지애가 나의 40분 설교를 모두 들어 준 것이 너무나 감동적이었고, 모든 식사 때와 가끔 드리는 기도에 너무나 자연스럽게 받아들임도 더욱 여행을 의미 있게 하였다.

채영이 미국 친구

짐을 모두 싸고, 지애, 채영이와 순두부집에서 식사를 하고 LA 공항으로 이동하여 수속을 밟고 손을 흔들며 헤어질 땐 무척 마음이 아팠다. 그래도 2년 전 한국을 떠날 때와 작년에 여행 후 헤어질 때보다는 덜 아팠다. 그래도 하나님께서 함께하여 주심을 믿기 때문이다.

✈ 2018년 2월 7일(수, 맑음) • 미얀마 방문

미얀마 1일 차.

그동안 2개월 기다렸던 미얀마와 캄보디아 여행이 오늘부터 시작되었다.

그런데 어젯밤엔 보일러가 중단되어서 지애 엄마는 추워서 잠을 한잠도 자지 못했다. 보일러에 심야 전기가 공급되지 못한 이유다. 어처구니없는 일이다. 지애 엄마가 꽁꽁 얼었다고 한다. 원장님이 "히터를 사용하지 않았느냐?"고 측은하게 말하자 내가 "히터를 사용하지 않았어요"

라고 슬쩍 넘겼다. 그런데 나중에 생각해 보니 솔직하게 몇 시간 사용했다고 사실대로 얘기하는 것이 맞는 것 같았다. 조그만 거짓말도 허용해서는 안 된다. 항상 정직해야 한다. 순간적인 거짓말도 안 된다.

거짓말을 하다 보면 습관이 하나님께 죄악이 되며, 돈거래가 명확하지 않으면 사람들로부터 불신을 받는다는 생각이 들었기 때문이다.

사이공을 거쳐서 미얀마에 18:00에 도착하였다. 드디어 오늘부터 9일간의 미얀마 캄보디아 군 선교가 시작된다. 기독 군인들에게 복음을 전하고 MCF 설립·성장을 도와주는 것이다. 그 나라의 MCF 발전 상황과 MEO 참가자의 활동, Mobile MEO를 위한 가능성도 타진한다.

✄ 2018년 2월 8일(목, 맑음) • 미얀마 2일 차

미얀마 2일 차.

오늘부터 미얀마 MCF 활동을 시작하였다. 05:00에 일어나서 1시간 동안 경건의 시간을 갖는다. Rick Ryles의 수면에 방해가 되지 않도록 복도 의자에 앉아서 성경을 읽고 《하늘양식》, 《새벽기도》를 읽는다. 새얼신우회에 글을 올리고 싶었으나 미루다 보니 오늘도 올리지 못했다. 내가 한번 마음먹으면 실천하는데……. 내일부터 10분 정도의 시간을 내도록 하자.

이어서 미국 Mr. Rick Ryles와 함께 조깅을 하였다. 양곤 대학교 2바퀴를 돌고 나니 40분 정도 걸린다. 이른 아침에 활동하는 사람들도 많고 무척 부지런한 국민이다. 한때는 아시아에서 유명했던 양곤 대학이라고 하는데 지금은 적막한 곳으로 대학 같은 분위기를 느끼기

미얀마 MCF 주역들

어렵다. Rick Ryles 대령과는 너무나 쉽게 동화가 되고 편한 사이가 된다. 이번 2일간 숙소도 지원받고 3일 동안 방 예약도 33$씩에 처리해 주었다. 300$을 100$로 줄일 수 있다.

09:00부터 MCF 회원들의 강의에 참석하였다. 이재율 선교사가 크리스천의 믿음에 대하여 하루 종일 순차적으로 설명하고 Mang Pi 목사님이 유창하게 통역한다. 내가 많은 것을 배우는 기회가 되었다. 이제부터 계획적으로 대화하는 시간을 갖고 MCF 활동과 발전 방향을 찾도록 한다. 내일은 간증 및 MCF 설립·성장에 대한 2시간 강의를 한다. 그리고 토·일요일에 대한 계획도 수립하였다.

✈ 2018년 2월 9일(금, 맑음) • 미얀마 4일 차

미얀마 4일 차.

어제 제자훈련을 모두 마치고 이갑진 장로님과 이재율 선교사님은 떠나고 나만 홀로 남았다. 멀리 섬에 남겨진 기분이다.

오늘은 10:00에 잭슨 센터에 모여서 설교 및 MCF 발전 방향에 대해 설명을 하며 2시간을 보냈다. 60여 명이 빽빽이 채워 앉아서 설교하는데 땀이 많이 흐른다. 전에 했던 설교 〈삶의 우선순위, 마태복음 6장 25~34절〉 제목으로 약 40분간 설교하였다. 설교를 영어로 하고 Mang Pi 목사님이 통역하는데 나 스스로 놀란다. 내가 이렇게 영어로 통역하는 것이 쉬운 일은 아닌데 하나님께 감사드린다.

챠이키 시골 지역으로 이동할 때는 도로 상태도 좋지 않고 자전거가 많아서 위험하다. 꼭 사도 바울이 전도 여행을 떠나는 길 같았다. 현지에 도착하니 마을이 축제 분위기다. 가족들이 모여서 같이 식사를 준비하고 모두 우리

미얀마 MCF 회원들과 대화

조선 시대에 선교사들을 대접하는 모습과 흡사하였다.

이번에 행사 계획도 잘 짜였다. 이재율 선교사, 그랑케 MMCF 회장 그리고 참석해 준 모든 분들께 감사드린다. 하나님께 감사드린다.

✈ 2018년 2월 11일(일, 맑음) • 미얀마 5일 차

미얀마 5일 차.

멋있게 주일을 보냈다. 계획대로 Mang Pi 교회(Camel 교회)에서 주일예배 설교를 하고 그들과 함께 식사하고 선물도 받았다.

MMCF 회장과 같이 가는데 오늘은 택시가 아니다. bus를 타고 갔다. 꽤 먼 거리다. 1시간 이상을 bus를 타고 가며 미얀마 시골 정경을 흠뻑 맛볼 수 있었다. 비록 넉넉해 보이지는 않지만, 주민들의 얼굴이 고통에 찌든 모습은 아니고 모두가 뭔가를 위해 열심히 살고 있었다. 예배는 우리가 도착하면서부터 찬양과 함께 시작하는데 예배의 전반을 찬양이 차지하였다. 찬양대 찬양, 독창, 어린이 독창, 부녀의 합창 등 다양하였다. 그리고 어린이들이 주일학교를 시작하기 전에 어른 예배에 참석하여 암송하는 것을 주일학교 교사에 의하여 인도하여 갔다.

내가 설교를 하고 Mang Pi 목사가 통역하는데 나를 간단히 소개하고 요한복음 15장 16절 말씀을 통하여 〈하나님께서 행하신다〉라는 제목으로 전했다. 남녀 젊은 세대와 장년 세대 등 다양한 인원들로 구성된 성도들은 매우 역동적이고 생기가 있었다. 30분 정도 설교를 하고자 하였으나 통역을 이용하니 거의 90분 설교를 하였다. 시나리오 없이 설교하고 나니 오히려 시간이 많이 소요되었다. 그래도 모두 진지하게 듣고 아멘 소리를 내기도 한다. 내가 준비한 이상으로 은혜롭게

미얀마 Camel 교회 설교

전한 것은 모두 성령님의 역사하심이었다. 식사비를 제공하고 어린이 선물을 위하여 별도로 20$를 주었다. 너무나 인색하였지만 그래도 주고 나니 좋았다. 오는 길에 시내 공원을 구경하고 저녁 19:00에 MCF 회장님 집으로 갔다. 예고 없이 초청한 것이다. 모두가 밝고 행복해 보인다.

✈ 2018년 2월 12일(월, 맑음) • 캄보디아 방문 1일 차

미얀마 5일 차, 캄보디아 1일 차.

어제까지 미얀마 해외 선교 활동을 모두 마치고 09:00에 MCF 회장과 함께 미얀마 국제공항으로 이동하였다. 지난 5일간의 미얀마 시간은 기대 이상으로 유익하였다. 시종 MMCF 회장 그랑케 씨가 나를 안내해 주고, 계획대로 시골 MCF 모임에도 가고 주일에 미얀마 교회에서 설교도 했다. 짜임새 있게 시간을 보낸 것이다. 그랑케와 헤어질 땐 무척 서운했다. MMCF 발전 방향을 많이 제시하고 앞으로 MMCF 자급자족, 연례회의, 현역 장교 회원 선발, 예산 확보 등을 조언하였다. 앞으로 MMCF 발전을 위하여 계속 코치를 하고 선교 활동도 계속하고 싶다.

Mang Pi 교회에 에어컨도 설치해 주고 싶다. 우리 동문회에서 도와주는 길을 찾도록 하자. 처음 와 보는 미얀마에 대하여 좋은 인상을 갖게 되었고 미얀마 복음화를 위해서 꼭 도움을 주고자 한다.

제주도에서 교회를 개척하고 guest house를 운영함에 따라 시간이 많이 제한되겠지만 세계 선교를 위하여 할 수 있는 한 다 하자.

저녁 19:40에 캄보디아 프놈펜 공항에 도착하였다. 이재율 선교사님과 사모님이 공항으로 배웅을 나와서 반갑게 맞아 주고 한식당에 가서 된장찌개를 사 준다. 오랜만에 한식 식사를 한다. 이번 캄보디아, 미얀마 방문의 일정을 수립하고 교육 기회를 주고 필요한 사람들을 모두 만날 수 있도록 계획하였다. 인도차이나반도에서 MSO 선교사의 역할을 성공적으로 해내고 있는 것이다. 내일부터 모레까지 MCF 활동 군부대 방문, Mobile MCF 활동을 위한 현지 조사 등을 하고자 한다.

✈ 2018년 2월 14일(수, 맑음) • 캄보디아 3일 차

캄보디아 3일 차.

어제 오후에 캄보디아 해병대 사령부를 방문하여 은 참모장을 만나서 부대의 기독교 행사에 대한 얘기를 나누었다.

부대가 매우 단정하고 캄보디아 어디에서도 볼 수 없는 정돈된 모습을 볼 수 있었다.

여기에서 매년 영어캠프가 이루어지고 있고, 부대원, 가족, 자녀들이 성경 공부, 성경적 리더십을 배우고 예배를 드리는 곳이다. 인도차이나 반도에서 가장 기독교 활동이 활발한 곳이다. 이재율 선교사의 역할이 큰 결과이다. 내가 여기 선교사로 와서 이만큼 하기는 어려울 것 같다.

캄보디아 군대의 사정을 잘 알 수 있었다. 특히 부대에서 관리하는 망고 과수원, 영농 사업 등도 특별하였다.

오늘은 MCF 부회장 챤다라 준장과 몇 명의 staff들을 만나서 캄보디아 MCF 실태를 파악하였다. 미리 준비한 질문을 통하여 많이 알 수 있었다. 그리고 이재율 선교사가 준비한 오찬을 하면서 더욱 가까워질 수 있었다.

캄보디아 방문 목적은 충분히 달성할 수 있었고 금번 미얀마, 캄보디아 여행이 MSO와 MEO 프로그램을 발전시킬 수 있는 좋은 기회였다.

내가 고집하여 방문하였고, 이것이 성공적인 결과를 가져오게 하였다. 이제 MSO에 가서 자세히 보고하고 MSO의 비전을 제시하고자 한다. 겸손한 마음으로 하나님께 감사드리며 마무리를 짓도록 하자. 올해 MEO-P 추진, Mobile MEO 계획 완성, MSO 발전 방향을 제시한다. 이 모든 것을 허락하신 하나님께 감사드린다.

캄보디아 군인 영어 class

✄ 2018년 2월 17일(토, 맑음) • 캄보디아 여행 종료

아직도 미얀마, 캄보디아 여행의 감동이 가시지 않았다. 9일 동안의 기억을 더듬으며 보고서를 작성하였다. 다행히 노트에 메모를 잘 정리해 두어 큰 어려움은 없었다. 확실한 목적이 있는 선교 여행이었다. 그리고 만났던 모든 사람들로부터 좋은 인식을 주고받았다. 미얀마 MCF 회장, Mang Pi 목사, 카야키 MCF 지회장 니카, 그리고 모든 곳에서 만났던 미얀마인들의 순박한 믿음이 잊혀지지 않는다. 그리고 캄보디아 해병사령부 참모장, Yeon MCF 부회장, 찬다라 준장, staff, 통역 등등 모두가 아름다운 추억을 남기는 사람들이었다. 그리고 가장 감동적인 곳은 캄보디아 genocide(대량 학살) 현장이었는데 인간의 무자비한 학살 장면에 사람들이 얼마나 악한 존재라는 것을 느끼며 소름 끼치게 하였다. 숙연한 마음으로 그곳을 찾는 서양인들도 많았다. 보고서를 모두 작성하여 염 간사에게 카톡으로 보내 주었다. 미얀마 캄보디아 방문을 하기 전에는 괜히 내 돈을 써 가며 이렇게 여행을 할 필요가 있을까 생각하며 머뭇거리던 때도 있었지만 지금 와서 생각해 보니 모든 해외여행 중 최고의 여행이었다고 생각된다.

모든 것 하나님의 인도하심이었다. 앞으로 세계 군 선교를 위한 여행 또는 선교 여행에 더 많은 투자를 하자. 다음에는 지애 엄마와 함께 가도록 하자. 복음을 전하는 곳이라면 어디든지 가자.

✄ 2018년 3월 2일(금, 맑음) • 교회 건축의 문제

2월 27일 드디어 제주도로 옮겼다. 표선면 표선해수욕장 근처 원룸에서 짐을 풀었다. 건축하는 동안 여기에 머무른다.

오늘은 건축을 위하여 면사무소 담당 직원을 만나고 서귀포시청 하수처리 주무관을 만났다. 면사무소에서는 오수관 연결 외에 다른 방법이 없다고 말하고 있다. 그리고 서귀포시청에서도 동일한 답을 하여 결국 많은 비용을 들여 오수관을 연결하고 공사를 할 수밖에 없다는 결론을 내렸다. 교회 건축 때문에 당연히 받아들이려고 한다. 그러나 도로굴착 심의를 받기 위해 4월 말까지 기다려야 하고 설계비 250만 원을 부담하여야 하며, 오수관 연결을 위하여 4,000~8,000만 원의 추가 경비가 들어간다. 큰 난관에 부딪힌 것이다. 설계사무소(전원)에서도 당연히 따라야 한다고 한다. 공사가 순조롭지 않음을 시사한다. 건축 자체가 가능한지 의아심도 갖게 한다. 내 땅 위에 내가 돈을 들여 집을 짓는데 이렇게 규제로 인하여 큰 부담을 갖는 것이다.

신 목사를 방문하여 Mr. John으로부터 건축에 대한 소개를 받았다. 자기 집도 직접 지었는데 매우 품격이 높다. 다음에 우리 땅에서 조언을 해 주기로 약속하였다.

✂ 2018년 3월 7일(수, 흐림 / 비) • 제주도 공사 개시

오늘 드디어 제주도 공사가 개시되었다. 어제 김대중 사장을 만나서 바로 현지 건축 장소를 둘러보고 거기에서 바로 포클레인 기사를 전화로 불러서 오늘 일을 맡기게 되었다.

08:00에 공사팀(기사)이 도착하여 건축지에 있는 대나무를 제거하기 시작하였다. 부릉부릉 소리를 내며 포클레인 날이 가는 곳마다 시원하게 뚫리고 시야가 넓어지더니 곧바로 우리 땅이 얼마나 좋은 곳인가를 알게 한다. 지대도 높고, 주변 경관이 좋았다. 가운데 있는 나무가 가지를 치우고 정리하니 우수한 휴식처 공간으로 바뀌었다.

그리고 우리 땅 560평이 무척 넓다는 것도 알게 되었다. 기분이 날아갈 듯하다. 점점 더 우리 집과 교회가 구체화되어 간다. 오후 늦게 비가 왔지만 일단 대나무 제거와 불필요한 수목 제거는 완료되고 부지도 정리되었다.

나도 주변 정리와 나무 제거 작업에 일조하였다. 드디어 오늘 공사가 시작

공사 시작 전 나무 절단

되고 이제 건축의 구상을 정확하게 할 수 있었다.

내일은 설계사무소와 계약을 하고, 3월 16일 설계가 이루어진다. 지애 엄마가 도착하였다. 우선 땅을 보여 주었다. 오늘은 제주도의 역사에 길이 남을 날이다.

✄ 2018년 3월 13일(화, 맑음) • 안만국 목사 방문

오늘은 귀한 손님의 방문이 있었다.

제주도에서 안식년을 갖고 있는 안만국 목사님 내외분께서 우리 집을 찾으셨다. 무엇보다도 우리 집터에 가서 기도를 해 주시겠다고 오신 것이다. 집에서 차 한잔 나누고 바로 집터로 가서 둘러보고 기도를 하였다.

우리 집터를 보고 매우 놀라는 기색이다. 그리고 10년 이상 가져온 꿈을 이룩한다는 것과 여기 제주도에서 하나님을 위하여 일하는 것에 찬사를 보냈다. 집터 중앙에 있는 나무도 매우 자랑스러워하신다. 4명이 손을 잡고 통성기도를 드렸다. 처음으로 외부인과 같이 기도를 드리는 것이다. 남을 사랑하는 것은 배려하는 것이다. 관심을 가지는 것이다. 앞으로도 우리 교회를 위하여 계속 기도하시겠다고 하신다.

교회 입당예배 시에 꼭 참석하시도록 순서를 넣고자 한다.

이제 우리 집과 교회는 세상에 실체를 드러낸다. 머지않아서 뼈대가 올라갈 것이고 많은 사람으로부터 하나님께 영광을 올리고 하나님을 높일 것이다.

beach를 돌아보며 즐거운 대화를 나누다가 식사를 하고 헤어졌다. 오후에는 제주 시내 〈터〉 설계사무소에 우리 집 설계를 계약하였다.

안만국 목사 내외분과 함께

✖ 2018년 3월 19일(월, 흐림 / 비) • 2018년 목표

　오늘은 표선교회 새벽예배에 참석하였다. 사순절 및 고난주간 2주 새벽예배에 참석하기로 마음먹었다. 비록 목사 직분이지만 평신도의 자리에서 목사님 말씀을 들어 보는 것도 필요하다. 그리고 내가 나중에 설교한다면 어떻게 할 것인가. 반면교사가 되는 것이다. 몇 개월은 계속 말씀을 듣고, 매일 2~3편의 설교문을 작성하고, 성경과 신앙 서적을 많이 읽도록 하자. 건축이 완공되면 바로 우리 교회에서 설교를 시작하는 것이다. 분명한 목표가 있어야 한다.
　제주도에 머무르는 동안에도 몇 가지의 목표를 꼭 달성하도록 하자.
　첫째, 교회와 펜션 하우스, 그리고 우리 집을 완공한다.
　둘째, 교회 운영과 펜션 하우스 운영을 준비한다.
　셋째, 교회에서 예배를 시작한다.
　넷째, 성경을 더 많이 읽고 기도를 더 많이 한다.
　다섯째, 계속 설교 준비를 한다.
　여섯째, 주일예배·수요예배·새벽예배를 시작한다.
　일곱째, 마을 전도를 시작한다.
　여덟째, MEO 행사를 주관한다.
　아홉째, 군 선교, 세계 군 선교 및 복음 전파를 계속한다.
　이 아홉 가지의 목표를 위해 계속 기도하고 세부 계획을 수립하여 추진해 나간다. 어려움이 있으면 극복하는 것이다. 가장 어려움이 큰 오수관 연결도 교회 건축의 문제처럼 해결해 나간다. 제주도 삶이 절대 위축되지 않도록 하자. 이제부터 본격적인 나의 제3의 삶이 시작된다. 절대 겁내지 말자. 하나님께서 도와주실 것도 믿고 기도도 그치지 않도록 하자.

✖ 2018년 4월 1일(일, 맑음) • 고재영 귀농귀촌회장 도움

　오늘은 부활주일.
　이른 아침에 새벽기도 2주째 마지막 예배를 드리고 오늘은 1시간 동안 기도를 드렸다. 표선교회가 무척 편안함을 준다. 교회에서도 많이 관심을 가져 준다. 나중에 세화리 낙원교회(가칭)를 담임하게 되는 사실을 알려 주고 필요한 도움도 받도록 하자. 그래서 성도, 목사님과 잘 지내야 한다. 항상 한 가지 아쉬움은 목사가 설교하지 않는다는 것이다. 이제 빨리 건축을 하고 주일예배를 드리도록 하자. 건축 속도를 빨리 내도록 하자. 필요하다면 목사님과 협조하여 요양원에서 예배를 드리며 설교를 하도록 하자. 3개월 안에 교회에서 설교한다는 생각으로 교회 준비도 해 나가도록 하자. 뜻이 있는 곳에 길이 있고, 하나님께 기도하면 빨리 응답해 주실 것을 믿는다.

다행히 오늘 고재영 귀농귀촌회장님과 전근선 면장, 현 제주도 의원이신 강 의원님을 만났다. 내가 계획하는 건축을 얘기하고 오수관 문제 해결을 말씀드렸다. 김대중 사장이 다리를 놓아 준 것이다. 매우 긍정적으로 평가하신다. 내일 면장을 만나서 얘기를 하겠다고 하신다. 하나님께서 필요한 사람을 보내 주셨다고 믿는다. 내가 기도할 때 하나님께서는 내가 알지 못하는 크고 비밀한 일을 보여 주실 것이다. 돌담을 쌓기 위하여 기사와 만나서 측량 결과를 전하고, 10일 후부터 공사하기로 하였다. 나 혼자 잘 지내고 있다. 그러나 우리 지애 엄마가 보고 싶고 장인, 장모님 우리 형제자매들이 보고도 싶다. 전화 연락을 자주 하자. 문자를 보내고 서울에 나오면 최대한 많은 사람을 만나도록 하자.

✄ 2018년 4월 2일(월, 맑음) · 제주도 안보강의

또 새로운 한 주가 시작되었다. 이상하게도 제주도에서 여유 있게 보내리라 생각하였는데 항상 바쁘게 지내고 있다. 나는 항상 바쁘게 살아가도록 하나님께서 특별히 창조하셨나 보다.

아니면 나 스스로 너무 바쁘게 살아가려고 생각하고 움직이기 때문에 남들보다 더 바쁘게 살아가는지도 모른다. 많은 일을 할 수 있지만, 너무나 시간에 쫓기며 바쁘게 살아가고 있는지도 모른다.

난 평생에 시간에 쫓기며 살아가고 있다. 그래서 많은 일을 했는지도 모른다. 그렇다면 이제는 시간 관리를 지혜롭게 하여 인생을 여유 있게 보내면서도 하나님을 위하여 게으르지 않도록 살아가야 한다.

오늘도 안보강의를 실시하였다. 제주도 92대대 2시간, 서귀포 93대대 2시간. 오늘 하루에만 4시간을 한 것이다. 700여 명의 젊은이에게 국가 안보를 똑바로 심어 주는 귀한 일을 하는 것이다. 특히 북한에 대한 위협 대비와 한미 동맹을 강조하였다. 문제인 대통령 및 참모들에게 상반되는 교육을 하는 것이다. 나에게 이렇게 귀중한 과목을 맡겨 준 하나님께 감사드린다. 여기에다가 하나님을 알게 해 주는 것도 더없이 귀한 일이다.

서귀포시청에 들러서 자체 오수관 설치를 하는 데도 무조건 반대하는 공무원들이 한심하다고 생각된다. 주민을 도와주는 자세가 부족하다. 고재영 귀농회장과 제주도의회 의원인 강 의원님께서 나를 도와주신다. 17:00에 강 의원님으로부터 건축해도 좋다는 전화를 받고 함성을 질렀다. 드디어 머지않아 건축이 시작된다.

✖ 2018년 4월 3일(화, 맑음) • 조성준 전우 소천

53-B 전우 조성준 사장이 운명하였다. 아침 운동 및 식사를 마치고 밭(집터) 옆집 주인을 만나러 갔다가 보지 못하고 집 설계를 하다가 잠깐 차에서 잠이 들었다. 잠이 깨어 카톡을 보니 김경기 전우가 카톡에 조성준 사장 소천 소식을 전했다. 어느 정도 예상은 했지만 가슴이 철렁 가라앉는다. 조 사장 모습이 눈에 선히 떠오른다. 1주일 전에 위문을 갔을 때만 해도 얼굴도 괜찮았고 얼굴에 웃는 모습과 함께 여유가 있었다.

그리고 인공 산소를 급히 빨아들였다. 아마 그때가 조 사장에게는 한계점에 달했던 것 같다. 통증과 고통도 심했겠지만 억지로 감추었는지도 모른다. 마음이 무척 아프지만 한편으로는 더 이상 육신의 고통에서 벗어나서 잘 되었다는 생각도 든다. 조 사장과 1주 전~2주 전에도 서로 카톡을 주고받고 설교 내용을 보내기도 했다. 마지막 나에게 보낸 것은

"모든 것은 운명으로 받아들이고 누구도 원망하지 않습니다. 지난날들을 뒤돌아보며 죽을 시간이라고 생각하며 주님 생각을 하며 생활하고 있습니다"이었다. 어느 정도 마음이 준비를 하고 있었던 것 같다. 끝까지 하나님께 애원하고 기도하였으나 하나님은 조 사장의 생명을 거두어 가셨다. 하나님의 순리에 따라서 하늘나라로 간 것이다. 분명히 하나님 곁에서 우리를 보며 부디 우리 모두가 꼭 하나님 천국의 티켓을 받기를 바랄 것이다. 오늘 표선 부면장을 만났고 건축 허가의 확답을 얻었다. 이제 5월부터 공사가 시작된다. 7월 말까지 모든 공사를 끝내도록 해 보자.

✣ 2018년 4월 4일(수, 맑음) • 조성준 전우 장례식

어젯밤 22:00에 잠자리에 들었고, 04:00에 기상하였다. 내가 꼭 지키고자 하는 것이다. 그리고 식사 시간을 지키고, 저녁 식사는 아무리 늦어도 18:00 이전에 끝내고 밤에는 30분 내지 1시간 정도 산책을 한다. 소화가 빨리 되고 몸에 음식물이 축적되지 않도록 하는 것이다.

어제 조 사장의 소천 소식을 듣고 오늘 장례식 조문을 결정하고 비행기표를 예매하였다. 다행히 6만 4천 원에 왕복할 수 있다. 지애 엄마를 강남역에서 만나고 7007번을 타고 연대병원에서 조문하고 지애 엄마와 함께 제주도로 귀향하도록 하였다. 그래도 조 사장은 나의 말을 잘 따라서 교회에 꾸준히 참석하고 봉사하며 작년 말 내가 교회를 떠나기 전에 가족과 함께 세례를 받았다. 여러 가지 부족함도 있지만 그래도 세례를 받게 된 것은 성령님께서 인도하여 주셨음을 믿는다.

오늘은 분명히 조 사장의 영혼을 하나님께로 인도하심에 사탄과 마귀가 방해하는 날이었다. 지애 엄마를 만나서 슬픈 마음으로 조 사장 장례식에 도착하였는데 묵념과 기도를 한 후에 제사상이 준비됨을 보고 가족들에게 고치도록 하였다. 〈✝ 집사 조성준〉이라고 명패를 바꾸고 임종예배와 발인예배를 협조하였다. 마귀 주관의 장례식장에서 하나님 주관 장례식장으로 바뀌면서 사탄은 내가 지애 엄마를 미워하게 하고 감당할 수 없이 화가 나게 하였다. 집에 올 때까지 7시간을 미움으로 가득 차게 했다. 나도 이해할 수 없는 미운 마음이었다. 그래서 모든 일에 기도로 시작하고 기도로 이겨야 한다. 지애 엄마에게 사과하였다.

✄ 2018년 4월 6일(금, 비 → 흐림) • 공사 준비

오늘은 하루 종일 집터 돌담 쌓기 준비 작업을 하였다. 전영식 포클레인 사장을 불러서 집터 마무리 정리를 하였다. 그리고 돌담 쌓을 준비를 하고 귤나무도 옮겨 심었다. 지애 엄마와 나는 나무를 베고 나무를 심었다. 19:00까지 모두 마무리를 하고 나니 지난번보다 주변이 더욱 시원스럽게 뚫리고 돌담 쌓을 준비를 모두 마치게 된 것이다.

서서히 건축 터의 모습을 이루어 간다. 우리 지애 엄마도 신이 나서 일한다. 우리 집이 지어진다는 데 대한 소망이 넘친다.

그리고 다른 나무에서 줄기 가지들을 잘라서 큰 나무 가에 쌓아 둔다. 귀엽기도 하고 순진하기도 하다. 이제 머지않아 집이 올라갈 땐 더욱 신이 날 것 같다. 힘들다는 것보다는 기쁨이 더욱 클 것이다. 집이 목적이 아니다. 교회에서 예배를 드리고 펜션에서 손님을 맞고 우리의 제2의 삶이 힘차게 이어질 것을 알기 때문이다. 이제 설계를 완성하고 건축 허가를 받으면 공사가 시작된다.

공사를 마무리할 때까지 과정이 쉽지 않을 것 같다. 미리 준비해 나가자. 공정 표를 작성하고 제품을 결정하여 운반하는 것이다. 5월부터는 본격적으로 공사가 시작되고 내가 할 일이 많을 것 같다. 하나님께 더욱 간절히 기도하도록 하자.

✄ 2018년 4월 24일(화, 비) • 공사 희소식

오늘 반가운 전화를 1통 받았다. 표선면 오수 담당 이지훈 씨로부터였다. "집 건축 허가가 날 것이라는 좋은 소식을 전하고자 전화했습니다." 내심 많이 기다리고 있었는데 너무나 반가운 소식이었다. 그리고 오수관 연결을 위한 굴토 심사를 할 필요가 없다고 하여 취소하였다. 계약금도 바로 반환하여 주신다고 한다. 모든 일이 잘 이루어지고 있다. 교회도 허가를 받으려고 하였으나 오수관 연결이 안 되어 불가하다고 하고 오수관 연결을 하려고 하였으나 이것도 가까운 곳으로 허가는 어렵고, 먼 곳으로 해야 하는데 비용이 최소한 7,000만 원이 든다고 한다. 할 수 없이 소매점으로 신고를 하고 차후에 공공 오수관이 연결되면 용도 변경을 시킬 수밖에 없다. 그전에는 가정예배를 드리다가 성도들이 오면 교회에서 예배를 드리고 서서히 교회로 바꾸어 갈 수밖에 없다. 무엇보다도 이 성전에 하나님의 백성들을 초대하는 것이다. 이름이 버젓한 교회를 세우는 것이 아니라 그 교회 안에 성도들이 많이 모이게 하는 것이다.

아마 내일쯤으로 결과가 나고 그 뒤에는 본격적으로 공사 준비를 하는 것이다. 교회와 펜션이 완성되면 정말 아름다운 공원이 될 것을 믿는다. 선한 사람들이 많이 모이는, 동네 사람들의 휴식처가 될 것이다. 어려움은 따르겠지만 기쁨이 더 클 것이라 믿는다. 여기까지 인도해 주신 하나님께 감사드린다.

✂ 2018년 5월 14일(월, 맑음) • 윤성숙 목사 방문

오늘은 제주시에서 안보강의 2시간. 오후에는 집터에서 윤성숙 목사가 우리 집터 공사장을 방문하여 기도하고 나무 밑에서 차를 마시며 담소를 나누었다.

ICS의 첫 손님이었다. 기도하면서 우리 교회를 보고 눈물을 흘린다. 성령님께서 감동을 주신 것 같다. 그러나 나는 과연 우리 교회를 위하여 얼마나 기도를 하며 교회 건축에 관심을 갖고 있는가? 예수님께서 감람산에서 기도했듯이 땀방울이 핏방울이 되도록 기도를 했던가?

우리 땅 위에 교회를 세우는 것만큼 더 영광스러운 일이 어디 있겠는가?

온 세상에 알려야 한다. 그리고 기도를 부탁하도록 하자. 누구보다도 내가 먼저 하나님께 감사를 드리고, 눈물 흘리며 기쁨으로 성전 건축을 자랑스러워서 해야 한다.

윤성숙 목사 방문, 기도

건축에 어떤 부족함도, 어떠한 비용도 큰 문제가 아니니다. 성전 건축 하나만으로도 충분하다. 집터를 만지고, 집터 위에 오르면서 간절히 하나님께 감사기도를 드리자.

표선 세화리 식구들에게 이제부터 선포하도록 하자. 어떠한 반대도 두려워하지 말자. 당당히 전파하도록 하자. 하나님께서 도와주신다. 하나님께 최고의 찬사를 보내자.

✂ 2018년 5월 15일(화, 맑음 → 흐림) • 기초 콘크리트 작업

오늘도 새벽부터 00:00 침대에 들 때까지 눈코 뜰 새 없이 바쁜 하루를 보냈다. 오늘 안보강의 3시간(제주시 2시간, 서귀포시 1시간), 건물 콘크리트 기초 작업을 하였다. 신나는 하루였다. 나에게 계속 큰일이 벌어지고 있는 것이다.

오늘도 예비군 700명에게 하는 안보강의는 누가 봐도 대단한 일이다. 지금처럼 국가 안보가 중요한 시기에 제주도 젊은이들에게 1~2시간 동안 안보강의를 하는 것이 중차대한 일이다. 나라를 살리는 길이다. 이것 하나만 해도 내가 제주도에서 지내는 의미가 차고 넘친다. 조금 소란하고 잡담을 하고 수업시간에 밖에 왔다 갔다 하는 예비군도 있기는 하지만 그래도 2/3 이상은 열심

교회 바닥 기초 콘크리트 작업

히 듣는다. 하나님께 기도하고 이 귀한 시간을 잘 보내도록 하자.

오늘 기초 콘크리트 작업을 완료하였다. 본격적인 건축 공사가 시작된 것이다. 콘크리트 레미콘 수십 대가 들어오고 커다란 포클레인이 세워지고 레미콘에서 시멘트 콘크리트가 콸콸 쏟아져서 철근 위로 쌓인다. 이미 전기 및 수도관이 설치되어 외부 작업을 할 수 있게 한다. 오늘 컨테이너도 1대 들여오고, 화장실도 배치되었다. 모두 끝나고 지애 엄마가 공사장을 찾아서 둘러보며 환한 미소를 짓는다. 그리고 교회 본당 위에서 하나님께 기도를 드렸다. 이제 한 달 후에는 교회 골조가 세워지고 두 달 후에는 거의 완성이 되고 석 달 후에는 지붕과 벽이 세워지며 모든 기능이 살아난다.

✄ 2018년 5월 20일(일, 맑음) • 낙원교회 설교

육지 마지막 날로 바빴다. 04:30에 일어나서 출발 준비를 하여 05:30에 성복역 지하철로 이동하였다. 08:40에 낙원교회에 도착하여 〈보물을 하늘에 쌓아 두라〉라는 제목으로 말씀을 전했다. 5개월 만에 예배를 드리고 설교를 하는데 별로 어색하지가 않았다. 형제들이 모두 반가워하고 대대장, 정 장로님, 군종병들도 모두 반가워한다.

가발을 썼지만 별로 어색하지도 않다. 뜻이 있는 곳에 마음이 있다는 것처럼 낙원교회를 위해 기도하다 보니 하나님께서 또 여기로 보내 주신다. 대대장, 정 장로, 군종병들과 함께 짜장면 점심을 먹었다.

우리 낙원교회를 위해 기도하고, 군종병들을 위해 수련회를 개최하고자 한다. 15:00에 백정희 씨의 아들 김태건 군의 결혼식 주례로 참석하였다.

가발을 쓰고 큰 행사에 참석했다. 예복까지 입고 나니 하나님께서 또 이런 영광스러운 자리에 보내 주셨다고 생각된다. 하나님 말씀으로 주례사를 전하고 나니 여기에 오기를 백번 잘 했다 생각한다. 지애 엄마에게 함부로 대하여 미안한 마음이다. 23:00에 제주도에 복귀하여 00:00에 잠자리에 들었다. 5일간의 육지 여행은 한마디로 선교 여행이었다.

✂ 2018년 5월 23일(수, 맑음 / 바람) • 목조 공사 개시

오늘은 총 7명이 목조 공사를 한다. 방부목 위에 2×4 목재를 대고 수평 작업을 한다. 내가 공사현장에서 check하고 간섭하면 감독관이 부담을 크게 가질 것 같아서 나는 잠깐씩 둘러보고 다른 일을 한다. 대나무 뿌리를 캐고 귤밭 정리를 하였다. 그래도 내 집을 내가 짓는데 남의 집 구경하듯이 해서는 안 된다. 필요하면 내가 공구 띠를 두르고 같이 일하고 도와주어야 한다. 너무나 체면치레는 하지 말자. 실질적이고 능률적으로 공사 현장을 감독하고 돕도록 하자. 그래서 저녁에 김 사장에게 카톡을 보내서 꼼꼼하게 일을 해 달라고 한마디 했다. 불신이 아니고 지혜롭게 일하도록 조언을 하는 것이다.

많은 돈을 들여서 집을 짓고, 월급을 주면서 일을 시키는데 내가 감독관 눈치를 보는 것은 잘못이다. 내가 우리 집을 짓는 가장 중요한 공사 감독관이 되는 것이다. 처음이 중요하다. 이제부터 흠이 있으면 반드시 지적하고 시정하도록 하자. 기초가 튼튼해야 집이 튼튼하게 된다.

믿음교회·소망펜션 건축

✖ 2018년 6월 3일(일, 맑음) • 대구 매형 소천

　대구 매형이 지병으로 인해 갑자기 운명하셨다.
　어젯밤 큰 매형 장례식장에서 지내다가 밤 12시가 넘어서 잠자리에 들었다. 팬티, 런닝만 입었으니 으시시했지만 그래도 4시간을 자고 나니 다시 생기가 돌고, 기도를 하고 나니 기분이 전환되고 기쁨으로 충만하였다. 발인하는 것을 보고 떠나려고 하였으나 그래도 식구들을 위하여 기도하지 못한 것이 마음에 걸려서 나도 모르게 장례 버스에 몸을 실었다. 관이 화장구로 들어가니 정희, 명희가 눈물을 많이 흘린다. 어릴 때 아버지의 사랑이 얼마나 가슴을 저미게 했을까 생각된다. 전체기도를 하고 싶었으나 여의치 않아서 누나, 정희 식구, 명희 식구, 윤석이 식구들에게 각각 기도하였다. 모두가 성령님의 인도하심이었다. 그리고 마지막으로 영덕이에게 앞으로 전화를 받으라고 당부를 하고 화장장을 떠났다. 홀가분한 기분이었다. 내가 할 수 있는 최소한의 일을 했고 특별히 하나님께 유가족을 인도해 주시도록 기도하였다.
　하나님께서는 나를 지켜 주시고 모든 생각과 행동을 인도하여 주심을 믿는다. 제주도 교회는 이제 벽체가 모두 덮이고 지붕만 덮으면 1차 공사가 끝난다. 창문이 적어서 아쉬움이 남지만, 이것도 너무 걱정할 일은 아니라 생각하였다.
　지애 엄마를 광명역에서 만나 재원이 집에 잠깐 들렀다. 손자들이 무척 반가워한다. 할머니 덕택이다. 장인과 한 달 만에 바둑을 두는데 이제 막 놓고 둔다. 드디어 채영이가 도착하였다. 사랑스러운 지애, 백 서방, 채영이를 6개월 만에 만난다.
　매형을 저세상으로 떠나보내는 마음이 아프고 끝내 주님을 영접하지 못하고 보내서 회개의 눈물을 흘렸다.

✖ 2018년 6월 4일(월, 맑음) • 지붕 공사

　드디어 4일간의 육지 여행을 마치고 제주도로 돌아가는 날이다. 이번엔 무척 짜임새 있게 시간을 보냈다. MEO 강사 교육, MEO 준비, 빅드림 교회 설립예배 설교, 대구 매형 장례식 참석, 지애 식구들 만남, 장인과 시간 보내기 등 알차게 보냈다. 그리고 제주도에서는 드디어 오늘 골조 공사 후에 지붕을 올리고 방수포까지 덮었다. 교회 위주로 공사를 한 것이다. 내일은 비가 와서 일을 중지한다.

채영이와 오늘 잔디밭에서 배구를 가르치고, 장인, 장모님과 함께 외식도 하고 바둑도 두었다. 행복이 이런 것이구나 하고 느꼈다.

너무 행복하여 사탄이 방해를 놓을까 걱정이 될 정도다. 하나님께서 나에게 특별히 이런 행복을 주신다 생각한다.

이제부터 나의 행복은 시작된다. 교회가 건축되고 내가 건축한 교회에서 예배를 드리고 설교를 하고 전도를 한다. 며칠 후에 지애, 채영이가 오면 제주도 여행을 한다. 금주에는 건축의 모든 골조, 지붕, 벽체 및 방수 작업이 끝나고 다음 주부터는 내부 시설 공사 및 지붕, 외장재 설치 작업이 될 것이다. 모든 것 순조롭게 도와주시고 특별히 좋은 날을 주심에 감사드린다. 겸손한 마음으로 하나님께 죽도록 충성할 것이다.

✂ 2018년 6월 17일(일, 맑음) • 현장소장 김대중 사장

05:00에 눈이 뜨였는데 어젯밤에 늦게 잔 데다가 늦게 식사를 하여 깊은 잠을 이루지 못했다. 매일 4~5시간 잠을 자다 보니 계속 피곤한 상태다. 제주도에서 집을 짓는데 stress는 없으나 역시 여기에서도 시간이 부족하다.

특히 공사장에서 둘러보면서 어떻게 마무리를 할까 곰곰이 생각하다 보면 1~2시간은 금방 지나가 버린다. 자제력이 없다고 해야 할지, 아니면 너무나 건축에 애착이 많다고 해야 할지 모르겠다. 가끔 건축설계에 아쉬움도 남는다. 특히 교회 주방에 다락을 만들어서 10명 정도 숙소를 만들었다면 무척 좋았을 텐데 아예 그런 생각 자체를 하지 못했다.

이미 지난 것은 더 이상 미련을 갖지 말고 앞으로 남은 공사에서는 후회가 없도록 하자. 특히 교회를 우선으로 거룩한 예배 터, 아름다운 교회로 만든다. 그리고 전체 집 안을 공원화시키는 것이다. 오늘도 주일이지만 에어컨 설치 작업을 하고 김대중 사장은 감독하고 있다. 성실하게 임무를 수행하고 있다. 좋은 사람을 만나게 해 주신 하나님께 감사드린다. 돈도 많이 절약했고 표선면의 건축 실태 및 펜션 운용 경험을 많이 알려 주고 5년의 건축 경험을 이용하여 많이 개선해 가고 있다. 끝까지 좋은 관계를 맺고 나중에도 우리 교회의 성도로 안내하자.

지애, 채영이는 미국에 안착하였다. 짧은 기간 만남에 아쉬움이 많이 남는다. 다음에 오면 우리 채영이 놀이터에서 실컷 놀도록 해 주자. 밤 12시까지 내일 MEO 행사 준비를 하였다. 좀 더 빨리 준비했으면 좋았을 텐데 하는 아쉬움이 남는다.

✂ 2018년 6월 18일(월, 맑음) • 2018 MEO-P 시작

MEO 1일 차. 그동안 1년간 준비했던 MEO 행사가 오늘부터 시작되었다. MEO 팀장으로서 최초계획수립보고, 강사세미나 2회, 강사교육 1회, 인원 선발, 본인 강의 내용 update(MCF 설립 및 성장, Case Study Training, 참가국 발표), ACCTS, MMI와 협조 등 준비를 하였다.

그런데 2월부터 제주도로 오면서 MSO 사무실에서 직접 일을 도와주는 데 제한이 있었고, 과목 연구도 부족하였다. MEO 팀장을 인계해 줄 마음이 있었기 때문에 아무래도 소홀하였다고 자인한다.

2018 MEO-P 행사(찬양)

과연 제주도에 거주하면서 MEO 팀장을 계속해야 하는지 고민도 하였다. 그래도 오늘부터 MEO-P가 시작되면서 새로운 다짐을 하고 기도도 하였다. 다행히 MEO staff들이 무척 열성적이고 책임감도 강해서 내 대신 역할을 많이 해 준 것이다.

tour, orientation, ICE-Breaking event 순으로 시간을 보내고 다과를 나누었다. 먼 나라에서 우리나라에까지 와서 MCF를 성장시키는 사명을 가지고 임하는데 누구 한 명도 소홀히 대할 수는 없다.

✂ 2018년 6월 26일(화, 맑음) • Dream 제주

2018 MEO-P 행사를 마치고 제주도로 귀환하였다.

하루 종일 공사장에서 보냈다. 현장소장, 팀장 그리고 목공 8명을 만나서 무척 반갑다. 이제는 한 몸이 되었다. 한배를 타게 되었다. 끝까지 좋은 관계를 유지하고 마지막에는 꼭 하나님을 전하도록 하자. 우리 교회에 출석하도록 인도하자. 모든 목표는 하나님을 전하는 데 둔다.

저녁에 지애 엄마가 도착하였다. 이제 대부분 제주도에서 거주하게 된다. 하나님께서는 모든 것을 변화시키고 거기에 적응하도록 해 주신다. 그래서 우리는 쉽게 제주도로 오는 것이다. 하나님께서는 아브라함에게 하란 땅으로 가라고 했고 아브라함은 순종했다. 하나님께서는 우리에게 제주도로 떠나가라고 하셨고 우리는 여기에 순종하는 것이다. 하나님께서는 아브라함을 축복하셨던 것처럼 우리를 축복해 주실 것을 믿는다.

그냥 기쁨으로 나가는 것이다. 이것저것 따지지 말자. 이제 여생 길지도 않는데 마음껏 세상을 활보하며 살자. 겸손하게 온유하게 사랑하는 마음으로 살아가자. 행여 두려워하지 말자. 제주도의 삶이 한 단계 upgrade되도록 하자.

✂ 2018년 7월 4일(수, 맑음) • 행복한 건축

태풍이 지나가고 오늘은 바람도 없고 모처럼 맑은 해가 비친다. 여기에 맞춰서 공사도 페인팅 작업과 석고보드 작업을 한다. 우리 집 공사에 모든 기상이 맞추어져 가고 있다. 비가 필요하니 비도 내리지만 우리 집이 비로 인한 장애는 처음에 하루밖에 없었다. 기가 막히게 짜인(tailored)

날이다.

지애 엄마는 공사장에서 하루를 같이 지내며 간식도 주고 풀도 뽑고 쉬지 않고 일을 한다. 지금처럼 지애 엄마도 신나게 살아간 적은 기억하기 힘들다. 하나님의 전을 건축하는 데 서로가 양보하면서 이해하면서 나아가고 있다.

집이 완공되는 날 나와 지애 엄마는 꼭 껴안고 엉엉 울 것 같은 마음이 든다. 이 집을 통하여 하나님께서는 많은 축복을 주시고 계신다. 남이 힘들어하는 건축을 우리는 기쁨으로 보내고 있으니 말이다. 적은 돈으로 절약하고 줄이면서 나아가고 있다. 최소한 빚은 지지 않고 공사를 끝내고자 한다. 동네 사람들과 아는 사람들을 초청하여 따뜻하게 대접할 비용을 남겨 두자고 약속했다. 성전 건축으로 하나님께서 다윗과 솔로몬 왕을 축복했던 것처럼 하나님께서는 나에게 많은 축복을 내려 주시기를 기도한다.

✖ 2018년 7월 11일(수, 맑음) • 행복한 하루

04:00에 눈이 뜨인다. 요즘은 눈을 뜨면 이전에 느끼지 못했던 행복한 기분을 갖는다. 오늘은 건축이 어떻게 돼 가나? 날이 좋나? 새로운 일이 이루어질 때는 더욱 기대감을 갖게 된다. 모든 것이 새롭다. 살면서 지금까지 갖지 못했던 기대감이다.

나이 66세에 이제는 하나씩 접어 가야 할 나이에 어린애와 같은 마음으로 소풍을 가는 기분을 가지고 하루를 시작하니 어찌 남들과 비교할 수 있겠는가? 하나님을 사모하는 자에게 주시는 특별한 축복이다. 앞으로 교회와 펜션이 어떻게 운영되더라도 걱정하지 않는다. 모두 하나님께서 이루어 가실 줄 믿기 때문이다. 담대하게 나가자. 행여 교회에 방해꾼이 생기지 않을까 두려워하지 말자. 분명히 하나님께서는 우리에게 복음을 전하라는 사명을 다하도록 도와주실 것이다. 아니면 사도 바울처럼 많은 시련을 겪게 할 수도 있다. 복음을 전하는 데 시련은 은혜.

기쁨으로 감수한다.

　장인, 장모님이 반가워하신다. 라면으로 먹는 저녁은 세상의 어떠한 진수성찬보다 낫다. 우리 모든 식구에게 내가 필요한 사람이 되도록 하자. 처갓집에 가서 같이 기도도 하였다. 부디 우리 식구들에게도 믿음의 선각자가 되자.

✄ 2018년 8월 16일(목, 비) • 신축 건물 이사

　오늘 드디어 one room에서 우리 집으로 이사를 하였다. 5개월 만에 모두 마친 것이다. 지나간 날들이 꿈만 같고 잘 믿어지지 않는다. 막연하게 집을 짓는다는 생각으로 제주도로 내려와서 일을 시작했는데 곰곰이 생각해 보면 이미 준비된 하나님의 계획이었다는 것을 깨닫는다. 모든 것이 꿈만 같다.

　잡초와 대나무가 무성하던 밭 위에 이렇게 아름다운 성전과 펜션이 지어지고 모든 빈 공간을 잔디밭으로 가꾸었으니 어찌 놀라지 않을 수가 있는가? 오늘도 비가 내린다. 잔디가 모두 살아났다. 잔디를 8월에 심고 나무를 심는 것도 상당히 우려하였으나 나무 한 그루, 잔디 한 포기도 죽지 않고 모두 싱싱하게 살아났다. 인간의 무한한 능력을 실감하게 하고, 이렇게 우리에게 변화를 주시는 하나님의 은혜에 감사하고, 감사한다.

　바쁜 가운데서도 안보강의를 2시간 하였다. 지애 엄마도 상기된 표정이다. 8월 16일은 특별한 날이다. 우리 새집에서 첫날밤을 지냈다. 앞으로 이곳을 출입하는 많은 사람에게 자랑스러운 터가 될 것이다. 모두 하나님께서 이루어 주셨음을 자랑할 것이다.

✄ 2018년 8월 20일(월, 맑음) • 성전 건축의 축복

　06:00 기상. 1시간 반 경건의 시간, 40분 운동, 오전에 컨테이너 정리, 오후에 안보강의 2시간, 가스 설치, 저녁에 내일 주차장 도색 준비, 웅진코웨이 설치 등 모든 것이 순조롭게 이루어지고 있다. 이렇게까지

될 줄은 상상하지 못했다. 모든 것이 나의 계획 이상이었다.

지금까지 최고의 사람들을 보냈다. perfect한 날들을 주었다. 가뭄에 비도 내렸다. 잔디에 물이 필요하다. 생각만 해도 기분이 좋다. 이렇게 행복한 시간이 계속될 때도 없었다. 성전 건축에 대한 하나님의 축복인가? 이제부터 하나님의 은총은 시작될 것이라고 믿는다. 때로는 시련이 올 수도 있다.

필요한 사람을 보내 주실 것이고 나는 하나님의 말씀을 전한다. 그리고 교회와 펜션을 이용하여 나의 기쁨은 절정에 이를 것이다.

오늘 바쁜 중에도 안보강의 2시간. 지난 월요일부터 5일간 1,500명 예비군들에게 국가의 안보를 강의하였다. 하나님 감사합니다.

✖ 2018년 8월 23일(목, 흐림 / 태풍) • 교회 반주기 구입

육지에서 2일째. 아침 일찍 일어나 경건의 시간 후에 지애 엄마가 MSO 기도회에 데려다주었다. 한 달 만에 MSO 기도회와 P&P에 참석하였다. 언제나 반가운 사람들을 또 만난다. 언제라도 따뜻한 사람들이다. 적은 양이지만 귤도 나누어 주었다. 잠깐 인사를 하고 아무런 의견 제시도 없었다. 어디 가나 방관자보다는 참여자가 좋다. 나는 항상 참여자가 되는 편이다. 그래서 참여자에게는 하나님께서 기쁘게 일할 수 있고 힘차게 발표할 수 있는 기회를 주시는 것이다.

항상 편하다고 좋은 것이 아니고 땀 흘리며 일하는 자가 되도록 하여야 한다. 그러나 일하지 않고 주도자가 되려고 하는 것은 위선이다. 위선자가 된다. 점심 전에 청계천 세운상가에 가서 반주기 미가엘 F-9을 구입하였다. 내가 바라는 반주기였다. 그리고 오디오 시스템 재료들과 무선공유기를 20만 원에 구입하였다. 점심은 동기 목사, 임원들과 같이 하였다. 다시 조은시스템 회장 김승남 씨를 찾아서 현장예배에 초청하였다. 꼭 참석하시겠다고 하셨다. 다시 정희에게 들러서 흥선암 소식을 듣고 위로와 함께 격려해 주었다. 생각이 너무나 자기 위주적이라는 것을 깨워 주고, 이제부터는 하나님께 의지하도록 간구하였다. 마지막으로 손자들을 만나서 기도하고 귀가하니 24:00가 지난다.

✄ 2018년 8월 26일(일, 맑음) • 믿음교회 첫 예배

오늘은 특별한 날이다. 우리 믿음교회에서 첫 예배를 드린 것이다. 처가 식구 5명, 그리고 우리 식구 2명, 예배를 드렸다. 그래서 교회 예배당을 부랴부랴 준비한 것이다. 예배를 드리며 광고 시간에 축하의 인사를 권했더니 아버님, 이모님, 진규 아빠·엄마, 4명이 한마디씩 하는데 모두가 우리 교회와 펜션 건축에 큰일을 하였고, 성전과 펜션이 너무나 아름답다고 한다.

외부인이 우리 집에서 주무시고 우리 집에 대한 평가를 하는데 모두 놀라는 모습이다. 무엇보다도 예배를 위한 모든 오디오 비디오 시스템이 정상 가동되었다. 모든 일이 놀랍도록 이루어진다. 오후에는 비자림을 방문하여 처가 식구들과 함께 산책하였다.

믿음교회 첫 예배(처가 식구)

✄ 2018년 8월 31일(금, 맑음) • 아름다운 우리 집

5시간 반을 자고 04:30에 일어났다. 오늘부터 꼭 22:00에 잠자리에 들고 04:00에 일어나서 경건의 시간을 갖고, 05:30에 예배를 드리도록 하자.

지애 엄마와 둘이서 예배를 드리며 다른 성도들을 맞을 준비를 하는 것이다. 믿음교회 목사는 부지런하게 살았고, 전도를 많이 했고, 많은 출입하는 사람들에게 복음을 전했다고 자랑하도록 하자.

하나님 일을 하면서 이러한 욕심이 없다면 큰 결실도 기대하기 어렵다. 결실이 없는 나무는 하나님께서 잘라 버리라고 하셨다. 오늘부터 정상적인 집안일, 교회 일, 펜션 일, 외부 일들을 처리해 나간다.

가끔 집 안에 앉아서 밖을 내다본다. 집 안쪽을 보면 완전히 초록색에 흰색이다. 잔디가 거의 모든 땅을 덮었다. 잔디밭을 바라보고 있노라면 모든 시름이 없어진다. 그리고 오른쪽 밖을 쳐다보면 귤밭이 펼쳐지고 이어서 아름다운 집들이 눈에 들어온다. 한마디로 아름다운 모습들이다. 집에 앉아서 이렇게 주변의 아름다움에 감탄할 정도라면 하나님께서 얼마나 많은 것을 우리에게 주시는 줄 알 수 있다.

✳ 2018년 9월 6일(목, 흐림 → 비) • 건축 준공검사

오늘은 제주도 공사에서 매우 중요한 날이었다. 건축 준공검사를 받는 날이다. 그동안 계획대로 공사를 잘 했고 지금은 나와 지애 엄마가 만족하고 있다. 생각보다 더 아름다운 집을 지었다. 비용도 생각보다 적었다.

더 큰 기쁨으로 하루하루를 살아가고 있다. 그런데 오늘 이 공사가 적합한지 검사를 받는 날이다. 사실 우리 집은 표선면에 건축 허가를 받을 때 교회 대신 소매점으로 받았다. 왜냐하면, 공공 하수관을 연결하지 않으면 2층 교회는 건축할 수가 없다. 할 수 없이 공사 기간도 줄이고 비용도 감소하기 위하여 그렇게 신고하였다. 그런데 오늘 과연 소매점과 창고로 인정해 줄 것인지 무척 궁금하고 혹시나 안 되면 어떻게 하지 하는 두려움도 있었다. 그런데 오늘 준공검사는 어떠한 지적도 없이 잘 끝났다. 너무나 기뻤다. 물론 준비 작업도 많았고 추가 비용 60만 원이 소요되었지만, 이제는 건축 허가가 나고 등록을 할 수 있어서 너무나 기분이 좋다.

✳ 2018년 9월 9일(일, 맑음) • 지역 주민 초청행사

오늘은 큰 행사를 하는 날이다. 지역 주민들을 초청하여 식사를 대접하였다. 총 32명이 참석하였다. 노인회장, 부녀회장, 청년회장님들은 사정이 있어 못 오시고 동네 어른, 약간 젊은 부부들, 새 이주민들, 이장, 동장, 사무장이 참석하였다.

50명분 식사를 준비했는데 많이 남았다. 주류와 음료수도 많이 준비했으나 남았다. 동네 주민 초청 식사는 별로 없었던

주민 초청행사

것 같다. 특히 외지인이 이렇게 주민을 초청하여 식사하는 경우는 매우 드문 일이다. 계획대로 식사를 하고 내가 인사말을 하면서 앞으로의 나의 계획을 말씀드렸다. 특히 목사로서 마을 주민들에게 예배를 드릴 것을 약속하고, 지역 주민들의 축복을 위해서 기도하겠다고 전했다. 앞으로 표선교회와 형제의 정을 맺고 도움을 얻고자 한다.

이제부터 가능한 세화리 주민들이 우리 믿음교회에서 주일예배, 수요예배를 드리도록 하자. 이제 얼마 남지 않은 헌당예배를 준비하고 펜션 운영 계획을 수립하자. 대강대강 생각하지 말고, 기도 후에 신중하게 준비해 나간다.

✂ 2018년 9월 11일(화, 맑음) • 교회 장식

오늘 드디어 준공검사 결과를 통보받았다. 사용 승인을 한 것이다. 가장 기다렸던 결과다. 교회 시설로 사용하도록 계획은 하였으나 정화 문제 때문에 소매점으로 신청을 했다. 따라서 준공검사 때 시비의 이유가 되기 때문에 많이 고민한 것이다.

심지어 주변에 있는 싱크대와 가스를 철거하기도 하고, 교회와 주방 문을 폐쇄시켰다. 표선면 장○○ 씨가 실사를 나와서 같이 동행을 했는데 문제가 되지 않았다. 건축 허가가 났으니 이제 내일부터 본격적으로 교회 준비를 할 것이다. 의자를 모두 배치하고 교회 안에 십자가를 달

고, 교회 간판을 세우고 교회 십자가 탑을 세운다. 지애 엄마 의견대로 모두 내 손으로 잘 만들 수도 있다. 단순하고 경제적이면서 믿음교회의 아름다운 상징물이 준비될 것이다.

외부의 시비를 너무나 두려워하지 말자. 당당하게 교회임을 선포하자. 자랑스럽게 교회를 세상에 알리도록 하자.

✂ 2018년 9월 22일(토, 맑음) • 처갓집 회고

어제 밤늦게 도착하여 처가에서 잠을 잤다. 이제는 육지에 차가 없어서 마음대로 움직일 수가 없다. 장인, 장모님이 따뜻하게 맞아 주신다. 지애 엄마와 연애하던 40년 전 1978년 처음으로 처가를 방문했을 때 장인, 장모님과 처가 식구들이 따뜻하게 맞아 주던 때와 변함이 없다. 아버님 54세, 어머님 46세 때다. 세월은 이렇게 빨리 지나가서 이제는 장인, 장모님이 걷기조차 힘들고 기력이 약하시다. 특히 장인께서는 듣지를 못하고 어머님은 방광과 협착증으로 무척 힘들게 살아가시고 있다. 나도 많이 변했다. 무엇보다도 하나님의 일꾼으로, 목사로서 일하고 있다는 것이다. 자녀들도 이제 40을 보고 있고, 손자 손녀들도 초등학교 3학년까지 되고 계속 이어 가고 있다. 덧없는 인생이라고 하였던가? 아니다. 인생은 어느 한 부분도 버릴 수 없는 귀한 연륜이다. 죽는 날까지 귀한 날들을 살아가고 있는 것이다.

✂ 2018년 10월 2일(화, 맑음) • 믿음교회 헌당예배 전야제

드디어 헌당예배를 위한 행사가 오늘부터 시작되었다. 제 1진 ICS/경인서노회팀이 제주공항에 08:00에 도착하였고, 2진(김성의, 손대정, 이철영, 정태복, 윤여일, 전성동, 최광섭, 최선옥, 백정화) 팀이 도착하였다. 개별적으로 오시는 분들도 있었다.

30여 명이 대형 버스를 타고 용두암, 한라식물원을 구경하고 집에 와서 여장을 푼 뒤에 이기풍선교기념관, 절물휴양림을 구경 후에, 만덕이네(성읍) 식당에서 만찬을 하고 집으로 이동하여 20:00에 감사예배를 드렸다. 예배당이 가득 찬다. 송병권 목사가 찬양을 인도 후에 말씀을 전하고 기도 시간을 가졌다. 내가 이번 행사 일정을 소개 후 각자 정해진 방에서 휴식 및 취침을 하였다.

교회, 식당, 유아실 그리고 내 방까지 모두 흩어져 잠을 자는데 엊그제 만든 바지 옷걸이까지 역할을 다한다.

가장 큰 행사 준비를 하고 그 계획대로 모두 진행되고 있다. 십자가와 교회 간판도 잘 어울린다.

한 사람 한 사람이 귀하고 소중한 사람들이다. 나의 믿음 생활을 총결산하는 날이기도 하다. 모든 것 하나씩 이루어 주시는 하나님께 감사드린다.

✤ 2018년 10월 3일(수, 맑음) • 믿음교회 헌당예배

오늘은 우리 믿음교회의 역사적인 날이다. 오늘 헌당예배를 드렸다. 오랫동안 준비했고, 많은 사람이 육지에서 이동하여 참석하였다.

70석 의자를 가득 메우고, 주보 순서대로 하나씩 행사를 하여 마지막 내가 우리 교회 건축 현황을 소개하면서 축사를 이어 가며 끝을 맺었다.

나의 계획대로 모두 진행되었고 참석한 사람들도 모두 만족해하였다. 표선교회 담임목사님(박용석)과 남자선교부장 장로님께서도 참석하셨다.

아마 우리 믿음교회가 이렇게 뜨거운 분위기가 될 것도 예상하기 어려울 것 같다. 특별히 행사 기간 중의 날씨는 최고였다. 구름 한 점 없이 맑은 날씨에 따뜻하고 서늘한 기후다.

믿음교회 헌당예배(경인서노회)

최상의 날씨다. 하나님께서 오늘을 위하여 특별히 준비하신 날이다. 그리고 나를 칭찬하고 격려하는 많은 말씀에 불편함을 느낄 정도다. 너무나 내가 높아지니 하나님께 죄송할 따름이다. 나를 높여 주시는 하나님은 나를 너무나 사랑하신다.

수요예배는 전성동 목사님께서 설교하시고 모든 일정을 마치고 잠자리에 든다. 어제처럼 교회에서도 6~7명이 잠을 잔다. 모든 것이 순조롭다. 감사, 감사, 감사하다.

✈ 2018년 10월 4일(목, 맑음) • 손님 환송

헌당예배 행사 3일 차. 큰 행사가 모두 종료되는 날이다. 06:00 아침 예배 때 내가 말씀을 전했다. 〈다윗 왕의 권고〉라는 제목으로 말씀을 전하고 기도의 시간을 가졌다. 식사 후, 천지연 폭포, 외돌개 둘레길을 걸은 후에 서귀포 〈쌍둥이횟집〉에서 오찬을 한 후 방주교회를 견학 후에 제주공항으로 이동하였다. 가는 길에 쇼핑센터에서 선물을 구입하였다. 공항에서 모두 떠나보내고 나는 버스로 표선으로 귀가하였다. 이때부터 비가 많이 내리고 태풍이 시작된다.

이것은 하나님께서 우리 일행을 위하여 setting한 일기였다. 모두 그렇게 믿는다. 정말 모든 행사를 매끄럽게 끝냈다. 혹시 기상 악화로 비행이 취소될까 걱정하였지만 비행기는 예정대로 출발하였다. 모두들 무사히 도착하였다. 행사 간에 잠자리, 식사, 여행도 거의 완벽하였다.

내가 초청한 귀한 분들과 2박 3일간 행복한 시간이었다. 하나님 아버지께 감사드린다. 그리고 이제부터 본격적인 제주도 생활이 시작된다. 이 모든 것을 허락하여 주신 하나님께 감사의 기도를 드린다.

✈ 2018년 10월 7일(일, 맑음) • 첫 주일예배

드디어 표선면 세화리 믿음교회에서 첫 주일예배를 드렸다. 첫 주보가 인쇄되고, 예배 준비가 완료되었다. 과연 누가 예배에 참석할까? 믿음교회 첫 예배에는 우리 부부와 1명의 어른, 그리고 어린 학생 3명(은서, 다경, 다요)이 참석하였다.

이것은 우리 믿음교회에 큰 행운이었다. 나와 지애 엄마 2명이 예배드리는 원치 않는 일이 일어날 수도 있다고

믿음교회 첫 주일예배

생각했다. 3일 전에 70명이 모여서 헌당예배를 드렸는데 그 주 3일 후에는 목사 부부가 예배를 드렸다는 것이 큰 뉴스거리가 될 것도 같았다. 6명이 주일예배를 드리는데 그래도 잘 준비한 덕분에 모든 예배를 은혜롭게 마치고 점심 식사를 같이 하고 아이들에게는 오후예배 대신 〈벤허〉 영화를 관람시켜 주었다. 오늘 예배에 참석한 은서, 다경이, 다요는 우리 교회의 역사에 기록될 아이들이다. 하나님께서는 이들을 나에게 의탁하셨다고 믿는다. 그리고 오늘 예배에 참석한 유일한 어른 전영식 사장은 우리 집 공사를 포클레인으로 가장 먼저 시작하였기에 우리에게 보낸 것이라고 믿는다. 오늘 주일예배는 충분히 기도의 대가가 있었다.

✄ 2018년 10월 8일(월, 맑음) • 26사단 군목수련회

오늘 드디어 귀한 손님들이 오셨다. 26사단 군목 및 협력목사님 열 분이 우리 교회와 펜션에 오신 것이다. 3박 4일 동안 여기에서 머무르신다. 꽉 짜인 일정에 의해 제주 전역을 유람하며 신앙적인 기념 site를 찾고, 아름다운 곳들을 찾는다. 그리고 매일 새벽예배를 우리 교회에서 드리고 밤에는 여기 펜션에서 잠을 자고 아침 식사도 한다.

오늘은 도착하여 감사예배를 드리고 저녁에는 윷놀이도 하였다. 우리 부부도 같이 동참하였다. 온 집 안이 소리가 높아지고 요란스러워진다. 시골 귤밭 위에 새로운 기운이 뻗치기 시작하였다.

특히 아침저녁으로 찬양이 울려 퍼지고 말씀이 선포되고 기도가 울려 퍼지고 하나님 말씀을 듣는다. 우리 펜션과 교회 위에 하나님께서 은총

을 내리신다. 약간 피곤하기는 하였지만 계획대로 이루어지는 모든 것에 감사의 기도를 올린다. 이제 여기 믿음교회는 세화리의 예루살렘이 되었다.

✄ 2018년 10월 9일(화, 흐림) • 동네 산책

26사단 목사님들과 교회에서 새벽예배를 드렸다. 공식적인 행사로서 첫 번째 새벽예배다. 찬양, 마이크 시스템 모두 준비하였고, 안만국 목사님께서 말씀을 전했다. 우리 믿음교회 성전에서 이렇게 7~8명의 목사님이 모여서 새벽예배를 드리는 것이 내가 꿈꾸어 온 성전의 모습이기도 하다.

앞으로 매일 여기 성전에서 새벽예배를 드리며, 하루를 시작하는 것이고, 누군가는 여기에 참석하도록 끊임없이 노력할 것이다.

그리고 매일 지애 엄마와 함께 예배를 드린다. 언젠가는 고정 성도들이 수 명 모여서 찬양을 드리고 말씀을 전하기를 간절히 바란다.

아침 동네를 한 바퀴 도는 산책을 하고 지애 엄마가 준비한 전복죽 식사를 하였다. 그리고 팀은 중문 쪽으로 가서 여행하고 밤 9시부터 11시까지 제2차 윷놀이를 하였다. 어제에 이어 두 번째다. 여럿이 어울리기에 참 좋은 오후다. 나중에 우리 집에 손님이 오면 뭔가 같이 즐길 수 있는 오락이 준비되어야 할 것 같다.

모두가 우리 교회와 펜션에 만족스러워하고 있다. 계속 문제점을 찾아서 보완해 나가자. 지애 엄마 수고가 크다. 말없이 하나씩 준비하고 있는 윤숙 씨가 대견스럽고 사랑스럽다. 너무 지치지 않도록 하고 내가 계속 활력소를 공급하도록 하자.

✄ 2018년 10월 16일(화, 비) • 딸 사돈 내외 방문

오늘 또 다른 손님이 우리 집을 방문한다. 사위 사돈 내외를 초청하여 오시게 된 것이다. 이렇게 사돈 내외께서 한집에서 3일간 머무르게 되는 것도 흔한 일은 아니다. 항상 멀리 느껴지는 사돈인데 이번에 우리가 사돈 내외를 초청하여 귀한 시간을 갖게 된 것이다. 그러나 우리가 사돈과 잘 지내면 우리 지애와 백 서방 사이도 더 좋아질 것이라는 생각이 든다.

최대한 따뜻하게 대접하도록 하자. 용두암 근처에서 몸국 식사를 한 후 비자림을 찾았다. 필수 코스가 되어 버렸다. 그러나 언제 와도 편안함을 주고 최고의 아름다움을 느끼게 한다. 내가 말을 걸면서 대화를 유도한다. 바깥사돈의 허리가 좋지 않아서 불편해하신다. 앞으로 사돈을 위해 기도하고자 한다.

곰곰이 생각해 보니 제주도 교회 건축과 펜션 건축으로 나와 지애 엄마의 삶의 폭이 많이 확대되었다. 앞으로 새로운 활동 영역이 확장될 것을 믿는다.

✂ 2018년 10월 23일(화, 맑음) • 풍성회 방문

오늘 아침은 역사적인 날이었다. 용인 수지에서 같이 지내던 육사 동기생들 모임인 풍성회 식구들이 소망펜션을 찾았다. 06:00 예배를 드렸는데 풍성회 식구들이 8명 참석하였다. 〈다윗 왕의 권고〉라는 제목으로 말씀을 전했다. 우리 펜션과 교회가 그 역할을 다 한 것이다. 그리고 담대하게 말씀을 전했다. 찬양하고, 말씀을 전하고, 기도와 축도를 하였다. 그리고 꼭 하나님을 믿어야 한다는 것을 전하였다. 언젠가는 이 씨앗들이 새싹을 틔우고 열매를 맺는 때가 올 것을 믿는다. 우리 믿음교회의 최고의 날이었다. 아침 식사를 교회 식당에서 전복죽으로 하였다. 모두 우리 교회와 펜션에 호감을 갖게 하고 홍보의 자신감도 갖게 되었다.

나는 A팀을 태우고 모슬포로 향

풍성회 친구들 방문

한다. 배를 빌려 타고 바다낚시를 하게 되었다. 마라도 앞에 정박시키고 질 낚시로 바다 고기를 낚는다. 10:00에 도착하여 17:00까지 7시간 동안 나는 방어 한 마리 낚고, 심재구는 5마리를 잡았다. 즐겁고 기분 전환에 좋은 오락이었다. 회를 먹는데 너무 많아서 처리하지 못했다. 대범하게 베푸는 동기생 권영재 회장에게 감사한다.

✂ 2018년 10월 26일(금, 비) • 육지 출장

04:00에 일어나서 육지 출장 준비를 하였다. 나는 노회에 참석했다가 바로 돌아오고 지애 엄마는 일주일간 머물다가 온다.

그동안 헌당예배, 사돈 내외 방문, 26사단 목사님들 방문, 풍성회 식구들 방문 등 바쁜 일정 속에서 정신없이 보내다가 모처럼 조용히 나만의 시간을 가질 수 있는 것 같다. 그동안 밀린 일을 모두 처리하고 나의 본연의 업무를 개시하고자 한다.

항상 꿈은 펼쳐진다. 특히 하나님의 사역은 날개를 펴고 펼쳐지는 것이다. 세화리 전도 사업이 이루어지고, 믿음교회 예배가 활발하게 이루어지며, 소망펜션 사업이 시작된다. 때로는 장애물도 있을 것이다. 너무나 순항하면 안일하게 생각하게 되고 교만이 싹틀 수도 있다. 어려움도 감사하게 받아들이자. 앞을 향해 나가는 자에겐 걸림돌이 넘어지게 할 수는 있어도 가로막지는 못한다.

서울 경향쉼터교회 전도대회

20:40에 버스를 타고 집에 가니 21:40이다. 하루 새 먼 길을 다녀왔다. 노회장으로서 설교를 하고 정기 노회를 주관하는 큰일을 했다. 제주도에서까지 내가 할 일이 있는 것만 해도 감사할 일이다. 가능한 필요한 모임엔 참석하도록 하자.

✂ 2018년 11월 25일(일, 맑음) • 추수감사예배

오늘은 믿음교회 추수감사절예배를 드렸다. 어제 집에서 가꾼 농작물 수확을 하였다. 고구마, 무, 배추, 귤이 제법 풍성하게 익었다. 교회에 상을 차리니 심히 보기에 좋았다. 오늘 조희가 키위를 가져오고 다경이는 귤을 가져와서 섞었다. 이경재 목사님 성도 11명, 신동택 목사 내외, 김기순 집사님 그리고 우리 교회 아이들 성도 6명, 우리 식구까지 총 22명이 참석하였다. 항상 나의 우려를 넘어서 하나님께서 이루어 주신다. 성도들이 예배에 참석하는 것도 나의 생각을 넘었다. 오직 감사와 은혜다.

너무 교회를 성도들로 채우겠다고 걱정하지는 말자. 먼저 하나님께 기도하자. 필요한 성도들을 보내 달라고 기도하자. 지애 엄마가 준비한 육개장, 고구마, 귤, 커피 등 풍성한 오찬이다. 오늘 먼나무 지지대를 모두 세웠다.

추수감사예배

✂ 2018년 12월 7일(금, 맑음) • 교회 및 펜션 홍보

오늘도 무척 바람이 세다. 그리고 육지에서는 영하 7~8도까지 내려가고 여기는 3~4도가 유지된다. 으스스한 날이다.

오늘은 아침에 테니스를 치지 않고 6km 구보를 하였다. 뛸 때 기분이 많이 고조된다. 모든 시름을 잊고 오직 감사하는 마음으로 뛰는 것이다. 눈도, 비도, 추위도, 강풍도 나의 뛰는 것을 막지 못한다. 무릎만 성하다면 평생 뛰고 싶다. 뭔가 기적 같은 일이 일어난 것 같다. 원 계획대로 60대까지는 풀코스 마라톤, 70대엔 하프마라톤, 80대엔 10km 달리기, 90대엔 5km 달리기를 하고자 한다. 꼭 그 꿈이 실현되기를 바라는 마음이다. 뛰고 나서 땀을 흠뻑 흘리고 weight training을 마치고 나서 샤워를 하고 옷을 갈아입을 때 무척 행복한 시간이다. 여기에다가 지애 엄마가 준비하는 아침을 먹고 목양실로 가서 하는 나의 일과가 최고다.

오늘은 교회 및 펜션을 소개하는 홍보 file을 염 간사를 통하여 만들었다. 이제 내일부터 본격적으로 홍보를 한다. 그리고 성탄절 tree를 만들었다. 이번 주부터 성탄절 분위기를 내고 예수님이 이 세상에 오신 이유를 세화리 땅에 전하도록 하자. 올해는 우리 믿음교회에서 기쁜 성탄절을 맞고자 한다.

✂ 2018년 12월 17일(월, 맑음) • 주민초청행사 준비

내일 육지 출장 전에 미리 해야 할 일을 처리하느라 바쁘게 보냈다. 24일 주민초청행사를 위해 집집을 방문하며 초청장을 전했다. 대부분 감사하게 생각하며 미안해한다. 그런데 이장은 초청 자체를 부정적으로 보았다. 왜 교회에서 초청행사를 하느냐고 질문한다. 그리고 교회가 정식 인가가 났느냐고 질문한다. 일부 주민들이 문제를 삼는다고 한다. 드디어 교회와 전도를 거부하는 일들이 일어나는 것이다. 교회 초청행사를 부정적으로 생각하는 것에 대하여 일부 이해하면서도 전도 활동을 방해하는 사탄의 방해라고 생각하였다. 그러나 마지막 방문한 노인회장은 다른 생각이었다. 나의 초청행사 목표를 설명하자 오히려 매우 고마워하면서 긍정적으로 평가하였다. 노인회장님께서 마을 주민의 성향을 많이 알려 주셨다. 일부는 하나님과 교회를 부정적으로 생각한다고 한다. 앞으로 매우 지혜롭게 나를 드러내지 않을 필요가 있다는 것을 생각하게 한다. 다시 새 힘을 얻었다. 하나님께서는 나의 기도대로 세화리 주민 복음화를 위하여 도움의 손길을 보내신다. "두려워하지 말라. 내가 너와 함께함이니라."

✂ 2018년 12월 18일(화, 맑음) • 새얼신우회 예배(33명)

12월 서울 출장길에 오른다. 그래도 매월 한 번 이상은 서울에 간다. 그리고 많은 사람을 만나고 많은 일을 한다. 이번에도 새얼신우회 송년 모임에 참석하고, 손자들을 재회하며, 새얼 화목회 모임, 광주고 신우회, 경인서노회 모임, 노도 모임에 참석하며, 마지막으로 이사를 한다. 잠시도 쉴 시간이 없다. 5시간 자고 최대한의 시간을 이용하고 있다. 어제도 김대중 사장 부인이 내가 너무나 말랐다고 걱정한다. 뭔가 내 모습이 수척해지고 있나 보다. 건강에 관심을 가지라는 하나님의 계시인 것 같다. 그러나 요즘이 나에게는 최고의 컨디션이니 하나님 보시기와는 다른 것이다.

깊이 5시간만 자면 부족하지는 않을 것 같지만, 6시간을 목표로 최대한 일찍 잠자리에 들려고 한다. 건강을 위하여 적당한 휴식도 취한다.

이번 출장 길은 유난히 기분이 좋다. 새얼신우회에서 내가 준비한 《하늘양식》을 다시 선물하기 때문이다. 그리고 33명의 새얼신우회 식구들을 만나서 좋다. 나의 좋은 모습을 보여 주자. 하나님께 감사드린다. 새얼신우회 송년 모임은 성황을 이루었다. 32명의 회원과 준회원이 참석하고 예배, 식사, 나눔의 시간을 갖는 동안 내내 은혜롭고 기쁨이 넘쳤다. 나도 기여를 했다. 《하늘양식》 책자를 구입하여 선물로 전달하였다. 그리고 내년도 수첩을 선물로 제공하고 귤을 제공하며 자리를 빛냈다. 새얼신우회가 앞으로도 계속 부흥하고 발전하도록 하나님께 기도드린다. 영원히 발전하리라.

✂ 2018년 12월 26일(수, 맑음) • 세화리 전도 계획

어제는 한 번도 깨지 않고 곤히 잠을 잤다. 지애 엄마는 06:00에 일어나 예배를 드리고 다시 잠자리에 들고 나는 기도를 마치고 운동을 한다. 오늘은 동네를 한 바퀴 돌면서 정찰을 하였다. 이제 동네 모양은 알 것 같다. 동네(세화1리)를 연구하여야 한다. 호랑이를 잡으려면 호랑이 굴로 들어가야 하듯이 일단 동네를 밟아 보고, 동네 역사를 알아야 한다. 동네 주민들의 동향도 알아야 하고 종교관도 알아야 한다. 그동안 너무나 무관심했다. 이장도 만나서 내가 누구라는 것을 확실히 알려야 한다. 내가 왜 하나님을 전하는지도 이해를 시켜야 한다. 하나님을 반대하는 세력이 아니라 하나님을 전하는 사울과 같은 사람으로 바뀌어야 한다. 하나님을 전하는 전도 사업을 숨어서는 할 수 없다. 공공연하게 하나님을 전해야 한다. 하나님께 이를 위하여 기도하는 것이다. 동네를 한 바퀴를 돌면서 내가 밟는 땅이 하나님을 믿는 지역으로 바뀌게 해 달라고 기도하였다. 오늘부터 공공 하수관 매설을 청원하는 청원서를 준비하였다. 교회 간판과 십자가를 제거해 달라는 민원에 대한 역대응이다. 이제는 교회를 지키기 위하여 투쟁하는 것이다.

✄ 2018년 12월 31일(월, 맑음) • 2018년 회고

드디어 한 해의 마지막 날이 왔다. 너무도 빨리 왔다. 우리는 교회를 건축하고 펜션을 짓고, 집을 공원화시키는 등 1년이 무척 길게 느껴질 만도 한데 역시 지난 한 해는 무척 짧았다.

1년이 왜 이렇게 길고 지루하냐고 탓하는 사람들이 있을까? 시간을 천천히 보내기 때문에 더 생을 길게 살았는지도 모르겠다. 어떻게 1년을 살았든지 한 해는 지나간다. 뭔가 아쉬움이 남는다. 나같이 한 해를 무척 많은 일을 하면서 보냈어도 이렇게 아쉬운데 그냥 세월 따라 살아가는 사람들에겐 더 아쉬움이 클 것 같다. 가장 알차게 보내는 것은 역시 하나님과 함께하며 보내는 것이다. 하나님은 모두 보고 계시고 함께하시면서 잘 했다 칭찬하시기 때문이다.

그래도 영원히 나의 인생에 큰 획을 긋고 나아가는 한 해가 되었다. 믿음교회를 지었기 때문이다. 다윗 왕에게 허락히지 않았는데 나에겐 허락하셨기 때문이다. 여기에 누가 와서 예배를 드리고 양육을 하고 공동체를 이루든 간에 모두 하나님이 기뻐하실 일이다. 역시 믿음교회로 인하여 얻은 선물이 가장 크다. 2018년 Goodbye! 행복한 한 해였다. 하나님께 깊이 감사의 기도를 드린다.

2019년

✖ 2019년 1월 1일(화, 맑음) • 소장 진급(꿈)

새해를 맞이한다. 제주도에서 새해를 맞이한다. 제주도 서귀포 표선면 세화리 1844번지에서 새해를 맞이한다.

나도 모르게 어느새 제주도 도민이 되었고 이제는 마을 사람들을 많이 알게 되고 오늘은 특별히 세화리 노인회에 가입하는 특별한 날이었다. 제주도 세화리를 전도하기 위해서는 노인회 가입도 전혀 두려움과 어색함이 없이 노인회 일원이 되었다. 우리나라에서 가장 젊은 노인의 한 사람이 된 것 같다. 이제 여기 노인들과는 친구가 되고 누구나 함께 어울릴 수 있는 위치가 되었다. 그래서 어젯밤에 기분 좋은 꿈을 꾸었다. 내가 준장에서 소장으로 진급하였다. 꿈에서 얼마나 좋아했는지 모른다.

11:00에 신년감사예배. 조희, 다연이, 다경이, 다요, 재완이 모두 참석하지 못했고, 은서와 재혁이만 예배 중에 참석하였다. 그래서 하나님께서는 신 목사 내외를 우리 믿음교회로 보내셨다. 같이 떡국을 먹고 남원에 가서 올레길을 산책한 후에 coffee 한 잔을 마셨다. 역시 신년을 맞이하도록 하나님께서 준비하여 주셨다. 기어코 컨테이너 이삿짐을 밤늦게까지 정리하였다. 기분 좋은 새해 첫날이다.

냇동산 믿음교회의 새벽

✤ 2019년 1월 6일(일, 맑음) • 다경이 아빠 설득

 금년 첫 주일이다. 오늘은 안재명 전도사 부부와 은서, 재혁이와 함께 주일예배. 우리 식구까지 6명이 예배를 드렸다. 어젯밤까지 교회에 오겠다던 다경이와 다요가 아버지가 반대하여 교회 예배에 불참하였다.

 지애 엄마가 부랴부랴 찾아가서 아이를 교회에 보내 달라고 부탁하자 15분 후에 보낸다고 하더니만 오지 않자 다시 가서 졸라 대도 끝내 오지 않았다. 저녁에 내가 가서 다경이 아버지를 만나서 설득하였다. 너무나 얼토당토않은 말을 꺼내기에 내가 차근차근 설득하자 많이 굽혀지고 다음 주에 생각해서 교회에 보내겠다고 한다. 이제는 다경이와 다요가 판단하여 신앙생활을 하도록 맡겨 달라고 부탁하였다. 끝내는 다경이네 식구들을 전도하여야 한다는 결론을 내렸다. 분명히 하나님께서 그들 가정을 이끌어 주시도록 인도하여 주실 줄 믿고 나는 계속 기도할 것이다.

 세화리 주민들을 개화하여야 하는 사명감을 갖는다. 올해는 뚜렷한 목표를 세워서 세화리 주민들에게 왜 하나님을 믿어야 하는지 인식시키도록 하자. 더 많은 기도가 필요하다.

✤ 2019년 1월 30일(수, 흐림 → 비) • 이정순 여사 위문, 기도

 오늘은 세화리 전도를 위한 날이었다. 아침 운동 시간에 노인회장 댁을 방문하여 노인회장 전도를 하고 꼭 교회에 나와서 하나님을 믿도록 권했다.

 지난주 예배에 참석했고, 이제는 하나님을 믿는 데 대한 부정적인 생각이 없다. 단지 동네 사람들을 의식하고 딸이 불교 승이라는 것에 부담을 가지고 있다.

 앞으로 수차례 만나서 하나님께로 나올 것이라고 믿고 더 간절히 기도하기로 하였다. 무엇보다도 하나님께서 인도해 주실 줄 믿는다. 노인회장이 교회에 나오면 그 여파가 크리라고 생각한다. 무엇보다도 천국을 믿어야 한다.

하나님께서 아들 예수를 이 세상에 보내셔서 십자가 위에서 죽게 하신 것은 우리 인간을 끝까지 사랑하셨기 때문이라는 것을 확신해야 한다.

오후에는 제주한라병원에 입원하고 있는 이정순 여인을 찾아 위문하고 기도를 하였다. 2일 전에 집에서 김장을 담그다가 쓰러졌는데 대동맥이 파열하여 온몸에 피가 고인 것이다. 응급으로 한라병원에 오고 7시간의 수술 끝에 이제 의식을 회복하고 누구를 알아본다. 두 손을 잡고 기도하였다. 하나님께서 치유하시고 나중에 집에 위문을 가서 하나님을 믿도록 인도하자. 하나님께서 사랑하는 딸의 평강을 위해 기도하자.

✂ 2019년 2월 2일(토, 맑음) • CCTV 설치

오늘도 다양한 일과가 계속되고 역시 바쁘게 하루를 보냈다. 나 혼자 감당하기는 어려울 정도로 많은 일을 하고 있다. 혼자서 교회와 펜션을 운용하기에는 너무 벅차다는 것을 느끼고 지애 엄마의 역할이 얼마나 중요한가를 깨닫게 해 주는 기간이 될 것 같다.

그리고 앞으로 내가 어떻게 시간을 보내야 할지 체험하게 한다. 아직 연간 계획을 세우지 않았는데 이번 연휴 기간에 구상하도록 하자.

이윤재(김충일 목사 고교 친구) 씨가 퇴실하였다. 10식구가(3대) 단란하게 지내는 모습이 보기에 좋고 아침 식전에 이윤재 장로가 식구들을 모아서 가정예배를 드리는 모습이 무척 부럽기도 하다. 방 두 개를 쓰면서 대체로 만족스러워하는 것 같아서 기분이 좋다. 내가 혼자 모든 것을 감당할 수 있었다.

오늘 CCTV를 모두 설치 완료하였다. 어제부터 오늘 사이에 큰일을 해냈다. 이제 우리 집은 모두 CCTV에 의하여 녹화되고 멀리에서도 원격으로 우리 집 사진을 볼 수 있게 되었다. 김대중 씨의 능력을 새삼 느낄 수가 있었다.

그리고 저녁에는 현 군부 노인회장을 20:30에 찾았다. 침대에 누워 계셨으나 일어나서 대화를 나누었다. 조성덕 목사님이 보내 주신 사과를 선물하였다. 귀한 것으로 선물할수록 좋다. 밤늦게까지 2개의 방을 모두 정리하고 설교 준비를 마쳤다.

✣ 2019년 2월 3일(일, 맑음) • 귀농귀촌 성도 예배

오늘도 특별한 주일이었다. 오늘은 귀농귀촌회 성도님들이 우리 교회로 와서 예배를 드렸다. 신 목사 내외, 문영복 전도사까지 왔으니 우리 측이 8명, 귀농귀촌팀이 11명, 총 19명이 같이 예배를 드렸다. 추수감사절, 성탄절 후에 가장 많은 성도가 예배를 드렸고, 오늘도 2번째로 오후 찬양예배를 드렸다. 우리 믿음교회에서는 전혀 생각지 못했던 일들이 계속 일어나고 있다. 누가 주일예배에 참석할 것인지 언제나 나의 예상을 뒤엎고 있다. 모두 하나님께서 계획하고 계신다는 것을 경험한다. "영수야, 두려워 말라, 내가 너와 함께 함이니라. 영수야, 놀라지 말라, 나는 네 하나님이 됨이니라. 내가 너를 굳세게 하리라." 단지 나는 씨를 뿌릴 뿐이다. 하나님께서 그 씨를 가꾸어 가신다. 나를 여기 양치기로 삼으셨을 뿐이다. 예배 후에 신 목사, 문 전도사 가족과 함께 해안 도로 cafe에 가서 차를 마시고 얘기를 나누었다.

두 시간을 함께 보내고 문영복 전도사 식사까지 같이 하고 떠나보냈다. 때로는 이렇게 고마운 분을 만나게 된다. 우리 믿음교회에 오기 위해서 제주도에서 버스를 타고 또 택시를 타고 여기까지 오신 것이다. 오늘 준비했다가 차비를 드리지 못한 것이 안타깝다. 헌금도 37만 원, 필요할 때 채워 주신다. 저녁에 지애 임마와 1시간 통화하는데 속이 좋지 않아서 잠이 오지 않는다고 이런저런 하소연을 한다. 이해가 간다. 다음에 오면 더 잘해 주자. 약속을 지키자. 힘들다고 해도 감사함이 넘친다.

표선 귀농귀촌회원 예배 참석

✂ 2019년 2월 15일(금, 흐림) • 부모님 추도예배

아버님·어머님 추도예배를 드리기 위하여 광주 형님 댁에 형제들이 모두 모였다.

어제 새벽 02:00까지 형제들과 같이 지내다가 늦게 잠자리에 들었다. 그래도 06:00까지 잠을 자고 나니 피로가 많이 풀렸다. 성경을 읽고, 《오늘의 양식》, 《하늘양식》, 《새벽기도》를 읽고 은혜를 받는다. 기도하고 나니 새 힘이 솟고, 식사 후에 다시 한번 말씀을 전하고 형님, 형수씨, 누나, 수자에게 안수기도를 하였다. 특히 예수님 믿고 천국에 가야함을 강조하였다.

전보다 더 수용하며 "아멘" 하고 답한다. 영덕이도 이번에 많이 풀린 듯하다. 이렇게 하여 막혔던 담이 허물어져 내린 듯하다.

희태와 연석이에게 전화하고 장성에서 만나서 식사를 하고 차를 마셨다. 희태와 함께 산소에 올라가서 기도하고 생가 집을 찾아서 옛날을 생각하였다. 고향에 가서 친구를 만날 수 있다는 것이 행복하다. 다음에 꼭 제주도를 방문해 줄 것을 약속하였다. 새마을호를 타고 오면서 3시간 반 동안 행복한 시간이었다. 오늘, 내일 시간 계획과 설교 준비를 하고 일기를 쓴다.

저녁에는 양수진 목사 부친 장례식장을 찾아서 조문하였다. 저녁 20:00에 지애 엄마와 한 달 만에 재회하였다. 그리고 장인, 장모님도 뵈었다. 왠지 측은한 마음이 든다. 장인께서 장모님의 병환으로 무척 힘들어하신다. 이제 95세인데 장모님을 병간호하기가 힘드신 것이다. 장인, 장모님을 위하여 기도하였다. 마지막 여생을 하나님께서 평안히 지켜주시도록 기도하였다.

✂ 2019년 2월 16일(토, 맑음) • 큰기쁨교회 설립예배 설교

오늘도 특별한 날이다. 송병권 목사, 신금순 목사의 큰기쁨교회 설립예배에 참석하여 노회장으로서 설교를 하였다. 80여 명의 축하객들이 참석하였고, 목사가 절반 정도 된다. 여기에서 내가 설교할 기회를 가졌다는 것은 엄청난 영광의 시간이었다. 나에게 이러한 특별한 기회를 허락하신 하나님께 감사드린다. 한 달 전부터 설교 준비를 하였고 오늘 요점은 요한복음 2장 12~22절 말씀 안에서 〈축복받는 교회〉라는 제목으로 말씀을 전했다.

하나님이 세우신 교회는 하나님 보시기에 사명을 다하고 거룩한 모습으로 예배를 드려야 한다. '축복받는 교회'는,

① 교회가 세상에 물들지 않고 물질도 탐하지 않으며, 세속화되지 않아야 한다.
② 모든 성도는 예수님이 성전을 위한 열심을 다하며 자신을 소진했던 것처럼 오늘 헌신적으로 일해야 한다.
③ 교회는 눈에 보이는 건물의 영상이라기보다는 바로 예수님의 몸이 되어야 한다.

예수님께서 성전을 도적의 소굴로 만들지 말고 기도하는 집으로 교회를 만들도록 혼을 냈던 것처럼 예수님처럼 화를 내는 목사가 인정을 받고 수용하는 교회가 되어야 한다고 전했다. 예수님의 말씀을 전하기에는 나는 부족함을 알지만, 하나님께서는 나의 역량만큼 은혜를 주실 줄 믿는다. 지애 엄마와 함께 오랜만에 제주 세화리 믿음교회와 소망펜션으로 귀가하였다.

✄ 2019년 2월 24일(일, 맑음) • Combined Church

오늘도 거룩한 주일이다. 경건의 시간 후에 교회 식당 청소, 그리고 찬양과 함께 주일예배 시작. 과연 몇 명이 참석할까 관심 속에서 그래도 오늘은 17명이 예배를 드렸다. 처제 식구와 신 목사 부부, 문영복 전도사, 황호수 장로 부부, 그리고 은서, 재혁, 유민이 정말 다양한 구성체이다. 앞으로 우리 믿음교회는 combined church로서 다양하고 active한 교회가 될 것이라고 믿는다. 말씀은 신동택 목사와 문영복 전도사가

맡았으니 말씀도 다양하다.

"영수야, 두려워 말라. 언제나 내가 너와 함께 함이니라"라고 주님께서 하시는 음성을 듣는다. 마음속에서 드러나는 감사함과 가슴속 깊이 스치는 하나님의 은총을 갖는다.

얼마나 아름다운 삶인가? 얼마나 감동적인 삶인가? 앞으로도 우리 믿음교회와 소망펜션에서 아름다운 이야기가 계속 펼쳐질 것이다. 아름다운 냇동산에 아름다운 story가 펼쳐질 것이다.

우리 지애 엄마도 나와 동일한 마음이다. 우리의 사랑은 더욱 진해져 가고 있다. 때로는 어려움도 있지만 모두 충분히 소화해 낼 수 있는 우리 부부가 될 것이다.

✂ 2019년 3월 1일(금, 맑음) • 문재인 정권 규탄 집회

오늘은 3·1절 100주년 기념일이다. 무척 의미 있는 날이다. 일제 치하에서 자유대한민국을 부르짖으며 전국에서 일어난 독립만세운동, 이것이 도화선이 되어서 온 국민에게 독립 정신을 깨우치고, 조직적인 독립운동을 이어 가게 했던 날이다. 온 국민이 기뻐하고 기념하여야 할 이 날에 문재인 대통령은 광화문광장에서 좌익 사상으로 물든 세력들을 이끌고 다른 생각으로 기념식을 가졌다.

오늘 광화문-시청-서울역까지 반 문재인 정권 규탄 집회가 이루어졌다. 촛불 세력의 두 배를 넘는 집회였다.

젊은이들이 많이 참여하고 사회 각 층의 지도자들과 예비역 장성들이 앞장섰다. 3·1절에 김정은을 서울로 초대하는 행사 대신 김정은은 베트남 하노이에서 열린 미북 정상회담에서 철퇴를 맞고 죽을상이 되어서 기차를 타고 3일을 달려 평양으로 되돌아가는 신세가 되었다. 오늘 모처럼 국민에게 안도감을 주고 좌익 세력에게 반격을 가하는 날이었다. 우리 대한민국은 이제 반 봉건시대로 되돌아가기에는 너무 깨우쳐 버린 나라다.

✂ 2019년 3월 5일(화, 맑음 → 흐림) • 동기생 초청행사

  오랫동안 준비했던 행사가 시작되는 날이다. 12:00에 공항에 도착하여 신동택 목사와 함께 동기생 8명을 태우고 사계오름식당에서 갈치조림으로 식사를 하며 허기를 채웠다. 모두가 반가운 사람들이다. 영래, 낙홍, 수근, 영찬, 종풍, 상길, 호성이 그리고 신 목사와 나까지 모여서 10명의 동기생이 2박 3일을 같이 우리 소망펜션에서 지내게 되었다.
  식사 후에 돌문화공원으로 이동하였다. 차 안이 잠시도 쉬지 않고 시끄럽다. 모처럼 만나서 반가움을 감출 수 없는 것이다.
  돌문화공원을 한 바퀴 돌면서 군데군데 해설을 덧붙인다. 돌문화공원은 무척 편안한 마음으로 제주도의 정취를 느끼게 해 준다. 1시간 반 동안 구경 후에 사려니숲길로 이동하였다. 여기는 삼나무가 숲을 이루고 있다. 모처럼 친한 동기생들과 함께 삼나무숲을 걷는다. 2박 3일 동안 친구들과 옛날 이야기를 나누며 현재 살아가는 이야기를 나누며 앞으로 어떻게 살아갈 것인가 얘기를 나눈다면 더욱 값진 여행이 될 것이다. 17:20에 우리 펜션에 도착하였다. 지애 엄마가 반갑게 맞아 준다. 지애 엄마가 기다리면서 아침을 준비하고 잠자리를 준비하면서 힘든 것보다는 이들을 위해 service를 제공할 수 있다는 것이 기쁨이다. 동네 길을 지나서 한아름식당에서 돼지고기를 실컷 먹었다. 그리고 23:00시까지 이런저런 이야기를 나누었다.

✂ 2019년 3월 7일(목, 맑음 / 바람) • 굿바이 친구들

  동기생 초청 행사 3일째. 오늘은 날씨가 맑아서 섭지코지, 성산 일출봉, 비자림 산책에 어려움은 없었다. 바람이 세게 불었지만, 이것도 여행 일부라 생각하고 모두 쉬지 않고 얘기를 나누며 마지막 여행길을 신나게 보낸다. 2박 3일간 모두가 가까워지고 허물없이 얘기를 나누며 가까운 친구들로 변했다.
  한 사람 한 사람이 모두 귀하고 나름대로 좋은 성품을 지니고 있다.

비자림을 돌 때는 시간이 너무 부족하여 급하게 일부분만 보고 나왔다. 섭지코지의 긴 산책로, 성산 일출봉의 웅장한 화산 분출구, 일출봉에서 내려다보는 성산 일대의 아름다운 자연경관이 오랫동안 기억에 남을 것이다.

제주를 찾은 육사 동기생

급히 공항으로 차를 몰아서 15:10에 도착. 아쉬운 마음으로 허그를 하고 헤어진다. 언제나 공항에서 친구들을 떠나보낼 때는 섭섭함을 많이 느낀다. 집으로 오는 길에 얼마나 졸리는지 비몽사몽간에 운전하였다. 어디든지 차를 세우고 한잠 자고 와야 하는데 나도 모르게 운전을 한다. 내가 꼭 지켜야 할 나의 단점 몇 가지. 시간 맞추기, 졸릴 때 운전을 중단하고 휴식(10분간 졸기), 밤에 잠자는 시간 지키기, 일과표 작성 후 준수하기 등이다.

서울에 도착하면서 카톡을 통해 작별 인사를 나눈다. 모두 나에게 고마움을 표시한다. 모두 즐거운 여행이었다고 한다. 내가 계획한 event 행사를 마치고 나니 한없이 기쁘다. 모두 순조롭게 이루어지고 효과 만점이었다. 하나님께 감사의 기도를 드린다.

✄ 2019년 3월 23일(토, 맑음) • 현숙한 여인

04:30에 기상한다. 5시간을 채 못 잤으니 무척 피곤하다. 그래도 세수를 하고 나면 새 힘이 솟는다. 성경을 읽고 나면 영성이 살아나고 세상에 두려운 것이 없어진다. 말씀을 가까이하면서 영적인 기쁨이 솟는다. 지애 엄마와 예배를 드릴 때 기쁨의 시간이 시작된다. 오늘은 〈영과 진리로 예배를 드릴지니라〉라는 제목으로 말씀을 전했다. 2층에 머물렀던 동이씨네 식구들을 초대하여 아침 식사를 나누었다. 지애 엄마가 준비하였

는데 그분들이 밖에서 식사하겠다고 하여 지애 엄마에게 전했더니 지애 엄마가 직접 쫓아가서 설득하여 모시고 나온다. 지애 엄마의 열정이 높고 임기응변 능력이 대단하다. 내가 할 수 없는 일을 감히 해결해 낸다.

날이 갈수록 더 지혜로워진다. 여기에 하나님의 말씀을 더하니 성경의 현숙한 여인으로 변해 가는 것이다. 이제 여기 제주 믿음교회와 소망펜션을 이루어 가는 데 우리 지애 엄마와 나는 매우 재미있게 해 나가는 것이다. 지애 엄마의 친화력과 손 대접이 주민들을 많이 끌어낼 것이다. 서로 힘을 합하여 새로운 역사가 이루어진다.

✼ 2019년 3월 29일(금, 맑음) • 다양한 과업

오늘도 계획된 일을 다 하지는 못했지만 그래도 시간 통제 계획에 의하여 알뜰하게 시간을 보냈다. 특히 MEO 준비, 설교 준비, 소망펜션을 홍보하지 못한 것이 아쉽다. 시간을 더 아꼈더라면 가능하기도 했는데…….

내일 토요일엔 거의 모든 일을 마칠 수 있을 것 같아서 마음이 편하다. 초인적인 힘을 발휘하며 살아가고 있다. 믿음교회를 담임하고, 소망펜션을 운영하는 주인으로서, 또한 안보강의 강사로서 감히 소화하기 힘든 일들이다. 이 모든 일을 가능케 하시는 분은 하나님이시다. 그래서 나는 힘차게 나아갈 수 있는 것이다. 분명히 좋은 결과를 얻을 수 있을 것이다. 다음 주부터는 이제 본격적으로 주민 전도에 나선다. 집집이 찾아다니며 교회에 나오도록 전할 것이다. 걸림돌이 있어도 괜찮다. 하나님께서 모두 해결하여 주실 것을 믿는다. 오늘 노인회 모임에 가서 내가 할 일을 찾게 되었다. 우리 집 정원에서 의료 자원봉사를 할 수 있다. 우리 세화리 주민 초청 식사를 할 수 있다. 이래서 이 모든

한마음초등학교 앞 전도

것을 준비한 것이 아닌가? MEO 행사를 위한 강사 교안 및 PPT 준비도 손을 댄다. 충분히 해낼 수 있다. 지애 엄마는 오늘 테니스와 화단 조성으로 기분이 많이 전환되었다. 항상 지애 엄마를 배려하자.

✖ 2019년 3월 31일(일, 맑음) • 제직회의

오늘도 감동의 주일이었다. 황호수 장로 내외, 고희권 집사 내외, 은서와 재혁이, 그리고 강문원 장로님 처남 오경환 집사가 예배에 참석하여 총 9명이 예배를 드렸다. 주일이 되면 항상 기대에 가득 찬다. "혹시 성도들이 오지 않으면 어떻게 하나?"라고 약간 우려도 되지만 그래도 누군가 와서 예배를 드리게 되고, 말씀을 전할 생각을 하면 큰 소망으로 기다리게 된다.

비록 적은 숫자지만 점심시간에는 제1차 제직회의로 모였다. 그리고 회계, 전도, 부활절예배, 홍보물 준비 등 많은 결정을 하였다. 기분이 무척 좋다. 우리 믿음교회가 이제 틀을 잡게 된 것이다. 하나씩 하나씩 주춧돌을 쌓아 가는 것이다. 제직회의 후에 오후찬양예배, 이정순 여사 심방예배까지 드렸다. 시원한 기분이다. 하나님께서 주시는 특별한 기분이다. 점점 더 이 기쁨이 커질 것을 믿는다.

오늘 소망동에 한 달 투숙하는 손님이 왔다. 손녀딸을 데리고 왔다. 우리 집에 외부 손님이 있고, 어린아이가 있으니 더욱 생기가 돈다. 내일은 윤여일 장로님 일행이 오신다. 믿음교회와 소망펜션에 큰 역사가 이루어진다. 이제 많은 일을 해내며 힘차게 앞으로 나아가기를 바란다.

✖ 2019년 4월 9일(화, 비) • 새벽예배 변화

새벽예배에 큰 변화가 있다. 지애 엄마와 2명이 드리던 예배가 요즘은 4명으로 늘어났다. 인서와 인서 할머니가 참석하기 때문이다. 인서가 웃는 낯으로 인사를 할 때는 예수님을 보는 듯한 행복한 마음이다. 하나님께서는 또한 외롭지 않게 손님을 우리 펜션에 보내 주시고 같이 예배를

MSO 위원장 윤여일 장로님 일행

드리도록 인도해 주신다. 지난 주일엔 심방예배를 통하여 우리 성도님들과 가깝게 되도록 해 주시고, 오늘 수요예배/기도회(화요일로 대체)에는 황 장로님 내외가 같이 참석하였다. 그래서 요즘은 담임목사로서의 많은 책임감을 느끼게 되고 또한 그 은혜도 더 커진다. 이제 목사가 이 교회를 인도하는 데 성경 말씀을 더 많이 읽고, 설교 준비 시간도 더 많이 갖고, 신앙 서적도 더 많이 봐야 한다. 담임목사의 직분이 최우선이 되어야 한다. 다른 모든 일은 예배 뒤로 밀려난다. 행여 다른 일로 인하여 목사로서의 기본이 흐트러지지 않도록 하자. 그냥 손해 보는 마음으로 나가자.

✂ 2019년 4월 10일(수, 맑음) • 행운권 준비, 발표

오늘은 하루 종일 들뜬 기분이다. 오늘 서울로 출장을 가기 때문이다. 다른 때와는 다른 목적으로 간다. 내일 MEO-P를 위한 2차 강사세미나가 있고 Mobile MEO-P에 대해 발표 준비도 하였다. 어젯밤 12시까지 준비하였다. 그리고 내일 저녁에는 육사동기회가 있고, 내가 행운권을 제공하여 추첨한다. 제주 왕복 항공권 2매(부부)와 2박 3일 숙박권을 제공하는데 2부부를 초청하는 것이다. 내 자랑이 아니라 그냥 내가 이런 행운권을 제공할 수 있다는 것이 기분이 좋은 것이다. 우리 지애 엄마도 나와 같은 마음이다. 남에게 베풀 수 있어서 좋다. 돈을 생각하면 넉넉한 형편이 아니고, 목사로서 너무나 세상적인 삶을 사는 것 같아서 조금 걸리는 것도 있지만 그냥 순수하게 선물하는 마음이다.

또 장인과 바둑도 두고 장모님을 위로하며 기도할 수 있어서 기다려진다. 전재권 장로에게 줄 선물도 준비했다. 한라봉과 오늘 아침에 딴 고사리, 어제 말린 무 등도 넣었다. 내가 좋아하는 사람들과 하루를 묵는다는 것이 무척 기다려진다.

저녁 8시 반에 전재권 씨 집에 도착하여 하루를 묵었다. 집이 너무 정갈하고 호텔 같은 분위기다. 밤늦게까지 얘기를 나누었다.

✈ 2019년 4월 24일(수, 맑음) • 친구 희태 방문

비가 온 후 온 세상이 새롭게 변했다. 제주도의 가장 아름다운 계절이 아닐까? 모든 식물은 새로 단장하여 연녹색으로 변하고 환희에 차 있다.

우리 집도 모든 나무가 새잎을 내며 우리를 반긴다. 올해 우리 집은 큰 변화가 있을 것을 예상한다. 벚나무, 동백나무, 감탕나무, 귤나무, 감나무, 대추나무가 모두 새잎을 내고 있다. 밭에는 모종이 자라고 씨앗이 깨어나고 있다. 잔디는 이제 완전히 녹색으로 변하고 빈 곳을 덮어가고 있다. 오후에 낙엽과 함께 키가 자란 잔디를 깎아 주고 나니 너무나 멋있다. 날이 갈수록 더욱 아름다워질 것으로 생각한다.

오늘은 또 희태가 와서 3박 4일 머문다. 안보강의를 마치고 오니 우리 집 안채에서 지내고 있다. 가족, 사위, 딸 정현이와 함께 왔다. 너무나 반가운 친구다. 펜션이 있으니 이렇게 친한 친구가 오는 것이다. 행복한 나날들이다. 하나님께서 은총을 내려 주신다. 이렇게 행복하다고 느껴 본 적이 없는 것 같다. 앞으로도 좋은 길로 인도해 주실 것을 믿는다. 밀린 일도 하나씩 해결되어 간다.

고향 친구 희태의 방문

✈ 2019년 5월 19일(일, 비) • 이정순 여사 예배 참석

오늘도 비가 계속 내린다. 내가 보기엔 꼭 필요한 비가 내리는 것 같다. 하나님께서 나보다 더 비가 필요하시다고 계획하여 넉넉히 주시는 것이다. 오늘 예배에는 우리까지 8명이 참석하였다. 현승백, 현태효 성도님들이 아무런 통보도 없이 오지 않았고 고희권 집사님 부인 김명숙 집사님이 오시지 않았다.

오를 때가 있고 내릴 때가 있다(up and down). 그러나 오늘 이정순 여사가 참석했다는 것이 가장 큰 의미가 있고 기쁨이 된다. 식구들의 반대에도 예배에 참석하였다. 여기 세화리에서 가장 큰 결실이기도 하다. 일단은 많은 씨를 뿌리자. 그 씨앗을 거두는 분은 하나님이시다. 우리 지애 엄마도 점점 전도에 더 큰 사명감을 가지고 있다. 오늘도 예배 후에 시간을 잘 이용하여 밀린 일들을 많이 처리하였다. 이제는 금년도 계획을 세울 때가 되었다. 계획을 세우고 시간을 관리하는 데도 하나님께 지혜를 구하고 길을 구하자. 짐을 지고 가기보다는 기쁨으로 한 발씩 나가도록 하자.

✣ 2019년 5월 27일(월, 맑음) • 사랑받는 사람

어젯밤부터 비가 많이 내린다. 또 마당이 물에 잠긴다. 내가 정성 들여 가꾸는 집에 관심이 많다. 특히 내가 심은 나무, 화초, 채소 하나하나도 그냥 넘기지 않는다. 물을 주고, 흙을 덮어 주고, 농약을 뿌리고 비료를 준다. 그래서 모든 식물이 사랑스럽다. 우리 집 나무들이 유별나게 잘 자란다. 나의 정성이 전달되나 보다. 이 세상의 모든 피조물은 사랑을 받으면 한없이 예뻐지고 힘이 솟는다. 하물며 사람은 온전하겠는가? 사랑받은 사람은 기뻐한다. 힘이 솟는다. 두려움이 없어진다. 그래서 사랑해야 한다. 누구나 아무 조건 없이 사랑해야 한다. 사랑하지 못할 사람까지도 사랑해야 한다. 찾아서 사랑해야 한다. 나를 사랑하는 사람만 사랑하는 것은 누구라도 할 수 있다. 원수까지도 사랑해야 한다.

세화1리 노인회 회원야유회

빗속에서 하루를 보냈는데 아무런 계획 없이 하루를 보내니 아무런 기억도 없고 욕심도 없다. 시들어 버린 박넝쿨같이 힘이 없어진다. 반드시 주간 계획, 일일 계획을 세우고, 분기, 반기, 연간 계획도 세우자. 그리고 실천하도록 노력하자.

✂ 2019년 5월 30일(목, 맑음) • MSO 참석 환영

어제 무척 곤히 잠을 잤다. 5시간 숙면을 취하고 나니 모든 피로가 씻어진 듯하다. 그래서 잠을 못 자도 너무나 염려할 필요는 없다. 어제 장인과 23:00까지 바둑을 두었다. 어제는 서로 맞두며 내가 이긴 적도 많다. 그래도 장인과 바둑을 두면서 지내 온 것이 오히려 나를 홀로 있게 만드는 원인이 된 것이다.

1시간 늦게 MSO에 참석하니 모두 반갑게 맞아 준다. MSO는 언제나 은혜가 충만하다. 여기에 몸담아 온 것도 벌써 19년이 된다. 내가 군선교를 위하여 일하기 시작한 곳도 이곳이고, 지금까지도 귀한 역할을 많이 수행하였다. 특히 KMCF 총무로 활동을 하고, MEO 팀장으로 일해 왔다. 헌신적으로 일하도록 붙잡아 주신 하나님께 감사드린다.

비록 강사와 보조강사가 세미나에 많이 참석하지 않았지만, MEO를 마지막으로 검토하고 앞으로 해야 할 일을 정리하는 중요한 자리였다.

내가 걱정했던 것들이 모두 해결되는 시간이었다. 이제 6월 27일부터 1주간 마지막 MEO를 한다고 생각하고 정열적으로 임무를 수행하자. 헌금도 꼭 강사비 1/10을 하도록 하자. 곰곰이 생각해 보니 이번 서울 여행에서 성령님께서 늘 함께하시며 helper, comforter, encourager, counsellor가 되어 주셨다. 저녁에 박재영 소령(예비역)이 체크인 하였다.

✂ 2019년 6월 13일(목, 맑음) • 노도중대(육사 12중대) 제주 모임

노도회(육사 12중대 동기) 모임 2일째다. 아침예배에 김주천, 양국종이 참석하였다. 하나님께서 사랑하시는 친구들이다. 오늘은 아침예배 후에 표선체육관 산책을 하고 식사 후에 신동택 목사와 합류하여 서귀포

일대를 방문하였다. 제주 한라산을 구경하자는 목소리가 너무나 약했다. 70리공원, 한일우호센터, 허니문하우스를 차례로 구경하며 즐거운 시간을 가졌다.

저녁 식사는 뒤뜰 바비큐장에서 만찬을 하였다. 이제는 바비큐도 쉽게 할 수 있고 camp fire도 일색이다. 식사를 맛있게 하고 밤 11시까지 앞으로 어떻게 건강을 지키고 앞으로 무엇을 하며 살아갈 것인가에 대하여 각자 의견을 제시하면서 유익한 시간을 가졌다. 나의 제안으로 이루어지는 성과 있는 모임이었다. 우리 노도 모임이 한 차원 격상되는 기회였다. 술 마시고 놀다 헤어지는 모임은 큰 의미가 없다. 조금 허탈감을 느낀다. 앞으로 노도 모임을 잘 이끌어서 귀한 친구들의 모임으로 발전시켜 나가자.

노도회원 제주 행사

✹ 2019년 6월 19일(수, 비) • 2019 MEO-P 행사

2019 MEO 3일째. 피곤한 가운데서도 시간은 빨리 지나고 있다. MEO Team 장이 바쁠 수밖에 없다. 바쁜 가운데서도 아침 경건의 시간, 영어, 운동은 모두 이어 가고 있다. 그리고 피곤해도 뛰면서 땀을 흘리고 샤워를 하고 나면 몸의 컨디션이 좋아진다. 오늘부터 Case Study Training이 시작되었다. 준비한 만큼 더 잘 이루어진다. 그리고 저녁에 모든 일과가

2019 MEO 참가자

끝나고 나면 내가 주도하여 강평을 한다. 어제 통역 문제에 대하여 언급하였는데 장○○ 목사가 무척 언짢아하는 것 같다. 그리고 오늘 강평 시간에는 장 목사의 강의에 대한 몇 가지 시정 방향을 제시하였다. 당장 안색이 변하고 나의 약점을 잡고 기분 나빠한다.

그냥 잘 했다고 지나가야 했는가? 아니면 잘잘못을 구별하고 서로 고치는 방향으로 해야 하는가? MEO 발전을 위해서 하나님의 입장에서 기분 상하지 않으면 시정하는 방향으로 지혜롭게 해야 한다.

✂ 2019년 6월 29일(토, 비) • 에덴동산

하루 종일 비가 내린다. 그래도 빗속에서 보는 녹색의 잔디는 아름답기 한량없다. 잔디를 볼 때 이상하게도 기분이 좋고 행복함을 느낀다. 정성 들여 가꾼 잔디밭이라 그런 것이다. 하나님이 주시는 아름다움에 끌리는 것이다. 이렇게 아름다운 동산에 교회와 펜션을 지어 주신 하나님께 감사드린다.

오늘도 설교 준비를 하면서 많은 시간을 보냈다. 그러면서 은혜를 받는다. 밀린 일들을 처리하면서 바삐 시간을 보낸다.

지난번 경로 관광 때 같이 식사를 하면서 알게 된 김○○ 어른을 방문하였다. 집에서 300m 떨어진 곳에 사는 분인데 그분의 방을 보고 무척 놀랐다. 10년 이상 방을 치우지 않고 온갖 종이와 옷들로 바닥으로 삼고 있고, 천장과 벽은 곰팡이가 끼어 있고 악취가 코를 관통한다. 그래도 여기에서 30분 이상 앉아 있으면서 그분의 얘기를 들어주었다. 그리고 내일 예배에 참석하실 것을 권했더니 순순히 참석하겠다고 한다. 한 영혼을 구하시는 하나님의 계획임을 믿는다.

✂ 2019년 7월 5일(금, 맑음) • 지애, 채영이 귀국

오늘은 특별한 날이다. 우리 채영이가 3년 반 만에 한국으로 돌아온다. 사랑스러운 딸과 채영이를 만나는 특별한 날이다. 꿈에도 그리던 우리 채영이가 돌아온다.

안보강의를 마치고 부랴부랴 버스정류장으로 가서 제주공항에 도착하였다. 오늘 교통비는 총 2,800원이다. 일반 버스는 모두 무료다. 그리고 2~3km 걷는 것도 좋다.

제주공항 → 김포공항 → 인천공항으로 이동하여 지애 올 때까지 2시간 동안 MSO에서 요청한 번역 작업을 하였다. 번역을 마치고 나니 지애가 도착한다. 모든 계획은 하나님을 향해 지향할 때 늘 하나님께서 도와주신다.

드디어 지애가 19:00 조금 넘어서 도착하였다. 플래카드를 가지고 기다리다가 "할아버지" 하는 소리에 지애와 채영이를 발견하였다. 드디어 지애와 우리 채영이를 만났다. 내 가슴에 꼭 껴안고 얼굴을 비볐다. 드디어 우리 채영이가 돌아왔다. 3년 반 만에 돌아온 것이다. 이제 광교에서 거주하며 지애는 고등학교 교사로, 채영이는 초등학교 3학년에 입학하며, 백 서방은 나주에서 근무한다. 우리 채영이가 새로운 한국 학생들과 만나서 잘 적응해 나가길 기도한다. 하나님께서 우리 지애, 채영이, 백 서방을 축복해 주시길 간절히 기도한다.

지애·채영이 귀국 환영

✄ 2019년 7월 8일(월, 비) • 새얼신우회 제주 수련회

새얼신우회 수련회 1일 차.

드디어 이날이 왔다. 교회와 펜션 건축을 시작하면서부터 기다렸던 날이기도 하다. 2008년 처음 제주도에서 신우회수련회를 시작하면서부터 기다리기도 했던 수련회다. 12명이 서울에서 참석하고, 신 목사 부부와 함께 16명이 참석하였다. 귀한 친구들이다. 육사 생활 이후 47년의 세월을 같이 보냈고, 특별히 하나님

새얼신우회 수련회(믿음교회)

이름으로 모인 귀한 친구들이다. 일기예보보다도 비가 훨씬 오래 오고, 오늘 하루는 빗속에서 보내게 된다. 이것도 하나님께서 주시는 특별한 계획이라고 믿는다. 빗속에서 우산을 받치고 해변을 걷고, 우도 짜장면에 우도 땅콩 아이스크림을 먹고, 빗속에서 우도 해안가를 산책하였으니 이 정도면 충분한 추억이 될 수 있다. 우리 집에 오면서부터 수련회 분위기가 시작되었다. 지애 엄마가 낙엽 한 잎 없이 깨끗이 정리한 잔디밭이 더욱 산뜻하고 아름답다. 한아름식당에서 식사 후에 감사예배 및 나눔의 시간을 갖는다.

모두들 우리 믿음교회와 소망펜션을 좋아한다. 아름다운 추억과 함께 모두의 영성이 upgrade되는 수련회가 되기를 바란다. 겸손한 마음으로 대접하자. 모두를 높여 주자.

✂ 2019년 7월 15일(월, 맑음) • 풀장 설치

오늘은 차분히 책상에 앉아서 한 주일 계획을 하였다. 비록 계획대로 다 되지 못한다 하더라도 마음의 여유를 찾을 수 있다.

그런데 이상하게도 계획대로 살아가지는 못하고 있다. 특히 집 안 잔디를 가꾸고, 농작물도 가꾸고 꽃을 가꾸다 보면 시간 가는 줄 모르고 한 주간 계획을 물거품이 되게 한다.

시간을 잘 활용하고 있다. 그러나 계획된 일은 모두 하려고 하니 시간

이 부족하다는 것이다. 밤 10시에야 정신이 차려지고, 이때부터 밀린 일을 하나씩 한다.

오늘 우리 집에 간이 풀장을 설치하였다. 설치하는 데 반나절의 물을 받는 데만도 3시간 이상이 필요하다. 펜션에 머무르는 인서, 예서, 다경이가 첫 수영자가 되었다. 엄마가 착하고 하나님을 경외하니 자녀들에게 축복을 주신다. 나도 밤에 수영장에 들어갔다. 물이 모두 채워지니 무척 튼튼하게 풀장이 서 있다. 언젠가 계획했던 일들이 하나씩 이루어지고 있다. 아이들 천국으로 변해 가고 있다. 방방이, 수영장, 축구장, camp fire 등 가족 단위 휴식처로서 모든 것을 구비한다. 앞으로 세화리 아이들에게 꿈의 동산이 될 것이다. 우리 채영이, 수현이, 승현이, 시현이가 얼마나 좋아할까?

✺ 2019년 7월 16일(화, 맑음) • 강문언 장로 방문

오늘은 무척 다양한 일이 많은 하루였다. 아픈 다리를 끌고 동네를 한 바퀴 뛰었다. 웬만하면 하루 쉬어도 될 텐데. 샤워를 하고 나서 노인회 식사에 참석하였다. 50여 명의 노인 어르신들과 인사를 나누고 삼계탕 식사를 한다. 이제는 노인회 어르신들도 내가 누구라는 것을 알고 반가워하신다.

김대중 사장이 친구분을 모시고 우리 집을 구경하였다. 자기가 자랑스럽게 지었던 집이다. 12:00 강문언 장로님과 신동택 목사가 방문하여 차 한잔 나누고 남원에서 같이 식사를 하였다. 우리 집을 모두 좋아한다. 수영장까지 개장했으니 환상적이다. 이제는 자랑스럽게 홍보를 할 수 있다. 본격적으로 홍보를 하여 올여름부터는 펜션의 면모를 갖추도록 하자.

강문언 장로님과 신 목사 간에 즐거운 대화로 서로 마음이 통한다. 11월에 일본 여행을 하기로 하였다. 내일모레 보고할 MEO 결과보고 준비하며 내 style대로 만들었다. 그래도 지난 5년 동안 MEO 발전을 위하여 힘썼고 발전도 있었다. 목요일 보고를 마지막으로 MEO를 끝내고자 한다. 적당한 시기에 손을 뗄 줄 알아야 한다. 누군가 더 많이 발전을 이룩할 것이다. 내일 출장 준비를 마치고 나니 밤 00:30이다. 그래도 견딜 만하다.

✂ 2019년 8월 15일(목, 맑음) • 주민초청잔치

오늘 믿음교회에서 최대의 행사가 있었다. 한 달 전부터 계획해 온 주민초청잔치 및 전도대회를 한 것이다.

12~14일까지 문영복 목사님과 선교사님 사모와 함께 3명이 세화리 모든 집안을 방문하여 초청하고 플래카드를 걸었다. 그리고 노인회, 귀농귀촌의 회원님들과 동네 주민들을 초청하였다.

과연 100명이 올까 우려하였으나 17:00부터 한 분 한 분 모이기 시작하더니 18:00에는 거의 100여 명이 참석하였다. 뷔페 식사를 나무 그늘 옆에 준비하고 식사를 분배하였다.

그리고 귀농회 회원이 야외에 마이크와 스피커를 설치하고 색소폰 연주를 한다. 모든 것이 합쳐서 절경을 이룬다. 식후에 교회 내에서(70명 좌석 준비) 공연 시작. 찬양, 워십댄스, 기타 찬양, 메들리, 가요(필리핀인 5명) 색소폰 연주, 마지막에 연극을 실시하였다. 문영목 목사님이 주연으로 하나님의 영혼 구원 주제 공연도 하였다. 그리고 문 목사님 설교를 하고 행사를 마무리하였다. 비록 당장 교회에 출석하지 않는다고 하더라도 모두의 영혼은 깨어날 것을 믿고 더 힘을 내어서 세화리 주님들에게 계속 복음을 전하고자 한다.

주민 초청 전도대회

✼ 2019년 8월 26일(월, 비) • 제주 안보강의

주일예배에서 〈무엇을 선택할 것인가?〉라는 제목으로 말씀을 전했다. 황호수 장로와 손자가 같이 참석하였다. 세상에 고마운 사람들도 많이 있다. 만약에 황호수 장로가 없었다면 우리 교회 새벽예배는 계속 이어 가기 어려울 것이다. 하나님께서 나의 마음을 아시고 황 장로님을 택하셔서 우리 믿음교회로 보낸 것이다. 고희권 집사, 현승백 집사, 신동택 목사, 경훈이, 경우, 은서네 아이들을 보내 주셨다. 나를 실망시키지 않기 위하심이라 믿는다. 이제부터 본격적으로 전도를 하여야 한다. 분명히 하나님께서는 필요한 사람들을 붙여 주실 줄 믿는다.

오늘은 오랜만에 안보강의 2시간, 300여 명의 예비군에게 열강을 하며 안보관을 심어 주었다. 제주도에서 나의 큰 역할이기도 하다. 오늘 소망교회에 귀하신 분이 오셨다. 권은혁 목사님과 그 가족들이 총 5명 오셨다. 이 모든 것에도 하나님께 감사드린다.

✼ 2019년 8월 28일(수, 비) • 세화리를 위한 기도

오늘도 계속 비가 내린다. 이제는 찬란하게 비치는 해가 그립다. 장마 때에 접어들어서 해 뜨는 날이 귀하게 되었다. 오늘도 비를 맞으며 동네를 한 바퀴 뛰었다. 내 발이 지나가는 모든 집을 위하여 기도한다. "하나님, 언젠가는 여기 세화리 모든 주민이 깨어나서 주님 앞으로 오도록 도와주옵소서. 영적으로 잠들어 있는 이 주민들을 깨워 주옵소서."

이제는 본격적인 전도를 할 때가 되었다. 전도지를 새로 만들고 집집마다 방문하며 전도를 하여야 한다. 이제는 두려워할 필요가 없다. 나를 두려워하게 하는 사탄과 마귀의 권세를 기도로 쫓아내는 것이다. 내가 움직일 때마다 벌벌 떨며 돼지에게로 들어가서 절벽 밑으로 떨어지는 기적이 일어날 것을 믿는다.

나의 기도가 필요하다. 내가 더 많은 시간을 내서 전도하여야 한다.

오늘 이정기 사장님으로부터 교회에 참석하겠다는 약속을 받고, 현응호 씨도 올 의사를 밝혔다. 이제 우리 성도들과 합심하며 기도하도록 하자. 전도는 사탄과의 전쟁이다.

야외예배 / 여름성경학교

✤ 2019년 9월 6일(금, 흐림 → 갬) • 사랑스러운 채영이

눈을 뜨고 채영이를 찾는다. 사랑스러운 우리 채영이는 나에게 소망이요 기쁨이다. 나이가 들면서도 할아버지를 좋아하고, 예의 바르고 순진함이 조금도 변화하지 않는다.

우리 채영이는 2살 때부터 같이 살면서 많은 기쁨을 주었다. 4살 때 낙원교회 예배에 매주 참석하였고, 5살 때부터 놀이터에서 많이 놀았다. 지구촌교회 어린이 예배도 계속 참석하였고, 7살 때 미국으로 가면서 헤어지게 되었다. 2번 미국에 가서 채영이 공부하는 모습도 지켜보았다. 유난히 할아버지, 할머니를 좋아한다.

이제 10살이 되어서 한국으로 돌아오고 학교도 바뀌었다. 걱정도 하였으나 여러 가지 환경 변화에 잘 적응하며 잘 인내하며 커 가는 우리 채영이가 대견스럽다. 채영아, 꼭 하나님을 믿고 교회에도 나가고, 말씀을 먹고 자라다오. 하나님께서 축복하여 주시길 간절히 기도한

나의 기쁨 백채영

다. 오늘 육사연합예배에 참석하였다. 200여 명의 선후배 회원들이 참석했다. 우리 동기생이 19명으로 가장 많이 참석하였다. 교회와 펜션 홍보지를 모두에게 분배하였다. 하나님께 기도하고 담대한 마음으로 나누어 줬다.

✂ 2019년 9월 18일(수, 맑음) • 축구 시합

원래 오늘 귀향하려고 했으나 오늘 축구 시합 때문에 어제 귀향하였다. 이상하게 축구 시합엔 꼭 출전하고 싶었기 때문이다. 사람들마다 꼭 즐기고 싶은 취미 활동이 있다. 난 달리기를 좋아한다. 지애 엄마와 함께 테니스도 좋아한다. 등산도 좋아한다. 아직은 건강해서 하지 못하는 운동은 거의 없다. 골프도 좋아하고 두 달 전부터는 새로운 운동을 시작하였다.

축구 운동을 시작한 것이다. 표선면 60대 축구팀에 가입하여 매주 주일 15:30에 남원, 성산읍과 시합을 한다. 벌써 7~8회 시합에 참가하였고 오늘은 대한축구협회 주관 시니어축구대회에 나간 것이다. 아쉽게도 1 대 0으로 지고 말았다. 나도 3번이나 goal in 시킬 수 있었는데 아쉽다. 그래도 바다가 보이는 구장에서 맑은 가을 날씨에 녹색 축구장에서 땀을 흘리며 시합했던 이 시간은 잊혀지지 않을 것이다.

표선면 60대 축구팀

✂ 2019년 10월 12일(토, 맑음) • 교회 홍보

오늘은 7명이 새벽예배를 드렸다. 지애 엄마의 친구 3분이 같이 예배를 드린 것이다. 우리 교회에서 매일 새벽예배를 드리고, 수요예배와

주일예배를 드리며, 가끔 전도 행사, 수련회, 기타 교회 행사들을 하기 위하여 교회나 펜션을 쓰고 있다.

기도하는 집, 찬양하는 집, 예배드리는 성전이 있으니 이곳이 바로 구원의 동산이요 세화리의 예루살렘이라고 할 수 있다.

귀농귀촌 전시회장 홍보

만나는 사람 모두가 전도의 대상이며 기도의 대상이다. 내일은 거룩한 주일이다. 오후엔 귀농귀촌전시회장에서 교회 홍보를 하였다. 그리고 15~17일 연합수련회 준비로 오늘도 정신없이 바쁘게 보냈다. 그래서 세부 계획 및 점검표를 작성하며 꼼꼼히 준비하여야 한다. 아직도 며칠 남은 수련회 준비에 최선을 다하자. 최대한 정성을 들여 준비하고 모든 것은 하나님께서 도와주실 것을 간절히 기도한다. 우리 지애 엄마도 준비에 여념이 없다.

✖ 2019년 10월 16일(수, 맑음) • 경인서노회 연합수련회

ICS 연합수련회 2일 차다. 모든 일정대로 이루어지고 기쁘게 은혜롭게 행사를 마쳤다. 예배, 산책, 식사, 관광 모든 것에 만족하였다. 저녁 노회총회 예배 시에는 노회장으로서 설교를 하였다.

많이 생각하며, 기도하며, 준비한 결과 내 수준을 넘는 설교였다고 믿는다. 예배, 총회, 성찬식 후에 잔디밭에서 송병권 목사와 그 일행이 준비하는 야외무대를 설립하였다. 그런데 시작하자마자 이장으로부터 전화가 온다. 주민들이 시끄러워 민원이 들어온다는 것이다. 소리를 낮추고 계속하자 이번에는 파출소에서 경찰 2명이 나왔다. 이웃집에서 전화를 한 것이다. 그냥 10시까지 이어 가고 촛불 행사까지 마쳤다. 주민에게 피해를 주기보다는 한 사람의 원망이 오히려 불협화음을 일으킨다는 것을 알았다.

✂ 2019년 10월 28일(월, 맑음) • 양병모 목사 일행 투숙

아무리 생각해도 주일예배를 은혜롭게 드렸다는 생각이 든다. 비록 교인 숫자는 적지만(어른 9명, 학생 5명) 주일학교 예배, 주일예배, 오후찬양예배를 드리고 나면 성령 충만함을 실감한다.

세화리 주민들에게 전도하고자 하는 집념은 변함이 없다. 비록 지금은 부족함이 많은 것을 알지만 나의 기도와 꿈은 반드시 이루어질 것을 믿는다. 분명 하나님께서 도와주실 것을 믿는다.

보도블록 작업을 계속하여 마지막으로 교회 앞 작업을 하다가 안보강의 1시간을 마치고 와서 모두 완성하였다. 집 안이 무척 단정하고 산뜻해 보인다. 70만 원을 추가하여 새 단장을 했다. 집에 대한 애착이 크다. 꽃 한 송이, 돌 하나도 그냥 지나치지 않는다.

오늘 양병모 목사와 가족들이 소망펜션에 투숙하였다. 10:00에 도착하여 교회에서 브리핑하고 저녁 18:00에 바비큐 파티를 하고, camp fire까지 했다. 정성을 다하여 대접을 하였다. 베풀어야 할 사람에게 베풀 것이다.

앞으로 우리 소망펜션과 믿음교회에서 아름다운 일이 많이 일어날 것을 믿는다.

이들 재원이와 식구들이 소망펜션에서 며칠 머무른다. 손자 세 명과 실컷 뛰었다.

세 손자와 한 팀이 되다

✂ 2019년 10월 30일(수, 맑음) • 심재구 손녀를 위한 기도

상경 후 2일째를 보내고 있다.

04:00에 일어나서 말씀을 읽고 정리, 일기 기록, 기도를 하였다. 하루

일과 시작 전에 필수 코스다. 영적인 건강을 유지하는 길이다.

영적 육적인 건강을 유지할 수 있도록 지금까지 인도해 주신 하나님께 감사드린다.

오늘 하루도 매우 유익하게 보냈다. 채영이와 원카드게임, 장인 바둑, 재원이 집을 방문하여 손자들과 풍뎅이 경기, 심재구 동기생을 만나서 기도 부탁 등등.

특히 심재구 동기생 손녀(호주)가 요도염으로 인하여 수술을 한다고 한다. 생후 3개월밖에 되지 않았는데 상당히 심각한 병이다. 나에게 기도를 부탁하면서 헌금도 하였다. 얼마나 다급했으면 이렇게 나에게 부탁을 했을까 싶다. 하나님께서 내가 심재구를 방문하고 싶은 마음을 주신 것 같다.

이제부터 심재구 손녀 Faith를 위해서 간절히 기도한다. 채영이와 아쉬운 인사를 나누고 장인과 밤 24:00까지 바둑을 두었다. 이번 여행에 장인과 바둑도 중요한 부분이다.

✈ 2019년 11월 5일(화, 맑음) • 화목회 회원 방문

오늘부터 또 큰 행사가 이루어진다. 화목회 회원 아홉 분이 우리 믿음교회와 소망펜션을 찾고 2박 3일간 같이 지내기 때문이다.

금년도부터 얘기가 나왔고 드디어 오늘부터 시작한 것이다.

허전 목사님, 송인숙 사모님, 고재만 장로님, 김미정 사모님, 조양현 목사님, 신문미 사모님, 안만국 목사님, 정정옥 사모님, 그리고 이대한 목사님이 방문하고 신동택 목사와 내가 합류한 것이다.

어제 미리 도착한 안만국 목사님과 함께 08:00에 노인회관에서 같이 식사를 하고 웃음체조 30분

소망펜션을 찾은 화목회 회원

을 진행했다.

50여 명의 노인이 참석하였다. 여자 어르신들은 같이 박수를 치며 잘 호응하는데 남자 어르신들은 금방 자리를 떠서 나갔다. 이것이 바로 남자와 여자의 차이고 제주도 노인들의 모습이라고 볼 수 있었다. 자연사박물관, 이기풍 선교기념관, 돌문화공원, 사려니숲길 여행을 마치고 명가돈촌에서 갈치조림 식사를 한 후 19:00에 귀가하여 교회를 소개하고 camp fire를 하면서 21:30까지 나눔의 시간을 가졌다. 날씨, 시간 계획, 반응 모두 좋았다.

✄ 2019년 11월 11일(월, 맑음) • 귀농귀촌회 기도

지애 엄마와 테니스 30분, 3km 구보, 축구 연습, 예배에 이어서 weight training이 이어지고 땀을 흠뻑 흘린다. 지애 엄마와 양지바른 곳에서 커피를 마시며 잠시나마 행복한 시간을 가졌다.

그리고 대문 옆에 있는 화분들을 정리하고 지애 엄마는 이 화분들로 식당 구조를 바꾸었다. 무척 좋아한다.

심재구 동기생에게 귤을 한 박스 보내고, 또 토요일 신우회 예배 시에 쓰게 될 귤 한 박스를 더 보냈다. 풍성회와 국종, 광춘, 주천, 선기에게도 모두 귤을 한 박스씩 보내도록 지애 엄마가 제안한다.

베풀면서 살 수 있는 형편이 되었다. 설교 준비를 하고 한 주일을 계획하고, 내일 강문언 장로님과 서귀포 나들이 계획을 약속하며 풍성한 하루를 보냈다.

저녁에는 귀농귀촌 모임에 가서 기도하는 시간도 가졌다. 그리고 신입회원들에게 교회 명함을 전했다.

다양한 일을 하며 살아가고 있다. 한량없는 하나님의 은혜에 감사와 찬양을 드린다. 특별히 나에게 많은 은총을 내리시는 주님께 더욱 충성할 것을 다짐한다. 그리고 우리 자녀들을 위해 기도한다.

✖ 2019년 11월 23일(토, 맑음) • 축구팀 초청행사

오늘은 특별한 날이었다. 13:00부터 축구 시합을 하고 이어서 우리 집에 초청하여 우리 교회 및 펜션을 소개하고 식사를 대접하였다.

내가 초청하였다. 제주도에 와서 만난 순수한 사람들이 축구 선수들이다. 가장 마음이 쉽게 통하고, 이해할 수 있는 사람들이다. 그리고 축구 운동도 잘하고, 그들과 내가 가장 좋아하는 축구 운동을 다시 할 수 있어서 좋았다.

마음이 통하고 허물없이 이야기할 수 있다. 그리고 그들은 모두 표선 원주민으로서 전도 대상자들이기도 하다. 일주일 중 매우 기다려지는 날이 주일 오후이기도 하다.

예배를 모두 마치고 가벼운 마음으로 축구장으로 달려가서 반가운 사람들을 만나고 마음껏 뛴다. 스릴 있는 축구 시합이 시작된다. 나의 삶에 큰 활력소가 된다.

펜션 앞에서 야외 바비큐 식사를 하였다. 우리 교회와 펜션 건축 현황도 소개하고, 〈나는 행복한 군인이었다〉 영상을 보여 주고 식사를 하였다. 기도했던 대로 바람을 그치게 해 주셨다. 막상 끝나고 떠날 때는 서운하다.

✖ 2019년 12월 2일(월, 맑음) • 나훈아 쇼 구경

어제 나훈아 쇼 구경을 하였다. 비록 세상의 흥겹게 살아가는 모습을 보면서라도 한편으로 세상의 영광이 잠시 헛된 것임을 깨닫게 해 주는 교훈이 되기도 하였다. 그러나 나훈아 씨의 열정적으로 살아가는 모습, 자기의 일에 충성하며 살아가는 모습에 오히려 감동을 받았다.

나는 과연 하나님의 일꾼으로서 그렇게 열정적으로 살아갈 수 있는지 나를 반성하게 하기도 한다.

오늘은 우리 집에 큰 손님이 오시는 날이다. 김인성 목사님의 소개로 백석교단 인천노회에서 주관하는 바우토우열방신학교 학생들이 목사

안수를 받기 위해서 4박 5일 우리 펜션에서 머무르고, 믿음교회에서 안수식을 한다. 우리 펜션과 교회가 이렇게 귀하게 쓰임받을 수 있다는 것이 큰 영광이요 하나님의 은혜다. 지애 엄마와 함께 정성 들여 준비하였다. 따뜻하게 대접하고자 한다. 오후 6시에 도착하여 숙소를 정하고 교회에서 오리엔테이션을 한다. 우리 교회가 이렇게 하나님의 일터로 쓰임받게 되어서 기쁘다. 배울 점도 많은 것 같다. 간절히 기도하는 시간이 되자.

✈ 2019년 12월 9일(월, 맑음) • 연간 계획 수립

   새로운 한 주가 시작된다. 비록 미숙한 하루하루를 보내고 있지만 새로운 한 주를 계획하는 것은 매우 즐거운 시간이다. 그리고 계획대로 한 주를 살지 못하는 아쉬움도 있지만 그래도 한 주간의 계획을 세우고 나면 늘 새로운 계획에 기쁨이 넘친다. 그리고 언젠가는 계획대로 하루하루를 보낼 수 있는 때가 올 것을 믿는다. 만약에 나에게 이런 plan이 없이 살아간다면 불안하고 무기력한 마음으로 살아갈 것 같다.
   이제부터 이렇게 계획한 시간을 어떻게 잘 맞춰서 시행하며 살아가느냐가 나에게 큰 과제이기도 하다. 시간 단위로 짜임새 있게 보내 보자. 한번 꼭 시행해 보자. 내일부터 하는 것이다.
   나에게 미리 내다보고 계획할 수 있는 능력을 달라고 하나님께 기도하도록 하자. 50분 일하고 10분간 쉬는 여유도 갖도록 하자. 무질서하게 하루를 보내지 않도록 하자. 오늘 면장을 만나서 어린이 서울 나들이 계획을 위한 비용 지원을 요청하였다. 어려움이 있지만 꾸준히 밀고 나가자. 매년 우리 교회의 yearly plan을 이루는 것이다. 앞으로 계속 접촉하자. 교회 종탑을 결심한다. 고구마 수확을 마쳤다.

✈ 2019년 12월 24일(화, 맑음) • 십자가 탑 설치

   오늘은 감동적인 하루였다. 드디어 십자가 탑이 모두 세워지고 저녁에 황 장로, 고 집사와 함께 점등식을 한 후 기쁜 마음으로 차를 나누었다.

십자가 붉은 등이 밝혀지고 크리스마스 트리가 10m 높이에 세워지며 반짝반짝 빛난다. 함성을 지를 정도로 기분이 좋았다. 꼭 십자가 탑을 세우고 싶었는데 이번에 이루어진 것이다.

늦게 시작하였지만 짧은 기간에 멋있는 십자가 탑이 세워진 것이다.

믿음교회 십자가 탑 설치

비용이 350만 원 정도 들었지만 그 값을 능가하는 선물이다. 멀리에서도 십자가 탑을 볼 수 있고, 많은 주민에게 교회를 알리고 하나님의 빛이 이 세화리 땅을 비추게 된 것이다.

나의 idea와 나의 노력이라기보다는 하나님께서 이루어 주신 것임을 믿는다. 행여 이로 인하여 누가 시비를 걸까 두려워하지 말자. 하나님께서 지켜 주실 것이다. 이번 성탄절은 최고의 기쁜 성탄절이 될 것이다.

✤ 2019년 12월 30일(월, 맑음) • 신동택 목사 초청 식사

오늘도 지애 엄마와 둘이서 새벽예배를 드렸다. 둘이서 거룩하게, 은혜롭게 예배를 드렸다. 지애 엄마도 예배에 익숙해지고, 말씀 듣기도 좋아한다. 제주도의 가장 큰 축복이 성전에서 매일 드리는 예배다. 펜션에 머물던 2가정 7명에게 아침 식사를 대접하며 얘기를 나누고 기도를 하고 전도 책자를 선물로 주었다. 신 목사 초청으로 중식 레스토랑에서 뷔페 식사. 작년에 이어서 올해도 신 목사 초청으로 많은 대화를 나누며 즐거운 오찬 시간을 가졌다. 늘 감사하는 마음이다. 육사 동기생이 제주도에 머무르면서 공동 사역을 한다는 것에 무한 감사를 드린다. 그래서 주일날 만나면 어느 때보다도 기쁨이 온다. 귀한 친구가 있다는 것이 얼마나 큰 재산인지 실감한다. 세미 식구 4명과 친구 6명을 지애 엄마가 식사를 대접하는 보통 엄두도 내지 못할 일을 하며 우리 지애 엄마는 해

낸다. 오늘 오찬은 제대로 세수도 못 하고 옷도 못 갈아입고 갔다. 측은한 마음도 든다. 내가 할 일은 지애 엄마를 더 사랑하는 것이다.

✄ 2019년 12월 31일(화, 바람 / 흐림) • 2019년 회고

한 해의 마지막 날이다. 정말 빨리 지나갔다. 하루하루 일기를 쓸 여유가 없을 정도로 빨리 지나갔다. 물론 그냥 지나가 버린 것이 아니다. 우리 가정에는 가장 많은 결실을 거두는 한 해였다. 교회가 정착되고, 펜션이 안정되고, 안보강의를 가장 많이 하였으며, 집 안을 아름답게 꾸몄다.

많은 사람이 우리 교회와 펜션을 거쳐 갔다. 제주도의 생활이 나와 지애 엄마의 삶을 풍성하고 dynamic하고, active하게 만들었다. 아쉬움도 있지만 기쁨이 더 컸던 한 해였다.

한 해를 돌아보며 깊이 묵상하고, 또한 내년을 설계해야 하는 때다. 내일 신년감사예배 준비를 하며 주민들과 이웃들을 초청하였다. 때로는 회의적이고 원망스러움이 있을 수도 있지만 잠깐이다. 하나님께 감사하며 한 해를 보내고 새해를 맞이한다. 하나님 아버지께 감사드린다.

믿음교회 설립 1주년 행사(2019. 10. 3.)

2020년

✖ 2020년 1월 4일(토, 맑음) • 귤 선물

어제 귤 37box를 보냈다. 앞집 귤밭 김선화 씨 귤을 팔아 주기 위하여 ICS 동문과 새얼신우회에 홍보하여 하루 만에 37box 주문을 받은 것이다. 주민이 무척 좋아한다. 귀찮다고 그냥 지나치는 것보다는 귤 판매로 인하여 많은 인터랙션이 이루어진 것이다. 특히 김선화 씨 내외가 좋아하고, 오늘 점심은 그들에게 식사를 대접하게 되고 앞집 사람과 더욱 가까운 이웃이 되었다는 것이 무엇보다도 큰 성과다.

주인이 내가 필요한 만큼 선물을 허락한다. 하늘은 돕는 자를 돕는다. 고향 친구 희태, 연석이에게도 귤을 보내고 형님, 영덕이, 수자, 누나에게도 보낸다. 이경재 목사님께도 감사 표시를 하게 되었다. 세상에 이렇게 쉽게 선물을 할 수 있다는 것이 얼마나 고마운가. 정희, 윤석, 기원이, 태원이에게도 보낼 수 있을 것 같다.

펜션에 2집이 머무르는데 오늘내일 바비큐와 camp fire까지 제공하게 되었다. 우리 지애 엄마도 점점 적응하고 더 기쁜 마음으로 봉사한다. 하나님께서는 나를 특별히 사랑해 주셔서 여기 제주도 세화리로 보내주시고, 나의 인생 후반을 풍성하게 이루어 주신다. 하나님 감사합니다.

✖ 2020년 1월 6일(월, 흐림) • 백석교단 총회 참석

어젯밤 늦게까지 이번 주 수요일·주일 설교 준비. 이번 주도 무척 다양한 일이 일어난 한 주다. 백석교단 총회, 영성수련회가 있고 목요일엔 육군회관에서 신년감사예배. 내가 시작한 program이 올해로 6번째를 맞게 된다. 그런데 1월 7일 손님 때문에 취소하였으나 다시 그분이 4~6일로 변경하여, 다시 비행기표를 구입하였다. 비록 비용은 조금 든다 하여도 여기에 참석할 수 있어서 너무나 좋다. ICS 많은 분을 만나게 되고 원로도 만나고 반가운 사람들을 많이 만나게 된다.

그리고 광주고 신우회 예배에도 참석할 수 있게 되었다. 모든 것을 하나님께서 이루어 가고 계심을 믿는다. 내일 일은 내일에 맡기는 것이다. 그리고 하나님께 간절히 기도하며 나가는 것이다. 이번 주 화요일(내일)엔 이병재 중령(예비역) 내외와 딸 창선이가 머무르게 된다. 그래서 나는 내일 총회를 마치지 못하고 온다. 그들에게 주님의 사랑을 전하고, 창선이를 격려하고 같이 주님을 찬양하는 것이다.

10:00에 청주공항에 도착, 백석대학교 대강당에 도착하니 11:30이다. 1,700명의 교단 목사님들이 모이고 교직원까지 2,000명 이상이 모였다.

학교 시설도 대단하고 숙소, 식사, 회의 진행까지 놀랍다. 이번에 백석교단의 큰 능력을 실감하고 우리 경인서노회 식구들이 백석총회와 함께 배를 타고 가는 것이 자랑스러웠다. 같이 기도하고, 내일 장기자랑 발표도 준비하였다. 우리 노회를 잘 인도할 책임이 있다. 이번에 영성대회에 오길 잘 했다.

✖ 2020년 1월 18일(토, 맑음) • 주일학교 학생 서울 나들이

주일학교 학생 서울 나들이 계획 2일 차다. 새벽에 일어나서 재혁이와 은서를 깨우고 차를 타고 국군중앙교회로 향한다. 오늘 아침에 육사신우회 조찬기도회에 참석하였다. 재혁이, 은서도 참석하여 같이 예배를 드렸다. 나들이 계획에 중요한 일들도 많이 포함되었다. 예배 후에 육사를 방문하였다. 생도들은 동계 휴가를 출발하였는지 학교가 조용하고 한적하다. 화랑연병장에서 사진을 찍고 육사박물관을 돌아보고 면회실에서 식사하였다. 이어서 잠실에 있는 Lotte Tower를 방문하여 120층까지 올라가서 서울 시내를 내려다보는데 정말 장관이었다. 높은 아파트들이 장난감처럼 보였다. 서울 8방향을 구경한다. 이런 계획을 세웠던 회사대표자(CEO)에게 존경심을 보낸다. 부디 우리 대한민국이 이 tower처럼 더욱 높아지고 발전하기를 기도한다.

이 나라를 무너뜨리려고 혈안이 되어 있는 좌파 정권이 빨리 소멸되기를 기도한다. 재혁이, 은서는 특별히 선택받

재혁, 은서 지구촌교회 방문

은 아이들이다. 부디 하나님께서 이 아이들을 크게 사용하시기를 바란다. 처가에서 2박을 한다.

✄ 2020년 1월 23일(목, 맑음) • 아름다운 냇동산

어제 내리던 비가 그치고 모처럼 맑게 갠 하늘을 본다. 지애 엄마와 우리는 새벽예배 시간이 무척 은혜롭다. 지애 엄마도 은혜를 많이 받는다. 과연 누가 이 장면을 기대했겠는가? 하나님께서 특별히 인도해 주시는 은혜의 길이다. 예배 후에 테니스를 치고 왔다. 지애 엄마에게는 테니스가 모든 활력의 근원이 된다. 특별한 능력의 소유자다. 테니스 후에 구보를 하는 모습도 아름답다.

오후에는 설교 준비를 하였다. 이번 주일 예배를 생각하며 기쁜 마음으로 준비한다. 아이들과 만남도 기다려진다.

잔디밭이 단정하게 정리되었다. 그동안 가꾸었던 정성이 오늘 비가 내리고 나서 누런 모습으로 양탄자를 깔아 놓은 것과 흡사하다. 올해는 다시 모래를 깔고 비료도 주어서 봄에는 새 옷을 입히고자 한다. 하나씩 변해 가는 우리 집이 더욱 사랑과 애착을 느끼게 한다. 손이 갈 때마다 새롭게 변하고, 눈물겹도록 애착이 간다. 올해는 더 많은 꽃이 피고 과일이 맺히고, 누구나 우리 집의 아름다움에 감탄을 자아낼 것이다. 우리 지애 엄마와 함께 만들어 가는 우리 집 천국이다.

�֎ 2020년 1월 28일(화, 맑음) • 친구를 위한 기도

모처럼 길게 잠을 잤다. 6시간을 잔 것이다. 하루 종일 컨디션이 최고다. 나의 계획대로 하루 6시간은 꼭 자도록 하자. 분명히 나의 weekly plan이 잘 되어 있는데 그것을 실천하지 못하고 있는 것이다. 어느 것 하나에 너무 집중하면 다른 일을 하지 못한다. 그리고 오늘은 성경 읽기, 《하늘양식》, 《오늘의 양식》, 수첩 메모, 1일 암송까지 모두 실천하였다. 단 한 가지 《새벽기도》를 읽지 못한 것이다. 이제부터라도 하루의 일과표를 실천하며 많은 일을 하도록 하자. 이것이 바로 하루하루를 기쁘게 살아가는 길이기도 하다.

내가 하는 일들이 많은 것은 나의 역할이 크기 때문이다. 전도, 홍보, 이삭방송, MSO, ICS, 성경 읽기, 집 안 정리, 설교 준비 등 어느 것 하나 빠뜨릴 수 없는 일들이다. 꼭 1시간 단위로 결단하며 시간을 보내자.

저녁에 이○○ 사장에게 김과 계란을 전하고 차를 한잔 마시고 왔다. 이제 하나님 얘기를 해도 거부하지 않고 마지막에는 손을 꼭 잡고 기도하였다. 하나님의 도우심이 꼭 필요한 사람이다. 중풍병으로 몸이 온전하지 못하고 모든 식구를 떠나 여기 제주도에 와서 외롭게 지내는 사람이다. 예수님께서 그의 친구가 되어 주시기를 기도한다.

내일부터 2박 3일 서울에 가서 많은 일을 할 계획이다. 나라를 위해 계속 기도한다. 하나님의 도우심이 절실하다.

�֎ 2020년 2월 6일(목, 맑음) • 조카 기원이 방문

오늘도 다양한 일을 해냈다. 조가 기원이가 방문하고, 부녀회 식사를 하였다. 밤에는 허브동산을 산책하였다. 조카 기원이에게 몇 번이나 놀러 오라고 전화했었는데 막상 오니 그렇게 같이 여행할 시간적인 여유는 없었다. 집 건축 현황을 소개하고 점심 식사를 같이 하고 해안 도로 드라이브 후, 카페에서 차 한잔 나누고 집에 와서 쉬었다. 귤 따기 체험을 하고 밤에는 허브동산 구경을 하고 교회에서 몇 개의 영상을 시청하였다.

특히 내가 살아온 〈나는 행복한 군인이었다〉 영상을 시청하고 채영이 강의 장면과 춤추는 장면을 보여 준 후 〈나의 등 뒤에서〉 전도 영상과 〈벤허〉의 마차 경기 장면, 예수님의 십자가에서 죽는 장면을 보았다. 그리고 기원이도 꼭 하나님을 믿을 것을 권하였다. 충분히 전도 효과는 있었고, 작은아버지와 보낸 잠깐의 시간이 기원이에게 큰 영향을 미치리라 생각한다. 그리고 부녀회 식사 후에 교회로 옮겨서 〈나의 등 뒤에서〉 영상을 시청하였다. 다시 한번 교회 출석을 권유하였다.

✄ 2020년 2월 8일(토, 맑음) • 호박죽 나눔

어제 한라산 등산을 하고 나서인지 다리가 뻐근하다. 지애 엄마와 함께 무척 즐거운 시간이었다. 지애 엄마의 즐거워하는 모습을 읽을 수 있었다. 어린애처럼 천진난만해지는 모습도 볼 수 있다. 비록 나에게 때때로 잔소리를 하지만 그만큼 나를 더 사랑하기 때문에 관심을 갖는 것이라고 본다. 오늘 설교 준비를 마치고 주보를 모두 프린트하였다. 그리고 저녁에는 지애 엄마가 만들어 준 호박죽을 여기저기 많이 분배하였다. 지애 엄마의 마음 씀씀이가 무척 넓다. 남에게 주는 것을 무척이나 좋아한다. 돈을 펑펑 쓰지 않고, 한 푼이라도 아끼려고 하지만 돈이 크게 안 들어가면서 자기 몸으로 수고하여 베풀기를 무척 좋아한다. 나는 또한 나누어 줄 때 기쁜 마음으로 나누어 준다. 그래서 지애 엄마와 내가 여기 세화리에서 콤비를 이루어 살아갈 수 있는 것이다. 밤늦게까지 교회 청소를 하였다. 김대중 사장이 소개해 준 분들이 7명 투숙하였다. 무척 반가운 분들이다.

✄ 2020년 2월 11일(화, 흐림) • 미용학원 등록

이용학원(성경희 원장)에서 2일 차 미용 훈련을 받고 있다. 머리를 깎는 것이 많이 익숙해졌다. 만약에 이런 과정이 없이 바로 사람들의 머리에 손을 댔다면 이발을 하는 사람이 얼마나 불안해할 것인가 생각했다.

50만 원의 학원 비용이 그만큼 필요하다고 생각된다. 이발 학원을 마치고 사람들의 머리를 깎는 일에 익숙해지면서 나는 새로운 기술을 갖게 되는 것이다. 머리가 얼마나 중요한 줄 안다. 머리에 손을 대면 멋있게 만들어 주니 얼마나 즐거운 일이겠는가? 하나님께서 필요해서 나에게 이런 기회를 주시고 모든 여건을 만드신다. 지애 엄마 없을 때 할 수 있고, 필요한 비용도 있고, 펜션에 사람도 없고, 강의도 없다. 그리고 신종 코로나 폐렴으로 육지에 갈 수 없게 되었다. 단시간에 마칠 수 있다. 이제 한 달 뒤부터는 노인회 어른들의 이발을 할 수 있게 된다.

펜션 청소를 하고 나니 밤 10시가 넘는다. 지애 엄마는 지애, 채영이와 함께 괌에 도착하여 즐거운 여행을 시작하였다. 냉장고도 쿠팡으로 주문하였다. 모든 일이 순조롭게 이루어진다.

✈ 2020년 2월 12일(수, 비) • 비료 살포

비가 곱게 내린다. 봄을 재촉하는 비다. 아침 운동을 생략하고 모든 나무와 잔디 위에 복합비료 한 포를 살포하였다. 조중봉 사장에게 빌려서 살포했다. 부디 모든 식목이 잘 자라서 우리 소망펜션/믿음교회를 아름다운 동산으로 바꾸길 바란다. 올해는 더 많이 꽃을 심고, 나무를 가꾸고 집 안을 단장하여 더 아름답게 변화시키고자 한다.

아침에 일어나면 파란 잔디 위에 이슬이 맺히고, 새벽안개가 피어오르며 동이 틀 때 동쪽 하늘이 불그스럽게 변하는 아름다운 모습을 상상해 본다. 많은 사람이 이 아름다운 에덴동산을 찾을 수 있도록 기반을 조성하는 것이다.

오늘 냉장고를 교체하였다. 어제 아침 10시에 주문하여 오늘 10시까지 모두 교체하고 음식물까지 저장하였으니 기막히게 빨리 이루어졌다. 냉장고도 98만 원에 6개월 할부로 했으니 적정한 가격이다.

이용학원 3일째가 되니 서서히 자신감이 생겼다. 사랑방 손님 투숙에 감사한다. 수요예배 3명이 조촐하고 은혜롭게 드렸다.

✂ 2020년 2월 25일(화, 흐림) • 미용학원 수료

봄비가 부슬부슬 내린다. 머지않아 잔디가 올라오고 모든 나무의 새싹이 올라올 것이다. 우리 집이 올해는 더욱 아름답게 변화할 것을 믿는다. 집도 얼마나 정성 들여 가꾸는가에 따라 아름답게 변하고 또한 정성을 기울인 만큼 기대도 커지는 것이다. 가꾸는 데만 정성을 다하지 말고 많은 사람들이 이곳을 이용하며 기쁨을 얻도록 만들어 가자. 홍보도 더욱 많이 하도록 하자.

오늘 이용학원 강습을 모두 마쳤다. 성경희 원장님께서 잘 가르쳐 주었다. 10번의 실습으로 마쳤다. 이제는 웬만큼 이발할 수 있게 되었다. 그리고 실제 이발을 하면서 점점 숙달되고, 머지않아서 일류 이발사가 될 것도 믿는다. 2월에 시작하여 빨리 끝낼 수가 있었다. 비용도 학원비 50만 원으로 끝나고 가발 이용은 부담하지 않았다. 원장님이 많이 배려해 준 것이다. 이제 새출발을 하는 것이다. 나에게 능력을 주신 하나님께 감사드리며, 세상에 나아가서 하나님의 사랑을 이발로써 보여 주는 것이다. 전도의 방법을 주셨다. 수·목요일에 준비하고 금요일부터 시작한다. 그리고 많은 사람에게 은혜를 베풀자.

✂ 2020년 2월 28일(금, 비) • 잔디밭 모래 살포

어제 운반한 모래를 오늘 오후 3시까지 잔디밭에 모두 살포하였다. 그리고 화단도 정리하였다. 내가 계획했던 일을 모두 마치고 비가 고요히 내릴 때는 정말 기분이 좋았다. 얼마나 아름다운 우리 교회와 펜션이 될까 생각하니 무척 기대된다. 아름다운 꽃동산으로 변해 갈 것이다. 시절을 따라 나무가 잎을 내고, 꽃이 피고 지며, 잔디밭이 녹색으로 변할 것이다. 지애 엄마도 쉬지 않고 일한다. 올해는 꼭 아름다운 냇동산에 많은 사람이 방문하도록 본격적으로 홍보 활동을 벌이고자 한다. 다음 주에는 홍보 작업을 마친다. 교회에 초청장을 보내고 내가 아는 모든 분에게도 소망펜션과 믿음교회를 소개한다. 소개 팜플렛을 만들어 나누어 주고, 많은 지인에게 초청장을 보낸다. 그리고 본격적으로 전도 활동을 시작한다. 꿈은 이루어진다. 하나님께 충성하는 일꾼이 된다.

✄ 2020년 2월 29일(토, 비) • 한라산 백록담 등산

지애 엄마와 둘이서 새벽예배를 드렸다. 이제는 지애 엄마가 새벽예배 드리는 것을 좋아하며 당연하게 받아들인다. 믿음교회가 있기 때문이다. 하나님께서는 우리를 이 길로 인도하실 계획을 가지셨고 우리는 그 길을 가고 있는 것이다. "내 원대로 마시옵고 아버지의 원대로 하옵소서."

아침 식사 후에 급히 등산 준비를 하여 성판악으로 향했다. 오늘 지애 엄마와 함께 한라산 백록담을 오르기로 약속하였다. 비가 부슬부슬 내렸지만 강행하기로 한 것이다. 지난번에 사자오름까지는 올랐지만, 백록담을 오르기는 생전 처음이다. 때로는 결단을 내릴 필요가 있다. 다음으로 미루다가 영영 가지 못할 수도 있다. 그런데 중간부터 눈이 쌓여 있고, 비가 계속 내려 우산을 쓰고 가는데 쉽지가 않았다. 지애 엄마는 옷을 많이 입어서 둔하고 땀이 많이 나서 무척 힘들어한다. 계속 나를 불러 댄다. 드디어 12시에 백록담(한라산 정상)에 도착하였다. 비가 오고 안개가 끼어서 멀리는 내다보이지 않고 백록담도 보이지는 않는다. 역시 우리나라 가장 높은 산처럼 웅장하다. 가끔 한라산 정상을 오르며 세상일을 잊을 필요도 있다. 세상일을 멀리서 내려다보는 기회가 될 것 같다. 세상은 우한 폐렴으로 난리다. 부디 나라가 바로 서길 기도한다.

한라봉 백록담 1차 정복

✖ 2020년 3월 8일(일, 맑음) • 전도의 꿈

　3월 둘째 주일예배. 코로나로 인해 아이들 예배는 못 드리고 주일예배는 4가정 8명이 드렸다. 모처럼 고 집사님과 김 집사님이 참석했다.

　지역 주민 6명은 모두 참석하지 못했다. 믿음대로 모인다. 무척 마음이 아프다. 코로나를 이길 수 있는 믿음으로 성장시키지 못한 점이다. 6명의 주민 모두 예배에 나오도록 스스로 믿음으로 예배에 참석하기를 바란다. 이들을 위해 더 기도하고 말씀이 그들의 심장을 깨우고 뿌리를 내리기 바란다.

　앞으로 세화리 주민 전도에 목숨을 걸고 나가자. 적어도 일주일에 한 명씩의 성도는 예배에 참석토록 하자. 죽기 살기로 전도하자. 다음 주부터 이발도 시작하자. 부흥회도 준비하자. 구역별로 모두 방문을 하자. 지금도 내가 찾아오기만을 기다리는 주민이 있다고 믿고 닫혀 있는 문을 열도록 하자.

　비록 냉대한다 하더라도 기쁜 마음으로 찾아가자. 주님을 멀리하는 사람에게는 신발의 먼지를 털고 나가는 기분으로 담대하게 나가자. 그러다가 한 영혼을 구한다면 세상의 모든 것을 내어준다는 마음으로 찾아 나서자. 언젠가는 이 교회 정원 50명을 채운다. 나에겐 할 일이 있다. 목사가 잃어버린 양을 찾아 나서는 것은 당연한 일이다. 필수적인 사명이다.

✖ 2020년 3월 22일(일, 맑음) • 냇동산의 희망

　정말 주일날을 바쁘게 보냈다. 예배를 3번 드리고, 축구시합까지 하였다. 그리고 저녁에는 채영이와 영화를 관람하였다. 〈나 홀로 집에〉 영화를 다시 한번 보면서 우리 사랑스러운 채영이의 손을 잡았다. 행복한 하루였다. 은혜로운 하루였다. 하나님께서 함께하여 주신 하루였다. 비록 몸은 천근만근 무겁지만, 축구시합을 할 때는 날아갈 듯하였다. 집에서는 믿음동에 온 아이들 4명과 채영이, 서연이가 유치원이나 학교를 방불케 하듯 떠들썩하다.

세화리 땅에 새로운 세상이 펼쳐진 듯하다. 은서는 아마 아빠에게 허락을 받지 않고 슬쩍 예배에 참석한 것 같다. 언젠가는 이 냇동산 믿음 교회에 많은 사람이 찾아들고 쉬지 않고 찬양이 울려 퍼지고 웃음과 기쁨이 충만한 땅으로 바뀔 것을 믿는다. 나만큼 이렇게 active하게 살아가는 사람도 드물 것 같다. 사랑하는 지애 엄마와 채영이와 함께 보내는 이 시간이 행복하다. 하나님 감사합니다.

✻ 2020년 3월 27일(금, 흐림 → 맑음) • 좋은 친구

새벽예배는 전재권 회장과 함께 드렸다. 일부러 새벽예배를 드리기 위하여 혼자서 우리 집으로 온 것이다. 황 장로님은 참석하지 않고서 단 둘이서 예배를 드리게 되었다. 이러한 상황을 이루기도 힘들다. 믿음의 친구라고 할까. 예배 후 아침은 내가 toast를 준비하였다. 오랫동안 기억에 남을 것 같다. 식사 후 올레길을 산책하였다. 표선 해안 도로를 따라서 올레길이 무척 아름답다. 파도가 밀려오고 beach 멀리 보이는 도시의 outline이 무척 아름답다. 꼭 한번 제주도에 초청하여 같이 지내고 싶었는데 하나님께서는 이렇게 허락하셨다. 친구는 귀하다. 큰 재산이다. 나이가 들면서 같이 지낼 만한 친구가 있다면 행복하다. 좋은 친구들을 계속 유지하자. 언젠가 만나고 싶으면 한 번씩 만나서 식사도 하고 커피도 마시고 등산과 여행도 즐길 수 있다. 특별히 하나님을 섬기며 지낼 수 있다면 더욱 행복할 것이다. 내가 노력하며 만들자. 밤 10시 전에 잠자리로 가지 못한다. 꼭 가야 한다. 내일부터 실천하도록 하자.

✻ 2020년 4월 23일(목, 맑음) • 행복한 시간

오랜만에 상경한다. 새벽예배를 마치고 집안 단속을 하고 버스로 공항으로 향한다. 아침 공기를 가르며 달리는 버스에서 곤한 수면을 취한다. 어제도 4시간밖에 자지 못하고 새벽 4시에 일어나 말씀을 준비하고 황 장로님과 예배를 드렸다. 언젠가 이 시간이 얼마나 귀하고 귀한 시간이었는지 알게 될 것이라 믿는다. 내가 건축한 성전에서 이렇게 매일 첫 시간에 찬양하며 예배를 드리니 하나님 보시기에 좋을 것이다.

하늘 높이 솟아오르는 비행기에 몸을 싣고 자주 육지를 오간다. 얼마나 역동적으로 살아가고 있는지 모르겠다. 최고의 인생을 살아가고 있다. 하나님께서 주시는 축복이다. 어제도 바닷가 축구장에서 1시간을 신나게 뛰며 축구를 하였다. 68세의 나이에 누가 이렇게 제주도 아름다운 축구장에서 축구를 할 줄 또 누가 알았던가? 성복역에서 승차권을 반환하는데 우리 사랑하는 채영이가 꽉 붙잡는다. 깜짝 놀란다. 처제, 동서, 장인과 함께 점심 식사를 하였다. 장인과 바둑을 4시간 두다가 채영이 생일 파티를 하였다. 식구들과 사랑을 나누는 행복한 시간이다. 제주도와 수지에서 이어지는 행복한 시간이다.

✈ 2020년 5월 4일(월, 맑음) · 결혼 40주년

오늘은 특별한 날이다. 지애 엄마와 결혼하고 40주년을 맺는 날이다. 무척 특별한 날이다. 그래서 지애 엄마와 외식을 약속하였다. 처음에는 모르는 듯했으나 내가 외식을 하자는 것이 이상하다고 생각하더니 나중에 결혼기념일이라는 것을 눈치 챈다. 너무나 시시한 결혼기념 40주년 행사지만 그래도 이렇게 기억을 하고 외식을 했다는 것은 드문 일이다. 그동안 결혼기념일 행사는 거의 없었다. 식사 후 해비치호텔 잔디밭을 산책하며 벤치에 앉아서 준비한 선물을 하였다. 30만 원을 내 돈에서 찾아서 봉투에 간단히 글을 쓰고 전했다.

그 돈이 그 돈이라고 하지만 지애 엄마는 생각지 않은 현금이 생겼으니

유채꽃밭에 선 아내

좋아한다. 비록 선물은 적은 것이라고 하지만 앞으로 우리 지애 엄마를 사랑하는 마음은 더 크게 갖자. 더 사랑하자. 더 따뜻하게 보살피자.

오늘은 모든 나무와 채소밭에 농약을 살포하였다. 서서히 잎이 피어나면서 우리 집 동산이 점점 더 아름답게 변하고 있다. 이제 정기적으로 꽃이 피어나도록 하자. 잡초를 제거하고 잔디 관리를 잘 하자. 아름다운 냇동산을 만든다. 아름다운 에덴동산을 만든다.

✂ 2020년 5월 8일(금, 맑음 → 비) • 부모님 공경

오늘은 어버이날이다. 나에게 아버님, 어머님은 안 계시지만 장인, 장모님이 계신다. 우리 지애 엄마가 그렇게도 정성 들여 보살피는 장인, 장모님이시다. 벌써 처음 뵌 지가 40년이 흘렀다. 이제는 나의 부모님이 된 것이다.

우리 장인, 장모님은 나와 지애 엄마에게 항상 큰 위안이 된다. 지애 엄마가 극진히 모시기 때문이다. 부모님 공경은 하나님께서 인간에게 주신 4계명 외에 첫째 되는 계명이다. 부모님을 공경하면 하나님께서 축복해 주신다고 하였다. 아버님 96세, 어머님 90세. 앞으로 얼마나 더 사실지 모른다. 행여 소홀함이 없이 정성을 다하여 모시도록 하자. 다행히 장인께는 내가 최고의 친구가 되어 드릴 수 있다. 그래서 서울에 가는 이유도 된다. 큰처남을 만나서 많은 대화를 하였다. 그런데 전과 조금도 다를 바가 없다. 인간의 지식을 많이 깨달았다. 그러나 지혜롭게 살기에는 너무나 부족해 보인다. 사람의 생각 기준을 어디에 두느냐에 따라 천지 차이가 된다.

✂ 2020년 5월 9일(토, 비) • 48년 만에 만난 친구

5시에 일어나서 오늘 5회 정기노회 설교 준비를 하였다. 노회장으로서 마지막 노회를 개최하고 설교를 하였다. 〈하나님을 갈망하고 앙망하라!〉라는 제목으로 말씀을 전했다. 2년간의 노회장 직분을 송병권 목사에게 인계하였다. 그동안 별로 기여를 하지 못해 안타까웠는데 모두 인계를 하고 나니 시원하다. 여기까지 어려운 여건하에서 하나님의 도우심으로 잘 마칠 수 있었다. 노회원 모두가 귀한 목사님들이다. 50여 목사님을 지원하는 노회장 직분을 마쳤다. 필요한 때 하나님께서는 나를 쓰시고자 하였으나 이제 모든 행사가 온전하게 이루어진 것이다.

귀향하여 제주에서 고등학교 동창 모임에 참석하였다. 조영현 친구는 48년 만에 만났다. 구용문 회장 내외와 김홍균 교장 선생 내외를 포함하여 총 7명이 만나서 즐거운 시간을 가졌다. 누구나 보이지 않는 곳에 남 모르는 어려움을 항상 갖고 살아가고 있다는 것을 알았다.

✄ 2020년 5월 13일(수, 맑음) • 빛나는 아침

새벽예배 후에 초록색 잔디 위에 내리비치는 태양이 나의 마음을 활짝 열고 환희에 두 손을 벌리게 한다. 한마디로 아름답다. 내가 생각하고 짓고 가꾸었던 것보다 훨씬 멋있게 변했다. 오는 사람마다 우리 냇동산에 감탄을 한다. 매일 아침에 모든 수목과 채소밭에 물을 줄 때 행복함마저 느낀다. 머지않아 우리 집이 수목으로 덮이게 되고 귤이 가득하고 채소밭에 토마토, 가지, 오이, 고추가 주렁주렁 달릴 것이다. 이 아름다운 냇동산을 나와 우리 지애 엄마만 보고 즐기기에는 아깝다.

누구에겐가 보여 주고 싶다. 내가 사랑하는 사람들에게 보여 주고 싶다. 돈을 주면서까지도 보여주고 싶다. 여기에서 앞으로 평생을 산다고 생각하니 얼마나 행복한가? 이제 cafe를 더 보강하여 사람들이 이곳을 찾고 차를 마실 수 있도록 할 것이다.

오늘은 은서와 재혁이에게 햄버거를 사 주고 은서에게는 앞으로 신학대학에 가서 전도사가 될 것을 권유하였다. 그 꿈이 꼭 실현될 것을 믿고 하나님께 간절히 기도할 것이다.

오후에는 축구 시합을 하면서 1시간 반을 신나게 뛰었다. 골인 할 수 있는 기회도 있었다. 이제는 많이 인정해 준다. 나에게 큰 활력소가 된다.

✵ 2020년 5월 21일(목, 맑음) • 심순전 마을장

어제도 늦게 잠자리에 들어 겨우 3시간을 자고 하루 보내며 계속 졸리고 피곤하다. 저녁에 일찍 잠자리에 들고 충분히 잠을 자는 것이 얼마나 건강에, 하루 생활에 필요하다는 것을 느낀다.

원 계획대로 밤 22:00에 잠자리에 들고 04:00에 일어나는 것을 꼭 지켜 나가야 한다. 심순전 마을장과 허순덕 권사님은 3박 4일 보내시고 오늘 떠나셨다. 평안하게 쉬었다가 가신다고 한다.

제주도 믿음교회와 소망펜션을 찾아 주는 심순전 마을장이 고맙다. 지구촌교회에서 맺은 큰 인연이다. 그래도 좋은 인식을 가지며 지냈던 것이 감사한 일이다. 두 분을 모시고 해비치호텔 잔디밭을 산책하고 바닷가를 돌고 운동장을 한 바퀴 돌았던 것이 좋은 추억이 될 것 같다. 사려니숲길도 한 번쯤 돌았으면 좋았을 텐데 시간 여유도 없고 지애 엄마가 무척 신경을 쓸 것 같아서 그만두었다. 남녀 간에 행여 오해가 생길 여지는 없어야 한다는 것도 맞다. 두 분을 위해서 기도한다. 2층 믿음동에 기거하는 외국인 젊은이들(스위스 2명, 독인 1명, 미국 1명)의 지내는 모습도 아름다워 보인다. 소망펜션에서 좋은 추억들이 되길 바란다.

✵ 2020년 6월 1일(월, 흐림) • 새얼 목사회(새목회) 제주 모임

오늘부터 2박 3일간 새얼 목사회 제주 모임이 시작되었다. 나의 계획으로 실행에 옮겨진 것이다. 육사 32기 목사 5명과 부인들, 김인성 목사(최상길 장로 부인) 부부 총 6쌍 부부가 2박 3일 동안 제주도 우리 교회와 펜션에서 모임을 갖게 된 것이다. 언젠가 한번 모인다고 생각을 한 것이 내가 이들의 비행기표를 모두 구입하면서 초청을 하였고 이에 모두 응하였다.

개인당 10만 원씩 120만 원을 준비하여 숙박, 식사, 차량 비용을 부담하면서 크게 부담을 주지 않으면서 행사를 할 수 있었다. 16:00에 제주공항에서 영접하고 3대의 차량에 탑승하여 소망펜션에 도착하여 한아름 식당에서 식사를 한 후 표선 해안도로를 타고 drive를 한 후에 해비치 잔디 밭길을 걸으면서 나눔의 시간은 시작되었다.

20:00에 믿음교회에서 감사예배를 드렸다. 김인성 목사님이 말씀을 전하고 식당에서 신동택 목사 준비 하에 나눔의 시간을 가졌다. 모든 행사가 순조롭게 진행되었다. 이번 행사를 시작으로 새목회 행사를 계속하고자 한다. 조금 서먹서먹한 사이가 서서히 가까운 사이로 변하여 간다.

✺ 2020년 6월 3일(수, 흐림) • 동기생 전도의 꿈

2박 3일의 새목회 행사는 막을 내렸다. 물 흐르듯이 순조롭게 모든 행사가 마무리되었다. 공항에서 피켓을 들고 환영하면서부터 다시 공항에서 환송할 때까지 48시간의 프로그램은 막을 내린 것이다.

꼭 한번 초청하고 싶다는 생각이 구체화되고 계획이 수립되고 시행에 옮겨진 것이다.

목사들을 초청하여 하나님께 경배드리는 시간이 계속되었기 때문에 모든 시간은 하나님께서 도와주신 것이다.

날씨도 최고였다. 바람도 없이 비도 없이 온도도 적정하게 최상의 날씨였다. 한라산 백록담 등산, 바닷가, 해비치 잔디밭 산책 등의 시간도 좋았다.

5번의 예배와 2번의 나눔 시간도 좋았다. 식사도 모두 좋았고 비용도 큰 부담이 없었다. 오늘도 예배 후 산책, 환송예배(폐회예배), 섭지코지 산책을 마치고 제주 늘봄식당에서 샤부샤부를 맛있게 먹고 다음 모임을 기약한 후 공항으로 이동하여 아쉬운 마음으로 헤어졌다. 부디 이 모임을 통하여 모든 동기생에게 복음을 전하는 사명을 끝까지 계속하기를 바라는 마음이다. 이들을 위하여 계속 기도할 것이다.

✺ 2020년 6월 14일(일, 흐림) • 신동택 목사

어제저녁에 신동택 목사 부부가 우리 펜션에서 하루 묵고 오늘 주일 행사에 참석하였다. 좋은 친구(절친한 친구)가 집에 묵는다는 것은 무척

동역자 신동택 목사

행복한 시간이다. 동역자라는 것을 실감할 수 있다. 나와는 오랫동안 친구가 되어 왔다. 1976년 소위 임관 때부터 지금까지 44년간을 같이 지낸 둘도 없는 친구가 되었다. 나에게 1번 친구가 누구냐고 물으면 언제나 신목사가 1번이었다. 임관 후 소위 때 1사단 근무, 청와대 근무, 포병 근무, 제주도 목회 및 제주도 거주, 협력목사 등 이루 말할 수 없이 서로 가까이 지내 온 친구다. 지금은 주님 안에서 협력목사로서 우리 믿음교회를 돕고 있다. 친한 친구일수록 더욱 귀하게 생각하고 더욱 겸손하며 그를 위해 더욱 기도하는 것이다. 그리고 항상 도움의 손길을 주도록 하자.

✂ 2020년 6월 29일(월, 맑음) • 아내 설득

어제 주일을 은혜롭게 보내고 지애 엄마가 내일 떠날 일을 생각하며 좀 더 잘해 주어야지 마음먹으며 하루를 보낸다. 그런데 컨테이너 방을 준비하면서 지애 엄마의 의견이 일치하지 않는다. 의견이 서로 다를 수도 있다. 그럴 때 지애 엄마가 당장 바꾸어지는 것이 아니니 그때마다 한번 생각해 보자면서 지나가면 되는데 때로는 너무나 지혜롭지 못하게 행동한다. 지애 엄마의 의견을 최대한 존중하고 당장 답을 내기 보다는 조금 더 생각을 해 보자고 하거나 또는 기도를 조금 더 하고 나서 결정하도록 유도할 필요가 있는 것이다. 일방적으로 큰소리치며 끝을 낼 때가 가끔 있었다. 더 좋은 결과를 내기가 어려워진다. 늦게야 지애 엄마의 마음을 달래려고 해도 이미 때는 늦어 버린 것이다. 젊어서도 그랬고 지금도 그렇다. 사람의 성격이 쉽게 바뀌지 않는다. 지애 엄마를 아무리 탓하려고 해도 나 스스로 "내가 인내하지 못했다"라며 사과하지만 쉽게 받아들여지지 않고 결국 지애 엄마의 비위를 맞추려고 한다. 목사가 부인을 따르지 못하게 하고 누구를 설득할 수 있겠는가?

✂ 2020년 7월 1일(수, 맑음) • 온라인 새벽예배

지애 엄마와 새벽예배를 on-line으로 드렸다. 05:20에 일어나는 것이 쉬운 일은 아닌데 지애 엄마는 싫어하지 않고 일어나 새벽예배에 참가한다. 그동안 2년 동안 새벽예배로 인하여 지애 엄마 믿음도 많이 성장하였다. 제주 믿음교회의 큰 결실의 하나이다.

오늘도 정신없이 하루를 보냈다. 어제 펜션도 4동 중 3동이 모두 입실하였다. 모두 어린아이를 둔 엄마, 아빠들이다. 미국인 부부가 아이들과 함께 왔다. 코로나 시절에 만실이 된 것도 특별하다. 어떻게 이분들을 잘 모실까 많은 생각을 한다. 숙박 비용을 떠나서 우리 집에 온 손님을 따뜻하게 대접하는 것이다.

밤늦게까지 혼자서 수영을 하였다. 내일부터 아이들이 수영할 수 있다. 그냥 그것이 기쁜 것이다. 오늘 수요예배에는 두 가정 4명이 참석하였다.

✂ 2020년 7월 2일(목, 맑음) • 아름다운 에덴동산

오늘 수영장 물을 채우기 시작하고 점심때부터 사용하였다. 기다렸다는 듯이 아이들이 들어오고 엄마, 아빠도 같이 물놀이를 한다. 작년에 이어서 두 번째 수영장을 운영한다. 오늘 그늘막까지 설치하였다. 어떻게 할까 고민하는데 어제 구보를 하면서 옆집 그늘막을 보고 결정하였다. 이상하게 뜻밖의 일들이 많이 일어난다. 특히 믿음교회와 소망펜션은 하나님께서 도와주시고 계심을 믿는다. 이렇게 아름다운 에덴동산

소망펜션 수영장

을 가꾸게 될 줄은 몰랐다.

아침 햇살이 떠오를 때 잔디가 빛을 발하고 나무가 짙푸르게 드리워져 환상적이다. 내가 이렇게 좋아하는데 guest들은 어떠하겠는가? 소망방, 사랑방의 붙박이장도 설치하였다. 무척 편리하게 되었다. 이제 우리 소망펜션은 자신 있게 내놓을 수 있게 되었다. 우주네 식구들을 초청하여 피자 파티를 하고 가까운 이웃이 되고 인생 선배가 되었다.

✼ 2020년 7월 4일(토, 맑음) • 에어비앤비 슈퍼호스트

지난 6월 30일부터 계속 펜션이 full로 운영되고 있다. ABNB를 통하여, blog를 통하여 게스트들이 선호하는 우리 펜션이 되었다. 7월 슈퍼호스트로 선발이 되었으며 4회 슈퍼호스트의 지위를 얻게 되었다. 지금 투숙하고 있는 4가정이 모두 우리 펜션에 만족해하고 있다. 특히 어린 아이들을 데리고 온 젊은 엄마, 아빠들이 우리 소망펜션을 즐겨 찾는다. 그래서 우리 펜션이 생기가 돈다. 한 가정 공동체가 이룩되었다. 특히 4가정 모두 그리스도인들이다. 내일 예배에도 모두 참석하겠다고 한다. 수영장이 개장되었다. 멋있는 수영장 위에 차양막까지 설치하여 더욱 멋있다. 앞으로 두 달 동안 수영장을 운영한다. 지애 엄마가 저녁에 도착하여 흐뭇해한다. 우리 믿음교회와 소망펜션 그리고 여기 세화리의 명소로 이름을 낼 것이라고 믿는다. 하나님께 감사드린다.

✼ 2020년 7월 16일(목, 맑음) • 송상초등학교 방문

오늘도 시간을 아껴 쓰며 많은 일을 하였다. 장인, 장모님이 오셔서 나의 정상적인 일과는 지켜지지 않고 있지만, 그래도 계획 관리로 알차게 하루를 보낸다.

오늘은 장인, 장모님을 모시고 아버님이 4·3 사건 때 주둔했던 송상초등학교를 방문하였다. 70년 후에 다시 찾은 것이다. 천지가 개벽할 정도로 세상이 많이 바뀌어 버린 곳에서 과거를 찾아 나선 것이다. 96세의 장인을 생각하면 특별한 인생을 살고 계시는 것이다. 장인과 같이 바둑을 두며 보내는 시간이 아깝기는 하지만 특별히 아버님이 좋아하시는 시간을 만들어 드리는 배려이기도 하다. 오늘 5개 팀 축구 시합도 있었다. 2번째 시합이다. 한라산에 구름이 걸쳐 있고 푸른 하늘에 라이트를 켜고 축구를 하는 제주 60대들이 멋있다. 나도 여기에서 이렇게 축구 시합을 할 수 있다는 것이 자랑스럽다. 공 기술이 부족하여 가끔 잔소리를 듣지만 그래도 68세에 left wing을 볼 수 있다는 것이 정말 자랑스럽다.

지애 엄마와 시간을 갖지 못하는 아쉬움도 있다.

장인·장모님과 신동택 목사 댁 방문

✖ 2020년 8월 15일(토, 제주 맑음, 서울 비) • 분개한 8·15 광복절

8·15 광복절 75주년을 맞는 날이다. 온 국민이 얼마나 기뻐하여야 할 날인데 오히려 국민이 탄식하며 광화문광장으로 나와서 문재인 대통령 퇴진을 외쳤다. 어마어마한 대중이 밀려들었다. 그러나 정부는 모두가 8·15 집회가 전광훈 목사가 담임하는 사랑제일교회가 주범이라고 모든 어용 방송에서 떠들어 대고 있다. 지금 나라가 어떻게 되어 가는지 알면서도 언론을 통하여 국민을 속이고 있는 것이다. 우리 지애 엄마도 집회에 참석하였다. 서울 광화문광장이 발 디딜 틈도 없이 군중으로 가득 찼다. 그리고 코로나19 주요 확산이 바로 광화문 대중이라고 떠들면서 강제 조사하여 그 사람들이 검사를 받게 하고 숫자를 늘려서 모두 전광훈 목사

와 8·15국민대회 참석자들에게 책임을 돌리려고 하는 것이다. 문재인 대통령은 분명히 국가와 국민을 위하여 일해야 하는데 국민을 불안과 붕괴의 늪으로 몰아가고 있다. 온 국민이 8·15광복 75주년을 소리 높여 부르짖어야 할 이 때 대통령 추방을 부르짖고 있으니 이런 통탄할 일이 어디 있는가?

✂ 2020년 9월 17일(목, 비) • 강현욱 친구 방문

오늘은 서귀포에 사는 고교 동창생 강연욱을 만나서 하루를 보냈다. 서귀포 바닷가에 너무나 아름다운 집이 있는데 그 집의 경치가 너무나 좋다고 감탄하기에 꼭 한번 가 보고 싶었다.

오늘 지애 엄마에게 제안하여 점심 식사는 우리가 사고 집을 방문하여 차를 마시자고 제안하였더니 쾌히 승낙한다. 〈소낭〉 식당에서 낙지볶음과 코다리를 주문하여 맛있게 식사를 했는데 강연욱 친구가 이미 식사비를 냈다. 미리 내놓는 것인데 너무 행동이 늦었다. 그러나 때로는 신세를 질 필요가 있다. 그래야 갚을 수 있으니 말이다.

비가 주룩주룩 내리는데 강연욱 친구의 카페에 앉아서 차를 마시며 긴 시간 얘기를 나누었다. 내가 본 책을 주면서 신앙 얘기를 꺼냈고 꼭 하나님을 믿고 살 것과 언젠가 우리 믿음교회에 올 것을 제안하였다. 신앙에 대한 깊은 생각과 결단이 있는 친구라 설득하여 전도하기가 힘들 것 같았지만 그래도 내 책을 읽으며 하나님께서 좋은 길로 인도해 주실 것을 기대한다. 강연욱 친구를 위하여 기도한다.

✂ 2020년 9월 18일(금, 흐림) • 사랑하는 당신에게 꼭 하고 싶은 이야기

어제 방문한 강연욱 동창이 카톡에 글을 올렸다. 내가 쓴 『사랑하는 당신에게 꼭 하고 싶은 이야기』 책을 소개하며 다른 동창생들에게 한 권씩 전해 줄 것을 권하였다.

적어도 내 글을 읽으면서 하나님을 한번 생각해 보고 천국이 있다는 것과 반드시 예수님을 믿고 천국에 가야 한다는 말을 한 번쯤은 깊이 생각하였으리라고 믿는다.

앞으로 강연욱 친구를 위하여 기도를 많이 하려고 한다. 한 영혼을 천국으로 인도하는 것보다 더 귀한 일이 어디 있겠는가? 오늘은 세화3리 강창효 어르신을 찾아뵙고 우리 믿음교회에 오실 것을 권하며 전도를 하였다. 우연히 길에서 만났던 어른을 찾아뵙고 지애엄마와 함께 전도하는 것이 얼마나 귀한 사명임을 깨닫는다. 강창효 어르신을 위해서도 기도할 것이다.

아직도 전도해야 할 사람들이 너무나 많다. 우리 지애 엄마도 무척 좋아한다. 매일 새벽에 우리 지애 엄마와 함께 예배를 드리고 전도를 하는 일이 정말 하나님 보시기에 좋은 것이다. 그래서 우리는 축복된 길을 가는 것이다.

✈ 2020년 9월 20일(일, 맑음) • 전도 열망

"처음 시작은 미약하나 나중은 창대하리라."

우리 믿음교회 설립 2주년이 다가오고 있다. 오늘은 13명이 예배에 참석하였다. 신 목사 부부, 김명숙 집사, 김경실 집사가 참석한다면 그리고 스리랑카 찬다라가 참석한다면 18명이 예배를 드린다. 이정순 어르신과 신을선 어르신이 참석하면 모두 20명이 참석한다. 아이들까지 23명. "과연 이번에는 몇 명이나 전도하였는가?"라고 묻는다면 김창효 어르신 가정을 방문한 것 빼고는 아무도 없었다. 늘 회개하며 간절히 기도하고 있다. 앞으로 전도를 최우선 과업으로 삼고 매진하여야 할 일이다.

씨를 뿌리지 않는 농부가 어떻게 풍성한 추수를 꿈꿀 수 있는가? 요행을 바라는 것이다. 씨를 뿌리고 결실을 이루도록 하나님께 기도하여야 한다. 아직 모든 교인의 등록부도 만들지 못했고, 코로나라는 이유로 심방도 하지 못했다. 그렇다고 얼마나 간절히 하나님께 기도하였던가? 인간의 노력이 교회를 부흥시키는 것은 아니지만 인간의 노력 없이 하나님의 도우심을 기대할 수도 없다. 이번 주부터는 전도에 본격적으로 힘쓰자.

✽ 2020년 9월 26일(토, 맑음) • 믿음교회 설립 2주년 선물 준비

오늘 선물 봉투가 택배로 배달되면서 오후 2시부터 선물 포장 작업을 시작하였다. 지애 엄마는 서울에 가 있고, 강문언 장로님 사모님(오덕윤 권사), 하은희 집사, 함인월 집사님과 함께 4명이 선물 분배 및 포장 작업을 한 것이다.

봉투는 빨간색으로 끝에 "하나님은 당신을 사랑하십니다. 세화리 믿음교회"라는 흰색 문구를 넣어서 정열적인 느낌을 준다.

카놀라유, 양갱, 마스크와 내가 준비한 인사말을 차근차근 넣는 것이다. 서서히 식당 및 데크와 휴게실이 모두 빨간색으로 변하면서 장관을 이룬다. 200개의 선물이다. 우리 교회에서 주관하여 이렇게 많은 선물을 준비하고 분배하는 것은 처음이다. 앞으로 매년 10월 3일은 믿음교회 창립기념일로서 이번과 같이 선물을 보내도록 하자. 다음에 코로나 사태가 진정되면 주민들을 초청하여 예배를 드리고 공연을 하며 가든 파티를 하는 것이다. 장관을 이룰 것이다. 여기에다가 이름 있는 믿음의 연예인을 초청하여 간증도 듣도록 하자.

믿음교회 설립 2주년 선물 포장

✽ 2020년 10월 4일(일, 흐림) • 설립 2주년 예배

드디어 믿음교회 설립 2주년 감사예배의 시간이 왔다. 05:00에 일어나 마지막 설교 준비, 성경 공부 준비, 교회 청소를 하였다. 이만큼 큰일을 해낼 수 있는 능력을 주신 하나님께 감사드린다. 모든 것을 마치고 나니 거의 10:00가 된다. 5명의 아이들과 함께 주일학교 예배를 드렸다. 그래도 말씀을 전할 때 아이들이 집중하도록 하고, 질문을 통해서 아이들에게 말씀을 주입하는 과정이다. 아무리 물을 땅으로 버린다 하여도 식물은 그 물을 먹고 자란다. 10:30부터 오늘 예배 참석 인원이 도착한다. 고재영 귀농귀촌회장, 현군부 전 노인회장, 김창효 어른, 유경우 할아버지·할머니, 심학정 씨 부부, 신하구 씨 부부(색소폰 연주), 변정열 씨, 김선 전도사 그리고 펜션 거주자 최종현 씨 부부, 다솜이 식구들이 참석하여 총 33명이 예배를 드렸다. 코로나 사태로 제한되는 가운데 적지 않게 참석하였다. 모든 행사는 계획대로 이루어진다. 특히 내가 전한 말씀, 영상, 음악 발표 그리고 오찬이 이어졌다. 모두 즐거워한다. 오후예배는 오늘 행사에 대한 얘기와 앞으로 믿음교회의 방향에 대한 얘기를 나누었다.

믿음교회 설립 2주년 행사

✻ 2020년 10월 9일(금, 흐림) • 김용윤 동기생 초청

오늘은 신동택 목사, 김용윤 박사 내외와 함께 사자봉을 등산하였다. 항상 만나면 즐거운 사람들이 있다. 두 부부와 함께하는 시간은 언제나 기다려진다.

우선 생각이 같고, 믿음이 같고, 그동안 걸어왔던 길이 비슷하기 때문이다. 임관 후 같이 근무하지는 않았지만 계속 연락을 취하여 왔기 때문에 비록 다른 길을 걸었다고 할지라도 연결 고리가 있었다.

09:00에 만나서 16:00에 헤어질 때까지 7시간을 같이 지내며 이런 저런 얘기를 많이 나누었다. 그냥 같이 있는 시간이 좋았다. "하나님 보시기에 좋았더라"대로 좋은 시간이었다. 돌아오는 길에 김미연 씨에게 빌려준 차를 공항에서 pick up 하였다. 문영복 목사님이 꼭 강의를 듣기를 요청하여 어느 전도사의 강의하는 내용을 2시간 들었다. 어떻게 아이들을 잘 양육할 것인가에 대한 강의였는데 아이들을 신앙으로 지도하고 manual을 준비하여 아이들을 가르치는 것에 많이 공감하였다. 우선 내가 얼마나 아이들에게 관심을 가지고 양육을 하고 있는지 돌아보게 하였다. 귀한 아이들을 너무나 소홀히 대하고 있지 않은가? 늦게 귀가하면서도 많은 일이 있었다.

✖ 2020년 10월 18일(일, 맑음) • 전도의 결실

오늘도 주일예배를 드리고 오후에 찬양예배를 드린 후 성경 공부를 하였다. 세화리 주민 10명(현태효 씨 포함), 삼달리 주민 4명, 그리고 아이들 3명, 총 17명이 예배를 드렸다. 고희권 집사가 불참하고, 오늘 꼭 나올 줄 알았던 경우 할아버지·할머니, 박영식 사장이 불참하였다. 김승환 씨도 불참하였다. 처음엔 실망하였으나, 주일학교 예배 시에 재혁이, 은서, 경우에게 하나님 말씀을 전하며 그들이 깨닫는 것을 본 후 주일예배에 〈우리와 함께하시는 하나님〉이라는 제목으로 말씀을 전하고, 오후 찬양예배 시에 기도에 대하여 공부를 한 후에는 내가 무척 up되고 성령 충만하여 은혜를 많이 받게 되었다. 비록 오늘 새 신자가 오지는 않았지만, 다음 주에는 2~3명 참석할 것이라는 기대감을 갖게 되었다.

한 주간 눈물 흘리며 기도하면서 다짐하였다. 그러나 꼭 내가 많이 전도했다고 성도가 오는 것은 아닌 것 같다. 나는 씨앗을 뿌릴 뿐이고 하나님께서 모두 이루어 주신다. 그래서 우리는 기도하며 씨앗을 뿌리는 것이다. 더 많은 시간을 내어 전도에 힘쓰자. 큰 소망을 품고 산다. 나의 기도는 꼭 이루어질 것을 믿는다. 지애 엄마 아가페 친구 윤방호 씨와 아내 혜영 씨가 도착하여 한 주간 같이 보낸다.

✣ 2020년 10월 19일(월, 맑음) • 아가페 커플 환영

　오늘 새벽예배에 방호 씨, 혜영 씨가 참석하였다. 두 분이 이번 한 주간 우리 소망펜션에 머무르게 되었다. 어제 늦게 도착하여 차 한잔 나누면서 윤방호 씨가 갑급하게 하나님을 찾는 것을 알고 오늘 새벽예배에 참석할 것을 권했고 오늘 참석하였다. 그동안 신앙생활에 소홀하다가 다시 예배에 참석하게 되었고, 그때 우리 믿음교회를 찾게 된 것이다.
　어제저녁에 대화를 나누지 않았다면 오지 않았을 것인데 우연히 내가 복숭아를 준비하면서 발길을 멈추고 방호 씨와 얘기를 나누는데 내가 신앙생활을 위해 새벽예배가 얼마나 중요하다는 것을 강하게 말하고 방호 씨가 여기에 순종하며 따라온 것이다. 하나님께서 모두 인도하여 주심을 믿는다. 예배 후 바로 아침 식사를 하고 샤인빌골프장으로 가서 같이 운동을 하였다. 같이 예배를 드리고 오니 분위기가 좋아지고 서먹서먹함이 없어졌다. 맑은 가을 날씨에 하와이처럼 아름다운 골프장에서 4시간 같이 운동하며 이런저런 얘기를 나누었다. 방호 씨와 혜영 씨를 우리 교회로 인도해 주신 하나님께 감사드린다.

✣ 2020년 10월 24일(토, 맑음) • 제주도의 명소

　방호 씨, 혜영 씨, 김용윤 박사, 차민주 권사, 애니선교회 간사 4분이 같이 지내고 있으니 우리 믿음교회와 소망펜션이 가득 찬 듯하다. 한적한 때가 있지만 때로는 무척 북적거릴 때도 있다. 특히 주일이면 15명 이상의 성도가 함께 예배를 드리고 오후 성경 공부까지 하다 보면 정신없이 주일을 보내기도 한다. 이번 주일(내일)은 아마 무척 바쁠 것 같다. 어제저녁엔 애니선교회 4명의 간사가 20:00부터 22:00까지 2시간 동안 열정적으로 기도한다. 우리 믿음교회에 기도의 용사들을 보내 주셔서 기도의 바람을 일으키게 한다. 분명히 믿음교회와 소망펜션으로 인하여 냇동산은 예배의 동산, 기도의 동산, 친교와 교제의 동산, 양육의 동산, 전도의 동산으로 바뀌었다. 세화리의 새로운 생명의 동산으로 바뀌었다. 이제 많은 영혼이 이곳 에덴동산을 찾도록 하자. 찬양과 기도가 그치지 않도록 하자.

더욱더 활발하게 홍보 활동과 전도 활동을 하도록 하자. 제주도의 명소로 만들도록 하자.

✄ 2020년 10월 31일(토, 맑음) • 과거와 현재의 만남

한 주가 쉽게 지나갔다. 이번 주엔 목요일부터 오늘까지 창고 증축 공사를 하면서 시간을 보냈다. 2박 3일간에 완전히 창고가 건축되었다. 모두 끝내고 나니 가장 지저분했던 교회 뒷마당이 이제는 화단과 깨끗한 창고로 바뀌었다. 자꾸만 와 보고 싶다. 여기에 예쁜 꽃밭을 만들고 1년 내 꽃이 피며 울타리를 연하여 몇 가지 전시 및 소개를 하고자 한다.

첫째로 '과거와 현재의 만남'이란 표시를 해 두고자 한다. 담을 경계로 수백 년 전부터 내려오는 제주도의 시골 풍경을 볼 수 있다.

둘째는 재래식 화장실과 연결된 돼지 사육장을 소개한다. 그리고 모형 돼지를 전시할 수도 있다.

셋째는 오래된 삼나무숲을 소개한다. 제주도 강풍을 막기 위해 100년 전에 심었던 커다란 삼나무를 소개한다.

넷째, 제주도 농민들이 사용하던 농기구들을 소개한다. 각종 수공구, 맷돌, 하루방 등을 전시하여 제주도 정취를 느끼게 하는 것이다.

✄ 2020년 12월 2일(수, 맑음) • 행복한 욕심

오늘도 알차게 하루를 보냈다. 하루하루 보내는 것이 뭔가 새로운 것을 쌓아 가고 있다고 생각된다. 더 많이 쌓으려고 애를 쓰고 있다. 특히 쌓으려고 욕심을 부리는 대로 영 이루지 못하는 것이 있다면 전도다. 새벽에 기도하면서, 뛰면서 하루 종일 생각하면서도 이루지 못하고 있다.

오늘 꼭 전도지를 만들어서 아는 분, 모르는 분 몇 분을 찾아서 꼭 전도하겠다고 마음먹었는데 결국 시간이 없어서 이루지 못했다. 남들도 과연 나같이 바쁘게 살고 있는지 모르겠다. 남달리 하루하루를 이렇게 바쁘게 알차게 살아가고 있다는 것이 자랑스럽기도 하고 안타깝기도 하다.

가끔 지애 엄마와 마찰도 있기는 하지만 그래도 금방 해소된다.

오늘도 새벽예배, 수요예배를 같이 드렸다. 내 권면대로 오늘 처음 금식을 하였다. 하나씩 하나씩 이루어 가고 있다. 그래서 제주도로 오면서 가장 큰 이득을 보는 사람이 우리 지애 엄마와 나다. 오늘 노도중대와 한광수 제독, 조태형 대령님께 귤 1박스씩 보냈다. 보내고 나니 그분들을 생각하며 기분이 좋다.

재원이 식구와 바닷가 산책

✺ 2020년 12월 30일(수, 눈 - 폭설) • 훌쩍 지난 40년

어젯밤은 처가에서 잤다. 지애 엄마와 함께 나란히 자리를 펴고 편안히 잤다. 처가에서 처음 잠은 고등군사반(OAC) 후에 제주 여행을 마치고 하루를 머물렀을 때다. 그 후 40년이 흘렀다. 많이 흘렀다. 동화처럼 시간이 지나가 버렸다. 아이들을 낳고, 손자·손녀 4명을 보게 되었다. 아버님, 어머님께서 세상을 떠나시고 대구 매형도 떠나가셨다. 광주 누나도 어이없이 세상을 떠나셨다. 군 생활 36년을 마치고 2007년도에 전역을 하였다. 파란만장한 군 생활이었다. 그리고서 또다시 13년이 흐른 것이다. 지금은 목사로서 8년째 복음을 전하고 있다. 제주도에서 교회를 개척하고 펜션을 운영하고 있다.

지애 엄마와 함께 열심히 살아가고 있다. 엊그제 신혼 때 지애 엄마 집에서 하룻밤 머무른 것 같은데 벌써 40년이 흐른 것이다. 이제 금년 한 해가 지나고 있다. 또다시 일기장을 바꿔야 할 때가 왔다.

✂ 2020년 12월 31일(목, 폭설) • 2020년 회고

어제 온 세상이 하얗게 변하였다. 오늘 아침에도 계속 눈이 내린다. 어제 비행기가 결항하면서 절망적이었으나 그래도 KAL기를 바꿔 타고 귀가한 것이 꿈만 같았다. 늘 하나님께서 모두 도와주셨다.

우리는 우연한 세상을 살아가고 있는 것이 아니요, 하나님의 굴레에서 살아가고 있는 것이다.

한 해가 저물어 간다. 올 해도 눈코 뜰 새 없이 바쁘게 지냈다. 해가 갈수록 더 바빠지는 것 같다. 바빠서 나쁜 것이 아니고 바빠서 더 멋있는 인생을 살아가고 있는 것이다.

한 해를 마무리하고 새해를 계획하는 시간도 갖지 못했다. 이번 주말을 기해서 내년도 계획을 세우도록 하자. 계획을 어떻게 세우느냐가 1년을 결정한다.

오늘 수요예배는 김주일 집사와 같이 드렸다. 함인월 집사는 먼저 왔다가 먼저 갔다. 그래도 올해는 송구영신예배를 드렸고, 지애 엄마도 광교에서 전화로 참석하였다. 함성을 지르며 새해를 맞고 기도하며 시작하였다. 멋있는 한 해였다. 아쉬움도 있지만 기쁨이 더 큰 한 해였다.

2021년

✄ 2021년 1월 3일(일, 맑음) • 2021년 첫 예배

새해 첫 주일예배다. 그런데 근래 들어 예배 참석률 최저였다. 주일학교 학생들은 아무도 참석하지 않았다. 부모들이 코로나로 인하여 참석하지 말라고 한 것이다. 주일예배는 김주일 집사, 함인월 집사, 펜션에 거주하는 은수 엄마까지 5명이 참석했다가 나중에 김순생 집사님까지 참석하여 총 6명이 예배를 드렸다. 그래도 오후예배는 김순생 집사, 김주일 집사, 함아월 집사가 참석하여 총 5명이 드렸다. 코로나로 인하여 경우, 신을선 집사, 이정기 집사가 불참하고 황호수 장로, 김옥남 집사도 불참하였다. 여러 가지 어려운 상황이다. 그래도 계속 예배를 드린다. 아무도 없으면 나 혼자 드릴 것이다. 행여 나마저 포기하지 않도록 하자. 이럴 때 더욱 예배 참석을 권하고, 전도 활동을 더 많이 하자. 올해는 우리 믿음교회 부흥의 해로 삼고 더 많이 기도하고, 더 많이 양육하고 더 많이 전도하도록 하자. 성경도 더 많이 읽는다. 그리고 성도 숫자가 적어도 절대로 낙심하지 않도록 하자.

✄ 2021년 1월 7일(목, 폭설) • 눈 덮인 제주도

하루종일 눈이 내린다. 내 생전에 처음 보는 많은 눈인 것 같다. 제주도에도 이렇게 눈이 많이 올 것을 전혀 예상하지 못했다.

아름다운 정경이기는 하나 우리 집 펜션에 머무르고 있는 3가정이 안타깝고, 혹시나 귤밭이나 농작물 피해가 없을지도 걱정이다.

오늘은 하루 종일 금년도 계획을 세웠다. 비전, 목표, 추진 중점 및 방향을 설정하였다. 주간, 월간, 연간 계획까지 수립하였다. 그리고 교회도 비전, 목표, 추진 방향을 설립하고 내일 도표를 제작하여 교회 벽면에 부착하기로 하였다. 올해는 우리 교회도 더 시각적인 효과를 내고 행사도 다양하게 하는 것이다. 올해는 더 큰 결실을 거두는 한 해가 되도록 하자. 온 산이 눈으로 덮였다. 멋있는 모습이다. 사랑하는 지애 엄마와 알찬 하루를 보낸다.

눈 덮인 소망펜션

✤ 2021년 1월 10일(일, 흐림) • 살아 있는 소망펜션

계속 눈 덮인 세상이다. 제주도에서 이렇게 눈 속에 파묻힌 경우는 전에도 앞으로도 많지 않을 것 같다. 그 가운데에도 우리 펜션에 모든 방이 채워지고, 아이들이 모두 8명이라 지내기도 힘들 것 같다. 폭설이 내리고, 코로나로 인하여 교회가 텅 빈 것 같았는데 전혀 예상치 않은 성도들이 많이 참석하였다. 그냥 나는 복음의 씨앗을 뿌릴 뿐이고 내 힘으로 성도들을 참석시키겠다고 마음 조이며 애탈 필요가 없다는 것을 실감케 한다.

주일학교 예배에는 은서와 재혁이, 그리고 펜션 아이들 5명이 참석하였다. 어른 예배는 펜션 식구 8명 전원과 김순생 권사, 김주일 집사 그리고 조카가 참석하여 모두 13명이 예배를 드렸다.

〈다윗 왕의 권고〉라는 제목으로 어느 때보다도 더 은혜로운 예배였다.

예배 후에 우리 집 마당에 아이와 어른들이 어울려 눈사람을 만들고 저녁에는 사랑카페에서 펜션 식구들이 바비큐와 camp fire를 한다. 우리 믿음교회와 소망펜션이 살아 있는 하루였다. 이제 우리 믿음교회와 소망 펜션이 언제나 full로 차게 될 것이라고 믿는다. 세화리에서 가장 살아 움직이는 우리 냇동산이 될 것이다. 묵묵히 식사 준비를 하고 성도들을 실어 나르는 지애 엄마가 고맙다.

✈ 2021년 1월 14일(목, 맑음) • 자녀 축복 기도

지애 식구와 첫날을 보낸다. 아침 일찍 테니스장에 가서 지애 엄마, 지애, 백 서방, 채영이와 함께 테니스를 하였다. 지애, 백 서방도 상당한 실력이다. 나중에 우리 부부와 한 팀이 되어서 시합을 할 만도 하다. 채영이도 가르쳤다. 운동 집안이다.

이처럼 같이 운동하는 것이 우리 집의 장점이기도 하다. 오는 길에 〈허니문하우스〉에서 차를 마시며 사진을 찍었다. 우리 채영이의 모습이 무척 사랑스럽다. 매력도 있고 예쁘기도 하다. 나중에 꼭 같이 여행하고 싶은 사람은 자기 엄마, 아빠, 그리고 외할머니, 외할아버지란다. 언젠가 하와이도 가고, 미국도 가고, 중국도 가고, 일본도 갈 때가 올 것이라고 믿는다.

서귀포 〈허니문하우스〉에서

사랑스러운 우리 아이들이다. 우리 딸, 아들과 서먹서먹한 분위기도 이제 서서히 사라져 가고 옛날처럼 사랑이 넘치는 우리 가정이 될 것이라고 믿는다. 그리고 언젠가는 모두 교회에 가서 예배를 드릴 때도 올 것이다. 가슴이 아플 때도 있지만 그래도 꼭 우리의 기도가 이루어질 것으로 믿는다. 사랑스러운 아이들을 하나님께서 축복해 주시길 간절히 기도한다.

✄ 2021년 1월 19일(화, 맑음) • 베푸는 사랑

　5박 6일을 같이 지내다가 지애, 채영이가 오늘 떠났다. 며칠간 지애네 식구와 즐거운 시간이었다.
　채영이도 제주도 우리 펜션에서 지내는 것을 좋아하고 다시 오고 싶어 한다. 얼마 전에는 재원이 식구들이 1주일간을 지내다가 간 것이다.
　우리 자녀들이 부모 펜션에서 지내게 되니 뿌듯하다. 자녀들에게 부모의 은혜를 입을 수 있는 특별한 시간이다.
　특히 채영이가 무척 좋아한다. 여기 제주도에 와서 많은 사람에게 혜택을 부여한다. 교회에서 전도하여 같이 예배를 드리게 되는 성도들, 교회를 찾는 지인들 그리고 겨울철 12~1월에 귤을 선물로 보내면서 감사함을 전하는 사람들이 많다. 만약 우리가 육지에서 산다면 지금 누리는 은혜를 받을 수가 있을까? 감사하며 살아야 한다.
　지애, 채영이를 보내고 나니 서운하다. 며칠 후에 다시 올지도 모른다. 할 수 있을 때 많은 사랑을 베풀자.

✄ 2021년 1월 25일(월, 비) • 냇동산 둘레길

　어제부터 오늘까지 큰일을 했다. 마음먹었던 냇동산 둘레길을 모두 마쳤다. 교회 뒤 공터에 산책로를 만들고 여기에 푯말을 제작하여 둘레길을 만든 것이다. 냇동산 둘레길 산책로, 돌담, 흑돼지 우리, 농기구, 제주도 풍물, 삼나무숲을 설명하는 이정표를 제작하여 모두 설치하였다. 그리고 옆집에서 쓰던 흑돼지 우리를 모두 정리하여 원상으로 복구하였다.
　얼마 전에 이정표 글씨를 서울 현수막119 회사에서 제작하고 오늘은 웅진산업에서 현판을 제작하여 부착하고, 집에 있던 방부목을 제단하여 땅을 파고 묻고 나서 시멘트로 고정시켰다. 한번 일을 시작하면 불과 같이 해내는 나의 열정이 발동한 것이다. 그리고 제거한 대나무를 모두 나무 저장소에 옮겼다. 밤 10시가 되어 모두 끝났다. 내일 페인트만 마르면 된다.

이제 우리 집은 모두 휴식 공간이 되었다. 산책로에 군데군데 나무 의자만 설치하면 된다. 전기톱을 하나 구입하고자 한다. 이 모든 것을 이룰 수 있도록 도와주신 하나님께 감사드린다. 교회와 펜션이 많은 사람의 영육의 휴식처가 될 것이라고 믿는다.

✂ 2021년 1월 31일(일, 눈 → 흐림) • 떠나는 자를 붙잡지 말자

요즘 주일학교 예배가 매우 은혜롭다. 오늘은 서연이, 소유까지 참석하여 5명이었다. 재혁이는 오지 않아서 부랴부랴 차를 몰고 가서 데려왔다. 경우도 이제 서서히 시간이 빨라지고 있다. 말씀을 전할 때는 언제나 목사에게 주목하고 이해하려고 노력한다. 우리 아이들이 자랑스럽고, 부디 말씀을 먹고 자라서 믿음의 묘목들이 되기를 바란다. 더 정성을 기울이도록 하자. 더 다양한 프로그램을 개발하도록 하자. 우리 아이들을 위한 전도사가 한 명쯤 있어야 할 것 같다. 오늘 주일예배에는 9명. 찬양 예배 때는 7명이 참석하였다. 강 장로님, 황 장로, 고위권 집사와 가족, 그리고 삼달리 식구 두 분이 불참하여 아쉬움이 있지만 그래도 말씀을 전하며 은혜를 받는다. 더 전해야 한다. 내가 더 많이 전도하여야 한다. 하루 두 시간은 누군가를 만나도록 하자. 오지 않는 사람을 붙잡으려고 하지 말고 지금 나오지 않는 불신자를 찾아가는 것이다.

목사가 자리를 지키고 있거나 뛰지 않으면 누가 복음을 전하겠는가? 오전 2시간은 꼭 전도하자. 만났던 사람을 또 만나는 것이다. 기도 후에 계획적으로 하자. 내가 전하지 않으면 누가 전하겠는가? 너무나 안일하게 목회를 하지는 말자.

✘ 2021년 2월 9일(화, 맑음) • 심장 CT 촬영

지난 토요일에 채영이가 할머니와 함께 내려오고 그제는 지애가 내려와서 같이 지냈다. 딸과 손녀가 외가에 와서 친정 아버지·어머니와 함께 지내고 우리 사랑스러운 손녀딸과 같이 있으니 행복한 시간이다. 할 수 있는 한 아이들에게 잘해 주자.

오늘 서귀포의료원에서 심장 CT 촬영 결과를 들었다. 촬영 결과를 보여 주면서 심장 혈관이 정상이라고 한다. 특별히 약은 안 먹어도 된다고 한다. 몸의 컨디션이 안 좋으면 심장 부위에 약간 통증을 느낄 수가 있다고 한다. 이제 심장, 위, 허리가 모두 정상이다. 나의 기도대로 하나님께서 나의 기도를 모두 들어주셨다는 것을 일시에 보여 주신 것이다.

건강한 몸으로 하나님을 위하여 더욱 열심히 사역하라고 하는 것이다. 늘 감사하면서 컨디션을 잘 조정하여 건강한 육체와 건강한 심령으로 원

사랑스러운 손녀딸과 함께

없이 일하자. 오늘은 경우 할머니 댁에 가서 기도를 하였다. 우리 채영이도 같이 가서 나를 꼬집어 가면서 빨리 가자고 조른다. 세뱃돈도 만 원이나 받았다. 사랑스러운 우리 채영이 곧 교회에 나가도록 기도한다.

✘ 2021년 2월 13일(토, 맑음) • 소춘자 집사 방문

오늘은 새벽예배 후에 45분 동안 기도하였다. 정오와 잠자기 전에 30분을 하려고 하였으나 이루지 못했다. 하루 60분은 기도하는 것을 꼭 지키도록 하자. 나의 모든 기도를 들어주시는 하나님께 내가 기도하지 않는다는 것은 내가 너무나 나태한 신앙생활을 하고 있다는 것이다. 세상 삶이 너무나 바빠서 시간을 내지 못한다면 분명히 나는 건전한 삶을 살지 못하고 있다는 것이다. 하나님께 나의 삶을 맡기고 살아간다면 적어도 하루 한 시간 이상은 하나님께 나의 삶을 고백하며 기도를 하는 것이 맞다.

나의 life style을 대폭 개선하여야 한다. 내가 시간에 쫓기고 조급하며, 항상 긴장된 모습으로 살아가는 것도 하나님 보시기엔 옳지 않은 길이다.

4년 전 낙원교회에서 5년 동안 나의 목회 생활을 준비시켜 왔다고 생각한다. 이제는 내가 읽은 성경 말씀, 《하늘양식》, 《새벽기도》, 《오늘의 양식》, 그리고 류응렬 목사님의 설교 중에서 택일하여 예배를 준비한다. 분명히 하나님께서 인도해 주실 것을 믿는다.

오늘 소춘자 집사 가정을 방문하여 유민 아빠에게 전도하였다. 쉽게 받아들이지 않는다. 그래도 소춘자 집사 한 분이라도 기뻐하며 오는 것이 감사하다. 부디 우리 믿음교회에서 정상적인 믿음 생활을 할 수 있기를 바란다.

✺ 2021년 2월 15일(월, 맑음 → 강풍) • 심형보 씨 전도

요즘 매일 전도 여행을 하고 있다. 오늘도 차가 없어서 그냥 전도 가방을 메고 마을로 나갔다. 김민자 할머니와 심형보 씨를 만났다. 그리고 울타리를 같이하고 있는 옆집도 방문하였다. 옆집은 얼마 전에 굿을 하였다. 전도지를 받지도 않고 금방 방으로 들어간다. 아들은 4살인데 신기한 모습으로 쳐다본다. 아이의 영혼을 누가 돌봐줄 것인가? 한 번만이라도 아이들의 영혼을 위하여 나의 말을 듣고, 전도지를 읽고 한 번쯤 교회에 나온다면 그 엄마와 아이의 운명이 바뀌어질 텐데……. 김민자 할머니는 나이가 많아서 아무것도 모른다고 하신다. 심형보 씨는 매우 친절하게 맞아 주시고 들어오라고 얘기한다. 왜 내가 하나님을 믿게 되었는지 그리고 왜 하나님을 믿는지 설명하는데 꼼꼼히 잘 듣는다. 부인은 성당에 다닌다고 한다. 그리고 내가 왜 하나님을 믿는지 기록한 전도지를 주었다. 폐 수술을 하고 요양을 하고 있는 심형보 씨를 위해 기도하였다. 다음에 다시 찾아오겠다고 했다. 부디 하나님께서 이분을 불쌍히 여겨서 꼭 교회에 나오고 예수님을 믿고 구원받기를 바란다. 이제 매일 전도 가방을 메고 밖으로 나가는 것이다.

✹ 2021년 2월 19일(금, 맑음) • 강필문 어르신 전도

오늘도 아이 2명을 데리고 체육교실을 열며 한 시간 동안 같이 운동을 하며 놀아 주었다. 시간이 아깝기도 하지만 집에 머무르는 사람들을 위하여 봉사 활동을 하는 것이다. 지애 엄마와 함께 예배를 드린다. 누군가 참석하면 새벽예배가 더 은혜로울 것이라는 아쉬움도 남는다.

주원이 엄마가 참석하지 않는데 나의 잘못이 있었기 때문인 것이다. 아이들을 책망하는 말이 상처를 주었을 것이다. 그래서 믿는 사람들 앞에서 언행이 얼마나 중요하다는 것을 느끼게 한다.

오늘도 시간을 내어 전도 여행을 떠났다. 강필문 어르신(여, 89세)을 찾았더니 반갑게 맞아 주며 차를 대접하고 복음을 받아들인다. 다음 기회에 주일예배에 참석하시겠다고 한다. 강필문 어르신을 위하여 기도하자. 한 영혼을 구하는 것이 얼마나 귀한 일인가? 낑깡 귤을 선물 받고 앞으로 매매를 도와주기로 하였다. 전도하고 오니 정말 기분이 좋다. 하나님께서 주시는 기쁨이요 축복이다.

펜션은 4실이 모두 채워졌다. 냇동산 믿음교회와 소망펜션이 부흥되고 많은 사람이 모여들기를 바란다. 일부 교인들이 떠난 것은 현재에 안주하지 말고 더 열심히 전도하라는 인도하심이라 생각된다. 더 열심히 전도하자.

✹ 2021년 2월 20일(토, 맑음) • 어린이 학교

오늘부터 온도가 많이 올라서 봄 분위기로 바뀌었다. 쌓였던 눈이 순식간에 녹아내렸다. 아침 체육교실 시간에는 아이들이 5명이나 모였고, 축구, 달리기, 방방이, 손수레 타기를 하면서 1시간을 같이 보냈다.

우리 냇동산 믿음교회와 소망펜션에서 active한 일들이 많이 일어나고 있다. 밤에 시끄러울 때는 기숙사 사감같이 엄격한 질서 유지도 하였다.

아이들이 8명이나 모여 있으니 특별한 장소가 된 것이다.

하루 종일 설교 준비, 전도, 집안 가꾸기를 하면서 바쁘게 보냈다.

18:00쯤에 전도 가방을 메고 나간다. 그냥 마을로 나가서 전도지를 주고 사람이 없으면 문 앞에 두고 온다. 그래도 한 번쯤 읽으면서 하나님을 믿는 것이 좋은 것임을 깨닫게 될 날이 올 것이다.

잠들어 있는 영혼을 깨우는 것이 가장 중요한 내 삶의 목표임을 견지하도록 하자. 그래도 전도를 갔다 오면 기쁨을 느낀다. 나는 씨를 뿌리고 아볼로는 물을 주었으니 자라게 하시는 분은 하나님이시다.

2021년 2월 23일(화, 맑음) • 한라산 등반(조영현 회장)

오늘은 예배 후에 바로 지애 엄마와 함께 관음사 야영장으로 향했다. 오늘 조영현 동창과 함께 한라산을 등반하기로 약속하였다. 조영현(고교 동창) 박사가 우리를 초청하고 사전 예약을 한 것이다. 모처럼 지애 엄마와 함께 정상이 눈에 덮인 백록담을 등산하게 되어서 기분이 좋았다.

특히 우리 지애 엄마와 같이 한라산 정상을 정복하는 기대가 큰 것이다. 08:20에 등산을 시작하여 한 계단씩 오르기 시작한다. 처음엔 경치도 아름답고, 신나는 기분이었지만 1/4 지점, 1/2 지점을 통과하면서 다리가 아파오기 시작한다. 백록담 정상에 올랐을 때는 아무 데나 주저앉고 싶은 마음이다. 지애 엄마가 비록 힘들어했지만 낙오하지 않고 따라오는 모습이 무척 사랑스럽고 자랑스럽다. 더 예뻐 보인다. 오늘 오른 등산객 중에 지애 엄마가 여자 중에서는 가장 나이가 많은 것 같다. 결국 17:00가 다 되어서 관음사 야영장에 도착하면서 goal in 하였다. 무척 허기지고 피곤이 겹쳐 왔지만 기분이 좋았다. 멋있는 하루였다.

조영현 동창과 한라산 등정

✶ 2021년 2월 25일(목, 비) • 고향 친구 식사

　모처럼 광주에 들렀다. 새벽예배를 마치고 나자 버스를 타고 공항으로 가서 08:05 광주행 비행기를 타고 광주에 도착하니 08:50. 렌트카를 이용하여 형님 집에 갔다. 형님, 형수씨를 찾아뵙고, 점심 식사를 같이하고 다시 희태를 태우고 장성으로 향했다. 영덕이를 만나서 내일 생일 축하금을 주고 희태와 같이 기도를 하고 비를 맞으며 아버지, 어머님 산소에 들렀다. 산소가 깨끗하게 잘 단장되어 있었다. 영덕이가 산소 관리를 잘하고 있다. 고향집에 들러서 한 바퀴 둘러보니 뒤 터는 2~3년 사이에 모두 대나무밭으로 변하고 집은 지붕 일부가 무너져 내려서 폐허화되어 가고 있다. 이제 몇 년 후에는 집이 폐가가 될 것 같다. 연석이를 만나서 같이 장성댐 cafe에 가서 차를 마시며 얘기를 나누다가 다시 메기매운탕 집에 가서 저녁 식사를 하고 하직 인사를 나눈 후에 희태를 집에 데려다주고 광주공항에 가서 rent-car를 반납 후에 19:40 비행기를 타고 제주공항에 도착하여 20:30에 제주공항에 도착하였다. 21:50 버스를 타고 표선으로 오니 지애 엄마가 기다리고 있다. 22:00에 표선 정유장에 버스가 도착하였다. 집에 귀가하니 22:10이다. 16시간 만에 광주 장성에서 많은 일을 하고 돌아왔다. 마음만 먹으면 엄청난 일을 할 수 있다. 이렇게 일할 수 있도록 정열과 건강과 지혜를 주시고, 가는 곳마다 주님을 전할 수 있도록 도와주심에 감사한다.

✶ 2021년 3월 8일(월, 맑음) • 정규환 고교 동창

　모처럼 지애 엄마와 테니스를 하였다. 지애 엄마의 테니스 실력은 여전하다. 어떻게 이 나이에 조금도 변함없이 테니스를 신나게 할 수 있는지 모르겠다.
　하나님께서 우리 부부에게 주시는 특별한 은혜인 줄 믿는다. 매일 새벽에 일어나서 새벽에 단을 쌓는 우리 부부가 하나님 보시기에 예뻐 보이는가 보다.

오늘 아침 9시에 고교 동창 정규환이 소망펜션에 도착하였다. 4박 5일 동안 우리 소망펜션에 머문다. 아침 식사를 한 후에 교회에서 우리 교회·펜션 건축 과정을 소개하였다. 소개할 때마다 이렇게 우리 부부에게 역사하시는 하나님의 은혜에 새삼 놀란다. 어떻게 이렇게 우리의 원대한 계획이 조금도 차질

광주고 21회 제주지회 친구들과 소망펜션에서

없이 이루어지는지 이해하기 어려울 정도다. 오늘 따라비오름을 등산하였다. 광주고 21회 제주지회 친구들과 같이(여섯 부부) 따라비오름을 오른 후에 우리 교회, 펜션에 들러서 1시간 동안 차를 마시고 시 읽기, 김 교장 이야기 듣기, 종이접기 등을 하며 놀다가 한아름식당에서 식사를 하였다. 우리 교회에 헌금도 하였다. 나의 자신감에 찬 시도에 모두 칭찬을 보낸다.

✄ 2021년 4월 2일(금, 비) • 기독교의 사랑

요즘 펜션이 거의 가득 차 있다. 며칠 사이에 가까워지고 정이 들기도 한다. 같이 차를 나누고 싶은 분들도 있다. 제주도에 여행을 오는 분들은 무척 들뜬 기분으로 오고 제주도 여행을 하면서 맨 먼저 짐을 푸는 곳이 우리 소망펜션이다. 기대를 가득 안고 와서 그들이 실망하지 않도록 좋은 인상을 주고 깨끗한 숙박 시설, 아늑한 정원, 아이들이 마음껏 뛰어놀 수 있는 준비 등 정성을 많이 들여야 한다. 2층에 있

트램폴린 위의 아이들

는 분은 뇌종양으로 휴양차 집에 머무르고 있다. 특별히 그분들을 위하여 기도하는 마음으로 준비하고 대하여야 한다. 누군가를 위하여 사랑을 베풀 수 있는 것이다. 우선 친절하게 대하고, 최대한 따뜻하게 대접하도록 하고 편안함을 느끼도록 해 준다. 친절은 정성이 필요하다.

숙박 시설을 제공하고 댓가를 받는 것이 아니다. 숙박비 외에 따뜻한 사랑을 전하는 소망펜션이 되고 믿음교회에서 기독교의 사랑을 전하는 것이다.

✖ 2021년 4월 10일(토, 맑음) • 회개하는 마음

한 주일이 어느새 지나고 벌써 주일을 맞게 된다. 금요일에 모든 설교 준비를 마치려고 하였으나 이번 주도 토요일부터 설교 PPT를 준비하고 주보를 작성하였다. 목사가 주일설교 준비를 하는 것보다도 더 중요한 일이 무엇이 있겠는가? 수요예배/기도회, 새벽예배 설교를 준비하는 것보다 더 중요한 일이 무엇이겠는가? 늘 회개하는 마음으로 살아가고 있다. 그리고 변함없이 기도하며 하나님의 도움을 구하고 있다. 비록 전도도 다 할 바를 못 하고 있고, 세상일에 너무나 바쁘게 살고 있지만 언제라도 나의 사역의 역할을 망각하고 있지는 않다.

뜻이 있는 곳에 길이 있다. 나의 간절한 기도는 하나님께서 이루어 주실 것을 믿는다. 절대로 실망하지 말자. 언젠가 이루어진다는 소망을 가지고 끊임없이 앞으로 전진한다. "먼저 그의 나라와 그의 의를 구하라 그리하면 이 모든 것을 너희에게 더하시리라"라는 말씀을 잊지 않는다. 그래도 차분하게 책상에 앉아서 아름다운 냇동산 에덴공원을 바라보면서 설교 준비를 하는 이 시간이 행복하다.

유채꽃과 소망펜션

✤ 2021년 4월 13일(화, 맑음) • 파도치는 삶

　오늘은 특별히 기분이 좋은 하루였다. 마음이 기쁘고 기대감이 큰 하루였다. 새벽예배에 드보라 권사 · 사모님들(4명)이 참석하였고 예배 후에 산책하고 노인회 모임에서 많은 어르신을 모처럼 만나고, 몇 집을 찾아서 전도하고 잔디 깎기를 하여 정원을 말끔히 정리하였다. 축구 시합을 1시간 뛰면서 마냥 즐거웠고, 다육이를 얻어서 돌담 위에 꽂고 지애 엄마와 함께 1시간 동안 성경 읽기를 하고 내일 새벽예배를 준비하면서 하루를 마감하였으니 기쁠 수밖에 없었다.
　하나님께 간구하며 시작한 하루는 하나님 앞에 감사하며 마무리하였다. 하나님과 늘 관계를 맺으며 살아가는 삶은 감사와 기쁨과 회개하는 마음으로 살아갈 수밖에 없다.
　세상의 삶은 늘 파도가 치는 삶이지만 하나님 안에서의 삶은 늘 감사와 기도와 기쁨의 연속이 되는 것이다. 이번 주에 계획한 삶이 기대된다. 지애 엄마도 나와 같이 살아가는 모습을 보여 주고자 한다.

✤ 2021년 4월 20일(화, 맑음) • 7가지 채소

　오늘 새벽예배는 재원이 집을 방문하고 있는 지애 엄마와 함께 드렸다. 전에는 재원이 집에 있을 때는 새벽예배에 참가하지 않아서 나 혼자 드렸는데 이제는 지애 엄마가 어디에 있어도 예배를 드리게 되었다. 비록 남편으로서 흠도 많지만 그래도 지애 엄마의 믿음도 계속 성장하였다.
　믿음은 들음에서 난다고 하였다. 계속 말씀을 들으면서 성령께서 우리의 심령을 채워 주시는 것이다. 우리 믿음교회로 인하여 가장 많은 은혜를 받는 사람은 바로 나와 우리 지애 엄마다. 오늘 유채밭을 모두 정리하였다. 그동안 봄을 장식했던 유채밭은 그 소명을 다하고 씨를 맺어 가고 있다. 줄기를 순식간에 처리하고 땅을 일구고 비닐을 덮어서 채소밭으로 바꾸었다. 지난 장날 사 놓은 7가지의 채소를 오늘 모두 심고 물을 주었다. 머지않아서 토마토, 가지, 오이, 고추, 옥수수, 시금치, 파,

상추가 성큼성큼 자라서 새로운 구경거리가 될 것이다. 우리 소망펜션과 믿음교회를 찾는 사람들에게 새로운 볼거리를 제공할 생각을 하니 벌써부터 기쁘다. 목표를 세우고 일을 하면 지칠 줄 모른다. 나에게 무한한 능력을 주신 하나님께 감사드린다.

✂ 2021년 4월 24일(토, 맑음) • 신태복 목사 안수

드디어 ICS에서 주관하는 이삭연합 목사안수식에 참석하였다. 오전 8시부터 11시까지 바둑과 장기를 두다가 불광동에 있는 팀 선교원을 찾아서 정시에 안수식에 참석할 수 있었다. 많은 지인이 반갑게 맞아 준다. 남양우 부총장님, 김웅 이사장님, 정석현 목사님, 민진기 회장님 그리고 ICS 동문 목사님(양수진 목사 등)을 만나 보니 기쁘기 그지없다. 안수식 3조 대표기도를 하였다. 육사 동기생 신태복 목사의 안수를 축하하고, 안재명 목사, 목상균, 최선애 목사와 다른 31명의 안수를 축하하였다. 어디에 내어놓아도 품위 있는 이삭연합 목사안수식이다.

2010년 국제사이버신학대학원(ICS)에 입학하여 3년간 on-line으로 공부를 하고 2013년 4월에 제1회로 목사 안수를 받았고 그동안 원우회장, 동문회장(2회), 이삭방송국장, 경인서노회장을 모두 맡고, 요양선교회의 제주 지역 본부장까지 맡았다. 이렇게 그 많은 직분을 다 소화해 냈으니 꿈만 같다. 내 능력을 over한 것이다. 필요할 때 하나님께서 늘 지혜와 능력과 열정을 주셨다. 그리고 8년 동안 목사로서 다양한 일도 하였다. 낙원교회 담임목사 5년, 그리고 믿음교회에서 3년째다. 오늘 송병권 목사, 신금순 목사의 찬양과 연주에 눈물을 많이 흘렸다. 계획된 일을 모두 마치고 밤 12시에 잠자리에 든다.

안재명 목사 안수

✄ 2021년 5월 10일(월, 맑음 / 흐림) • 남산 산책(노도중대)

지금 제주도로 향하는 비행기 안에서 글을 쓰고 있다. 오늘 노도중대 모임을 하도록 3개월 전에 회의를 한 후 오늘 모이기로 약속하였다. 또 전처럼 모이지 않으면 어떻게 하나 걱정했는데 10명의 회원이 모두 참석하였다. 이성호만 손목을 다쳐서 불참하였다.

광춘이, 일재, 한홍전 4명이 모여서 내년도 우리 동기회를 어떻게 끌고 갈 것인지 의견 교환을 하였다. 입교 50주년 행사를 하도록 유도하고 이들도 공감하였다.

10명이 남산 산책을 하면서 울창한 삼림 길을 돌았다. 이런저런 얘기를 나누고 사진도 찍고 윷놀이도 하고 제기차기, 팽이 돌리기까지 하였다. leader가 중요하다. 조직을 살리기도 하고 죽이기도 한다. 두 번에 걸쳐서 감사기도를 하였다. 거리낌 없이 하였다. 어디 가나 기도는 잊지 말자. 비록 하나님을 믿지 않는 친구라도 같이 어울리면서 예수님을 전하는 것이다. 내년에는 우리 동기생 전원이 모인 자리에서도 기도하고자 한다. 어제 4시간밖에 자지 못했지만, 오늘 강행군을 하면서 무척 졸린다. 그래도 왕성한 체력으로 나에게 부여된 사명을 전하는 것이다. 시간을 아껴 쓰자. 오늘 매우 만족스러운 모임이었다.

노도중대원 남산 산책

✂ 2021년 5월 31일(월, 맑음) • 대구 누나 소천

오늘도 새벽예배로 하루를 시작한다. 하루의 첫 시간을 찬양하며 예배드리면서 시작하는 것이 얼마나 거룩하고 은혜로운 시간이 되는지 모른다. 그래도 우리 지애 엄마와 함께 3년을 이렇게 새벽예배를 드리며 지내고 있다. 아무리 피곤해도 예배에 참석하고, 비록 꾸벅꾸벅 졸면서 예배를 드린다 할지라도 하나님께서 무척 기뻐하실 것을 믿는다.

말씀을 전하는 내가 은혜를 받는다. 대구공항에 내려서 계명대학 병원으로 병문안을 갔다. 그런데 로비에 도착하여 조카 윤석이에게 전화하자 5분 전에 누나가 운명하셨다고 하며 조카와 조카딸들이 발을 동동 구르고 있다. 아직도 몸이 따뜻하고 나의 말을 들으시는 것 같다. 너무나 당황하여 어찌할 줄을 모른다. 그래도 누나가 나를 기다리고 있었던 것 같다. 누나 시신 앞에서 기도를 한 후 조카 윤석이와 함께 장례 준비를 한다. 모든 정리를 하고 천국환송예배를 드렸다. 윤석이, 정희, 명희 그리고 손녀딸 3명을 두고 어떻게 눈이 감겼을까? 하나님은 이 시간에 내가 필요해서 보내셨다. 비행기표를 해약하고 오늘은 누나 빈소에서 지냈다.

내가 어렸을 때부터 누나 집에 자주 찾아가고 조카들도 나를 많이 따랐다. 그동안 나를 많이 의지하셨고 나의 끊임없는 권유에 못 이겨 결국 하나님을 영접하게 되었고 세례까지 받으신 우리 큰누님이 하늘나라로 가셨다. 세상의 삶을 마친 것에 대하여는 안타깝지만 하늘나라에 가셔서 영원한 복락을 누리실 것을 생각하면 그렇게 서럽지만은 않다. 아이들을 생각하며 눈이 감기지 않으셨을 것이다. 이제 내가 조카들을 잘 돌봐주도록 하자. 모두 하나님께로 인도하는 것이 누님이 나에게 맡겨 주신 심부름이다. 오늘을 생각하면서 조카들을 위하여 간절히 기도하며 끝까지 하나님 나라로 인도하도록 하자.

✂ 2021년 6월 6일(일, 맑음) • 철인 같은 지애 엄마

오늘 새벽 4시에 장인, 장모님은 서울로 떠나셨다. 지애 엄마가 동행하여 김포공항에서 처제에게 부모님을 인계하고 다시 비행기를 타고 돌아와서 예배에 참석하였다. 식사 준비도 하였다. 철인 같은 우리 지애 엄마다.

오늘 주일예배에는 펜션 식구들이 6명 참석하여 우리 식구들 9명을 합쳐서 총 15명이 예배를 드렸다.

다양한 성도들이 모인 예배에 맞춰서 설교 말씀을 전하는 것이 흥미롭기도 하다. 나도 나의 설교에 심취되어 시간 가는 줄도 모른다. 우리 믿음교회에서 일어나는 모든 활동이 역동적이기도 하다.

무엇보다도 우리 세화리 주민들을 많이 전도하여 하나님께로 인도하는 것이다. 재혁이, 은서는 이제 말씀을 듣고 이해하는 것도 많이 높아졌다. 주일학교의 큰 선물이다. 또 다른 학생들을 불러 모아야 한다.

신 목사와 FMC-K를 위해서 진지하게 토의하였다. 오늘도 축구 시합을 하였다. 비록 30분밖에 뛰지 못했지만 그래도 신나게 뛰었다. 이 나이에 레프트 윙에서 몸 사리지 않고 뛸 수 있다는 것이 놀랍다.

✂ 2021년 6월 27일(일, 맑음) • 바비큐 파티

그동안 준비해 왔던 안수집사 안수, 권사 안수 및 세례식을 거행하였다. 은혜롭게 행사를 치를 수 있도록 간절히 기도하였으며 하나님께서 도와주셨다. 처음엔 박재영 안수집사, 가족 강선화 권사 직분을 주는 것에 대하여 부담스럽기도 하여 거절할까도 하였으나 하나님의 일꾼을 택하여 세상에 보내는 일에 너무나 형식에 얽매일 필요가 없다고 생각하고 안수식을 허락하였다.

이번에 박재영 집사가 100만 원을 헌금하면서 행사를 매우 성대하게 준비할 수가 있었다. 큰 글씨 성경을 준비하고, 성경 표구를 선물하고 신하구 집사님 특송을 준비하고 떡도 준비하였다. 예상치 않게 펜션 아이들이 주일학교에 6명이 참석하고 은서, 경우가 나오지 않아서 재혁이와 함께 은혜롭게 마칠 수가 있었다. 선교사 사모님께서 아이들에게 찬양을 가르치는 모습을 보면서 선교의 진지한 모습을 찾을 수가 있었다. 안수집사, 권사 안수식 때는 신동택 목사님과 윤화열 선교사님이 같이 안수를 하였다.

오후찬양예배도 어느 때보다도 더욱 은혜로웠다. 저녁에는 선교사, 박재영 집사 가정을 초대하여 바비큐 파티를 하였다. 하나님의 일은 하나님께서 인도하신다. 나는 단지 대리인일 뿐이다. 그리고 이제부터 전도 사역은 더욱 박차를 가하는 것이다.

축구 시합을 하며 마음껏 뛰었다.

✄ 2021년 7월 8일(목, 흐림) • 정승윤 작가

오늘은 성읍마을에 사는 고등학교 동창 정승윤 친구를 찾았다. 처가가 성읍마을인데 6년 전에 처가 근처에서 정착하여 살게 되었다. 성읍에서 가장 멋있는 객사와 1,000년 느티나무 앞에 자리를 잡고 있어 아름다운 고도의 모습을 그대로 유지하고 있다. 부부가 교사로 지내다가 조용히 귀향하여 살고 있는 친구와 점심 식사를 같이 하고 손수 내린 커피를 마시며 긴 시간 동안 얘기를 나누다가 집에 오니 16:00가 지난다. 고등학교 동창이 가까이에 산다는 것이 나와 지애 엄마에게 큰 활력소가 된다.

모처럼 자전거를 타고 마을 전도에 나갔다. 마귀가 먹이를 찾듯이 나도 복음 상대자를 찾기에 혈안이 되어 여기저기 다녔으나 큰 성과는 없었다. 그래도 전도지를 몇 장 나누고 기도할 수는 있었다. 이정순 씨 남편 강창수 씨도 지난번의 노가 많이 풀렸다. 그래도 전도의 시간이 있어서 약간의 위로가 된다.

✄ 2021년 7월 22일(목, 맑음) • 장자권교회

오늘도 하루 종일 집안일을 돕고, 오후에는 장자권교회 기도회를 갔다 오니 금방 하루가 가 버렸다. FMC-K를 이틀 앞두고, 또 예배 준비를 못 하고, 전도, 성경 읽기, 펜션 홍보 일도 아무것도 못 하고 하루가 가

버렸다.

　너무나 느슨하게 시간을 보내고 있다고 생각된다. 그러나 지애 엄마와의 약속을 지키기 위해서 MSO 기도회 후에 테니스를 하고, 윤성숙 목사님과의 약속을 지키기 위해서 장자권교회 기도회에 갔다 오니 어쩔 수 없었다. 또한 내일 할 수가 있기에 모두 뒤로 미룰 수가 있는 것이다.

　오늘 장자권교회 기도회를 하면서 우리 믿음교회도 철야기도, 금식기도를 강조하고 여느 교회와 같이 지켜 나가야 한다고 생각하였다.

　항상 앞을 내다보며 하나씩 이루어 가고 미래에 이루어질 일들에 대한 소망을 가지고 한 발씩 앞으로 나가는 것이다.

　예를 들면 내년에 『나는 행복한 군인이었다』 제2권을 발간하고, 나의 지나온 날들을 동영상으로 묶어서 많은 사람에게 뭔가 꿈을 이루어 가도록 인도해 주고 싶은 마음이다. 그날을 생각하면 기대감이 부푼다.

✂ 2021년 8월 6일(금, 맑음) • 주한 외국군 장교 초청행사(FMC-K)

　드디어 FMC-K 인터랙션 프로그램이 시작되었다. 이 프로그램을 안전하게 마치고 국방대 외국인 장교들이 모두 하나님을 영접하도록 간절히 기도하였다. 공항으로 버스를 타고 가서 9명의 국대원 학생, 10명의 가족, 그리고 8명의 MSO 임원들을 환영하며 맞아들였다. 큰 그룹이 된다. 지금 코로나19로 인하여 온 세상이 거리 두고, 떨어지기로 법석인데 우리는 30여 명이 모여서 여행을 한다.

　온도가 32~33도를 오르며 극한 상황을 만들어 간다. 비자림을 도는데도 더위는 가시지 않는다. 검은여에 가서 성게미역국으로 오찬을 나누고, 이어서 표선해수욕장, 성읍마을, 일출랜드, 미천굴, 성산 일출봉을 끝으로 모든 일정을 마쳤다. 땀이 비 오듯 쏟아진다. 그래도 계획 변경 없이 모든 투어를 마치고 18:30에 소망펜션에 도착하였다. 신 목사가 찬양을 하고 김현옥 사모님이 피아노를 치면서 우리 일행을 맞아 준다. 멋있는 장면이었다. 석양에 일어나는 우리 소망펜션의 아름다운 모습이었다. 김윤숙 사모가 며칠간 준비한 맛있는 만찬이다. 조중봉 사장이 BBQ를 지원하였다. 믿을 수 없도록 큰일들이 일어난다. 우리 믿음교회와 소망펜션에 가장 귀한 손님들이 오신 날이었다.

✈ 2021년 9월 3일(금, 흐림 → 비) • 아이스크림 전도

오늘도 비가 내린다. 날씨는 우리의 마음을 크게 좌우하며 영향을 미친다. 화창하게 맑은 날은 마음도 환하게 밝아지며 모든 보이는 것들이 아름답게 보인다. 그러나 비가 오고 우중충한 달에는 많은 것들이 우울하게 보이기도 한다. 그러나 그리스도인은 어떠한 날씨에도 주님께서 주시는 은혜 속에서 모두 아름답게 보이는 날들이 되어야 한다.

우리의 영혼은 날씨에 영향을 받지 않기 때문이다. 때로는 마음을 상하게 하고 앞날이 어두워 보여도 변함없이 감사와 기쁨 속에서 살아야 한다. 오늘은 FMC-K 준비로 하루를 보냈다. 문영복 목사님의 전도 강의 준비를 하였다. PPT에 영문 글을 넣고 통역 준비를 하였다. 외국인 장교들과 가족들에게 귀한 강의가 될 것이다. 주님을 영접하도록 인도할 것이다. 기도하는 마음으로 준비하였다.

바쁜 가운데 저녁 시간에 자전거를 타고 음료수와 아이스크림을 들고 전도를 나갔다. 많은 사람을 만나며 꼭 주님께 나오도록 권장하였다. 비록 결실은 얻지 못한다 하여도 씨를 뿌린다. 아직은 내가 해야 할 일이 많다.

✈ 2021년 9월 21일(화, 흐림) • 강호성 장군

오늘은 추석날이다. 이번 추석은 처가에서 장인, 장모님과 같이 보내기 위해서 상경하여 2박 3일 보내게 되었다. 지애 엄마는 펜션 때문에 집을 지키고 나 홀로 서울 외출을 한다. 이번 외출 때는 수지 집에 들러서 식구들과 함께 점심을 같이 먹고 기도하는 시간도 가졌다. 민아 결혼을 위해서도 기도드렸다. 오늘 처가 식구, 지애 식구들과 함께 점심을 먹고 추석감사예배를 드렸다. 믿지 않는 사람들과 함께 예배를 드린다는 것이 무척 부담스럽기는 하지만 하나님께서는 언제나 좋은 결과를 주신다. 장인, 장모님, 처제, 김 서방, 태균이 처남 내외, 지애, 백 서방, 채영이를 포함하여 준비해 온 10장의 주보를 보면서 순서대로 기도, 찬양, 말씀, 설교, 축도를 하면서 은혜롭게 예배를 드렸다. 이번에 처가에서 추석을 보낸 의미가 크다. 이때가 가장 기분이 좋다.

저녁 식사 후에 강호성 장군을 만나 차를 마시며 그동안 지나 온 19개월의 이야기를 들었다. 2020년 3월 부인이 뇌진탕으로 뇌수술을 받고 9개월 동안 재활 치료를 받다가 갑자기 운명하신 후에 9개월을 보내면서 인생의 무상함과 허무함, 절망감 속에서 살아가고 있다. 이번에 그의 이야기를 많이 들어주면서 위로를 했지만 앞으로 하나님께 인도하기 위하여 많이 기도하고 도와주고 싶다.

✖ 2021년 9월 28일(화, 맑음) • 남국진 목사 초청

오늘 드디어 남국진 목사님과 김은자 사모님이 제주도에 도착하여 3박 4일간의 여행이 시작되었다. 두 달 전에 초청하여 지금까지 손꼽아 기다렸다. 지애 엄마와 함께 공항으로 나가서 맞이하여 소드래에서 식사를 하면서 대화가 시작되었다. 26년 전에 헤어졌다가 다시 만나게 되었다. 이렇게 애틋하게 기다리다가 만남은 그동안 주님 안에서 맺어진 인연을 하나님께서 지켜 주셨기 때문이다.

남국진 장로님이 아니라 목사님이라는 것을 알게 되어 깜짝 놀랐다. 남국진 목사님도 내가 그동안 목사가 되어 사역한다는 것에 놀라워하시는 것 같다.

언제나 차분하고 사려 분별하는 그분은 여전히 똑같다. 비자림과 성읍민속 마을을 거닐면서 이런저런 얘기를 많이

남국진 목사 내외 방문

나누고 집에 와서 교회 건축 현황과 〈나는 행복한 군인이었다〉 영상을 보여 주며 소개하였다.

나와 우리 지애 엄마에게 큰 활력소가 될 것을 믿는다. 우리 지애 엄마가 맞이한 손님 중에서 가장 진지하게 준비하고 환대하는 모습을 엿본다.

✤ 2021년 9월 29일(수, 맑음) • 감사텔 공사

남국진 목사님과 김은자 사모님과 함께 새벽예배를 드렸다. 둘이 목사가 되고 특히 내가 목사가 되어 남국진 장로(목사)님 앞에서 설교할 줄 알았겠는가? 하나님의 오묘한 계획을 우리는 알 수 없다는 것을 말하고 있다.

예배 후에 해비치와 해안 도로를 따라 돌면서 제주도의 아름다운 모습을 보고 옛날 얘기를 많이 나누었다. 그리고 오늘 서귀포 일대를 여행하도록 코치를 하였다.

감사텔 공사는 3일째 이어지고 오늘은 처마 공사를 완료하였다. 지애 엄마가 무척 좋아한다. 황호수 장로님은 철골 공사에 있어서 특별히 전문가이다. 아들 요한이와 손발을 맞추어 공사하는 모습이 아름다워 보인다.

황호수 장로님과는 특별한 인연을 맺게 되었다. 믿음교회 2년 차에 귀농귀촌 모임에서 알게 되었고 우리 교회에 권사님과 함께 참석하였다. 그 이후 사정이 있어서 우리 믿음교회를 떠났으나 계속 많은 도움을 받고 있다.

✤ 2021년 10월 13일(수, 흐림) • 새벽예배 참가

오늘 새벽예배에는 지애 엄마 친구 2명이 참석하였다. 친구 7명이 방문하였는데 두 명이 나와서 같이 예배를 드렸다. 두 분은 하나님이 주시는 기쁨을 누리며 살아가고 있는 것이다.

하나님을 섬기며 산다는 것은 인생을 가장 멋있게 살아가는 길이다.

지애 엄마와 나는 그 길을 걸어가도록 하나님께서 택하여 주시고 인도하여 주신다. 뭐니 뭐니 해도 지애 엄마와 매일 새벽예배를 드리며 살아가는 이것보다 더 축복된 길이 어디 있겠는가?

오늘도 한시도 쉴 새 없이 탄탄하게 하루를 보냈다. 내 마음에 흡

믿음교회 설립 3주년 기념

족함을 느끼며 하루를 알차게 보냈다. 이런저런 염려는 모두 순조롭게 해결되었다. 빈틈없이 모든 문제를 해결해 주시는 하나님께 감사드린다. 정말 다양한 삶을 살아가고 있다. 하루하루가 귀하고 하나님과 동행한다. 오늘도 누군가에게 연락하며 서로 위로 격려해 주는 시간이 없어서 아쉽다. 아직도 밀린 일들이 계속 부담을 준다.

✂ 2021년 10월 18일(월, 맑음) • 지애 엄마 장흥 여행

지애 엄마는 5시 20분에 완도 여행을 위하여 출발하였다. 오늘부터 2박 3일간 완도, 장흥을 경유하며 이공순 집사님과 경우 이모할머니를 모시고 여행을 떠났다. 이공순 집사님(경우 할머니)의 오빠가 살기 때문에 일부러 찾아가는 것이다. 비록 여행을 좋아한다고는 하지만 이 집사님을 배려하는 마음이 없이는 노인 두 분을 모시고 생소한 곳에 여행하기는 쉽지 않다. 그런 점이 나보다 사교성이 훨씬 높다는 것을 알 수 있다.

어쩌면 여기 제주도에 묶여 살다가 어디로든 떠나고 싶은 마음이 많이 있는지도 모른다. 그래도 4시 반부터 30분 동안 새벽예배를 드리고 가는 지애 엄마가 놀랍기도 하다. 매일 새벽예배를 드리며 3년이 지났기 때문에 믿음도 많이 성장하였다고 생각된다. 시간만 가능하다면 성경 읽기, 전도, 기도에도 소홀하지는 않을 텐데 너무나 나쁜 일과가 어렵게 만든다.

오늘도 주간 계획을 세우고 이번 주는 더욱 알뜰하게 보내려고 마음먹었다. 어려움이 있지만, 꼭 실천해 보자. 먼저 교회 일, 전도, 성경 읽기를 우선한다. 집안일에 너무나 많은 시간을 뺏기지 말자. 시간을 더욱 소중하게 보내자.

✄ 2021년 11월 6일(토, 맑음) • Left Wing Position

어젯밤 늦게까지 설교 준비를 하고 오늘은 새벽에 일찍 일어나서 설교 마무리를 하였다. 3시 반에 일어났으니 열정이 대단하고 아직도 체력이 뒷받침해 준다. 그리고 오늘은 10시부터 60대 표선축구회 창립 6주년 행사에 참석하였다.

생활체육관에서 축구 시합 2게임 반을 뛰었지만 별로 지치지도 않았다. 최상의 컨디션이다. left wing을 세우기가 무척 꺼려지겠지만 그래도 나를 내세운다. 내가 설 자리가 없기 때문이다. 그런데 시작하기 10분 만에 헤딩골 1점을 얻어 냈다. 내 생전에 헤딩으로 goal in을 시킨 것은 처음 있는 일이다. 어떻게 69세가 되어서 나의 축구 실력이 peak를 이루고 있으니 참 우스운 일이기도 하다. 가끔 부딪혀서 다치는 경우가 있지만 오래가지 않아서 모두 회복된다.

하나님께서 특별히 나에게 주신 건강과 왕성한 체력을 마음껏 이용하여 모두 하나님의 영광을 위하여 사용하고자 한다.

표선 60대 축구팀 6주년 행사

✄ 2021년 11월 8일(월, 비) • 노도중대 문경 모임

예배 후에 바로 비행장으로 이동하였다. 오늘 문경에서 12중대 모임이 있다. 비행기, 지하철, 고속버스, 승용차를 타고 문경에 도착하니

13:20이다. 7시간이 걸렸다. 반가운 친구들 9명이 기다리고 있다.

육사 4년을 같이 지냈던 친구들, 30년 이상 군 생활을 같이했던 친구들, 전역 이후 꾸준히 모임을 통해서 우정을 나누었던 친구들이다.

장군도 되고 대령으로도 예편하고, 일찍 군을 떠난 친구들도 있어 서로 다른 삶을 살아왔다. 오늘 모임을 위해서 부산, 포천, 춘천, 용인, 동두천, 인천에서 긴 시간을 달려온 친구들이다.

내가 중대 회장을 맡은 지 2년째다. 내년에는 새얼동기회장을 맡게 된다. 내년도 입교 50주년을 기념하기 위한 총회 모임을 갖기 위하여 내가 세운 계획을 발표하고 의견을 나누었다. 처음에는 의견이 나뉘었으나 나의 설득으로 입교 50주년 행사를 하는 방향으로 결정하였다.

내년도에는 무척 바쁜 한 해가 될 것 같다. 목회, 펜션 일까지 하면서 부담이 크지만 그래도 모처럼 동기회를 위해 시간을 내는 것이다.

✂ 2021년 11월 22일(월, 비) • 최진학 친구 방문

오늘 최진학 친구가 우리 믿음교회와 소망펜션에 도착하였다. 미리 50만 원을 입금하여 미안하기도 하였다. 14년 전에 캐나다 토론토를 방문하여 2박 3일간 지내고, 또 미국 템파를 방문하여 2박 3일간 미국에서 같이 지낸 적도 있다. 경호실 근무 친구 중에서도 매우 깊은 교류가 이루어지고 있다.

지금은 토론토에 거주하면서 열심히 살아가고 있다. 이번에 따뜻하게 대접해 주려고 지애 엄마와 함께 준비하였다. 낮은 자세로 섬기도록 하자. 좋은 점을 많이 찾아서 더욱 좋아하도록 하고, 더 많은 관심을 갖고 또 더 많이 기도하도록 하자.

최진학 동기생 방문

✂ 2021년 11월 30일(화, 비) • 이상규 목사

오늘 새벽예배는 청주 산동교회 목사님, 장로님들과 함께 드렸다. 매일 드리는 예배라 큰 부담 없이 드릴 수 있다. 목사님과 장로님들 앞에서 예배를 드리지만, 하나님께서는 나의 입을 통해서 성도들에게 은혜 내려 주신다. 〈하나님의 식구〉라는 제목으로 모든 성도가 건축물의 한 부분을 이루어 하나님의 성전 안에서 성령의 도우심을 받아 살아가도록 전하였다.

이상규 담임목사님께서 같이 기도를 하고 나를 격려해 주신다. 헌금도 10만 원을 해 주셨다. 조용하면서도 겸손한 목사님이시다. 지애 엄마도 좋은 인상을 받았다고 한다.

예배 후 일행과 함께 동네를 한 바퀴 돌았다. 그들에게 제주도의 다른 모습을 보여 주고 싶었다. 우리 믿음교회와 소망펜션에서는 이렇게 아름다운 일들이 많이 일어나고 있다.

이정기 사장 집에 가서 차 한잔하고 이발을 해 드리고 오찬을 같이 하였다. 성도들에게 더 많은 관심과 사랑을 갖자. 저녁에 귤 20box를 포장하여 노도중대원들과 희태, 연석, 장섭, 윤석이에게 보냈다. 올해는 귤 농사로 많은 시간을 보냈다. 좋은 경험을 쌓아 가고 있다.

✂ 2021년 12월 17일(금, 흐림 / 눈) • 21km 달리기

오늘 드디어 21km 구보를 다시 실시하였다. 새벽예배 후에 고구마와 카스테라로 요기를 한 후에 단단히 채비하고 해안 도로로 뛰어나간다. 지난번보다 몸이 가볍다. 크게 어려움 없이 21km를 돌파하였다. 마지막에 조금 힘이 들기는 하였으나 그래도 쉬지 않고 거뜬히 뛰었다.

〈오늘의 양식〉(영어)을 듣고, 류응렬 교수님의 설교 말씀도 들으면서 여유 있게 달렸다. 뛰고 나니 몸이 가뿐하다. 그리고 조용히 감사의 기도를 드렸다. 하나님께서 베풀어 주신 한량없는 은혜에 더 깊은 감사를 드린다.

앞으로 건강을 계속 지켜 나가자. 그래서 하나님께 더 큰 영광을 돌려 드리도록 하자. 나에게 베풀어 주신 은혜가 유난히 크다. 저녁에 유복순 어르신과 김호영 장로님 3명이서 〈광어다〉 횟집에서 식사를 하였다. 이제 유복순 어르신도 교회에 나올 것 같다. 도저히 이루어질 것 같지 않은 일이 이루어지고 있다. 하나님께서 필요한 사람을 보내 주신다. 그동안 지애 엄마 없이 2주간 잘 지냈다.

✂ 2021년 12월 21일(화, 맑음) • 새목회 모임

한 달 만에 다시 상경하였다. 어제 오려다가 동기회 모임이 취소되어 오늘 올라오게 되었다. 그래도 서울에 한 번씩 올라왔다가 장인, 장모님을 뵙고, 지애, 채영이와 보내다가 만날 사람들을 만나고 내려간다. 제주도에서 서울에 외출을 나오는 기분이다.

〈이조참치〉 횟집에서 오찬을 하였다. 최병은 목사, 김창제 목사, 김충일 목사 그리고 나까지 4명의 동기 목사들이 모여서 오찬을 같이 하였다. 신동택 목사, 신태복 목사는 사정이 있어 참석하지 못했고, 김인성 목사님은 교회 운영 때문에 나오지 못하였다. 인생 후반기에 목사의 길을 가는 우리들 위에 하나님의 축복이 가득하기를 기도한다.

분기 1회씩은 만나서 목회 상담을 하고 세상 살아가는 지혜를 얻는다.

오늘 수년 사용하던 스마트폰을 교체하였다. 그런데 급히 아버님께 가다 보니 기념 타올 선물과 전에 사용하던 전화기, 충전기를 두고 내렸다. 장인 어르신의 코로나 후유증 상태가 매우 심각하다. 아무것도 듣지 못하신다. 오늘 저녁에라도 응급실로 갔어야 할 일인데 내가 너무 늑장을 부리다가 이제 내려오게 되었다. 아버님을 만나서 바둑을 두지 못한 것은 오늘이 처음이다.

2022년

✈ 2022년 1월 3일(월, 맑음) • 코로나 고난의 길

어제 서귀포 의료원에서 퇴원한 장모님과 지애 엄마는 집에서 하루를 보내고 오늘 새벽 07:50 비행기를 타고 수지로 향했다. 지난 2주 동안은 아버님, 어머님, 지애 엄마의 코로나 양성 판정으로 우리 집에 고난이 시작되었다. 특히 아버님이 코로나 백신 미접종으로 충격적인 피해를 입게 되었다. 식사를 하지 못하시고, 지금까지 10일 이상을 무기력하게 지내고 계신다. 분당 정병원에 처제와 함께 코로나로 격리되어 1주일을 보낸 후 퇴원은 했지만, 아무것도 들지 못하고 계신다. 너무나 마음이 아프다. 기도만 드리고 있다. 많은 분들께 기도를 요청하였다. 지금은 편안한 상태로 지내고 계신다. 의식은 뚜렷하고 심지어 바둑까지도 둘 수 있는데 기력이 없으시다.

인간의 힘에는 한계가 있다. 하나님 앞에 무릎을 꿇고 모든 하나님의 절대적인 권한을 인정하여야 한다. 이번 사태를 통하여 하나님께 무릎을 꿇고 회개한다. 98세의 장인을 위해서 내가 할 일은 옆에서 기도를 드리는 것뿐이다. 마지막 한 번 더 기도를 부탁하자. 하나님의 은총을 구하자. 합심하여 기도한다.

믿음교회, 소망펜션

2022년 1월 10일(월, 맑음) • 장인 회복 기도

　새벽예배를 드리고 서울로 향한다. 언제 세상을 떠나실지 모르는 장인 어른을 한 번이라도 더 보기 위해서다. 나를 보면서 무척 반가워하는 표정이시다. 전보다 얼굴과 몸이 더 수척해지셨다. 어찌 보면 매일 물 몇 모금 마시면서 20여 일을 지내는 것이 기적과 같다. 이제는 다시 회생이 어렵겠다고 포기하는 상태다. 불쌍하기 그지없다. 말 한마디 못하신다. 이렇게 식구들과 하직하시기에는 너무나 억울하다. 코로나 예방접종을 하지 않았고 지애 엄마로 인하여 코로나에 전염이 되었다는 이유가 있어서 모두 우리의 책임이라고는 하지만 그래도 아무 손도 쓰지 못하고 죽는 날만 기다리는 것은 하나님과 아무런 관계가 없는 사람이다. 그동안 간절히 기도드렸다. 평상시보다 3~5배 이상 예배를 드리고 기도를 하였다. 오늘도 아버님과 함께 예배를 드리며 손뼉 치며 찬양하고 기도하며 크게 "주여!" 소리 지르며 통성으로 기도하였다. "기도할 수 있는데 왜 걱정하십니까?" 그런데 저녁때부터 뭔가 아버님이 회복 기미가 보이기 시작한다. 화장실에 가는 숫자가 많아지고 물을 자주 찾으신다. 몸이 물을 필요로 하는 것이다. 정병원에 근무하는 김문제 동창생 의사가 회복의 가능성을 말해 준다. 다시 힘찬 기도와 찬양이 시작되었다.

2022년 1월 11일(화, 맑음) • 장인 마지막 바둑

　4시 반에 눈이 뜨여 말씀을 읽고, 기도한 후에 지애 엄마와 함께 새벽예배를 드렸다. 전과 비교하면 우리의 예배는 더 많아지고 더 진지하게 드리게 되었다. 목적을 가지고 간절하게 기도한다. 아침 식사도 전보다 더 나아지고 뭔가 아버님이 소생할 것이라는 희망의 줄을 잡게 되었다. 노환으로 인하여 회복이 늦어질 수 있다고 생각한다.

　식사 후에 어제처럼 아버님과 함께 예배를 드리고 손뼉 치며 찬양하고 통성으로 기도를 드렸다. 그리고 아버님과 함께 바둑을 두었다. 처음으로 조작하여 고의적으로 내가 대패하였다. 집안 문을 열고 청소를 한다. 어젯밤부터 새로운 분위기다. 가벼운 걸음으로 제주도로 향할 수 있었다.

하나님께서는 우리의 간절한 기도를 그냥 지나치지 않을 것이라고 믿는다. 육사 동기 새얼신우회원들과 육사신우회원들께 기도를 부탁하였다. 아쉬울 때 기도를 요청한다. 그때 많은 분이 기도하여 주시고 또한 하나님께서 그 기도를 들어주심을 믿는다.

절망에서 소망으로 바꾸어 주신다. 어두움을 밝혀 주신다. 1박 2일 동안 장인, 장모님과 함께 시간을 보냈다. 바둑도 두었다. 찬양하며 기도도 드렸다. 집 안 청소도 하였다. 모든 것을 허락하신 하나님께 감사드린다.

✄ 2022년 1월 31일(월, 맑음) • 김형석 교수 강의

오늘 김형석 교수 강의 내용을 동기회 카톡에 upload하였다. 강의 내용을 3번 들었는데 들을수록 귀한 내용이라고 생각한다.

특별히 나이가 들면서도 꼭 해야 할 것은 책을 읽어야 한다는 것, 일을 해야 한다는 것 그리고 남을 위해 봉사하는 것이다.

특히 예수 그리스도의 삶을 살아가는 것이라고 많이 강조한다. 그래도 우리 동기생들 전체에(가족 포함) 기독교가 무엇인가를 생각하게 해 준다.

하나님께서 나를 동기회장을 시켜 주신 것은 모두 계획이 있다고 생각이 된다.

동기생 274명을 위해 일할 수 있는 기회가 생겼다. 조직이나 다른 사람들을 위해 일할 수 있다면 그것은 행운이다. 여기에 바로 우리 삶의 목적이 있다. 이제부터 동기회를 위하

103세 김형석 교수님 특강 후

여 일하고자 한다. 사업 계획을 추진해 나간다. 뭔가 동기들에게 도움을 줄 수 있을 것이다.

오늘도 바쁘게 하루를 보냈다. 지애 엄마도 무척 바쁘게 일을 한다. 그래도 새벽에 일어나 말씀을 듣고, 기도하면서 하루를 시작하고 같이 테니스를 치며 건강을 유지하고 하루 종일 쉬지 않고 일할 수 있는 일거리가 있어서 행복하다.

✄ 2022년 2월 1일(화, 맑음) • 둘이서 걷기

오늘은 설날이다. 형님, 형수씨, 영덕이에게 전화를 드렸다. 연순이, 수자, 형제자매들이 같이 어울려 지내는 시간을 만들지 못해 아쉽다.

2월 10일 아버님 제사 때 형님 댁에 모이기로 했다. 이때 연석이와 희태도 만나서 식사를 할 계획이다.

그래도 고향이 있어서 좋다. 오후에 사려니숲길 5.5km를 지애 엄마와 함께 산책을 하였다. 바쁘다는 핑계로 머뭇거렸으나 지애 엄마가 무척 같이 가고 싶어 하고 그래도 설날인데 함께 보내는 것이 좋을 것 같아서 따라나섰다. 지애 엄마와 같이 이렇게 아름다운 사려니숲길을 산책하는 것이 행복한 시간이고 이런저런 많은 얘기를 나누어서 좋았다. 지애 엄마도 기분이 많이 고조된다. 앞으로 일주일에 1번(가능한 월요일)은 같이 산책하도록 하자. 제주도에 한 달 살기를 와서 걷는 사람들이 얼마나 많은데 나는 제주도에 살면서도 별로 가 본 곳이 없다. 깰 것은 꼭 깨야 한다.

문영모 동기생(공병)이 하늘나라로 갔다. 저혈당 쇼크로 갑자기 별세한 것이다. 부랴부랴 동기생들께 전파하였다. 이제는 동기생들 사망 사고나 불행한 일이 없도록 하나님께 기도한다.

✄ 2022년 2월 5일(토, 눈 / 흐림) • 동기생 안전 기도

오늘은 동기회 임원들(중대 대표)에게 모두의 안전과 보호를 위한 기도를 요청하였다. 동기생 모두가 동기들이 늘 안전하고 생명을 보호하며 평안한 생활을 위해서 그리고 환우들을 치료해 주시도록 하나님께 기도하는 제안을 하였다. 장문의 기도요청문인데 16개 중대 중에서 13개 중대가 찬성의 표시를 하였다.

　동기회장이 영적 지도자가 된 것 같다. 지난 한 달 새에 전종기, 문영모 동기생이 졸지에 세상을 떠났다. 백신 부작용과 저혈당 쇼크로 변을 당한 것이다. 앞으로 많은 동기생이 안전하게 지내도록 기도할 것으로 기대한다. 동기생들을 위하여 기도하는 것만큼 더 큰 사랑이 어디 있겠는가? 앞으로 모임 있을 때마다 동기생들을 위한 기도를 부탁하고자 한다. 목사가 동기회장을 맡은 것은 하나님께 기도하기 위함이 아닐까 한다.

　요즘 지애 엄마와 편안하게 지내고 있다. 아버님께서 용인 더원요양병원에서 입원 치료를 받고 계시지만 쉬지 않고 기도하면서 위로를 받고 있다. 지애 엄마가 전보다 훨씬 기도하는 시간이 많아졌다. 하나님께서 주시는 큰 선물이다. 점심시간에 조중봉 사장이 초청하여 마을 친구분들과 함께 오찬을 하였다. 조 사장과 윤 사장이 예배에 참석하도록 계속 기도하고 권면하도록 하자.

✂ 2022년 2월 8일(화, 맑음) • 교육훈련국장 5년

　오늘 새벽예배 후에 MSO 기도회에 참석하였다. 지난번 수련회 후 국실별 토의 내용을 보고하기 위해서다. 이 보고를 위해서 어젯밤 24:00까지 준비하였다. 직접 PPT를 작성하고 멋있는 사진까지 첨부하였다.

　내가 보기에도 잘된 보고서였다. 장용관 세계선교국장 보고에 이어서 10분간 보고하였다. MEO 행사를 올해는 초청 형식으로 지역별로 하자는 의견이고 올해 교육훈련국 수련회를 제주도에서 실시하겠다는 의견과 앞으로 MSO 교육훈련 발전을 위한 의견을 제시하였다. MEO 팀장으로 5년을 끌고 왔으니 MSO의 주역이라고 말할 수 있다. 기왕 MSO 국장을 맡았으니 뭔가 기여하여야 할 것이라고 본다.

　올해도 MSO에 뭔가 기여를 하자. 하나님의 일을 하는 데 망설이거나 피하지는 말자.

오늘도 축구 시합을 하였다. 2일 만에 다시 시합하는데 나는 젊은 층에서 뛰었다. 항상 left wing 자리를 맡는다. 오늘도 슛 기회가 있었는데 공이 너무 약하였다. 그래도 일주일에 2번씩 축구를 할 수 있도록 건강을 허락하신 하나님께 감사드린다. 오늘 귤 10box 발송할 준비를 하였다. 올해 마지막 귤 발송이다. 모두 파지된 귤을 재생한 것이다. 자랑스럽기도 하다. 특히 지애, 연순이, 영덕이, 형님, 처제, 형님 식구들이 맛있게 먹을 생각을 하니 기분이 좋다.

✄ 2022년 2월 10일(목, 맑음) • 광주 형제 모임

오랜만에 광주를 방문하였다. 아버님 기일을 맞이하여 형제들이 한자리에 모여 부모님추도예배를 드린다.

시간이 금싸라기같이 귀하지만 모처럼 여유롭게 여행의 시간을 갖는다. 광주공항에서 1시간 동안 필요한 곳에 전화하고 문자와 카톡을 보낸다. 시간이 남아서 무엇을 할지 모르는 날은 평생 나에게 없을 것 같다.

내가 바쁘다는 것은 내가 할 일이 많다는 것이며 할 일이 많다는 것은 내가 필요한 곳이 많다는 것이다. 목사, 펜션 주인, 동기회장, MSO 교육국장의 일을 처리해야 하고 그 외에도 ICS, 노인회, 축구회, 집안 관리 등 할 일이 많다.

힘이 들기는 하지만 그래도 나를 통하여 많은 일이 이루어지는 것이 자랑스럽다. 특히 하나님의 일을 많이 할 수 있어서 좋다.

형님 내외 수자, 영덕이, 매형, 태빈이, 미나가 같이 모여서 예배를 드렸다. 모두 기쁜 마음으로 예배를 드린다.

형제들과 부모님추도예배

이제 모든 형제가 하나님을 믿도록 인도하는 것이다. 제주공항에서 MSO 기도회에 참석하였다. 밀린 일기도 쓰고, 전화로 펜션 관리도 하고 바쁘게 하루를 보낸다. 내일은 희태를 만나서 고향 장성을 방문하고자 한다.

✂ 2022년 2월 13일(일, 맑음) • 성찬식, 제직회의

오늘 주일에는 다양한 행사가 있었다. 예고했던 대로 22년 첫 성찬식, 임명장 수여식 및 제직회의를 가졌다. 우리 교회 등록 교인 19명 중 14명이 참석하였다(학생 포함).

성찬식을 하면서 그리스도인으로서 경건한 삶을 살아가도록 하고, 임명식을 통하여 교인으로서 사명감을 깨닫게 하고, 제직회의를 통하여 금년도 우리 교회와 교인들의 갈 길을 제시하였다.

바쁜 가운데서도 이 모든 행사를 마칠 수 있도록 도와주신 하나님께 감사드린다. 그리고 이를 통하여 목사와 성도들이 하나님의 충성된 일꾼으로 살아갈 것을 말씀을 통하여 강조하였다.

무엇보다도 목사로서 복음을 전하는 것과 성도들의 전도 책임을 강조하였다. 내가 갈 길을 새삼 다짐하는 기회도 되었다. 바쁜 일과 속에서도 하나님 일을 최우선으로 해야 한다. 주객이 바뀌지 않아야 한다. 모든 성도님이 그래도 목사를 믿고 따라 줌이 고맙다.

그들을 양육하여 하나님께 나아가도록 하는 것이 나의 책임이다. 한 영혼이라도 더 구원하는 것이 나의 일이다.

✂ 2022년 2월 14일(월, 맑음) • 아내의 부모 사랑

오늘 지애 엄마는 상경. 목요일에 장모님을 모시고 온다. 계속 오르내리기보다는 모시기로 제안을 했고 지애 엄마는 받아들였다. 92세 노모를 제주에서 모시는 것이 쉬운 일은 아니지만 그래도 더 안정된 생활을 할 수 있다고 생각하여 합의하였다.

지애 엄마의 부모 사랑은 특별하다. 그런데 부친께서 자기 실수로 병원에 입원하여 자기 집으로 오지 못함을 항상 죄로 안고 살아가고 있다. 그래도 지애 엄마의 기도와 예배는 한 단계 격상되었다.

기적이 일어나서 다시 재회할 수 있기를 간절히 기도한다. 지애 엄마에게도 일생 최대의 마음 아픈 시간이기도 하다. 내가 위로해 주고 달래주어야 한다. 바쁜 일과에서도 지애 엄마를 위해 시간을 내고 배려해 주는 것이 우리 가정을 행복하게 하는 비결이기도 하다.

나같이 바쁜 사람을 상대하여 펜션 운영, 부모님 봉양까지 하는 지애 엄마를 많이 도와주도록 하자. 오늘 제주시에서 ICS 제주 모임이 있었다. 문영복 목사, 윤성숙 목사, 김선 전도사와 식사를 하며 사역을 소개하였다. 하나님께서 우리에게 귀중한 사명을 주셨다.

✂ 2022년 2월 28일(월, 맑음) • 새얼 구국동지회 기도

오늘 세화리 친구들(이정기, 이수기, 윤종환, 조중봉 씨)을 모시고 서귀포 〈쌍둥이횟집〉에서 점심 식사를 하고 〈허니문하우스〉에서 차를 대접하였다.

모처럼 서귀포까지 drive를 하고 지금까지 먹었던 식사와는 다르게 〈쌍둥이횟집〉에서 점심 특선을 먹고 제주도 서귀포에서 가장 아름다운 cafe 〈허니문하우스〉를 찾았다.

그리고 모두 내가 부담하였다. 장군 출신이 너무나 소박하게 낮은 모습으로 살아가고 있다고 입이 마르도록 나를 칭찬한다. 부디 이 사람들 모두 꼭 하나님을 믿도록 기도하고 있다.

오늘 32기 구국동지회에 100만 원을 기부하였다. 이 나라를 바로 세우도록 헌신적으로 활동하는 이들에게 조그만 도움을 주고 동기회장이 관여한다는 명목을 두기 위하여 결정하였다. 지애 엄마도 쾌히 승낙한다. 나보다 더 보수적이고 정의롭다.

✂ 2022년 3월 6일(일, 맑음) • 입교 50주년 기념 책자

오늘 주일예배에는 15명이 참석하여 교회가 꽉 찬 기분이었다. 처남 내외와 김은미 고객 5명이 참석하였기 때문이다. 정작 참석하여야 할 이정기 집사, 유복순 성도, 그리고 다경이 할아버지는 참석하지 않았다. 현태효 씨, 김길중 씨까지 왔다면 20명이 참석할 수 있었을 텐데……. 새신자 한 명만 와도 그날은 하늘을 날아갈 듯이 기분이 좋다.

이런저런 이유로 예배에 참석하지 않는 성도님들을 보면서 마음속 깊이 흐르는 눈물을 막을 수가 없다. 정말 그들을 위하여 이렇게 애타게 기다리는데…….

오늘도 〈여호수아를 도와주신 하나님〉이라는 제목으로 말씀을 전했다. 《오늘의 양식》에서 주제를 잡아 말씀을 준비하였는데 나 스스로 많은 은혜를 받았다. 여호수아를 도와주었던 하나님은 지금 나를 도와주시고 계시는 것이다. 오후찬양예배 후에 지애 엄마는 어르신 성도들에게 한글을 가르친다. 지극정성스러운 모습이다. 처남과 처남댁이 떠나서 왠지 서운하다. 오늘 입학 50주년 기념 책자를 발간하기 위하여 나도 원고를 냈다. 〈50년을 보내며…〉라는 제목으로 7개의 일기문과 함께 7페이지를 작성하였다. 이제부터 본격적으로 기념 책자 작업을 시작한다.

✂ 2022년 3월 9일(수, 맑음) • 20대 대통령 선거

20대 대통령 선거일이다. 이번처럼 애타게 대통령 선거를 기다리며 기대를 한 적도 없었다. 도저히 대통령 후보가 될 수 없는 이재명 더불어민주당 후보를 마음속으로 비난하고, 국민의힘당 후보 윤석열 총장이 당선되기를 간절하게 바라면서 기다려 왔다. 그리고 윤 후보가 10% 이상 차이로 이길 것으로 예측하였다. 11:00에 리 사무소에 가서 투표하였다. 수요예배/기도회 시간도 30분 앞당겨서 했다. 19:30에 출구조사를 듣기 위해서다. 그런데 출구조사 결과 발표를 듣고 너무나 실망하였다. 윤석열 후보가 48.4% 대 47.8%로 0.6포인트 차로 이긴다는 것이다.

뭔가 조작하고 있다는 느낌이 들었다. 하나님께 간절히 기도하였다. "하나님, 이 나라를 도와주옵소서. 공의로운 나라가 다시 회복될 수 있도록 운동권 세력이 물러나게 도와주옵소서." 계속 개표는 이루어지고 있다. 만약 이재명이 당선된다면 우리 대한민국은 비운의 나라로 전락할 수도 있다. 부디 내일 새벽에 윤석열 후보가 당선되길 기도한다.

✂ 2022년 3월 10일(목, 맑음) • 윤석열 대통령 당선

오늘 드디어 윤석열 씨가 대통령으로 당선이 되었다. 어제 출구조사에서 0.6% 이긴다는 방송이 있고 불안한 마음으로 시청하기 시작하였다. 처음에 60 대 40으로 이재명 후보가 앞서기 시작하였다. 사전투표를 먼저 개봉하였기 때문이다. 그러다가 서서히 윤석열 후보가 따라잡기 시작하더니 계속 0.1포인트로 따라가다가 00:30부터 교차가 이루어지고 다시 0.1포인트씩 앞서가기 시작하였다. 국힘당에서 환호성이 시작되고 민주당은 침체된 분위기로 바뀌었다.

0.1 → 0.9 → 1.0포인트까지 따라잡더니 새벽 04:00에 0.8% 앞서서 대통령으로 당선되었다. 꼬박 밤을 새우며 TV를 시청하였다. 정말 간절히 기도하며 지켜보았다. 당선되는 순간 하늘을 날 듯이 기뻤다. 이 나라가 다시 살아났다고 생각하였다. 하나님께서 우리 대한민국을 살려 주셨다. 전광훈 목사님의 예언이 맞았다. 1% 차로 이긴다는 예언이었다. 그동안 붕괴하기 시작한 우리 대한민국이 다시 살아나기 시작한다. 정말 다행이었다. 한 사람의 능력과 영향력은 나라를 살리게 하였다. 우리 대한민국은 앞으로 윤석열 대통령의 영도력으로 무궁무진하게 발전할 것이다.

✂ 2022년 3월 22일(화, 맑음) • 홍광표 동기 위문

지애 엄마와 함께 새벽예배를 드리고 06:09발 차를 타고 공항으로 이동하였다.

11:00에 석영구, 최병은 동기와 함께 산본에 있는 홍광표 동기 집을

찾았다. 6년 전에 넘어지면서 허리를 다쳐 지금까지 반신불수로 침대에 누워서 지내고 있다. 얼굴은 옛날 모습을 그대로 지니고 있으나 손발을 전혀 쓰지 못하고 침대를 이용하여 앉았다가 누웠다가 할 뿐이고, 하루 종일 TV를 보면서 보내고 있다. 혼자서 먹지도 못하고 말도 하지 못한다. 6년째 수발을 들고 있는 구원건 가족은 그래도 밝은 모습으로 우리를 맞아 주고 가끔 남편과 다투기도 한단다. 왜 재활을 위해서 노력하지 않고 안주하려고 하느냐는 것이다. 찬양하고 말씀을 전하고 기도를 하였다. 이 사실을 동기회에도 전하고 홍광표 동기생 가족을 위해서 많이 기도하도록 전하고자 한다.

오는 길에 석영구 동기의 삶에 대하여 1시간 동안 얘기를 들었다. 제주도로 초청하였다. 강아지와 편안한 집 때문에 17년째 살고 있는 현재의 여건을 그냥 고수하고 살아가고 있다. 석영구 동기생에게도 새롭게 살아가는 법을 가르쳐 주고 싶어서 제주도로 초청하였다. 꼭 한번 방문하기를 바란다.

✂ 2022년 4월 5일(화, 맑음) • 장인 어르신 소천

어제 이어서 오늘도 페인팅 작업을 하였다. 오늘 오전에 마무리하기로 하고 서둘렀다. 언제 아버님 소천 소식이 올지 모르기 때문에 대비하기 위해서다. 그런데 09:30에 아버님이 운명하셨다는 소식을 처제가 전해 준다. 부랴부랴 페인팅 작업을 마무리하고 13:20발 비행기표를 예매하고 차를 몰고 공항으로 향했다. 이미 이때가 올 것을 대비하고 마음의 준비를 하였기 때문에 나와 지애 엄마 모두 차분하게 대응하였다. 16:00에 분당 서울대병원에 도착하여 장례식장을 준비하였다. 꽃이 장식되고 그 안에 아버님 영정이 놓인다. 아버님 화랑무공훈장은 영정 위에 놓았다. 모든 장례를 기독교식으로 하기로 결정하고 18:00에 첫 장례예배를 드렸다. 처제, 처남 식구와 조카들이 참석하였다. 재원이도 캐나다에서 급히 한국으로 이동하였다. 조문객들이 한 분씩 도착하고 장례식장이 바빠진다. 그러나 곡을 하거나 슬픈 기색은 없다. 장인 어르신의 천국 입성을 축하하는 분위기다. 나에게 장례식을 인도하도록 도와주신 하나님께 감사드린다. 아버님께서는 하늘나라에서 우리를 지켜보고 계신다. 아버님께서는 이제 이 세상을 하직하고 새로운 장막으로 옮겨서 천국에 입성하였음을 선포하였다. 모든 장례예배를 내가 주관하기로 하고 입관예배, 발인예배, 화장예배, 안치예배, 가족위로예배 순으로 준비를 하였다. 하나님께서 이를 위해 어제 밤늦게까지 준비하게 하셨다. 넉 달 동안 병원에서 치료를 받다가 결국 회복하지 못하시고 운명하신 아버님 영정을 보면서 너무나 아쉬움이 컸지만 그래도 천국에 입성하여 하나님 나라에서 영생을 누린다는 믿음이 모두에게 안도감을 준다.

우리 집안에 홀로 목사인 나의 역할이 크다.

✂ 2022년 4월 6일(수, 맑음) • 장인 장례 2일 차

장인 어르신 장례 2일째다.

아침 06:00에 처제, 처남 내외와 함께 추도예배를 드리며 시작한다. 예배 후에 아버님과 함께 지냈던 이야기를 나누었다. 08:00부터 조문객이 발을 잇는다. 육사 동기, 고등학교 동창, ICS 동문, 지애 엄마 친척과 사돈이 참석하여 조의를 표하였다. 어머님 상을 당했을 때는 수많은 조문객이 줄을 이었지만, 이번 장인 상은 코로나 사태로 인하여 조문객이 뜸하였다.

18:00에 모든 식구가 장인 마지막 모습을 보기 위하여 영안실에 들어갔다. 얼굴 모습은 살아 있을 때와 비슷한데 손을 대니 얼음같이 차다. 식구들이 한 번씩 얼굴을 만지고 마지막 하직 인사를 하였다. 많이 눈물을 흘린다.

바로 올라와서 입관예배를 드렸다. 송병권 목사님, 신태복 목사님, 문인수 목사님, 박현옥 목사님이 같이 참석하여 말씀을 전하고 기도를 드렸다. 내가 장인을 소개하고 우리 유가족을 소개하였다. 그런데 장례식장의 무거운 분위기가 아니고 아버님께서 하늘나라로 가셨다는 축하의 자리가 되었다. 아들, 딸, 손자, 손녀, 증손자, 증손녀가 모두 웃는 낯이다. 장례 문화가 천국 환송 잔치로 바뀌었다. 하나님의 인도하심이다. 하나님께 감사드린다.

✽ 2022년 4월 7일(목, 맑음) • 장인 장례 3일 차

아버님 장례 3일 차다.

오늘도 06:00에 처제, 처남 식구와 함께 추모예배를 드리고 09:30에 모든 식구가 모여서 발인예배를 드렸다. 내가 사회를 보고 내가 말씀을 전하고 지애 엄마가 기도를 드렸다. 발인예배 후 장인 어르신이 대령으로 추서되었으므로 축하의 박수를 드렸다. 그리고 식구 모두 모여서 영정 앞에서 기념 촬영을 하였다. 모두 기쁜 얼굴들이다. 기독교 장례 절차를 따르기 때문에 모든 장례를 하나님께서 인도하여 주시기 때문이라고 믿는다.

영구차와 버스를 타고 용인 〈평온의 숲〉 화장장으로 가서 장인 시신이 화구에 들어가는 모습을 보면서 화장예배를 드렸다. 찬양하고 말씀을 전하고 기도를 드렸다. 어렵고 힘든 시간을 잘 보냈다. 한 그릇의 유골이 나오고 파쇄기로 금방 유골을 만들고 유골함에 싣고 동작동 국립 현충원 충혼관으로 가서 유골을 안치하였다. 납골당에 안치하여서 아쉬움도 있지만, 동작동 국립묘지에 안장되어서 아버님 영혼도 좋아하실 것을 믿는다.

다시 버스를 타고 처가로 돌아와서 유가족위로예배를 드렸다. 장의는 모두 벗고 주문한 중국 식사를 하며 장례식을 마쳤다.

정말 하나님께서 인도해 주

김형용 장인 장례식장

신 장인 장례식이었다. 모두 떠나고 큰처남과 함께 처가에서 잠을 잤다. 그동안 많은 식구들과 어울려서 조문객들과 바삐 보낼 때는 몰랐는데 모두 떠나고 나니 장인 어르신이 머물렀던 집이 왠지 슬픈 기분을 자아내게 한다. 그래도 장인 영정 사진이 나를 위로하며 그동안 수고했다고 말씀하시는 것 같다. 하늘나라에 계시는 아버님께 다시 한번 기도를 드린다. 아버님, 하늘나라에서 복락을 누리시다가 나중에 다시 만나겠습니다. 아버님, 평강을 누리십시오.

✼ 2022년 4월 8일(금, 맑음) • 장인 천국 입성

4월 5~7일 아버님 장례식을 마치고 귀가하였다. 이상하다고 할 정도로 슬프거나 서러운 마음이 들지 않고 아버님께서 우리와 지냈던 아름다운 추억이 많이 남는다. 아픔도 있었지만 이미 지난 일이고 하나님께서 모두 함께 해 주셨다. 그 아픔을 통하여 하나님께 간절히 기도하였다. 아픈 기간 동안 더 경건한 마음으로 예배를 드렸다.

어느 것 하나 하나님의 손을 떠나서 이루어지는 것은 없는 것이다. 중요한 것은 우리는 모두 하나님 앞에 선다는 것이다. 그리고 언젠가는 이 세상의 옷을 벗어 버리고 우리의 영혼에 하나님께서 새로운 육신을 주시고 그 육신을 입은 영혼은 영원히 하나님과 함께한다는 것이다.

우리 식구들에게 그래도 이러한 하나님의 말씀을 깨닫게 하고 반강제적으로 우리 식구들에게 하나님 말씀을 전하게 하셨다. 이 세상을 떠나는 아버님의 모습을 현장에서 체험하였다. 그래서 하나님께서는 이 모든 준비를 할 때까지 기다리셨던 것이다. 아버님께는 이 세상과의 하직이 바로 천국 입성이라는 것을 알게 되었다. 아버님의 좋은 추억을 오랫동안 기억하고, 나도 우리 자녀들에게 선한 청지기의 모습을 보여 주도록 하였다.

무척 차분한 날이다. 재원이가 할아버지를 보기 위하여 캐나다에서 비행기를 타고 날아온 것이 기특하다. 비록 힘이 들겠지만 사랑하는 할

아버지의 모습을 볼 수 있었다. 귀갓길에 최병은 목사를 만나서 이런저런 얘기를 나누었다. 서서히 아버님 모습이 더 많이 떠오른다. 하늘나라에서 평강을 누리시옵소서.

✂ 2022년 4월 9일(월, 맑음) • 아버님 회고

며칠 사이에 너무나 큰 변화가 왔었다. 사랑하는 아버님이 이 세상을 떠나셨다. 지난 12월에 여기 제주도에 오셔서 바둑도 두고 귤밭에 가서 귤을 따기도 했는데……. 이제는 이 세상 사람이 아니고 바로 천국인이 되었다. 우리 산 사람은 절대 갈 수 없는 천국으로 가셨다.

어머님을 만나고 싶고, 우리 식구들도 얼마나 만나고 싶어 했고, 눈이 감겨지지 않으셨을 텐데 하나님께서는 허락하지 않으셨다. 차라리 하늘나라가 더 좋을 것 같아서 그냥 데리고 가셨다. 내가 아버님 천국 환송 인도를 하는 주역을 맡았다. 우리 식구들이 모두 잘 따라 주었다. 그리고 하나님 나라를 많이 알게 되었다. 입관할 때 아버님의 마지막 모습, 화장장으로 들어가시는 관, 1시간 반 후에 한 사발 정도의 하얀 유골로 변한 모습을 잊을 수가 없다. 우리가 모두 가야 할 길을 보여 주셨다. 우리 하나님 앞에 겸손히 받아들여야 할 길이다. 그래서 우리가 어떻게 세상을 살아가야 할 것인가를 알게 해 주신다. 우리가 가야 할 천국을 많은 사람에게 알려 주고 그 길을 가도록 인도하는 것이다. 사람들에게 이것보다 더 중요한 사실이 어디에 있겠는가?

"내가 곧 길이요 진리요 생명이니 나로 말미암지 않고는 아버지께로 올 자가 없느니라"(요 14:6)라는 이 말씀을 이해시켜야 한다. 눈 깜짝할 순간에 우리에게 닥치는 그 시간을 잊지 말아야 한다.

✂ 2022년 4월 10일(일, 맑음) • 새로운 출발, 전도

장례식 후 첫 주일예배를 드렸다. 장모님도 같이 예배를 드렸다. 장례식 기간 동안 장모님은 여기 제주도에 계셨기 때문에 예배 기간에도 아버님 소식을 온전히 전하지 못하였다. 아직은 어머님께 아버님 소천 소식을 전하지 못했기 때문이다.

오늘은 〈예수님의 죽음〉이라는 제목으로 말씀을 전했다. 지난주에는 〈십자가 위에서 예수님의 고통〉이란 제목으로, 그리고 다음주에는 부활절예배를 드리며 성찬식도 하고, 이번 주 목, 금, 토요일에는 특별새벽예배를 드릴 생각이다. 비록 적은 숫자지만 그래도 은혜로운 예배였다. 내가 가장 은혜를 많이 받는다. 머지않아 어머님께도 아버님 소천 소식을 알리고 이제는 어머님께서도 천국에 가신다는 소망과 함께 나중에 하나님 나라에서 아버님을 만나는 기쁨을 갖도록 하고자 한다.

세화1리 주민 초청 잔치

그리고 이제부터 본격적으로 우리 믿음교회 전도대회를 갖도록 하자. 한 영혼을 구하는 것이 천하를 얻는 것보다도 더 귀하다고 하지 않았던가. 오늘도 예배에 참석하지 못한 김현옥 사모, 강기오 안수집사, 소춘자 집사, 신을선 성도, 이정기 집사 모두 예배에 참석하도록 기도하자. 나에게 절망은 없다. 분명히 때가 올 줄 믿는다.

✂ 2022년 4월 27일(수, 맑음) • 새얼 구국동지회 총회 참석

지난주에 이어서 이번 주에도 상경하였다. 오늘내일 MSO 교육훈련국 워크숍을 주관하고 오늘 저녁 국군동지회 총회에 참석하기 위해서다. 모두 중요한 일이다. MSO 사무실(신우회실)에서 9명이 모여서 금년도 MSO의 주요 사업인 MEO와 FMC-K 사업을 위하여 강사 및 임원들을 상대로 임무 수행을 위한 program을 설명하고 강사 강의 내용을 검토하기 위해서다. 내일 9명이 또 참석한다. 내가 알아서 이 워크숍을 계획하고 실시한다. 누군가 끌고 가야 하는 사람이 있어야 한다. 진지하게 강사 강의 내용 발표 및 토의를 하였다.

17:00에 육군회관에서 32기 국군동지회 총회가 있었다. 60여 명이 참석하여 종북 좌파 세력의 만행을 척결하기 위하여 광화문광장에 뛰쳐나가서 빨간 육사 깃발을 흔들고 목이 터지라 부르짖었다.

나도 100만 원을 후원하고 이번에 동기회장 신분으로 참석하였다. "바로 여러분이 있었기에 이 나라는 다시 살아날 수 있었고 우리는 반드시 승리할 것이며, 우리나라는 공정과 상식이 통하는 나라가 될 것이다"라고 강조하고 이들을 돕기 위해 하나님께 기도드렸다.

✄ 2022년 6월 2일(목, 맑음) • 국립묘지 참배

새벽예배 후에 바로 김포공항으로 이동하였다. 다시 지하철을 타고 동작동 국립묘지를 찾아서 동기생들과 함께 고인이 된 동기생들을 참배하였다. 동작동에 5명, 대전 현충원에 13명이 잠들어 있다.

강정진, 김창태, 전종기, 김용환, 김동수, 서충환, 민항기, 박광수, 박정창, 임병국, 서재훈, 박용운, 김세경 등 총 18명이다.

나와 친한 동기생도 많이 있다. 그냥 편안히 잠들어 있다. 동기생들이 찾아오면 멀리 하늘나라에서 손짓하고 있는 것 같다. 동기회장을 맡은 덕분에 국립묘지 참배도 할 수 있다. 중대 회장들도 대부분 참석하였다.

우리 동기생들을 위하여 기도하였다. 먼저 하늘나라로 간 우리 동기생들의 영혼을 불쌍히 여겨 주시고 우리 동기생들 모두 건강하게 천수를 누리다가 이 세상 떠나기를 간절히 기도하였다. 85세까지는 현 생존자가 30%가 이 세상을 떠나갈 것이라고 예측하고 있다. 고인 한 분 한 분의 비석을 쓰다듬으면서 그의 영혼과 유가족들을 위하여 기도하였다.

장인이 계시는 서울 현충원을 들러서 기도드렸다. 대전 현충원 참배 후 저녁에 김선도 친구 집으로 이동하여 하루를 묵었다. 일부러 내가 찾아온 것이다. 없는 것보다는 뭔가 있는 것이 낫다. 육사 동기생이자 육대 동기생인 김선도와는 계속 가까이 지내왔다. 내가 대전에 오게 되었으니 만나서 이런저런 얘기를 나누며 같이 시간을 갖고 싶었다. 기회는 그냥 오는 것이 아니고 만들어야 오는 것이다. 내외가 반갑고 따뜻하게 맞아 줘서 고마웠다.

동작동 국립현충원 참배

대전 국립현충원 참배

✤ 2022년 6월 23일(목, 흐림 → 비) • 2022 MEO-P 행사

2022년도 MEO-Program에 참석하기 위하여 서울로 올라간다.

부랴부랴 새벽예배를 마치고 서울로 향한다. 추아이비 펜션 고객(女)도 새벽예배에 참석하였다. "이제는 하나님 일을 많이 했으니 쉬자"라고 마음먹고 주님의 곁에서 멀어질 때 그 사랑의 기쁨도 사그라진다는 말씀이었다. 죽는 날까지 하나님께 충성하며 사는 것이다. 항상 나는 그렇게 생각하였다.

지금 우리 교회를 보면서 내가 어떻게 살아가야 할지 생각을 많이 하고 있다. 가능한 한 말씀을 전하며 복음을 전하며 영혼을 구원할 수 있을 때까지 하는 것이다. 그러기에 여기 제주도 세화리 믿음교회는 그렇게 살기에 가장 잘 맞는 곳이다.

상경하여 서울 해군호텔에 10:30에 도착하니 IBS, CP, 개인전도 강의를 진행 중에 있다. 12명의 참석자를 위해서 얼마나 많은 인원이 참여하고 있으며 많은 노력과 물질과 인력이 투입되고 있다. 그래서 12명이 얼마나 중요한 사람인지 이해할 수 있다. 나는 이번에 MCF 설립·성장에 대해 강의를 하였다. 오랜만에 대면 강의를 실시하여 조금 새롭기도 하고 혀도 많이 굳은 듯하다. 박남필 위원장, 이갑진 부위원장, 박백만 장로, 최상복 장로, 진 간사 그리고 해군중앙교회 성도님들이 바쁘게 움직이고 있다. 교육 후 공군호텔로 이동하여 신동택 목사와 함께 숙박을 하게 되었다. 그런데 말할 겨를도 없이 잠이 들었다.

올해도 MEO-Program을 위해서 뭔가 기여를 하게 되어서 기쁘다. 2008년부터 참여하기 시작하여 14년째 참여하고 있다. 무척 열정을 가지고 참여하였다.

✂ 2022년 7월 27일(수, 맑음) • 수요예배

펜션이 가득 찼다. 성수기인 7~8월은 거의 차 있다. 4세 때의 아이들이 8명이다. 그런데 6~12세 아이들이 저절로 친구가 되어 같이 방방이를 뛰고 풀장에서 수영하며 지낸다. 엄마들은 나무 그늘에 앉아서 웃으면서 얘기를 나누고 있다. 우리 집 펜션이 풀가동되고 있어서 보기에 좋다. 수영장도 올해 가장 잘 이용되고 있다.

수요예배 전에 엄마들에게 가서 오늘 예배 오시라고 하고 4집에 모두 문자를 보냈는데 결국 아무도 오지 않았다. 나중에 방방이에 있는 8명의 학생에게 "주일학교 다니는 아이들 있니?"라고 물었더니 아무도 없다. 우리나라의 기독교 상황을 보여 주는 것 같다. 나라는 점점 잘사는 나라가 되는데 영적으로 점점 피폐해지고 있음을 알 수 있다. 아이들과 엄마들에게 복음을 전할 기회를 갖고자 한다.

수요예배에 이공순 집사님과 이정순 집사님이 참석하였다. 4명이 예배를 드렸지만 낙망하지 않으며 내일부터 전도하기 위한 전도지를 준비한다.

소망펜션 풀장

✂ 2022년 8월 5일(금, 맑음) • 권영재 회장 선물

처가에서 하루를 지내고 오늘 귀가하였다. ICS 기도회 설교를 하기 위해 비행기를 타고 먼 길을 왔는데 기도회 참석자는 10명 정도였다. 실망스럽기도 하지만 그래도 10명의 목사님 앞에서 설교한다는 것이 영광스럽기도 하였다. 〈파수꾼의 사명을 다하자〉라는 제목으로 말씀을 전하면서 나 스스로 파수꾼의 책임을 다해야 한다는 다짐을 하게 되었다.

장모님, 처제와 함께 식사하였다. 그래도 장모님 살아 계실 때 한 번이라도 더 뵙기를 잘 했다고 생각한다.

수지구청역 근처에 있는 권영재 회장의 사무실을 방문하여 차를 나누었다. 자전거 사업을 닫고 낚시 사업으로 전환하였다. 부인 조남인 씨도 같이 일을 도와주고 있고 금년 말엔 아들에게 사업을 승계하려고 한다. 나에게 펜션을 성공적으로 하고 있다고 칭찬한다. 동기회 총회 때는 선물을 기증하겠다고 한다. 도움을 받을 수 있다면 받도록 하자. 도와줄 수 있을 때 과감히 도와주도록 하는 것도 필요하다고 생각한다. 가게를 둘러보다가 낚시할 때 입는 방수복 1벌을 선물 받았다. 내가 아침에 달릴 때 땀복으로 사용하면 좋을 것 같다.

육사 입교 50주년 행사 장소를 물색하던 중 손대정 고교 신우회장으로부터 〈양재시민의 숲〉을 추천받아서 현지를 둘러보고 동기회 총회를 여기에서 하도록 결심하였다. 서울 나들이가 여러모로 유익하였다.

✂ 2022년 8월 15일(월, 맑음) • 정의롭고 공의로운 나라

77주년 광복절 휴일이다. 77년 전 한국인들은 얼마나 기뻤을까? 전국 방방곡곡에서 큰길로 나와서 만세를 부르며 대한민국의 해방을 기뻐하였다.

그러나 남북이 분단되면서 대한민국은 또다시 불행이 시작되었고, 5년 후에는 3년간 남북 전쟁이 이어졌다. 200만 명의 인명 피해가 발생한 후 한국은 남북으로 분단되어 69년간 이념의 대립으로 분쟁이 계속되며 여기까지 왔다.

그러나 대한민국은 전 세계 11번째의 경제 대국이 되었고, 북은 세계에서 가장 못사는 나라가 되었다. 자유민주주의와 김일성 주체사상을 부르짖는 공산주의는 엄청난 결과를 가져왔다.

그런데 대한민국 자체도 좌파 우파로 갈리며 갈등이 계속되고 심지어 문재인 대통령은 김정은에 끌려다니며 5년 동안 나라를 단단히 망쳤다. 그래도 윤석열 대통령이 기적과 같이 대통령이 되면서 바람 앞의 등불인 우리 대한민국의 생명을 유지하게 되었다. 앞으로 계속 좌파 세력이 전교조, 민노총, 경찰까지 이념에 물들게 하면서 이 나라를 무너뜨리려고 하고 있다. 하나님, 이 나라를 지켜 주시옵소서. 하나님께서 이 나라의 위정자들을 지켜 주시고 정의롭고 공의로운 나라를 만들어 가도록 도와주시옵소서!

✹ 2022년 8월 18일(목, 맑음) • 홍광표 동기생 소천

5:00에 눈이 뜨였으니 3시간밖에 잠자지 못하였다. 부랴부랴 예배를 드리고 제주발 김포행 비행기에 몸을 실었다. 가는 도중에 MSO 목요기도회를 스마트폰으로 청취하였다. 하늘을 날며 삼차원의 삶을 살아가고 있다. 나의 의지가 없다면 홍광표 동기생의 장례식에 가고자 하는 마음도 없고, 예배는 더군다나 생각하기 어려웠다. 갑자기 유가족에게 전화를 하고 비행기표를 싸고 쉽게 구입하고 지난번 장인 장례예배를 경험으로 예배를 준비할 수 있었다. 장례식장에 도착하니 고인 홍광표 동기생 아내가 반갑게 맞아 준다. 최상길 장로가 기다리고 있었다. 예배 중 유명기 동기생도 참석하였다.

50분 동안 예배를 드리며 나의 마음이 뜨거워짐을 느낄 수 있었다. 나중에 최종열, 이평희가 도착하여 오찬을 같이 나누었다. 비록 적은 숫자였지만 장례예배 결정을 잘 했다. 할까 말까 망설일 때는 하는 쪽으로 가자. 너무나 안일하게만 생각지 말고 과감하게 부딪치며 나가야 한다.

항상 하나님께 기도한 후에 계획하고, 계획을 하였다면 하나님의 도움을 위해 기도한다. 그리고 강력하게 실천하자.

✄ 2022년 8월 30일(화, 비) • 동기생 사랑

모처럼 비를 보니 반갑다. 제주도가 너무나 메말라 있다. 비를 맞으며 지애 엄마와 함께 호수 공원을 돌았다. 무릎이 약간 아프기는 하다. 지난 일요일 축구 시합의 결과 후유증이라고 생각한다. 무릎이 아프지 않을 때도 이러한 증상이 있었으니 그냥 잊어버려도 될 것 같다.

산책을 하는 것을 지애 엄마가 좋아한다. 나와 같이 있기만 해도 좋은데 같이 2시간 반 동안 걷기까지 했으니 더 좋아한다.

오후에는 책상에 앉아서 아직 다 마치지 못한 일들을 하나씩 처리해 나가는데 기분이 좋다. 입교 50주년 기념집을 만드는 일도 내가 제안하였기에 모든 글에 댓글을 달아 주면서 감사한 마음을 전하고 있다. 적어도 글을 쓴 동기생들은 육사 입교 50주년에 대한 애착심을 갖게 될 것이다. 무슨 일이든 그냥 이루어지지 않는다. 땀과 노력이 있어야 한다. 동기회장을 맡고 뭔가 기여하고는 싶은데 내 마음대로 가지는 않는다. 너무나 소극적으로 변하였다. 나이 칠십이라서 그냥 마음이 늙어지는 것 같다.

언젠가는 동기생들에게 한마디 권하고 싶다. 가능한 많은 일을 하면서 보람 있는 일을 하면서 이 세상 떠나는 날까지 힘차게 살아가자고. 동기회 총회 모임도 모처럼 모두 모여서 재미있는 시간을 갖고 싶다. 게임도 하고 노래도 하고 행운권 추첨도 하고 얘기도 나누면서 보내고 싶다. 많이 참석하기를 바란다.

✄ 2022년 8월 31일(수, 흐림) • 스위스 · 이탈리아 여행

스위스, 이탈리아 여행이 시작되었다. 칠순 잔치 대신 아이들이 준비한 여행이다.

오늘은 책상에 앉아서 동기회 일, 펜션 고객 전파, 기고문 댓글, FMC-K

를 준비하였다. 식사 후 지애와 함께 리무진 버스 stop에 갈 때까지 쉬지 않고 일했다. FMC-K 교재 작성까지 마치지 못해 아쉽다. 지애가 엄마, 아빠에게 무척 잘해 주려고 한다. 어제도 내 신발을 세탁하여 말리기 위해서 밖에 나가서 1시간을 밤늦게 기다린다. 작년 고2 담임선생을 맡고 나서 학생들이 감사 note를 기록하였는데 한결같이 지애에게 감사한다. 무척 잘 대해 줬나 보다. 부족한 점이 있기는 누구나 마찬가지다. 좋은 점을 많이 봐 주는 것이다. 재원이도 그렇다. 언젠가는 하나님을 믿고 예배드릴 때도 올 것이다. 인내하며 기다리자. 그리고 더 따뜻하게 잘 대해 주자. 열심히 살아가는 우리 지애, 재원이에게 하나님께서 축복해 주시기를 기도한다.

오늘 드디어 스위스행 비행기를 탔다. 00:30에 비행기에 탑승하여 카타르로 향했다. 10시간 비행 후에 도하 공항에서 2시간 반을 기다렸다가 다시 스위스 취리히 공항으로 6시간 반을 타야 한다. 먼 거리다. 세상에서 가장 아름다운 나라 스위스를 찾고, 또 세상에 가장 많은 영향력을 미친 로마제국을 찾아간다. 기대가 크다. 모처럼 지애 엄마와 해외여행을 하는 것도 좋다. 밤을 이어 가며 계속 비행기는 날아가고 있다.

✈ 2022년 9월 1일(목, 맑음) • 스위스 루체른 시 관광

16시간의 비행기를 타고 2시간 도하 공항을 경유하면서 18시간 후에 취리히 공항에 도착하였다. 말로만 듣던 스위스 최대 도시 취리히에 왔다. 다시 고속버스를 타고 1시간 반을 가니 루체른 도시에 도착하였다. 눈에 띄는 모든 모습이 절경이다. 특히 루체루은 호수의 도시다.

서울 크기의 1/6인 호수에 접근하여 아름다운 도시를 만든 이 지역은 수많은 관광객이 들끓는 도시가 되었다.

모든 사람이 관광객 같고 모두가 밝은 모습들이다. 옛날 모습과 현대 모습이 잘 어우러져서 서울과 같은 느낌을 준다. 유람선을 타고 호수를 한 바퀴 돌아 오는데 한마디로 아름답고 평화롭고 가을 날씨에 휴식을 마음껏 취할 수 있는 도시였다. 산 중턱에 세워진 교회(1800년대 건축)와 그전에 시내에 세워진 대성당, 어느 백작 부인이 교회에서 기도하고 큰 병을 완치하여 기념으로 호수 언덕 위에 세운 예수 그리스도의 큰 상이 바로 루체른 스위스 백성들에게 하나님을 공경하는 삶의 방향이 되었으며, 결국 하나님의 축복을 받는 땅이 되었다는 것을 알 수 있었다.

시내에 있는 〈슬픈 사자의 상〉(암벽 위에 조각)은 스위스 용병들을 영국 및 바티칸 왕국의 시위대로 지정하도록 만들었다. 스위스 국민의 충성심을 보여 준다. 저녁때 인트라민 숙소로 이동하는데 굽이굽이 길과 아름다운 산, 호수들이 입을 다물지 못하도록 감탄을 자아내게 한다. 700년 전 건축된 자리가 루체른 시와 성당을 연결하는 것도 특징이다.

루체른 시에서 저녁 식사를 하고 호텔에 check in 하였다. 호화스러운 호텔은 아니지만 말끔하게 정리되어 있었다. 샤워장 물막이 창, 강력한 물줄기는 좋은 편이었다.

스위스 융프라우가 보이는 아름다운 마을

✈ 2022년 9월 3일(토, 흐림) • 스위스 체르마트 관광

05:00에 일어나 예배를 준비하고 일기를 썼다. 지애 엄마와 함께 예배를 드린 후 운동복을 입고 달리기를 하였다. 다리가 약간 불편하기는 하였지만, 다시 뛸 수 있어서 너무나 기분이 좋았다. 어제 무릎 통증과 피곤으로 기분이 많이 depressed되어 있었지만, 오늘은 구보를 하면서 다시 힘차게 시작한다. 한국에는 태풍이 북상함으로 걱정이 된다. 그러나

스위스 고르너그라트 정상

분명히 하나님께서 우리 믿음교회와 소망펜션이 피해가 없도록 도와주실 줄 믿는다.

08:00에 마티니 시를 출발하여 태쉬를 경유 후에 2.5시간을 달려서 체르마트로 이동하였다. 체르마트에서 톱니 열차를 타고 40분을 달려서 고르너그라트에 도착하여 웅장한 빙하 산을 바라보았다. 고르너그라트 3,000m 고지에서 바로 앞에 보이는 마테호른 정상 4,400m 고지를 보며 1년에 5m식 흐른다는 빙하를 보며 감탄하지 않을 수가 없었다. 그런데 그 산을 300번 이상 등경했던 어떤 분의 동상이 세워졌으니 인간의 탐험 정신도 우리의 상상을 초월한다. 영하의 날씨 속에서 지애 엄마와 함께 실컷 사진을 찍으며 대자연을 즐겼다. 하나님의 위대하신 창조를 다시 한번 바라볼 수 있었다. 다시 내려와서 높은 고리를 잇는 고속도로를 따라 이탈리아로 향했다. 그 높은 산 위에서 살아가는 마을도 있다. 이태리에 도착하며 분위기가 바뀌었다. 밀라노에 도착하여 두오모 대성당과 1400년대의 건축물을 보면서 또다시 놀랐다. 인간의 위대한 능력에 감탄한다.

✂ 2022년 9월 4일(일, 맑음) • 베네치아 방문

주일 새벽에 지애 엄마와 함께 예배를 드렸다. 예수님께서는 언제나 우리를 인도해 주시고 평강을 주신다. 몸이 너무 피곤하니 쉽게 지애 엄마에게 짜증을 내고 말씨도 불친절해진다. 이럴 때일수록 우리의 기도가 필요하다.

밀라노에서 4시간 차를 달리니 이태리 동북쪽에 있는 베네치아에 도착한다. 베네치아 공화국이 수립되고 1801년 이태리가 통일되기 전까지 베네치아 군주제 국가는 유지할 수 있었다. 베네치아는 유럽 상업의 중심지가 되었고 바로 『베니스의 상인』 소설의 중심지가 되었다.

유람선으로 바꿔 타고 드디어 베네치아 수상 도시에 도착하였다. 물 위에 떠 있는 거대한 도시다. 가이드의 안내를 따라서 물 국가를 돌아보는데 구획은 모두 바닷물로 차 있다. 물 위에 이 도시를 만든 것이다. 인공 도시인데 서서히 물에 가라앉는다고 한다.

산마리노 정상에 도착하니 감동의 함성이 나온다. 1400년도에 이루어진 베네치아 군주국가가 설립되었고 경제 대국이 되었으며 그때 건물들이 그대로 유지되고 있다.

군주들이 살았던 궁궐(palace)이 108개인데, 아직도 유지되고 지금은 호텔로 많이 개조되었다. 3시간 동안 골목을 돌아보며 신기한 수상 도시임을 알게 되었다. 정말 특이한 도시였다. 여기에도 대규모 성당과 총독 관저들이 어마어마하였다. 조그만 골목 거리가 아니라 많은 인공 섬으로 거대한 도시를 이루었다.

19:00에 수상 택시를 타고 해협을 나오면서 설명을 듣는데 장관이었다. 108개의 궁전을 모두 보여 주었다. 베네치아를 조금 알 수 있는 시간이었다.

이탈리아 수상 도시 베네치아

✈ 2022년 9월 5일(월, 맑음) • 피렌체 방문

베네치아에서 피렌체로 이동하였다. 1819년까지 밀라노, 베네치아, 피렌체, 로마로 분리되어 있던 이탈리아는 1861년 통일이 되어 이탈리아 공화국으로 시작하였다. 피렌체는 이탈리아의 중심에 있는 도시이고 600년 전(1400년도) 르네상스 오페라와 대중문학의 중심이 되었다. 베네치아가 그 큰 위업을 달성하였던 것이다. 한 인물에 의하여 역사가 바뀌었다. 많은 수난을 이겨 내며 교황으로부터 간섭을 피하면서 새로운

피렌체의 두오모 성당

문화를 달성해 낼 수 있었던 것이다.

두오모 성당과 광장은 입이 벌어질 정도로 대단하였다. 2,000년 전의 돔을 다시 600년 전에 이룩한다. 두오모 성당은 밖에서 보기에도 웅장하니 안에 들어가 보면 어떨지 상상이 간다. 두오모 광장 주위에 건축된 4층 높이의 대리석 건물도 대단하였다. 거기에 조각된 단테, 갈릴레오, 마키아벨리, 다빈치, 미켈란젤로 모두 당대의 사람들이었다. 그리고 그들의 위업을 모두 보관하고 있는 것이다. 그래서 이탈리아 국가와 로마가 위대해 보이는 것이다. 여기에도 성당에 새겨진 예수님과 열두 제자의 상과 벽화 등은 역시 하나님과 예수님을 숭배하는 역사로 이어지게 되고 그것이 이렇게 큰 산물을 내게 되었다고 본다. 골목골목을 돌며 600년 전 피렌체 공화국의 숨결을 느낄 수 있었다. 다시 4시간을 달려서 로마에 도착하였다. 나지막한 언덕 위에 세워진 집들을 보고 우리와 달리 산 위에 사는 로마인들을 알 수 있었다.

✖ 2022년 9월 6일(화, 맑음) • 로마 시내 관광

아침 일찍이 호텔을 떠나서 로마 시내로 향했다. 금번 여행의 꽃이라고 할 수 있는 로마 시내 관광이다. 복잡한 로마 시내를 통과하여 콜로세움 옆에서 내렸다. 그림으로 많이 봐 왔던 콜로세움을 직접 눈으로 볼 수 있다. AD 62년에 시작하여 AD 70년에 완공된 거대한 원형경기장이다. 한꺼번에 7만 5천 명까지 수용할 수 있는 고대 원형경기장. 2,000년이 지난 지금도 그 원형을 보존하고 있다. 역사를 거치며 이제는 관광지로 변하였지만, 여기에 로마 황제가 왔고, 건축사들이 건축하고 2,000년 동안 지켜 온 이 콜로세움의 웅장한 모습에 로마제국을 다시 생각하고, 인간의 위대한 도전에 나 자신이 한없이 낮아짐을 느끼게 한다. 뒤이어서 마차 경기장, 포로로마노(로마인들의 생활 공간), 모든 신을 한꺼번에 모은 판테온 신전, 600년 전에 조성된 트레비 분수, 스페인 광장 하나하나가 계속 호기심을 갖게 한다. 판테온 신전의 웅장함을 보고 어떻게 기둥 하나 없이 그렇게 큰 돔을 만들 수 있었는지, 10m나 되는 대리석 기둥을 어떻게 운반하였는지 모두가 경이롭다. 마지막으로 찾은 바티칸 박물관, 성 베드로 성당과 성 베드로 광장은 경이로움의 극치에 이르게 한다. 세상에서 가장 큰 성당이고, 앞으로도 이 베드로 성당보다 더 큰 규모 성당 건축은 금지되어 있다. 800명의 바티칸 국민이 거주하고 있고, 스위스 용병 100명이 궁의 출입문을 지키고 있다. 로마는 한마디로 우리 인간의 상상을 초월할 정도로 고대의 유적을 잘 보관하고 있다. 트레비 분수, 스페인 광장 등은 〈로마의 휴일〉 영화의 배경이 되기도 하였다. 이 위대한 고대 도시 로마를 볼 수 있도록 도와주신 하나님께 감사드린다.

콜로세움 경기장

트레비 분수

✈ 2022년 9월 7일(수, 맑음) • 티볼리 분수 구경

오늘도 여전히 맑은 아침이다. 05:00에 일어나 경건의 시간, 기도를 한 후에 지애 엄마와 함께 새벽예배를 드렸다.

어디에서나 예배를 드리는 우리의 삶이 되었다. 새벽예배를 드리고 테니스를 하는 것은 우리의 영육이 건강하게 살아가기 위한 하나님의 축복이다. 마지막 여행지인 티볼리의 분수·정원으로 간다. 가기 전에 김연경 guide에게 부탁하여 차에서 기도를 드렸다. "이 세상의 모든 만물을 창조하시고 주관하시는 하나님 아버지"로 시작하여 이번 여행을 위해 좋은 날씨와 안전을 주신 하나님, 세상에서 가장 아름다운 스위스와 이 세상에서 가장 아름다운 역사를 보관하고 있는 로마·이탈리아를 관광하게 해 주신 하나님께 감사의 기도를 드렸다. 또한, 하나님 앞에 겸손하게 순종하며 살아가게 하시고 이렇게 살아가는 우리 모든 여행객을 축복해 주시고 우리 대한민국과 스위스, 이탈리아를 축복해 주시기를 기도하였다. 선한 영향력을 미치도록 인도해 주신 하나님께 감사드렸다.

티볼리 분수는 어느 추기경이 600년 전에 기거하다 동산을 모두 정원과 분수로 가꾼 정말 아름다운 정원이었다. 그때 모습 그대로 분수가 흐르고 수백 년 된 소나무, 참나무 등이 장엄하게 버티고 있다. 그냥 한 바퀴만 돌아도 마음을 편안하게 해 준다. 로마 공항에 도착하여 도하를 거쳐서 인천으로 향한다. 로마 공항답게 사람이 많고 장엄하고 깨끗한 공항이었다. 13시간의 비행 후에 인천에 도착하여 지애 집으로 간다. 한국은 태풍이 지나는 기간에 여행을 무사히 마치고 귀국한다. 또 앞으로 다가올 많은 일을 기대하면서 기쁜 마음으로 한국으로 향한다. 모든 것이 감사한다.

티볼리 분수·정원

✈ 2022년 9월 18일(일, 맑음) • 바람을 멈추는 기도

오늘 새벽에도 4시 반에 일어나서 2시간 동안 주일예배 준비를 하였다. 7시부터 8시까지 테니스를 하였다. 지애 엄마를 위한 특별한 배려 시간이었다. 땀을 뻘뻘 흘리며 좋아한다. 오늘 주일예배에는 10명이 참석하였다. 정창효 씨도 내가 억지로 모시고 왔는데 나중에 아들과 부인이 와서 억지로 불러내시고 불만을 토로하고 가신다. 어른이 예배에 참석하는 것도 이렇게 방해를 하고 있다. 사탄과 마귀는 별 수작을 동원하여 영혼을 구원하는 일을 방해한다.

이제 내가 할 일이 있다. 분명히 이 세화리를 변화시켜야 한다. 사탄과 마귀가 점령하고 있는 이 땅의 영혼들을 구해 내야 한다. 나는 계속 기도할 것이다. 그리고 부단히 그들에게 복음을 전해야 한다. 기도와 전도를 저들은 이기지 못할 것이다.

여러 가지 어려움도 있다. 그러나 아무리 바쁘고 아무리 시간이 부족하다 하여도 내가 기도를 그쳐서는 안 된다.

오후에 서귀포에서 축구시합이 있었다. 2 대 1로 이기고 있었지만 바람이 우리에게 불리하였다. 내가 큰소리로 기도하였다. "바람을 멈추어 주옵소서." 바람은 시합 기간 조용해지고 우리 팀이 결국 승리하였다.

✖ 2022년 9월 21일(수, 맑음) • 노인회 관광

오늘은 노인회 여행이 있었다. 바쁜 틈에 지애 엄마와 테니스를 하고 부랴부랴 준비하여 버스 두 대로 여행길에 올랐다. 이정기 사장과 자리를 갖게 하였다. 이제는 모두 얼굴이 익숙한 노인회 회원들이다. 이리저리 내가 그들에게 많은 영향력을 미쳤다. 노인회 모임 때마다 기도하였다. 동네에 믿음교회가 있고 목사가 있다는 것을 깨닫는 것만 해도 큰 변화다.

제주 한경면에서 제주말 Show는 정말 감동적이었다. 30여 명의 기수가 말을 타고 각종 승마법을 보여 주고 고구려 시대의 기상을 말을 타고 각종 행사를 하면서 보여 주었다. 말을 타고 화살을 쏴서 맞히는 것, 기마병 전투를 하는 모습이 매우 인상적이었다. 제주도에 다양한 구경거리가 있다는 것도 새로운 사실이었다.

한우 소고기집에서 한우 고기를 실컷 먹었다. 동네 주민들과 같이 어울리는 것만 해도 전도의 효과는 있다. 김순생 권사님과 신을선 성도가 믿는 사람의 대표였다. 수요예배도 은혜롭게 드렸다. 소춘자 집사님이 기쁨으로 예배에 참석하여 그것 하나만도 수요예배/기도회는 100점이다.

✄ 2022년 10월 6일(목, 맑음) • 육사 입교 50주년 행사

드디어 입교 50주년 동기회 총회 모임을 개최하였다. 화랑천에 200여 명의 동기생과 가족들이 모였다. 계획대로 화랑천 주변에 식탁과 파라솔이 비치되고 플래카드가 설치되고, 마이크가 설치되어 모든 행사 준비가 차질 없이 진행되었다. 지애 엄마와 함께 09:00에 도착하여 한홍전 부회장, 정광춘 사무총장과 함께 점검하였다.

날씨는 최고였다. 바람도 없고 얕게 깔린 구름이 햇빛을 차단하여 야외 행사에 최적이었다. 11:00부터 친구들이 모여들기 시작하더니 금방 동기생 가족들로 가득 채운다. 모두가 들뜬 분위기다. 계획대로 국민의례를 실시 후에 동기회장 인사말이 있고 난 뒤에 총회보고, 오찬, 중대 대항 제기차기, 화살 던지기, Golf Near 후에 전체 자리에 앉아서 회원 발표, 행운권 추첨, 퀴즈 문제를 반복하며 1시간 동안 내가 마이크를 잡고 MC 역할을 하였다. 김태교, 청아 엄마(이방춘 부인), 황규범, 박종풍에게 말할 기회를 주었다. 지난번에 써낸 50주년기념집을 보고 선택하였다. 행운권 추첨 5명, 생도 생활 관련 퀴즈 5문제를 내며 교대로 지루하지 않게 보냈다. 마지막에 화랑 연병장을 걸어서 화랑대에서 기념사진

육사 입교 50주년 행사(육사 화랑천)

을 찍고 교가를 제창 후 무라카를 제창하고 모든 행사를 마쳤다. 바로 공항으로 이동하여 귀가하였다. 나의 계획대로 50주년 행사를 마쳤다. 모두 좋아하는 분위기다. 내가 해야 할 가장 큰 일을 마쳤다.

모든 행사는 성공적이었다. 참가한 동기생들과 가족들이 모두 흐뭇해하며 떠나는 모습을 보면서 이번 50주년 행사를 하기를 잘 했다고 만족스럽게 생각하였다.

✄ 2022년 10월 7일(금, 맑음 → 비) • 50주년 행사 소감

어제 입교 50주년 행사를 마치고 오니 기쁨과 환희와 그리고 약간 허탈함이 교차하는 기분이다. 아무리 생각해도 멋있는 행사였다고 생각이 든다. 모든 것이 협력하여 선을 이루듯이 모든 의견과 노력이 이루어져서 가장 기억에 남을 만한 육사 모임을 가졌다.

육사 입교 50주년에 큰 의미를 두고 연초부터 시작했고, 코로나 사태로 인하여 4월 회의가 연기되었고, 10월에 개최 여부를 묻는 중대대표의 답변은 매우 부정적이었다. 그러나 공식적인 의견 수렴을 중단하고 일방적으로 개최하기로 결심하였다. 다행히 코로나 사태가 진정되고 실외 마스크 착용은 해제되었다. 따라서 장소도 육사로 바뀌었다. 최초 가평의 자라섬을 계획했다가 다시 양재시민의숲으로 바뀌고 마지막으로 육사 앞 화랑천으로 바뀌었다.

행사 내용도 그냥 식사만 하고 육사 구경만 하고 가자는 일부 의견을 무시하고 만남의 시간, 국민의례, 총회, 오찬, 중대별 게임(제기차기, 투호, Golf Near) 그리고 대화의 시간 순으로 결정하였다. 스위스 체르마트행 톱니 열차에서 동기 카톡에 올린 글대로 되었다. 사무총장이 부담스

행사준비팀 노도중대원

러워 하였지만 과감하게 추진하였다. 그리고 총회는 성공적으로 개최되었다. 이 모든 것을 허락하신 하나님께 감사드린다.

✂ 2022년 10월 9일(일, 흐림) • 믿음교회 설립 4주년 행사

오늘은 믿음교회 설립 4주년 감사예배를 드렸다. 바쁜 가운데서도 하나씩 준비하여 왔다. 그러나 가장 어려운 것은 감사예배를 드릴 성도가 많지 않은 것이었다. 유복순 성도님, 이공순 집사님이 아파서 예배에 참석하지 못하고 김호영 장로, 박현자 권사, 강기호 안수집사, 박영식 집사가 참석하지 못한다.

그래서 고재영, 김학정, 김영배 집사를 초청하고 김대중, 전영식 씨를 초청하였다. 신하구 집사, 강연욱 원장 부부, 윤성숙 목사, 김선 전도사를 초청하여 악기 연주 및 찬양을 하고 동네분들을 초청하였다.

그런데 예상치 않게 오신 분들은 조영현 약사(고교 동창), 다경이 할아버지, 정승윤 친구, 현태효, 이정순 씨가 참석하여 20명이 같이 예배를 드렸다. 노인회 회원은 아무도 오시지 않았다.

오늘 참석한 분들을 위하여 하나님께 간절히 기도하였다. 이들을 축복하여 주옵소서. 축복의 손길이 멀어지는 이들도 있다. 믿음교회가 축복의 통로가 되어야 한다. 그래도 은혜롭게 예배, 음악 발표회, 오찬을 하였다. 내년에는 동네 어르신들과 축구팀 멤버들이 더 많이 참석하도록 하자.

믿음교회 4주년 기념 행사

✂ 2022년 10월 22일(토, 맑음) • 주한 외국군 초청행사(FMC-K) 인도

오늘부터 제주에서 FMC-K 프로그램이 시작되었다. 어제 밤늦게 도착한 외국인 16개국 39명과 그의 가족 37명 총 76명과 우리 MSO 임원

18명이 명성아카데미 하우스에서 계획된 프로그램대로 모두 실시하였다.

오전에 경건의 시간, Jesus Story, IBS/CP를 강의하였다. 남동현 목사님의 Jesus Story는 많은 감동과 은혜를 주었다. 그리고 IBS/CP 강의 및 실습도 유익한 과목이었고 나도 실습 조장이 되었다.

FMC-K 만찬(소망펜션)

13:00부터 생태숲길, 성읍민속마을 관광을 하고 16:30에 계획대로 우리 믿음교회에 도착하여 1시간 20분 동안 가든에서 만찬을 하고 음악 연주를 들으며 찬양, 합창도 하였다. 신하구 집사와 정인순 선생님(강 원장 부인)이 색소폰 연주와 아코디언 연주를 하며 식사의 분위기를 살리고 모두를 감동케 하였다. 날씨는 바람 한 점 없고 온도도 24도로 최상이었다. 우리 성도들도 초대하였다. 우리 믿음교회와 소망펜션 설립 이후 최고의 날이었다. 에덴동산은 정말 에덴동산이 되었다. 내 꿈대로 다 이루어지고, 우리 지애 엄마도 상기되었다. 모두 하나님의 은혜였다. 찬양하며 복음도 전했다. 저녁 폐회예배 때 사회를 보았다.

✂ 2022년 10월 23일(일, 맑음) • 서귀포교회 예배

오늘도 금년 한 해 중에서 기억 남을 하루였다. FMC-K 3일 차(제주)로서 많은 일이 이루어졌다. FMC-K를 마무리하는 날이다. 1년 내 준비한 행사가 막을 내리기 때문에 긴장되는 날이기도 하다. 이제 우리 믿음교회에서 은혜가 아직도 생생하게 남아 있는 가운데 오늘은 서귀포교회에서 예배를 드리고 문화 탐방을 계속하다가 마지막 야시장에서 구경을 하고 식사를 마치고 공항에서 해산하였다.

옥에도 티가 있는 법. 야시장에서 식사 주문이 늦어지면서 제대로 식사도 못 하고 공항으로 갈 수밖에 없었다. 마지막 기도를 하면서 진지하게 마무리를 짓지 못했음도 아쉽다.

그래도 야간까지 제주도의 정취를 보여 주고 싶었는데 우리의 예상과는 달랐다. 항상 예기치 못한 일이 일어난다. 그래서 우리는 하나님 보시기에 좋은 길을 찾아야 한다. 누구도 여기까지는 예기치 못했다.

모두 공항에서 헤어질 때는 아쉬움이 남고 모두가 살아 계신 하나님을 느끼고 부디 주의 자녀들이 되시기를 기도한다. 하나님께서 이들 모두를 붙잡아 주시기를 기도한다. 하나님의 몫이다.

✣ 2022년 10월 25일(화, 맑음) • 소망펜션 만찬

FMC-K 행사가 끝난 후에는 이제부터 밀린 일을 많이 하려고 다짐하였다. 그런데 오늘도 바쁘게 하루를 보내며 계획한 일을 아무것도 하지 못했다. 지애 엄마 고교 친구들이 우리 소망펜션에 2박 3일간 머무르기 때문에 이를 준비하느라 시간을 많이 보냈기 때문인 것 같다. 창덕여고 27회 동창생들이 여기 제주도에 수학여행을 오면서 우리 소망펜션에서 머무르게 된 것이다.

우리 소망펜션이 이모저모로 많이 사용되게 되어서 기쁘다.

이제 내가 가장 마음을 깊이 두고 준비하여 왔던 동기회 총회 모임과 FMC-K 제주 프로그램을 모두 마쳤다. 기대 이상으로 좋은 성과를 거두었다. 내가 극구 믿음교회 방문을 요청했고 차 한잔 마시는 대신에 만찬을 하자고 권했던 것도 큰 성과를 이루었다. FMC-K 제주 행사 중 가장 인상 깊은 한 행사가 될 수 있었다. 하나님께서 나에게 자신감을 갖게 하였고, 내가 원하던 대로 이루어졌다. 좋은 날씨, 좋은 메뉴, 좋은 장소, 좋은 프로그램이 모여서 환상적인 만찬이 이루어졌다. 모두가 행복해 보인다. 이것이 바로 기독교 삶이라는 것을 보여 주었다. 빛도 없이 뒤에서 도와준 많은 분들께 감사드리며, 이를 허락하신 하나님께 감사드릴 수밖에 없다. 하나님께서 모두 이루어 주신다.

✻ 2022년 11월 1일(화, 맑음) • 김우태, 이병욱 목사님 방문

오늘은 혼자 책상에 앉아서 이런저런 일을 많이 하였다. 축구 선수들에게 나눠 줄 전단지를 만들었다. 때로는 세상의 즐거움보다는 하나님 일을 우선해야 한다. 그동안 전도지를 만들지도 못하고 동네 전도를 너무나 소홀하였다. 무슨 말씀을 전할까 궁리하다가 우연히 논산 행복한교회 이학내 목사의 전도지를 읽게 되었고 거기에서 우리 주민들에게 하소연하고 싶은 〈살다 죽으면 끝이지 뭐가 있어?〉라는 제목으로 작성하였다.

그렇다. 우리는 살다 죽으면 끝나는 것이 아니다. 우리를 창조하신 하나님께서 반드시 심판하신다. 천국과 지옥으로 나눈다. 주 예수님을 믿는 자는 천국이요, 믿지 않는 자는 지옥이다. 아무리 착하게 살아도 천국으로 가는 것이 아니다. 하나님의 특권이다. 인간을 창조하신 우리 하나님은 우리를 천국으로 인도하기 위하여 우리 죄를 씻어야 하는데 씻는 것은 예수님의 피의 대가로 우리가 죄 사함을 받는 것이다. 내일부터 과감하게 전도하도록 하자. 믿고 믿지 않는 것은 그 사람의 책임이다. 나는 그들이 믿도록 하는 것이다. 김우태 목사님의 지인 이병욱 목사님과 사모님, 이순애 친구와 동생이 펜션에 머무르게 되었다. 우리 교회와 펜션이 귀하게 쓰임받는다.

김우태 · 이병욱 목사님 일행 방문

✻ 2022년 11월 12일(토, 비) • 김용환 장로 부부 초청

김용환 장로, 김은림 권사가 오늘 마지막 새벽예배를 같이 드렸다. 하루도 빠짐없이 4번이나 드렸다. 한번 결심을 하면 꼭 이루어 내는 믿음의 가정이다. 예배 후에 아침 식사를 나누고 버스를 타고 제주공항으로 이동하였다. 행운권 추첨으로 우리 소망펜션에 2박 3일 오게 되었는데 2박을 연장하여 5일을 보내게 된 것이다. 이번에 김 장로와 김 권사에 대하여 많이 알게 되었다. 가장 가까운 동기생이 되었다. 행운권은 김 장로에게만 준 것이 아니고 우리에게도 행운이었다. 매일 새벽예배를 드리고 수요예배까지 드렸으니 믿음 안에서 은혜 안에서 지내는 시간이었다. 하나님께서는 그래서 더욱 가깝게 하고 기도의 대상에 올렸다. 앞으로 우리 부부는 언제 어디에서 만나더라도 좋은 친구로서 남을 것이다.

친구 때문에 나흘 동안 테니스를 치지 못했다. 때로는 예상외의 일이 일어나기도 한다. 루틴 한 생활을 지켜 나가기가 어려울 때도 있다. 그래도 다른 방법으로 운동을 하며 땀을 흘릴 수도 있었다.

이번 주도 전도할 시간이 거의 없었다. 19:00에 전도를 나간다. 그래도 최소한 나의 책임은 다하기 위해서다. 내일 주일예배에도 성도들이 많지 않다. 눈물을 흘리며 씨를 뿌리는 자는 기쁨으로 단을 거두리라고 했다. 전도가 얼마나 어려운 줄 알고 있다. 그래도 계속한다. 앞으로 나의 전도는 꼭 결실을 이루어 갈 것이다.

✼ 2022년 11월 14일(월, 맑음) • 제주도 5년 회고

새벽예배 후에 지애 엄마는 서울로 갔다. 모친을 돌보기 위해서 한 주간 모친과 같이 보낸다. 그동안 40일을 어머님을 보고 싶었지만 잘 참았다. 오늘이 무척 기다려졌을 것이다. 겉으로 표시하지 않으며 잘 버텼다. 비록 혼자 지내는 것이 불편하기는 하지만 어머님을 돌보기 위하여 떠나는 지애 엄마를 생각하면 나도 마음이 편하다. 얼마나 모친을 끔찍이 사랑하는데 제주에서 지내며 교회와 펜션 일을 하고 있으니 가끔 나에게 원망하며 하소연하는 이유를 이해한다.

보통 여자들이 부모, 형제를 떠나서 외딴섬으로 가서 단둘이서 지내야 하는 것을 쉽게 결정하기는 어렵다. 그래도 이렇게 제주도에 내려와 살 수 있는 것은 하나님께서 인도하셨기 때문이다. 목사가 아니었다면 나도 제주도에 내려와 살 이유가 없다. 펜션을 운영하여 돈을 버는 것은 우리가 제주도에 내려온 목적이 아니었다. 교회를 운영하기 위하여 펜션을 지었던 것이다.

이제 제주도에 내려오니 5년이 되었다. 곰곰이 생각해 보면 어마어마한 일을 하였다. 잡목이 우거진 땅을 지금과 같이 에덴동산으로 바꿀 수 있었다. 아름다운 교회와 펜션을 건축하였다. 지금은 많은 사람이 아름다운 교회와 펜션이라고 감탄을 한다. 비록 나무가 크고 잔디가 푸르게 변하여 아름다움이 더 커지고 있지만 정말 내가 놀랄 정도로 아름다운 동산으로 변하였다. 우리만큼 이렇게 바쁘게 많은 일을 하면서 살아가는 사람도 없다. 이제는 편안하게 하루하루를 보내는 데 만족한다. 그래서 우리가 멋있게 살아가고 있다.

✼ 2022년 11월 16일(수, 맑음) • 강○○ 친구를 위한 기도

초등학교 동창 강○○ 친구가 어제부터 오늘까지 머무르고 부인은 토요일 복귀한다. 40년 만에 만난 친구다. 우리 지애 엄마와 만나게 한 장본인이기도 하다. 갑자기 우리 펜션에 머무르게 되었다. 아마 부인(황○○ 집사)이 남편이 비기독교인이라 이참에 나를 만나게 하고 하나님 말씀을 듣고 큰 변화가 있기를 바라면서 갑자기 결정한 것 같다.

며칠 전 전화를 하면서 강○○ 친구가 누구라는 것을 직감할 수 있었다. 만나서 얘기를 해 보자 자기 나름대로 하나님을 믿지 않는 이유를 알 수 있었다. 철저하게 하나님을 믿지 않고 자기 나름대로 논리가 서 있다.

그래도 몇 차례 기도하게 되고 오늘은 수요예배에도 참석하였다. 오늘 이 예배를 위하여 하나님께서 나에게 보내 주셨다고 믿는다. 강○○ 친구와 가정을 위하여 기도드렸다. 그리고 오늘 비자림으로 가는 길에 한마디 충고를 해 주었다. 너무나 말이 많다는 것에 대하여 지적을 하였다. 말을 줄이고 상대방에게 말할 기회를 주고 너무나 내 주장이 옳다고 말하지 말라고 하였다. 예배를 드리고 표선에 나가서 같이 식사를 하고 직행

버스를 타고 제주공항으로 향했다. 부디 ○○이가 변화되기를 바란다. 나에게도 타산지석이 되었다. 가능한 한 나의 말을 줄이고 겸손하도록 하자. 남들 앞에서 나의 칭찬 하지 말라고 하였다. 친구를 불쌍히 여기고 마음으로 그와 가정을 위하여 기도를 많이 하자. 분명히 하나님께서 인도해 주실 것을 믿는다. 나중에 하나님의 심판에 의하여 무서운 지옥으로 가지 않도록 하라고 경고의 메시지를 전하였다.

✺ 2022년 11월 26일(토, 맑음) • 송명숙 권사 방문

오늘 송명숙 권사님이 떠났다. 지난 4박 5일 동안 같이 지내며 많은 것을 알게 되었다. 창덕여고를 졸업하여 적십자병원 간호사로 일하다가 미국으로 이민을 가서 결혼하고 치과대학에서 공부하고 미군의 치과의사로 대위로 입대하여 21년간 군 생활을 하며 대령으로 전역을 한다. 쿠웨이트, 하와이 등 해외 근무를 하고 한국 미8군에서 다년간 근무를 하였다.

모태신앙으로 꾸준히 믿음이 성장하며 유지하여 왔고 지금은 전도 사역에 많은 관심을 가지고 살아가고 있다. 남편도 미국인 학교에서 관리자로 지금까지 중역을 맡고 일하고 있는데 구원의 확신이 없음을 늘 아픔이라 하면서 간절히 기도하고 있단다. 새벽예배 후에 1시간 이상 기도를 한다. 그리고 우리 내외에게 거리감 없이 대하며 우리 교회를 위하여 기도도 많이 하였다.

미군 예비역 대령 송명숙 권사

하나님 말씀대로 순종하며 살아가고 있는 송명숙 권사(예비역 대령)에게 창덕여고 27회 신우회를 설립하도록 조언을 하였다.

마지막으로 감사 편지를 남기고 자기가 쓰던 모자(retired)를 선물로 주었다. 앞으로 지애 엄마를 통하여 계속 연락을 하면서 지내고 싶다. 지애 엄마에게 많은 감동을 주었다. 오늘은 하루 종일 데크에 오일스텐 작업을 하였다. 저녁 늦게 마무리하였다. 이제 처마 오일스텐 작업만 남았다. 이번 주에 우리 펜션 보수 작업을 많이 하였다. 전도와 성경 읽기에 시간이 없어서 마음이 아프다.

✂ 2022년 12월 6일(화, 맑음) • 노도중대 제주 모임

새벽예배 후에 바로 차를 몰고 공항으로 향했다. 오늘부터 2박 3일 동안 노도중대원들이 제주 여행을 하도록 계획하였다. 동기 7명과 가족 5명 총 12명이 우리 소망펜션과 믿음교회에서 시간을 갖는다. 모든 일정을 수립하여 즐거운 여행이 되도록 하나님께 기도드렸다. 그리고 우리 친구들에게 하나님의 선한 영향력을 미치도록 간절히 기도드렸다.

08:20에 공항에 모두 모이고 차 1대를 렌트하여 서귀포로 향했다. 새연교에 올라가서 미리 준비한 〈노도 제주문화탐방〉 플래카드를 배경으로 사진을 찍고 유람선에 승선하였다. 유람선을 타고 밤섬, 섶섬, 문섬, 정방폭포를 유람하였다. 밤섬 아래 바다에서 보는 모습이 정말 웅장하였다.

파도를 가르며 항해하는 모습이 도로를 연상케 하였다. 1시간 동안의 유람선 여행이 특별한 제주도 여행의 추억이 될 것 같다.

〈쌍둥이횟집〉에서 점심 식사를 나누고 (신동택 목사 참석) 〈허니문하우스〉 카페에서 차 한잔 마시고 바로 우리 집으로 향했다. 바비큐 파티를 하고 camp fire를 하면서 지금까지 살아온 길과 앞으로 어떻게 살아야 할 것인가 의견을 나누었다. 모두 즐거워한다. 여행 계획도 누가 짜느냐가 중요하다. 이번 여행을 통하여 노도중대원들이 하나님을 알고 하나님을 영접하기를 간절히 바란다.

노도중대원 제주 문화 탐방

✤ 2022년 12월 7일(수, 맑음) • 노도중대원 축복기도

　오늘 새벽예배에는 진병억, 마선기, 김주천 부부, 양국종 부부가 참석하였다. 노도중대 모임에 예상외로 많은 친구가 예배에 참석한 것이다. 억지로 부를 수도 없고 그냥 참석해 주기를 바랐는데 스스로 많이 참석하였다. 하늘을 날 듯이 기뻤다. 노도회원들에게 말씀을 전하며 찬양을 드리며 예배를 드리고 있으니 어찌 기쁘지 않겠는가? 이번 노도 모임에서 가장 큰 성과는 같이 예배를 드렸다는 것이다.
　예배 후에 동네를 한 바퀴 돌았다. 노란 귤이 볼 만하고 조중봉 사장 집의 공예품 등이 볼 만하다. 식사 후에 성산 일출봉, 해녀박물관, 동백동산을 찾았다. 동백동산을 한 시간 반 동안 걸으며 이런저런 얘기를 많이 나누었다.
　16:00에 귀가하여 17:00에 수요예배/기도회에 참석하였다. 김순생 권사님, 이정순 집사님, 소춘자 집사님, 김호영 장로님이 참석하여 13명이 같이 예배를 드렸다.
　성산 일출봉 주변이 정말 아름답고 해녀박물관에서 제주도의 해녀와 어촌 시골 모습을 볼 수 있었다. 동백동산의 산책로는 편안하게 걸을 수 있어서 좋다.
　예배 후에 〈광어다횟집〉에서 식사 후 식당에서 윷놀이하였다. 마음껏 웃으며 3시간 동안 즐거운 시간이었다. 지애 엄마와 나의 계획대로 모두 이루어진다. 노도중대의 아름다운 추억이 될 것 같다. 나의 기도대로 하나님께서 우리 노도중대원들을 불러 주셨다.

✤ 2022년 12월 29일(목, 맑음) • 육사 입교 50주년 기념집 발간

　오늘도 바쁘게 하루를 보냈다. 50주년기념책 발간 준비, 펜션 청소, 귤 보내기를 하고 여기에 축구 시합까지 있었다. 그리고 저녁에 지애 엄마가 복귀하였다. 그동안 혼자 지냈지만 오히려 이 기간에 기념집 발간, 성찬식 준비, 펜션 관리 등 많은 일을 할 수 있었다.

모든 일이 순조롭게 진행되었다. 건강도 최고의 상태다. 특히 50주년 기념집 발간이 물 흐르듯이 진행되는 것을 보면서 경이로움을 느낀다. 모두 하나님의 은혜다. 어떻게 내가 이런 큰일을 해낼 수 있을까에 대해 의심이 있었지만 모두 이루었다. 하나님의 도우심이 있었다.

우리 사랑하는 외손녀 채영이가 오늘 졸업식을 한다. 지애 엄마가 참석하여 축하해 주고 사돈 내외까지 포함하여 오찬을 대접하였다. 우리 채영이를 위하여 카톡을 보냈더니 "할아버지 많이 사랑해요. 응원해 주셔서 감사합니다"라는 답신이 왔다. 우리 사랑스러운 채영이가 벌써 중학생이 된다. 부디 하나님 말씀 안에서 자라고, 하나님의 은총 안에서 축복 속에서 살아가기를 바란다. 예쁜 우리 채영이 커 가는 모습이 계속 이쁘기를 바란다. 언제라도 만나면 숨바꼭질을 하고 보물찾기를 하고 원카드도 하고 춤을 추면서 명랑하고 세상을 즐거워하며 살기를 바란다. 바쁜 가운데서 귤 10박스를 따서 보냈다. 20:40에 지애 엄마가 도착하였다. 그동안 할 일을 많이 하고 모든 것 다 이루어 주신 하나님께 감사드린다.

✂ 2022년 12월 31일(토, 맑음) • 2022년 회고

드디어 한 해가 저무는 날이다. 다사다난했던 2022년이 지나간다. 칠십 평생 동안 가장 바쁜 한 해였다고 생각된다. 목사의 기본 임무, 펜션의 부가업무, 동기회장, 노회장, MSO 교육국장의 많은 업무를 수행하며 한 해를 보냈다. 그러다 보니 믿음교회 목사로서의 할 일에 너무나 소홀함이 있었다. 그래도 동기회를 활성화시키고, 그들에게도 선한 영향력을 미칠 수 있었고 적어도 동기생들 앞에서 기도하였고, 50주년기념집을 통하여 살아 계신 하나님을 증거할 수도 있었다. 경인서노회장으로서 노회원들의 사역에 도움을 줄 수도 있었다. 그리고 MSO 교육국장으로서 세계 선교에 기여할 수도 있었다. 이 모든 일을 감당할 수 있도록 하나님께서 건강을 주시고 물질을 허락하여 주시며 지혜롭게 모든 일을 처리할 수 있도록 필요한 사람을 붙여 주셨다.

이 모든 일이 하나님께 영광을 돌리는 일이 되었기를 바란다. 행여 나의 위신을 높이려고 하는 교만함이 없었기를 바란다.

이제 동기회 마지막 업무인 입교 50주년기념책자 발간이 남아 있다. 1월 4일 인쇄에 들어가서 1월 10일 발간하고 1월 17일까지 전 동기생들에게 배부하는 것이다. 그리고 1월 17일 오찬 자리를 통하여 업무를 종결한다. 동영상 제작을 못 한 것이 아쉽지만 언젠가 다음에 할 수 있다. 23년 1월 1일을 맞이하였다. 지애 엄마의 손을 잡고 기도를 드렸다. 희망찬 새해를 맞는다. 하나님 말씀 안에서 항상 기뻐하며 살자.

하늘에서 본 믿음교회 · 소망펜션

2023년

✵ 2023년 1월 6일(금, 흐림) • 50주년기념책자 발간 보고

벌써 한 주일이 지난다. 금년도 첫 주가 지나고 있다. 소중한 한 주일이 너무나 쉽게 지나가 버렸다. 그래도 서울에 출장하여 경인서노회 영성대회 및 총회에 참석하였고 50주년기념책자 출판사에 1차 교정을 맡겼다. 경인서노회의 운영 방향도 임원진들과 논의하였다.

특히 기간 중에 육사 입교 50주년기념책자 발간을 위한 모금액이 791만 원으로 목표를 달성하였다. 필요한 만큼 하나님께서 채워 주신 줄 믿는다.

오늘은 50주년기념책자 사진을 모두 보내고 전 동기생들에게 모금 결과를 알려 주고 앞으로 발간 계획을 설명하였다. 정광춘 사무총장이 모금 결과를 전파하는 데 이의를 제기한다. 알려 주지 말자는 것이다. 그러나 모금을 해 준 동기생들에게 고마움의 표시로 액수를 제의하고 명단만 공개하기로 하였다. 그리고 출판 및 배부 계획을 전파하였다. 기분이 하늘을 날 듯이 기쁘다. 올해는 "주 안에서 항상 기뻐하라 내가 다시 말하노니 기뻐하라"(빌 4:4)라는 말씀대로 모든 것 하나님께 맡기고 계속 하늘을 날고자 한다.

✵ 2023년 1월 10일(화, 맑음) • 유복순 집사 발인예배

교인 유복순 집사님께서 세례식 6개월 후 소천하셨다.

오늘은 08:30에 유복순 집사님 발인예배를 영정 앞에서 드리고 이어서 화장터에서 화장 직전에 화장예배를 드렸다.

사실 화장터 앞에서 관을 보면서 기도를 하려고 했으나 예배를 드리도록 권하는 장의사의 말대로 급하게 화장예배를 드렸다. 지애 엄마도 화장터까지 같이 가고 예배에도 참석하였다.

화장터 화로 안으로 관이 들어가는 모습을 보면서 가족들이 많이 운다. 그래도 유 집사님 영혼은 하늘나라에서 우리를 지켜보시며 언젠가는 다시 유 집사님을 만나게 될 것을 믿고 분위기는 많이 안도감이 커졌다.

하직 인사를 하고 집으로 향했다. 언젠가는 이와 같은 날이 오리라고 생각하며 항상 부담되었었는데 이번 장례식을 마치고 나니 마음이 가벼워지고 유가족들도 평정을 찾게 되었다.

이공순 집사님 댁을 찾아서 위로하고 기도를 드렸다. 모든 유가족이 무척 고마워한다. 가장 품위 있게 장례를 치렀다. 자료를 남겨 두고 언제라도 장례식에 임하도록 하자. 그리고 장례식을 통하여 유가족들에게 복음을 전할 수 있어서 좋다. 장례식 후에는 유가족을 심방하고 예배에 참석하고 하나님을 영접하도록 권고할 것이다.

✤ 2023년 1월 16일(월, 맑음) • 화랑목회자 모임

오늘 새벽예배 후에 상경. 새벽 아침에 예배를 드리고 바로 공항으로 향했다. 〈거룩한 접촉〉이라는 제목의 말씀은 아침에 누구와 만나느냐가 중요하며 하나님을 만나고 말씀을 들으며 시작하는 삶을 축복해 주신다고 하였다. 에드워즈 가문과 슐츠 가문을 비교하였는데 하나님 말씀과 고전으로 자녀를 가르친 가정은 부통령, 총장, 대학교수, 의사, 법률가, 목사 등 122명을 배출하였고 그렇지 않았던 슐츠 가문은 죄수, 창녀, 마약 중독자 등이 500명이 넘었다.

이것이 바로 하나님 말씀의 능력이고 축복이다. 내가 일찍부터 이럴 것을 알고 우리 아이들을 길렀다면 얼마나 좋았을까?

그래도 내가 할 수 있는 길이 있다. 다시 하나님께 구하는 것이다. 간절히 부르짖으며 기도하는 것이다. 10시 30분에 진리와제자교회에 도착하여 화목회 예배에 참석하였다. 28기부터 47기까지 층이 두터운 육사 출신 목사들의 모임이다. 내가 여기 회원이 되었다는 것은 기적과 같은 일이다. 그리고 교회를 건축하고 말씀을 전하며 제주 선교 사업을 하게 되었다. 예배, 오찬, 간담회를 통하여 우리 화랑목회자들이 갈 길을 찾게 된다. 11월 6~8일은 제주 우리 교회와 펜션에서 모임을 갖기로 하였다. 부디 모일 수 있기를 간절히 바라며 기도한다.

14:30에 나와서 용인시 서희아파트 단지까지 이동하여 필요한 서류를 제출하고 다시 국군회관으로 이동하여 ICS 동문 원우 신년하례회에 참석하였다. 1시간이나 늦었지만 모든 행사에 참여할 수 있었다. 경인서노회 회장으로서 인사말을 했다.

✂ 2023년 1월 25일(수, 맑음) • 김진옥 장로 가족 방문

아침에는 눈보라가 치고 그리고 다시 고요한 밤이 찾아왔다. 오늘 새벽에도 김진옥 실장, 정재순 권사, 며느님이 같이 새벽예배에 참석하였다. 그리고 자녀들과 함께 아침 식사를 하는데 9명이 같이 하였다. 우리 교회 식구와 비슷하다. 하영, 하선, 하람, 하진이 4자녀들이 얼마나 사랑스러운지 모르겠다. 특히 둘째 딸 하선이는 청각, 시각을 잃고도 대학 4년이 될 때까지 꿋꿋하게 살아와서 연세대 졸업반 학생이 되었다. 이제 미국 위스콘신 대학에서 석사, 박사 학위를 준비하고 있다. 기도하는 가정에 하나님께서 축복해 주시는 것을 보여 주고 있다. 또한, 우리 교회에 보내 주셔서 내가 많은 것을 보고 배우게 하였다.

이들을 떠나보내고 나니 서운하다. 식사 후에 하선이의 손을 잡고 간절히 기도하였다. 두 분을 모시고 서귀포로 이동하여 새연교 구경을 한 후 신 목사님과 함께 〈일품순두부〉에서 식사. 신 목사가 대접하고 한일 우호센터도 구경시켜 주었다.

17:00에 수요예배. 장로님, 권사님, 김순생 권사님, 소춘자 집사가 참석하고 펜션에 머무르고 있는 캐나다인 Mr. Knowledge 씨도 참석

하여 바이올린 연주를 하고 특송도 하였다. 누가 참석할까 걱정했는데 또 하나님께서 필요한 분을 보내 주시고 말씀도 은혜롭게 전하게 해 주셨다. 하나님의 은혜가 가득 넘치는 하루였다.

✂ 2023년 1월 27일(금, 맑음) • 육사신우회 축복성회

04:30에 일어나 서울 갈 준비를 하고 05:20에 새벽예배를 드렸다. 반가운 마음으로 예배에 참석하는 우리 지애 엄마가 사랑스럽다. 앞으로 평생을 나랑 새벽예배를 드리며 시작할 것을 생각하니 나에게 큰 기쁨이 된다. 새벽에 찬양을 드리며 예배를 드리며 살아간다는 것만큼 더 큰 축복이 어디 있겠는가?

1시간 후에 김포공항에 도착하고 도착하자마자 9호선을 타고 한성 백제역으로 이동하여 육사신우회 예배에 참석하였다. 박남필 장로님 사위가 담임하고 계신다. 김정국 목사님께서 설교하는데 "우리 아버님이 나를 제일 많이 사랑하십니다"라고 자랑한다. 그리고 음악회 때는 손녀딸이 solo 특송을 한다. 비록 사모님이 작년에 세상을 떠나셨지만, 육사신우회 회장, MSO 위원장, 코람데오합창단 회장을 역임하시며 변함없이 하나님 일을 맡고 있다. 혼자서 외롭지 않을까 생각도 들지만 하나님과 함께하면서 모두 극복해 나가신다. 동기생 29명이 참석하여 신우회

육사 입교 50주년 기념 책자 / 출판 감사 만찬

중 단연 많은 인원이 참석하였다. 우리 32기 동기회 신우회가 이렇게 변함없이 활발하게 활동하는 것도 하나님 축복이다.

17:00에 〈이조참치〉 식당에서 기념집 발간을 위하여 도움을 주었던 동기생 3명(박유진, 최진학, 임관빈)과 출판사 사장, 염 간사를 초청하여 만찬을 하였다. 이분들 덕분에 책을 출판할 수 있었다. 적절한 자리에 적절한 사람들을 초청하여 책 발간 마무리를 하였다. 21:00가 되어 처갓집에 도착하여 장모님과 얘기를 나누고 기도를 하였다.

✣ 2023년 2월 1일(수, 맑음) • 제주21(광주고 21회 제주 친구) 남도 여행

제주에 살고 있는 고등학교 동창들과 제주도 남도 여행을 떠났다. 오늘이 3일 차다. 5시 반에 일어나서 성경 읽기, 《하늘양식》, 기도 후에 7시에 로비에 모여서 해변 산책을 한 후 해수 사우나에서 사우나를 하였다. 땀을 흠뻑 흘리고 나니 기분이 좋다. 사우나에서 내가 당당하게 포즈를 취했다고 얼마나 웃는지 모르겠다. 웃으며 지낸다는 것은 삶의 여유가 있다는 것이다. 이번 남도 여행은 처음부터 끝까지 웃음의 연속이었다. 여기에 나도 한몫을 한 것이다. 특히 어제저녁에 한방에 모여서 대화의 시간을 가진 것도 의미 있는 시간이었다.

1. 어떻게 건강을 유지하십니까?
2. 배우자의 자랑거리는?
3. 앞으로의 비전은?

중간중간 합창을 하면서 1시간 반 넘게 즐거운 대화의 시간을 가졌다. 지난번 노도중대 모임과 비슷한 진행이었다.

사우나 후에 수산시장에 가서 다양한 생선류를 사다가 식당에서 요리를 하며 먹는다. 굴, 낙지,

광주고 21회 제주지회 동창 남도 여행

조개 등 다양한 메뉴로 실컷 배를 채웠다. 최고급 아침 식사다. 식사 후에 화순 운주사로 향했다. 1,200개의 불상과 100개의 7층 석탑이 있었던 운주사. 낮은 산을 뒤로한 운주사는 둘러보기에 무척 편안하고 군데군데 불상과 석탑이 시선을 끈다. 한때 수없이 많은 석공과 불자들이 인산인해를 이루기도 하였다고 한다. 일행과 헤어져서 형님 집에 왔다. 형님, 동생 수자, 연순이, 영덕이 모든 형제가 한자리에 모였다.

✽ 2023년 2월 2일(목, 맑음) • 부모님 추모예배

어제 형님 집에 모두 모여서 식사 전에 부모님 추모예배를 드렸다. 동생 연순이까지 왔으니 작은어머님 추도예배도 동시에 드렸다. 이렇게 연순이 동생까지 모여 보기는 처음인 것 같다. 이제 정식으로 우리 형제가 된 기분이다. 준비해 간 주보를 보면서 추모예배를 드리며 〈하나님의 심판〉을 전했다. 언젠가 우리는 세상을 하직하고 하나님 앞에 심판을 받게 된다는 것과 우리 모두 꼭 하늘나라로 갈 것을 깊이 강조하며 나중에는 모두 하나님 나라로 갈 것을 손을 들고 다짐하였다. 그리고 형제들을 위하여 서원기도를 드렸다. "하나님 아버지. 우리 형제 모두 예수님의 십자가 보혈을 믿고 모두 주님을 영접하기로 약속하였습니다. 하나님 아버지, 우리 형제 모두 하나님 나라로 인도하여 주옵시고 모두 교회에 나가도록 도와주옵소서." 오늘 추도예배와 영접기도, 2월 1일 저녁은 잊지 않을 것이며 계속 하나님께 기도할 것이다. 예배 후에 준비해 간 100만 원 씩을 선물로 전했다. 꼭 주님을 영접한 결과 하나님께서 주시는 선물 같다. 비록 새벽 1시까지 떠들면서 술을 마시며 떠드는 형제들이었지만 그래도 밉게 생각되지는 않는다. 오늘 아침에 식전에 다시 한번 사도행전 16장 31절 "주 예수를 믿으라 그리하면 너와 네 집이 구원을 받으리라"라는 말씀을 전해 주고 기도드렸다. 모두가 머리 숙여 기도한다. 큰 기쁨으로 귀가하였다. 5시에 목요예배/기도회, 김순생 권사님, 소춘자 집사님과 같이 예배를 드리고 기도드리며 은혜로운 시간을 가졌다.

✂ 2023년 2월 14일(화, 맑음) • 마을 전도 여행

오늘도 펜션 청소를 마치니 오후 4시가 된다. 매일 펜션에 손님이 가득하다면 우리 지애 엄마가 너무나 힘들 것 같다. 바쁘더라도 내가 많이 도와주도록 하자.

늦게 시간을 내어 돈오름로 골목 전도를 하였다. 오늘은 지난번 대전 한밭중앙교회에서 준비한 전도 품목(행주, 귀쑤시개, 물티슈)을 가지고 집집마다 나누어 주며 전도지를 주었고 우리 믿음교회에 나올 것을 권했다. 어느 누구 한 분 호감을 갖지 않는다. 대부분 불교 신자라고 한다. 가면 갈수록 점점 더 어려워지는 것 같다. 한 명의 성도를 전도하는 것이 이렇게 어려운 것을 새삼 알게 된다. 여기 제주도가 바로 아프리카보다도 더 선교가 어려운 지역이라는 것을 알게 한다. 제주 선교 전략에 대하여 다시 한번 깊이 연구할 필요가 있다. 매일 한 명을 전도할 수 있게 해 달라고 하나님께 간절히 기도드리자.

다음 주 화요일(2. 21.) 새얼신우회 월간예배 때 내가 설교를 하는데 〈가장 기쁘게 사는 길〉이라는 제목으로 말씀을 전하기로 결심하였다. 우리의 인생 목표를 어디에 두고 사느냐가 바로 우리 인생을 기쁘게 살아가는 길이 될 수 있다. 잃어버린 양, 잃어버린 드라크마, 잃어버린 자들을 찾는 것이다. 류응렬 선교사님의 말씀(《생명나눔》)을 듣다가 바로 이것이 인생의 목표를 두고 기쁘게 살아가야 할 길이라는 것을 확신하게 되었다. 그렇지 않다면 이 세상에 오래 산다는 것이 큰 의미가 없게 될 것이다. 이것은 내가 살아가야 할 길이기도 하다.

✂ 2023년 2월 22일(수, 비 → 흐림) • 우리의 눈물을 닦아 주시는 하나님

모처럼 지애 엄마와 테니스를 하였다. 새벽예배를 드리고 나서 지애 엄마를 격려하며 테니스를 하러 간 것이다. 테니스를 치는 모습이 무척 건강하게 보인다. 우리 지애 엄마와 최대한 오래까지 새벽예배 후에 테니스를 치며 영육이 강건하게 살자고 다짐하였는데 요즘 지애 엄마의 컨디션이 좋지 못하여 테니스도 많이 못 한다.

그동안 수년 동안 제주도에서 정말 잘 지내 왔다고 생각이 든다. 사탄 마귀가 우리를 시기하며 방해하고 있다는 생각도 든다. 때로는 우리 삶에 어려움이 닥칠 수 있다고 보며 우리는 하나님께 의지하여 모두 이겨 나가자고 매일 새벽에 다짐하며 살아가고 있는데 왜 이런 시련이 우리에게 올까 이해하지 못할 때가 있다. 의사도, 약도, 어떠한 인간적인 노력도 허사라는 생각이 들 때도 있다. 온전히 하나님께 맡기고 이 어려움을 극복할 수밖에 없다. 지난 17년 전에 진급에 낙선되어 좌절하며 절망하였던 때와 유사하기도 하다. '하나님께서는 우리의 눈물을 닦아 주신다. 언젠가는 이 아픔이 기쁨으로 바뀔 때가 올 것을 믿는다'라고 다짐했었다. 하나님은 우리의 아픔을 그냥 지나치지 않을 것이다.

그래도 수요예배/기도회를 은혜롭게 드리고 광주고 동창(전남대 상우회)들이 우리 펜션에 머무르면서 다시 특별예배를 드렸다. 그리고 우리 교회와 펜션 건축 현황 briefing을 하였다. 모두 놀라워한다. 이곳으로 인도해 온 문인수 회장과 구용문 회장에게 감사한다. 하나님께 감사드린다.

✈ 2023년 3월 5일(일, 맑음) • 이정순 집사 소천

믿음교회 이정순 집사님께서 소천하셨다. 그동안 무척 괴로워하셔도 갖은 고통을 이겨 내면서 버티어 오셨는데 어제저녁에 말없이 하늘나라로 가셨다. 3년 전에 병원에서 기도드리며 꼭 하나님께서 치료해 주시기를 기도하였다. 그 뒤로 이 집사님은 몸이 호전되면서 일도 하시게 되었다. 그리고 교회에 빠짐없이 나오셨고 세례도 받으셨다. 그리고 주일예배, 주일오후예배, 수요예배도 모두 참석하시면서 지내셨다. 그 이후 다시 2번의 심장 수술을 하시게 되고, 최근에는 1주일에 2번씩 투석을 하셨다. 이 집사님을 위하여 교회 식구들과 함께 기도도 많이 드렸다. 투병이 너무 힘드셔서 하나님께서 빨리 하늘나라로 데리고 가셨다고 믿는다.

새벽 06:20에 서귀포 의료원에서 발인예배를 드렸다. 우리 내외와 신 목사 부부, 현태효 집사, 그리고 남편과 자매가 같이 예배에 참석하였다. 이정순 집사님의 영정이 모든 고통을 씻고 우리를 쳐다보고 있다. 하늘나라에서 쳐다보고 있을 것이다. 이어서 제주시 양지공원으로 이동하여 화장예배를 드리고 화구 입구로 시신이 들어갈 때 마지막 기도를 드렸다.

　1시간 40분 후에 한 줌의 재로 변하게 된다. 어제는 유가족도 많이 단련되어 눈을 감고 이정순 집사님의 명복을 빈다. 세상을 하직하고 하나님 나라로 갈 때 우리는 기쁜 마음으로 이 집사님을 환송하였다. 상주와 협조하여 완전히 기독교식으로 장례를 치르도록 권한을 위임받아서 순조롭게 기독교식으로 장례를 치르게 되었다.

　모든 장례를 마치고 지애 엄마와 현태효 씨와 귀가하면서 따뜻한 봄 날씨, 교래리 사려니숲길의 삼나무숲 길, 산들바람을 맞으며 세상의 아름다움을 많이 느낀다. 그러나 하늘나라의 아름다움에 비교하면 아무것도 아닐 것이다. 이제 이정순 씨 남편 강창수 씨와 동생을 하나님께로 인도하는 것이다. 이정순 집사님께서 우리가 저들을 하나님께로 인도하도록 간절히 바라고 있을 것이라고 믿는다.

✸ 2023년 3월 21일(화, 맑음) • 추자도 여행

　제주 자치구 추자도 여행 2일째다. 어제저녁에 지인들이 지애 엄마 공황장애 치료를 위하여 나에게 많은 조언을 하고 내가 빨리 손을 쓰도록 권유하면서 대화를 마치고 밤 23:30에 잠자리에 들었다. 지애 엄마를 측은하게 여기고 동정표를 많이 던진다.

　지애 엄마가 작년 4월 부친이 코로나로 감염되어 돌아가신 후 본인의 책임이 크다고 항상 생각하여 왔다. 그 이후 병원 응급실에 4번이나 갔다 왔다. 역류성 식도염이 악화되고 심리적인 부담이 커지면서 건강이 많이 악화되었다. 분명히 지애 엄마의 건강 상태가 좋지 않은 것은 사실이다. 얼굴 모습, 다리 근육, 몸 전체가 많이 허약해져 있다. 최근에는 공황장애로 신경안정제 약도 먹고 있다. 그래서 이번 여행 때 하소연을 한 것이다. 지애 엄마를 위한 해결책이 있어야 한다.

모두가 하나님께서 인도하심이라는 생각이 든다. 근본적인 해결책을 찾도록 인도하여 주실 것을 믿는다. 귀갓길에 퀸스타 레거호를 올랐는데 파도가 심하여 진동이 심했다. 정승윤 친구 부인 김영애 여사는 너무나 멀미가 심하여 구토를 심하게 하여 안쓰럽기가 짝이 없다. 1박 2일의 즐거운 여행이었다.

✂ 2023년 3월 25일(토, 맑음) • 채영이 친구

06:00에 울리는 알람에 눈이 뜨였다. 매일 04:00~05:00에 일어나다가 늦게 눈이 뜨였다. 하루에 6시간 이상 잠을 자겠다고 수없이 다짐하지만 5시간 이상 자기도 정말 힘들다.

새벽예배, 기도, 잠언 성경 읽기를 한 후에 기도를 드리고 채영이에게 편지까지 썼다. 어젯밤에는 뭔가 어수선하였는데 오늘 아침 2시간 후에는 전혀 새로운 모습으로 바뀌었다. 하나님께 기도드리고 나면 모든 것이 새로워진다. 어제저녁에 자료를 뒤지다가 22년 헌신예배 자료를 보고 올해 보고 내용을 쉽게 결정할 수가 있었다.

우리 채영이를 주기적으로 만나서 충고를 해 주고, 기도해 주자. 우리 채영이에게는 둘도 없는 친구가 되고, 선생님이 되고 기도자가 되고 말씀을 전하는 자가 된다. 그리고 하나님의 딸로 살아가도록 인도하여 주고 싶다. 할아버지를 사랑하는 우리 채영이가 정말 하나님을 믿고, 언젠가는 예배드리기를 기도한다. 안산 파티리움에서 결혼식 주례를 맡았다. 노회 회원인 조성덕 목사님 딸 조민지 양과 신랑 심구민 대위가 결혼한 것이다. 두 사람 눈을 쳐다보면서 하나님 말씀으로 새 부부에게 권고의 말씀을 전했다. 부디 하나님을 경배하고 가정의 주인으로 삼되 남편은 아내를 교회처럼 사랑하고 남편은 아내를 조건 없이 사랑하라고 하였다. 부모님을 공경하고 자녀들을 말씀으로 훈계하여 양육할 것을 권유하였다. 무엇보다도 하나님께 영광을 돌리며 순종할 것을 권했다.

✣ 2023년 4월 5일(수, 비) • 빗속에서 달리기

지난 주일에는 고교 동창 강연욱 원장 부인 정인순 선생님과 일행의 아코디언 연주가 있었다. 은혜로운 시간이었다.

어젯밤부터 많은 비가 내린다. 그동안 많이 가물었는데 하룻밤에 많이 해갈되었다. 비를 내려 주시는 하나님께 감사를 드린다. 오늘은 빗속에서 권영재 회장(동기생)이 선물로 준 방수 추리닝을 입고 뛰었다. 완전히 방수된다. 좋은 선물을 받았다. 그래서 나는 비가 오나 눈이 오나 추우나 더우나 뛸 수 있는 것이다. 빗속에서 방수 추리닝을 입고 뛰는 것은 멋있다. 이 나이에 뛸 수 있다는 것은 하나님께서 특별히 큰 축복을 내려 주신 것이다. 이대로라면 팔십까지는 뛸 수 있을 것 같다. 이제 언젠가 축구 시합은 중단하게 된다면 무릎도 더 편해질 것이라고 믿는다. 건강은 나의 노력도 있지만 복잡한 몸의 기능을 지켜 주시는 하나님의 크신 은혜다.

이제 우리 지애 엄마의 위장병만 치료된다면 우리 부부는 무척 건강하게 노후를 보낼 수 있을 것이다. 이를 위하여 하나님께서 우리 지애 엄마에게 지난 몇 개월간 건강 예방 조치를 하신 것 같다.

오늘 수요예배에는 소춘자 집사님만 참석하였다. 김순생 권사님이 처음으로 연락이 없이 참석하지 못했다. 앞으로 어떤 변화가 올지 모른다. 우리 교회를 위하여 하나님께 많이 기도한다.

정인순 선생님 일행 아코디언 연주

✈ 2023년 4월 11일(화, 흐림) • 이삭방송 10주년 기념예배

어제 21시에 딸 지애 집에 도착하여 하루를 묵었다. 우리 사랑스러운 채영이가 감기에 걸려서 얼굴이 핼쑥하였다.

지애도 감기 기운이 있다. 백 서방은 나주에서 지내다가 주말에만 만난다. 왠지 지애와 채영이가 안쓰럽게 보인다. 중학교 교사를 하면서 바쁘게 살아가는 우리 딸 지애가 부디 행복하게 살길 기도한다. 우리 사랑스러운 채영이는 나에게 손녀 사랑의 기쁨을 안겨 주고 있다. 부디 우리 채영이 세상을 마음껏 누리며 살되, 부디 하나님 사랑 안에서 고귀한 삶을 살길 바란다.

꼭 교수가 되길 바란다. 우리 채영이의 숨은 능력을 마음껏 발휘하며 하나님을 찬양하며 늘 하나님의 은혜를 느끼며 살기를 바란다.

10시부터 ICS 교회에서 이삭방송 개국 10주년 행사를 시작하였다. 내가 제안하고 내가 주관하였다. 내가 시작하고 내가 관리했던 이삭방송이기 때문에 그냥 10주년을 지나칠 수가 없었다. 20분간 이삭방송 10년의 결과를 영상을 통해 돌아보고, 40분간 감사예배, 내가 〈만민에게 복음을 전파하자〉라는 제목으로 말씀을 전했다. 예배 후에 40분간 이삭방송 향후 발전을 위한 세미나를 통하여 갖가지 의견을 듣고 내가 종합하여 결론을 내렸다.

뉴스를 다양화하고 짧게 하며 주 1회 정기방송을 하고 마찬가지 주간 단위로 동문, 교수님, 미국 목사 설교를 방영하고, 대담을 추가하게 하였다. 그리고 이삭방송 회장을 내가 맡고 그 밑에 이삭방송국장을 두고 그 밑에 PD 1명, 기자 2명을 두고 각각 수고비를 80만원, 20만원(기자 둘)씩 지급하기로

이삭방송 개국 10주년 행사

하였다. 그리고 어느 동문 방송부장을 임명하여 돕는다. 바로 이삭방송 기금을 모금하기로 하였다. 계속 이삭방송이 이어 가기를 바란다.

✂ 2023년 5월 1일(월, 맑음) • 정동혜 선교사 방문

정동혜 목사님이 우리 교회를 방문하였다. 남편과 함께 인도네시아에서 선교 활동을 하고 있다. 수마트라 섬에서 선교하는데 일 년 내내 덥고, 차가 없어서 오토바이를 타고 다니며 선교 활동을 하고 있다. 그래서 그런지 몸이 전보다 더 커진 것 같다. 그리고 딸은 결혼하여 살고 있고, 아들은 32살인데 혼자서 일하면서 잘 지내고 있다. 내가 목사 안수를 받는 날 나에게 조그만 사진첩을 제작하여 선물했었다. 무척 똑똑하고 박사학위까지 받은 인텔리인데도 모는 명예를 버려 두고 멀리 인도네시아 벽촌에서 복음을 전하고 있으며 앞으로 인도네시아에 뼈를 묻을 생각이라고 한다.

나와 우리 지애 엄마에게 찔리는 말이다. 분명히 하나님께서 나를 제주도에 보낸 이유가 있다. 영적으로 척박한 이 땅에 복음을 전하고 그들을 구원하기 위해서 우리를 보내셨는데 힘이 든다고 여기를 떠나는 것은 하나님의 뜻이 아닌 것 같다. 그래서 앞으로 2년간 우리의 삶은 중요한 결심을 하여야 한다. 하나님께 간절히 기도하면서 준비하도록 하자. 내가 여기에서 자리를 지키는 것보다 더 큰 교회가 믿음교회를 인수하여 선교 활동을 한다면 분명히 더 잘될 것이라고 믿는다.

✂ 2023년 5월 9일(화, 맑음) • 노도중대 가평 모임

오늘 노도중대 모임이 가평에서 있다. 그래서 오늘은 05:20에 새벽예배를 드렸다. 일찍 예배를 드렸는데도 추아이비 집사님이 참석하였다. 내가 어떻게 추 집사님 가족을 영적으로 성장시키고 추 집사의 희망대로 평신도 선교사로 역할을 수행하게 할 것인가는 나의 새로운 과제가 되었다. 남편 김영환 성도를 8월에 세례를 주고 특별성경공부를 통하여 영적 성장을 하며 주원이, 예닮이에게 주일학교 예배와 성경 공부를 별도로 하도록 계획하자.

121번 버스, 이스타항공기, 지하철, ITX를 타고 12:00가 다 되어서 가평역에 도착하였다. 김주천(동기생)이 마중을 나와서 pick up 하고 처음 들린 곳이 Jade Garden이다. 한화그룹 회장 사모님이 무척 좋아하셨던 Jade Garden은 정말 아름답게 가꾸었다. 자연은 아름다운 것이다. 사람이 해치지만 않으면 스스로 아름답게 변한다. 춘천닭갈비와 막국수로 오찬을 하고 김주천 회장 집에 갔다. 50년 전 생도 시절에 우리 노도중대(육사 12중대)가 모두 가서 밤을 새우며 놀았던 그 집을 방문하니 감회가 새롭다. 김주천 동기생은 집과 주변을 아름답게 가꾸고 시골에서 이장을 맡고 주민들을 도우며 열심히 살아가고 있다. 다시 이동하여 자라섬을 산책하였다. 섬 자체를 꽃밭으로 만들었다. 여기저기 돌아보며 사진을 찍고 이런저런 얘기를 나누었다. 저녁 식사는 66사단 회관에서 양고기 구이를 맛있게 먹었다.

휴게실에 모두 모여서 내가 사회를 보며 참석자 모두 그동안 여정에서 기뻤던 일, 아름다웠던 일, 앞으로 살아갈 길을 나누며 밤늦게까지 대화하며 매우 유익한 시간을 가졌다. 서로 마음속 얘기를 드러내면서 더욱 가까워지게 된다고 생각한다. 우리 노도중대의 모임에 항상 포함되는 대화의 장을 모두 좋아한다.

✈ 2023년 5월 22일(월, 맑음) • 송미로 권사 가정 초청행사

새벽에 일어나서 오늘 예배 준비를 하려고 하였는데, 계속 마음에 걸려서 깊은 잠이 오지 않아 새벽 1시 반에 일어나 눈을 뜨고 사무실에 가서 오늘 출장 준비를 하였다.

그러다 보니 거의 잠을 자지 못하고 하루 종일 피곤하게 보내게 되었다.

공항에서 식사도 하지 못하여 더욱 기력이 떨어지고 육사에 갈 때까지는 가장 피곤한 상태였다. 이철, 송미로 권사님 식구들을 초청하여 육사에서 예배를 드리고 영성 훈련 차원에서 모임을 갖고자 했는데, 마귀는 나를 피곤하게 하여 방해를 한다고 생각하였다. 누가 시키거나 요청한 것이 아니고 내가 제안하고 초청하여 이번 모임이 이루어졌다. 송미로 권사님의 믿음이 한 가정과 자녀들을 어떻게 변화시키는지 알 수 있었다. 〈네 자녀에게 하나님을 가르치라〉라는 제목으로 말씀을 전하면서 엄마와 그 딸에게 아이들 신앙 훈련이 얼마나 중요하다는 것을 심어 주었다. 비록 피곤했지만 결과는 좋았다고 생각된다. 사역하면서 육신의 피로도 큰 방해가 된다. 기진맥진하여 지애 집에 도착하니 지애와 채영이가 반갑게 맞아 준다. 오늘 저녁에 모두 회복이 되고 내일 생기를 얻어서 힘차게 내일을 맞고자 한다.

✈ 2023년 6월 13일(화, 맑음) • 경향쉼터교회 전도대회

오늘 서울 경향쉼터교회 전도대회 2일 차다.

새벽예배를 드리고 MSO 기도회에 참석한 후 믿음동에서 경향쉼터교회 성도님들과 조찬을 하였다. 성도들이 식사 준비를 하여 8명의 식구가 둘러앉아 식사하는 모습이 무척 행복해 보인다. 수십 년의 역사를 가진 경향쉼터교회는 목사님, 사모님을 중심으로 하나가 되어 전반기에는 제주도에, 후반기에는 동남아로 선교 여행을 떠난다. 84세인 권사님도 전도 여행에 참석하고 풍악 민속놀이에 합류하여 가깝지 않은 거리를 같이 동행한다. 이것이 바로 경향쉼터교회의 선교팀의 가치를 높인다. 나도 그들과 합류하여 맨 앞에서 손뼉을 치며 인도하였다. 비록 동네 사람들이 눈에 띄지 않고 텅 빈 거리이지만 그래도 풍물팀의 요란한 소리에 세화리를 장악하고 있는 사탄과 마귀가 도망가는 것을 실감한다. 이것 하나만 해도 금번 전도대회는 그 역할을 다한

경향쉼터교회 사물놀이팀

것이다. 추아이비 집사님과 소춘자 집사님도 합류한다. 우리 믿음교회 성도님이 더 많이 참석하지 못하여 아쉬움도 있지만 그래도 자랑스럽다.

✷ 2023년 6월 18일(일, 맑음) • 예배의 기쁨

　오늘 주일에도 예상치 않은 많은 성도가 참석하였다. 주일학교 예배도 5~9세 어린이들이 5명이나 모였다. 추아이비 집사님의 주원이와 예닮이 그리고 정진희 집사님의 두 아들과 딸이 참석하였다. 모처럼 주일학교 예배다운 예배를 드렸다. 어른예배 때 같이 드릴까 마음도 먹었으나 그래도 주일학교 예배 준비를 잘 했다. 어린 심령들 위에 하나님의 말씀으로 물을 들이고 있으니 영원히 지워지지 않을 것이다. 이것이 바로 나와 우리 교회가 하는 위대한 일이다.

　주일예배에는 17명. 믿음동의 손동한 guest의 4식구와 정진희 집사님 식구 5명이 참석하였으니 많은 식구가 예배를 드리게 된 것이다. 5시에 일어나서 약간 피곤한 상태에서 예배를 시작하였지만 〈누구를 위하여 살 것인가?〉라는 제목으로 말씀을 전할 때는 내 가슴이 뜨거워지며 성령님의 인도하심으로 새 힘을 얻게 되었다. 오후찬양예배도 9명이 예배를 드렸다. 우리 믿음교회는 살아 있는 교회다. 하나님께서 필요한 성도들을 보내 주셔서 예배를 드리게 한다.

✷ 2023년 6월 21일(수, 비) • 2023 MEO-P 행사

　오늘은 MEO-P 3일 차 행사인데 나는 참석하지 않았다. 박재영 소령 위문도 하고 강의 3개를 준비하기 위해서다. 경건회, MCF 설립·성장, Case Study를 완전히 준비할 시간이 필요하였다. 지금까지 준비 기간도 많았지만 집중해서 준비할 시간이 없었다. 그래서 여기 와서 시간을 만들며 구석에 가서 PC 작업을 하고 있자니 MEO 책임자로서 부적절하였다. 오늘 모든 자료를 준비할 수 있었다. 때로는 필요한 시간을 주시는 하나님께 감사드린다.

박재영 소령의 안전사고는 완전히 내 책임이었다. 어떻게 사다리 다리를 잡아 주지 않았는지 이해가 가지 않는다. 나이가 들어서 일의 중요성과 우선순위를 망각하는 것 같다. 이것은 나이가 들면서 오는 자연스러운 현상인지도 모른다. 그

2023 MEO-P(해군 중앙교회)

래서 이에 대한 예방 대책을 세워야 하는 것이다. 앞으로 살면서 절대 인사 사고는 없도록 하자. 정신을 바짝 차리고 안전사고 모든 요인을 제거하여야 한다. 우리 소망펜션과 믿음교회도 안전사고 요인이 많이 있다. 조금이라도 불안전함으로 인해서 안전사고가 발생할 수 있다면 반드시 해결해 나가자. 특히 화재 예방, 가스 예방, 낙상 사고는 없어야 한다. 어린이들이 많은데 꼭 부모들에게 깨우치도록 하자. 이것이 금번 사고의 교훈이다.

✼ 2023년 7월 3일(월, 비) • 사랑하는 지애 엄마

새벽예배 후 지애 엄마는 버스를 타고 제주공항으로 떠났다. 비도 부슬부슬 내리고 지애 엄마 혼자 서울로 가는 모습이 왠지 애처롭다. 나와 지내면서도 같이 즐겁게 시간을 보내지 못하는 아쉬움이 언제나 크다.

아침에 예배를 드리고 기도를 드릴 때도 전보다 더 진지하다. 예배를 끝낼 땐 항상 "수고했습니다"라고 한마디 붙인다. 이제는 우리 지애 엄마에게 더 잘해 주어야 하겠다는 마음이 많이 든다.

나를 따라다니며 얼마나 고생이 많았는데, 이제는 편히 쉬고 싶은 마음도 있을 것이다. 교회와 펜션을 동시에 운영하

제주도 송악산 둘레길

기에 힘이 많이 들 것이다. 나의 눈치를 보면서 차마 밖으로 표현도 못하고 마음속에 쌓이다 보니 병이 생긴 것 같다. 이제 나의 인생 3막에서는 또 다른 사역을 해야 될 때가 온 것 같다. 내가 꼭 복음을 전하고 영혼을 구원해야 할 사람들이 많이 있다. 하나님께서 그렇게 인도해 주실 것이라는 생각이 든다. 지애 엄마와 제3의 인생을 살면서 더 재미있게 하나님께서 좋아하시는 길로 가는 것이다.

✈ 2023년 7월 12일(수, 맑음) • 노인회 강의

오늘 모처럼 노인회 모임에 참석하였다. 오늘은 노인회 식사를 하면서 노인들을 대상으로 특별 강의를 하는 날이라서 기대가 컸다. 그동안 오랫동안 준비를 해 왔던 강의를 드디어 시작하는 날이다. 〈노인에게 필요한 2가지 음식과 노인들이 명심해야 할 3가지 규칙〉에 대하여 7분간 영상을 보는데 이장과 사무장이 많이 반대하던 것을 오늘 드디어 시작하게 된 것이다. 빔프로젝터를 사용하는 법을 어제 혼자서 터득하였고, 결국 나의 의도대로 시작하는 것이다. 그런데 식사 시간에 보게 되고 소리가 낮아서 들리지 않으며 스크린이 내려오지 않아서 효과는 크지 않았다. 60명의 노인 중 관심 있게 보는 사람은 별로 없었다. 노인들은 그냥 식사 한 끼 드시고 가는 것이 모두였다. 다른 방법을 강구하여야 할 것 같다.

식사 후에 치매예방체조에도 여자분만 15명 정도 참석하고 모두 가 버렸다. 이장과 사무장의 반대, 노인들의 무관심이 나의 첫 번째 강의를 실망스럽게 만들었다. 세화리 노인회에 대한 나의 열정은 그렇게 성공적으로 이루어지지 않는다. 노인들을 상대로 이발을 하고자 했으니 이것도 별 실효를 보지 못할 것 같다. 그러나 한두 번의 실패에도 절망하지는 않는다. 나의 전도는 계속될 것이다. 잠들어 있는 영혼을 깨우는 것이 나의 최종 목표다. 하는 데까지 계속할 것이다.

✖ 2023년 7월 14일(금, 흐림) • 『나는 행복한 군인이었다』 속편 발간 준비

요즘 『나는 행복한 군인이었다』 제2권 발간을 위하여 계속 지난 일기를 읽고 있다. 현재는 2011년도를 읽고 있다. 여기에서 꼭 책에 싣기를 원하는 날짜의 일기를 사진을 찍어서 염 간사에게 보내면 염 간사가 워드를 쳐서 나에게 보내 주고 내가 다시 수정하여 편집을 한다. 그 뒤에 염 간사가 재편집을 하고 사진을 추가하면 1차 작업이 끝난다. 그러고 나서 출판사에 보내서 교정하고 편집을 하여 책을 출판하는 것이다.

그런데 나의 일기를 보면서 하루하루 지나가는 일과에 흥미와 관심이 많이 끌린다. 12~13년 전에 내가 어떤 생각을 하고 어떤 행동을 했는지를 보면서 나 스스로를 다시 한번 알게 하는 것이다. 50대 후반의 일이니 아직도 젊었을 때다. 특히 나의 삶을 인도해 주신 하나님을 다시 한번 만나게 된다. 모든 어려운 고비를 잘 넘기게 하셨다. 그래도 하나님 말씀대로 살려고 많이 애썼다. 어찌 보면 그때가 더 순종하고 충성하는 삶이었다.

오늘 오후에 가마리 초등학교 앞에서 지애 엄마, 소춘자 집사님과 함께 학교 앞 전도를 하는데 학부형들이 제동을 걸어서 중간에 돌아왔다. 복음을 전하는데 쉽게 이루어지는 경우는 많지 않다.

✖ 2023년 8월 3일(목, 맑음) • 믿음교회, 소망펜션

요즘 펜션에 고객들이 매일 가득 차 있다. 방학 기간이라 아이들과 제주도를 찾는 고객들이 여기 소망펜션까지 찾아오는 것이다. 모두 아이들(또래) 2명씩 데리고 오니 8명이 모였다. 8명이 트램폴린(방방이)에서 뛰고 풀장에서 수영하고 있으니 매일 요란하며 학교나 유치원 같은 분위기다. 크게 불평함이 없이 모두 잘 지내는 걸 보면서 나도 기분이 좋다. 제주도를 찾는 여행객 중에서 4가정이나 우리 펜션에 와 있으니 자랑스럽기도 하다. 고객들이 최대한 편안하고 즐겁게 지내다 갈 수 있도록 최선을 다하고 있다. 전기, 물, 냉난방 등 고장 없이 잘 지나가고 있다.

아무리 봐도 지애 엄마와 내가 우리 펜션과 교회 디자인을 잘 한 것 같다. 날이 갈수록 더욱 아름다워지고 정성을 들인 만큼 모든 공간이 산뜻하고 쾌적하다. 바쁘게 살기는 하지만 그래도 쉬지 않고 일하면서 보람도 있고 소득도 적잖다. 무엇보다도 십자가가 있는 펜션에서 묵었다고 좋은 기억이 남기를 바란다.

2023년 9월 2일(토, 맑음) • 새얼신우회 찬양

어제 다친 발가락 부분이 밤에 약간 통증이 있었으나 참을 만하였고 오늘 아침에도 걸을 만하였다. 예배 후에 바로 공항으로 이동하여 08:00 비행기를 탔다. 김포공항에 09:20 도착하여, 공항철도, 6호선을 타고 가다가 석계역에서 내려 버스를 타니 육사 후문에 도착한다. 역시 정보가 중요하다. 석계역 버스 정보를 몰랐다면 화랑대역에서 택시를 타고 가는데 차 잡기도 어렵고 비용도 많이 든다.

11:00에 육사교회에 도착하니 이제 예배가 시작되었고, 다른 때보다도 많은 인원이 예배에 참석하였다. 새얼신우회는 30명이 참석하여 특송도 하였다. 다른 기는 10명이 최다수인데 2개 기가 있고, 대부분 5명 이내다. 우리 새얼신우회는 특별한 기다. 하나님께서 축복해 주시는 기다. 그래서 여기에 기여를 한 것 같아서 이번에도 어렵지만 참석하기를 잘 했다 생각된다. 하나님 일은 할 수 있다면 많이 참여하고 헌신하여야

정은일 회원 준회원특강

한다. 절대 후회할 일이 없다. 예배 후 카페에서 1시간 동안 즐겁게 대화를 나누는 모습이 무척 좋아 보인다.

발가락 치료를 위해서 김용윤 박사 내외의 도움을 받아서 육사병원과 묵동 정형외과에서 치료를 받았다. 네 바늘이나 꿰맸다. 그래도 걸을 수 있어서 다행이다.

✺ 2023년 9월 3일(일, 맑음) • 빛의 자녀들처럼 행하자

오늘은 평상시 주일예배에 어느 때보다도 많은 교인이 예배를 드렸다. 우리 믿음교회 성도들은 4명 밖에 없었지만, 예인교회 성도님들이 거의 20명이 같이 예배를 드렸다. 〈빛의 자녀들처럼 행하자〉라는 제목으로 말씀을 전했다. 예인교회 성도님들이 젊은 분들이 대부분이라 이들이 빛이 되어 세상을 밝히는 뜻으로 이 말씀을 택했다. 며칠을 어떻게 전할까 생각하다가 어제 갑자기 성경 말씀을 나에게 전하는 방법을 가르쳐 주셨다.

에베소서 5장 1~14절 말씀에서 8절 "너희가 전에는 어둠이더니 이제는 주 안에서 빛이라 빛의 자녀들처럼 행하라"라는 말씀으로 어떻게 빛을 발할 것인가를 주제로 말씀을 전했다.

빛을 발하기 위하여 빛의 열매를 맺어야 하며, 하나님이 기뻐하실 일을 택하고 어두운 곳을 밝히라는 내용으로 말씀을 전했다. 언제나 필요한 말씀을 전하도록 도와주시는 하나님이시다. 어찌 보면 오늘 주일은 비록 우리 성도들은 적었지만 가장 풍성하게 예배를 드린 특별한 날이었다. 그러나 예인교회를 보면서 나는 우리 믿음교회는 어떻게 부흥시킬 것인가 깊이 생각하게 하였다. 내가 더 빛을 발해야 한다. 하나님께서 나에게 주시는 말씀이었다.

✺ 2023년 9월 10일(일, 맑음) • 다경이 할아버지 예배 참석

오늘 주일예배에는 다경이 할아버지를 포함하여 8명이 예배에 참석하였다. 생각지도 않게 다경이 할아버지가 예배에 참석하였다. 안 오실 줄 알면서도 집에 들러서 교회에 나오시라고 권했더니 몸이 아파서 올 수 없다고 한다. "그러면 병원에 가서 치료를 받으세요" 하고 나왔다. 그런데 예배 20분 전에 다경이 할아버지가 예배에 참석하였다.

비록 다경이 할아버지가 내 말을 잘 못 알아듣고, 찬양을 따라 하지 못한다 하더라도 교회에 앉아서 예배를 드린 것만 해도 큰 사건이다. 하나님께서 보내 주셨다고 믿는다. 아들이 아버지를 찾으러 와서 교회에서 예배를 드린다고 못마땅해 갔지만 "다음에 교회에 오면 꼭 자기에게 연락을 해 달라"고 당부를 하고 돌아갔다. 많은 진척이 이루어진 것이다. 언젠가는 다경이 식구 모두가 교회에 올 수도 있을 것이라고 생각된다. 순서를 짜서 식사 대접하는 기회를 갖자. 다경이네 식구, 경우 아빠·엄마, 강창수, 소춘자 집사 남편, 박영식 집사 부인이 모두 전도 대상이다. 꼭 식사를 한번 대접하도록 하자. 할 수 있는 한 모든 정성을 기울이도록 하자.

오늘도 축구 시합을 하지 못하고 구경만 했다. 구경만 하는 것도 처음 있는 일이다. 매주 2회씩 축구 시합 하는 것이 얼마나 건강한지를 보여 준다.

✄ 2023년 9월 13일(수, 맑음) • 구례 생명의빛교회 양성훈련 3일 차

구례 생명의빛 중국지도자양성훈련 3일 차가 계속된다. 새벽예배에 권사님 세 분이 오셔서 모처럼 새벽예배 성도들을 의식하며 말씀을 전했다. 이번에 영성훈련에 나와 김윤순 사모가 같이 동참하면서 많은 것을 보고 느끼고 있다. 말이 통하지 않는 중국인들도 주 예수님 안에서 모두 하나가 되는 것을 실감하고 있다. 윤관현 구례 생명의빛교회 담임목사님께서 이 선교 사역을 이끌어 가

구례 생명의빛교회 영성훈련

고 계신다. 손수 강의를 하시고 사모님께서 인간관계 훈련을 시키시고 장로님 두 분과 딸이 찬양을 맡고, 권사님 세 분이 모든 식사를 준비하고 있다. 필요한 일꾼들을 모두 세우셨다. 여기에 나도 합류하게 하시고 나는 개회예배에서 말씀을 전하고, 오늘 수요예배/기도회 시간에 성찬식을 인도하도록 하셨다. 또한, 우리 믿음교회, 소망펜션, 에덴동산이 이번 행사를 위해 잘 사용되고 있다. 우리 교회와 펜션, 동산이 가장 적절하게 사용되고 있는 것이다.

오늘 우리 성도님 김순생 권사님과 박미희 집사님도 예배에 참석하셨다. 모든 것을 허락하신 하나님께 감사드린다. 계획은 사람이 세우나 이루어 주시는 분은 하나님이시다. FMC-K 인터랙션, 믿음교회 5주년 행사, 일기 편찬·발간 작업이 계속 이루어지고 있다. 바쁜 가운데서도 우리 지애 엄마에게 소홀하지 않도록 하자. 우리 성도들을 위해 기도하는 것을 잊지 말자.

✂ 2023년 9월 22일(금, 맑음) • 정석현 목사 설교

기다렸던 정석현 목사님과 김영자 사모님이 오늘 제주도로 오신다. 4주 전에 서울 강서구에서 목사님과 점심 식사를 한 후에 제주도 방문을 요청하였다. 쾌히 승낙하시고 며칠 후에 바로 비행기 티켓을 예약하셨다.

언젠가는 꼭 한번 은혜를 갚겠다고 다짐했던 때가 있었다. 2016년 대중교회 담임목사님이셨던 정 목사님께서 나에게 3박 4일 부흥성회 강사로 초빙하셨다. 목사 안수 후 3년이 채 안 되었기에 나에겐 무척 부담스러웠고 처음엔 거절하기도 하였지만, 목사님께서 완강하게 요청하셨기에 승낙하였다.

10번의 설교를 하고 3박을 근처 호텔에서 머무르면서 지애 엄마와 채영이도 같이 지냈다. 그리고 사례비로 200만 원

정석현 목사님 특강

을 주셨다. 너무나 고마웠고 나의 목회 생활 10여 년에 가장 인상 깊은 기간이 되었다.

사실 정 목사님을 제주도에 초대한 것은 너무나 늦었다. 은혜 갚는 데 너무나 인색하였다. 목사님 사모님을 8시에 공항에서 pick up 하여 협재해수욕장, 금능석물원으로 안내하고 올레마당에서 오찬을 한 후 송악산 둘레길을 산책한 후에 소망펜션으로 돌아와서 교회 건축 현황을 PPT로 소개한 후에 저녁 식사를 하였다. 무척 좋아하신다. 소망동에 머무르시도록 하였다. 지애 엄마도 몸이 완전하지는 않지만, 무척 기쁜 마음으로 대접한다.

✹ 2023년 10월 7일(토, 맑음) • 2023 FMF-K 온라인 강의

오늘 FMF-K 1일 차다.

on-line 강의를 실시하였다. 거의 1년을 준비하고 MSO의 주요 사업으로 내가 제주도 행사의 주역으로 책임을 맡고 많이 기도하며 준비해 온 행사다. 수차례의 강사 세미나와 최종 연습을 통하여 준비하였다. 그리고 최종 연습에서 나의 행사 진행과 ICE-Break 강의에 대하여 MSO 위원장님(박남필 장로)과 이갑진 장로님(MSO 상임고문)이 우려하는 지적도 하셨다. 어제 그제 최종 준비를 하여 오늘 08:00부터 내가 마이크를 잡고 "Hello, ladies and gentlemen, welcome to 2023 FMF-K Interaction program. I'm Paster Yoon, director of training and education, MSO"라고 서두를 꺼내며 open하였다. 그리고 준비한 시나리오에 의하여 한 장씩 넘어가고 ICE-Break 1시간 30분을 계속 진행하였다. MSO 위원장님과 이갑진 장로님이 나의 간증에 대하여는 하지 않도록 하였으나 내 계획대로 내가 어떻게 그리스도인이 되었는지 20여 분을 사용하여 읽어 나갔다. 나는 꼭 필요하다고 생각하여 3년 전에 준비한 내용이었다. 어찌 보면 FMF-K 참가자들에게 꼭 전하고 싶은 내용이기 때문이다. 특히 비기독교인을 변화시키는 것이 이 program의 핵이라고 생각하기에 준비한 것이다. 모든 행사 및 강의는 순조롭게 진행되었다. 내가 주역이 되어 그런대로 잘 마쳤다.

✖ 2023년 10월 8일(일, 맑음) • 믿음교회 5주년 행사

오랫동안 준비해 온 믿음교회 설립5주년기념행사의 날이다. 감사예배, 음악회, 케이크 절단, 오찬, 선물 수여 순서로 나름 다양하게 준비를 하였다.

항상 이날이 되면 잔치에 참여하는 사람들이 많지 않다는 것이다. 교회를 가득 채우도록 40명 정도가 참여해 주기를 바랐다. 이번 행사에도 30명 정도가 예상되었다. 그러나 실제 참석한 인원들은 더 적었다. 우리 교회 식구 12명(박영식, 이공순 집사 불참), 고등학교 동창 2명(조영현 회장, 정승윤 선생), 윤성숙 목사와 김선 목사(2명), 조중봉 사장 내외 2명, 신하구 집사, 다경이 할아버지, 현응호 어르신, 그리고 강기수 어르신 내외(2명), 추아이비 집사님 동생이 참석하여 총 25명이 참석하였다. 전 노인회장 부부, 고권실 씨 부부, 이정기 사장, 오공구집 앞 어르신, 보건소 앞 어르신 등 7명은 올 것으로 기대했으나 끝내 오지 않았다.

지금까지 더 전도하지 못한 나의 전도의 부실함과 약속을 지키지 않는 주민들의 행동에 무척 착잡한 마음이었다.

그래도 여기에 참석해 준 우리 성도들과 초청에 응해 주신 분들에게 깊은 감사를 드렸다. 그리고 말씀을 통해 예수님께서 우리에게 오셔서 무엇을 선물했는지 말씀을 전했다는 것이 기뻤다. 내년에는 꼭 40명이 참석하도록 전도를 하자. 죽기 살기로 전도하자. 내년 6주년 기념행사를 목표로 최우선 과제로 삼자.

믿음교회 설립 5주년 기념

✄ 2023년 10월 9일(월, 맑음) • 펜션 손님 전도

어제 믿음교회 설립5주년기념행사를 마치고 또 새로운 한 주를 맞는다. 새벽예배를 드리며 새 한 주, 새 하루를 맞는다.

예배 후 테니스를 치러 간다. 지애 엄마가 힘이 든다고 하였지만 내가 설득하여 나갔다. 지애 엄마가 땀을 흘리고 나면 몸이 더 좋아질 것이라고 믿기 때문이다. 잘 따라온다. 마음껏 라켓을 휘두르며 실컷 공을 치고 나니 나도 땀이 흐른다. 같이 운동을 할 수 있다는 것이 하나님께서 주신 축복이다.

펜션 사랑동과, 은혜동이 떠났다. 우리 소망펜션에 대한 호감을 가지고 떠나니 기분이 좋다. 사랑동 김자연 씨는 3박에서 5박으로 연장을 하고 어제저녁엔 캠프파이어를 하면서 얘기를 나누는 시간을 가졌다.

"교회에 다니세요?"라고 물었더니 아기 엄마가 "안 다닙니다"라고 말한다. 그렇다고 절에 다니지도 않고 아무 종교가 없다고 한다. "그럼 세상을 살다가 떠나는 것이 두렵지 않으세요?"라고 물었더니 그냥 웃기만 한다. 아기 엄마와 한참 동안 얘기를 나누며 꼭 하나님을 믿도록 권했

소망펜션 어린이교실

다. 긍정적인 반응이다. 오늘 떠날 때 뭔가 새로운 희망을 찾은 듯이 전보다 얼굴이 밝다. 부디 주님을 영접하기 바란다. 김자연 씨를 위하여 기도한다. 오늘도 쉽게 하루가 지나갔다. 그래도 쓰레기를 완전히 제거한 것이 큰일이었다. 밤 11시에 감사텔로 가면서 많이 후회한다.

✄ 2023년 10월 11일(수, 맑음) • 진용삼 전우(53-B) 위문

오늘 드디어 서울행 비행기에 올라탔다. 진용삼 씨의 입원 소식을 듣고 최근에는 호스피스병동에서 큰 기대 없이 링거 주사에 의하여 연명하

고 있다는 소식에 무척 조급한 마음으로 상경을 기다리고 있었는데 지난 주 FMF-K 강의와 믿음교회 설립5주년행사 준비로 도저히 올라갈 수가 없었다. 그래서 하나님께 간절히 기도드렸다. "하나님 아버지, 용삼이 친구를 살아생전에 한번 볼 수 있도록 해 주옵소서." 추석 전에는 생명이 위독하다고 하였으나 지금은 절박한 상황이 아니라고 느꼈다. 17:00에 드디어 부천성모병원 본관 5층 호스피스병동을 찾았다. 용삼 씨 부인 전정현 씨가 나를 기다리고 있었다. 전에 본 기억이 나기는 하지만 너무나 오랜 시간이 지나서 가물가물하였다. 나를 간절히 기다리고 있었다. 용삼 씨가 나를 기다리고 있다고 한다. 나를 보자 가늘게 눈을 뜨고 어렵게 오른팔을 눈으로 당기며 "화랑" 구호를 붙이며 거수경례를 한다. 손을 꼭 붙잡고 "용삼씨, 어떻게 된 것입니까?"하고 울먹이며 얼굴을 만졌다. 눈가로 눈물이 흐르고 있어서 뭔가 말을 하려고 하지만 제대로 말을 하지 못한다. 기력이 없는 것이다. 성경 말씀 "나를 믿는 자는 영원히 죽지 아니하고 살아서 믿는 자는 영원히 함께 살리라"는 구절을 읽고 위로의 말씀을 전했다. 그리고 기도 후에 영접기도를 하였다. 30분 같이 있다가 나와서 가족을 위로하며 꼭 하나님께 모든 것을 맡기라고 하였다.

✂ 2023년 10월 16일(월, 맑음) • 지애 엄마 회복을 위한 기도

오늘 지애 엄마의 상태가 많이 좋아졌다. 제주대학병원 응급실에서 주사를 맞고 링거를 맞고 약을 받아서 복용한 것이 효과를 본 것 같다.

어제 돌아와서 밤 9시에 식사를 하고 편안한 마음으로 잠자리에 든다. 언제 응급실로 갔느냐 물을 정도로 너무나 많이 변하였다. 분명히 몸의 어느 부분 중 이상이 있다가 서서히 회복되어 가고 있다고 믿는다. 지애 엄마의 허약한 모습과 괴로워하는 모습을 보면서 너무나 마음이 아프다. 이것을 말로 다 표현을 하지 못하고 밖으로 드러내고 있지는 않지만, 나의 마음이 최고로 depressed됨을 알 수 있다. 부디 빨리 회복되어 다시 건강한 모습으로 지내기를 간절히 기도한다.

오늘 새벽예배를 드리면서도 지애 엄마의 회복되는 모습과 예배 후에 테니스를 치고 나서 땀을 흘리는 모습을 보니 곧 나을 것 같다. 안도의 숨을 쉰다. 지금까지 전하지 못한 정성을 앞으로 많이 주고자 한다. 앞으로 운동도 하고 여행도 하고 맛있는 음식도 먹고 영화도 보고자 한다. 해외여행도 한다. 서운한 것도 없다. 그냥 지애 엄마가 행복하게 살면서 하나님을 애타게 찾는 모습이 내가 바라는 최고의 소망이다. 오늘 하루 무척 평안하게 보냈다.

✣ 2023년 10월 22일(일, 맑음) • FMF-K 2일 차 행사(설교)

오늘이 FMF-K 2일 차다.

오전에 주일예배를 드리고 점심 식사를 한 후에 call 택시를 타고 서귀포 7번 올레길로 이동하였다.

오전 서귀포 예배와 천지연 탐방은 참석하지 못하고 올레길 7번 산책, 한림공원 탐방, 협재해수욕장 산책 후 같이 제주공항으로 이동하여 저녁을 먹고 서울행 비행기에 탑승하여 모두 떠났다.

새벽 5시 반에 일어나서 설교 준비를 하였다. 어제 FMF-K 인터랙션에서 설교한 내용을 한국어로 설교를 한 것이다. 한 달 이상 설교 준비를 하였고 어제 FMF-K에서 영어로 설교를 하였던 내용을 오늘은 우리 성도들에게 한국어로 한 것이다. "수고하고 무거운 짐 진 자들아 다 내게로 오라 내가 너희를 쉬게 하리라" 말씀은 외국인에게나 우리 성도들에게 모두 동일하게 적용되는 것이다. 그런데 오히려 외국인들에게 영어로 했던 것이 더 은혜로웠다고 생각된다. 하나님께서 주시는 능력이며 은혜다. 오늘 올레 7번 길, 한림공원, 협재해수욕장 투어(tour)를 마치면서 모든 행사가 끝나고 공항으로 이동하였다.

주한 외국인 장교 영성훈련(FMF-K)

110명의 2박 3일 제주 행사는 은혜롭게 성공적으로 마칠 수 있었다. 모두가 하나님의 은혜였다. 특히 좋은 날씨를 주시고 마지막 시간에는 협재해수욕장에서 빨간 노을이 극치를 이루며 마칠 수 있게 해 주었다. 모두 떠나보내고 신 목사, 장용관 친구와 차를 나누며 환담 후 헤어졌다.

2023년 11월 19일(일, 맑음) • 연합수련회

오늘 제주시에 있는 예수제자교회와 우리 믿음교회가 연합수련회를 하는 날이다. 지난번 부흥회 때 문영복 목사님이 강사로 오셔서 은혜롭게 부흥회를 인도하였다. 그때 나눔의 시간을 가졌다. 그때 감동과 은혜를 받고 이번에 연합수련회를 제안하여 내가 쾌히 OK 하면서 몇 달 후에 시간을 갖게 된 것이다. 예수제자교회 40여 명이 참석하고 우리 믿음교회 식구들 12명 총 52명이 참석하여 11시에 첫 예배를 드리는데 내가 말씀을 전하였다. 교회를 가득 메운 가운데 설교를 하기는 지난 9월 10일부터 16일까지 구례 생명의빛교회에서 중국교포 기독교지도자연수회를 할 때 설교를 하고 나서 두 달 만이다. 매 주일 10~15명의 성도에게 말씀을 전할 때보다 긴장이 되고 또 모든 성도가 집중할 때는 내가 말씀을 전하면서 크게 은혜를 받는다.

오찬도 우리 식당이 꽉 차서 야외에서 같이 식사한다. 저녁 제3부 예배는 문영복 목사님이 설교한다. 〈왕의 법〉과 〈왕의 신하〉라는 제목으로 무척 빠른 속도로 모든 참석자의 이목을 집중한다. 나눔의 시간을 가지며 예수제자교회 성도들을 많이 이해하게 되었다. 연합수련회를 할까 말까 망설이기도 했으나 하기를 잘 했다고 생각된다. 두 교회가 연합하여 수련회를 가지면서 1+1=2가 아니라 3이라는 시너지 효과를 가져왔다.

2023년 11월 21일(화, 맑음) • 바람소리합창단 공연

오늘 에어비엔비 비용을 낮추었다. 11월 20일부터 12월까지 거의 펜션 예약이 없기 때문이다. 전에도 그런 적이 있었다. 전체적으로 제주도에 관광객이 뜸하다는 것을 알려 주고 있지만, 어차피 손님이 없다면 낮추어 두어도 별 관계가 없다고 생각하기 때문이다. 전에도 그런 적이 있었는데 그러다가 금방 예약이 밀려올 것으로 믿는다. 비록 약간 바쁘고 힘들기는 하지만 우리 펜션을 고객이 많이 사용할 때가 더 기분이 좋다. 물질적인 도움도 된다. 이것도 하나님께 도와주시기를 기도하도록 하자.

오늘도 귤 따기 봉사를 하고 점심을 성읍마을 팥죽집에서 하였다. 소춘자 집사님을 배려하는 마음에서 정했다. 언제나 착하고 목사와 사모를 많이 도와준다. 지금 이를 치료하고 어려움도 있지만, 하나님께서 축복해 주시기를 기도한다.

저녁에는 구용문 회장과 박경희 부인이 한경면의 바람소리합창단 창단 공연이 있어서 제주21 친구들이 모두 참석하였다. 한경면 주민과 외지인들 44명이 합창단을 결성하고 오늘 처음 공연을 하게 되었다. 65세 평균 연령의 나이 지긋한 분들이 합창하는데 지휘자의 손동작에 아름다운 하모니를 이루며 감동케 한다. 누군가 한 사람의 인도함으로 엄청난 결과를 낸다.

한경면 바람소리합창단

✻ 2023년 12월 1일(금, 맑음) • 화목회 여주 모임

어제 경호실 충무 요원 모임 후에 수지 처가로 왔다. 비행기 표를 바꿔서 오늘 여주 화목회 모임에 참석하기 위해서다. 모처럼 서울에 와 있는 기회에 참석하고 싶어서 결심하였다. 지애 엄마와 함께 참석하였다. 지하철을 타고 판교에서 경강선을 타고 여주까지 쉽게 올 수 있었다. 화목 회원 19명(준회원 포함)이 참석하였다. 육사를 졸업하고, 군 생활을 마치고 다시 신학대학원에서 공부하여 목사 안수를 받고 목회를 하는 특별한 집단이다. 같은 배를 탔다. 특별히 복음을 전하기 위하여 험난한 길을 택한 사람들이다. 나도 어떻게 목사가 되었는지 뒤돌아보면 나의 뜻이 아니다. 하나님께서 인도해 주셨다. 하나님께 가장 감사하여야 할 일이다. 화목회장 김창제 목사가 식사를 대접하고 느타리버섯까지 선물하

육사 화목회 수련회(여주)

였다. 세종대왕릉(영릉) 기념관을 방문하고 양병모 목사(35기)가 시무하는 산마루교회에서 예배를 드리고 나눔의 시간을 가졌다. 제주도에서 왔다고 나에게 박수를 보낸다. 그리고 모두가 나름대로 특별한 목회를 하고 있었다. 산마루교회는 양 목사의 생가를 교회로 개축하여 예배를 드리는 아름다운 교회로 변하였다. 멋있는 교회였다.

✂ 2023년 12월 6일(수, 맑음) • 귤 따기 봉사

오늘은 박영식 집사 귤 따기 봉사를 하였다. 소춘자 집사, 박미희 집사, 강석희 성도가 동참하여 5명이 오전 3시간 반 동안 귤 따기를 하였다. 올해 4번째의 봉사였다.

3,500평의 귤밭이 노란색이었는데 이제 서서히 녹색으로 바뀌어 가고 있다. 우리 성도들이 귤 따기 봉사에 동참하여 고마웠다. 박영식 집사와 전요임 성도(부인)가 무척 고마워한다. 전요임 성도는 교회에 나오기를 무척 꺼려하다가 우리의 친절한 봉사에 마음이 변하여 벌써 3번이나 예배에 참석하고 성탄절에 세례를 받도록 권하고 있다.

귤 따기 봉사 후에 〈옛날팥죽〉 집에서 팥죽을 먹고 헤어졌다. 그런데 몇 시간 후에 대형 사고가 발생하였다. 귤 2박스를 포장하여 처제와 장모님께 보내는데 지애 엄마가 나갔다. 기다리고 있을 때 박영식 집사에게 전화가 왔는데 지애 엄마가 큰 교통사고를 당했다는 것이다. 차가 가로수를 정면으로 충돌하여 차는 많이 망가져 완전히 파손되어 흐트러져 있고

지애 엄마는 119구급차에 누워 있다. 가슴이 저리다고 한다. 다행히 머리, 갈비, 다리는 이상이 없다. 차를 박 집사와 박미희 집사에게 맡기고 나는 구급차를 타고 서귀포 의료원으로 향했다. 다행히 지애 엄마는 호흡에도 큰 지장이 없고 머리도 괜찮다고 한다. 에어백이 터지면서 머리를 보호하였다. 조수석에 바퀴벌레가 기어가서 그것을 손으로 잡으려고 하다가 핸들을 우로 돌리면서 차가 차도를 벗어나서 가로수를 들이받은 것이다. 응급실에서 X-ray를 촬영하고 CT 촬영을 하였는데 아무 이상이 없어서 택시를 타고 귀가하였다. 언제 그런 일이 있었냐는 듯 집에 와서 저녁을 하고 나는 일기를 정리하고 지애 엄마는 운동을 하였다. 차가 폐차될 정도로 큰 충격이었는데 이렇게 아무런 다친 곳이 없으니 모두가 놀란다. 기적 같은 일이다. 하나님께서 우리 지애 엄마를 지켜 주신 것을 믿는다. 얼마나 우리를 사랑하고 계심을 믿게 되었다. 부디 이번 사건을 통하여 우리 지애 엄마가 더 충성스러운 하나님 일꾼이 되기를 기도한다.

✤ 2023년 12월 9일(토, 맑음) • 도정택 장로 방문

　도정택 장로님이 새벽예배에 참석하였다. 우리 소망펜션을 쓰기 위하여 일부러 친구들을 데리고 여기로 오셨다. 벌써 3번째 사용하고 있다. 878대대 군종병으로 일하며 열심히 신앙생활을 했던 도 장로님은 지금까지도 878대대 낙원교회를 위하여 헌신적으로 일하고 계신다. 한 명의 성도가 낙원교회에 얼마나 많은 영향을 미치는지 새삼 느끼게 된다. 이렇게 죽도록 충성하는 자녀를 하나님께서는 많이 축복해 주신다. 아들딸이 모두 목사가 되어서 하나님의 종으로 살아가게 한다. 스무살의 군종병의 헌신적인 봉사는 50년이 지나서도 변함없이 하나님을 위하여 살아가고 있는 것이다.

　일행과 사랑카페에서 차를 나누고 내가 그들을 위하여 기도를 드렸다. 죽을 때까지 우리의 인연은 이어질 것이라고 믿는다.

　내일 서귀포 서복전시관 야외예배를 준비하면서 강석희 성도를 심방

하였다. 아직은 믿음의 초보자인 강석희 씨에게 계속 믿음의 단비를 뿌려야 된다고 생각하기 때문이다. 내일 야외예배에 가지 않겠다고 하더니 나중에 나의 예수님 이야기를 듣고 나서 마음이 변하여 내일 야외예배에 참석하겠다고 한다. 강봉효 성도(다경이 할아버지)님도 내일 참석하기 위하여 세탁하도록 권했더니 옷을 벗어 준다. 성령님은 강봉효 성도님을 서서히 변화시켜 주신다.

✼ 2023년 12월 10일(일, 맑음 → 비) • 서복전시관 야외예배

드디어 오늘 서복전시관 야외예배 날이 돌아왔다. 원래 한라산 중턱에 올라가서 한라산의 단풍을 구경하고 어느 식당에서 예배를 드리고 식사를 하려고 하였으나 신동택 목사님의 권유로 서귀포 정방폭포 근처에 있는 서복전시관 팔각정에서 예배를 드리고 산책을 하기로 하였다.

참석한 인원이 몇 명 되지 않을 것 같아서 염려하였는데 이공순 집사님을 제외하고 12명 전원이 참석하게 되었다.

최근에 교회에 출석하게 된 강석희, 강봉효, 전요임 성도가 모두 참석하였다. 그리고 몸이 아파서 서귀포 아들 집에서 쉬고 있던 김순생 권사님께서도 합류하여 7~8명 기대하던 선에서 12명 전 교인이 참석하게 된 것이다. 너무나 기뻐서 가슴이 벅차고 하늘을 날 듯하였다. 믿음교회는 세화리 원주민 중심이 되는 교회가 된 것이다. 가장 바람직한 교회가 되어 가고 있다. 앞으로도 세화리 주민들을 계속 전도하는 것이다.

오늘 날씨는 최고였다. 봄날같이 따뜻했다. 행여나 바람이 불거나 비가 오거나 추우면 어쩌나 걱정했는데 모두 기우였다. 모두 하나님께서 예비하셨다. 예배, 산책, 〈쌍둥이횟집〉에서 식사 그리고 〈허니문하우스〉에서 차를

서복전시관 야외예배

마시고 귀가하는데 그때 비가 내리기 시작한다. 모든 것 하나님께 감사드릴 수밖에 없었다.

✈ 2023년 12월 12일(화, 흐림 → 맑음) • 협재 비양펜션

어제저녁은 협재 비양펜션에서 자는데 이상하게 깊은 잠을 잘 수가 없었다. 잠자리가 불편해서일까 아니면 환경이 바뀌어서일까? 침대라고 볼 수 없고 온돌이라고 보아야 한다. 이불이 너무 두껍고 방 안 온도가 높아 땀이 나서 이불을 덮을 수가 없었다. 여행할 때 잠자리가 편해야 한다. 아침 7시까지 잤는데도 오히려 더 피곤하였다. 그래서 잠자는 시간이 많아서 좋은 것이 아니고 숙면을 취하는 시간이 많아야 한다. 그래도 아침에 샤워하고 나니 피로가 약간 풀리는 듯하다. 그리고 아래층에 내려가서 제공한 아침을 하고 나니 몸의 컨디션이 더욱 좋아졌다. 빵, 계란, 야채, 햄, 커피를 준비하였는데 양도 적절하고 아주 마음에 들었다. 비양펜션의 가장 큰 장점이라고 말할 수 있다.

1박 12만 원인데 그런대로 만족스러웠다. 호텔 분위기를 만들려고 하였다. 몇 가지 좋은 점은 사진을 찍었다. 곰곰이 생각해 보니 우리 소망펜션이 가격에 비하여 많은 장점을 가지고 있다. 창문을 통해 보이는 정원의 모습이 아름답다. 잠자리가 편하고 방 안 온도가 쾌적하다. 깨끗하고 단정하다. 이부자리가 가볍고 잠자리 공간이 넓다. 그리고 아이들 놀이터가 넓고 마을 산책로가 시골 전경이다. 아침에 고구마 또는 옥수수 간식이 맛있다. 몇 가지만 보완하면 우리 펜션의 가성비가 높다.

소망펜션 내부 모습

✈ 2023년 12월 26일(화, 맑음) • 험난한 길

오늘부터 지애 엄마는 어머님을 돌보러 서울로 갔다. 07:24 버스를 타고 가는데 정상적으로 06:00에 새벽예배를 드리고 간다.

나같이 부지런하고 바쁜 사람을 만나서 지애 엄마도 고생을 많이 하였고 지금도 많이 하고 있다. 그리고 앞으로도 많이 할 것이다.

하나님 일을 하면서 살아가는 것이 항상 험난한 길을 가는 것이다. 그래서 예수님께서는 나를 따라오려거든 십자가를 지라고 말씀하셨다. 가시밭길을 가는 것이다. 그러나 그 가시밭길이 비록 상처를 주고 아픔도 준다 하더라도 그것은 영광스러운 길이다. 언젠가 모든 일을 마쳤을 때 "착하고 충성된 종아 잘했다"라고 칭찬을 하며 면류관을 씌워 줄 것이다. 그리고 험난한 길이라고 하더라도 그것은 생명의 길이며 늘 새 힘을 가지고 갈 것이다.

누군가 생명을 구했을 때 그 기쁨과 환희는 세상이 주는 어떤 쾌락보다도 더 값진 것이 될 것이다.

오늘도 펜션을 청소하여 2팀을 맞이하였다. 최대한 깨끗하게 하였다. 오후에는 박영식 집사 귤 따기 지원을 하였다. 강석희 집사와 같이 갔는데 귤을 땄던 2시간만큼은 강 집사에게 생명의 시간이었다.

✖ 2023년 12월 29일(금, 맑음) • 자랑스러운 소망펜션

오늘 오랜만에 펜션에 손님이 가득 차는 날이다. 갑자기 12월 말에 손님이 많이 밀려온다. 연말연시를 제주에서 보내는 여행객이 많아진 것 같다.

비록 혼자서 펜션 청소하기가 바쁘기는 하지만 그래도 텅 비어 있을 때를 생각하면 기쁜 마음으로 준비하였다. 어린이들을 데리고 오는 젊은 부부들이 대부분이다. 모든 손님이 주인에게 따뜻하게 대해 주고 나도 최대한 친절하게 맞이하고 최대한 편안하게 쉬도록 준비한다. 귤 체험하는 가정, 캠프파이어를 준비해 준 가정도 있다.

며칠 전에 슈퍼호스트에게 주는 보너스 상금을 이용하여 비양펜션에서 하루를 지낸 적이 있다. 12만원 숙박료인데 10평 방 하나에 아침을 준비하는 것과 바닷가에 있다는 장점 외에는 우리 소망펜션보다 더 나은 것이 없었다. 배우러 갔다가 우리 펜션에 대한 자부심을 갖게 된 것이다. 그동안 가꾸어 온 우리 소망펜션이 자랑스러웠다. 값도 저렴하고 어린이들이 뛰어놀기도 최고다.

✈ 2023년 12월 31일(일, 맑음) • 2023년 회고

2023년의 마지막 날이다. 또 한 해가 지나가고 있다. 어떻게 한 해가 지나갔는지 모르겠다. 눈 깜짝할 사이에 지나가 버린 것이다. 믿음교회 담임목사로서 무척 바쁘게 보냈다. 혼자서 모든 일을 하기에는 너무나 무거운 짐이지만 그래도 교회가 살아갈 수 있는 것은 모두 하나님의 은혜였다. 필요한 식구들을 만나게 하시고, 보내 주시고, 말씀을 전하도록 성령께서 도와주셨다. 더 많이 전도하지 못한 아쉬움, 성경을 많이 읽지 못하는 아쉬움, 마음껏 기도하지 못하는 아픔 등 어찌 보면 담임목사로서 늘 죄 짐을 지고 가는 길이지만 그래도 하나님께서는 늘 위로해 주시고 힘을 주셨다. 마음 아파할 때 잠들게도 했다. 예배드릴 식구가 너무 부족하여 부끄러워 할 때는 전혀 생각지 않았던 성도들을 보내 주셨다.

오늘 송구영신예배와 찬양예배를 마지막으로 드렸다. 우리 식구가 7명 참석하고 펜션 식구 4명, 가시리 이름 모르는 성도 2명이 참석하여 13명이 마지막 예배를 드렸다. 〈새해의 다짐〉이라는 제목으로 내년에는 모든 시련을 기쁨으로 받아들여서 완전하게 하고 생명의 면류관을 받으며 모든 지혜를 하나님으로부터 구하고 낮아짐도, 높아짐도 자랑하라고 전했다.

Goodbye 2023!

 권면의 글

윤영수 목사의 『나는 지금도 행복하다』를 읽고
기일혜(작가)

 윤 장군, 윤 목사님. 그는 한결같은 '열정과 의지'로 살아내는 어마어마한 능력 소유자다. 그는 지금(노년)도 청년처럼 일하고— 허나 이런 말씀이 있다. "진정한 능력은 자기의 열심으로부터 나오는 능력이 아닌 하나님과 깊은 관계의 능력입니다." 저자가 지금도 많은 일 하고 있음은 하나님 중심의 믿음 있음이다. 하지만 택한 선지자, 열심이 특심인 엘리야에게도 하나님은 세미한 음성을 들려주셨다. 저자도 이런 음성을 듣고 일했으면 하는, 내 소견이다.

> "…여호와께서 지나가시는데 여호와 앞에 크고 강한 바람이 산을 가르고 바위를 부수나 바람 가운데에 여호와께서 계시지 아니하며 바람 후에 지진이 있으나 지진 가운데도 여호와께서 계시지 아니하며, 또 지진 후에 불이 있으나 불 가운데도 여호와께서 계시지 아니하더니 불 후에 세미한 음성이 있는지라, 엘리야가 듣고…"(열왕기상 19:11~13. 개역 전 성경)